EU MERGER CONTROL

A LEGAL AND
ECONOMIC ANALYSIS

欧盟并购控制

——法律与经济学分析

[希] 扬尼斯·科克雷斯 [美] 霍华德·谢兰斯基 著
Ioannis Kokkoris Howard Shelanski

戴健民 邓志松 译

法律出版社
LAW PRESS·CHINA

著作权合同登记号
图字：01-2015-4940

作 者 简 介

扬尼斯·科克雷斯

Ioannis Kokkoris

扬尼斯·科克雷斯教授在英国伦敦玛丽女王大学商法研究中心教授法学与经济学。他同时担任竞争法律与政策研究学会副会长。

他是竞争法以及法律与经济领域的专家。他的主要研究方向是欧盟、中国以及东盟地区的法律与经济，比较竞争法律、经济与政策。科克雷斯教授过去曾在英国公平交易局兼并部门担任案件负责人以及经济顾问。在此期间，他曾办理多个重要案件，如纳斯达克与伦敦证券交易所并购案、纽约证券交易所与泛欧证券交易所合并案以及Global Radio收购GCap Media案，他同时也是《英国合并指南》的起草人之一。科克雷斯教授还曾处理涉及滥用市场支配地位、卡特尔以及其他反竞争协议的案件。他曾是商法与金融监管中心的创办人及执行主任、国际创新与竞争智库副主席以及美国联邦贸易委员会顾问。

科克雷斯教授曾领导并参与欧洲复兴开发银行、世界银行、欧盟委员会、欧洲安全和合作组织以及其他国际机构资助的项目。他同时也是许多竞争主管机构的特别顾问，经常就不同司法辖区内的竞争执法问题向企业提供建议，并为企业、竞争主管机构以及法院提供培训。他拥有经济学学士（埃塞克斯大学）、经济学硕士（剑桥大学）、法学硕士（华威大学）以及竞争法博士（伦敦国王学院）学位，并在美国哈佛大学法学院进行学术研究工作。他曾专著及合著超过15本著作，发表60余篇论文以及20余篇学术章节。目前，他是多家国际期刊的编委会成员。

作者简介

霍华德·谢兰斯基
Howard Shelanski

霍华德·谢兰斯基先生是位于美国华盛顿特区的Davis Polk律师事务所诉讼部的一位合伙人。他是美国反垄断和监管领域的主要权威之一，拥有在联邦贸易委员会、联邦通信委员会以及政府行政部门工作的丰富经验。他同时也是美国乔治城大学法律系的一名教授。

2013年至2017年，谢兰斯基先生在白宫的信息和管制事务办公室担任行政官员。在此之前，他曾担任联邦贸易委员会经济局局长，负责监督经济分析以及就经济政策事务向联邦贸易委员会提供意见。2009年至2011年期间，他担任联邦贸易委员会经济局的副局长。

在加入联邦贸易委员会以及在乔治城大学任教之前，谢兰斯基先生曾在美国加州大学伯克利分校担任法律系教授，并在2000年至2008年期间参与指导伯克利法律与技术中心的工作。

1999年至2000年，他曾担任联邦通信委员会首席经济师。1998年至1999年，他曾担任白宫总统经济顾问委员会高级经济师。

谢兰斯基先生还曾历任美国联邦最高法院Antonin Scalia大法官、宾夕法尼亚州东部地区法院Louis H. Pollak法官以及哥伦比亚特区联邦巡回上诉法院Stephen F. Williams法官的法官助理。

译者简介

戴健民

大成律师事务所合伙人

戴健民律师是第一批在中国实践反垄断法的律师之一，至今在该领域具有超过10年的实务经验。其带领团队为众多跨国公司和大型国内企业提供全方位的反垄断法律服务，包括但不限于：反垄断行政调查、反垄断合规、经营者集中申报、反垄断民事诉讼以及知识产权与反垄断交叉的法律问题。同时，戴健民律师对相关行业的反垄断与竞争法问题也有着深入的理解和丰富的实务经验，主要包括：汽车行业（包括零配件）、生命科学、高科技、快消品以及化工行业。

另外，戴健民律师也是最早一批在中国数据保护领域进行实践的律师之一，其自2012年开始就已经就数据与隐私保护相关法律的适用和执法政策为众多跨国公司和大型企业提供法律服务，包括但不限于：（1）审阅和修订隐私政策；（2）从数据和隐私保护方面论证商业模式的可行性；（3）就数据的本土存储和跨境转移出具法律意见。

戴健民律师分别在中国政法大学和英国布里斯托尔大学获得了法学学士和法学硕士学位。目前，戴健民律师分别是上海交通大学凯原法学院兼职硕士生导师、亚洲竞争协会（Asia Competition Association）理事、上海市法学会竞争法研究会常务理事、上海律师协会竞争与反垄断业务研究委员会副主任。同时，戴律师也是国际律师协会（IBA）和美国律师协会（ABA）反垄断委员会成员。另外，他也是福布斯中国的专栏作家。

戴健民律师曾于2013年被评选为第五届浦东新区十大杰出青年律师，并于2014年和2017年分别被ALB（Asian Legal Business）评选为最受客户青睐的中国20强律师。

译者简介

邓志松

大成律师事务所合伙人

邓志松律师主要从事竞争法与反垄断、网络安全与数据保护、争议解决法律业务。他早在2004年起即参与中国的反垄断立法工作并开始为跨国公司提供反垄断法律服务。作为实务经验丰富的反垄断律师，他处理过多起并购的反垄断申报事宜，包括帮助客户设计救济措施方案，在商务部的审批过程中取得了快速和满意的结果。邓律师曾代理多家企业应对国家发改委和国家工商总局发起的有关垄断协议和滥用市场支配地位的调查案件，熟知相关调查程序并擅长设计应对策略。他也为数十起商业交易就反垄断法律风险提供专业法律意见并协助多家大型跨国企业、国有企业、民营企业和行业协会建立反垄断合规体系。他曾代理客户参与多起重大反垄断民事诉讼，涉及知识产权滥用的反垄断规制、滥用行为的界定、垄断行为损害赔偿计算等前沿问题。

自2012年起，邓律师开始在中国从事网络安全与数据保护的法律实务。基于对中国网络安全、数据与隐私保护法律体系的深刻理解，他为国内外诸多客户提供了在合规、商业模式设计以及应对行政调查和民事诉讼等方面的法律建议并获得高度评价。

邓律师自对外经济贸易大学获得法学博士学位，具有中国律师执业资格。他连续多年被钱伯斯（Chamber & Partners）、全球竞争评论（GCR）等认可为亚太地区的领军律师。他是欧洲竞争与规制学院（CRESSE）法律委员，也是中华全国律师协会、北京律师协会反垄断专业委员会委员，同时在对外经济贸易大学和北京外国语大学担任硕士研究生校外导师。

译者序

2017年8月30日是《反垄断法》颁布十周年纪念日，这是中国“经济宪法”成长的一座里程碑，也是中国社会主义市场经济发展的一座里程碑。反垄断法配套法规和指南的相继出台，执法、司法实践的日趋成熟，经营者反垄断法律意识的不断提高，这一切使得中国市场的公平竞争秩序得以深入发展和趋于完善。

经营者集中申报和审查制度，英文称为“Merger Control”，指的是并购、合营等商业交易导致市场中的经济实体的控制权发生变化时，在该变化成为现实之前，应当基于反垄断法的角度对该商业交易进行事前审查，以防止此类变化产生排除、限制市场竞争的不利影响。在《反垄断法》的三大实体制度中，作为事前规制市场结构继而调整市场行为的经营者集中申报和审查制度，在保持竞争性的市场结构和公平的竞争秩序，提升经济效率和促进企业发展，维护消费者利益和社会公共利益方面起到了重要作用。如商务部反垄断局局长吴振国在2017年8月30日举行的第六届中国竞争政策论坛上介绍：商务部在经营者集中反垄断审查中一直致力于维护市场的公平竞争，《反垄断法》实施至今，商务部共审结案件1936件，附条件批准30件，禁止2件；2017年以来，商务部收到案件申报264件，立案231件，审结232件，附条件批准2件，其中涉及跨国案件的比重高达60%以上。

经营者集中申报和审查制度，具有高度的技术性和复杂性，无论是执法机构的反垄断审查，还是企业和代理律师的反垄断申报，都涉及大量的技术细节工作，一个成熟的审查官员和代理律师都必须经过4～5年的专业训练和大量实际案件的锻炼。反垄断申报和审查所依托的是现实的商业交易，而无论股权收购、资产收购、合并、合营还是通过合同方式取得某项控制权，在现实市场中极其复杂，并且随着市场的发展而千变万化，法律从业者必须对商业交易、产品或服务市场有着广泛而精准的把握。同时，经营者集中申报及审查程序也具有自己一些独特之处，与普通的行政案件调查程序或者法院的民事或行政诉讼程序相比，迥然有异。

众所周知，欧盟在经营者集中申报和审查制度（或称欧盟并购审查制度）方面源远流长，立法体系完善，执法、司法经验丰富，对中国的反垄断立法、执法、司法具有积极的参考作用。扬尼斯·科克雷斯（Ioannis Kokkoris）教授和霍华德·谢兰斯基（Howard Shelanski）撰写的《欧盟并购控制——法律与经济学分析》（EU Merger Control – A Legal and Economic Analysis）正是对欧盟并购审查制度作出的系统梳理和分析。该书首先引出欧盟并购立法的原因和目的，接着介绍了《欧盟并购条例》的演进历史和配套指南的出台，然后重点论述了集中和控制的认定、相关市场界定、横向并购与非横向并购引发的竞争效应、效率评估、救济方法、司法审查等实体性和程序性问题。同时，该书也对欧盟并购审查制度中蕴含的经济学理论和分析方法进行了详实的介绍。作为反垄断实务律师，译者在长年的反垄断申报实践中无不面临上述问题，在偶然接触到这本理论系统化而又贴近实践的佳作之后，就很快萌发了将该书翻译成中文的念头。

然而，在忙碌的律师实务工作之余，翻译一本英文的法律专业书籍，绝非易事。当然，开弓没有回头箭，当译者决定完成中文翻译之际，就注定走上这条“不归路”。该书的翻译持续了两年多时间，从欧盟对申报案件的管辖到相关市场界定，从横向并购的单边效应和协调效应到经济学分析和效率评估，每翻译一章既是对法学和经济学专业术语的“硬啃”，也是对照经营者集中申报律师实务工作与理论结合的不断复习。当中文版本完稿之际，一种如释重负又若有所失的感觉油然而生，笑谓“雄关漫道真如铁，而今迈步从头越”。

在此，需要特别感谢高雅洁女士（目前正在英国攻读竞争法博士学位），是她让译者接触和了解到这本系统介绍欧盟经营者集中申报和审查制度的佳作。同时，也要感谢译者所在的大成反垄断团队（包括但不限于何元杰、吴万瑾、刁慧波、臧建伟、杜广普和张炜）对本书翻译的贡献，没有他们的支持，估计中文版本至今无法完成。

目前国内介绍欧盟经营者集中反垄断审查制度的书既有译作，也有编著，这体现了国内反垄断法届对于欧盟竞争法体系的兴趣所在，另一方面，这些书籍各有所长，彼此之间必然也存在一定的市场竞争。读者是最终裁判，这种良性竞争也体现了反垄断法的基本精神所在。最后，本书难免存在疏漏和不足，敬请批评指正。作为译者，我们希望该书能够获得读者的喜爱，也期待它为中国经营者集中申报制度的发展和完善有所助力。

戴健民律师和邓志松律师

2017 年 11 月 21 日

中文版序

中国的《反垄断法》正式生效于2008年8月，其相当于美国的《谢尔曼反托拉斯法》和欧盟的《建立欧洲共同体条约》。

在过去的几年中，我们目睹了中国竞争执法机构频繁而密集的反垄断执法活动。尤其是中国的商务部，他们通过大量的调查，积极地执行《反垄断法》，并发布了多个分析透彻且颇具意味的经营者集中审查决定。自2008年《反垄断法》实施以来，中国的商务部已正式审查超过1700起经营者集中申报案件。在中国，企业并购活动的频率已经与欧洲地区相当。

最初，中国在并购控制方面的执法相对于反竞争协议和滥用市场支配地位而言，就更为集中和深入。许多并购参与方都是跨国企业，其并购交易需要在多个司法管辖区进行申报。因此，很多重大企业并购案的审查决定，如P3联盟案、谷歌收购摩托罗拉、希捷收购三星、嘉能可收购斯特拉塔、日本丸红收购美国高鸿、百特收购金宝、联发科技收购晨星半导体以及拜耳收购孟山都、陶氏化学与杜邦合并案等，将会被包括欧盟委员会和美国联邦贸易委员会及司法部在内的国际机构纳入评估。中国的商务部作出的决定均包含详尽的分析过程与救济措施。

中国的《反垄断法》基本上采用了欧盟的法律框架，不仅是在法规和监管制度的层面，还包括竞争执法机构的执法实践。对于《反垄断法》的最终监管框架，其结构显然与欧盟更为相近，尤其是《反垄断法》同样将竞争限制划分为三大类，即垄断协议、滥用市场支配地位以及经营者集中。《反垄断法》允许中国的商务部在分析时同时考虑竞争和非竞争因素。总的来说，中国的商务部和欧盟委员会的分析方法非常相似，在同时向两个法域进行申报的案件中，两方当局还会进行合作。

本书为欧盟的并购控制执法提供了一个全面的认识，对于欧洲和欧洲以外地区的从业者、政策制定者以及竞争政策领域的学者而言，将会是颇具价值的实用指南。基于执法的相似性，本书对中国并购控制的发展和理解同样具有重要意义，并且，对于想要全面了解并购评估的群体，如律师、经济学家、国家竞争执法机构、法院、公司、学者以及学生来说，也是非常有必要的。

本书细致地聚焦于欧洲执法实践（欧盟委员会、普通法院以及欧盟法院），其中包含对欧盟并购评估的详细说明和从法律与经济学视角展开的全面分析，以及对于相关判例法的分析。

本书对于法律从业者和经济学者，以及那些在经营者集中领域涉及中国竞争法律与政策的企业而言，是非常宝贵与准确的工具，可使其逐步了解欧盟委员会在该执法领域的政策与实践。

我们非常感谢戴健民律师（大成 Dentons 中国区竞争与反垄断业务组联合负责人）、邓志松律师（大成 Dentons 中国区竞争与反垄断业务组联合负责人）以及高雅洁女士（伦敦玛丽女王大学 2017 年博士研究生）在本书翻译过程中所做的工作与付出。没有他们，这将无法实现。

扬尼斯·科克雷斯斯教授与霍华德·谢兰斯基教授

2017 年 5 月于伦敦和华盛顿特区

前　言

政策与法律或者经济状况不相匹配的情况是非常罕见的，并购控制恰为其中的一种，而且这种不匹配是有充分理由的。

一般认为，通常假定内生增长的企业会这样做，因为它们提供了消费者喜欢并且愿意购买的商品或服务。但是，如果一家企业接管了另一家，或者因企业间达成共识而合并，结果究竟是对消费者有益，还是仅仅对相关企业的股东有利，就很难判断了。同时，将已经合并的两家企业再拆分也非常困难。

这就是很多司法辖区（尤其是美国和欧盟）完善并购控制制度的原因，其旨在保护消费者和竞争，同时确保该制度不会阻碍企业的活动和创新。

作为欧盟委员会并购特别工作小组的第二任组长，我非常荣幸参与建立了享誉全球的欧盟并购控制"一站式申报"制度。我们在2003年、2004年推行的改革可以说有助于在并购控制领域建立全球趋同的最佳实务。

有效监督、接受公开评论和批判、汲取经验与不断改进是公共执法制度健康发展的必要条件。

扬尼斯·科克雷斯（Ioannis Kokkoris）教授和霍华德·谢兰斯基（Howard Shelanski）教授等学者对本书作出了巨大的贡献。我衷心希望本书能引发相关领域更深入的讨论。

菲利普·洛威（Philip Lowe）

欧盟能源总司司长

欧盟竞争总司司长（2002～2010）

序　言

本书讲述了欧盟的并购控制。并购法的目的在于对可能产生反竞争效果的集中进行控制。为了确保所有权的重组不会对竞争造成持续的损害,对严重妨碍共同市场或共同市场内大部分市场有效竞争的集中进行规制非常重要。并购控制并不是为了保护个别股东的利益,在欧盟境内,并购控制的实施旨在保护消费者的福利。《欧盟并购条例》的目的在于,确保集中不会产生反竞争影响,维持国内市场有效、良好的运行。这类集中消除了并购方之间以及其与第三方之间的竞争限制。如果这种竞争限制对整个市场的竞争产生了实质的不利影响,则该市场消费者和效率导向的程度将会降低。

为了识别并购方之间的竞争限制,欧盟委员会关注了一系列因素,旨在提供更高的可预见性,从而增加相关各方的法律确定性。本书内容涉及程序性问题、管辖权问题和合并实施的实质性问题,并详细分析了合并评估制度。

在竞争执法中,或许并购控制正是经济分析发挥其关键作用的领域。经济分析对并购评估有至关重要的作用。本书从法律和经济两个角度,分析了合并实施的相关问题,并详细介绍了并购评估中使用的法律和经济分析。因此,本书从法律和经济的角度为合并实施提供了整体思路。

艾利尼·克里斯托杜卢(Eirini Christodoulou)和乔治·凯普瑞安蒂斯(George Kyprianides)出色的研究协助为本书作出了巨大的贡献。

同时,我们要感谢菲利普·洛威(Philip Lowe)为本书作前言。菲利普·洛威对于欧盟并购控制制度的完善起到了重要的作用。在欧盟并购实施的重要改革期间,他曾担任欧盟竞争总司司长。

最后,我们要感谢牛津大学出版社,特别感谢凯瑟琳·科特(Catherine Cotter)、露丝·安德森(Ruth Anderson)、索菲·巴勒姆(Sophie Barham)和艾玛·哈维斯(Emma Hawes)在本书出版过程中所作出的杰出贡献。

扬尼斯·科克雷斯(Ioannis Kokkoris)教授

霍华德·谢兰斯基(Howard Shelanski)教授

2013年6月16日于伦敦和华盛顿特区

目　录

第一章　**引　言** / 1

一、兼并和收购的原因 / 2

二、兼并/收购有利可图吗？ / 6

三、并购立法目的 / 9

第二章　**欧盟理事会第 4064/89 号条例的历史** / 15

一、并购控制的历史沿革 / 15

二、并购控制的目标和福利标准 / 32

三、市场支配地位概念的起源 / 44

第三章　**欧盟理事会第 139/2004 号条例** / 50

一、三个经典案例 / 51

二、并购条例的实体性改革 / 63

三、程序性改革 / 80

四、管辖权改革 / 83

五、横向并购指南 / 85

六、非横向并购指南 / 99

七、结语 / 116

第四章　**欧共体范围管辖权之一：集中和控制** / 118

一、集中的定义 / 121

二、控制的概念 / 125

三、收购和控制权变更 / 126

四、单一集中的概念 / 139

五、合资企业 / 144

六、附带性限制条件 / 154

第五章 **欧共体范围管辖权之二：申报和审查** / 159

一、欧共体范围标准 / 160

二、营业额 / 162

三、欧共体范围标准的例外 / 164

四、并购控制程序 / 173

五、平行申报 / 190

六、申报减损 / 193

七、放弃集中 / 196

八、2004 年后内部变化 / 198

九、罚款 / 199

十、证明标准 / 201

第六章 **市场界定** / 205

一、界定市场的目的 / 205

二、可替代性以及 SSNIP 测试 / 209

三、并购分析中的定量分析方法 / 215

四、临界损失分析 / 220

五、界定市场的方法 / 226

第七章 **横向并购——非协调效应** / 228

一、横向并购的非协调效应 / 231

二、寡头垄断市场中会导致非协调效应的横向并购 / 249

第八章 **横向并购——协调效应** / 268

一、共同支配地位和协调效应的背景 / 272

二、评估标准的发展 / 278

三、*Nestlé/Perrier* 案：标准的发展 / 302

四、*Airtours* 案 / 304

五、*Sony/BMG – Impala* 案 / 319

六、卡特尔行业中并购的协调效应 / 325

七、预期行为的非法性对产生于一项并购的反竞争效果而言是一种威慑 / 333

八、结语 / 342
九、附录 / 345

第九章 **非横向并购** / 347
一、非横向并购有利于竞争的属性 / 348
二、非横向并购评估的初始阶段 / 352
三、非横向并购指南 / 359
四、纵向并购评估 / 363
五、混合并购评估 / 373

第十章 **市场进入和潜在竞争** / 390
一、市场进入壁垒 / 391
二、潜在竞争 / 409

第十一章 **买方力量** / 419
一、买方力量：福利和威胁 / 421
二、福利：抵消性买方力量 / 422
三、威胁：买方市场力量 / 424
四、有关买方力量的特殊观点 / 426
五、市场界定和买方力量 / 435
六、评估买方力量的方法 / 438
七、买方力量的后果 / 441
八、竞争当局对于买方力量的评估 / 444
九、结语 / 453

第十二章 **效率评估** / 455
一、效率种类 / 455
二、欧盟委员会分析效率的方法 / 463
三、欧盟决策制定的实践 / 468
四、效率评估的例子 / 478
五、经典案例：*Global/GCap* 案 / 485
六、经典案例：*European Directories/Gouden Gids* 案 / 487
七、结语 / 488

第十三章 **破产企业抗辩** / 490
一、破产企业抗辩 / 490
二、欧洲联盟视角 / 493
三、减损:移除中止 / 511
四、破产企业抗辩的思考 / 516
五、结语 / 524

第十四章 **救济** / 527
一、救济原则 / 527
二、救济及其分类 / 529
三、结构性救济 / 534
四、行为性救济 / 549
五、准结构性救济 / 553
六、监督承诺 / 556
七、救济类型的明确选择 / 558
八、危机时期的救济 / 567
九、结语 / 569

第十五章 **司法审查** / 573
一、原告资格 / 576
二、标准法院程序 / 579
三、并购案件的上诉 / 581
四、快速程序 / 583
五、临时救济 / 585
六、成功上诉的结果 / 586

附录 常用词汇中英文对照表 / 588

第一章 引 言

一、兼并和收购的原因

二、兼并/收购有利可图吗?

三、并购立法目的

1.01 企业与竞争法所使用的"并购"一词指的是广泛的企业交易。[1] 简单地说,并购是指两个独立企业之间的合并。当一家企业购买另一家企业,无论是通过谈判过程中企业合作的善意方式,还是通过目标企业不情愿或者是在目标企业对要约事先不知情的情况下进行的"恶意"收购,我们均认为发生了收购。[2]

1.02 典型的并购中,首先两个企业的董事会同意进行合并,然后决定是否征求股东对于合并的批准。要约收购中,收购方通常会在收购之前开出一个高于目标企业市场价格的价位,并邀请目标企业的股东对其股份报价。资产收购中,一家企业获取另一家企业的资产,尽管被收购企业的股东仍然必须掌握正式投票权。[3]

1.03 兼并与收购已成为商界的战略工具。购买一家企业背后的主要意图在于两

---

〔1〕 Regulation 4064/89 [Council Regulation (EC) No. 4064/89 of 21 December 1989 on the control of concentrations between undertakings(1989) OJ L257/90 (republished)] 中所使用的"集中"(concentration)一词包括各种类型的交易——收购、兼并以及特定类型的联营。本书中,除非另有说明,"并购"一词是"集中"的同义词,因此包含上述所有交易类型。

〔2〕 收购与兼并仅有细微的不同。与兼并相同的是,收购是企业为了寻求规模经济、效率和较高市场知名度所采取的行动。与兼并(通常会存在换股或者新设合并)不同的是,所有的收购都包括一家企业购买另一家企业。收购通常是善意的,但也有可能是恶意的。有时一家企业会预设正在收购另外一家企业,但是目标企业却表现得更加强势并主导了并购后业务的管理(即事实上的反向收购)。

〔3〕 在一些案例中,企业被其自身的管理层或者是一组投资者通常通过招投标的方式收购。被收购企业可能由此从上市企业变为私人企业。若收购涉及管理者,这种收购被称为管理层收购;若收购要约的资金主要来源于借贷,这种收购被称为杠杆收购。

家企业股东价值总额基础之上创造超额股东价值。商业成长方式主要有两种:内生增长和非内生增长。专注于内生增长的企业,会通过日积月累地扩宽消费者基数和增加销售额来扩大业务。而另外,非内生增长模式为企业提供了几乎是瞬间扩大业务的机会。兼并和收购就是两个最为重要的非内生增长方式。

1.04 企业从事兼并与收购主要是为了创造比两家企业相加起来更高的股东价值。只有当兼并/收购为新企业或收购方提供了提高营业收入或减少损失的机会,这一目的才会实现。企业可以通过几种途径增加收入:

- 企业可以通过现有可获取的专有技术来预见新的商业机会或预见新的目标市场,并研发新产品。
- 企业可以提高其对相关市场内价格及产出水平的掌控。
- 企业能够扩大产品范围。
- 企业可以利用之前相互独立企业的产品。
- 企业能够合理分配员工。

1.05 仅在一国之内经营的企业可以通过国际并购迅速获取成长的机会。很多因素都会促进企业通过国际并购来实现成长:

- 在慢速增长的产业经营并有盈余现金流的企业可以将其资金投资于快速增长的产业。
- 国内市场过小,不足以为企业成长提供足够空间,或国内市场已经达到饱和,企业可以探索国际市场。
- 有时候,海外扩张或许能够增强中型企业的产能及竞争力。
- 规模的扩大可以使企业实现规模经济。
- 国际并购在地理位置和生产线方面提供多样性。通过在不相关的经济领域中经营,国际并购削弱了在单一市场中经营的相关收益风险,并由此减少了系统性和非系统性风险。

一、兼并和收购的原因

1.06 企业出于多种原因进行并购。并购可带来很多益处:企业经常选择通过兼并或收购来提高利润,并随之维持其生存能力和盈利能力。并购可以通过利用业务资产提高效率,增强企业实力并提高经济效益。企业从事兼并和收购的原因还包括通过兼并提高效率[4],以及一些国家支持“国家龙头企业”概念[5]的趋势。此外,企业可以通过并购退出某产业,并同时获取资金回报或是对于其初期投资和所承担风险的补偿。再者,并购也可以满足一些高管获取更多权力和掌控力的野心。[6]

1.07 通常来说,兼并和收购可以导致以下(后果):

- 新产品、发展能力、提高的价格、新顾客、新市场、获得新分销渠道以及人力资源的重组带来营业额的提升。
- 重复的管理费用开销和人力成本的降低,以及供应链、采购、生产和分销的改善,会带来经营和成本上的改善。
- 市场领导地位和纵向合并所带来的市场定位。

---

[4] 包括规模经济和范围经济。规模经济指的是随着产出的增加,平均生产成本整体下降。详见 D. Begg, S. Fischer, and R. Dornbusch, *Economies*(5th edn., London: McGraw – Hill, 1997), 109。

[5] 该词语通常指的是政府支持两个本地企业通过并购来形成一个更具实力的企业,通常也明确表示反对本地企业被外国企业收购。“国家龙头企业”指的是经过并购,本地公司可以成功在国际市场上获得强有力的竞争力。一个很明显的例子就是,国家的支持使本国企业在国际市场上能够有效竞争的并购或者增强有效竞争能力的并购。政府反对外国公司并购国内知名企业或者反对外资进入国内关键行业以保护“国家龙头企业”的做法被证明是饱受争议的,其本身通常违背竞争法的分析原则。通过“操纵”并购来建立“国家龙头企业”是不为欧盟委员会(以下简称“欧委会”。——译者注)所认可的——如果该行为损害欧盟成员国竞争。根据新版《欧盟并购条例》第21条第(4)款可知,成员国有权“采取适当措施来保护其自身在并购条例中尚未提及、却与一般原则和其他欧盟法律条款相符合的合法利益”。若这些合法利益指的是公共安全、媒体多样性或者是审慎规则,成员国必须向欧委会请求以获取授权。上述条款并未提及一般产业政策,尤其是创造“国家龙头企业”。Galloway 提到一些试图适用国家利益的例子。其中一个例子就包括了德国能源产业的龙头企业 E. ON 出价收购 Endesa。通过大幅度提高估值,西班牙政府试图帮助 Gas Natural 出价,同时防止 E. ON 兼并 Endesa。西班牙竞争当局建议该笔交易应当被否决,但是西班牙部长理事会决定附条件通过该笔交易。还有其他很多类似的例子,尽管大多数在欧委会压力之下得以解决。在意大利的 Unicredit 银行和德国的 Bayerische Hypo – und Vereinsbank AG(HVB)银行提起的并购中,尽管欧委会同意了该项交易(*Unicredito/HV*, (Case COMP/M. 3894) [2005] OJ C278/17),波兰财政部(基于控制位于波兰的子公司 Pekao 和 BPH)于 2005 年 12 月 20 日要求处理 BPH 的股份,但是却未能向欧委会请求依据新版《欧盟并购条例》第 21 条第(4)款考虑其合法权益。并购双方被施加严格的条件,包括要求在 30 个月之内处置 BPH 的一部分。J. Galloway, “The Pursuit of National Champions: The Intersection of Competition Law and Industrial Policy” [2007] 28(3) ECLR, 172 – 86.

[6] 经理可能对他们所经营企业的规模、成长或者是风险多样性感兴趣。有时,企业所有者会在与管理者签订的合同当中为管理者添加动机,以实现上述目标(例如,扩大公司的市场规模)。详见 M. Motta, *Competition Policy: Theory and Practice* (Cambridge: Cambridge University Press, 2004), 243。与此同时,来自恶意收购的威胁可作为管理层自律工具。很多企业都会面临所有者与管理者动机不同的情况。此外,这一点会造成企业内部的低效,或者是*松懈*。而企业内部的低效又会导致企业股价下跌,进而引诱其他企业进行并购,这或许是企业所有者所不希望看到的。

1.08 并购最重要的原因之一就是产生协同。企业进行并购最常见的原因之一就是新设企业能够提升经济效率。并购产生的效率收益可以表现在很多方面。

1.09 *范围经济*(*Economy of Scope*)指的是增加不同产品的生产数量可能实现的成本节约。范围经济下,单个企业的总产出大于两个不同企业各自生产一种产品可以实现的产出之和(在前者和后者生产投入总量相同的情况下)。[7] 从概念上看,范围经济类似于规模经济。

1.10 *规模经济*(*Economies of Scale*)指的是企业由于扩张所获得的成本优势。存在一些因素会导致随着产出规模的逐渐扩大,生产者的单位平均成本降低。这是并购惯用的论据之一。然而重要之处在于了解规模经济的根源,并评估除了并购之外,是否可通过其他方式实现规模经济。规模经济可以分为短期规模经济和长期的规模经济。[8]

1.11 规模经济涉及与扩大或缩减生产规模相关的效率,并涉及单一产品类型的产出变化。范围经济涉及与营销和分销范围扩大或是缩减相关的效率,以及不同种类产品的数量变化。规模经济主要指供应方面的变化(如生产水平),而范围经济则指需求方面的变化(如市场营销和分销)。

1.12 *技术进步*(*Technological progress*)源自研发激励的提升。技术进步通常由降低生产成本的工艺创新和提升产品价值的产品创新所引发。技术上的进步几乎总能产生协同。[9] 那些通过收购与其自身商业应用相关的技术集中型企业的企业可以获取竞争优势。同样的,新技术可以带来大幅度的产品发展和成本降低。

1.13 *采购经济*(*Purchasing economies*)可以描述为:小企业经常需要以高于边际成本的价格买进产品投入。两个小企业通过兼并可以提升议价能力,并对其供应商施压,由此使并购相关方可以较低的价格买进生产投入、降低成本。

1.14 在很多情况下,并购之所以会发生,仅仅是因为一家企业正好处于另一家企业希望进入的市场。并购方的高管相信,通过购买处于另一商业领域的企业并扩大业务范围,他们可以减少收入的波动和风险,并提升潜在价值。识别

---

〔7〕 详见 R. Pindyck andD. Rubinfeld, *Microeconomics* (4th edn., Upper Saddle River, NJ: Prentice Hall International, 1998), 227。

〔8〕 在混合并购中,规模经济并非总能实现,尤其是在并购未充分进行的情况之下。这通常是由于存在两个或者是多个不同的业务重点,成本中心或许并不像其他形式的并购中那样能够有效地固定。不同的商业模式可能需要不同的成本结构。

〔9〕 一些因素也会导致协同的减弱,包括对于新公司的新员工进行技术类专有技术的培训和转移。

出估价误差者通常会将被金融市场低估的企业作为收购目标,因而收购方可以获取企业真正价值和购买价格之间的差价作为盈余。

1.15 通过购买目标企业,收购方可以获得被收购方所有的经验和资源。一家企业或许仅仅希望购买另一家企业的资源,或者想实现两家企业资源的整合。这些资源可能是有形的,如工厂和设备,也可能是无形的,如商业秘密、专利、版权、租约抑或是目标企业员工的才能。一项收购可以便利人力资源的优化。当企业进行并购时,其企业文化、管理方式、业务方向和关键经营方式均会发生重大变化。这就给人力资源的合理分配提供了机会,高级管理层可以仅保留那些最具竞争力且对企业价值最高的员工。在并购过程中,一些企业将知识转移作为首要目标,尤其是当各方具有使并购增值的优势时。这种知识互换有助于被收购方引进能够提高收入并降低成本的做法。也有一些因素会减弱合理分配人力资源所带来的积极影响:企业内部的政治斗争,被保留员工的消极怠工,以及不同企业文化融合的困难。

1.16 并购也可能产生许多财务方面的协同。在财务协同下,回报可以表现为更高的现金流或更低的资本成本(贴现率)。一家拥有现金盈余的企业和一家具有高回报项目(但是现金流有限)的企业的联合体可为参与联合的企业产生高值回报。这种协同经常发生在大企业收购小企业时。合并对于联合企业和收购方在资金成本上的影响,取决于较低的内部融资成本与较高的外部融资成本之间的比较。具有不同现金流和投资情况的企业合并,可能会产生协同效应,并实现资本成本的降低。当两个企业合并时,其收入和现金流可能会变得更为稳固、更具有可预测性,因而被并购方承受负债的能力会提升。反之,其可以比独立存在时获得更多借款,因此联合后的企业可以获得税收优惠。现金流的稳固性,会提升资金供应方对企业的信任程度。

1.17 尽管很多并购的初衷并非税收优惠,但是当对一家企业的资产或者是普通股进行收购的时候,收购报价减去股票市场价格可以体现目标企业股东的获利。例如,一家盈利的企业可以通过收购另外一家亏损企业,利用后者的净运营亏损来减轻自身的税负。然而,奥尔巴赫(Auerbauch)和莱舒斯(Reishus)(1998)[10]却得出这样的结论,即税收因素可能并非促进企业并购的重要因素。

---

〔10〕 A. J. Auerbanch and David Reishus,"The Effects of Taxation on the Merger Decision" in A. J. Auerbanch (ed.), *Corporate Takeovers: Causes and Consequences* (UMI, National Bureau of Economic Research Inc.,1988), 157 - 90.

二、兼并/收购有利可图吗?

1.18 通过对并购消息宣布前后一段时间内股票收益的事件研究,大致可以得出这样的结论:在大多数并购案件中,合并后企业的价值都会大幅度提升。这些研究可以在会计和金融研究方面有很多应用。"事件研究法目前是金融,尤其是企业金融的重要组成部分,一些研究结果却与重复实验和经验规律相抵触,有些结果甚至是惊人的,从而推动理论工作来进行解释。"[11]通过对企业股票收益的研究,可以评估一些经济事件对股票价格的影响。符合条件的一些具有影响力的事件包括:股票分割、企业实施的债转股、盈余公告、兼并和收购,以及宣布对于企业有重要影响的宏观经济变量。[12]

1.19 根据"市场力量"假定,一个横向并购将会促使全行业范围之内的合谋或支配地位企业定价,这将会导致依质量调整价格产品的价格上升和/或产出的下降。这种影响是并购控制条例的主要立法目的之一。由此而产生的价格

---

〔11〕 F. E. Fama, "Efficient Capital Markets II", [1991] 46 Journal of Finance, 1575 - 617.

〔12〕 利用事件研究方法来评定兼并的文献有:A. Cox and J. Portes, "Mergers in Regulated Industries: The Uses and Abuses of Event Studies" [1998] 14 Journal of Regulatory Economics, 281 - 304; E. N. Aktas, E. de Bodt and R. Roll, *Market Response to European Regulation of Business Combinations* (Mimeo: University of Louvain, Belgium, 2003); T. Duso, L - H. Röller and D. Neven, "The Political Economy of European Merger Control: Evidence using Stock Market Data", Discussion Paper FS IV 02 - 34, Wissenschaftszentrum, Berlin, April 2003, http://bibliothek.wzb.eu/pdf/2002/iv02 - 34r.pdf,2013 年 9 月 16 日访问;I. Kokkoris, "Event Studies in Merger Assessment: Successes and Failures", [2007] 3(1) European Competition Journal, 65 - 99; V. Capkun and M. Semenova, "Market reaction to merger approval process of the European Commission", [2004], http://www.hec.unil.ch/urccf/recherche/publications/mna2004_draft.pdf,2013 年 9 月 13 日访问;B. E Eckbo, "Horizontal mergers, collusion, and stockholder wealth", [1983] 11 Journal of Financial Economics, 241 - 73; R. Stillman, "Examing antitrust policy towards horizontal mergers" [1983] 11 Journal of Financial Economies, 225 - 40; B. E Eckbo and P. Wier, "Antimerger policy under the Hart - Scott - Rodino Act: A reexamination of the market power hypothesis" [1985] 28 Journal of Law and Economics, 119 - 49; T. Duso, D. Neven, and L - H. Röller, "The Political Economy of European Merger Control: Evidence using Stock Market Data" [2007] 50 Journal of Law and Economics, http://bibliothek.wzb.eu/pdf/2002/iv02 - 34r.pdf,2013 年 9 月 16 日访问;T. Duso, K. Gugler and B. Yurtoglu, "How Effective is European Merger Control?" (Discussion Paper No. 153, Governance and the Efficiency of Economics Systems, July 2006), http://www.wu.ac.at/iqv/mitarbeiter/gugler/dgy_eer.pdf,2013 年 9 月 13 日访问;X. Gong and P. Panayides, "The Stock Market Reaction to Merger and Acquisition Announcements in Liner Shipping", [2002] 4 International Journal of Maritime Economics, 55 - 80。

变化会使行业中所有企业受益,从而使参与并购的企业及其竞争对手的股票价格均会上涨。埃克博(Eckbo)(1983)和斯蒂尔曼(Stillman)(1983)所做的两个研究反驳了市场力量假设,因为竞争对手并未表现出如预期一般的非常规表现。埃克博(1983)发现,在那些被美国联邦贸易委员会(FTC)所质疑的并购中,竞争对手虽然提起了异议声明,但从统计数字来看,这些竞争对手都由于并购获得了非常理想的收入,这与合谋的论点是不一致的。然而,杜索(Duso)、内文(Neven)和罗勒(Röller)(2006)[13]却发现了支持市场力量假定的证据。[14]

1.20 布拉德利(Bradley)、德赛(Desai)和基姆(Kim)(1988)[15]对236家取样企业在1963年至1984年之间的要约收购进行了调查,发现一旦宣布将要进行并购,目标企业和出价企业的总价值平均提升了7.48%(1984年为一亿一千七百万美元)。詹森(Jensen)和鲁拜克(Ruback)(1983)[16]重新查看了13份有关宣布并购前后企业回报的研究,发现成功的要约收购中目标企业股东的回报平均提升了30%,成功的兼并中目标企业股东的回报平均提升了20%。贾雷尔(Jarrell)、布拉德利和奈特(Netter)(1988)[17]回顾了自1962年至1985年之间所进行的663起要约收购的结果,发现20世纪60年代的平均溢价为19%,20世纪70年代为35%,1980年至1985年之间为30%。

1.21 杜索、古格勒(Gugler)和尤尔特奥卢(Yurtoglu)(2006)[18]分析了依据新版《欧盟并购条例》的经济效果,并对禁止决定、附条件批准决定(行为性条件或结构性条件)和无条件批准决定进行区分。他们对参与并购的企业及其竞争对手的股票进行事件研究,以便量化并购和并购控制决定对盈利的影响。

1.22 作者认为,并购之后,由于市场力量增强、效率提升,并购企业的盈利性应该有所提升。因此,宣布并购消息前后,并购企业的平均累计超额收益率应为正数。对于竞争对手而言,只有在并购导致商品市场价格提升的时候,他们

---

〔13〕 Duso, Neven and Röller (n 12).

〔14〕 详见 Duso, Gugler and Yurtoglu (n 12)。

〔15〕 M. Bradley, A. Desai and E. Han Kim, "Synergistic Gains from Corporate Acquisitions and their Division between the Stockholders of Target and Acquiring firms", [1988] 21 Journal of Financial Economics, 3–40.

〔16〕 M. Jensen andR. Ruback, "The Market for Corporate Control" [April 1983] Journal of Financial Economics, 5–50.

〔17〕 G. A. Jarrell, J. A. Brickley and J. M. Netter, "The Market for Corporate Control: The Empirical Evidence since 1980", [Winter 1988] 12(1) Journal of Economic Perspectives 49–68.

〔18〕 Duso, Gugler and Yurtoglu (n 12).

在宣布并购消息前后的平均累计超额收益率才会增加(也就是说,市场力量的影响大于效率的影响);反之,价格降低时,平均累计超额收益率下降。

1.23 他们的研究结果表明,完全禁止可以解决并购引发的竞争问题。另外,通常而言,救济措施在解决市场力量问题的时候并非总是有效。然而在第一阶段调查中,结构性救济(如剥离)和行为性救济如果运用得当,在并购会对竞争产生负面影响的时候,可以帮助恢复有效竞争。相反,当救济措施适用于调查第二阶段及其之后,似乎不太奏效。最后,救济,尤其是行为性救济,被误用于有利于竞争的并购时,似乎可以看作将租值从参与并购方转至其竞争对手。[19] 杜索、内文和罗勒(2003)[20]进行了事件研究,并根据该分析评估了这些并购的负面影响。他们对实例进行了识别,包括股票市场认为有利于竞争却被欧盟委员会禁止的并购(第一类错误),以及不利于竞争却未被欧盟禁止的并购(第二类错误)。

1.24 他们的数据显示,欧委会在 14 个作出禁止决定的案件中有 4 个案件犯的是第一类错误(28%)。他们发现的第一类错误中,其中有 2 个案件经上诉被推翻(*Airtours/First Choice* 案[21] 和 *Tetra Laval/Sidel* 案)[22],另一个极具争议的案件(*General Electric/Honeywell* 案)[23]中,并购交易被控产生了非横向竞争损害,最终参与并购方成功上诉。[24] 至于第二类错误,作者表明,在欧委会无条件批准的案件中,错误率为 23%。[25]

1.25 除此之外,结果还显示,欧委会的决定并不仅仅是出于保护消费者剩余或企业利益的考虑,也受机构和政治环境影响。其他因素例如国家和行业影响,以及市场界定和程序问题也意义重大。

1.26 对事件研究法的结果进行解释时非常谨慎,然而,企业价值经过并购获得了提升,也可以通过其他假设来解释,包括估值偏低及企业控制的变更。

1.27 股票市场的数据可能没有办法完全真实地反映市场力量或者是成本降低的可能性。有人可能会辩称,股票市场对于并购公告的第一反应可能是有偏见

---

〔19〕 Duso, Gugler and Yurtoglu (n 12) at 1.

〔20〕 Duso, Röller and Neven (n 12).

〔21〕 Case T – 342/99 *Airtours v. Commission* [2002] ECR II – 2585.

〔22〕 Case T – 5/02, T – 80/02 *Tetra Laval B. V. v. Commission* [2002] ECR II – 04381 and ECR II – 04519.

〔23〕 Case T – 210/01 *General Electric v. Commission* [2005] ECR II – 05575.

〔24〕 普通法院支持欧委会有关横向并购问题的分析。

〔25〕 Duso, Röller and Neven (n 12).

的,因为竞争当局的决定会对投资者的预期产生影响(企业被市场第一反应“定价”)。公告后,市场会考虑反垄断审查程序。[26] 因此,宣布之时股票价值的变化等于交易被获准的可能性与并购实现情况下产生的价值的乘积。尽管事件研究法是一个重要的经验工具,但也有一定的缺陷。在事件发生前后一段时间,因事件本身,可能会产生异常收益。只要内部交易规则被遵守并且有效实施,那么在交易前后就不会存在异常收益。然而,也存在这种可能,即在正式公告之前,消息被透露给了少部分人,因而在交易日之前,股票价格便发生了变化。可以接触到敏感信息的个人有可能会泄露信息,并由此导致股票市场价格的剧变。宣布交易日之后也可能会产生异常收益,这是因为宣布交易发生在当天收盘之后,因此事件的影响只能反映在第二天的股票价格和交易上。宣布交易日之后的异常收益也可以解释为,公告信息反映到股票价格上来需要一些时间。

1.28 许多研究曾试图通过事件研究法的*事前*预测与*事后*实现。通过利用不同的并购案例,如 Ravenscraft 和 Pascoe(1989)[27],Healy et al.(1992)[28] 与 Kaplan 和 Weisbach(1992)[29],可发现,事先的股票市场回报与事后的市场表现是正相关的,而且相关性很大。现有市场研究往往表明,并购公告会对股票市场价格产生巨大影响。[30] 股票价格的变化可以为未来的利润变化提供无偏差的预测。

三、并购立法目的

1.29 并购控制在如今的经济体系中占据重要地位,并购交易完成数目的激增更凸显了这一点。图 1.1 显示了报送至欧委会的案件发展情况。[31]

---

〔26〕 Aktas, de Bodt and Roll (n 12); Duso, Röller 和 Neven (n 12)。

〔27〕 D. Rvenscraft and F. M Scherer, “Life After Takeovers”, [1987] 36 Journal of Industrial Economics, 147 – 56. Duso, Röller and Neven (n 12).

〔28〕 P. K. Healy, K. G. Palepu and R. Ruback, “Does Corporate Performance Improve After Mergers?”, [1992] 31 Journal of Financial Economics, 135 – 75. Duso, Röller and Neven (n 12).

〔29〕 S. Kaplan andM. Weisbach, “The success of acquisition: evidence from divestitures”, [1992] 47(1) Journal of Finance, 107 – 38. Duso, Röller and Neven (n 12).

〔30〕 Aktas, de Bodt, and Roll (n 12); Duso, Röller andNeven (n 12).

〔31〕 数据截至 2012 年年底。

1.30 并购立法的目的在于识别经营者[32]之间可能会对竞争产生负面影响的兼并和收购。为了确保这种通过合作实现的重组不会对竞争产生持久的负面影响,规制那些将会严重影响共同市场或其实质部分内有效竞争的集中就至关重要。并购控制并不是为了保护单独股东的权益,这些问题应由公司法来解决。并购控制的目的在于保护公共利益而非股东利益。

1.31 1989 年通过的第 4064/89 号条例是有关并购的第一步措施。并购控制的主要关切在于维持一个竞争的市场结构。大多数的并购应当事前审查,尽管在一些司法辖区(如英国),并购也遵循事后审查制度。因此,并购控制必须来判定一项并购是否会减弱市场竞争,这通常取决于并购的类型(横向并购对于市场结构的影响就不同于非横向并购)。

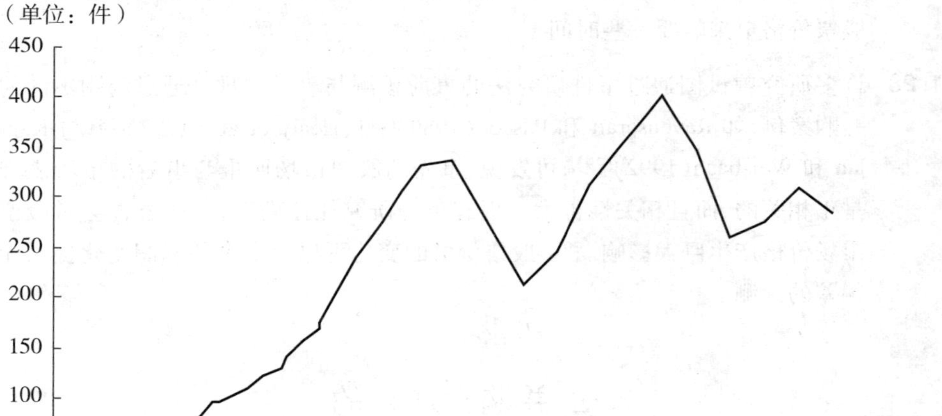

图 1.1 每年对并购案件作出决定的数量

1.32 正如上文所提到的,新版《欧盟并购条例》的目的在于确保市场上的企业重

[32] "经营者"指的是所有从事经济活动的实体。详见 Case C – 41/90 *Höfner and Elser v. Macroton*. [1991] ECR I – 01979。该定义包括那些以个人名义执业的自然人,自负盈亏、自担风险,或是以律师、医师、建筑师等类似职业名义执业的自然人。这一定义也包括一个国家的经济活动和组织。该定义不包括雇员、公会、以"团结一致"为基础、为"社会目的"的实施公共服务以及一个国家的主权行为。

组不会损害竞争,以维持繁荣的内部市场。[33] 并购可能会排除相关方之间现有的竞争,也有可能会使市场上的竞争者数量减少。一旦这种减少对整个市场竞争环境产生负面影响,即便没有违反竞争立法,市场也会偏离保护消费者权益和实现高效运行的目标。

1.33 为了保证并购不会损害市场现有的竞争结构,竞争当局必须要运用法定的实质性测试来判断并购对竞争可能会产生的负面影响;他们也必须要弄清楚到底需要什么程度、什么性质的证据来评定一项并购是否应当被禁止。新版《欧盟并购条例》通过运用实体法律评定方法——严重损害有效竞争测试(Substantial Impediment to Effective Competition, SIEC 测试)[34] 来判断一项特定的并购。至于证据问题,就由普通法院(GC)和欧洲法院(ECJ)来决定。

1.34 大部分的并购都由欧委会在第一阶段给予了批准的决定,有些需要附带救济措施。有很少一部分是在第二阶段被批准的,当然其中也会有一些需要附带救济措施;只有极少数的案件被禁止,正如图 1.2 所展示的那样。[35]

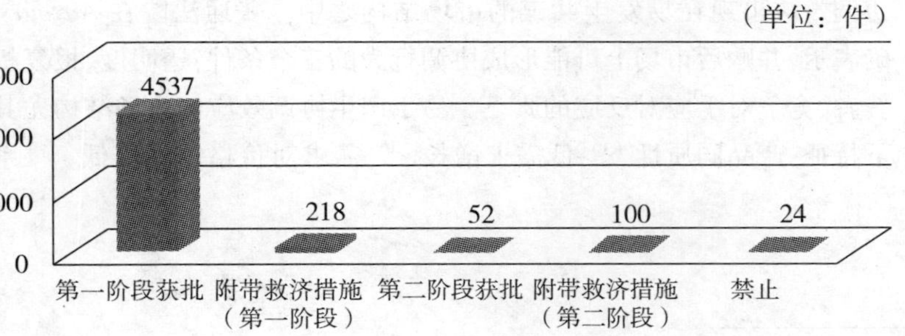

图 1.2 各类审查决定下的并购案件数量

1.35 新版《欧盟并购条例》核心之中,仍有两个概念需要进一步界定。这两个概念就是:非协调效应(或者说是*单边效应*)和*协调效应*。

1.36 如果消除并购各方之间相互施加的竞争压力,新合并的企业市场力量增强,

---

〔33〕 新版《欧盟并购条例》序文第 2、3 点,*Council Regulation (EC) No.* 139/2004 *of* 20 *January* 2004 *on the control of concentrations between undertakings (the EC Merger Regulation)*, ("Recast EUMR" or "EUMR"), OJ L24, 29.01.2004, 1-22。

〔34〕 Council Regulation (EC) No. 139/2004 of 20 January 2004 on the control of concentrations between undertakings (the EC Merger Regulation), ("Recast EUMR" or "EUMR"), OJ L24, 29.01.2004, 1-22,第 2 条第(3)款。

〔35〕 数据截至 2013 年 2 月。

那么并购就有可能会产生单边效应。单边效应指的是并购后的新企业单方面调整商品价格和产量,进而产生总体的不利影响。协调效应指的是,并购后市场内多方企业达成共谋实施反竞争行为带来的总体的不利影响。〔36〕

1.37 此外,同一市场中未参与并购的企业也能够从因并购而减少的市场竞争中获利,因为并购企业的价格提升会使一部分消费需求转至其竞争对手处。相应地,竞争对手就会发现提升商品价格有利可图(非共谋寡头垄断情形)。这会诱使竞争对手涨价,即便他们仍然遵循并购前的竞争策略。在这种情况下,市场上的企业并没有协调他们的竞争行为,仅仅是对他方的行为做出一定的反应。

1.38 非协调效应(或单边效应)在生产类似产品的企业合并时产生。〔37〕与那种产品相似性没有那么高的企业之间的合并相比较而言,这种企业经合并后更有可能提升商品价格。如果市场上的其他企业可以更换其生产线,转而提供与并购企业相类似的产品的话,这种不利影响会有所减弱。〔38〕

1.39 协调效应出现在易发生共谋的市场结构之中。普通法院在 *Airtours* 案中明确表示,并购后市场上可能形成协调行为的三个条件:透明度、报复机制和消费者、竞争对手应对反应的匮乏。易于产生协调效应的市场结构尤其具备以下特征:产品同质性、〔39〕低需求增长、〔40〕需求对价格敏感度低、〔41〕系统性成

---

〔36〕 有关单边效应和协调效应的定义,详见 Joint U. S. Department of Justice and Federal Trade Commission Horizontal Merger Guidelines 1992, 第 2. 1 和 2. 2 部分。http://www. ftc. gov/bc/docs/horizmer. htm,2013 年 9 月 13 日访问。

〔37〕 非协调效应和单边效应是近义词。"寡头垄断市场上的非协调效应"指的是一种更为特殊的竞争损害(尤其是寡头垄断市场,例如非共谋寡头垄断或者是差距合并),这种由并购引发的效应和更为常见的单边效应形成对比。

〔38〕 WilmerHale's *Guide to EC Merger Regulation* (4th edn.), 51, http://www. wilmerhale. com/pages/publicationsandNewsDetail. aspx? NewsPubId = 90560,2013 年 9 月 13 日访问。

〔39〕 *Gencor/Lonrho* (Case IV/M. 619) [1997] OJ L11/30 (*Gencor/Lonrho*); *Nestlé/Perrier* (Case No. IV/M. 190) Commission Decision (92/5453/EEC) [1992] OJ L356/1 (*Nestlé*); *Kali und Salz/Mdk/Treuhand* (Case No. IV/M. 308) [1998] OJ C275/3, (*Kali und Salz*)案中考虑到这一因素。

〔40〕 *Gencor/Lonrho* (Case IV/M. 619) [1997] OJ L11/30; *Airtours/First Choice* (Case No. IV/M. 1524) [1999] OJ L C124/10 案中考虑到这一因素。

〔41〕 *Gencor/Lonrho* (Case IV/M. 619) [1997] OJ L11/30; *Nestlé/Perrier* (Case No. IV/M. 190) Commission Decision (92/5453/EEC) [1992] OJ L356/1; *Airtours/First Choice* (Case No. IV/M. 1524) [1999] OJ L C124/10 案中考虑到这一因素。

本结构[42]和多重市场合同。[43]

1.40 我们来简要界定一下横向并购、纵向并购和混合型并购这几个概念。[44] *横向并购*,指的是位于相同相关市场中企业之间的并购。这类并购可以增强参与并购方的市场力量,使他们可以单方面提高商品价格。市场上的其他竞争者也会相应地单方面跟着涨价。这样一来,竞争就会减弱。更进一步来讲,横向并购会增加市场上其他企业之间共谋的可能性(和/或稳定性以及持久性),不管是明示的还是默示的。

1.41 因而,横向并购可以从两个方面严重损害有效竞争:通过消除企业相互之间的竞争制约来减少竞争(单边效应);和/或创造并强化协调行为减弱竞争的情形。

1.42 *纵向并购*,指的是位于行业上下游企业之间的并购。尽管这类并购通常有利于竞争,也可能在有些情况下通过加强市场进入壁垒、提高竞争对手成本、产生实质性市场封锁或者是提高共谋可能性来减少参与并购企业相互之间施加的竞争制约。但这种风险不经常发生,除非是企业已经具有市场力量,或者市场上已经存在重大的纵向融合和纵向制约。[45]

1.43 *混合并购*,指的是不论在任何产品市场,相互之间均不存在联系的企业之间的并购。对于此类并购,仅从其混合的性质来看,基本不会对竞争产生负面影响。所谓的"一揽子"力量可以用来识别这些并购潜在的负面影响。当源自于"一揽子"品牌的市场力量大于各个单独力量之总和的时候,我们就可称一家企业拥有"一揽子"力量。在这种情况之下,企业在各个单独市场上能更有效地运用市场力量,并购就会损害竞争。

1.44 非横向并购通常都会有利于竞争,因为此类并购不会像横向并购那样有效消除竞争者相互之间施加的制约。非横向并购通常会促进企业降低价格,因为

---

[42] *Gencor/Lonrho* (Case IV/M.619) [1997] OJ L11/30; *Nestlé/Perrier* (Case No. IV/M. 190) Commission Decision (92/5453/EEC) [1992] OJ L356/1; *Stora Enso/AssilDoman/JV* (Case COMP/M. 2243) [2002] OJ C351/02 案中考虑到这一因素。

[43] *Gencor/Lonrho* (Case IV/M.619) [1997] OJ L11/30; *Nestlé/Perrier* (Case No. IV/M. 190) Commission Decision (92/5453/EEC) [1992] OJ L356/1 案中考虑到这一因素。

[44] 具体定义详见 ICN Merger Working Group, Analytical Framework Sub - group "The Analytical Framework for Merger Control" (Final paper for ICN annual conference on 28 and 29 September 2002, Office of Fair Trading, London), 8。

[45] 在文献中,*同源合并*(Congeneric Merger)也用于指代那些发生在处于相同产业,却没有相互买卖或者是供应关系的企业之间所发生的并购,例如银行和租赁企业。

企业之间的商品具有互补性,其中一个商品价格的下降会促进另外一个商品销量的提升。大型的混合型并购可能会设法要求或鼓励消费者来购买其不同种类的产品,不管是通过搭售、捆绑,还是为"一揽子"之外竞争对手的消费者提供大幅折扣等方式。

第二章　欧盟理事会第4064/89号条例的历史

一、并购控制的历史沿革
二、并购控制的目标和福利标准
三、市场支配地位概念的起源

一、并购控制的历史沿革

2.01 欧洲经济共同体(The European Economic Community ,EEC),也就是后来的欧盟,是为了解决"二战"后产生的重要问题而建立的。1957年,六个原始成员国——法国、西德、比利时、荷兰、卢森堡和意大利签订了罗马条约(Treaty of Rome),由此建立了欧洲经济共同体。欧洲煤钢共同体(The European Coal and Steel Community , ECSC)于1952年签署成立,欧洲原子能共同体(European Atomic Energy Community,EUROATOM)也于1957年签署成立,二者都有助于欧洲经济共同体(也就是欧共体)的建立。在一系列导致欧共体成立的事件后,出现了类似于1965年的卢森堡合议(Luxembourg Compromise)、1986年的《单一欧洲法》(Single European Act,SEA)以及1992年的《马斯特里赫特条约》(Treaty of Maastricht)一类的协议,这些协议均为促进欧共体各国之间更为紧密的政治、文化、社会和经济关系的形成以及向欧盟的发展铺平了道路。

2.02 出于20世纪50年代欧洲经济、政治环境的考虑,欧洲经济共同体的主要关切在于如何有效应对占有主导地位企业的滥用行为,或者是通过协议损害竞争;并购控制问题并未得到解决,这是由于当时并购对于经济的影响微乎其微,且并购的目的在于建立起强大的欧洲经济区企业。

2.03 1951年,《巴黎条约》(Treaty of Paris)第66条规定,"已经具有或在市场上获得支配地位的企业,若该支配地位可以保护其免受共同市场大部分范围之内的有效竞争"[1],应当被禁止。第66条规定,应当在特定条件下才能批准某项并购。[2]

如果欧洲煤钢共同体的高级机构发现该申报的交易不会使相关个人或企业拥有下述有关产品或产量的市场力量,则其将依据前文给予批准:

决定商品价格,控制或者是限制产量、分销量或者是阻碍在市场绝大范围之内有关这些产品的有效竞争;或者是规避依据本条约所应当适用的竞争规则,尤其是人为地创造出来一个特权地位,包括接触供应商或者是进入市场的特殊优势。

在评定是否存在以上情况时,欧洲煤钢共同体的高级机构应当依据第4条(b)款所规定的非歧视待遇原则,考虑共同体中类似企业的规模,以避免或者是纠正不公平竞争所带来的弊端。

欧洲煤钢共同体的高级机构有可能基于本条的立法目的,依据其自身认为合适的条件来进行授权。

2.04 正如魏特布雷希特(Weitbrecht)(2008)所提到的,将该等规定包含在巴黎条约之中,意在防止德国煤钢行业市场力量的复苏,这些市场力量的商业行为——包括并购其他企业的能力——应当服从严格的行政管理。加入第65、66条是因为受了《谢尔曼法》第1、2条和《克莱顿法》第7条的影响。[3]

2.05 尽管促成欧洲经济共同体条约草案的《巴黎条约》[4]和1955年的《斯帕克报告》(Spaak Report)[5]中包括了新条约[6]涵盖的并购控制相关规定,欧洲

[1] 建立欧洲煤钢共同体条约(巴黎条约)[1951],第66条第(1)款,http://ec.europa.eu/competition/antitrust/legislation/art66_en.html,2013年9月14日访问。

[2] 建立欧洲煤钢共同体条约(巴黎条约)[1951],第66条第(2)款,http://ec.europa.eu/competition/antitrust/legislation/art66_en.html,2013年9月14日访问。

[3] 其他内容可参见A. Weitbrecht,"From Freiburg to Chicago and Beyond—the First 50 Years of European Competition Law",[2008] 29(2) ECLR, 81-8,和D. Gerber,"Law and Competition in 20th Century Europe—Protecting Prometheus"(New York, NY: Oxford University Press, 2001)。

[4] 《巴黎条约》(1951)第66条。

[5] P-H. Spaak, (1956) Intergovernmental Committee on European Integration. The Brussels Report on the General Common Market(删节版,英文翻译为斯帕克报告)[June 1956].

[6] 主张"有必要阻止……市场上单一企业的合并或者是对于某一商品占据市场支配地位"。详见K. Fountoukakos and S. Ryan,"A new substantive test for EU merger control",[2005] 26(5) ECLR, 277-96。

经济共同体条约[7]最终却没有将该等特别规定涵盖在内。之所以没有并购控制的规定,是因为实现欧洲经济共同体条约第 2 条所规定的经济扩张目标的最佳方案在于经济力量的集中而非并购的禁止。

2.06 欧委会有权依据《欧洲煤钢共同体条约》第 66 条对集中进行控制,但仅适用于《巴黎条约》所规定的特别行业。至于其他行业,《罗马条约》并没有关于并购的特别规定,因此只能参照第 101 条[8]有关限制或者是扭曲竞争的共谋行为规定和第 102 条[9]关于滥用市场支配地位规定适用。

2.07 魏特布雷希特(2008)[10]列举了欧洲竞争法发展的三个不同阶段:

- 1958—1969 年:*基础建设期*。1962 年,经过激烈的讨论,理事会通过了第 17/62 号条例[11]的修订版并成立欧委会。
- 1970—1989 年:*试水阶段*。1969 年,欧洲经济共同体的过渡期结束。魏特布雷希特(2008)指出,欧委会在这一阶段进行了一系列的实验。这些实验被以下事实证实:欧委会对其基于第 101、102 条所获取权力的检验、*Continental Can* 案[12],以及欧委会试图根据第 102 条实施并购控制。
- 1990—2004 年:*成熟期*。第 4064/89 号条例[13]和第 1/2003 号条例[14]分别于 1990 年和 2004 年生效。其中,伴随着后者,修订版的第 139/2004 号并购条例[15]也问世。这段是欧盟竞争法实体法和程序法发生巨大变化的时期。

2.08 欧洲并购控制的发展晚于美国 70 多年。自从 1904 年[16]以来,1890 年《谢

---

[7] 建立欧洲经济共同体条约,欧洲经济共同体条约(罗马条约)[1957]。德国在 1949 年至 1956 年之间同时也有所发展,最终德国的竞争立法于 1958 年 1 月 1 日生效,与罗马条约的生效日期相同。当时德国并没有并购控制相关立法。

[8] 欧盟运行条约(Treaty on the Functioning of the European Union)统一版,第 101 条(前欧共体条约第 81 条)[2008] OJ 115/0088。

[9] 欧盟运行条约统一版,第 102 条(前欧共体条约第 82 条)[2008] OJ 115/0088。

[10] A. Weitbretch, "From Freiburg to Chicago and Beyond" (n 3).

[11] Council Regulation No. 17/62 (EEC):第一项条例,实施条约第 85、86 条(现今的第 101、102 条)OJ 013;规定欧委会调查、起诉和作决定的职能,其仅受欧盟司法机构监管。

[12] Case 72/71 *Re Continental Can Co. Inc.* [1972] OJ L7/25.

[13] Council Regulation (EEC) No. 4064/89 of 21 December 1989, on the control of concentrations between undertakings [1989] OJ L395/0001.

[14] Council Regulation (EC) No. 1/2003 of 16 December 2002 on the implementation of the rules on competition laid down in Article 81 and 82 [2003] OJ L1/1.

[15] Council Regulation (EC) No. 139/2004 of 20 January 2004 on the control of competition between undertakings (the EC Merger Regulation) [2004] OJ L24/1.

[16] *Northern Securities Company v. United States*, 193 US 197 (1904).

尔曼法》已经适用于美国。而《克莱顿法》,尤其是有关解决并购问题的规定已于1914年通过。也就是说,美国自1914年以来就有了正式的并购法律法规,而欧洲在1989年才开始并购控制法律的发展。维克斯(Vickers)(2004)列举出了欧共体竞争发展过程中的主要发展情况(见表2.1)[17]。

表2.1 欧共体竞争执法发展情况

1962:	·第101条(反竞争协议)和第102条(滥用支配地位)生效。
	·上述两条对于并购控制的适用是有限和不确定的。
1990:	·欧共体并购条例生效。对于支配地位的测试(支配地位测试)。
1992:	·*Nestlé/Perrier* 案:欧委会基于共同支配地位所获得的首个并购救济。
1998:	·*Kali & Salz* 案:欧洲法院依据欧共体并购条例支持了共同支配地位。
1998:	·判定一项并购是否达到"共同体范围"的补充门槛并将其规定在欧共体并购条例中。
2004:	·新的欧共体并购条例。
	·对于竞争影响的直接测试(SIEC测试)。

2.09 与《谢尔曼法》和《克莱顿法》相比,第101条和第102条的局限性体现在其不能适用于并购。克莱顿(Claydon)(1986)[18]认为,并购控制的缺失是竞争政策合理发展的一个实质性的逻辑障碍。依据第101条、第102条,两个企业合并为一个企业及其对于竞争的潜在后续损害在很大程度上是毋庸置疑的。

2.10 1957年,《罗马条约》阐明,欧洲经济共同体的目标之一在于创造一个确保共同市场之内的竞争不会被扭曲的体系。进一步而言,该条约通过执行一篇名为"竞争管理规则"的新章建立了欧共体的竞争政策,其中就包括了适用于企业的反垄断框架。

2.11 欧共体在竞争法发展初始阶段(1957~1973年)的主要关注点为促进成员国之间的贸易发展。主要目标是促进市场一体化。欧洲经济共同体条约第3条第(1)款第(g)项可以解释为,将欧委会竞争规则作为实现市场一体化这一目标的工具。[19] 这一点也被格伯(Gerber)所支持,他认为欧共体的竞争

---

〔17〕 J. Vickers, "Merger policy in Europe: retrospect and prospect", [2004] 25(7), ECLR, 455-63.

〔18〕 J. M. Claydon, "Joint ventures—an analysis of Commission decisions" [1986] 7(2) ECLR, 151-92.

〔19〕 J. Malinauskaite, "The development of 'consumer welfare' and its application in the Competition Law of the European Community and Lithuania", [2007] 18(10) ICCRL, 354-65.

政策在于统一欧洲市场。[20] 第10次竞争政策调查报告[21] 提到,"在当今这种情况之下,尤其是欧委会的竞争政策,不仅需要维护有效竞争,还要支持促进必要重组的产业政策。"

根据第101条(前欧共体条约第81条)[22],

1. 以下行为由于和内部市场不相符,应当被禁止:所有会影响成员国之间贸易往来,而且以阻止、限制或者是扭曲内部市场有效竞争为目的或者具有这样效果的任何企业间协议、企业协会的决定以及协同行为,尤其是指:

a. 直接或者间接固定买卖价格或者是其他交易条件;

b. 限制或者是控制生产、市场、技术发展或者是投资;

c. 分割市场或者是原料供应;

d. 交易时,相同情况不同对待,据此将交易相对方置于不利竞争地位;

e. 约定只有交易相对方同意履行补充性义务才签订合同,而这个补充性义务,无论是从其性质还是商业惯例来看,都与合同主题并无关联。

2. 任何本条所禁止的合同或者是决定均自动无效。

3. 然而,如果存在以下情况的话,那么本条第1款不适用:

- 企业之间的任何合同或者是任何一类合同;
- 企业协会的任何决定或者任何一类决定;
- 任何协同行为或者是任何一类协同行为,而这类行为将会有助于产品生产或者是分销,或者是促进技术、经济进步,与此同时消费者也能够合理分享据此带来的利益,而且此类行为也不会:

a. 对企业施加为达到此类目标并非必不可少的限制;

b. 为企业造成限制大部分相关产品有效竞争的可能。

2.12 第101条涵盖了禁止所有会影响成员国之间贸易往来,而且以阻止、限制或者是扭曲内部市场有效竞争为目的或者具有这样效果的任何企业间协议,尤其是固定买卖价格,限制生产、发展或者是投资的协议等。然而,该条第3段却对这类禁止性行为规定了例外情形:例如,那些改善商品生产或者是分销的协议,或者是促进技术、经济发展的协议,并且"与此同时消费者也能够合理分享因此带来的利益"的协议。

---

〔20〕 Gerber (n 3).

〔21〕 "The Report on Competition Policy", Commission (1980).

〔22〕 欧盟运行条约统一版,第101条(前欧共体条约第81条)[2008]OJ 115/0088。

2.13 第102条明确表示,如果会影响到成员国之间贸易往来的话,任何滥用市场支配地位的行为均与单一市场不相符。依据第102条,[23]

只要会影响到成员国之间的贸易往来,任何一个或者是多个企业,在共同市场或者是共同市场绝大部分范围之内,滥用市场支配地位的行为均应当被禁止,因为这与共同市场不相符。

这类滥用尤其包括:

a. 直接或者间接施加不公平买卖价格或者是其他不公平交易条件;

b. 限制生产、市场或者是技术发展,以致损害消费者利益;

c. 在与相对方交易时,针对相同条件适用不同待遇,据此使相对方处于不利竞争地位;

d. 约定只有交易相对方同意履行补充性义务才签订合同,而该等补充性义务,无论是从其性质还是商业惯例来看,都与合同主题并无关联。

2.14 适用于滥用市场支配地位的情形和第101条第(1)款的规定类似:固定价格、限制生产等。尽管第101、102条总体上禁止一些经营者集中,但并没有涉及一个完整并购中方方面面的具体规定。这一空缺就不得不由欧洲法院判例法来填补。

2.15 第101、102条关注的是企业行为控制,而非并购处理。在劝说理事会通过并购控制相关立法的同时,欧委会也尝试利用第101、102条来制止某些并购可能会给竞争带来的负面影响。

2.16 运用第101、102条来规制并购也有一定的缺陷。在1966年的备忘录[24]中,欧委会承认,第101条并不适用于两个或两个以上企业合并后,互相之间不再保持独立的情形。并购会持久性地改变市场结构。寡头垄断市场中的企业可能会意识到它们的独立性,并且会在行为上表现得像真正发生了共谋一样,进而对效率和消费者福利产生负面影响。[25] 由于这些企业并未真正地共谋或者是进行协同行为,因而第101条第(1)款并不适用,而且默示的协同

---

〔23〕《欧盟运行条约》统一版,第102条(前欧共体条约第82条)[2008]OJ 115/0088。

〔24〕Memorandum by the Commission of the European Economic Community on the Establishment of European Companies SEC (66) 1250 Final, 22 April 1966, Supplement 9/10, 1966.

〔25〕对于消费者福利的一个通常界定就是"消费者剩余",也就是所有的消费者剩余之和。某个特定消费剩余指的是消费者对于产品的估值和消费者实际支付的价位之差。注意,不管是"消费者损害"还是"消费者利益"都未在欧共体反垄断规定中有所体现。横向并购指南提及了消费者损害以及消费者利益,但是欧共体竞争软法并未对此类概念进行一个全面的界定。

行为并不能被本条所规制。况且,第 101 条并不适用于那些以获取一个企业的所有或者是部分,或者是以对企业所有权进行重组为目的的协议。有效适用第 101 条的另外一个障碍是,当企业间协议适用第 101 条时,恶意收购可能并不适用。这类并购可以通过第 102 条来解决,但是我们应当看到,将第 102 条适用于并购也存在一些困难。

2.17 通过协议,一个企业取得另外一个企业的少数股权,但并未获取法律上或者是实质上的控制权时,容易产生争议。正如 *Philip Morris* 案所示,[26] 欧委会同意了一项使 Philip Morris 获取 Rembrandt 控制权的协议。英美烟草集团(British American Tobacco,BAT)和雷诺兹烟草公司(RJ Reynolds)根据欧共体条约第 230 条向欧洲法院提起诉讼,起诉欧委会的同意决定。欧洲法院驳回了申请者的理由。法院认为,第 101、102 条适用于通过获取竞争对手少数股权来对其商业行为施加影响这种情况。法院还认为,在购买股份的同时签订合作协议,或者是虽没签订合作协议,但签订了一个允许购买者后续买进股权直至获取控制地位的协议,同样可以达到类似效果。[27]

2.18 在 *Philip Morris* 案中,欧洲法院认为,当购买方获取控制权而且各方保持独立时,获得竞争对手少数股权有可能会被第 101 条第(1)款所禁止。该判决涉及获得少数股权的情况,但是获取少数股权也有可能会导致全面收购。欧委会认为,这个判决明确肯定了第 101、102 条适用于有关改变企业所有权的交易。可拉(Korah)(1987)提到:

判决作出两周之内,也有可能是受到这个判决的影响,部长理事会鼓励欧委会继续进行有关并购控制立法的议案。即便是法国和英国,原则上保留他们的意见,也同意不会反对通过相关条例。[28]

2.19 欧洲法院同时也认为,有关经营者集中的协议也可以依据第 101 条审查。这也为在欧共体经济领域之内发生的并购带来了极大的不确定性。然而,如果一个股权收购导致了两个企业之间的竞争行为的协调一致,那么第 101 条第(1)款仍然适用。[29] 违反第 101、102 条不需要获取有效控制。弗斯(Furse)

---

〔26〕 Case 142 and 156/84 *BAT Ltd and RJ Reynolds Industries Inc. v. Commission and Philip Morris* [1987] ECR I - 4487.

〔27〕 F. Fine, "EC merger control: an analysis of the new regulation", [1990] 11(2) ECLR, 47 - 51; Joined Cases 142 and 156/84 *BAT v. Commission* [1987] ECR I - 4566, paras 38 - 39.

〔28〕 V. Korah, "The control of mergers under the EEC competition law", [1987] 8(3) ECLR, 239 - 55.

〔29〕 R. Whish, *Competition Law* (5th edn., London: Butterworths, 2003) 794.

认为,将第 101 条第(2)款适用于一个完整的并购,可能会带来灾难性的、无法预期的后果。[30] Korah(1987)[31] 认为,如果购买股权的协议可能会导致违反第 101 条第(1)款,而且也并未被豁免的话,那么问题在于:是仅仅依据第 101 条第(2)款[32] 的规定,企业间协议无效,还是后续的股权转让也无效?两个企业并购及其各自经营混合之后,业务会有所改变,因此任何转移或者是协议的无效均会带来严重的"并发症"。

2.20 可拉(1987)表达了这样一种关切:企业控制的市场可能会更低效,能够为提升效率带来实质机会的并购也可能会不被鼓励,除非判定可能会限制有效竞争的收购的标准远远严格于欧委会依据第 101 条对于松散型的企业合并所参照的标准,而且股权转移本身并非当然无效。很多并购可能无法提升效率,但是解决方案并非否定所有与纵向或横向因素有关甚至关联很小的并购或使其无效。

2.21 欧委会认为,第 102 条适用于加强市场支配地位的并购。在 *Re Continental Can* 案[33] 中,欧委会发现一个具有支配地位的企业对于一个较小竞争对手的兼并造成了第 102 条所规定的滥用市场支配地位。欧委会认为,该兼并可能会造成滥用,因为这将会影响一个市场的竞争结构,由于所谓的具有支配地位企业的出现,竞争会受损。欧洲法院否决了欧委会的决定,因为并未正确界定"市场"。然而,就第 102 条禁止一个具有支配地位的企业通过并购竞争对手来进一步强化其支配地位这一点来讲,欧洲法院支持欧委会的观点。

2.22 第 102 条的局限性体现在,其仅仅适用于已经占有支配地位的收购者所进行的经营者集中。如果是经过并购而产生了支配地位,那么兼并或者是收购就不在第 102 条管辖范围之内。另外,第 102 条关注的是市场行为,[34] 而不管是最初的还是现在的新版《欧盟并购条例》关注的均为未来的市场结构,而非过去市场上竞争的发展。就像可拉(1987)所补充的那样,尽管一些专家质疑欧委会是否有权采取临时救济措施来制止并购,但是在 *Camera Care*

---

〔30〕 M. Furse, *Competition Law of the UK & EU* (4th edn, Oxford: Oxford University Press, 2004)322.

〔31〕 Korah (n 28).

〔32〕 Case 85/76 *Hoffmann – La Roche* (*Vitamins*) [1979] ECR 461; [1979] 3 CMLR 211; CMR 8527, grounds 41 and 60.

〔33〕 Case 72/71 *Re Continental Can Co. Inc.* [1972] OJ L7/25.

〔34〕 详见 P. Roth, *Bellamy and Child*: *European Community Law of Competition* (5th edn, London: Sweet & Maxwell, 2001), 405。

案〔35〕中,欧洲法院法官并未采纳法律总顾问的意见,认为欧委会有权采取临时救济措施。法院总结道,由于使一项并购恢复原状并不切合实际,基于公共利益的考虑并不需要采取紧急措施,因而救济措施是可以采纳的。

2.23 除此之外,如果欧委会认为一项并购与第 102 条相符的话,成员国竞争当局将没有理由不行使其国家权利——而这正是欧委会希望避免的发展趋势。最后,由于条例的缺失导致了欧委会无法要求并购进行事前申报,进而导致其对并购进行有效控制非常困难。总而言之,可拉(1987)认为欧委会可以发展一套政策,以便其可以依据第 102 条规制那些最为重要的并购,而这与适用第 101 条相比,有两个巨大优势。

2.24 上述缺陷,在新版《欧盟并购条例》序文第 7 段也有所提及,"根据欧洲法院判例法可知,第 81、82 条可以适用于一些经营者集中,但其并不能有效控制所有可能会被证明是与条约所规定的保证竞争不被扭曲目标不相符的所有集中。"

2.25 法恩(Fine)(1990)对于将第 101、102 条适用于并购做了一个有趣的观察。如果欧委会为了撤回第 101、102 条对于某些并购的适用,就不得不与首个修订第 101、102 条的立法——第 17 号条例相左。〔36〕 理事会第 17 号条例目的不在于控制经营者集中。

2.26 竞争委员萨瑟兰(Sutherland)则主张,如果控制并购的权力由成员国竞争当局独自享有的话,那么欧委会就永远不可能成为欧洲执行竞争法最为重要的机构。欧委会于 1973 年〔37〕首次向部长会议提议,依据第 103 条和第 268 条,授权其对并购进行控制。正如魏特布雷希特(2008)所指出的那样,为了应对理事会的反对,欧委会委员 Sutherland 威胁,将参照欧洲法院在 *Philip Morris* 案〔38〕中所作判决,运用第 101 条来控制并购。可拉(1987)〔39〕认为,"萨瑟兰先生已经下定决心安排欧委会对并购进行控制,而且如果其无法获取所提议条例项下的权力的话,则承诺运用第 85、86、90 条。如果欧委会可以运用这些条款的话,那么成员国法院就必须配合,因为这对成员国的法律体系有直接影响。"

---

〔35〕 (792/79 R); [1980] ECR 119; [1980] 1 CMLR 334; CMR 8645.

〔36〕 Fine, "EC merger control" (n 27).

〔37〕 Commission proposal of 20 July 1973: [1973] OJ C92.

〔38〕 Joined Cases 142/84 and 156/84 *BAT and RJ Reynolds v. European Commission* [1987] ECR 4487.

〔39〕 Korah (n 28).

2.27 欧委会和理事会已经在努力寻求理事会全体一致通过第4064/89号条例。如果是依据第103条对条例进行修订的话，那么仅仅需要理事会特定多数同意即可。然而，由于条例并未提及并购控制，只有第268条（欧洲经济共同体条例第235条）才可以作为第4064/89号条例的基础，这就需要理事会的全体一致通过。

2.28 第4064/89号条例的前言并没有否认第101、102条可以适用于经营者集中。第4064/89号条例通过陈述该条例不仅应当以第103条为依据，更应当主要参照第268条的规定〔40〕，将第103条摆在了次要位置。正如利昂·布里坦（Leon Brittan）（1990）所说，第101、102条在某种程度上将相关竞争政策适用于并购；因此，第103条就是将这些条文适用于并购的适合的法律基础。然而，第268条则有必要再在第101、102条范围之外解决并购问题。〔41〕

2.29 对于是否要通过第4064/89号条例，是欧洲经济共同体经历的历史上最为漫长的立法谈判。该条例于1973年首先提交至理事会，并在随后的几年之中被修订了不下6次。其中有关非竞争因素（主要指的是社会、产业或者是贸易政策等）在竞争执法中应当起到何种程度的作用的问题，分歧最为严重。欧委会认为该条例的通过是欧洲实现一体化目标的重要组成部分。〔42〕法恩（1990）认为，条例的措辞经常很模糊，有时也有歧义，这是为达到最终全体一致同意在某种程度上的政治妥协。〔43〕

2.30 欧委会对于一些并购案件管辖权的例外，就是条例最终通过之前所进行的非常困难的激烈争论的有力证据。理事会最终同意的条例文本就是专属管辖权的例外，也就是"德国条款"。这一特有例外的措辞在德国、其他成员国和欧委会之间引发了激烈的讨论。这一条文规定，如果一项集中不具有全球性的话，成员国在仅存的一个例外的情况之下，享有排他管辖权（"荷兰条款"）；然而，当一个成员国认为一项并购可能在境内产生支配地位的话，可以请求欧委会参与其中。欧委会继而就会确保维持该特定成员国境内的有效竞争，而且也仅仅施加与该成员国相关的救济措施。

2.31 基于第101、102条无法规制并购的考量，部长会议于1989年12月21日通过

〔40〕 条例前言，第12段。

〔41〕 L. Brittan, "The law and policy of merger control in the EEC", [1990] 15(5) EL Rev, 351 – 57.

〔42〕 Fine, "EC merger control" (n 27).

〔43〕 Fine, "EC merger control" (n 27).

了理事会第 4064/89 号条例——《欧盟并购条例》;[44] 这一条例于 1990 年 9 月 21 日开始生效。[45] 条例的基础是第 103 条,其规定了为有效实施第 101、102 条,可以通过理事会条例——也就是授予理事会罗马条约中未明确授权,但为了达到欧委会目标必要的权力。新版《欧盟并购条例》最初版本的首要目标在于提供一种制止对竞争产生负面影响的经营者集中的方法,并提供一种评价此类交易的单一框架("一站式原则")。[46] 由于欧共体竞争法领域存在漏洞,无法解决并购控制问题,才通过了新版《欧盟并购条例》,而且据此欧委会在解决跨境并购问题时就会更加得心应手。

2.32 布里坦(Brittan)(1990)提到,由于理事会已经通过第 4064/89 号条例废止了第 17 号条例以及其他相关程序性规定,因此欧委会也就无法将第 101、102 条适用于并购。成员国法院也无法将第 101 条适用于并购,尽管第 102 条可能可以适用。关于第 4064/89 号条例通过之后,第 101、102 条对于并购的适用,1989—1993 年间竞争委员布里坦表示,"我并未故意寻求以任何方式对于第 85、86 条的有关规则适用于并购的合适途径。我相信理事会条例是将第 85、86 条的原则适用于并购的合理方式。"

2.33 评价并购的法定实体测试方式为支配地位测试。依据《欧盟并购条例》第 2 条第(3)款的支配地位测试可知,"一个产生或者是加强市场支配地位的集中,如果会导致共同市场或者是共同市场的绝大部分之内的有效竞争遭到严重损害的话,就会被认为是与共同市场不相符。"[47]

2.34 第 2 条第(3)款与《欧盟并购条例》倒数第二版草案相差较大,其中包括"豁

---

〔44〕 Council Regulation (EC) No. 1310/97 of 30 June 1997 amending Regulation (EEC) No. 4064/89 on the control of concentrations between undertakings [1997] OJ L 180/1;对于最初的规制经营者集中的《欧盟并购条例》进行修订,主要关注的问题有:多重通知、合资企业、救济以及向成员国的移送。

〔45〕 第 4064/89 号条例曾被法律类和报告类文件所修订,以促使其更好地适用:

· Council Regulation (EEC) No. 2367/90 of 2 July 1990 [OJEC L 219/5] on notifications, time limits and hearings(附件 1 包含申报表,其中详细列出了在申报集中时所应当提供的信息).

· Commission Notice regarding Concentrative and Cooperation operations [OJEC 14. 8. 1990 C 203/10].

· Commission Notice regarding restrictions ancillary to Concentrations [OJEC 14. 8. 1990 C 203/5].

〔46〕 正如 *Aerospatiale* 案所示,欧委会会判定一项交易对于有效竞争的影响到底是临时的还是永久的,并仅对后者进行调查。详见 *Aerospatiale - Alenialde Havilland* (Case No. IV/M. 53) [1991] OJ L334/42。该案是有关单一支配地位的第一个禁止决定。

〔47〕 详见 I. Kokkoris, "The Reform of the European Community Merger Regulation in the Aftermath of the Airtours Case—The Eagerly Expected Debate: SLC v. Dominance Test", [2005] 26(1) ECLR, 37 - 47。

免”集中的有关条款,除非是与条例第 101 条第(3)款类似的情况。确实,其中一个关键的问题,是欧委会当今在什么程度上受制于第 2 条第(3)款的严格措辞。

2.35 新版《欧盟并购条例》第 2 条第(3)款规定,判定一项并购是否与共同市场相符应当进行两个步骤:产生及加强市场支配地位,对竞争造成重大负面影响。第 2 条第(1)款列举了很多评估因素:被并购企业的市场地位、供需结构、潜在竞争、市场进入以及技术经济进步。[48]

2.36 在第 4064/89 号条例正式通过时,就有关于是否仅仅存在支配地就足够了的讨论,再或者是“有效竞争会被严重损害而带来的结果”是否会引发出新的判定标准。布里坦认为,欧盟理事会并不希望设立一个仅仅以支配地位为标准的判定准则。[49] 他还提到,欧洲法院通常都是在有关适用第 102 条的案例中界定支配地位,界定为可以基本上不受竞争压力影响的独立性或者是能力。

2.37 欧洲法院在 *United Brands* 案中将支配地位界定为,“第 82 条所提到的支配地位指的是,一个企业所享有的经济地位,其通过赋予该企业可以不顾竞争对手、顾客以及其最终消费者而自由行动的能力,使得该企业可以阻止相关市场上已有的有效竞争。”[50]

2.38 这与损害竞争仍有所区别。[51] 我们应该注意到,第 102 条主要处理的是滥用已经存在的市场支配地位(事后),而新版《欧盟并购条例》主要处理的是未来可能形成的支配地位(事前)。因此,新版《欧盟并购条例》的作用是预防性的,这种方式要优于救济性措施(如第 101、102 条规定),因为通常来讲,很难进行事后救济,或是完全恢复并购前的竞争环境。

2.39 新版《欧盟并购条例》中的支配地位测试要比第 102 条中的测试适用范围更广,因为后者规定仅仅是滥用市场支配地位才非法。而在并购控制中,创设和加强市场支配地位均会被认为是有违竞争秩序的。然而,第 102 条在适用时,可以对支配地位进行界定。在并购控制案件中,欧委会会观察一个市场的动态发展过程,并同时考虑一个假定并购的短期、中期和长期的影响,以及

---

〔48〕 本因素是在英国的坚持之下加进去的,以使保持竞争的条件被包含在内。

〔49〕 Brittan (n 41).

〔50〕 Case 27/76, *United Brands Co. and United Brands Continental BV v. Commission* [1978] ECR I - 207. At § 65.

〔51〕 Case 322/81, *Michelin v. Commission* [1983] ECR 3461.

更为宽泛的市场问题和并购对于技术与经济进步的贡献。

2.40 就在第4064/89号条例通过后不久，布里坦就解释了在新的条例规定之下，如何评价一个并购：[52]

毫无疑问的是：欧委会所进行的基本分析就是并购是否会损害竞争。支配地位分析，再加上第86条的参照标准，在所有的并购案件分析中都被用来判断被并购企业是否具有足够强大的市场力量屹立于整个竞争环境之中，使得其不用受到通常情况下供应商、消费者以及竞争对手会施加的影响。换句话说，就像通常意义上的竞争政策，我们所关注的是被并购企业是否会提高价格、不公平地进行歧视对待，或者是控制产出，却不会受到惩罚，或者是以一种在通常的竞争环境之下所不会采取的方式来行事。

2.41 就像欧洲法院在*Kali und Salz*[53]案中所确认的那样，最初在新版《欧盟并购条例》中所规定的创设或者是加强市场支配地位，与对于有效竞争的损害影响之间应当具有因果联系。

2.42 在处理并购案件之时，欧委会应当采取一种目的论的分析方式，即把新版《欧盟并购条例》的立法目的和意图考虑进去。就像欧洲法院曾经提到的那样，"并购条例旨在适用于所有具备欧盟范围的集中，究其原因，在于这种并购会对欧盟范围之内的竞争结构产生影响，而这又是与条约所规定的不扭曲有效竞争的目的不相符。"[54]弗滕卡科斯（Fountoukakos）和瑞安（Ryan）（2005）认为，欧洲法院的这种目的论分析方法[55]可以同时有助于并购控制和第102条判例法情况下共同支配地位的发展。[56]

2.43 《欧盟并购条例》的措辞，从技术层面上来讲，并不适用于潜在共同支配地位

---

〔52〕 Brittan（n 41）.

〔53〕 *Kali und Salz/Mdk/Treuhand*（Case No. IV/M.308）[1998] OJ C275/3；on appeal Cases 68/94 and C－30/95 *France v. Commission*, *Societe Commerciale es Potasses et de l'Azore*（*SCPA*）*v. Commission* [1998] ECR I－1375.

〔54〕 Case C－68/94, *Kali & Salz*[1998] ECR I－1375, para 170.

〔55〕 即聚焦并购控制的目的。

〔56〕 Fountoukakos and Ryan（n 6）.

的情形。[57] 然而,判例法[58]已经确认,原版和新版欧盟并购条例[59]均适用于并购之后会产生或者是加强共同支配地位的情形。

2.44 欧委会首先在 *Alcatel* 案中确认了《欧盟并购条例》可以被适用于阻止形成或者加强共同市场支配地位这种情形。[60] 我们也可以从 *Nestlé* 案中找到欧盟并购条例适用于共同支配地位的证据,[61]在这个案件中,欧委会首次认可剥离资产这种救济方式,并最终通过该项并购申请。Nestlé 并购 Perrier 之后,会导致法国市场上剩下的两个大型企业的市场份额高达 75%。高市场份额、价格平行、高市场进入壁垒、以及市场透明度会导致并购之后共同支配地位的形成。在这种情况之下,只有企业提供了适当的剥离资产等措施,才能获取欧委会的准许。

2.45 在 *Kali und Salz* 案中,[62]欧洲法院认为新版《欧盟并购条例》确实适用于共同支配地位这种情形。Kali、Salz 以及 Treuhandanstalt 共同提议设立一个合资企业,欧委会辩解道,这项并购会导致形成共同支配地位。然而,欧洲法院认定欧委会的决定无效,原因为欧委会不能证明支配地位产生的可能性。

2.46 尽管《欧盟并购条例》并未明确提及共同支配地位,但是欧洲法院基于其立法目的和结构,作了扩张解释:为了阻止那些会给竞争带来负面影响,或者是扭曲共同市场的行为。如果把这个原因考虑在内的话,形成或加强共同市场支配地位有违《欧盟并购条例》的规定。欧洲法院进一步阐述道,为了支持共同支配地位的观点,需要展示参与交易方在市场上采取一致行动的能力,"关联因素"的存在以及其他"经济联系",尽管这些并未明文规定在条例之中,但是在实际中却至关重要。

---

〔57〕 这与第 102 条是不同的,因为根据其措辞,第 102 条适用于一个或者是多个企业滥用市场支配地位。

〔58〕 诸如以下案件:*Kali und Salz/Mdk/Treuhand* (Case No. IV/M. 308) [1998] OJ C275/3; Cases 68/94 和 C-30/95 *France v. Commission*, *Societe Commerciale es Potasses et de l' Azore* (*SCPA*) *v. Commission* [1998] ECR I-1375,以及 *Gencor/Lonrho* (Case No. IV/M. 619) [1997] OJ L11/30; Case T-102/96 *Gencor Ltd. v. Commission*[1999] ECR II-753。

〔59〕 Council Regulation (EC) No. 139/2004 of 20 January 2004 on the control of concentrations between undertakings (the EC Merger Regulation), ("Recast EUMR") [2004] OJ L24/1.

〔60〕 *Alcatel/AEG Kabel* (Case No. IV/M. 165) [1992] OJ C6/0. *"欧委会无条件批准了并购"*。

〔61〕 *Nestlé/Perrier*(Case No. IV/M. 190) Commission Decision (92/553/EEC) [1992] OJ L356/1.

〔62〕 《欧盟并购条例》下,欧洲法院否决的第一个欧委会作出的决定, *Kali und Salz/MdK/Treuhand* (Case No. IV/M. 308) [1998] OJ C275/3。

2.47 在*Gencor*[63]案中，普通法院含蓄地把共同支配地位和默示一致行动联系在了一起（at §270 - §277）。*Gencor/Lonrho*[64]是第一个欧委会以可能创设或者加强共同支配地位，进而会损害有效竞争为由否决的案件。通过并购，Gencor和Lonrho可以通过一个共同控制的自有企业——Implants Ltd.来掌控南非的铂类金属。正如欧委会所辩论的那样，该笔交易会导致产生双头垄断市场，进而会损害共同市场上的有效竞争。Gencor提出了上诉，但是普通法院支持了欧委会的决定。在*Gencor*案的判决中，普通法院明确了一些与共同支配地位有关的模糊的地方。"经济联系"——在*Flat Glass*案中[65]，即一个适用第102条的案件中提到的术语——被"结构性联系"所取代。[66]在提到*Flat Glass*案（at §273）时，普通法院并没有区分到底是依据第102条还是《欧盟并购条例》来规制共同支配地位。普通法院还指出，欧委会并没必要在创设或加强市场支配地位的基础之上，建立具有共同支配地位企业之间的联系，以否决一项并购。[67]

2.48 法恩（1991）在第4064/89号条例通过之后，发表了一个前七个月的适用分析报告。[68] 在前七个月中，共有23个案件进行申报，其中有15个案件在经审查之后获得了准许。只有4个案件进入了第二阶段的审查程序：*Alcatel/Telettra*案[69]，*Magnati Marelli/CEAC*案[70]，*Tetra - Pak/Alfa Laval*案[71]，以及*Varta/Bosch*案[72]。

2.49 欧委会最初的决定之一——*Alcatel/Telettra*[73]案中，Alcatel欲实现对Telettra的控制。这个案例涉及非常高的市场份额（高达80%），而且在西班牙市

---

[63] Case T - 102/96 *Gencor Ltd. v. Commission* [1999] ECR II - 753.

[64] *Gencor/Lonrho* (Case No. IV/M. 619) [1997] OJ L11/30.

[65] Cases T - 68, 77 and 78/89 *Societa Italiana Vetro SpA (SIV), Fabbrica Pisana and PPG Vernante Pennitalia v. Commission* (Flat Glass) [1992] ECR II - 1403.

[66] 例如：交叉持股，董事会的共同成员，以及通常情况下公司结构方面的其他因素。

[67] Case T - 68, 77 and 78/89 *Societa Italiana Vetro SpA (SIV), Fabbrica Pisana and PPG Vernante Pennitalia v. Commission* (Flat Glass) [1992] ECR II - 1403, at §273.

[68] F. Fine, "The appraisal criteria of the EC merger control Regulation", [1991] 12(4) ECLR, 148 - 60.

[69] *Alcatel/Telettra* (Case No. IV/M. 042) Commission Decision (91/251/EEC) [1991] OJ L122/48.

[70] *Magneti Marelli/CEAC* (Case No. IV/M. 043) Commission Decision (91/403/EEC) [1991] OJ L222/38.

[71] *Tetra Pak/Alfa - Laval* (Case No. IV/M. 068) Commission Decision (91/535/EEC) [1991] OJ L290/35.

[72] *Varta Bosch* (Case No. IV/M. 012) Commission Decision (91/595/EEC) [1991] OJ L320/26.

[73] *Alcatel/Telettra* (Case No. IV/M. 042) Commission Decision (91/251/EEC) [1991] OJ L122/48.

场上唯一的顾客就是一个国有垄断企业 Telefonica de Espa。作为唯一的买方,Telefonica de Espa 可以利用其购买力的杠杆作用。Telefonica de Espa 同时持有 Alcatel 和 Telettra 的股权。只要交易方保证将保持西班牙市场上竞争的开放性,欧委会就会批准该项并购。法恩(1991)认为,欧委会之所以会批准该项交易,在很大程度上是因为这个市场不同寻常的属性。[74]

2.50 欧委会首次在第一阶段就批准一项交易申请即在 *Renault/Volvo* 案[75] 中。这个案件涉及卡车和巴士市场上,Renault 和 Volvo 之间的交叉持股。欧委会分析了比利时、丹麦、法国、葡萄牙以及西班牙市场。欧委会认为,Renault/Volvo 并购并不会在卡车市场上形成共同支配地位,因为在这些国内市场上仍有一些其他具有竞争力的主要供应商,卡车市场的竞争非常激烈,价格有下行趋势,而且进口量也在不断上升。

2.51 至于巴士市场,欧委会认为该项并购并不会在观光巴士市场上形成共同支配地位,因为仍然还有其他供应商,而且这也是一个高度竞争的市场。公共交通巴士市场以国家为单位来进行界定,因为当地的执政当局展现出向其成员国供应商购买巴士的强烈倾向,而且地方特殊要求会有损跨境供应。参与并购各方在英国和法国境内具有非常大的市场份额(高于 60%),但不管是 Renault 还是 Volvo,在其他市场均无业务,因而不会增加交易方在其他市场上的份额。买方倾向于购买船队,而且可以通过寻求进口巴士而在价格上进行施压。法恩(1991)认为,欧委会不仅会采纳欧洲法院对于支配地位的界定,而且也会强有力地证明第 2 条第(3)款所规定的“严重损害”程度可以构成第二阶段的测试。[76]

2.52 早在 1991 年就发生了第一宗被禁止的并购交易。[77] 随着时间的推移,欧委会开始干涉更多的并购交易,在 2001 年禁止了 5 笔并购,[78] 其中有 3 件上诉

---

〔74〕 Fine,“The appraisal criteria of the EC merger control Regulation”(n 68).

〔75〕 *Renault/Volvo* (Case No. IV/M/004) [1990] OJ C281/03.

〔76〕 Fine,“The appraisal criteria of the EC merger control Regulation”(n 68).

〔77〕 *Aerospatiale – Alenia/de Havilland* (Case No. IV/M.53) [1991] OJ L334/42.

〔78〕 *SCA/Metsä Tissue* (Case COMP/M.2097) Commission Decision (2002/156/EC) [2002] OJ L57/1; *General Electric/Honeywell* (Case COMP/M/2220) Commission Decision (2004/134/EC) [2004] OJ L48/1; *Schneider/Legrand* (Case COMP/M.2283) Commission Decision (2004/275/EC) [2004] OJ L101/1; *CVC/Lenzing* (Case COMP/M.2187) Commission Decision (2004/237/EC) [2004] OJ L82/20; *Tetra Laval/Sidel* (Case COMP/M.2416) [2004] OJ L43/13.

至普通法院。[79] 其中 2 个决定被普通法院宣告无效(另外一项决定由欧委会在 1999 年作出);这些在引发一系列改革,进而导致第 139/2004 号条例的通过,以及使竞争总司的运行发生重大改变,起到了至关重要的作用。[80]

2.53 在对第 4064/89 号条例所进行的第一次大型回顾中,修正案条例[81] 引进了条例适用范围的变更。对于第 4064/89 号条例最重大的修改之一就是营业额门槛的设定:通过设置新的营业额门槛,将那些会带来跨境影响的交易包含在适用范围之内,而如果以以前的营业额门槛为标准的话,这些交易并不会被纳入监管体系。这就避免了需要向不同国家申报的麻烦。[82] 修订条例保持了原有的门槛,但同时也加入了:

- 所有相关企业在世界范围内的营业额之和超过 25 亿欧元;且
- 其中至少 3 个相关企业的营业额之和超过 1 亿欧元;且
- 根据前项所界定的 3 个企业之中,其中至少有 2 个相关企业的营业额之和超过 2500 万欧元;且
- 其中至少 2 个相关企业在欧盟范围之内的营业额之和超过 1 亿欧元(这种操作方式与现有的 2.5 亿欧元门槛相同),除非每个相关企业在欧盟范围之内的营业额中有超过 2/3 是在同一个成员国之内获取的。

2.54 欧委会同时也改变了合资企业[83] 的评估方式,以及第 9、22 条所涉及的案件移送操作模式,以实现欧委会和成员国竞争当局之间工作量的平衡。经修订的并购条例同时也增强了欧委会在中止期准予减损的权力,同时在有关减损适用的基础方面,也赋予了欧委会更高的灵活度。条例同时也引进了第 6 条第(1a)款:如果欧委会发现,经相关企业提出修改措施以后,不再认为申报的并购会与共同市场不相符,那么这项申报就有可能会被批准。欧委会同时也会附加一些特定的条件和义务,以确保企业会根据欧委会的决定,遵守他们

---

〔79〕 *General Electric/Honeywell* (Case COMP/M/2220) Commission Decision (2004/134/EC) [2004] OJ L48/1; *Schneider/Legrand* (Case COMP/M. 2283) Commission Decision (2004/275/EC) [2004] OJ L101/1; *Tetra Laval/Sidel* (Case COMP/M. 2416) [2004] OJ L43/13.

〔80〕 Case T – 301/01 *Schneider Electric SA v. Commission* [2002] ECR II – 4071; Case T – 5/20 *Tetra Laval v. Commission* [2002] ECR II – 4381; Case T – 342/99 *Airtours Plc v. Commission* [2002] ECR II – 2585.

〔81〕 Council Regulation (EEC) No. 1310/97 of 30 June 1997 amending Regulation (EEC) No. 4064/89 on the control of concentration between undertakings [1997] OJ L180/0001.

〔82〕 详见 V. Turner and C. Ahlborn, "Expanding success? Reform of the EC Merger Regulation", [1998] 19(4) ECLR, 249 – 62。

〔83〕 详见第 4、5 章有关合资企业的分析。

当初所作出的承诺。[84]

2.55 除此之外,修订条例还规定,如果参与申报的企业依据第6条第(1a)款提交承诺,意在以此为基础使得欧委会依据第6条第(1)款(b)项作出决定的话,那么第一阶段的调查期也会延长至6周。现已明确授权欧委会可以决定依据第6条第(1a)款和第8条第(2)款提交承诺的截止日期,而且已经决定第一调查阶段的承诺应当在自收到申报通知(也就是所谓的申报表格)之日起3周之内提交。修订条例同时也修改了申报表格,以及依据申报表格所应填写的信息要求。修订条例还规定,如果欧委会需要依据第11条要求相关企业之一提交更进一步的信息以便作出决定,或者是需要依据第13条启动调查程序的话,可以中止第一阶段的调查。[85]

二、并购控制的目标和福利标准

2.56 目光转至欧盟竞争法和并购控制的目标,在考虑对竞争损害的同时应当将消费者利益损害这一概念与之相联系,虽然这是两个截然不同的概念。通过衡量一个行业运行得是否顺利,并将不同经济组织的利益汇总在一起,从而设立福利标准。福利标准继而在不同市场参与者之间进行不同权重的分配。应当从一个动态的角度来观察消费者福利;也就是说,同时从中期和长期的角度来检测消费者福利。[86] 竞争规则存在的目的就是阻止那些会进一步损害竞争及消费者的行为。[87]

2.57 自1978年罗伯特·博克(Robert Bork)的《*反垄断的悖论*》(*The Antitrust Paradox*)

---

[84] Turner and Ahlborn (n 82).

[85] Turner and Ahlborn (n 82).

[86] V. Mertikopoulou, "DG Competition's discussion paper on the application of Article 82 of the EC Treaty to exclusionary abuse: the proposed economic reform from a legal point of view", [2007] 28 (4) ECLR, 241 – 51 at 242. 在竞争法中,消费者福利标准的初始角色在于验证竞争政策的目标,并通过设立调查和诉讼中所需证据标准的基础,来构建竞争执法的基本法律框架。

[87] 在有关第82条的报告中,竞争政策的经济顾问团认为,"消费者福利"这一术语的使用隐藏了其涉及多方面考量因素这一事实。许多问题涉及多重市场,根据市场的不同,消费者福利影响的发展方向也不尽相同。竞争当局需要持有一个全面的视野,并将调查实践以及对于消费者福利进行政策干涉的不同效果考虑进去。详见 J Gual et al.,"An economic approach to Article 82", (Report by the EAGCP, July 2005), 9;详见 http://ec.europa.eu/comm/competition/antitrust/art82/index.html,2013年9月14日访问。

出版之后,消费者福利[88]就被美国的反垄断法明确认定为反垄断法的立法目的。消费者福利标准可以帮助实现反垄断法的实施以及执法。罗伯特·博克认为,"现有法规只能依据消费者福利来进行符合法律本意的解释",并且强调,"消费者福利是反垄断法的唯一法律目标,并非因为反垄断属于经济学范畴,而是因为其属于法学的范畴"。[89] 霍温坎普(Hovenkamp)认为,保护消费者福利应当是反垄断法的唯一目标。[90] 自1982年以来,Robert Lane就已经开始推进"反垄断法存在的目的就是在于增加消费者利益"这一观点,不管是通过最大化消费者剩余,还是最大化消费者选择。[91]

2.58 奥巴赫(Orbach)(2011)提到,消费者福利悖论描述了反垄断法的适用是如何损害消费者权益以及减损社会总福利的。他提供了三种不同的场景,均将反垄断法的惯常适用与标准的消费者偏好相结合,结果发现这样会损害消费者利益。损害包括为"不良产品"("bads")支付较低的价格[92],以及为可以彰显社会地位的商品支付低价。[93]

2.59 消费者剩余是指在特定市场上可以感知到的买方福利。消费者剩余即消费者愿意为某个商品或者是服务所支付的价钱和其实际支付的价钱之间的正差值。(见图2.1)

---

[88] 那些通常被归为"芝加哥学派"的学者主张,反垄断法并不处理所有问题,而仅仅与消费者福利有关。芝加哥学派以及其他一些学者所主张的单一竞争法目标,与欧盟境内有关竞争法目标的不确定性,形成了鲜明对比。正如Odudu(2010)所主张的那样,"欧盟竞争法主要目标本身具有不确定性,而竞争法适用上的不一致又加剧了这种不确定性:具有类似经济效果的实践却遭受了不同的待遇——更加令人担忧的是,结果似乎是取决于由谁来判定实践与欧盟法是否一致。"O. Odudu, "The Wider Concerns of Competition Law", [2010] 30(3) OJLS, 599 - 613.

[89] R. H. Bork, "The Goals of Antitrust Policy", [1967] 57(2) Am. Econ. Rev., 242 - 4.

[90] H. Hovenkamp, "The Antitrust Enterprise: Principle and Execution: An Introduction", [2006] Journal of Corporation Law, 288, http://blogs. law. uiowa. edu/jcl/wp - content/uploads/2012/01/1 - HOVENKAMP - FINAL. pdf,2013年9月14日访问。

[91] R. H. Lande and N. W. Averitt, "Consumer Sovereignty: A Unified Theory of Antitrust and Consumer Protection Law" [1997] 65 Antitrust Law Journal, 713.

[92] 根据Orbach,社会本身会使一些"不良产品"非法化,例如香烟、毒品(麻醉剂)以及特定种类的服务,还有童工。

[93] 可以彰显社会地位的商品的排外性是一种商品属性,消费者愿意为此支付高价。B. Orbach, "The Antitrust Consumer Welfare Paradox", [2011 7(1)] JCL and E, 133 - 64.

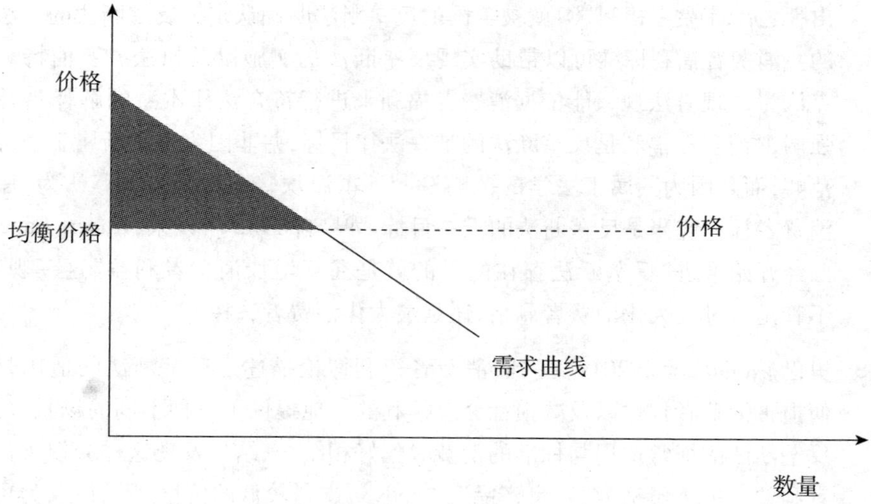

图 2.1 消费者剩余描述

2.60 生产者剩余是指在特定市场上可以感知到的生产者福利。生产者剩余指代卖方所卖商品的价格和其为了提供这件商品而支出的花费之间的正差值。总剩余指的是消费者剩余和生产者剩余之和。如图 2.2 所示,生产者剩余由 ABC 区域来表示。

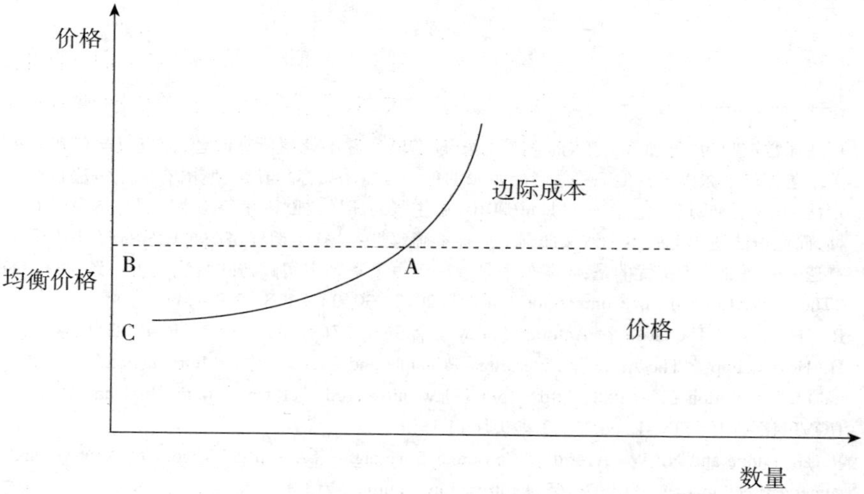

图 2.2 生产者剩余描述

2.61 芝加哥学派所指的总剩余,是生产者剩余和消费者剩余之和,也就是说,总剩余是指在一个特定市场上可以感知到的买卖双方福利之和。基于这种理论的考量,总剩余标准并不考虑消费者和卖方之间财富的转移。对于总剩余标准的异议,主要体现在其潜在的分配效应,以及对可能会损害消费者利益的担忧。

2.62 "消费者"一词,依据所研究的环境和市场的不同而指代不同类型的人群。消费者不仅仅是指购买商品供自己使用的大众,还包括那些在贸易过程中购买商品的主体。通常情况下,消费者指的是买方,但是在买方独家垄断的市场上,卖方也有可能转变为买方。我们需要注意,竞争法所希望使得其福利最大化的消费者并不是一个固定不变的群体。

2.63 与美国反垄断法形成对比,(欧盟竞争法——译者注)有关消费者福利所指代的范围的大小一直是一个争论不休的话题。消费者福利由三部分构成。[94] 第一部分是金钱的价值。如果商品和服务的价格下降,或者是价格维持不变,但商品质量有所提升的话,那么我们就认为消费者福利增强了。当价格指的是为具备特定质量的商品或者是服务所支付的总额时,价格和质量就联系在了一起。然而,在不知道商品或者服务价格的情况下,消费者是不会对其质量感兴趣的。

2.64 对于很多消费者而言,价格确实起到了非常重要的作用,但是仅关注价格会产生以下一些问题:

- 消费者也会面临一些非价格类的损害,例如(产品——译者注)获取(困难——译者注)、质量低劣、信息不对称、选择余地小或者是创新不足。
- 价格并非是所有市场上作出消费决定的主要考量因素。
- 同一个消费者可能会在不同的市场上遭受到不同的损害。

2.65 横向并购指南规定,在评估并购时以消费者福利为标准。[95] 但是,"消费者"(consumer)这个词到底指代的是谁并不清楚。《欧盟并购条例》规定,任何扮演中间或者是终端消费者角色的"消费者"或者是"使用者",也可能在其他市场上购买商品或者是服务。[96] 在评价一项集中时,欧委会尤其会同时考

---

〔94〕 A. Lindsay, *The EC Merger Regulation: Substantive Issues* (London: Sweet & Maxwell, 2003).

〔95〕 横向并购指南(the Horizontal Merger Guidelines)(Guidelines on the assessment of horizontal mergers under the Council Regulation on the control of concentrations between undertakings)第8、79段[2004] OJ C31, 5-18。

〔96〕 Council Regulation (EC) No. 139/2004 of 20 January 2004 on the control of concentrations between undertakings (the EC Merger Regulation) [2004] OJ L 24/1, Article 2(1)(b).

虑到中间和终端消费者的福利。当对于消费者同时进行直接和间接界定时，评价就不得不扩张至更多的市场，尤其是如果衍生产品的消费者也被考虑进去的话。如此一来，相关消费者的范围就会非常宽泛。与总福利标准不同的是，消费者福利模型认为从消费者到生产者的福利转移是有害的，而非中立的。欧委会关于适用第 101 条第(3)款的通知规定到：[97]

> "消费者"这一概念指代协议所包含商品的所有直接和间接使用者，包括那些把这些商品作为生产投入的生产者、批发商、零售商以及终端消费者，例如：自然人基于贸易和专业目的之外而购买商品。换言之，第 81 条第(3)款意义上的消费者，指的是协议各方的消费者及其后续购买者。如果涉及工业机械的买方，或者是投入生产旨在再加工，或者是终端消费者充当冰激凌或自行车买方角色时，消费者有可能是企业。

2.66 再看欧共体条约的文本，在提及第 101 条时，很多翻译版本都会使用近似于"消费者"的概念，也就是说，只有证明了合理部分的利益被转移至了私人终端消费者，一项协议才能被豁免。[98] 其他翻译版本则使用了"使用者"更为模糊的表达方式，其不仅包括了私人终端消费者，还涵盖了那些将使用这些商品或者是服务来生产、加工或者是转卖——包括那些直接从并购方购买商品或者是服务的"消费者"。[99]

2.67 欧共体条约的英文翻译版本，例如在第 101 条第(3)款中也使用了相同的词语——"消费者"(consumer)，即"消费者保护"(consumer protection)。其他翻译版本也遵循了相同的模式，[100] 尽管实际上并非所有的都确实如此。[101] 这种对于"消费者"的翻译版本也获得了欧共体法院的支持。如果涉及第 102 条的话，例如，欧洲法院就对"customers"和"consumers"进行了区分。

2.68 在美国和欧盟，消费者福利通常被视为反垄断法最为常见的立法目的之

---

[97] Guidelines on the Application of Article 81(3) [2004] OJ C 101/97, para 84.

[98] 这种解释获得了丹麦(forbrugerne)、芬兰(kuluttajat)、德国(Verbraucher)、希腊(katanalotes)以及瑞典(konsumenterna)翻译版本的支持。

[99] 这种解释获取了荷兰(gebruikers)、法国(utilisateurs)、意大利(utilazzatori)、葡萄牙(utilizadores)以及西班牙(usuatios)翻译版本的支持。

[100] 在丹麦、英国、芬兰、德国、希腊和瑞士的文本中也是如此。

[101] 荷兰、法国、意大利、葡萄牙以及西班牙的翻译版本，均在依据第 153 条应当给予消费者保护的情况下使用了不同的术语。

一。[102] 很多专业学者似乎也赞同这一点。[103] 在美国,由联邦贸易委员会(Federal Trade Commission,FTC)来确保市场的有效运行,进而保护消费者利益。在英国,公平贸易办公室(Office of Fair Trading,OFT)宣称,其目标在于确保市场为了消费者利益而有效运行。欧委会早期有关竞争政策的报告强烈建议这些政策应当旨在促进消费者福利的提升。欧委会1971年第一份有关竞争政策的报告指出:"竞争政策努力通过同时适用于私人和公共领域企业的规则,来保持或者是创造出有效的竞争环境。这样一种政策鼓励有利于生产资源的物尽其用,以实现整体经济利益的最大化,尤其是利于消费者福利的实现。"

2.69 根据哈克(Harker)、赫维德(Hviid)以及赖特(Wright)(2011),并购控制的主要目标可以分为两点:保护消费者福利(由消费者剩余来衡量)以及保护竞争者,这两点通常与秩序自由主义相联系。[104] 秩序自由主义致力于实现一种可以控制私有经济、政治力量的竞争秩序,以确保实现一种繁荣、人性化的社会,进而保证个人经济的自由和价格的稳定。[105] 秩序自由主义者认为竞争就是一种市场参与者参与经济发展、而不受私有或者是公共力量不利干涉的一个过程。在秩序自由主义的模式之下,竞争政策主要目标就是"保护个人经济自由行为本身应有的价值,或者是相反的,限制不当经济力量的干涉"。[106] 主要关注点在于保护与竞争对手相对应的竞争环境,而非竞争的实际结果。[107]

2.70 保护竞争程序的需求与保护消费者福利的目标是一致的。在评估并购时,并

---

[102] Whish(n 29),15 以及下列,等等。

[103] 附件I展示的是关于单方行为法律目标的表格(摘自ICN报告),作为ICN报告有关调查管辖权的回应。这个由ICN单方行为研究组(ICN报告)为了2007年5月在莫斯科举行的第6届年会而准备的报告由3章组成,其解决了以下三个问题:(1)单方行为法律的目标;(2)支配地位/主要市场力量的评定;(3)国家创造出来的垄断。这份报告展示了全球范围之内的竞争机构解决这些问题的方式,并且提取出那些会有助于促进这些领域融合的主题。这份报告的基础在于35个ICN成员的回应,以及14份由工作组制作并发放给14个非政府顾问(NGAs)的调查问卷组成。可参见http://www.internationalcompetitionnetwork.org/uploads/library/doc393.pdf,2013年9月14日访问。

[104] M. Harker, M. Hviid and K. Wright, "The EU rules on standing in merger cases: should firms have to demonstrate 'harm to competition'?", [2011] 36(4) EL Rev, 500-23.

[105] L. L. Gormsen, *A Principled Approach to Abuse of Dominance in European Competition Law* (Cambridge: Cambridge University Press, 2010), 39-48.

[106] W. Möschel, "The Proper Scope of Government Viewed from an Ordoliberal Perspective: The Example of Competition Policy", [2001] 157 Journal of Institutional and Theoretical Economics, 3.

[107] 有关秩序自由主义的最佳论述,请见Gormsen (n 105)。

购指南所采取的就是一种基于效果的方法,旨在增强消费者福利。[108] 马斯登(Marsden)和蕙兰(Whelan)(2006)认为,尽管竞争法的目的在于保护消费者福利,但在适用时并不要求证明对于消费者的直接损害。[109] 作者认为,保护竞争程序可以实现保护消费者利益。这一论述的假设前提条件是,对竞争程序的损害会对消费者不利。一份英国公平贸易办公室报告列举了三种主要的消费者利益损害标准:价格损害(消费者无法在能力范围之内买到最低价格的商品或者是服务),适当性损害(基于品味以及偏好考量的话,消费者无法买到最合适的商品)以及品质性损害(消费者无法买到符合其事先预计质量的商品或服务)。[110] 新版《欧盟并购条例》前言的第23段将并购控制放在了更为宽泛的范围之内:"欧委会必须将其评估放在一个大的框架之中,以实现建立欧共体条约第2条以及欧洲联盟条约第2条所规定的基本目标。"

2.71 在*Gencor*案中,普通法院阐明,现有并购控制的主要目标在于确保企业结构的重组不会产生将会严重损害共同市场有效竞争的经济力量。[111] 经济合作与发展组织(OECD)指出:[112]"在实现内部市场的过程之中,市场融合目标的相对重要性已经下降。政策声明现在强调高效、消费者福利以及竞争性。竞争总司的任务声明制定了一系列的可能目标,包括了相同的叙述:消费者福利以及欧洲经济的竞争性。"

2.72 然而,在欧委会和欧洲法院20世纪70年代的一些重大决定中,却将保护竞争和保护市场参与者的经济自由放在了同等位置。这些重要决定并非以经济学分析为基础,而且也并未将消费者福利这一因素考虑在内。在这些早期的案件中,欧委会和欧共体法院并未关注消费者福利,而是更加注重保护市

---

[108] 横向并购指南规定,欧委会会阻止这类交易:通过显著增强的市场力量,剥夺消费者本应享有的权益,例如低价高质的产品,商品/服务的广泛选择权以及创新。Guidelines on the assessment of horizontal mergers under the Council Regulation on the control of concentrations between undertakings [2004] OJ C31。

[109] P. Marsden and P. Whelan, "Consumer detriment and its application in EC and UK Competition Law", [2006] 27(10) ECLR, 569-85.

[110] "Consumer Detriment: Assessing the frequency and impact of consumer problems with goods and services", (April 2008) OFT 992, http://www.oft.gov.uk/shared_oft/reports/consumer_protection/oft992.pdf,2013年9月14日访问。

[111] Case T-102/96 *Gencor v. Commission* [1999] ECR II-753, para 106.

[112] "Competition Law and Policy in the European Union"(2005, OECD, Paris),http://www.oecd.org/dataoecd/7/41/35908641.pdf,2013年9月14日访问。

场参与者的经济自由,并阻止企业利用其经济实力来损害竞争结构。[113] 在 *Continental Can* 案中,法院裁定:

如果出现以下情况,就认为发生了"滥用":如果一个已经具备支配地位的企业加强了其支配地位,以至于到了会严重损害竞争的程度,例如:市场上仅存企业的行为完全取决于占据支配地位的那个企业……如果一个企业占据的支配地位是如此得显著,以至于供应结构改变进而严重危及市场上消费者行为自由,最终导致条约所规定的目标无法实现,就可以……被认为是"滥用"。如果实践中所有竞争都被遏制的话,那么这种极端的例子很有可能出现。[114]

2.73 尽管最初竞争政策的首要目标是保护竞争和经济自由,但是近些年来消费者福利却逐渐占据更为重要的地位。欧委会委员科洛斯(Kroes)曾主张:"当今,欧委会在评估并购以及有违条约关于卡特尔、垄断行为的规定时,已经采纳了消费者福利这一标准……一种以严格的经济学分析为基础的效果导向的解决问题的方法,保证了市民可以享受到具有竞争性的、有活力的市场经济。"[115] 与之相类似的,欧委会委员科洛斯于 2005 年 9 月 23 日在福德汉姆企业法学院(the Fordham Corporate Law Institute)的一个演讲上声称:"第 82 条的目标在于以保护市场上竞争为手段,促进消费者福利,并确保资源的有效分配。"[116] 竞争总干事 Philip Lowe 强调:"竞争本身并非最终目的,而是一种实现特定公共利益目标及消费者福利的手段"。[117] 切赖什(Cseres)(2007)认为:

与社会总福利标准相对应,消费者福利标准的采纳将消费者的经济需求与对于企业行为的回应更进一步,即成为竞争法执法的关注点。这可以抵消企业的信息优势、游说优势、可以更好地被代表及其在选择政策行为时可以更快

---

[113] L. L. Gormsen, "Article 82 EC: Where are we coming from and where are we going to?", [2006] 2 (2) Competition Law Review, 19.

[114] Case 6/72 *Europemballage Corp and Continental Can Co. Inc v. Commission* (Continental Can) [1973] ECR I – 215, § 26.

[115] N. Kroes, "European Competition Policy: Delivering Better Markets and Better Choices", European Co – nsumer Day, London, 15 September 2005, (SPEECH/05/512), http://europa.eu/rapid/pressReleasesAction.do? reference = SPEECH/05/512 &format = HTML&aged = 0&language = EN&guilanguage = en,2013 年 9 月 14 日访问。

[116] N. Kroes, "Preliminary Thoughts on Policy Review of Article 82" (Speech at the Fordham Corporate Law Institute, New York, 23 September 2005). (SPEECH/05/537), http://europa.eu/rapid/pressReleasesAction.do? reference = SPEECH/05/537&format = HTML&aged = o&language = EN&guiLanguage = en,2013 年 9 月 14 日访问。

[117] "Preserving and Promoting Competition: A European Response" (EC Competition Policy Newsletter, No. 2, 2006).

地转移目标。在执法过程中，无论是从法律还是政治角度来看，消费者福利标准似乎都是非常合适的。[118]

2.74 最近的 *Ryanair/Aer Lingus* 案[119] 展示了欧委会所采用的分析问题的方式，以及消费者福利所被赋予的重要角色。在这个案件中，欧委会竞争委员科洛斯评论道："我们之所以否决这项并购，是为了保护爱尔兰的消费者，而爱尔兰消费者对于航空这种运输方式的依赖性非常大。垄断不利于消费者，因为这会导致可选项的减少、质量的降低，并且还会导致价格的攀升。"

2.75 以总消费福利为标准，如果并购之后，消费者和生产者剩余之和有所提升的话，那么一项并购就会被批准。总福利标准已经被很多经济学家所倡导，他们认为其他标准有时候会牺牲掉社会剩余。在有些情况下，单一市场不可避免会通过并购来实现效率的提升，应当通过总剩余来衡量，而非消费者福利。[120]

2.76 以总福利标准为依据，正如威廉姆森（Williamson）所倡导的那样，[121] 一项不利于竞争的并购仅在一种情况有可能被批准，即参与并购的企业将会大幅度提升其生产性或者是动态的效率，即便该项并购会导致价格有所提升。罗勒、斯滕内克（Stennek）以及韦尔博旺（Verboven）[122] 认为，在古诺（Cournot）或者是伯特兰德（Bertrand）竞争模型之中，为了实现并购之后价格的降低，并购之后所形成的企业必须要比并购前任何企业的边际成本低得多。这种必要的边际成本的压缩，主要取决于企业参与并购前的市场份额，以及需求弹性。

2.77 韦登（Werden）（1996）[123] 认为，单纯的消费者福利标准效果会更好，因为这样一来欧委会处理问题会更容易些。内文和罗勒[124] 也认为，以单一的消费

---

〔118〕 K. J. Cseres (2007), "The Controversies of the Consumer Welfare Standard", [2007] 3(2) Competition Law Review, 121 – 73.

〔119〕 *Ryanair/Aer Lingus*, (Case COMP/M. 4439) [2007].

〔120〕 C. Luescher, "Efficiency Considerations in European Merger Control—Just Another Battle Ground for the European Commission, Economists and Competition Lawyers", [2004] ECLR, 72 – 86 at 72.

〔121〕 O. Williamson, "Economies as an Antitrust Defense: The Welfare Trade – Off" [1968] 58 American Economic Review, 18 – 36.

〔122〕 L – H. Röller, J. Stennek and F. Verboven, "Efficiency gains from mergers", in *The Efficiency Defence and the European System of Merger Control* (A study prepared for the Directorate – General for Economics and Financial Affairs, 2001), No. 5.

〔123〕 G. J. Werden, "A robust test for consumer welfare enhancing mergers among sellers of differentiated products", [1996] 44(4) Journal of Industrial Economics, 409 – 14.

〔124〕 D. Neven and L – H. Röller, "Consumer surplus vs welfare standard in a political economy model of merger control", [2005] 23(9 – 10) International Journal of Industrial Organizations, 829 – 48.

者福利为标准会处理得更好。法雷尔(Farrell)和卡茨(Katz)(2006)[125]认为,在特定情况下,那种会导致福利减损的案例应当被批准,可是欧委会却更倾向于采纳消费者剩余标准。埃文斯(Evans)(2007)认为,在竞争政策领域,消费者地位从未如此之高。竞争官员将其注意力集中在其所作出的决定对于消费者的影响。决定必须要么促进消费者福利的实现,要么将对消费者的损害降至最低。[126]

2.78 根据吕舍尔(Luescher)(2004)[127]推断,绝大多数经济学家均认为竞争政策不应当仅仅是为了保护消费者利益,而应当致力于"总剩余"的实现。[128] 根据总剩余标准,即便是一项并购可能会导致价格的攀升,但是如果并购所带来的效率提升超过了消费者所遭受的损失,那么就应当被批准。威廉姆森认为,效率可以抵消由并购产生的垄断价格带来的无谓损失。一些更倾向于选择垄断者所提供的价格低廉的商品的消费者,现在将寻求更低级别的替代品。这种损失就是无谓损失,或者是社会净损失,而且这种利益损失并未被任何人获取。威廉姆森的总剩余标准并未将从消费者转移至生产者的财富考虑进去,这种转移表现为价格的提升,再或者是结果表明,效率并非必须要体现在其被转移至消费者。然而,若以消费者福利为标准,经并购而形成的企业就会被要求将这种效率转移给消费者。除此之外,在很多案例之中,都建议获得相对平缓的效率,也就是说,成本降低的平均程度已经足以弥补价

---

[125] J. Farrell and M. L. Katz, "The economics of welfare standards in antitrust", [2006] 2(2) Comp. Pol'y Int'l, 3 – 28.

[126] 根据Evans(2007),需要一种新型的消费者损害模式——这种模式围绕以下因素:

问题:

1. *选择*:在竞争市场上消费者福利是最高的。
2. *透明度*:在透明的市场上消费者所做出的选择会更加理智。
3. *创新*:消费者直接受益于创新,并且间接受益于鼓励创新的政策。
4. *公平*:促进"绝大部分"消费者福利的实现必须包含为遭受损失者提供补偿。

解决办法:

1. *选择*:认识到选择制造者的重要性,而且更多的选择也并非是正确答案。
2. *透明度*:认识到以信息为基础的处理问题方式的局限性。
3. *创新*:试图平衡短期和长期的消费者福利。
4. *公平*:确保那些因绝大多数受益而遭受损失的少数可以得到某种形式的补偿。

目前的消费者福利和损害评价方式关注的是价格,一个更加精准的分析方式就是在众多因素之中,把价格放在首位,并同时考虑创新、市场运行的透明度以及公平因素。技巧在于将这种方法适用于可能会损害或者是有益于消费者的特定案件之中。详见P. Evans, "Assessing Consumer Detriment", [2007] 28(1) ECLR, 26 – 35。

[127] Luescher (n 120).

[128] Röller, Stennek and Verboven (n 122).

格上升所带来的无谓损失。

2.79 除了消费者和总福利标准以外,还有人倡导另外两种标准:价格标准[129]以及加权剩余标准。依据价格标准,如果不会导致价格上升的话,那么一项并购就会被批准。因为消费者福利标准同时涵盖了价格以及非价格因素,如果并购之后商品的质量有所减损的话,那么这两个标准就会发生分歧,即便是商品的价格并未提升。在加权剩余标准之下,有关并购的不同影响——不管是对生产者还是对于消费者——都会被合计在一起,只不过会根据其对于社会福利影响的不同而权重有所不同。消费者利益权重通常会高于生产者利益权重。[130]

2.80 一些司法辖区会评估并购对于除消费者、生产者以外因素的影响。如就业、本地或地区性发展因素均会被考虑在内。所使用的标准,反映了竞争当局解释竞争政策的方式及其目标。如果并购控制旨在促进经济效率提升的话,那么竞争当局会为实现效率而(附条件)批准一项会带来效率的并购,尽管该项并购是不利于竞争的。相反,如果并购控制仅仅旨在促进竞争的话,那么竞争当局就很有可能会否决一项不利于竞争的并购,而不管该项并购是否会带来效率利益。里斯本条约(Lisbon Treaty)明确提及就业及社会目标,包括经修订的《欧洲联盟条约》(Treaty on European Union)第 3 条所提及的“具有高度竞争性的社会市场经济”。这就为应当适用更为宽泛的产业政策标准提供了支持。[131]

2.81 在评价并购以及效率抗辩时,加拿大竞争当局会将加权剩余,或者说是平衡性权重的因素考虑在内。[132] 相关考虑因素包含生产性、分配性、管理性因素和动态效率增益,消费者和生产者的无谓损失,不利的社会财富转移,以及产生于经加强的市场力量或者是交易预期产生效率的其他社会经济影响。根

---

[129] J. Venit(2003)认为,“修正价格标准”这种表述要优于“消费者剩余标准”,因为欧委会会很明确地关注价格变动。J. Venit, “The Role of Efficiencies in Merger Control” in D. Götz, and M. Reynolds (eds.), *EC Merger Control: A Major Reform in Progress* (Richmond: Richmond Law & Tax, 2003).

[130] Luescher (n 120). (n 128).

[131] “The Lisbon Treaty: The next steps forward for Europe” (December 2009), http://www.wilmerhale.com/publications/whPubsDetail.aspx? publication = 9321,2013 年 9 月 13 日访问。

[132] “Competition and Financial Markets” (OECD, 2009, Paris), http://www.oecd.org,2013 年 9 月 13 日访问。

据这种分析方式,[133] 如果一项并购会导致财富在不同收入群体之间的转移,进而会给社会总财富带来不良影响的话,竞争当局就会人为地改变不同财富标准权重,来防止这种情况的发生。根据这种平衡权重的处理方法,如果对于某些购买群体的收入影响会严重于其他群体的话,那么就会根据严重程度来调整不同群体的权重。

2.82 通过这种方法,竞争当局就可以防止出现因禁止一项并购而导致产生低效率,进而损害消费者利益这种情况的发生。竞争当局需要衡量这种损害,以及如果允许一项并购而带来价格提升的潜在损害之间的关系。竞争当局必须考虑应当给予消费者剩余总减损的权重,以便将其等同于并购可能会产生的生产者剩余的提升。

2.83 根据加拿大竞争当局所使用的权重剩余标准,如果价格提升这种负面的福利影响非常严重的话,那么竞争当局就可以自由分配不同影响因素之间的权重,使分析可以准确反映一项并购的现实影响。这种分析方法在危机阶段非常有利,竞争当局可以赋予生产者、消费者福利不同的权重,这样就可以在总福利和消费者福利标准之间进行切换,以试图确保最终能够在危机市场之中以最佳的方式解决并购所带来的问题,包括产品/服务中止、质量下降等严重问题。在危机时期适用这种分析方法,可以有效防止并购所带来的低效率。[134]

---

〔133〕 "Competition and Financial Markets" (OECD, Paris, Canadian submission, 2009), http://www.oecd.org,2013 年 9 月 13 日访问。

〔134〕 另外一种福利标准是 *Hillsdown* 标准(HD)。正如 Renckens(2007)所阐述的那样,这种标准源自加拿大的 *Hillsdown* 案。在这种标准之下,福利从消费者转至生产者会被认为是并购的损失,而非中性的。因此,并购所能够产生的效率,应当高于消费者剩余的总损失。总而言之,生产者利益在这种标准之下会被考虑进去(这与之前的标准会有所不同),但也并非全部。也可以这样说,与消费者剩余相比,生产者剩余的权重有所下降。Renckens 认为,加拿大竞争法案使用的是总福利标准。在 *Hillsdown* 案中,竞争法庭(the Competition Tribunal)使用的是消费者剩余标准,而在该案件中所使用的标准仍被称为 *Hillsdown* 标准。就像作者所阐述的那样:*Hillsdown* 决定作出之后没多久,竞争司就在并购指南中确认了这种观点,即应当适用总剩余标准。这种总剩余标准的适用一直保持到 Superior Propane 案。在 Superior Propane 案中,欧委会委员脱离其自身指引的适用,第一次转而适用权重剩余标准。然而,这一决定却被法庭否决,因为法庭更倾向于总剩余标准。后来,法院的判决又被上诉法院推翻,其认为权重标准更合适(消费者福利权重应当比生产者福利权重高60%)。*Commissioner of Competition v. Superior Propane, Inc.* (2000) CCTD No. 15, 7 CPR (4th) 385 (Canadian Competition Tribunal) (original decision). A. Renckens, Welfare Standards, Substantive Tests, and Efficiency Considerations in Merger Policy: "Defining the Efficiency Defense", [2007] 3(2) JCL & E, 149 - 79. 另参见 OFT Paper on "The Development of Targets for Consumer Savings Arising from Competition Policy",其中 S. Davies 和 A. Majumdar 认为,一种中间标准也是可行的,也就是所谓的 *Hillsdown* 标准。*Canada v. Hillsdown Holdings Canada* (1992) 41 CPR (3d) 289. Hillsdown Holdings Ltd. .

2.84 关于“消费者”定义，当今的欧委会竞争法采取了一种动态的方法。在关注降低价格的同时，欧委会也会考虑质量的提升、可选交易的增加以及创新。[135] 就像前文所提到的那样，与总福利标准不同，消费者福利标准不允许发生福利从消费者到生产者的转移，而且任何未被转移至消费者的成本节约均不应当被考虑在内。总而言之，与总剩余标准相比，满足消费者剩余标准需要更大幅的效率提升。

2.85 实施并购控制，并不需要发现直接的消费者损害。依据第 139/2004 号条例，如果一项并购将会严重损害有效竞争的话，那么就会被认为是与共同市场不相符。欧委会的判例法中展示了不同种类的消费者损害，例如价格提升、成本转移、被施加不受欢迎的买卖条件，以及创新、服务和选择的减少。

三、市场支配地位概念的起源

2.86 欧洲联盟起源于 1952 年欧洲煤钢条约所建立的共同市场。[136] 正如第 2 条所述，欧洲煤钢条约的立法目的在于通过煤钢的共同市场促进经济扩张、提高就业率，并改善生活水平。欧洲煤钢条约在共同市场之中引入了免关税和税收的产品自由流通。条约同时也禁止国家实施的歧视性措施或行为、补贴、国家援助或者是特别费用以及限制性行为。条约专门处理了可能扭曲竞争的三种行为：协议、[137] 集中以及滥用市场支配地位。第 66 条明确规定了并购控制；第 66 条第(7)款的基础在于“支配地位”这一概念。[138] 支配地位

---

[135] Malinauskaite (n 20).

[136] 欧洲煤钢条约已经于 2002 年 7 月 23 日失效。据此，煤钢部分就是现在所对应的第 101、102 条，而非欧洲煤钢条约的第 65、66 条。失效的结果在欧委会的一份文件中有所体现，即“Communication from the Commission concerning certain aspects of the treatment of competition cases resulting from the expiry of the ECSC Treaty”[2002] OJ C152/5, Section 2, http://europa. eu. int/eur - lex/pri/en/oj/dat/c_152/c_15220020626en00050012. pdf,2013 年 9 月 13 日访问。

[137] 如果企业间的协议或联盟会直接或间接阻止、限制或扭曲正常竞争，就会被（欧洲煤钢共同体）最高机构所取缔。

[138] 第 66 条第(7)款解决了“支配地位”这一概念问题：如果最高机构发现，公共或者是私人企业在其司法管辖权范围之内，法律上或事实上持有或者是获取了在某产品市场上的支配地位，该支配地位可以保护这些企业免受大部分共同市场上的有效竞争，且利用这种支配地位以实现与条约目标不相符的目的的话，就应当给这些企业提出合适的建议，以防支配地位被滥用。如果在合理时间之内，这些建议并未被有效执行的话，最高机构应当依据第 58、59、64 条所规定的惩罚义务，通过咨询相关政府来决定问题企业所应当采纳的销售价格及条件，或者是草拟企业应当遵循的生产、交付条件。

的起源可以追溯至德国竞争法。德国竞争法——《反限制竞争法》[139]的第22(1)部分使用了"支配地位"这一术语;这一概念与以往1923年《滥用条例》中的概念相类似。[140] 欧洲煤钢条约使用的是"支配地位"(Dominance)这一术语,而非《谢尔曼法》[141]使用的"垄断"(Monopolization),部分原因在于当时的起草者让·莫内(Jean Monnet)受到德国竞争法的影响很大。支配地位这一问题在法学和经济学均有所提及。在经济学中,支配地位出现在寡头以及垄断市场结构的理论之中。法律上,支配地位出现在两套法律规定之中——第102条和新版《欧盟并购条例》。[142]

2.87 关于支配地位的法律界定问题受到了激烈讨论。欧洲法院在 *United Brands* 案中对支配地位给出了标准的法律界定。欧洲法院阐明:"第82条所指的支配地位,指的是一个企业所享有的经济地位,即通过赋予该企业可以不受相关市场上竞争者、顾客及最终消费者影响而自由行动的能力,来阻止相关市场上所保持的有效竞争"。[143] 相类似地,在 *Hoffmann – La Roche* 案中,[144]欧洲法院将支配地位界定为:"企业所享有的经济力量,以使得该企业可以不受其竞争对手、顾客以及最终消费者影响而自由行动的能力。"

2.88 然而,有关支配地位的法律界定在上诉至欧洲法院的其他一些案件中也有所提及。在 *Continental Can* 案中,[145]欧委会所给出决定的关注点在于企业自由决定的能力,以至于会影响整体市场。至于并购案件,欧洲法院在 *Kali* –

---

[139] 可参见德国联邦卡特尔局网站,http://www. gesetz – im – internet. de/gwb/,2013年9月13日访问。

[140] *Verordnung Gegen Missbrauch Wirtschaftlicher Machtstellungen*, 1923, Reichsbesetzblatt, [R6B. 1] I, 1067, 2 November 1923.

[141] 15 USC § 2:垄断贸易是重罪,应当处以罚款。任何人通过参与垄断,或者是试图垄断,或者是与其他人联合或者是共谋,来垄断州际或者是与其他国家间任何贸易或者商业往来,均应当被认为是犯了重罪,一旦定罪,即应当对公司处以10,000,000美元以下的罚款,或者是对个人处以350,000美元以下的罚款,或者是对个人处以3年以下有期徒刑,再或者是以上两种惩罚方式相结合,由法院进行裁量。

[142] 第102条处理的是滥用已经具备的市场支配地位(事后),然而新版《欧盟并购条例》所评价的是未来可能具备的支配地位(事前)。

[143] Case 27/76 *United Brands Co. and United Brands Continental BV v. Commission* [1978] ECR I – 207, at § 65.

[144] Case 85/76 *Hoffmann – La Roche & Co AG v. Commission* [1979] ECR I – 461, at § 38.

[145] Case 6/72 *Europemballage Corp and Continental Can Co. Inc v. Commission* (*Continental Can*), [1973] ECR I – 215, at § 3.

Salz 案中回应了 *United Brands* 案中对于共同支配地位的界定。[146]

2.89 通过判例法给出的支配地位定义也存在一定的缺陷。欧洲法院所给出的定义的关键在于一家企业可以不用考虑其竞争对手、顾客和最终消费者而独立行动的能力。对欧洲法院所给出定义的一项批评认为,由于需求曲线为下行状态,也就是说,产品价格提升会导致需求量的下降,所以企业无法不受消费者约束。当然,价格和需求量之间的这种反向关系并不能体现在药物这种价格弹性较低的商品之中——即便是价格有所提升,也不会影响需求量。然而,这种批判可以同时体现在占据支配地位和未占据支配地位的企业之中。正如阿泽维多(Azevedo)和沃克(Walker)(2002)所指出的那样:"试图将支配地位界定为一个企业可以不受消费者影响而自由行动的能力,并不能有效地区分占据支配地位和未占据支配地位的企业。"[147]

2.90 另外一项批评在于,很难衡量一家企业是否可以不用考虑其竞争对手而独立行动。任何一个与竞争对手共存的企业(也就是除了垄断以外的所有企业),都会或多或少地受到其竞争对手的限制。甚至占据支配地位企业的定价策略也会取决于其竞争对手的定价。占据支配地位的企业会将其价格提升至由需求曲线所决定的某个点以上的竞争水平,而且同时会受到其竞争对手所采取策略的限制。因此,即便是一家企业已经占据了支配地位,仍然没有办法独立于其竞争对手行动。当市场关注竞争其他维度,比如说质量和创

[146] See para 221 of Cases C – 68/94 and C – 30/95 *France v. Commission*, *Societe Commerciale es Potasses et de l'Azore* (*SCPA*) *v. Commission* [1998] ECR I – 1375. 根据本段:如果涉嫌具有共同支配地位,欧委会有义务通过对参考市场进行预期分析,来判定向其提交的经营者集中是否会导致相关市场上的有效竞争被参与交易的企业所严重损害,而且,还要判定一个或者是多个企业一起,尤其是基于存在于他们之间相互关联的因素,是否有可能在市场上采纳一个共同政策,且在很大程度上独立于其竞争对手、顾客以及最终消费者。

[147] J. P. Azevedo and M. Walker, "Dominance: Meaning and Measurement" [2002] 23(7) ECLR, 363 – 67 at 364. 对于支配地位进行相同界定的其他文章包括:E. Dethmers and N. Dodoo, "The abuse of Hoffmann – La Roche: the meaning of dominance under EC Competition Law" [2006] 27 (10) ECLR, 537 – 49; A. Jones and B. Sufrin, *EC Competition Law* (2nd edn, Oxford: Oxford University Press, 2004), 264; J. Church and R. Ware, *Industrial Organization Strategic Approach* (Singapore: McGraw – Hill, 2000), 603; L. Gabral, *Introduction to Industrial Organization* (Cambridge, MA: MIT Press, 2000), 72 – 75; I. Dobbs and P. Richards, "Output restriction as a measure of market power", [2005] 26(10) ECLR, 572 – 80。

新时,这种论点也同样具有说服力。[148]

2.91 阿泽维多和沃克(2002)认为,*United Brands* 案中关于支配地位的描述应当更符合经济规律,即通过"受限于独立行动"取代"在行动上有一定程度的自由度"。[149] 他们同时也给出弥补 *United Brands* 案定义的缺陷的方法。他们认为,支配地位可以定义为大幅度限制市场上商品产出的能力。[150] 占据支配地位的企业拥有定价权,由此可以控制市场上商品的产出,在此过程中减少消费者福利。根据作者的阐述,关注产出限制与评估支配地位过程中被认为是具有相关性的标准因素相一致。[151] 除此之外,在一些案件中,商品的价格和成本评估起来非常困难,那么关注于降低产量的能力就可以作为评估支配地位的替代方法。这样一来,这种定义就与目前的实践相符,并且具备了坚实的经济学基础。然而,关注于产出限制也可能会太过狭隘,可能会遗漏某些即便不限制产量,但仍然会给竞争带来负面影响的产品。尽管存在这些批评的声音,但支配地位主要还是参照 *United Brands* 案给出的定义。[152]

2.92 正如前文所提到的,支配地位在新版《欧盟并购条例》之中也有所提及。如欧洲法院在 *Kali und Salz* 案[153]中认定,根据《欧盟并购条例》,形成或加强市场支配地位与对有效竞争产生负面影响之间,必须具有因果关系。然而,根据第102条的文本,欧洲法院在 *Continental Can* 案中却提到:"没有必要证明支配地位和滥用之间因果关系的存在。只需要证明行为加强了企业的支配地位,并且损害了市场上的有效竞争。"[154]"因果关系"展示了支配地位在

---

〔148〕 公司可能会降低商品质量(因而成本也会随之降低),而价格并未变动,直到这样一个临界点,即进一步降低质量就会无利可图。公司可能会降低创新的速度(进而研发支出也会降低),只要与维持长期利益这一目标相符即可。详见 J. P. Azevedo and M. Walker, "Dominance: Meaning and Measurement" (CRA Competition Policy Discussion Papers, 2001) 1－8 at 4, http://www.crai.co.uk,2013年9月13日访问。

〔149〕 J. P. Azevedo and M. Walker, "Dominance: Meaning and Measurement", [2002] 23(7) ECLR, 363－67 at 366.

〔150〕 作者认为,这种定义指的是限制市场上的总产出至目前水平以下。

〔151〕 这些因素包括市场份额、进入壁垒、扩大业务的障碍、剩余产能以及替代产品。Azevedo and Walker (n 148) at 6.

〔152〕 Case 27/76, *United Brands Co. and United Brands Continental BV v. Commission* [1978] ECR 207, [1978] 1 CMLR, 429, at §65.

〔153〕 *Kali und Salz/Mdk/Treuhand* (Case No. IV/M.308) [1998] OJ C275/3; on appeal Cases 68/94 and C－30/95 *France v. Commission, Societe Commerciale es Potasses et de l' Azore (SCPA) v. Commission* [1998] ECR I－1375.

〔154〕 Case 6/72 *Europemballage Corp and Continental Can Co. Inc. v. Commission* (*Continental Can*) [1973] ECR 215, [1973] CMLR, 199, at §26－§27.

第102条和新版《欧盟并购条例》适用中的区别。

2.93 滥用市场支配地位有违第102条的规定。主要的滥用行为表现为：超高定价[155]（*United Brands*）、掠夺性定价[156]（*AKZO*[157]），歧视性定价（*United Brands*），拒绝供应（*Commercial Solvents*）[158]、捆绑销售[159]（*Hilti*，[160] *Tetra Pak II*）[161]、忠诚折扣（*Hoffman - La Roche*）、滥用知识产权（*Magill*）[162]以及滥诉（*Promedia*）[163]。但是*Continental Can*案[164]的判决中明确了一点，第102条并未穷尽列举欧共体条约所禁止的滥用支配地位的情形。[165]

2.94 到此为止，有必要简单讨论一下第102条所涉及的共同支配地位，以便更为具体地理解这一概念是怎么发展起来的。在*Flat Glass*案中，普通法院谴责

---

〔155〕 关于超高定价的分析，详见D. Elliott，"What is an excessive price?"，[2007] 6(8) Comp LI, 13 - 15；S. Kon and S. Turnbull，"Pricing and the dominant firm：implications of the Competition Commission Appeal Tribunal's judgment in the Napp case"，[2003] 24(2) ECLR, 70 - 86；M. Glader and S. Larsen，"Article 102：excessive pricing" [2006] 5(7) Comp LI, 3 - 5；D. Geradin and M. Rato，"Excessive pricing：in reply"，[2006] 5(10) Comp LI, 3 - 5；P. Oliver，"The concept of 'abuse' of a dominant position under Article 102 EC：recent development in relation to pricing"，[2006] 1(2) Euro CJ, 315 - 39。

〔156〕 关于掠夺性定价的分析，详见M. Gal，"Below - cost price alignment：meeting or beating competition? The France Telecom case"，[2007] 28(6) ECLR, 382 - 91；M. Gravengaard，"The meeting competition defence principle—a defence for price discrimination and predatory pricing?"，[2006] 27 (12) ECLR, 658 - 77；P. Andrews，"Is Meeting Competition a Defence to Predatory Pricing? —The Irish Sugar Decision Suggests a New Approach"，[1998] ECLR 49；T. Eilmansberger，"How to Distinguish Good From Bad Competition Under Article 102 EC：In Search of Clearer and More Coherent Standards for Anti - competitive Abuses"，[2005] CMLR (PP) 129；OECD，"Competition Policy Roundtable on Predatory Foreclosure" (15 March 2005) 1 - 279。

〔157〕 Case C - 62/86*AKZO Chemie BV v. Commission*[1991] ECR I - 3359.

〔158〕 Case 6 and 7/73 *Instituto Chemioterapico Italiano SpA and Commercial Solvents Corp v. Commission* (*Commercial Solvents*) [1974] ECR 223.

〔159〕 关于捆绑销售的分析，详见D. Spector，"From harm to competitors to harm to competition：one more effort, please"，[2006] 2(1) Euro CJ, Supp (Special issue), 145 - 62；K - U. Kuhn, R. Stillman, and C. Caffarra，"Economic theories of bundling and their policy implications in abuse cases：an assessment in light of the Microsoft case"，[2005] 1(1) Euro CJ, 85 - 121；D. Ridyard，"Tying and bundling—cause for complaint?"，[2005] 26(6) ECLR, 316 - 19；M. Furse，"Article 102, Microsoft and bundling, or 'The Half Monti'"，[2004] 3(3) Comp LJ, 169 - 78。

〔160〕 Case T - 30/89 *Hilti v. Commission* [1991] ECR II - 1439, confirmed C - 53/92P [1994] ECR I - 667.

〔161〕 Case T - 83/91 *Tetra Pak Rausing SA v. Commission* (*Tetra Pak II*) [1994] ECR II - 755.

〔162〕 *Magill TV Guide*[1989] OJ L78/43.

〔163〕 Case T - 111/96*ITT Promedia NV v. Commission* (*Promedia*) [1998] ECR II - 2973.

〔164〕 Case 72/71 *Re Continental Can Co. Inc.* [1972] OJ L7/25.

〔165〕 详见Case 6/72 *Europemballage Corp and Continental Can Co. Inc v. Commission* (*Continental Can*) [1973] ECR 215, [1973] CMLR 199 at para 26。

了三家企业之间所形成的有违第 101 条的协议及相关行为。欧委会发现三家平板玻璃生产商占据了共同支配地位。普通法院第一次使用了第 102 条项下的共同支配地位的概念,并且认定第 101 条和第 102 条所指代的“经营者”概念相同。普通法院还对违反第 101 条和第 102 条规定的情形进行了一些概念性的区分。第 102 条适用于这种情形:两个或者是多个相互独立的经营者通过经济纽带联系在一起,在市场之上以一个经济实体的形式存在,而非彼此相互独立的经营者(这一点在第 101 条之中有所要求)。然而,普通法院却并未对“经济纽带”进行界定。后续的一些案例,例如 *Almelo*, *CEWAL* 案,[166] *Irish Sugar* 案[167](被指控违反了第 102 条),还有 *Nestlé* 案,[168] *France v. Commission* 案,[169] 以及 *Gencor* 案[170](被指控违反了新版《欧盟并购条例》),对这一概念给出了更进一步的解释。根据新版《欧盟并购条例》,有关共同支配地位更为典型的案例包括 *Kali und Salz* 案, *Gencor* 案以及 *Airtours* 案。[171]

2.95 在 *Almelo* 案中,经营者因其在市场上的行为一致,被认定为形成了共同市场支配地位(§1519 – §1520)。在 *CEWAL* 案中,也可以找到共同支配地位的情形,欧洲法院不仅强调了经济纽带的重要性,还强调了其可分散性。在 *Irish Sugar* 案中,欧委会发现了糖类的分销者和生产者之间的联系形成了纵向共同支配地位。然而,这是它们在市场上采取相同行为的能力,而不是说纵向或横向关系在形成共同支配地位中是必要的。

2.96 与第 102 条不同的是,在依据新版《欧盟并购条例》判定一项申报并购的潜在影响时,关注的是对共同支配地位未来状况的评价。这显示了第 102 条和欧盟并购条例所扮演的不同角色。第 102 条控制的是市场行为,[172] 而新版《欧盟并购条例》关注的是未来的市场结构,而非竞争在过去的发展。有关滥用支配地位的发现相对较少,这也就说明了评估潜在并购中所蕴含的共同支配地位的重要性,因为这将阻止在并购之后的市场上形成共同支配地位。

---

[166] *Cewal, Cowak and Ukwal* [1993] OJ L34/20.

[167] Case T – 228/97 *Irish Sugar v. Commission* [1999] ECR II – 02969.

[168] *Nestlé/Perrier* (Case No. IV/M. 190) Commission Decision (92/553/EEC) [1992] OJ L356/1.

[169] Case 68/94 and C – 30/95 *France v. Commission, Societe Commerciale es Potasses et de l'Azore (SC-PA) v. Commission* [1998] ECR I – 1375.

[170] Case T – 102/96 *Gencor Ltd v. Commission* [1999], ECR II – 753.

[171] Case IV/M1524 *Airtours/First Choice* [2000] OJ L93/1; Case T – 342/99*Airtours v. Commission* [2002] 5 CMLR 317.

[172] 详见 *P. Roth, Bellamy and Child European Community Law Competition* (5th edn, London: Sweet & Maxwell, 2001), 405。

第三章　欧盟理事会第139/2004号条例

一、三个经典案例

（一）*Schneider/Legrand* 案

（二）*Tetra Laval/Sidel* 案

（三）*Airtours/First Choice* 案

二、并购条例的实体性改革

SLC测试和支配地位测试的利弊

三、程序性改革

四、管辖权改革

五、横向并购指南

（一）非协调效应的评估

（二）协调效应的评估

（三）抵消性买方力量

（四）进入壁垒

（五）效率

（六）濒临破产企业抗辩

六、非横向并购指南

（一）生产效率和成本节约

（二）纵向外部性和排他性

（三）交易成本和劫持问题

（四）纵向并购评估

（五）混合并购评估

七、结语

一、三个经典案例

3.01 原版欧盟并购条例第 1 条第(4)款要求欧委会在 2000 年 7 月 1 日之前向理事会报告申报门槛的操作以及判定一项并购是否具备欧共体规模的标准。欧委会所提交的报告中提及了管辖权、程序以及实体方面仍待解决的一些问题,并在 2001 年 12 月的绿皮书[1]中将这些问题予以公布。2002 年 12 月,欧委会公布了修改原版欧盟并购条例[2]的议案,评估横向并购的通知草案,以及“欧共体并购控制程序最佳行为指南”草案。[3] 通知草案是欧委会对于公众所要求的在评价并购过程中需要加强法律确定性诉求的回应。这些改革意在明确欧委会在评估经营者集中时所应当使用的参照标准。[4]

3.02 通常而言,上诉至普通法院的大部分禁止并购案件都失败了。然而,2001 年欧委会所禁止的 5 个并购案件中,[5]有 3 个案件上诉至普通法院。[6] 其中的两个决定(再加上 1999 年所禁止的一个案例)被普通法院宣告无效,这在导致第 139/2004 号条例通过的有关改革的讨论伊始起到了至关重要的作用,并且带来了竞争总司实际运行的重大变革。[7] 针对 *Airtours*、*Schneider/Legrand* 案以及 *Tetra – Laval* 案判决所提出的尖锐的批评再次引出了有效管理并购控制的问题。普通法院的判决推进了程序方面问题的改革。在分析改革问题之前,我们先看前文所提到的三个并购案件,即改革的导火索。

---

〔1〕 详见 Green Paper on the Review of Council Regulation (EEC) No. 4064/89, COM (2001) 745/6, 11 December 2001。绿皮书通常是在立法的早期阶段发布的,其会列明经讨论可供修改的不同选项,并提前设立好讨论的整体框架。

〔2〕 Proposal for a Council Regulation on the Control of Concentrations Between Undertakings, COM/2002/0711 final—CNS 2002/0296. OJ C020, 28 January 2003, 0004 – 0057.

〔3〕 详见 DG Competition Best Practices on the conduct of EC merger control proceedings, available from the DG Competition websites, http://europa.eu.int/comm/competition/index_en.html,2013 年 9 月 13 日访问。

〔4〕 进一步了解关于实体法律评价标准变化的讨论历史,详见 K. Fountoukakos and S. Ryan, “A New Substantive Test for EU Merger Control” (2005) 26(5) ECLR, 227 – 96。

〔5〕 *SCA/Metsä Tissue* [2002] OJ L57/1; *General Electric/Honeywell* [2004] OJ L48/1; *Schneider/Legrand* [2004] OJ L101/1; *CVC/Lenzing* [2004] OJ L82/20; *Tetra Laval/Sidel* [2004] OJ L43/13.

〔6〕 *General Electric/Honeywell* [2004] OJ L48/1; *Schneider/Legrand* [2004] OJ L101/1; *Tetra Laval/Sidel* [2004] OJ L43/13.

〔7〕 T – 301/01 *Schneider Electric SA v. Commission* [2002] ECR II – 4071; T – 5/02 *Tetra Laval v. Commission* [2002] ECR II – 4381, T – 342/99 *Airtours Plc v. Commission* [2002] ECR II – 2585.

(一)*Schneider/Legrand* 案

3.03　Schneider Electric(Schneider)是一家法国有限公司,[8]其涉及配电相关产品、系统的生产和销售、工业控制以及自动化行业。Legrand,也是一家法国有限公司,涉及低压开关设备及其配件的生产和销售。由于Legrand所有的销售量以及Schneider几乎一半的生意都集中在低压电力设备行业,因此整个行业都感受到了并购的冲击。

3.04　相关产品市场,或者是在每个单独配件的层面进行界定,或者是在不同配电板分类的层面界定。这一问题具有开放性,因为不管采用什么样的定义方法,对于竞争的影响都是类似的。产品市场会被划分为表3.1所示。

表3.1　市场上的产品

部件层级分组	部件层级
主配电盘柜	主配电板
	重型断路器
	塑壳断路器和/或主配电板保险丝
配电板	塑壳断路器和/或配电板保险丝
	配电柜
	微型断路器和/或配电板保险丝
终端配电箱	微型断路器和/或终端电箱保险丝
	对地漏电保护器
	外壳
电源连接断路器	

3.05　从另一方面来看,主配电板配件地域市场的界定问题仍然具备开放性,因为Legrand并未活跃于该市场,交易并不会严重影响欧洲经济区(European Economic Area,EEA)或其大部分地区的竞争。

3.06　欧委会认为电缆盘和母线槽分属两个不同的商品市场。电缆盘和母线槽的相关地域市场均为一国范围之内。交易双方建议将下列市场界定为相互区别的不同商品市场:(1)插座和开关;(2)控制系统;(3)人身安全监控和保护系统;(4)财产安全监控和保护系统;(5)数据网络连接器;(6)固定和连接设

[8] M.2283 *Schneider/Legrand* [2004] OJ L101/1.

备;和(7)中继设备。欧委会调查后确认这些市场上不同类型的产品不可能归属于同一个商品市场。控制系统、财产安全监控和保护系统、数据网络连接器以及中继设备不会受到申报交易的影响。

3.07 因此,插座和开关的相关市场的范围为国内市场。防风雨接线配件的相关地域市场也应当被界定为国内市场。欧委会由此得出结论:应急照明系统的相关地域市场为国内市场,至少就法国市场而言如此。就固定和连接设备而言,商品市场的界定具有开放性。固定和连接设备的地域市场是国内市场。欧委会得出结论,认为变压器和电力供应分属两个不同的商品市场,地域市场则均为国内市场。

3.08 控制和信号装置的市场界定并非开放性的,因为无论如何界定相关市场,交易都会引发相同的竞争问题。相关地域市场被认为是国内市场。

3.09 欧委会得出结论,认为申报的交易会在以下市场产生支配地位:

- 意大利的塑壳断路器、微型断路器以及配电柜市场;
- 丹麦、西班牙、意大利以及葡萄牙的微型断路器、对地漏电保护器以及终端配电箱附件市场;
- 法国和葡萄牙的电源接线断路器市场;
- 英国的电缆线架市场;
- 希腊的插座和开关市场;
- 西班牙的防风雨接线配件市场;
- 法国的固定和连接设备市场;
- 法国的变电设备市场;
- 法国的控制和信号装置市场。

3.10 欧委会同时也得出结论,认为申报的交易会在以下市场中增强支配地位:

- 法国的塑壳断路器、微型断路器以及配电柜市场;
- 法国的微型断路器、对地漏电保护器以及终端配电箱市场;
- 法国的插座和开关市场;
- 法国的防风雨接线配件市场;
- 法国的应急照明系统或独立应急照明装置市场。

3.11 尽管交易方提交了承诺,但由于并购会导致产生或者是加强市场支配地位,因而遭到欧委会的否决。欧委会驳回了交易方所提供的有关法国市场的救济措施,其否定原因并未在欧委会的异议声明之中阐明。欧委会在 2002 年 1

月[9]的第二份决定中要求 Legrand 剥离高达 5% 的股份。欧委会的该项决定被上诉至普通法院,但被普通法院宣告无效。

3.12 为了展现出该程序更为清晰的框架,2001 年 10 月 10 日,欧委会宣布这项交易与共同市场不相符。[10] 2002 年 10 月 22 日,普通法院宣告欧委会的决定完全无效。根据第 4064/89 号条例第 10 条第(5)款可知,经营者集中的审查期限于 2002 年 10 月 23 日起重新起算。2002 年 12 月 4 日,欧委会在发现申报的经营者集中引发了会与共同市场不相符的严重质疑之后,决定展开前述案例所提及的调查程序。[11] 该程序启动了第二阶段的调查。上诉人继而向欧委会提出:由于其已经于 12 月 10 日剥离了 Legrand[12]的有关股份,那么现阶段的程序就是多余的。2002 年 12 月 13 日,欧委会完结该程序。上诉人对于 2002 年 12 月 4 日、13 日的决定提出质疑。几年之后,也就是 2006 年 1 月 31 日,普通法院认为欧委会依据欧盟并购条例第 6 条第(1)款第(c)项所展开的第二阶段的调查程序是不可上诉的。[13] 普通法院的决定继而又被上诉至欧洲法院,随后被驳回。[14]

3.13 *Schneider* 案(以及 *Tetra Laval/Sidel* 案)[15]是首批在快速程序之下被审查的欧委会所否决的并购决定。[16] 普通法院分析了经并购产生的企业所涵盖的地域范围,认为欧委会并未正确适用第 4064/89 号条例第 2 条第(3)款。除此之外,普通法院认为,欧委会并未证明新设企业会不可避免地成为批发商的竞争对手,也没有证明竞争当局无法对于该企业采取任何有效的限制措施。欧委会在分析经并购产生的企业在受交易影响的各国家行业市场内的经济实力的时候,以欧洲经济区内其所提供的产品和品牌的整体范围为基础,这是不正确的。欧委会同时也低估了经并购产生的企业的两个主要竞争对手的经济实力,并高估了企业在法国和意大利配电板组件市场,及其在丹

---

〔9〕 M. 2283 *Schneider/Legrand II* Commission Decision of 30 January 2001.

〔10〕 M. 2283 *Schneider/Legrand* [2004] OJ L101/1.

〔11〕 M. 2283 *Schneider/Legrand* [2003] OJ C29/5.

〔12〕 由于遭到欧委会的反对,Schneider 决定将 Legrand 出售给 Wendel/KKR,并因此遭受巨大损失。

〔13〕 T-48/03 *Schneider v. Commission*.

〔14〕 Case C-188/06P *Schneider Electric v. Commission*.

〔15〕 T-5/02 and T-80/02 *Tetra Laval BV v. Commission*.

〔16〕 1991 年 5 月 2 日[1991] OJ L136/1 欧洲共同体一审法院关于第 76a 条程序规则的勘误表,于[1991] OJ L317/34 发布,修订意在加快程序在 2001 年 2 月 1 日生效:修订版[2000] OJ C34/1。详见 J. Temple Lang,“Two important Merger Regulation judgments: the implications of Schneider-Legrand and Tetra Laval-Sidel”,(2003) 28(2) EL Rev, 259-72。

麦、西班牙、法国、意大利和葡萄牙终端配电箱组件市场上的经济实力。

3.14 普通法院在 *Schneider Electric v. Commission* 案中认为，欧委会应当通过运用与这些市场相关的经济实力证据，证明创造或者是加强市场支配地位，将会损害前文所界定的国家行业市场之内竞争的风险。跨国影响也可能被考虑在内，这种影响会增强经营者集中对每个相关国内行业市场的影响程度，但不能仅假设会存在这种影响，同时需要证明这些影响符合必要的法定标准。判决[17] 否定了欧委会对于法国以外市场的分析。其指出了“欧委会经济分析中一些明显的错误、纰漏以及矛盾之处”。欧委会以国家范围的地域市场作为其支配地位结论的基础，但是后来又以未经证实的交易因素来评价交易的竞争效果。法院认为，由于未考虑到交易方竞争对手的内部销售情况，欧委会高估了交易方在特定市场上的份额，因此也高估了经并购产生的企业的竞争实力。[18] 法院还提到，不管欧委会有关集中与共同市场不相符的决定分析得多么完整，仅这一点不足以宣告该决定无效，前提是其他所有相关因素保证了欧共体的法官能够判定该项交易将会产生或加强支配地位，进而损害有效竞争。

3.15 普通法院认为，欧委会分析中的错误、纰漏以及矛盾之处太过严重，以至于损害了经营者集中的经济分析，但欧委会正是以此分析为基础而作出禁止性决定的。[19] 普通法院审查了欧委会的程序，并发现了其侵犯了相关企业的抗辩权。就像邓波尔·朗(Temple Lang)(2003)[20] 所提到的那样，在异议声明和禁止性决定之间，欧委会的反对态度的性质有了实质性改变。Schneider 并没有机会进行评估欧委会后续的关切并提出合适的救济措施。因此，就法国市场而言，这也就构成了宣告欧委会决定无效的原因。

3.16 Schneider 已经按计划实施了与 Legrand 之间的并购。但在欧委会作出禁止性决定之后，这笔交易就不得不通过解除 Schneider 与 Legrand 的合并关系来恢复原状。2002 年 1 月 30 日，欧委会依据第 4064/89 号条例第 8 条第 4 款通过了一项决定，要求拆分已经合并的企业。该决定被提起上诉，普通法院

〔17〕 Cases T－310/01 and T－77/02 *Schneider Electric v. Commission*, Case COMP/M. 2283, Commission Decision of 10 October 2001 and Case COMP/M. 2283, Commission Decision of 30 January 2002.

〔18〕 J. Temple Lang, “Two important Merger Regulation judgments”(n 16).

〔19〕 J. Nazerali, “A merger of minds or split opinion—does the European Commission address current E. U. merger concerns?”(2002) 13(12) ICCLR, 480－84.

〔20〕 J. Temple Lang, “Two important Merger Regulation judgments”(n 16).

就 *Schneider Electric SA/Legrand v. Commission* 案，宣告欧委会的决定无效。普通法院认为，只有在禁止性决定本身已经成立，一个拆分性质的决定才有效。由于禁止性决定已经被认定为无效，那么拆分决定就没有法律依据。

3.17 Schneider 就欧委会的禁止性决定所带来的损失提起损害赔偿之诉[21]。普通法院以抗辩权受到损害为由，认定应当对 Schneider 进行损害赔偿。普通法院并未判决赔偿间接损失，而仅仅判决赔偿了因 Schneider 申请而引发的欧委会所进行的额外的批准决定这个过程所带来的损失，以及 Schneider 为了维持其销售而不得不接受的价格下降所带来的部分损失。普通法院认为，若要求欧委会承担非合同责任，那么必须要证明欧委会的相关机构有不法行为，而且该相关机构严重忽视其在评估过程之中所享有的权力范围。普通法院认为，不仅在政策决定，而且在欧共体法律的解释和适用上，欧共体机构均享有自由裁量权；然而，由于机构所犯的显而易见的错误而导致的损失，不应当由第三方来承担。

3.18 然而，普通法院认为，Schneider 不能要求获得损害赔偿之后，企业就像处于该项并购申请一开始就获得批准、并进而得到有效执行一样的状态。Schneider 应当获赔有关重新提起并购控制程序而引发的额外损失，而且还应当获赔 Schneider 因卖给 Wendel/KKR 所获得的拆分价格与 2001 年 10 月之间就获得了（禁止性）决定的前提下 Schneider 可获拆分价格之差的 2/3。[22]

3.19 欧洲法院[23] 并未认可普通法院有关拆分价格减损部分的损失，因为欧委会的错误行为与该项损失之间并不存在因果关系。然而欧洲法院却强调，欧委会必须赔偿 Schneider 因并购程序重新被提起而遭受的损失。

（二）*Tetra Laval/Sidel* 案

3.20 Tetra 活跃于流质食物设备[24] 和消耗品的设计和生产，以及有关加工、包装与分销的辅助性服务。Tetra 的业务包含传统的纸盒包装，在该领域占据了世界领先地位，其在塑料包装领域的活动则相对局限。Sidel 是一个从事有

---

〔21〕 T－351/03 *Schneider Electric SA v. Commission of the European Communities* (*Schneider III*).

〔22〕 A. Weitbrecht, "Ryanair and more—EU merger control in 2007", (2008) 29(6) ECLR, 341－48.

〔23〕 C－440/07P *Commission v. Schneider Electronic*.

〔24〕 M.2416 *Tetra Laval/Sidel* [2004] OJ L43/13, T－5/02; *Tetra Laval BV/Sidel v. Commission* [2002] ECR II－4381; C－12/03P *Commission v. Tetra Laval BV* [2005] ECR I－00987.

关包装设备、系统的设计、生产的企业,尤其是吹塑机器、防渗工艺以及聚对苯二甲酸乙二醇酯(PET, polyethylene terephthalate)塑料瓶灌装机的设计和生产。Sidel 是世界领先的吹塑机生产和供应商。

3.21 欧委会认为运用不同材料——例如玻璃和金属罐——的包装系统应当分属不同的相关商品市场。由于包装材料的选择主要考虑市场因素,所以 PET 包装系统属于一个单独的产品市场。纸盒包装系统和 PET 包装系统(以及相关的设备)组成了各自的产品市场。初步加工的成品也是一个不同的产品市场。欧委会更进一步总结,PET 的防渗工艺也构成了相同商品市场的一部分,其包括了多层和等离子防渗涂层以及单层涂层。基于终端产品的不同,可以根据不同的消费者受众划分不同的相关商品市场,尤其是以下四个"敏感的"饮料分类:液体乳制品、果汁、果味不起泡饮品(FFDs)以及茶/咖啡类饮品。欧委会同时也得出结论,高容量拉伸吹塑机器与低容量拉伸吹塑机器构成不同的产品市场。欧委会总结,有四个不同的产品市场:无菌纸盒包装机器、无菌纸盒、非无菌纸盒包装机器以及非无菌纸盒。欧委会还指出,这些产品的相关地域市场是欧洲经济区。

3.22 欧委会的市场调查和分析指出:申报的交易会加强 Tetra 在无菌纸盒包装机器以及无菌纸盒市场上的支配地位,并在 PET 包装设备和(低容量、高容量)拉伸吹塑机器市场上产生支配地位,尤其是在终端"敏感"产品方面。Sidel 在高容量、低容量拉伸吹塑机器的所有终端行业均占据了领先地位,而且在其他 PET 包装设备,尤其是无菌填充机器、二次设备以及关联服务市场占据了较强的市场地位。并购后的企业,未来在两个相互关联非常紧密的市场之上的支配地位,以及在挤压吹塑机器、高密度聚乙烯市场上的显著地位,均会有所加强,同时也会提高进入壁垒、使现存竞争对手的重要性降低,并使欧洲经济区内"敏感"产品的无菌及非无菌包装市场中形成垄断性市场结构。

3.23 欧委会对于该项申报作出了禁止性的决定,因为交易方所提出的救济措施并不令人满意,但是该决定被普通法院宣告无效。普通法院认为市场上的竞争条件很有可能被市场之外的其他因素所影响。如果所研究的市场是相关联的市场,而且参与交易的一方已经在其中的一个市场之上占据了支配地位,那么交易所带来的资源整合就很有可能立刻创造出条件,使并购产生的新企业在不久的将来在另一个市场上占据支配地位。然而,二级市场上支配地位的产生或加强,并不会因该项交易而马上发生,但也会由于经并购产生的新企业在一级市场(已经占据了支配地位的市场)上的行为,随着时间的推移而逐步产生。如果想禁止这项经营者集中的话,欧委会尤其要对相关环境进行详细检查,并拿出令人信服的证据来支撑其观点。

3.24 普通法院认为,在欧委会对于此类并购的影响进行评价,并以一个可预期的会导致支配地位被滥用的行为为依据,欧委会必须要评估新设的经并购产生的企业是否会以这种方式有所行动而置这种行为的禁止性于不顾,再或者是从反方面来考虑,评估这种行为的非法性和/或者是被发现的风险,是否会使这种滥用行为变得不可能发生。虽然对欧委会来说,合适的做法是将并购引起的参与反竞争行为的动机考虑进去,同时,欧委会同时也必须考虑,由于被调查行为的违法性、被察觉的可能性、欧共体层面和国家层面竞争当局采取的行动以及经济处罚的风险,这种动机在何种程度上会降低甚至是消除。除此之外,普通法院认为,并购方已经在相关市场上占据了明显的支配地位,有可能构成一个重要因素,但是这一因素本身并不能证明潜在竞争的减少必然会强化支配地位。

3.25 普通法院的判决被上诉至欧洲法院,但随后上诉被驳回。欧洲法院认可了普通法院的分析,认为潜在竞争的损害有可能会被其他因素所弥补。欧洲法院称,由于欧委会对于经济问题享有自由裁量权,欧共体的法院就有权审查欧委会对于经济问题的解释。欧委会法院不仅必须要特别审查所参照的证据是否准确、可信赖以及前后一致,而且还要审查证据是否包含了所有分析这种复杂情况的必要信息,以及这些证据是否可以证实所得出的结论。

3.26 在混合并购的案件中这种审查更为必要。欧洲法院还认为,基于以下一些事实的考量,分析混合型的经营者集中更为复杂,因为这需要考虑足够长的时间段,同时还要考虑足以严重损害有效竞争的杠杆效应,也就是说,原因和影响之间的关系链是模糊的、不确定的,而且也很难建立起来。如果是这样的话,欧委会在宣布一项并购与共同市场不相符的时候,所使用证据的质量尤为重要,因为证据必须能够支撑起欧委会决定的可信度。

3.27 欧洲法院还认为,欧委会必须全面分析将会带来杠杆效应的反竞争行为被采纳的可能性;也就是说,欧委会不仅必须考虑采取此种行为的动机,还需要考虑有可能会减损甚至是消除这种动机的因素,包括这种行为被界定为非法的可能性。由于并购控制是对于竞争潜在损害的事先评估,而关于滥用支配地位的评估是对于竞争损害的事后评估,所以证实行为是否违反第 102 条的评估带有较强的推测性。

3.28 经普通法院的上诉之后，该案例依据第 4064/89 号条例第 10 条第（5）款重审。[25] 欧委会基于普通法院的论证给出了分析。在接受承诺之后，欧委会通过了该项并购。在这个案中很明显的是，Tetra 并没有披露高容量拉伸吹塑机器市场上竞争环境的有效信息。欧委会认为，就是因为在第一次分析之中存在这种严重的信息不足，导致其认定 Tetra 违反了第 14 条第（1）款第（b）项和第 14 条第（1）款第（c）项，并分两次分别施加了高达 45,000 欧元的罚款。

3.29 这项集中在欧委会于 2001 年 10 月 30 日作出禁止性决定之前就已经实施（M2416）。欧委会要求[26] Tetra 通过剥离其所持有 Sidel 的股份实现与 Sidel 的分离，并要求 Tetra 采取其他合适的手段以便维持有效竞争的环境。然而这一决定被普通法院撤销。[27] 尽管法院决定被上诉至欧洲法院，[28] 但上诉仍被驳回。

（三）*Airtours/First Choice* 案

3.30 在 *Airtours/First Choice* 案中，欧委会调查了 First Choice 向 Airtours 提起的恶意收购申请。[29] 当时大型的旅行社包括 Thomson（占据 30.7% 的市场份额）、Airtours（占据 19.4% 的市场份额）、Thomas Cook（占据 20.4% 的市场份额）以及 First Choice（占据 15% 的市场份额）。[30] 相关商品市场是旅行社短途包机座位供应市场。各相关商品市场的相关地域市场分别是英国和爱尔兰。

3.31 该市场的一些特征，例如高度的价格透明度以及主要航线之间的多重市场合同，有助于协调行为的形成。该市场已经具备了一定的集中度，因为有四家大型企业占据了 80% 的市场份额，其余市场份额由其他小企业所占据。一经并购，三家大型企业会形成共同支配地位。欧委会认为所提交的并购申请将会在英国的短途涉外背包假期旅行市场产生支配地位，这将会严重损害竞争。欧委会的决定被上诉至普通法院。

---

〔25〕 M.2416 *Tetra Laval/Sidel*[2003] OJ 137/14.

〔26〕 M.2416 *Tetra Laval/Sidel*[2004] OJ L38/1.

〔27〕 T-80/02 *Tetra Laval BV v. Commission* [2002] ECR II-04519.

〔28〕 C-12/03P *Commission v. Tetra Laval BV* [2005] ECR I-01113.

〔29〕 M.1524 *Airtours/First Choice*.

〔30〕 市场份额参照调查企业 AC Nielsen 企业所给出的数据，并在欧委会决定的表 1 中再次出现。在欧委会和 AC Nielsen 所给出的数据之间存在细微差别。

3.32 *Airtours/First Choice* 是参照欧盟并购条例以共同支配地位为依据被直接否决的第二个案例。欧委会似乎认为，企业参与默示共谋并非关键因素。并购会导致已经具备支配地位的企业可以独立于其竞争对手和消费者而自由行动的理由较为充分。[31] 欧委会并未参照其自身先前的实践，而是通过"适用双重垄断市场"向"适用一项并购将会导致市场上的企业减至三家"的转换，扩大了共同支配地位这一概念。

3.33 在其判决中，普通法院认为欧委会在其决定之中有关导致形成共同支配地位的影响因素评价中存在多重错误。[32] 普通法院在其宣告欧委会决定无效的判决中提到，欧委会并未尽到其所提出的并购将会带来共同支配地位的举证责任。欧委会忽视了一些关键因素：需求的不稳定性、由于产能的变换而带来的产能计划的复杂性、产能计划阶段市场不透明、不存在市场进入障碍，以及消费者很容易地就可以转向其他类型的涉外背包假期旅行，例如长期背包假期旅行。

3.34 就证明共同支配地位已经形成而言，普通法院宣布了更为严格的标准。欧委会不应当仅仅假定市场正常的经济状况，而应当完整地证明商业联系对竞争的影响，以及共同政策的可能性、持续性。普通法院的决定列举了形成并维持共同支配地位，或者说是默示共谋所应当具备的三个必备要件：透明度、可靠的报复机制以及来自消费者和竞争对手的对抗性力量。[33]

3.35 在 *Airtours* 案中，普通法院认为，欧委会在分析并购前市场的（与市场容量设置相关的）竞争环境将会导致共同支配地位形成趋势时，在评估上有一定误差。欧委会因此错误地推断出市场增长非常缓慢，认为这将有利于市场上三个大型旅行社拥有共同支配地位。

3.36 欧委会错误地推断出，如果交易继续进行的话，市场上剩下的三个主要旅社将不再愿意互相竞争。普通法院还认为，欧委会低估了市场上规模较小的旅行社的反应，以及来自竞争对手和消费者的对抗力量对于共同支配地位的撼动作用。普通法院得出结论，认为欧委会并没有证明交易结果会改变相关市场的结构，以至于导致行业领先企业并不能像过去那样自由行动，从而形成

---

〔31〕 详见 *Airtours/First Choice* 案第 54 段。

〔32〕 Case T－342/99 *Airtours v. Commission* [2002] ECR II－2585, at para 294.

〔33〕 有关 *Airtours* 案之标准的分析，请参见第 8.4 章。

共同支配地位。[34] Airtours 诉称欧委会应当对其进行损害赔偿，但普通法院却认为，欧委会分析中所犯的错误并不足以认定为明显且严重地违反了其自由裁量权的限制。[35]

3.37 Mario Monti 认为，[36] 欧委会所决定的被普通法院所撤销的案例：*Airtours* 案、[37] *Schneider* 案[38] 和 *Tetra Laval* 案，[39] 以及欧委会所面临的各种各样的前所未有的批评，提供了一种与欧委会之前所采取的分析集中方式相比更为彻底的改革的机会。

3.38 导致欧盟并购条例改革的主要发展（事件——译者注）如表 3.2 所示。[40]

表 3.2　欧盟并购政策：直到改革发生之前的年代（事件列表——译者注）

2000 年夏	欧委会提交至理事会关于欧共体并购条例适用的报告
2001 年 7 月	欧委会禁止 *GE/Honeywell* 并购案
2001 年 12 月	欧委会关于欧共体并购条例的绿皮书
2002 年 6 月	普通法院作出 *Airtours* 案判决
2002 年 10 月	普通法院作出 *Tetra Laval* 案和 *Schneider* 案判决
2002 年 12 月	欧委会公布欧共体并购条例改革议案，同时公布横向并购指南草案
2003 年 11 月	新欧共体并购条例通过
2004 年 1 月	欧共体横向并购指南公布
2004 年 5 月	第 139/2004 号条例生效

---

〔34〕 英国竞争委员会于 1997 年发布了英国涉外背包假期的报告，就在 *Airtours* 案并购通告发布一年半以前，该报告得出结论：市场具备竞争性，而且不存在重大进入障碍。不能以将会形成联合支配地位为原因，而否决 *Airtours/First Choice* 并购案的申请。就像普通法院所强调的那样，每个占据支配地位的寡头垄断成员都会采纳共同的政策。这就与欧委会决定中第 54 段有关"寡头垄断参与者应当独立行动"的论述不相符。这一并购并不符合联合或者单独企业支配地位的因素。然而，这一案例展示了欧委会在使用支配地位标准的时候是如何试图弥补漏洞的，因为其认为这项并购将导致现存的竞争者在并购之后的市场上以一种将会大幅降低竞争的方式而采取独立行动。

〔35〕 T－212/03 *My Travel Group v. Commission*.

〔36〕 M. Monti，"Merger Control in the European Union：A Radical Reform"，European Commission/IBA Conference on EU Merger Control，Brussels，7 Novemver 2002，http：//europa. eu. int/rapid/start/cgi/guesten. ksh？ p_action. gettxt = gt&doc = SPEECH/02/545|0|RAPID&lg = EN&display = ，2013 年 9 月 13 日访问。

〔37〕 Case T－342/99 *Airtours v. Commission* [2002] ECR II－2585.

〔38〕 Case T－77/02*Schneider Electric SA/Legrand v. Commission*[2002] ECR II－4201；Case T－310/01 *Schneider Electric SA/Legrand v. Commission* [2002] ECR II－4071.

〔39〕 Case T－80/02 *Tetra Laval v. Commission* [2002] ECR II－4519；Case T－5/02 *Tetra Laval v. Commission* [2002] ECR II－4381.

〔40〕 J. Vickers，"Merger policy in Europe：retrospect and prospect"，(2004) 25(7) ECLR，455－63.

3.39 《2004 年 1 月 20 日欧洲理事会(EC)第 139/2004 号关于控制经营者集中条例》(欧共体并购条例)[41] 于 2004 年 5 月生效,与此同时,欧盟成员国从 15 个扩展至 25 个。这一改革旨在改善并购双方的抗辩权以及欧委会作决定的流程,这两点对于新版欧盟并购条例的适用而言都是至关重要的,尤其是在欧盟扩展至 27 个成员国这一背景之下。欧盟并购条例改革进一步通过"一站式"原则(one - stop - shop)[42] 将企业的交易成本降至最低,并加强了透明度原则,而且加速了程序性评估,从而提高了法律确定性。

3.40 第 139/2004 号条例并没有更改申报门槛,并保持了"一站式"服务审查原则。条例简化了案件移交的门槛、修改了相应的程序并引进了申报前转移案件的可能性。关于"具有欧盟影响范围"的并购,欧委会具备享有排他性管辖权,而不受成员国竞争当局的影响。第 139/2004 号条例第 21 条第(3)款维持了这一原则,并规定"对于具备欧盟影响范围的集中而言,任何成员国都无权使用其本国竞争法"。同时,尽管 2004 年新加入了 10 个成员国,2007 年新加入了 2 个成员国,第 139/2004 号条例第 1 条并未更改欧共体并购门槛。

3.41 新的立法措施包括:(1)新条例;(2)横向并购评价指南;(3)竞争总司最佳行为指南;和(4)关于修改新条例的新版欧委会条例。欧委会同时还重组了竞争总司:解散并购管理处,聘用竞争经济总顾问,设立"故意持相反意见"(devil's advocate)的评审团。所有这些手段都是欧委会为了使并购审查程序更严谨、更透明。[43]

3.42 欧委会所实施的改革包括程序、管辖权以及实体方面的内容。本章介绍了这些全面改革,并详细分析了各种观点,包括提交至欧委会的关于支配地位测试和严重损害竞争测试(Significant Lessening Competition, SLC 测试)的各种赞成及反对意见。本章同时还介绍了欧委会在审查并购时有关实体标准的选择,并给出了新的横向并购指南概述。

---

[41] OJ L24, 29.01.2004, 1 - 22.

[42] 根据"一站式"原则,单一的当局,就像此处所指的欧委会,有权在一个严格的、简短的时间段之内评价具备欧盟影响范围的并购,而且欧委会享有排他的审查具备欧盟范围并购案件的权力。

[43] J. Peyre and I. Simic, "Merger control: overview of the Commission 'reform package'", (2004) IBLJ 4, 519 - 37.

二、并购条例的实体性改革

3.43 提交的实体性改革议案提议将支配地位测试改为 SLC 测试。经过激烈讨论，欧委会最终采纳了严重损害有效竞争测试（Signicant Impediment to Effective Competition，SIEC 测试），也就是支配地位测试和 SLC 测试的结合。新的法律实体审查标准被认为是两种审查标准之间妥协的产物。

3.44 绿皮书清晰地表明了欧委会认为并购审查程序应当高效并具备高度的透明度的简要观点。[44] 为了提升与并购评估[45]相关法律的确定性及可预测性，欧委会提议对法律进行释明，并在并购审查程序方面引入了各机构之间的权力制衡机制。这些改革体现在《2004 年 1 月 20 日欧洲理事会（EC）第 139/2004 号关于控制经营者集中条例》（欧共体并购条例）中。[46]

3.45 新旧版《欧盟并购条例》最重要的区别在于实体法律审查标准不同：从传统的支配地位测试更改为 SIEC 测试。正如前文所提到的，对于案件的广泛批评，说明支配地位测试的缺陷导致了这一变化的产生。新版欧盟并购条例试图在并购审查过程中解决非共谋寡头垄断问题。

SLC 测试和支配地位测试的利弊

(a)支配地位测试

3.46 支配地位测试在原版《欧盟并购条例》第 2 条第（3）款之中有所体现。根据这一条款，“如果一项集中会导致产生或加强支配地位，并可能进而严重损害共同市场或者是共同市场大部分范围内的有效竞争，就应当被宣告为与

---

〔44〕 F. B. Deringer，“EC merger regulation Green Paper：the best of all possible worlds?”（2001），http://www.freshfields.com/practice/corporate/publications/pdfs/2322.pdf，2013 年 9 月 14 日访问。

〔45〕 在 *Airtours/First Choice* 决定作出之后，暗含了欧委会在面对寡头市场的时候，会以联合支配地位为缘由来禁止并购申请的趋势。详见 M. Nicholson and S. Cardell，“Airtours v. Commission：Collective Dominance Contained”，IBA，EC Merger Control Conference（2002），http://www.ibanet.org。

〔46〕 OJ L24，29.01.2004，1-22.

共同市场不相符。”[47]绿皮书[48]引发了有关支配地位测试的讨论，并将其与其他司法管辖区例如美国[49]、英国[50]、澳大利亚[51]、新西兰[52]以及爱尔兰[53]的SLC测试对比。

3.47 在讨论过程中，除了《欧洲经济学》(2002)，[54]维克斯[55](2002)也认为，普通法院有关*Airtours*案的判决在政策上留下了一个巨大的漏洞。[56] 除此之外，他怀疑竞争政策是否可以将原版《欧盟并购条例》对支配地位的措辞、非共谋寡头垄断和严格的案件分析三者合一。因为欧盟大多数成员国所采用的是支配地位测试，有观点认为，欧委会转而适用SLC测试不具备合理性，因为这一行为将会妨碍实现成员国之间竞争法的一致性，并增加了法律的不确定性。[57] 另外一种反对放弃支配地位审查测试的观点认为，两种审查测试尽管在措辞上会有所不同，但实质上的目标都是防止对竞争的负面影响。另外，两种审查测试在欧盟和美国都有相类似的解释，并且在结果上有广泛的一致性。[58] 因此，没有必要更改为SLC测试。

---

〔47〕 本书作者写了很多关于并购审查方面的文章，本章这一部分涵盖了一些早期作品中的内容，包括：I. Kokkoris, “The reform of the European Community Merger Regulation in the aftermath of the Airtours case. The eagerly expected debate: SLC v Dominance test”, (2005) 26(1), ECLR, 37 - 47。

〔48〕 Green Paper on the Review of Council Regulation (EEC) No. 4064/89, (COMP(2001)745/6), 11/12/2001.

〔49〕 《克莱顿法》第7条。详见*Clayton Act*, 15 USC. Paragraphs 12 - 27, 29 USC paragraphs 52 - 53, http://www.usdoj.gov/atr/foia/divisionmanual/ch2.htm，2013年9月14日访问。

〔50〕 在2002年*Enterprise Act*中实施，详见http://www.legislation.hmso.gov.uk/acts/acts2002/20020040.htm，2013年9月14日访问。

〔51〕 SLC测试被1974年*Trade Practices Act*采纳。

〔52〕 被1986年*Commerce Act*采纳。

〔53〕 被2002年*Competition Act*采纳。

〔54〕 European Economics, “One's a Monopoly, Two's Collective Dominant, Three's Alright?” (2002), http://www.europe - economies.com，2013年9月14日访问。

〔55〕 前公平贸易总干事，公平贸易办公室。

〔56〕 J. Vickers, “How to reform the EC merger test? A speech at the EC/IBA merger control conference”, Brussels, (2002) 2. 详见http://www.oft.gov.uk。

〔57〕 详见International Chamber of Commerce, “Comments on the EC Green paper on the Review of Merger Regulation 4064/89” (2002), http://iccwbo.org/home/statements_rules/statements/2002/review_of_merger_regulation.asp，2013年9月14日访问。

〔58〕 也有显著的例外，即欧盟和美国在其各自的分析结果上会表现出分歧。案件包括*GE/Honeywell*并购案，该案在美国获得了准许，可是却被欧盟否决。(Case M. 2220 *General/Honeywell* [2004] OJ L48/1)。然而，这一案件并不构成“漏洞”案，其之所以会在不同法域获得了不同的待遇是因为其对两个市场的影响是不同的。就并购所带来的横向影响结果而言，普通法院支持欧委会的决定(T - 210/01 *General Electric v. Commission*, 14/12/2005 判决)。

3.48 然而在一些案件中，这两种不同的审查测试却导致了不同的结果。其中一个例子就是 *Progressive Enterprises Limited* 案，[59] 这是一个提交至新西兰贸易委员会的案例。该案有关 Progressive Enterprises Limited 并购 Woolworths (New Zealand) Limited (Woolworths) 申请，二者分别是新西兰第三、第二大的超市连锁店。（新西兰的竞争执法机构）贸易委员会首先利用支配地位测试来评定这项并购；然而在第二次审查这一并购时，却采用了 SLC 测试。

3.49 超市产业有三个主要竞争者，其中 Foodstuffs 占据了 58% 的市场份额，Progressive 占据了 24% 的市场份额，Woolworths 占据了 18% 的市场份额。贸易委员会参照支配地位审查标准，同意了该项并购申请，因为在该市场上，Foodstuffs 有显著的市场力量，会严重限制经并购产生的企业单独实施其市场力量。[60]

3.50 当欲通过申请获得认可的并购依据 SLC 测试被重新提交至贸易委员会的时候，[61] 委员会再次得出结论，即如果以单边效应为基础的话，并购不会严重损害竞争，这就肯定了先前的决定。然而，当提到协调行为时，委员会认为应当把潜在竞争者进入超市产业链的障碍作为重要考虑因素，并据此得出结论：并购将增强超市产业中的协调，从而实质损害竞争。在以第二种测试为依据所进行的案例分析中，相关市场的界定是不变的，而且尽管以更低的门槛为标准进行审查，单边效应并不会带来不同的分析结论。然而，尽管有关进入壁垒的分析是相类似的，但是在损害有效竞争审查标准之下的进入壁垒影响是不同的，并且进入壁垒会导致并购后市场上形成协调行为的可能性增加。[62]

3.51 所以，为什么要改变支配地位测试呢？就像飞利浦·洛 (Philip Lowe) (2002) 所认为的那样，[63] 在决定更改支配地位测试之前，必须要对这一改变

---

[59] Commerce Commission, *Progressive Enterprises Limited and Woolworths* (*New Zealand*) *Limited*, Decision No. 438 (13 July 2001).

[60] 在支配地位审查标准之下，贸易委员会认为并不能依靠重新进入市场的可能性来限制经并购产生的企业(Progressive and Woolworths)。欲获取关于该案的详细分析，详见 G. Goddard and E. Curry, "New Zealand's New Mergers Test: A Comparison of Dominance and Substantially Lessening of Competition in the Supermarket Industry", (2003) 24(7) ECLR, 300 – 11。

[61] 新西兰在 2001 年 5 月采纳了 SLC 测试。

[62] Goddard and Curry (n 60) at 310.

[63] P. Lowe, "Review of the EC Merger Regulation—forging a way ahead", (European Merger Control Conference, Conrad Hotel, 8 Novemver 2002, Brussels, Belgium), 9, http://europa.eu.int/comm/competition/speeches/text/sp2002_035_en.pdf, 2013 年 9 月 13 日访问。

进行一个成本利益分析。两种审查标准都要面临相同的问题,即并购之后的市场上,竞争者之间是否还存在实质竞争。会引发欧委会介入的并购案件中的市场力量门槛,应当低于因违反竞争法条文(第101、102条)而承担责任的门槛。[64] 支配地位测试采取的是一种市场结构分析方法,这种方法非常强调相关市场的界定、市场份额,并且对竞争对手给予了更多的关切。[65]

3.52 反对支配地位审查标准最强有力的观点是:对于“两个不具备支配地位的企业一经并购会损害竞争”这种类型的并购无能为力。[66] 并购后企业的市场份额低于支配地位标准的要求,但是该项并购仍然有可能会带来非协调效应,这种情形正与上述反对观点相匹配。非协调效应可能会产生于由不同产品所组成的集中型市场,因为市场上的企业很少,那么即便不协调相互之间的行为,市场上现存的企业也有可能会采取有害竞争的行为,因而不需要采取共同支配地位类的行为。试图通过适用单一企业支配地位的概念来规制非协调效应的寡头垄断是不完善的,因为这忽略了市场上现存竞争者会对并购后企业作出回应。共同支配地位在这种情形之下也不是太实用,因为并购之后市场中的现存企业并不会以共谋的方式行事,而是会分别采取有害竞争的行为。

3.53 *Heinz* 案[67] 就证明了这一所谓的“漏洞”。[68] 该并购由美国联邦贸易委员会审查,并且使用了 SLC 测试。Heinz 曾经是一个多种食品的生产商和经销商。在世界范围之内,Heinz 曾经是预制婴儿食品的生产商,其销售额达到10亿美元。Beech - Nut 是 Milnot 的子企业,是另外一家食品企业,其在预制婴儿食品方面的销售额达到1亿美元。Heinz 和 Beech - Nut 在批发市场上对货架的直接竞争非常激烈,迫使两家企业进行强有力的竞争,进而使消费者获取了创新产品以及实惠的价格,而且也促使领先的竞争对手 Gerber 在

---

〔64〕 详见 J. Vickers,“How to reform the EC merger test”(n 56)。

〔65〕 J. McDavid,“Proposed Reform of the EU Merger Regulation:A US Perspective”,(2002) 17 - Fall Antitrust, 52 - 55 at 54.

〔66〕 EEA Standing Committee of the EFTA States (2002),“EEA EFTA Comments on the Commission's Green Paper on the review of Council Regulation (EEC) No. 4064/89”(COM(2001) 745/6 final), 7, http://ec. europa. eu/competition/consultations/2002_council_regulation/eftasurveillanceauthority_public. pdf,2013年9月13日访问。

〔67〕 *FTC v. HJ Heinz Company*, 116 F. Supp. 2d 190 (DDC 2000), appeal pending, No. 00 - 5362 (DC Cir).

〔68〕 U. Boge and E. Muller,“From the Market Dominance Test to the SLC Test:Are There Any Reasons for a Change?”, (2002) 23(10) ECLR, 495 - 8 at 496.

价格和创新上加入了竞争的队伍。Heinz 和 Beech - Nut 在零售层面的广告、票券兑换、优惠卡折扣、产品质量、创新、货架位置以及产品多样性方面也一直在相互竞争。[69] 在超市这一市场上的正面交锋,带来了零售层面的价格让步以及消费者所获取的各种促销活动[“进场费”(slotting fees)和“通过降低价格挽留消费者”(pay - to - stay)安排]。

3.54 市场上第二、第三大企业之间的合并将会减损批发和零售两个层面的竞争。这种导致双头垄断的并购提高价格、减少创新和消费者选择,损害了消费者权益,因而引起严正质疑。

3.55 通过搜集的证据,美国联邦贸易委员会发现,申报的并购实际上将会以两种方式严重损害预制婴儿食品市场上的竞争。首先,申报的并购将会减损 Beech - Nut 与 Heinz 之间的正面竞争,这样一来,将会使经并购产生的企业可以单方面提升价格。其次,通过将预制婴儿食品市场上的竞争者从三个降至两个,申报的并购将会使新设企业与 Gerber 之间协同行为的可能性大大增加。[70] 美国联邦贸易委员会还进一步分析了并购可能会带来的默示共谋行为。由于两个企业的产品都会有货架空余,经并购产生的企业与 Gerber 之间通过正面交锋将对方排挤在市场以外的动机会大幅降低。[71]

3.56 美国联邦贸易委员会决定申请法院的禁令阻止这项并购申报,因为它将会严重损害竞争。如果以原版《欧盟并购条例》所规定的支配地位测试为准,那么这项申报就不会被规制,因为这项交易只涉及市场上第二、第三大生产商,而且经并购产生的企业并不是市场上最大的竞争者,因此也就不会导致单独支配地位的产生。

3.57 在以下案件中也会产生类似问题:企业即便没有参与协同行为,或没有占据最大的市场份额,也能够提升商品价格。这样一来,支配地位测试就存在“盲点”,因为会损害竞争的某些并购并不能产生或者是加强单独的或者是共同的支配地位。[72]

---

〔69〕 *FTC v. HJ Heinz Company* et al., Brief for Plaintiff - Appellant Federal Trade Commission. No. 00 - 5362, 8.

〔70〕 *FTV v. HJ Company* et al., Civ No 1:00CV01688 JR,支持原告提起临时禁令的备忘。详见 www.ftc.gov/os/2000/07/heinzmemo.htm,2013 年 9 月 14 日访问。

〔71〕 *FTV v. HJ Company* et al., Civ No 1:00CV01688 JR (n 71).

〔72〕 See further: S. Bishop and M. Walker, “The Economics of EC Competition Law: Concepts, Application and Measurement” (London: Sweet & Maxwell, 2002), 310.

3.58 *Office Depot* 案[73] 就是美国运用 SLC 测试的一个案例。[74] 美国联邦贸易委员会通过关注 Office Deposit 会对 Staples 价格所产生的影响,来判断 Staples 并购 Office Deposit 将会产生的影响。美国联邦贸易委员会发现,在只有一家超市的城市中,零售价格会高于其他存在多家当地的相互竞争的超市的城市的价格。[75] 美国联邦贸易委员会认为,如果并购将市场上仅存的超市划归至一家所有权之下的话,竞争就会遭到严重损害。

3.59 正如上文所阐述的那样,尽管在适用两种审查标准的法域之内,执法机构和法院所支持的并购控制经济学原理相类似,但是这两种标准仍然会带来不同的后果。[76] 因此,运用两种审查标准的不同结果,并非是不同的分析方式或者是不同的评价因素所致,而是在不同的测试标准之下,这些因素的不同含义引起的。洛(2002)认为,有关实体审查标准的讨论应该关注并购立法应当实现的经济目标,包括未占据支配地位企业对竞争的限制。[77]

(b)SLC 测试

3.60 支持 SLC 测试[78]观点的要点在于用经济学工具来分析并购对于竞争的影响的合适性,原因在于其强调企业相互之间所施加的经济动力、经验证据以及经济学分析,并且允许对于竞争问题及相关补救措施进行清晰的分析,尤其是在联合支配地位这种情形之下。[79] 除此之外,SLC 测试将会使《欧盟并

---

[73] *Federal Trade Commission v. Staples Inc.*, No. 97-701, 1997, US Dist.

[74] 尽管支配地位测试可能会存在"盲点",但是也有观点认为,如果是市场支配地位存在的话,支配地位测试所适用的范围还是非常宽泛的。另详见"Proposal for a Council Regulation on the Control of Concentrations Between Undertakings", COM/2002/0711 final - CNS 2002/0296. OJ C 020, 28/01/2003, 4-57,11。

[75] S. Baker (2002) "Unilateral effects in retail chain mergers: an application to supermarkets", (2002) 23(4) ECLR, 180-92.

[76] P. Lowe, "Competition Policy in the European Union", Speech at the American Antitrust Institute, Washington, DC, 1 July 2002, http://www.eurunion.org/news/speechs/2002/020701 phillowe.htm,2013 年 9 月 13 日访问。

[77] P. Lowe, "Substantive Standards for Mergers and the Role of Efficiencies", in B. Hawk, *Antitrust Law and Policy*, (Fordham University Law School, Corporate Law Institute, 2002), http://www.jurispub.com/cart.php? m = product_detail&p = 9914,2013 年 9 月 13 日访问。

[78] 同样的论证也可以适用于 SIEC 测试,因为该测试与 SLC 测试的措辞类似,而且经过并购将会产生相同后果。

[79] R. Snelders and M. Dolmans, "Cross-Border Mergers in Company Law and Competition Law: Removing the Final Barriers", at the XX Congress of the Fédération Internationale pour le Droit Européen (FIDE), London, 3 October - 2 November 2002, available at http://www.fide2002.org/pdfs/cbm-netherlands.pdf, 8.

购条例》与其他国际竞争法领域逐步实现协调一致,进而提高解决竞争问题的国际合作可能性。[80]

3.61 为了对绿皮书作出回应,英国认为,对于并购控制审查而言,尤其是在寡头市场上,严重损害竞争标准从根本上来讲更适合并购控制,主要原因在于该测试直接基于经济学分析,而且其分析并购对竞争影响的方式也与支配地位测试有所不同。[81] SLC测试在无法证明将会产生协同行为的风险,但是集中赋予了企业损害消费者的能力的情况下适用会更高效。[82] 对 *Airtours/First Choice* 案的批评中曾提及的"漏洞",就是支配地位测试的主要缺点之一。英国同时还认为,SLC测试的整体优点高于变化中包含的相对较小的风险。

3.62 除此之外,适用SLC测试标准会将审查并购的实体标准与依据第102条规制滥用支配地位测试分离开来。[83] 第102条采取的是事后分析法,其关注的是企业在过去的行为,以及市场在该段时间的运行情况。新《欧盟并购条例》采用的是事前分析法,即预测企业并购可能会对未来的市场结构带来的影响。并购控制的目的并非阻止进一步滥用支配地位,而是确保并购后的市场结构不会减损竞争。

3.63 沃尔克(Volcker)(2004)[84]认为,欧委会已经在一些特定案件中适用了严重损害竞争类型的分析(与指南中已经列出的单边效应分析方法一致)。[85] 过去欧委会曾称市场份额低于40%仍有可能会产生或加强市场支配地位。[86] 指南还提到,与关注并购后企业在相关市场上是否占据最高的市场份额相

---

〔80〕 正如McDavid(2002)所认为的那样,绿皮书提供了一个改善欧盟并购条例的、促进多方合作向前发展的重要契机。详见K. McDavid (n 65) at 55。

〔81〕 "UK Response to the Commission Green Paper on the Review of Council Regulation (EEC) No. 4064/89", 9, http://www.dti.gov.uk/ccp/topics2/pdf2/ukresponsetoecmegersgp.pdf,2013年9月13日访问。

〔82〕 也称作单边效应。

〔83〕 详见R. Whish, "Substantive analysis under the EC Merger Regulation: should the Dominance test be replaced by substantial lessening of competition?", in *EU Competition Law and Policy, developments and priorities* (Athens conference, Hellenic Competition Commission, 19 April 2002).

〔84〕 S. Volcker, "Mind the Gap: Unilateral Effects Analysis arrives at the Merger Control", (2004) 25 (7) ECLR, 395 – 409 at 397 – 98.

〔85〕 理事会控制经营者集中条例项下横向并购评价指南("指南"),OJ C31,2004年2月5日,5 – 18。

〔86〕 欧委会认为,Hutchinson/ECT/RMPM(Case M1412 Hutchinson/RMPM/ECT [2002] OJ C113/7)案中36%的市场份额,*Carrefour/Promodes* 案(*Case M*1684 *Carrefour/Promodés* [2002] OJ C164/5)中不到30%的市场份额,就足以认定企业具备支配地位。S. Volcker, "Mind the Gap: Unilateral Effects Analysis arrives at the Merger Control", (2004) 25(7) ECLR, 395 – 409 at 397 – 98.

比,其产品对于大部分消费者而言是否是“高度可替代”产品更为重要。

3.64 沃尔克(2004)列举了很多案例,在这些案例当中欧委会考虑了参与并购的企业所生产产品之间的“近似性”,或者是在评估产生或者是加强的支配地位时将竞争对手之间竞争减少这一负面因素考虑在内。类似的案例有 *Volvo/Scania* 案、[87] *Barilla/BPL/Kamps* 案[88] 以及 *Siemens/Drägerwerk/JV* 案[89] 和 *GE/Instrumentarium* 案,[90] 在这些案例中,欧委会分析了招投标市场。

3.65 另外,在表面证据充足的的支配地位案件中,[91] 企业未提供紧密替代物这一抗辩已经被欧委会接受。这类案件包括 *Philips/Agilent Health Care Solutions* 案、[92] *Philips/Marconi Medical Systems* 案[93] 以及 *Pfizer/Pharmacia* 案。[94] 通常来讲,只有在市场份额高到基本上可以判定为已经占据了单独的支配地位的时候,欧委会才会依据单边效应对支配地位的论断进行实体性判断。

3.66 反对 SLC 测试的观点认为,适用这一测试标准会使欧委会的自由裁量权变大,进而会带来不可预期性以及法律上的不确定性。此外,由于大量的先例是以支配地位审查标准为基础的,并没有关于适用新标准的欧盟判例,在对新的严重损害竞争标准进行解释时就带有一定的不确定性。但仍有人可能会说,SLC 测试在其他国家内已有了先例,如美国和加拿大。并且,支配地位这一概念本身具有天然的不明确性,关于共同支配地位的法律体系主要源自 1999 年 *Gencor/Lonrh o*[95] 案决定,在该案件中,欧委会列举出了会形成共同支配地位的一系列市场特征。

3.67 然而,严重损害竞争审查标准的另外一个缺陷与并购法律一致性有关。很多成员国的实体法律审查标准是以支配地位这一概念为基础的。[96] 实体性审查标准的相似,有助于企业参与到大量跨境并购案件中,因为这会减少相同交易在不同法域之内适用不同法律标准所面临的不确定性。然而也存在这

[87] Case M.1672 *Volvo/Scania* [2001] OJ L143/74.

[88] Case M.2817 *Barilla/BPL/Kamps* [2002] OJ C198/4.

[89] Case M.2861 *Siemens/Drägerwerk/JV*[2003] OJ L291/1.

[90] Case M.3083 *GE/Instrumentarium* [2004] OJ L109/1.

[91] 由于联合市场份额较高。

[92] Case M.2256 *Philips/Agilent Health Care Solutions* [2001] OJ C292/10.

[93] Case M.2537 *Philips/Marconi Medical Systems* [2001] OJ C321/12.

[94] Case M.2922*Pfizer/Pharmacia*[2003] OJ C110/24.

[95] M.619 *Gencor/Lonrho* [1997] OJ L11/30 (*Gencor/Lonrho*); Case M.190*Nestlé/Perrier* [1992] OJ L356/1 (*Nestlé*); M.380*Kali und Salz/MdK/Treuhand* [1998] OJ C275/3, (*Kali und Salz*).

[96] 详见附件 I 有关 27 个成员国所有实体性测试标准的详细分析。

样一个事实,即便是适用统一的标准(不管是严重损害竞争标准也好,支配地位标准也罢)来作为实体禁止性考量因素,不同竞争机构对相同的案件也会作出不同评价。从支配地位标准转化到严重损害竞争标准,在案件分析和应当满足的条件方面来讲,并没有太大区别。

(c)SLC 测试与支配地位测试

3.68　上文已经列举出了有关各个实体审查标准的优劣。本部分试图确定在何种情况下,两种审查标准对于一项并购会作出相同的分析。

3.69　SLC 测试和支配地位测试的主要区别在于,支配地位测试使用的是结构和形式主义的分析方法。SLC 测试所关注的是并购会给市场带来的影响,而非仅仅是并购之后的市场环境。二者对相关市场界定的重视程度也有所不同。依据支配地位测试,相关市场的界定对在判定对于竞争的负面影响的时候,起到了非常重要的初步证明的作用,[97] 而 SLC 测试所关注的是并购对现存竞争限制的影响。

3.70　在一个被界定得较为狭窄的市场,将全部关注点放在市场份额上会得出并购可能产生或者加强支配地位的结论。马里奥·蒙蒂(Mario Monti)(2002)[98] 认为,支持和反对更改至 SLC 测试的争论基本上势均力敌。[99] 如果判定支配地位时市场份额所占比重有限,那么两种测试标准的结果就会趋同,而且有关并购的分析也会相类似。如果对市场份额的关注度较低,说明占据支配地位的企业并非是市场上仅有的大型企业。而具备较强市场力量的企业即使所占市场份额并非最大,也有可能被认为是占据了支配地位。

3.71　至于会在寡头垄断市场上产生非协调效应的并购(即所谓的“漏洞”案件),

---

〔97〕 详见 EEA Standing Committee of the EFTA States, “EEA EFTA Comments on the Commission's Green Paper on the review of Council Regulation (EEC) No. 4064/89 (COM(2001) 745/6 final)”, (2002) http://www.secretariat.efta.int/Web? EuropeanEconomicAera/OngoingWork/100w149.doc, 2013 年 9 月 13 日访问。

〔98〕 详见 M. Monti, “Review of the EC Merger Regulation—Roadmap for the reform project” Conference on Reform of European Merger Control, British Chamber of Commerce, 4 June 2002, Brussels, Belgium, heep://europa.eu/rapid/press-release_SPEECH-02-252_en.htm, 2013 年 9 月 13 日访问。

〔99〕 匈牙利经济竞争办公室认为,将会导致产生支配地位的案件可以适用支配地位测试,而严重损害竞争标准可以以一个更为灵活的经济形式被适用,即也可以适用于那些会导致已经存在的支配地位被强化的案例。详见 Hungarian Office of Economic Competition, “Comments of the Hungarian Office of Economic Competition to some issues by the Greene Paper of the Commission on the Review of Council Regulation No. 4064.89”, (2002), 4, http://europa.en.int/comm/competition/mergers/review/comments/ref029hungarianoffice.pdf, 2013 年 9 月 14 日访问。

沃伊特(Voigt)和施密特(Schmidt)(2004)认为,在此种情况下,两种审查标准也不会导致不同的结论。[100] 单边效应的相关性取决于相关市场上的同质性程度。在同质性商品市场上,单边效应和单一企业占据支配地位的效果是一样的。并购后企业将会通过降低产出来提升价格。然而,如果市场上剩下的竞争对手能够相应弥补降低的产量,那么只有当并购后企业占据了支配地位,才能维持价格的提升。对于并未占据支配地位的企业而言,如果需求转至其他市场上的竞争对手的话,那么提升价格就无利可图。对产量的弥补和并购带来的需求转移,取决于能力限制,以及市场上现存的竞争对手之间的转移率。[101] 只有当拟进行的并购产生了支配地位,并购的负面影响才会显现出来。在这种情况下,不管适用严重损害竞争测试/严重损害有效竞争测试还是支配地位测试,并购都会被否决。因此,如果涉及同质类产品的并购,两种审查标准会带来相同的结果。

3.72 在以商品同质性和现有竞争者产能限制为特征的市场,并购就会引发与非共谋寡头垄断一样的效果。如果在这样的市场上发生并购,很有可能经并购产生的企业与其竞争对手同时涨价,而且市场上也没有其他竞争对手可以消化因价格上升而导致的需求转移。由于产能限制,在并购之后的市场上所有的企业都可能会提升价格。然而,并购并未带来产能限制或者是价格的提升;如此,即便没有并购,价格也会提升。非共谋寡头垄断可能会产生于这样的市场:企业生产同质类产品,而且也面临着产能限制。任何并购之后的市场上所产生的反竞争效果,有可能是产生于经并购而产生的企业的单一行动,而非并购之后的寡头垄断市场上企业之间的非协调行为所造成的。

3.73 在产品异质的市场中,竞争损害并非主要取决于市场份额,而是并购之前的竞争程度。并购之前参与交易各方之间产品的可替代性越强,并购之后带来单边价格效果的可能性就越大。如果支配地位测试之下相关市场的界定范围足够狭小的话,那么两种实体审查标准就会得出相同的实体审查和结论。[102] 然而,这类狭隘的相关市场的定义并非总是准确,而且可能会在给未来的并购和第102条案例创造先例的时候带来一定的复杂性。对于产生并购的市场的界定应当是客观的,而不应该受到并购对竞争(可能会——译者

[100] S. Voigt and A. Schmidt, "Switching to Substantial Impediments to Competition (SIC) can have substantial costs", (2004) 25(9) ECLR, 584–90 at 585.

[101] 转移率,指的是当价格上升,一个产品的整体销售下降量,与被其他市场上的产品所吸收的量之间的比例。

[102] Voigt and Schmidt (n 100).

注)产生影响的限制。只有在相关市场界定之后,才能准确评价并购对竞争的影响。

3.74 这样一来,尽管运用严重损害竞争标准/严重损害有效竞争标准 SLC/SIEC 和支配地位标准评估同质类产品并购时可以实现相同的结果,但是支配地位标准却无法发现一些由非同质类产品并购带来的反竞争效果。

3.75 2001 年秋,德国联邦卡特尔局(German Federal Cartel Office)准备了有关该问题的比较研究。[103] 研究主要旨在处理这样的问题:是否其中一类审查标准可以规制另外一类审查标准原则上无法适用却会带来反竞争效果的并购。德国联邦卡特尔局局长认为,完全不需要更改审查标准。[104] 他还认为,客观审查标准必须包含欧盟并购控制体系之内的有效禁止考量因素。在自 1973 年以来所审查的 30,000 多个案件中,德国联邦卡特尔局总能作出有利于竞争的决定。他补充道:"新审查标准的劣势——例如法律上的不确定性、法院实际判决经验的匮乏以及欧盟内条文新的分歧——需不需要被接受时非常可疑的。如果没有非常令人信服的理由的话,替换现有合理的审查标准就是不符合实际的。"

(d)欧委会的选择

3.76 评价并购的实体性测试的重要性不言而喻。测试标准必须满足的因素包括关注竞争的动态变化,而非并购前后的静态竞争水平。而且,实体性测试应当将竞争对手可能对于经并购产生的企业的行为所作出的反应考虑在内,将消费者福利作为目标,[105] 避免与第 101 条和/或第 102 条的任何联系,并且

---

〔103〕 竞争法工作会议组讨论文件,Prohibition Criteria in Merger Control—Dominant Position versus Substantial Lessening of Competition。德语版参见 http://www. bundeskartellamt. de\discussion_papers. html。

〔104〕 E. Muller and U. Boge,"From the market dominance test to the SLC test: are there any reasons for a change?",(2002) 23(10) ECLR, 495 - 98.

〔105〕 竞争法具有保护消费者福利的立法目标。In para 25, Case 6/72 *Europemballage Corp and Continental Can Co. v. Commission* (*Continental Can*), [1973] ECR I - 215, and para 118 of T - 168/01 *GlaxoSmithKline Services/Commission*, decision of 27/09/2006,欧洲法院和普通法院分别承认竞争法的目标在于保护消费者福利。尽管 *Continental Can* 案发生于第 4064/89 号条例颁布之前,而 *Glaxo* 案发生于原始欧盟并购条例颁布之后。

预防出现法律上的不确定性。[106]

3.77　欧委会决定维持变更后的支配地位测试。欧委会认为，通过释明新《欧盟并购条例》，就可以最好地实现提高法律确定性、增强支配地位标准的透明度原则的目标。新的测试（SIEC 测试）体现在新版《欧盟并购条例》的第 2 条第（3）款，其规定："如果一项并购将会严重损害共同市场或者其大部分范围之内的有效竞争的话，尤其是这一损害是由于产生或者是加强市场支配地位所带来的，应当被宣告是与共同市场所不相符的。"[107] 这样一来，产生或者是加强市场支配地位，尽管是一项并购应被否决的主要原因，但也仅仅是可能会严重损害有效竞争的若干原因之一。

3.78　SIEC 测试的目标在于为参与并购的企业提供更明朗的指引，以便改善企业预期，并有效衡量一项复杂的交易可能会带来的竞争问题。除此之外，严重损害有效竞争标准意在使得欧委会能够以可能会给消费者福利带来的影响为基础来评价单独的交易，而不会太过倚重结构性因素。

3.79　理事会内部的讨论也异常激烈，[108] 德国、意大利以及荷兰支持当时的支配地位标准，[109] 而英国、爱尔兰以及瑞典支持更改为严重损害竞争标准。[110] 丹麦和葡萄牙支持欧委会的提议，但是法国和西班牙提议以其本国的测试标准为基础来协调相关措辞。最后，法国——西班牙的妥协措辞被采纳，还加入

---

[106] J. Fingleton, "Does Collective Dominance Provide Suitable Housing for All Anti - competitive Oligopolistic Mergers" in B. Hawk, Antitrust Law and Policy, (Fordham University Law School, Corprate Law Institute, 2002), 196, http://www. jurispub. com/cart. php? m = product_detail&p = 9909, 2013 年 9 月 13 日访问。

[107] 2004 年 1 月 20 日理事会第 139/2004 号关于控制经营者集中条例（欧共体并购条例）（新版欧盟并购条例）第 2 条第 3 款，OJ L24, 29. 01. 2004, 1 - 22。

[108] 参见 http://www. internationallawoffice. com/ld. cfm? Newsletters_Ref = 7850#substantive，了解各个成员国的立场。

[109] 我们可以假设德国是这些国家之一，因为德国将支配地位测试当作其实体审查标准。详见 U. Boge and E. Muller, "From the market dominance test to the SLC test: are there any reasons for a change?" (2002) 23(10) ECLR, 495 - 98。

[110] 我们假设英国和爱尔兰是这些国家中的两个成员，因为这两者均将 SLC 测试作为其实体审查标准。英国公平贸易办公室和爱尔兰竞争当局的局长都支持 SLC 测试。See further: J. Vickers, "How to reform the EC merger test? A speech at the EC/IBA merger control conference", Brussels, (2002) 2. See further: http://www. oft. gov. uk, and J. Fingleton, "Competition for the Merger Test Market", presentation to the CRA Conference on Economics and Merger Policy for the 21st Century, 4 June 2003, http://www. tca. ie/EN/Promoting - Competition/Speeches—Presentations/Dr - John - Fingleton - Competition - for - the - Merger - Test - Market. aspx, 2013 年 9 月 14 日访问。

了德国在最后一刻提出的一个(前言部分——译者注)段落,[111] 意在使新的审查标准能够高效地评价非共谋寡头垄断。

3.80 现在评估并购需要考虑的因素包括:[112] 相关企业的市场地位及其经济和财务实力;供应商和终端消费者可选择的替代品;企业可以接触到的供应商和市场;任何法律或者其他类市场进入障碍;相关产品和服务的供需趋势;中端和终端消费者的利益;技术和经济进步的发展,只要这类发展有助于消费者利益的实现,而且不会成为竞争的障碍。

3.81 如果一项并购会导致企业相互之间所施加的重要限制竞争因素消失,我们就认为这类并购是会带来非协调效应的"漏洞"并购。在这类案件中,并购之后的市场将会成为寡头垄断型、市场上的企业数量有限且其产品替代性较低。[113] 除此之外,经并购产生的企业的竞争对手并不会扩张其范围或者是转换其生产,面临不断高涨的价格或者是经并购产生的企业不断下降的产品数量,新企业也并无意愿进入这一市场。

3.82 竞争限制的减损尤其使参与并购企业能够提高价格、降低产量并同时保持可盈利性。由于市场上一些商品/服务需求转向了其他企业,其会发现提价是有利可图的。这一需求转移的程度,取决于参与并购方之间以及并购方与其他企业之间的竞争近似度。这一趋势反过来又取决于参与并购方所生产产品与其他竞争对手所生产产品之间的异质性程度。异质性程度越高,消费者在企业间的转移程度就越低,并购后价格的提升对于当今企业的可盈利性的作用就越大。据此,并购后市场上剩余企业就更倾向于单方面提高价格。[114]

---

〔111〕 在解释条例以及指令条文的时候,欧洲法院会参照立法目的,而且经常会查看引出该目标的前言段落。因此有可能德国修正案的效果在于缩减严重损害有效竞争标准的一般含义。详见 http://www.internationallawoffice.com/ld.cfm?Newsletters_Ref=7850#substantive,2013 年 9 月 13 日访问。

〔112〕 新版《欧盟并购条例》第 2 条第(1)款。

〔113〕 非协调行为的寡头垄断具备一些典型特征。通常来讲,市场上的企业数目较少也较为稳定;考虑到其他企业的反映,每个企业都是为了实现利益最大化;市场上已经达到了一个静态平衡,因为其中没有哪个企业愿意退出这样一个大环境。

〔114〕 寡头垄断市场的主要特征在于存在这样一个可持续的机制,企业间可以实现协调,进而导致形成同步的价格和产量。在寡头垄断市场上,企业数量很少,它们的行为一致,而且可以从联合市场力量中获利,而不需要签订协议或者是谋划协同行为。这一现象就被称为是"默示共谋"。普通法院在 T-102/96 *Gencor v. Commission* ([1999] ECR II-753) 案中暗示,联合支配地位和默示共谋是等同的,也就扩展了《欧盟并购条例》的适用范围。

3.83 对于采纳 SIEC 测试的批评之一在于,该标准会使欧委会的干涉度提高。SIEC 测试会将那些不被单独或者是共同支配地位标准所规制的并购涵盖在内。[115] 默认情况下,因为 SIEC 测试弥补了支配地位测试执法过程中的漏洞,所以新标准就涵盖了更多的并购。然而,这些是需要欧委会来审查的并购,因而这类干涉确实是受欢迎的——这也正是引入新测试标准的目的所在。问题在于,SIEC 测试是否会禁止或者是附条件同意那些不会对竞争产生损害效果的并购。新版《欧盟并购条例》的法律实体性测试——也就是严重损害有效竞争审查测试——是为了弥补 *Airtours/First Choice* 案[116] 和 *Heinz* 案[117] 中所显现出的支配地位测试适用漏洞。即便是新设企业并不会成为行业领先者,(新标准——译者注)也会允许欧委会的干涉。正如巴克斯特(Baxter)和德尔默斯(Dethmers)(2005)所认为的那样,[118] 欧委会已经以单边效应为基础干预了 *Siemens/Drager* 案[119](麻醉剂机器市场)以及 *Syngenta CP/Advanta* 案[120](限制于两个国家之内的市场)中单独支配地位水平以下的并购,而在 *Oracle/PeopleSoft* 案[121] 中,尽管经并购产生的企业并不会占据支配地位,欧委会还是进行了深入调查。在 *Boeing/McDonnell Douglas* 案[122] 中,市场份额合计高达 70%(上升了 6%)。欧委会对于参与竞争的企业施加了强有力的救济措施决定,但未评价 McDonnell Douglas 可能会施加的竞争限制,因为其近几年已经没有什么销售额了。

3.84 欧委会已经采纳了单边效应的评价方法,而且在解释支配地位概念的时候也具备了灵活性。例如,在 *EnBW/EDP/Cajastur/Hidrocantabrico* 案[123] 中,交易涉及 EDP 和 EDF(通过 EnBW)获得对于 Hidrocantabrico,即对西班牙第四大电力企业的共同控制。欧委会认为,西班牙电力市场受限的产能所导致的相对隔离是允许在现存的两个主要竞争者(Endesa 和 Iberdrola)之间形成共

---

〔115〕 依据前言第 25 段,"第 2 条第(2)、(3)款所提到的'SIEC 测试'应当被解释为,除了支配地位这一概念,仅仅扩展至因企业间非协调行为而产生的集中所带来的反竞争效果,而这些企业在市场上并不具备支配地位。"

〔116〕 Case M1524*Airtours/First Choice*[2000] OJ L93/1 (*Airtours/First Choice*).

〔117〕 US District Court, Columbia, *FTV v. HF Heinz Company* et al., 00-5362a, 2000.

〔118〕 S. Baxter and F. Dethmers, "Unilateral Effects under the European Merger Regulation how big is the gap?", (2005) 26(7) ECLR 380-89.

〔119〕 M. 2861 *Siemens/Drager*.

〔120〕 M. 3465 *Syngenta CP/Advanta*.

〔121〕 M. 3261 *Oracle/PeopleSoft*.

〔122〕 Case M. 877, *Boeing/McDonnell Douglas* 12 December 1997, [1997] OJ L336/16.

〔123〕 M. 2822 *EnBW/EDP/Cajastur/Hidrocantabrico*.

同支配地位所考虑的因素之一。欧委会得出结论，该项并购将会阻止 EDF 投资法国—西班牙的联络线路，从而损害了最为重要的外部竞争源，而且间接帮助维持现有的双头垄断市场。[124]

3.85 正如上文所提到的那样，"漏洞"指代的是这样一种情形：经并购产生的企业市场份额降至支配地位所要求的水平以下，但是该项并购仍然会导致形成单边效应。巴克斯特和德尔默斯（2005）[125]简要概述了这样的市场结构：在欧委会的参与度方面，SIEC 测试确实有影响力。在垄断市场上，欧委会的政策并不会有太大改变。除此之外，在高度分散、产品相异的市场上所发生的并购也有可能被 SIEC 测试影响，欧委会就有可能倾向于适用单独支配地位标准水平以下的单边效应。根据新版《欧盟并购条例》前言第 25 段：[126]

a. 考虑到寡头垄断市场结构中集中可能会带来的影响结果，在这样的市场中维持有效竞争就显得更为必要。很多寡头市场都会阻碍适当程度的竞争。然而，在某些特定情况下，集中会减少竞争参与者相互之间已经存在的竞争限制，其他企业的竞争压力减弱，此时即便寡头垄断企业之间不可能进行协调，也可能导致严重损害有效竞争。然而，欧盟法院至今并没有明确对欧共体第 4064/89 号条例作出"要求将这些会引发非协调效应的集中宣布为与共同市场不符"的解释。

b. 因此，出于法律确定性利益的考量，应当明确：条例通过规定"任何将会严重损害共同市场，或者是共同市场大范围之内的有效竞争的并购，均应当被宣告为与共同市场不相符"，来允许欧委会有效控制所有此类型的集中。第 2 条第（2）、（3）款所提及的"严重损害有效竞争"概念应当被解释为，在原有支配地位概念的基础之上，仅扩展至"产生于未占据支配地位企业之间的非协调行为所引发的集中而带来的反竞争效果"这种情形。

3.86 这一段证明，SIEC 测试以"规则"的形式扩展了支配地位标准的适用范围，表明新测试涵盖了非协调效应，据此弥补了支配地位测试的漏洞。

3.87 在第 25 段中，欧委会已经试图通过强化 SIEC 测试的解释与法院先前的判例

---

[124] S. Maudhuit and T. Soames，"Changes in EU merger control：Part 2"，（2005）26（2）ECLR，75 – 82.

[125] Baxter and Dethmers（n 118）.

[126] 新版《欧盟并购条例》前言第 25 段，详见 2004 年 1 月 20 日理事会第 139/2004 号关于控制经营者集中条例（《欧共体并购条例》）（新版《欧盟并购条例》），OJ L24，2004 年 1 月 29 日，1 – 22。

之间的一致性来增强法律确定性。[127] 根据横向并购指南前言第25段可知，“寡头垄断市场上，如果一项并购会减少参与交易各方先前相互之间所施加的竞争限制，并且减弱市场上其他竞争者相互之间的竞争压力的话，即便是寡头市场上成员间的协调行为可能性微乎其微，也有可能会导致严重损害有效竞争。”

3.88 即便是新的实体审查标准的措辞填补了“漏洞”，但是SIEC测试的适用范围可能非常广泛，而且在相关市场上小型企业之间的并购被监管的可能性变大，在这样的市场上，由于并购后企业间相互施加的竞争压力会变小，所以企业数目的减少会导致竞争的减弱。尽管就新条文的措辞[128] 而言，相对于SLC测试，欧盟并购条例的适用范围有所延伸，沃伊特和施密特(2004)认为，在弥补“漏洞”的时候，SIEC测试并没有使欧盟并购控制政策变得更具限制性，而是在评估集中的时候给了欧委会更多的自由裁量权。作者认为，由于引进了新的实体性测试，欧洲并购政策对于企业而言限制增多了，但是这种限制可以被法律明确规定的效率抗辩所抵消。[129] 然而，不管是新的测试标准还是效率抗辩，都促使欧委会的自由裁量权变强，也就使并购政策可预测性变弱。在适用《欧盟并购条例》的前9年中，欧委会所干涉的并购案件数量并未呈现出显著上升的趋势。

3.89 更进一步而言，新版《欧盟并购条例》前言第32段规定：

a. 如果参与交易企业的市场份额有限，那么并购就不会损害有效竞争，进而也就会被认为是与共同市场相符的。如果交易企业在共同市场或者是共同市场的大部分范围之内的市场份额低于25%的话，在不损害第81、82条适用的情况下，这种效果是存在的。

3.90 这一段似乎是在平衡欧委会因SIEC测试而获得的更强的干预并购的能力，因为其潜在的含义就是如果一项并购相关的企业市场份额低于25%的话，就不会严重损害有效竞争。然而，在法律确定性方面还存在两个问题：第一个问题是有关欧委会适用SIEC测试时的自由裁量权问题，包括导致这种裁量权加强或减弱的所有因素。第二个问题是存在这样一种可能：并购发生之

---

〔127〕 Voigt and Schmidt (n 100).

〔128〕 用“appreciable”而非“substantial”，并且提及了排除竞争对手。详见 William, Cutler and Pickering, “The European Commission Adopts Merger Control Reform Package” (2002), 2, http://www.wilmer.com/docs/frameset.cfm? SECTION = practice&P. = index，2013年9月14日访问。

〔129〕 详见 Voigt and Schmidt (n 100)。

后，经并购产生的企业和/或其他少数既有企业市场份额均低于25%，剩下的市场份额由众多其他企业所瓜分，而这些企业均不是这些少数企业的有效竞争对手。

3.91 在这种情况之下，在理解第32段的时候不注重“Indication”，也不考虑第25段，可以推断出：第2条第(2)、(3)款中的“严重损害有效竞争”应当被理解为：在支配地位测试基础之上，仅仅扩展至非协调企业之间因集中而产生反竞争效果，而这些企业并不具备支配地位。这种并购并不会被SIEC测试所禁止，尽管其可能会对竞争产生负面影响。因此，前言第32段的25%判定门槛并不具备强制约束力，仅表明这一市场份额通常来讲不会损害有效竞争，但是欧委会仍有权控制这类并购。〔130〕

3.92 如果依据前言第32段认为，欧委会不应当禁止一项并购，因为参与并购的一个企业的市场份额低于25%(如24%)，这是违背常理的。SIEC测试的通过意在弥补“漏洞”(也就是说覆盖会给寡头市场带来非协调效应的并购)。如果一个市场上的产品具有多样性，那么这类并购就有可能包括市场份额低于25% 的企业。这样一来，欧委会就无法通过新的实质性测试来处理寡头市场上会带来非协调效应的并购。但是如果严格解读前言第32段，而不管第25段的实质性测试的话，就可以避免这种情况的发生。

3.93 除了弥补支配地位测试所遗留的漏洞以外，SIEC测试的另一优势和目的在于将第102条项下的支配地位和新版《欧盟并购条例》支配地位区分开来，并将在寡头垄断市场上会产生非协调效应的并购包含在内，〔131〕同时将该种市场上的单边效应考虑在内。更进一步来讲，新的实质性测试有助于考虑具有并购特性的效率抗辩，通过适用支配地位测试来保持已有的判例。

3.94 新的实质性测试也会释明共同支配地位的概念。就像马里奥·蒙蒂(Mario Monti)〔132〕所认为的那样，新版《欧盟并购条例》所给出的定义的优势在于它不会与欧洲法院在审查第102条案件时所遇到的支配地位的概念相混淆。议案不仅可以弥补传统支配地位测试的漏洞，而且也意在寻求保持已经确立

〔130〕 例如，一个市场上的产品具有高度差异性，而且有一些大型的企业，经并购产生的企业和/或市场上现存的少数企业的市场份额均低于25%。

〔131〕 就像*Heinz*案中所遇到的这种情形，在高度集中的市场上，第二、三大生产商之间进行合并。US District Court, Columbia, FTC v. HF Heinz Company et al., 00－5362a, 2000.

〔132〕 详见Monti, “Merger Control in the European Union: A Radical Reform”(n 36)。

的判例法以及实践。[133]

3.95 尽管单独支配地位和有害竞争的单边效应理论之间具有重要区别,但新版《欧盟并购条》中同时涵盖了两个概念。引进 SIEC 测试后的大部分案例分析中,欧委会都尽量避免使用单边效应损害的理论,而且已经完全地依赖于单独支配地位的标准。其次,产生于新测试标准前后的一些案件中,欧委会也会同时使用这两种理论。巴克斯特和德尔默斯(2005)指出,如果无法找到令人信服的单独支配地位测试的证据的话,欧委会就会使用单边效应的分析方法。[134] 当然,如果找不到令人信服的单边效应证据的话,欧委会也会适用单独支配地位的标准。[135] 在 *Oracle/PeopleSoft* 案中,欧委会运用单边效应方法,而且其分析并不见单独支配地位的影子。[136]

3.96 监督政策研究所(2001)认为,[137]一些基础的竞争问题是具有争议性的,而且在新版《欧盟并购条例》通过之后这些问题仍然存在。竞争的相对重要性与其所传递出的信息和与竞争领域之内必要的自由裁量权和法律的确定性的结合,仍然是非常具有争议性的问题。

三、程序性改革

3.97 程序性改革包括变更欧委会作出决定的时间节点,并在企业作出决定提交申报材料的时候,给予其更多的自由度,从而可以使企业更有效地组织其交易,而非围绕着一些不必要的僵化条例来构建交易。时间节点修改后,欧委会有更多的时间考虑企业提议的救济措施。为了实施第 101、102 条,结合 2002 年 11 月 26 日所通过的条例[138],对于欧盟并购条例的程序和司法上的改革,

---

[133] Fingleton, "Competition for the Merger Test Market" (n 110).

[134] 详见 M. 3465 *Syngenta/Advanta*, para 52。

[135] M. 3083 *GE/Instrumentarium*.

[136] M. 3216 *Oracle/PeopleSoft*.

[137] Regulatory Policy Institute, "Developments in Competition Policy: Mergers and Oligopolies" (International Competition Policy Conference, 26 June 2001), 14, http://216. 239. 37. 104/search? q = cache: u8EUV _ TO3TYJ: www. competition - commission. org. uk/inquiries/rpiconf. pdf + developments + in + competition + policy: + Mergers + and + Oligopolies&hl = el&ie = UTF - 8, 2013 年 9 月 14 日访问。

[138] 理事会 2002 年 12 月 16 日第 1/2003 号关于实施条约第 81 条和第 82 条竞争规则条例, OJ L1, 04. 01. 2003, 1 - 25。

强化了欧委会的执法权力。

3.98 在调查和评估一项申报的经营者集中案件期间,企业有义务避免采取实施并购交易的行为。如有违反,可能会遭致罚款。第139/2004号条例的第14条提高了罚款和周期性支付罚款的上限,如果企业所提供的资料不全或者是有误的话,欧委会据此可以处以高达交易各方上一年度营业总额1%的罚款,以及高达企业总平均日营业额5%的周期性罚款。[139]

3.99 第139/2004号条例为欧委会调查和救济措施的提交与评估方面提供了更灵活的时间限制。依据新条例前言第35段和第10条可知,如果企业提出补救措施申请的话,第一阶段的调查期限可以由25个工作日延长至35个工作日。[140] 如果第二阶段调查程序开始之后的54个工作日之内,企业提出了补救措施申请的话,审查时限可由90个工作日延长至105个工作日。经交易方申请,或者是由欧委会提出并经交易方同意("时间停止"条款),第二阶段的审查程序可以延长20个工作日。[141] 审限一旦被延长,欧委会对于企业所提出的救济措施就可以进行更为深入的研究,而且事实调查和经济分析的质量均会有所改善,从而使案件组和申报各方之间的谈判结果更加令人满意。

3.100 欧委会可以要求企业自行评估并购协议可能带来的附属性限制。欧委会已经公布了一个帮助企业进行这类评估的通知。[142] 第139/2004号条例规定了处理多重交易的原则,根据前言第20段可知:"如果几项交易因情况相关而联系紧密,或是证券市场上一段相对较短的时间内的一系列交易,将其当作一项市场集中来处理更合适。"

3.101 如果欧委会发现,企业在实施并购的过程中违反了决定中所要求的限制条件,就会责令企业撤销这项并购。第139/2004号条例第8条第(4)款规定:如果这种解散不可行,欧委会可以要求企业采取其他合理措施来撤销该项并购。如无反对声明,欧委会可以采取一系列的整改措施。如果出现这种违规行为的话,第139/2004号条例第8条第(5)、(6)、(7)款和第14条第

---

〔139〕 详细分析,请见第五章。

〔140〕 Peyre and Simic (n 43).

〔141〕 如果企业在第II阶段审查程序开始之后的15个工作日之内提出了申请,那么审限就可以自动被延长。交易各方只能就此提出一次申请。经交易各方申请,或者是由欧委会主动提出的延长审限之和不应当超过20个工作日。如果时间紧迫,欧委会很有可能被迫否决某项交易。正如M.2283 *Legrand/Schneider Electric* 案所示一样。

〔142〕 欧委会关于集中的直接相关和必要的限制通知,Official Journal C.56,2005年3月5日,24-31。

(2)款第(d)项列举了欧委会在此种情况下的一系列权利。欧委会可以：(1)采取临时措施；(2)撤销依据第139/2004号条例第8条第(1)款或者第(2)款所作出的决定；(3)依据第8条第(1)、(2)款或第(3)款做决定而不受时限限制；以及(4)处以罚款。[143]

3.102 139/2004号条例第13条，欧委会有权记录口头声明，并将此声明作为审查程序中的证据，还有权以正式决定的形式要求企业提供信息，而不需要事先以其他方式要求提供这种信息。

3.103 修正条例[144]包含了修改后的申报表格(Form CO)、新的快速申报表格以及成员国提交申报所需材料以前应当填写的新的合理提交表格(Reasoned Submission Form,RS)。

3.104 竞争总司的最佳行动指南规定，可以参看欧委会和交易各方会面的进展情况材料，以及正式听证或者是在正式听证之前，欧委会负责文件处理的小组、申报方和第三方之间会面的相关材料。正如其中规定的那样：[145]"最佳行为指南意在提高对于调查程序的理解程度，确保审查程序的高度透明性及其可预期性。特别之处在于，对于相关交易方而言，这更是为了让欧共体并购审查程序在短时间内同时兼具成效性和高效性。"改革同时规定，如果企业能够证明已经存在达成协议的善良意思的时候，可以在正式申报之前与欧委会接触。[146] 这一程序在帮助企业发现交易可能会产生的问题并确保其申报程序完整方面起到了至关重要的作用。

3.105 欧委会建议设置多重监管机构：经济学分析主要依赖于审查第二阶段的计量经济学研究以及直属于总干事的"首席经济学家"一职的设立，而"首席经济学家"为欧委会提供独立意见。除此之外，一组欧委会官员会通过多双"雪亮的眼睛"——尽管这层监管还是来自于内部的——在审查第二阶段扮演"异议持有人"。欧委会的意图在于，使这种小组成员扮演"提高调查员初步结论可信度的内部实际和有效的审查"的角色。值得注意的是，听证官会通过分配补充性人员，来强化欧委会审查的公正性。另外，交易各方与

---

〔143〕 Peyre and Simic (n 43).

〔144〕 欧委会第802/2004号关于修正理事会第139/2004号条例("修正条例")及其附件(申报表格、简化版申报表格以及合理提交表格),Official Journal L 133,2004年4月30日,1-39。这一条例被欧委会第1033/2008号条例所修正(Official Journal L 279,2008年10月22日,3-12)。

〔145〕 Para 1, "DG Competition Best Practice on the conduct of EC merger proceedings 20/01/2004".

〔146〕 申报前的(非正式)接触，最好在法定提交申报材料之日其至少2周之前提出。Paragraph 10, "DG Competition Best Practice on the conduct of EC merger proceedings 20/01/2004".

监管机构之间的现状会议将允许第三方参与，以便在关键问题上将不同观点考虑进去，而且在审查程序的关键阶段中，有关评估的会面应当与交易各方共同商讨。

3.106 欧委会的议案包括：

- 为欧委会听证官分配额外的支持人员；
- 在竞争部门内部任命消费者联络官，以更好地听到消费者的心声；
- 如果可能的话，在展开深度调查之后，参与并购的企业拥有提前查看欧委会文件内容的权利，而非仅仅在交易各方受到所谓的阐明欧委会竞争关注的反对声明之后；
- 在商业秘密得到有效保障的前提之下，各交易方有机会提前查看第三方所提交的表达对交易对竞争可能产生的影响的关切；如果可能的话，并购企业有机会和第三方、欧委会直接讨论这些竞争关切。

3.107 十多年以来，并购监管处已经处理了所有的欧共体范围相关的经营者集中。监管处的记录惊人，直到 2002 年仅有一个决定[147]被欧洲法院撤销。2002 年，有三个欧委会决定被普通法院撤销，这体现了一些低效问题的存在。[148]在 2004 年的改革中，并购监管处的工作被终止。2004 年以后，行业理事会中有一个部门负责并购审查。理事会 A 负责政策和决策支持。这一理事会负责协调决策程序，并且可以控制、限制目前案例小组的自由裁量权，该自由裁量权经常被外界指责太过严苛，即便是在那些基本上不会带来竞争问题的案件中也是如此。[149]

四、管辖权改革

3.108 引进申报前的程序，决定了欧委会和成员国竞争当局之间的权力划分，解决了在欧盟内部要向多个管辖权内的当局提交文件的烦琐问题，并且与此同时促进"一站式审查原则"效率的提升——一项交易的营业额并未达到向

〔147〕 Joint Cases C – 68/94 and 30/95 *France v. Commission* (*Kali und Salz*) [1998] ECR I – 1375.

〔148〕 *Schneider Electric SA v. Commission* (T – 301/01) [2002] ECR II – 4071; *Tetra Laval v. Commission* (T – 5/02) [2002] ECR II – 4381; *Airtours Plc v. Commission* (T – 342/99) [2002] ECR II – 2585.

〔149〕 Soames and Maudhuit (n 124).

欧委会申报的门槛,但是又需要向至少三个成员国申报,各交易方可以申请欧委会审查。“一站式审查原则”对于高效适用新版《欧盟并购条例》至关重要,尤其是在当今欧盟范围不断扩大的背景之下。

3.109 在《欧盟并购条例》监管背景之下,申报前与欧委会的非正式接触是一个附加项,意在帮助企业克服法律不确定性所带来的问题。为了避免出现诸如应当向欧委会提交哪些文件、申报的正确场所在哪里这类不确定性的存在,欧委会鼓励交易各方在正式申报之前进行非正式接触。然而,在非正式申报之前交易方所得到的信息都不具备法律约束力。

3.110 更进一步而言,第139/2004号条例简化并概括出案件移转的标准,并授权交易各方在申报前的阶段申请案件移转的权利。对申报以后向成员国移转的案件,第9条引进了新的期限,即收到申报申请之后的15个工作日的期限,前提是成员国认为一项交易虽然已经达到了欧盟范围的标准,但是其会严重损害该成员国领土范围之内的有效竞争。如果欧委会决定移转案件的话,那么成员国竞争当局应当在欧委会作出移转决定之后的45个工作日之内,通知交易各方其初步竞争分析之后的决定。如果涉及申报之后案件由成员国移转至欧委会的情况,条例第22条规定,成员国竞争当局发现一项集中不属于欧盟层面的话,应当在15个工作日之内申请欧委会审查该项集中。[150]

3.111 现在,申报前后都可以进行案件转移。在申报前阶段,第4条第(4)款规定,在申报之前,申报方可以申请选择成员国来审查交易,如果该项交易“有可能会严重损害一成员国范围之内的有效竞争,而这一成员国市场拥有一个单独市场所应具备的所有特征,因此交易应当全部或部分由该成员国来审查。”如果成员国在收到移转申请之后的15个工作日之内没有作出反对决定,而且欧委会在收到申请之后的25个工作日之内作出同意的决定的话,那么案件就应当全部或者是部分移转至该成员国竞争当局。第4条第(5)款规定,如果一项交易并不属于欧盟范畴,但是交易各方需要向至少三个成员国竞争当局进行申报的话,可以在申报前阶段请求欧委会在欧盟层面上来审查该项集中。如果在接到申请之后的15个工作日之内,有权审查交易的成员国没有提出反对意见的话,那么就可以认为一项交易具备欧盟影响范围,而且可以向欧委会提出申报。欧委会已经制作了RS表格,也就是

[150] Peyre and Simic (n 43).

CO表格的缩减版，交易各方在申请案件移转的时候应当填写该表格。

3.112 经过激烈讨论之后，欧委会最终决定采纳严重损害有效竞争的审查标准，也就是支配地位测试和SLC测试的结合。这一新的实体审查标准被认为是两种审查标准相互妥协的产物。

五、横向并购指南

3.113 在多重管辖权共存这样一个大背景之下，并不能保证在分析集中的时候，所有司法管辖权都会适用同一种分析方式。指南帮助阐明各管辖权内审查的相同和不同之处，例如：市场界定和进入条件的不同分析方式，关于协调效应和非协调效应的不同分析方式，以及对于效率抗辩的不同处理方式。这是协调不同管辖权范围之内并购立法的第一步。

3.114 欧委会通过公布众所周知的指南来阐明其针对横向并购的分析方法，以明确新版《欧盟并购条例》的适用，同时解释了欧委会在评估横向并购的时候所采用的经济学原理。

3.115 《评估理事会控制经营者集中条例项下横向并购指南》（以下简称指南）[151]不仅描述了理论基础，而且还指明了在分析一项横向并购是否具备反竞争效果的时候所适用的分析方法论。更为重要的是，在保证不断改善经济学分析的基础之上，指南的关注点在于分辨出每个交易方和其竞争对手目前相互之间所施加的竞争限制的分析属性，其目标在于为所有的交易方提供更多的可预测性以及更高的法律确定性。

3.116 欧委会会阻止那些有可能会剥夺消费者特定利益的并购，例如选择低价、质优产品的权利，对产品、服务选项以及创新广泛选择权。根据指南可知，欧委会会对比经并购之后可能会产生的竞争条件以及如果没有发生并购可能会产生的竞争条件。仅考虑并购发生之时竞争环境的情况是与事实不相符的，尽管欧委会会将合理的市场变更因素考虑在内。

3.117 在界定相关市场之后，欧委会首先会依据新的实体审查标准来分析市场上

---

[151] 《评价理事会控制经营者集中条例项下横向并购指南》，Official Journal C31，05.02.2004，5 - 18。欧委会的通知和指南并不具备法律强制力。然而，这些文件却展示了欧委会在很多重要问题上的态度。

所发生的交易可能会产生的反竞争效果，之后才会考虑企业所提出的抵消因素。这类抵消因素尤其包括效率抗辩和濒临破产企业企业抗辩。

3.118 指南探索了横向并购可能会带来的反竞争效果，并且考虑到了横向并购可能会严重损害竞争的主要方式。通过减损企业相互之间所施加的竞争限制，一个横向并购就有可能会使经并购产生的企业提升价格，而不需要考虑剩下竞争对手的反应，这样一来会带来非协调效应。除此之外，一个横向并购可能会通过创造出一个有利于默示共谋的环境而带来协调效应，据此减损竞争的有效性，最终导致价格的提升。

3.119 欧委会同时也会考察在集中度较高的市场上所发生的并购是否会提高企业之间形成协调行为，并进而导致商品价格提升（协调效应）的可能性。

（一）非协调效应的评估

3.120 指南展示了欧委会评估寡头垄断市场上的非协调或单边效应、协调效应以及非协调效应的方法。

3.121 指南非穷尽列举出了分开来考虑可能并不具有决定性，但是却可能会影响并购带来的非协调效应的一系列因素。这些影响因素包括：[152]

- 并购企业市场份额较大（指南的第17—21段规定了分析市场份额的门槛）；
- 并购企业是市场上紧密联系的竞争对手；
- 消费者转向其他供应商的可能性有限；
- 如果价格有所提升，竞争对手不大可能提高供应量；
- 经并购产生的企业有能力阻止竞争对手势力的扩张；
- 并购消除了一个重要的竞争力量。[153]

(a)市场份额评估

3.122 市场份额和市场结构可以表明一项并购是否会带来非协调效应。通常来讲，市场份额越大，一个企业的实力就越强。同时，所增加的市场份额越大，一项并购所带来的强化市场力量的可能性就越大。正如欧委会在指南中所

---

〔152〕 横向并购指南第26、38段。

〔153〕 横向并购指南列举了两个“市场份额不大可能会明确体现出并购可能会产生非协调效应”的例子。这些例子是：阻止可能会带来重大竞争压力的企业进入市场，或者是淘汰生产线上重要的产品创新者。详见横向并购指南第37、38段。

规定的那样，市场份额和市场集中度可以初步展示市场结构和并购企业及其竞争对手在竞争市场上的重要程度。[154] 企业在正确界定的相关市场上的预估份额，与评估市场结构以及交易方、竞争对手之间竞争重要程度相符。

3.123 指南同时还解释道：在非同质产品市场上，生产替代性较低产品的企业间并购不大可能会限制竞争。首先需要考虑的因素是并购方的产品之间是否具有较高的替代性，以及并购企业之间竞争的减损是否会导致并购后企业及其竞争对手提升价格。除此之外，竞争对手提升价格的能力将取决于他们在扩张时所面临的壁垒，及其产品与经并购而产生企业所生产产品之间的替代性。在评估并购时，新的实体审查标准的最大影响在于，其将企业产品间可替代性程度的高低，以及企业之间竞争的激烈程度这两个因素考虑在内。在欧盟并购条例实体审查标准方面，指南额外加入了一些欧委会现有的实践经验，并且提供了有关非协调或单边效应的清晰的法律基础和分析框架。

3.124 市场集中度同时也为分析竞争环境提供了有效信息。为了评估一项并购，欧委会通常会适用赫芬达尔·赫希曼指数（HHI 指数）[155]。HHI 指数给拥有较大市场份额的企业更多的权重。虽然在计算 HHI 指数的时候最好把市场上所有的企业都考虑进去，但是如果漏掉非常小的企业的话问题也不大，因为此类企业对于 HHI 的影响基本可以忽略不计。HHI 等于市场上所有企业市场份额平方之和。与“四大企业集中指数”不同的是，HHI 不仅反映了市场上前四大企业市场份额的分布，而且还反映了四大企业以外的市场构成。然而，HHI 根据市场上企业间相互竞争的情况，给了较大企业相对来说更为重大的权重。依据美国相关指南，从广泛意义上来讲，市场可以分为以下几类：分散型（HHI 指数低于 1500）、相对集中型（HHI 指数介于 1500 和 2500 之间）以及高度集中型（HHI 指数高于 2500）。[156] 然而，美国司法部（DOJ）和美国联邦贸易委员会通过研究关于 HHI 指数在 1999～2003 年间所面临的挑战发现，在这五年中受到美国相关机构质疑的 1300 个并购案件中，并购之后 HHI 指数低于 1400，HHI 指数变更基本上为 85 之类的案件

〔154〕 横向并购指南第 14 段。

〔155〕 HHI 指数等于市场上所有企业各自市场份额平方之和。

〔156〕 1992 年美国司法部和联邦贸易委员会横向并购指南，第 1.5 部分，可参见 http://www.usdoj.gov/atr/public/horiz_book/5.html，2013 年 9 月 14 日访问。（以下称“美国指南”）

均未受到质疑。[157]

3.125 HHI绝对值可以初步显示并购之后市场上所存在的竞争压力,HHI指数的变化(也就是"delta"或者是"dHHI")则可以体现出并购直接带来的集中度变化。如并购之后HHI指数低于1000的话,欧委会不太会认为一个横向并购会存在有害竞争的问题。另外,如果并购之后HHI指数处于1000和2000之间,dHHI低于250的话,或者是如果并购之后的HHI指数高于2000,dHHI指数低于150的话,欧委会不太会认为一个横向并购会有害竞争,除非存在特殊情况,例如:当一项并购包含潜在即将进入市场的企业或者是包含最近新进入市场但份额不大的企业;参与并购的一家或者是多家企业是重要的发明创造者,而且这一点并未体现在市场份额之中;市场参与者之间有重大交叉持股;市场上存在一个特立独行的企业,即该企业极有可能会扰乱协调行为;市场上显现出过去存在的或者是即将发生的协调或者是促进行为;再或者是参与并购企业之一并购之前市场份额高于50%。[158]

3.126 指南构建了一个安全港:如果相关企业市场份额不超过25%的话,由于其份额有限,那么就不大可能对有效竞争产生负面影响,进而被默认为与共同市场相符。

3.127 尽管产品类似度较低的市场界定比较复杂,微量市场份额指南规定,市场份额仍然能够为评估一项并购是否会严重损害竞争提供初步的参照条件。在商品高度差异化的市场上,即便是相关市场界定的范围非常狭小,如果参与并购的两个企业市场份额之和相对来讲较低的话,那么并购极有可能不会严重损害有效竞争。但是在这类市场上,竞争当局也会尽其可能在自由裁量权范围之内界定狭小的相关市场,所以指南在这一部分再次陷入空白。

(b)并购企业是紧密联系的竞争者

3.128 在差异化产品市场上,并购的企业所生产的产品之间替代性越高,经并购而产生企业大幅提价的可能性就越大。[159] 替代性程度表现为消费者偏好调查、所包含产品之间交叉价格弹性的评估、分流比,[160] 以及对于购买模式的

---

[157] See further, "Merger Challenges Data, Fiscal Years 1999 - 2003", http://www.usdoj.gov/atr/public/201898.htm,2013年9月14日访问。

[158] 《横向并购指南》第20段。

[159] 详见《横向并购指南》第28段。

[160] 从商品A转至商品B的分流比指的是:由于价格提升,而导致商品A销量下降所占的比例,而该部分的需求转移至商品B。

分析。在招投标市场上,欧委会会分析提交投标的并购一方是否会受到另一并购参与方的限制。[161] 欧委会同时也会分析,竞争对手或者是参与并购方对产品重新定位的可能性,以及重新定位可能会给并购后企业所带来的影响。[162]

消费者需求在供应商之间转移的可能性有限

3.129 指南指出,并购方的客户在转向其他供应商方面存在困难,因为其他可选供应商少之又少,或者是由于他们面临着巨额转移成本。[163] 过去曾发生过的消费者转移模式,以及消费者对于价格变更所作出的反应可以为此提供重要参考信息。

(c)如果价格有所提升,竞争对手不大可能提升供应量

3.130 如果价格有所提升,市场环境是并购参与者的竞争对手不大可能大幅度提升其供应量,那么并购参与者就有动机在并购之后将其产品供应量降至并购前产品合计供应量以下,并据此提升价格。[164] 如果竞争对手面临强有力的产量限制因素且提高产量代价高昂,或者如果提高产量的成本大幅度高于现阶段产量成本的话,产量就不大可能会有所提升。如果市场由同质产品组成,而且市场上现有竞争者相互制约,那么并购就会带来反竞争的效果。在这种情况下,并购之后的市场上,经并购而产生的企业及其竞争对手都有可能会涨价,而且不会有企业会通过提高产量来吸收因价格提升而产生的需求转移。尽管在产品间存在相对同质性的情况下,竞争制约的作用更为重要,但即便是企业所生产产品不具备同质性,竞争制约的因素也很重要。

(d)经并购而产生的企业有能力限制其竞争对手的扩张

3.131 在一些情况下,并购后的企业有能力并且也有动机使得小企业、潜在竞争对手的扩张变得更加困难,或者是限制竞争对手采取行动的能力。竞争者对于经并购而产生的企业影响程度有限,也就无法阻止经并购产生的企业提升产品价格或者是采取其他有害竞争的行为。欧委会在指南中列举了一系

---

〔161〕 详见《横向并购指南》第29段。

〔162〕 详见《横向并购指南》第30段。

〔163〕 详见《横向并购指南》第32段。

〔164〕 《横向并购指南》第32~35段。

列使并购后企业有能力限制其竞争者扩张势力的因素。[165]

(e)并购限制了一项重要的竞争力

3.132 “maverick”一词指的是一类企业,其可以扰乱市场上有害竞争的行为,这类企业对于竞争进程的影响高于其市场份额所展现出的能力。如果一项并购包含“maverick”的话,那么就会以一种严重损害竞争的方式改变竞争动力,尤其是在市场集中度较高的时候。[166] 在一个市场上,创新如果是重要竞争因素的话,两个重要的创新者之间的并购就会带来反竞争的效果。

3.133 在简要分析决定一项并购是否会在市场上产生非协调效应的各个因素之后,我们要分析欧委会在审查并购时为了评估集中型市场上的并购是否会提高各企业间协调行为的可能性,并带来价格的提升(协调效应)的各个因素。

(二)协调效应的评估

3.134 一项并购可以通过强化协调或者是允许企业达成更高价格的协调,来降低协调的难度、提高其稳定性或者使得协调的效率对于并购前已经形成协调的企业而言有所提升。一项并购也可能通过创造出或者是加强共同市场支配地位从而产生反竞争的效果,因为这提高了企业间协调其行为的可能性。

3.135 协调可以表现为多种形式并关注提升价格、限制产量或者是限制将给市场带来的新的产量,或关注市场份额(以地理区域或者是其他消费者特征为基础,或通过在招投标市场上分配合同)。[167]

3.136 欧委会在评估一项集中时所考虑的关键因素包括:就协调达成共识的难易程度;对于偏差和可能的威慑机制的监督;以及“局外人”(消费者[168]和竞争者)的反应。[169] 协调也会取决于市场结构相关的一些因素,包括市场进

---

〔165〕《横向并购指南》第36段。

〔166〕《横向并购指南》第38段。

〔167〕《横向并购指南》第40段。

〔168〕如果买方想要对经并购而产生的企业产生重大影响的话,他们必须要有能力将其需求转移至其他的供应商,而不会在时间上有重要延迟,或者是不会产生额外的成本,通过支持竞争对手赞助其产量的扩张,郑重警告将会实现纵向的并购,并且停止或者是延迟向经并购而产生的企业购买产品。详见横向并购指南第64、67段。

〔169〕这三个因素体现在对于 *Airtours/First Choice* 并购案(M.1524)评价的分析中。

入[170]和退出的壁垒、市场上企业数量较少、通过协调行为形成均衡的能力、实施协调行为的能力以及监督并阻止任何潜在 maverick 企业的能力。这些因素取决于的特征例如产品同质性、较低的需求增长趋势、需求对于低价的敏感度较低、对称成本结构以及多重市场价格。[171] 值得一提的是,上文所提到的一些因素与欧委会依据原《欧盟并购条例》审查联合支配地位时所考虑的因素非常类似。[172]

3.137 欧委会会评估企业协调其协调行为的能力(通过产品的同质性来评估);提升价格并限制产出,而不会吸引新的竞争者进入市场的能力(通过较低的价格弹性,稳定的市场份额,市场进入壁垒等评估);检测偏离的能力(通过集中型市场、产品同质性以及市场透明度评估);以及惩罚这种偏离的能力(通过报复性机制实现)。

3.138 在 *Airtours* 案[173]中,普通法院列举了评估协调效应的因素,这些因素在《横向并购指南》中也有所体现。在 *Airtours* 案中,普通法院[174]对《欧盟并购条例》中最模糊的领域之一即适用于发生在寡头垄断市场上的并购明确了法律的规定。普通法院的决定列举了三个形成并保持共同支配地位或者是默示共谋的必要条件。法院认为,仅有寡头垄断市场上各成员意识到独立的市场行为有利可图是不够的。市场必须要有足够的透明度,以保证企业能够监督其他企业的行为,并检测其行为是否有所偏离。[175]

3.139 第二个条件就是存在一种制止或者是惩罚偏离的报复机制。如果所有企业默示地达成协调协议,通过收取高价来减弱竞争的强度,那么任何企业都有可能倾向于通过降低价格来实现盈利,并因此偏离了共同政策。为了使秘

---

[170] 如果想要使得市场进入障碍的作用强大到足以形成对于并购参与方的竞争制约的话,这一障碍必须要可能、及时并且足以阻止或者是击败任何并购可能会对竞争带来的负面影响。详见横向并购指南第 68 段。

[171] 详见 I. Kokkoris, "The reform of the European Community Merger Regulation in the aftermath of the Airtours case" (n 47) at 37; I. Kokkoris, "The Development of the concept of Collective Dominance in the European Community Merger Regulation. From its Inception to its Current Status", World Competition, September (2007), 419 – 48。

[172] 详见 Case M2256 *Philips/Agilent Health Care Solutions* [2001] OJ C292/10; Case M.2537 *Philips/Marconi Medical Systems* [2001] OJ C321/12; and Case M.2922 *Pfizer/Pharmacia* [2003] OJ C110/24。

[173] T – 342/99 *Airtours v. Commission* [2002] ECR II – 2585.

[174] 在普通法院 2000 年 6 月 6 日的判决中。

[175] S. Stroux, "Collective Dominance under the Merger Regulation: A Serious Evidentiary Reprimand for the Commission" (2002) 27(6) ELR, 736 – 46 at 740.

密协调可以长时间维持下去,正如经济分析所示,必须要有可靠的不偏离市场共同行为的动机。然而,由于执行惩罚的成本过高,惩罚的威胁并非总是可靠。[176]

3.140　普通法院还指出,为了保证共同政策能够维持下去,欧委会还需要证明现有的以及潜在竞争对手无法通过提升其应对因并购而获取支配地位的企业降低供应量的能力,来抗衡共同支配地位。来自第三方的现有或者是潜在竞争制约因素也是 *Kali und Salz* 并购案[177] 被认可的重要考量因素。

3.141　抵消性买方力量可能会吸引新的竞争者,[178]阻碍整合的形成并促使对默示共谋结果的偏离。正如 *Néstle* 案中所示,如果品牌忠诚度影响了消费者的选择,或者是正如 *Gencor/Lonrho* 案所示,如果买方并非产品的终端使用者,他们就会将上涨的成本转移至下家来承担,那么这一影响就会有所减损。

3.142　根据莫塔(Motta)(2004)可知,并购导致共同支配地位的原因有两个,即市场上独立企业的数目减少,及其对于形成共谋、强化的资产分配市场所产生的积极影响。[179] 他指出,在这两种情况下,产业中发生合谋的范围就会有所扩大。就非协调效应而言,他认为不管企业决定的变量是价格还是数量,(并未带来效率的提升)的并购将会降低消费者福利。[180]

3.143　在讨论欧委会在指南中有关协调效应分析的时候,瑞迪亚德(Ridyard)(2004)认为,欧委会没有抓住机会阐明其工作的重心在于分析交易可能会给市场带来的变化。因此,欧委会有混淆一个产业中并购前的竞争状态和并购会对竞争带来影响的评估的危险。这种结果会严重损害分析的明确

---

〔176〕 正如 Bishop 和 Walker(2002)所认为的那样,长期协调变量,例如新技能或者是新投资的引进,不大可能被采纳或者是维持下来,因为报复机制并不像短期协调变量(例如价格或者是产出)那么有效、可靠。详见 Bishop and Walker (n 73)(此处应为 n 72——译者注)at 286。

〔177〕 Case M308 *Kali und Salz/MdK/Treuhand* [1994] OJ L186/30; on appeal Cases C-68/94 和 Case 30/95 *France v. Commission*, *Societe Commerciale es Potasses et de l'Azore* (*SCPA*) *v. Commission* [1998] ECR I-1375.

〔178〕 所以,在认定市场上重新进入潜在竞争者的程度的时候——这一市场进入肯定会在合理时间之内发生,市场进入壁垒是至关重要的。

〔179〕 M. Motta, *Competition Policy—Theory and Practice* (Cambridge: Cambridge University Press, 2004) 251.

〔180〕 M. Motta (n 182)(此处应为 n 179——译者注)at 234.

性和可预期性。[181]

3.144 《横向并购指南》还包括一类并购，即交易包括将会给竞争带来横向负面影响的潜在竞争者，不管是协调类的还是非协调类的，如果该潜在竞争者严重限制了活跃在市场上的企业的活动。[182] 包含潜在竞争者的并购如果会对竞争产生负面影响，必须满足两个基本条件。首先，潜在竞争者必须已经施加了重大限制性影响，或者是该潜在竞争者必须极有可能将要获取有效的参与竞争能力。其次，并购发生之后，市场上必须存在足够多的其他潜在竞争对手来维持其相互之间施加的足够的竞争压力。[183]

3.145 指南还简要处理了会产生买方力量的横向并购可能对竞争产生负面影响的问题。[184] 此类效果包括：封锁下游市场上的竞争对手，以及为了在上游市场上获得低价而减少采购量，从而导致并购后的企业在最终场品市场上的产出下降。如果是两个拥有强大买方力量的企业之间进行并购，那么有可能会对竞争产生负面影响。就像泰勒(Taylor)(2004)[185]所认为的那样，为了进行并购分析，并不存在令人信服的合理性原因来区别对待买方力量和垄断力量。买方之间的并购，降低了供应方的可选项，减弱了供应方的谈判力，甚至有可能会威胁到长期的可盈利性和生存能力，尤其是如果供应方拥有高昂的沉没成本以及转换成本的话。这样的高成本有可能会限制住供应方；这样一来，买方就可以在价格和合同条款方面歧视对待卖方。这种歧视待遇会使一些供应商相对于买方而言更易受到伤害，并因此影响到供应商的可持续性。如果一些受到负面歧视待遇的供应商退出市场的话，那么就无法消除在下游市场上产生或者是加强垄断的可能性。

3.146 除此之外，如果供应量已经在现有供应商之间分配好，那么新的潜在进入供应市场者除了厂房和分销系统方面的必要投资之外，可能不得不面对额外的市场进入壁垒。如果市场中本地企业受到机构限制措施的保护，并享有

---

[181] D. Ridyard, "The Commission's new horizontal merger guidelines - an economic commentary" (2004), available at http://www.coleurope.eu/sites/default/files/research-paper/gclc_wp_02-05.pdf, 2013年9月14日访问。

[182] 《横向并购指南》第59段。

[183] 《横向并购指南》第58段和第60段。

[184] 详见《横向并购指南》第61段和第63段。

[185] R. Taylor, "The Many Faces of Power in the Food System", presented at DOJ/FTC Workshop on Merger Enforcement Washington, DC (2004), 2, http://www.usdoj.gov/atr/public/workshops/docs/202608.pdf#search=the%20Many%20of%20Power%20in%20the%20Food%20System, 2013年9月14日访问。

强大的现有地位优势,包括店面位置、优先享受供应以及声誉,那么市场进入壁垒就会很高。

3.147 在列举了并购可能会产生的损害的理论之后(非协调效应和协调效应),《横向并购指南》转而关注可以抵消并购所带来的负面影响的一些因素,例如买方力量、市场进入重要性、效率抗辩以及濒临破产企业抗辩的重要性。

(三)抵消性买方力量

3.148 抵消性买方力量,指的是买方所拥有的产生或者是强化其向对方市场上竞争的能力。买方市场力量指的是,由于买方之间缺乏有效竞争所产生的市场购买力。相对于卖方总产出而言买方的购买量与买方的谈判力呈正相关的情形并非总是出现,尤其是在诸如水泥之类的市场上,根据谢勒(Scherer)和罗斯(Ross)(1990)的观点,实力较弱的购买方之间可以通过不会被卡特尔察觉的小而隐蔽的买卖交易来欺骗卡特尔。[186] 这样一来,卡特尔就不会对这些小型买方进行报复,而且小型买方也可以从这样的小订单中获利。

3.149 强势的买方可以通过利用其谈判实力,威胁将要自行生产产品,或者是威胁将要转向其他供应商或者是市场上卖方一边的潜在市场进入者,尤其是在为了实现促进卖方之间的有效竞争目的的情况之下。如果符合特定条件,买方的抵消性力量会更有效。这类条件包括:不签订合同对于卖方而言成本更高,或者是卖方对于买方现阶段购买量的依赖性足够强大。除此之外,如果买方已经拥有了卖方谈判方面的信息,而且相对于卖方而言买方承受交易迟延的能力更强,这样一来买方的抵消性力量会更强大。

(四)进入壁垒

3.150 《横向并购指南》规定,如果进入市场足够简单的话,那么一项并购就不大可能产生重大反竞争的风险。[187] 欧委会通过判例法明确了一些市场进入障碍类型。这些壁垒可以被分为三类,即相对于潜在竞争者而言,市场上现存企业所享有的绝对优势;现存企业的战略性优势;以及现有企业的排斥性行为。市场进入壁垒的类型包括[188]:法律壁垒和行政壁垒(国内立法——

---

[186] F. M. Scherer and D. Ross, *Industrial Market Structure and Economic Performance* (3rd edn., Boston, MA: Houghton Mifflin, 1990), 532.

[187] 《横向并购指南》第68段。

[188] 详见 R. Whish, Competition Law (4 edn., London: Butterworths, 2001), 157。

Hoffman – La – Roche)，〔189〕消费者转向其他供应商的成本(*Tetra Laval*)，〔190〕知识产权(*Tetra Pak I*)，〔191〕进入市场的沉没成本(*United Brands*)，〔192〕纵向合并、高效的分销和销售渠道(*United Brand*)，购买偏好(*Kali und Salz*)，〔193〕固有品牌(*Guinness/Grand Metropolitan*)〔194〕以及现存企业所掌握的高科技(*Michelin*)。〔195〕 其他市场进入壁垒包括:市场预期成长趋势、接触到资金市场和金融资源的难易程度以及支配地位企业的超额生产力。后面几项壁垒使企业在市场出现新进入者时,能通过威胁即将提高产量或加入价格战来实施其战略行为。

3.151 较低的市场进入壁垒降低了经并购产生的企业采取反竞争行为的可能性,因为价格的提升而扩大利润空间会吸引潜在竞争者进入市场。与此因素紧密联系的包括扩张壁垒,〔196〕这种壁垒将会阻止现有企业扩大其产量。较低的扩张障碍将会使默示协调很难维持下去。如果不存在这种扩张壁垒的话,经并购产生的企业就无法有效展现其竞争实力,因为如果其涨价的话,那么市场上的需求就会被其他现有企业所吸收,其他现有企业将通过扩大产量来获取由于价格上升而带来的高额利润。

3.152 如果想要使进入壁垒足以限制现存企业之间的竞争制约的话,必须要证明这种壁垒是可能、及时的,而且足以制止或者是挫败并购所带来的任何潜在反竞争效果。欧委会会分析市场进入或者是潜在的市场进入是否可能会制约并购发生之后市场上企业的行为。欧委会同时也会分析市场进入是否及时并且可以维持很长时间,以预防或制止实施市场支配力量。只有在两年

---

〔189〕 *Hoffmann – La Roche* [1976] OJ L223/27.

〔190〕 Case T – 51/89, *Tetra Pak Rausing SA v. Commission* (*Tetra Pak I*) [1990] ECR II – 309。想要获取本案中有关多重市场支配地位概念的实证分析,详见 G. A. Garcia – Gallego and N. Georgantzis, "Dominance in Tetra Pak Case: An Empirical Approach", (1999) 7 European Journal of Law and Economics, 137 – 60。

〔191〕 *Tetra Pak I* [1988] OJ L272/27, *Tetra Pak I v. Commission* T – 51/89 [1990] ECR II – 309.

〔192〕 *Chiquita* [1976], OJ L95/1.

〔193〕 M. 308 *Kali und Salz*, [1994] OJ L186/38, C – 68/94, C – 30/95 *France v. Commission*[1998] ECR I – 1375.

〔194〕 Case M. 938 *Guinness/Grand Metropolitan* [1998] OJ L228/24.

〔195〕 Case 332/81 *Michelin v. Commission* [1983] ECR 3461.

〔196〕 这种类型的障碍,会在那种为了提升产量需要巨大投资的产业中发生,尽管这种障碍在判例法中并未出现过,尽管普通法院在 *Hoffman – La – Roche* 案中分析道,如果市场份额较小的企业无法对于不断增长的需求作出及时反应的话,就有可能会产生支配地位。详见 J. Faull and A. Nickpay, *The EC Law of Competition* (Oxford: Oxford University Press, 1999), 132。

之内就可以实现的进入才会被认为是及时的。最后,欧委会会分析进入壁垒是否具备足够大的范围和足够高的级别来制止或者是挫败并购的反竞争效果。

(五)效率

3.153 指南也会分析效率可能会抵消申报交易对竞争带来负面影响的情形。在大多数竞争执法领域中,人们普遍认为并购可能会对竞争产生重大负面影响,但是如果一项并购所带来的效率提升高于其所带来的负面影响的话,就应当被通过。[197] 审查效率抗辩的关键因素在指南中有所体现,即消费者福利不会由于并购的发生而有所减损。为了得出并购所带来的效率高于其给竞争所带来的负面影响的结论,必须要满足特定因素。企业所声称的效率必须是有利于相关市场上的消费者的,而且必须是并购的直接结果。另外,效率必须是能够实现的,而且必须是可识别并且足够强大,超过交易会给竞争带来的负面影响。[198]

3.154 在指南中,欧委会解释了效率及其在并购评价中所扮演的角色:

a. 为了依据并购条例第2条第(2)(3)款判定一项并购是否会给有效竞争带来严重负面影响,尤其是通过产生或者是加强市场支配地位的形式,欧委会应当对申报的并购进行一个全面的竞争分析。在分析的时候,欧委会应当将第2条第(1)款中所列举的因素考虑在内,包括技术进步和经济发展,只要这些因素是有利于消费者的,而且不会成为竞争障碍。根据《横向并购指南》可知,效率必须是并购独有的,可识别的而且是有利于消费者的。

3.155 这三个必须同时符合的因素是以威廉姆森[199] 的研究成果为基础的,他提议应当权衡并购前后的经济优劣因素。并购会给生产效率带来的积极影响(如降低成本)应当与其给配置效率所带来的负面影响(如创造出市场力量或者是提升价格、限制产量的能力)相比较。

---

[197] J. Clark, "Efficiency Claims in Horizontal Mergers", (1999) 1(3) OECD Journal of Competition Policy, 245 - 62 at 247. Motta (2000) 认为,欧委会在审理 *Airtours/First Choice* 案的时候,应当将并购可能会带来的效率提升考虑进去。详见 M. Motta, "EC Merger Policy and the Airtours Case", (2000) 21(4) ECLR, 199, 206 - 7。

[198] Case M.4000 *Inco/Falconbridge*, 20 January 2006.

[199] O. Williamson, "Economic as an Antitrust Defense: The Welfare Trade - Off", (1968) 58 American Economic Review, 18.

3.156 欧委会可能会决定,如果并购带来了效率提升,可能没必要宣布并购与共同市场不相符。这种情况可以体现为以下这种情形:并购所带来的效率提升,可能会促进并购后企业更有能力和动机为了消费者福利而采取有利于竞争的行为,从而抵消掉并购可能会给竞争带来的负面影响。

3.157 更进一步来讲,《横向并购指南》规定,并购可能会提升不同类型的效率,从而导致价格下降或者是其他有利于消费者福利实现结果的各种不同类型的效率提升。例如,节约生产或者是分销成本可能会使并购后的企业有能力和动机降低销售价格。与降低固定成本相比,引起可变成本或者是边际成本的降低的成本效率与效率评价的关联性更大。原则上来讲,成本效率更有助于消费者获得较低的价格。如果是仅产生自反竞争产出下降的成本降低,不能被认为是有利于消费者的效率提升。如果竞争当局更加关注短期消费者福利的话,经济学论著就会同意这种观点。消费者可能会受惠于研发、创新领域的效率提升所带来的新的或改善后的产品或服务。

(六)濒临破产企业抗辩

3.158 依据欧洲法院的判例法可知,[200] 欧委会也会考虑"濒临破产企业抗辩"。在竞争激烈的市场上,涉及濒临破产企业的并购通常有利于公共福利的提升,不管是通过提升现有生产能力的效率,并将该能力重新配置到更具社会价值的用途之上,或者是通过促进就业及其他有利于社会福利实现的途径来实现。[201] 有关这种福利的举证责任由提出该效率抗辩的企业来承担。如果参与并购的企业之一属于濒临破产的企业,而其即便是不发生并购也会退出市场的话,那么就有可能认为该项并购不会严重损害有效竞争。基本要求在于,并购发生之后市场结构情况的恶化,不能是由并购所引发的。[202]

---

[200] 在 Case M. 308*Kali und Salz/MdK/Treuhand* [1998] OJ C275/3 案中适用。除此之外,垂危企业抗辩也被成功适用于 Case M. 2314*BASF/Pantochim/Eurodial*[2002] L132/45。其他援引垂危企业抗辩的案例包括 Case M. 53 *Aerospatiale – Alenia/de Havilland* [1991] OJ L334/42; Case M. 774 *Saint – Gobain/Wacker – Chemie/NOM* [1997] OJ L247/1; Case M. 993*Bertelsmann/Kirch/Premiere* [1999] OJ L53/1; Case M. 1221*Rewe/Meinl*, [1999] OJ L274/1, Case M. 2876 *Newscorp/Telepiù* [2004] OJ L110/73. See further: I. Kokkoris, "Failing Firm Defence in the European Union. A Panacea for Mergers?", (2006) 27(9) ECLR, 494 – 509。

[201] G. Hewiit, "The Failing Firm Defence", (1999) 1(2) OECD Journal of Competition Law and Policy, 113 – 33 at 115.

[202] 《横向并购指南》第 89 段。欧委会在 Case M. 308 *Kali und Salz/MdK/Treuhand* [1998] OJ C275/3 案中分析了因果关系这一必要因素。

3.159 欧委会认为，在运用“濒临破产企业抗辩”的时候，应当将以下三个因素[203]考虑进去。第一，如果不被另外一家企业收购的话，声称即将破产的企业会由于财务危机在不久的将来被迫退出市场。第二，与申报的并购相比，没有其他对竞争损害更小的可选交易。在濒临破产企业退出市场之后，买方可能会对其资产比较感兴趣。一家企业退出市场，可能会给其他企业提供新的进入市场的机会。除此之外，相对于一家企业单独获取濒临破产企业的所有资产而言，多家企业共同实现这一目的更有利于竞争。第三，如果没有并购，濒临破产企业的资产无论如何都会退出市场的。一旦适用“濒临破产企业抗辩”的所有要素都齐备的话，我们就认为该项并购不会严重损害共同市场上的有效竞争。指南中所列举的三个要素必须要同时满足才能够证明并购与市场竞争结构的恶化之间不存在因果关系。[204]

3.160 因此，如果参与并购一方陷入财务危机，那么指南就会允许这项本应该被认为是有害竞争的并购通过。[205] 其背后的原理是即便是没有并购，竞争结构同样会遭到相同程度的恶化。不管交易被通过还是被禁止，未来市场结构都会对竞争产生相同程度的损害。因此，并购与竞争遭受的负面影响之间并不存在因果关系，因而也就不存在禁止并购的法律原因。欧委会在其关于 *Kali und Salz* 案[206] 的决定中已经明确，濒临破产企业抗辩只有在很罕见的情况下才会被接受。人们通常会预设一项会严重损害有效竞争的并购就是导致竞争结构恶化的罪魁祸首。关于濒临破产企业抗辩所应当满足的三个条件，以及并购与恶化的竞争结果之间不存在因果关系的举证责任由交易各方来承担。

3.161 《欧盟并购条例》的目的在于，通过确保市场上企业间重组不会对市场产生反竞争的影响，来维持一个有效运转的内部市场。横向并购会消除并购各方之间存在的所有竞争，而且也会降低市场上存在竞争关系的企业的数量。一旦这种减损对整个市场环境产生重大影响的话，市场就不再那么消费者导向和效率导向，即便并购并没有违反竞争法。为了评估一项并购对于竞

---

[203] 《横向并购指南》第 90 段。

[204] V. Baccaro, “Failing Firm Defence and Lack of Causality: Doctrine and Practice in Europe of Two Closely Related Concepts”, (2004) (1) ECLR, 11 - 24, 23.

[205] 在政府管理边缘的企业不大可能满足在不久的将来会退出市场这一要求。然而，处于清算阶段的企业倒是更有可能满足这一条件。值得注意的是，具有盈利性质的母企业决定关掉其亏损的子企业不大可能被认为是可靠的垂危企业抗辩。

[206] M. 308 *Kali und Salz/MdK/Treuhand* [1994] OJ L186/30.

争结构所带来的影响，需要考虑以下一些因素：并购各方的市场地位、实际以及潜在竞争的存在状况及其激烈程度、需求和供应趋势、进入壁垒、相关产品、服务消费者的购买实力、中间以及终端消费者的利益以及只要有利于消费者且不会对竞争形成障碍的技术发展和经济进步。[207] 除此之外，产生于并购以及并购各方之间所存在的濒临破产企业的效率，也应当被考虑在内。

3.162 对于《横向并购指南》的介绍先告一段落，现在我们转向对于非横向并购指南的分析。

六、非横向并购指南

3.163 如果参与并购的企业之间存在纵向或者是混合关系，而且相互之间又是实际或潜在竞争对手的话，那么并购就会产生横向或非横向的影响。正如上文所述，非横向并购是活跃在不同市场上企业间的并购。这类并购并不会直接带来竞争的减损，而且有可能是有利于竞争的。正如维塔斯（Vettas）和科兰迪（Kourandi）（2010）[208] 所认为的那样，如果企业在相关市场上占据较大份额的话，并购之前就会在其相互之间产生一些价格方面的制约。横向并购会通过提高市场集中度直接产生影响。因此，横向并购就有可能直接导致并购参与方实力的提升。这进一步可以被解释为更高的均衡价格，至少像一级效应或影响效应一样。非横向并购不会改变任何给定市场的集中度，经济理论和实践工作都显示，非横向并购的竞争效果取决于实际情况的特征。

3.164 《非横向并购指南》指出，纵向并购或者是混合并购的特征在于并购参与方的活动以及所涉及的产品相互之间是互补的。这种具备互补关系的活动/产品的融合因此有可能会带来重大效率的提升，并且有利于竞争。因此，非横向并购有可能会带来效率的提升（双重加价内部化、消费者一站式购物、交易成本下降），而且不太可能移除并购各方之间相互施加的竞争制约，因

〔207〕 第 139/2004 号条例第 2 条第（1）款第（b）项。

〔208〕 N. Vettas and V. Kourandi, "on the economics of non – horizontal mergers", Antitrust Bulletin December, (2010) 843 – 74.

为这些企业活跃于市场的不同层面(纵向并购)或者是不同的市场(混合并购)。[209] 竞争对手之间可能会通过非横向并购与经并购产生的新企业之间形成竞争关系,并据此产生相同的有利于竞争的效果。毕肖普(Bishop)、洛法罗(Lofaro)和罗萨蒂(Rosati)(2006)[210]就很中肯地分析道:任何竞争损害的理论都必须要特别说明产生所谓损害的条件,并检测损害理论对于产业特征和行为的负面影响。他们通过列举四个标题来展示纵向并购或者是混合并购的潜在效率渊源:

- 价格效率提升:通过移除对于外部定价的依赖,非横向并购可以带来更高效的结果;
- 生产效率提升:规模经济和范围经济,可以实现对于投入或者是生产性资产更为高效地利用;
- 防止利润被征收:通过融合企业投资的所有受益者,非横向并购可以大幅度提升效率所得;
- 降低成本:非横向并购可以降低交易成本,并且可以减弱不完整合同所带来的负面影响,从而提升效率。

3.165 通常来讲,之所以会产生效率,是因为非横向并购考虑到了以下一些因素:(i)生产效率和节约;(ii)纵向外部事项的内部化,以及动机的校准;(iii)交易成本节约,包括减少机会主义行为。

(一)生产效率和成本节约

3.166 非横向并购可能产生的协调效应会带来一系列不同的生产效率的提升以及成本的节约。一个纵向并购可以带来的公认的效率提升就是减少低效的投入替代性,而这会降低成本。赖尔登(Riordan)和塞洛普(Salop)(1995)[211]指出了纵向并购在设计、生产方面可能会带来的潜在效率提升,包括更低的成本、更高的质量、更短的订货至交货的时间、质量控制得到改善、创新成本的降低、生产运行达到最优化等。

3.167 与由消费者来实现不同部件的组合相比,由企业来将互补的诸多配件结合

---

[209] 评价理事会关于控制经营者集中条例项下非横向并购指南,Official Journal C 265,2008 年 10 月 18 日,6 – 25。《非横向并购指南》第 13 段。

[210] S. Bishop, A. Loaro and F. Osati, “Turning the tables: why vertical and conglomerate mergers are different”, (2006) 27(7) ECLR, 403 – 6.

[211] M. H. Riordan and S. C. Salop, “Evaluating Vertical Mergers: a Post – Chicago Approach”, (1995) 63 Antitrsut Law Journal, 513 – 68, 523 – 24.

在一起会更高效的原因有几点。规模经济和经验、知识,以及相对于大多数消费者而言企业所具备的技术上的优势,会使得集合更有效率。不说绝大部分,但是很多企业具备集合系统的专门技能、关于不同配件应当如何被组装在一起的知识,以及通过较低的成本来实现这一目标的能力。更进一步来讲,有可能实现规模、范围经济,以及使得企业更高效地生产出不同产品或者是将不同产品组装在一起的生产、分销经验。为消费者提供非捆绑式选择,以使得他们可以据此从零开始设计出自己所需要的产品的固定成本可能无法实现有效利益。

3.168 埃文斯等人(2006)[212]强调了与产品供应有关的固定成本是如何形成限制消费者自成系统能力的捆绑/搭配结果的。这种固定成本的存在意味着,即便是在竞争市场上,仍然存在产品供应方面的限制。他们运用了两个可以证明这一论述的例子:饭店提供餐饮的时候大多数都会提供面包;无法实现通过定制设计报纸,来实现订户仅收到并支付他们所需要的部分。

(二)纵向外部性和排他性

3.169 当一个企业的行为直接影响到了另外一个企业福利的时候,就会产生外部性。这些企业有可能是上下游企业,两个共同从一个生产商处批发产品的下游企业,或者是两个生产商。排他性导致更大程度的协调,其优势源于:(1)纵向结构中激励机制的一致性;(2)防止搭便车;(3)质量认证、创新和维护。

3.170 产生激励效果的潜在可能性可以最清晰地体现在零售商和生产者之间进行并购,从而影响消费者的情形中。如果批发商能够投资于产品质量和销售努力程度的话,就会产生激励效应。如果消费者受到影响的话,那么批发商投资于销售的努力和动机就不会被不同生产商所生产的产品割裂。更进一步来讲,通过合并,生产商可以与其零售商分享市场情况及其促销计划/活动的信息,而不用太过担心这些信息会被有意或无意地泄露给其他生产商。排他性也会排除零售商通过低质量产品替代原有产品,来降低成本、提升利润的任何动机。如果零售商无法从其竞争生产商对手处获取低质量品牌产品的话,这就会更难实现。

---

〔212〕 D. Evans, C. Ahlborn, J. Padilla and M. Salinger, 2006. "The Law and Economics of Tying", Antitrust Chronicle, Competition Policy International, (2006) 11, http://www.competitionpolicyinternational.com/the-law-and-economies-of-tying/,2014 年 9 月 14 日访问。

3.171 类似的,一项纵向并购将下游企业与上游企业之间的福利联系得更为紧密。如果各企业之间是相互独立存在的,那么任一企业在提升需求或者是提高质量方面的投资都不会将另外一家企业的利益考虑在内,但是经并购,这些利益就会实现内部化。在互补系统之中,企业间并购可以解决鸡和蛋的问题:成功引入一个体系需要获取所有必要组件。

3.172 如果生产商和批发商之间不存在排他性协议安排或者是并购的话,那么生产商投资于批发商及其产品的动机就会减弱,因为会存在其他生产商搭便车(不用付出任何成本即可享受一种行为所带来的利益)的可能。通过并购产生排他性会减损竞争对手搭便车现象的例子如下:

3.173 通过投资产品质量和促销而在需求一方产生“搭便车”现象。在这种情况下,生产商的投资可以提升一类产品的需求,那么其他生产商就会通过利诱(如更高的利润)将批发商转化为其自身的消费者。

3.174 产品创新和设计的搭便车现象。如果有关设计和创新的知识产权并未完全得到保护的话,这种情况就会发生。如果竞争对手可以很容易地复制并销售仿制品的话,那么他们就有动机通过(更廉价的)仿冒产品将批发商吸引过来。

3.175 投资批发商的搭便车现象。如果该生产商据此获得的利益并非由其排他的话,生产商投资其批发网络的动机不会太强。例如,生产商(通过技术教育或者是培训)投资批发商的销售能力或者是店面装置,就会使其竞争对手获利。消费者可以通过从与生产商有关联的批发商经培训的工作人员处获取对其有利的相关信息,并从该零售商的竞争对手处获取更为廉价的商品/服务,因为其在员工培训这一块并没有投入。

3.176 研究中所强调的最后一个纵向外部性是质量保证。对一个系统内的不同组件进行联合供给,可以在系统不能运作或运作不佳时,避免究竟是哪一个零部件造成了这种运作障碍的争端或分歧。联合供给组件可以确保企业能够提高并维持质量方面的声誉。另外,联合供给可以允许一个企业发出其体系质量是良好的讯息。它可以低价供给一个组件(通常是较为耐用的组件)来彰显其质量,因为弥补在这个持久性较强组件上损失的唯一方法就是销售其他组件并获利,而这一目的只有在其他组件质量足够优良的情况下才能实现。

(三)交易成本和劫持问题

3.177 非横向并购能够通过更有效地解决劫持问题,来降低成本并促进对于特殊资产的投资。如果一项资产对于替代性买方或者是卖方均无价值的话,那么对于一个交易关系(也就是存在于特定买卖双方之间的关系)来说它就是独特的。更为常见的是,如果一项资产被重新适用于其他用途(也就是可选交易对象)价值就会有所减损的话,那么就存在一定的资产的特殊性。资产的特殊性与沉没资产成本的程度相关(也就是说,如果交易关系终止的话,就无法恢复的资产部分)。

3.178 与投资于特定关系资产相关的动机困境就是所谓的"劫持问题"。劫持问题包含了那些在投资资产之后仍试图重新商谈贸易条款的买方(更低的价格)或者是卖方(更高的价格)的机会主义行为。例如,一个买方在投资之前可能已经同意支付平均总成本,但是在投资发生之后,可能仍然愿意继续提供支持,即便是当其资本成本成为沉没成本之时,该买方只能获取平均可变成本。我们可以预计到,买方有可能会在投资之后利用卖方动机的变更,而卖方则有可能不愿进行所需要的投资。如果通过私法上的交易合同来消除劫持风险的交易成本过大的话,那么并购就是一个替代选项。

3.179 *Tetra Laval/Sidel* 案和 *GE/Honeywell* 案对于发展非横向并购的竞争政策产生重要作用。在 *Tetra Laval/Sidel* 案[213]中,Tetra 活跃于有关流质食物加工、包装和分销的设备、耗材以及附带服务的设计和生产。Sidel 则是一个设计、生产包装设备和系统的企业。欧委会通过市场调查和分析得出以下结论:交易可以增强 Tetra 在无菌盒包装机器和无菌盒市场上的支配地位,而且也会在 PET 包装设备和低端/高端 SBM 机器,尤其是在终端消费的敏感产品(LDPs,果汁,FFDs 以及茶/咖啡饮品)市场创造出支配地位。Sidel 在所有终端消费细分市场中的高端/低端 SBM 机器业务上占据了领先地位,并在其他 PET 包装设备市场中,尤其是在无菌填充机器、辅助设备以及关联服务方面的市场拥有较强实力。经并购产生的企业未来在两个相互联系较为紧密市场上的未来的支配地位,及其在 EBM 机器和 HDPE 填充机器市场上的强大市场实力,将会强化其在两个市场上的地位,提升市场进入壁垒,将现有竞争对手的重要性降至最低,并在整个欧洲经济区域之内有关

---

[213] M. 2416 *Tetra Laval/Sidel* [2004] OJ L43/13; T – 5/02 *Tetra Laval BV v. Commission* [2002] ECR II – 4381; C – 12/03 P *Commission v. Tetra Laval BV* [2005] ECR I – 00987.

"敏感"产品的无菌和非无菌包装市场上形成垄断性市场结构。

3.180 尽管欧委会否决了这一并购申请,因为欧委会认为相关企业所提供的补救措施不那么令人满意,但是普通法院仍废除了这一决定,并认为市场上的竞争情况可能会受到市场外部因素的影响。如果交易所涉及的市场是相互关联的,而且交易一方已经在其中一个市场上占据了支配地位,那么交易所带来的机会和能力可能会促使经并购而产生的企业利用这一杠杆作用不久之后,在另外一个市场上也获取支配地位。然而,另外一个市场上支配地位的产生和强化并非并购的直接结果,这需要一段时间,而且还取决于经经并购产生的企业在已经占据支配地位市场上的行为,这就需要欧委会仔细深入地调查市场上的混合并购可能会带来的反竞争效果。同时,在想要禁止一项并购的时候,欧委会应当提供令人信服的证据以支撑其分析。

3.181 欧洲法院认为,尽管在经济学分析方面欧委会享有一定程度的自由裁量权,但这并不意味着欧共体法院就不能审查欧委会对于经济信息的解释。欧洲法院还认为,欧委会有关混合并购效果的分析必须全面检查新设企业将会采取反竞争行为并进而带来杠杆效果的可能性;也就是说,欧委会必须同时考虑采取这种行为的动机,以及可以降低甚至是消除这种动机因素,包括这种行为被认定为非法的可能性。在申报并购的评定阶段,分析意在明确交易是否违反了第102条的规定;认为欧委会将会通过发布几个命令的方式来惩罚企业的说法太具投机性,而且也不允许欧委会以所有的相关事实以及这些事实是否会支持特定经济场景(如会带来杠杆作用)为基础,来评估一个交易。

3.182 在 *GE/Honeywell* 案[214]中,欧委会认为申报的并购会由于横向重叠以及交易各方在纵向和混合方面活动的融合而带来反竞争效果。GE 在大型商业飞机发动机和大型区域喷气式飞机发动机市场上享有支配地位。交易将会加强 GE 在这两个市场上的支配地位,并在企业商务机发动机市场上创造出支配地位。Honeywell 已经在航空电子设备、非航空电子设备以及发动机启动器市场上享有显著领先地位。交易完成之后,Honeywell 将会在买方供应设备(BFE),供应商供应设备(SFE)和供应商供应设备选择(SFE - op-

[214] M. 2220 GE/Honeywell[2004] OJ L48/1; T - 209/01 Honeywell v. Commission[2005] ECR II - 05527; T - 210/01 General Electric v. Commission [2005] ECR II - 05575.

tion)[215]航空电子设备市场上获取支配地位。

3.183 欧委会进一步认为,关于燃气轮机有两个较小的相互分离的市场,一个是工业运用类的市场,另一个是海上应用类的。相关地域市场至少是欧洲经济区域,范围最大可以扩展至全球。经并购产生的企业有可能是目前为止小型燃气轮机市场上最大的参与者。除了横向重叠部分以外,Honeywell在这一市场上的支配地位,通过与GE财务实力的联合,以及在财务服务和售后服务方面的纵向合并之后,会得到加强。GE将有能力阻止发起特定项目,并排除其竞争对手(采取特定行为——译者注)。

3.184 GE也针对欧委会的决定提起了上诉。普通法院认为,欧委会合理地认为并购发生之后,申请人先前在大型区域飞机喷气式发动机市场上的支配地位会有所加强,而经并购产生的企业将会在企业喷气式飞机发动机市场和小型船用燃气轮机市场上获取支配地位。除此之外,这些支配地位将会严重损害共同市场之内的有效竞争。另外,基于以下原因的考量,欧委会并没有充分证明将会产生或者是加强支配地位:(1)Honeywell的发动机启动器和申请人大型商用飞机的喷气式发动机之间存在纵向的重叠部分;(2)Honeywell的航空电子设备与非航空电子设备,以及GE集团的财务和经济实力之间的结合;(3)将申请人的发动机和Honeywell的航空电子设备、非航空电子设备捆绑销售的可能性。普通法院决定撤销欧委会的决定。

3.185 竞争总司在2007年11月28日发布了一个有关纵向和混合并购的通知。作为有关纵向、混合并购指南的背景铺垫,学术界已经存在很多研究,包括毕肖普等人(2005)和丘奇(Church)(2004)。除此之外,在过去的几年之中,无论是在欧洲还是美国,都已经产生有关如何恰当地对待纵向关系、纵

[215] 供应商供应设备(SFE)可以分为"SFE标准"和"SFE选择"两种类型。SFE标准是单一来源的,但就SFE选择而言,机身生产商将会获取有关特定飞机类型的多个替代品(通常是两个)的证书,并任由飞机买方来做决定。

向并购的更为综合性的讨论。[216]

3.186 为了提高法律确定性,并确保有关非横向并购的《欧盟竞争法》实现统一执法,欧委会寻求提供一个清晰、紧凑的分析框架。有关竞争政策的指南应当实现这样的目标:其包含范围足够广,以使得不同案例可以相互区分开来,同时又具备确定性,并能够实际派上用场。[217] 欧委会认为,非横向并购并不会对有效竞争产生威胁,除非经并购产生的企业在至少一个相关市场上的市场实力非常强大(但不需要占据支配地位)。[218] 欧委会强调,妨碍竞争对手本身并不会引发竞争关切;问题关键在于经审查的交易是否会带来反

〔216〕 参见 I. M. Stelzer and R. Schmalensee,"Vertical Integration: Should the AT&T Doctrine be Extended? Potential Costs and Benefits of Vertical Integration",(1983) 52 Antitrust Law Journal, 249; M. H. Riordan and S. C. Salop,"Evaluating Vertical Mergers: A Post – Chicago Approach",(1995) 63 Antitrust Law Journal, 513 – 68; M. Ivaldi, B. Jullien, P. Rey, P. Seabright and J. Tirole,"The Economics of Unilateral Effects"(2003) Interim Report for DG Competition, European Commission, http://idei.fr/doc/wp/2003/economics_unilaterals.pdf accessed 14 Sept. 2013; R. Epstein and D. Rubinfeld,"Effects of Mergers Involving Differentiated Products", Technical Report *COMP/B1/2003/07*,(2004) http://ec.europa.eu/competition/mergers/studies_reports/effects_mergers_involving_differentiated_products.pdf,2013 年 9 月 14 日访问; J. Cooper, L. Froeb, D. O'Brien and M. Vita, "Vertical Antitrust Policy as a Problem of Inference",(2004), Working Paper, Federal Trade Commission, Washington, D.C. http://www.ftc.gov/speeches/froeb/050218verticalecon.pdf,2013 年 9 月 14 日访问; J. Church,"The Impact of Vertical and Conglomerate Mergers on Competition",(2004)"Report for the Directorate General for Competition", http://www.google.com/url?sa=t&rct=j&q=&esrc=s&source=web&cd=1&ved=0CCsQFjAA&url=http%3A%2F%2Fbookshop.europa.eu%2Fen%2Fthe-impact-of-vertical-and-conglomerate-mergers-on-competition-pdKD7105158%2FDownloads%2FKD-71-05-158-EN-S%2FKD7105158ENS_002.pdf%3Bpgid%3Dy8dIS7GUWMdSR0EAlMEUUsWb0000aAYw4o67%3D40Vw6Xhlz_lw5CgoUZTuThpA5JZ2OjUG_Tc%3D%FFileName%3DKD7105158ENS_002.pdf%26SKU%3DKD7105158ENS_PDF%26CatalogueNumber%3DKD-71-05-158-EN-S&ei=3PgHUs3AHMjXPZeqgYgE&usg=AFQjCNEgCFHI54S42HOjgaqaULP0kyOKSw&sig2=AnX_pXV5lOhx62EJygYaYQ&bvm=bv.50500085,d.ZWU,2013 年 9 月 14 日访问; J. Church,"The Church Report's Analysis of Vertical and Conglomerate Mergers: A Reply to Cooper, Freob, O'Brien and Vita",(2005) 1(4) Journal of Competition Law and Economics, 797 – 802; M. Motta,"Vertical Restraints and Vertical Mergers", in *Competition Policy* (Cambridge: Cambridge University Press, 2004), 302 – 410; P. Rey and J. Tirole,"A Primer on Foreclosure", in *Handbook of Industrial Organization*, Chapter 7, Vol. III (New York, NY: Elsevier, 2008); P. Rey and T. Verge,"The Economics of Vertical Contracts",(2005) University of Toulouse and University of Southampton, http://www.economies.soton.ac.uk/staff/Verge/Verticals.pdf,2013 年 9 月 14 日访问; R. De Coninck,(2010)"Application of the Non – Horizontal Merger Guidelines", Antitrust Bulletin, December (2010), 929 – 52.

〔217〕 值得注意的是,美国并没有关于纵向并购的专门指南。

〔218〕《非横向并购指南》第 23 段。

竞争的损害结果，也就是不利于消费者的后果。[219]

3.187 正如德科宁克(De Coninck)(2010)所指出的那样：[220]

指南列举了非横向并购可能会带来反竞争效果的两种主要方式。首先，非协调效应主要产生于妨碍效果。尤其是纵向并购会妨碍投入和消费者。[221] 指南同时也讨论了混合型并购通过捆绑行为可能会带来反竞争效果的特殊情况。[222] 其次，如果一个非横向并购将导致企业间形成协调行为，并据此提高价格，或者使导致市场上现存的协调行为变得更容易实现、更稳固、更有效的话，就认为是严重损害竞争的。[223]

3.188 竞争委员科洛斯进一步指出：[224]"大部分的纵向和混合并购不会产生问题，他们反而会带来有利于商业和消费者的效率提升。然而，在面对很明显的会损害竞争和消费者的并购时，欧委会还是会起到决定性的否决作用。"欧委会已经作出决定，如果一项并购将会使得企业的实力增强以至于会损害消费者利益，那么其就会引发竞争问题。[225] 因此，欧委会采用了效果基准分析的方法，关注消费者福利。非横向并购也可能引发竞争损害。首要问题在于，经并购产生的企业可能会参与到反竞争策略之中，以通过利用其市场力量的杠杆作用来将竞争对手排挤出互补的市场。这些杠杆理论有时候会基于依赖于封锁作用本身会减弱竞争对手的竞争力这一假设。

3.189 非横向并购带来反竞争效果有以下两种情形：原料封锁和消费者封锁。原料封锁可以表现为，并购后的企业可以使得其竞争对手从上游企业获得商品和服务的难度变大。这一策略只有在以下情形才会产生效果：如果供应商在上游原料市场上具备市场实力，而且对于活跃于下游市场的竞争对手而言，生产投入是一个重要的成本因素。与之相对的情形可以体现为消费者封锁：经并购产生的企业在下游产品市场上具备经济实力，其可以通过上

---

[219] 《非横向并购指南》第 18 段。

[220] R. De Coninck, "Application of the Non – Horizontal Merger Guidelines" (n 216).

[221] 另外一个可能的损害理论，可参见《非横向并购指南》第 44 段的脚注，可以表述为"维持垄断力量"，在此种情况下，一个无法为消费者供货的上游供应商不会以低价出售商品，这一责任问题(因为，并购后扩大投入销售会损害其下游分支机构)将通过纵向并购得到有效改善，而且供应商也可以据此充分利用其市场力量。

[222] 《非横向并购指南》第 V 部分。

[223] 《非横向并购指南》第 19 段。

[224] "欧委会通过了关于具备纵向关系或者混合性关系企业并购的指南"，(2008) 29(3) Comp Law, 84 – 5。

[225] 《非横向并购指南》第 10 段。

游市场的运作使得其实际或者潜在的竞争对手无法接触到广泛的消费者群体。在以上两种情况之下,欧委会将会分析新企业采取封锁策略的能力和动机。

3.190 评估非横向并购的时候,指南列举了三个步骤。欧委会首先会判定经并购产生的企业是否有妨碍其竞争对手的实力,其次分析是否存在封锁的动机,最后会判断这种封锁是否会损害下游市场上消费者的福利。如此,欧委会会在新的框架下评估经并购产生的采取最终会损害消费者福利行为的能力和动机。所有这些因素应当被进行综合考虑。[226] 指南表明,如果企业在一个相关市场上占据支配地位的话,就有可能会带来封锁。问题在于是否可以通过利用上游市场的支配地位来支配相关市场,或者是促进在该(上游)市场形成垄断。[227] 反竞争行为可以表现为:经并购产生的企业因市场结构而获取实力所产生的动机。指南中所指出的影响因素所关注的是消费者对于行为所作出的反应。

3.191 指南强调,如果一个交易使得终端消费不得不接受高价商品的话,就认为其是有损竞争的。欧委会认为,对于竞争的影响,应当依据被交易方证实的效率来评价。如果并购可以产生效率,而这一效率可以促进经并购产生的企业提升有利于竞争行为的能力和动机,并为消费者福利着想,从而抵消了对竞争可能造成的负面影响的话,那么欧委会就有可能会通过该项并购。[228]

3.192 欧委会指出:基于商品之间的互补性,非横向并购为效率的提升提供了很大的空间。纵向并购以及特定类型的混合并购的一个特征在于参与交易企业各方的活动/商品是互补的。在一个企业之中集合具有互补关系的活动或者是商品,可以带来巨大的效率提升,而且是有利于竞争的。由于避免了双重加价(或双重边际化),一项纵向并购可能会带来下游产品价格的下降。[229]

3.193 非横向并购所带来的整合可以降低交易成本,并促进在产品设计、生产程序

---

[226] 《非横向并购指南》第 32 段。

[227] F. Alese, "(Fore) closing the Gap: the Commission's non-horizontal Merger Guidelines—a 'response' to Simon Bishop", (2008) 29(3) ECLR, 196-200.

[228] 《非横向并购指南》第 52 段。

[229] 有关纵向并购有利于竞争的这一影响,将在第 9.1 章之中进行分析。

组织以及产品销售模式方面实现更好的协调。[230] 在指南中,欧委会还提到,如果一项并购涉及的商品是通常情况下会被卖给同一类消费者的一系列商品或者是商品组合(不管它们是否是互补商品),就会带来消费者福利,例如实现一站式购物。[231]

3.194 经并购产生的企业进行封锁竞争的动机取决于封锁能带来的盈利程度,并将经并购产生的企业所活跃的上下游市场考虑在内。[232] 在纵向并购中,并购后企业面临着以下两方面的权衡:上游市场上利润损失;以及在下游市场上,由于采纳了封锁策略所获得的利润。[233] 这种封锁策略带来的利润不仅取决于在每个市场上所获取的相对利润,还取决于经并购产生的企业在下游市场上能够售出多少商品。[234] 在混合并购中,经并购产生的企业也会面临类似的衡量因素。[235]

3.195 现在我们再来详细分析非横向并购指南。欧委会确定了两种损害理论,这与横向并购指南中所列举的损害理论一致。[236] 非协调效应由并购带来的封锁效果而产生,而活跃于垄断市场上的企业之间有协调的可能,或者是现有的协调更简单、更稳定或者是更有效,协调效应便会存在。[237]

3.196 如果实际或潜在竞争对手接触到供应商或者是消费者的可能性被损害,进而他们竞争能力或动机也受到损害,就会产生非协调效应。这种损害的影响会导致经并购产生的企业和/或一些其他的竞争对手采取反竞争行为(如提升价格,降低产出等)。当并购改变了竞争的属性,往常不会协调的企业现在就更有可能会协调,进而损害竞争。《非横向并购指南》还提到,如果并购之前企业之间就已经存在协调行为,并购也可能会使得协调行为更容易、更稳定而且更高效。[238]

3.197 《非横向并购指南》规定,非横向并购不会威胁有效竞争,除非经并购产生

---

[230] 《非横向并购指南》第 14 段。

[231] 《非横向并购指南》第 14 段。

[232] 《非横向并购指南》第 40 段。

[233] R. De Coninck,"Application of the Non – Horizontal Merger Guidelines"(n 216).

[234] 《非横向并购指南》第 42 段。

[235] 《非横向并购指南》第 105 段。

[236] 《评价理事会关于控制经营者集中条例项下横向并购指南》,Official Journal C 31,05. 02. 2004,5 – 18。

[237] 《非横向并购指南》第 18 段。

[238] 《非横向并购指南》第 18 ~ 19 段。

的企业在至少一个相关市场上享有较强的市场力量。在评估并购对竞争的影响之前,欧委会将会考虑这一问题。与评估横向并购相类似,市场份额以及市场集中度为分析并购方及其竞争对手的市场力量以及竞争重要性提供了初步有效的参考因素。当并购发生之后,经并购产生的企业在每个相关市场上的市场份额都低于30%,[239]且并购后的HHI指数低于2000时,欧委会不太会认为非横向并购会带来什么问题。在设定安全港门槛的时候,应当将实施效果明确地考虑在内。如果门槛设置得过低,将会给那些害怕非横向并购所带来的有利于竞争效果的竞争者更多投机抱怨的机会。相反地,如果大多数非横向并购不会带来竞争问题,过高的门槛设置会使风险更低。[240]

(四)纵向并购评估

3.198 纵向并购指的是一个产业中处于不同环节的企业间的并购。这类并购尽管在通常情况下来讲是有利于竞争的,但是却有可能会通过提升市场进入壁垒、提高竞争对手成本、造成重大市场障碍或者是增强共谋的可能性,来减弱对于经并购产生的企业所施加的竞争限制。除非由于现存市场力量[241],再或者是市场上已经存在重大纵向合并或纵向限制因素,一般不太可能会产生这种风险。[242]

(a)非协调效应

3.199 即便是被封锁的竞争对手不会被迫退出市场,也有可能会产生封锁效应,竞

---

[239] 与1999年12月22日欧委会第2790/1999号关于适用条约第81条第(3)款纵向协议以及协调行为规定的条例(OJ L 336,29.12.1999,21)相类似。《非横向并购指南》(第26段)规定:
欧委会不会深入调查这类并购,除非出现了例如以下所列诸多情形中的一个或者是多个:
a)一个并购包含了一个将会在不久的将来实现重大扩张的企业,例如基于创新原因的考量;
b)市场参与者之间存在重大交叉持股或者是相互之间互任管理者;
c)参与并购一方企业极有可能瓦解协调行为;
d)现阶段展现了过去或者是正在进行的协调行为的可能,或者是将会促进协调行为。

[240] S. Bishop,"(Fore) closing the Gap: the Commission's draft non-horizontal merger guidelines",(2008) 29(1) ECLR, 1-4.

[241] A. Parizel(2008)提到了一些指南中的缺陷。他认为,没有提及重大市场力量到底怎么界定,欧委会有关如何对待混合并购的规定有限。A. Parizel,"The European Commission's new guidelines on non-horizontal mergers",(2008) 14(1) Int TLR, 7-13.

[242] 在一些著作中也会提到"同类并购"(congeneric mergers)这一术语,它指的是以下这类并购:参与并购的企业位于相同的行业之中,但相互之间并不存在买卖或者是供应关系,如发生在银行和租赁企业之间的并购。

争对手处于不利地位并最终导致有效竞争减少能产生这种效应。有两种不同的封锁类型。第一种是,并购可能会通过限制下游竞争对手接触到重要生产投入的能力,来提高其生产成本(原料封锁)。第二种是,并购可能通过限制上游竞争对手接触到足够消费者群体的能力,来实现封锁上游竞争对手的目标(消费者封锁)。

3.200 原料封锁 当经并购产生的企业可以限制接触到其商品或者是服务的能力,进而提高下游竞争对手的生产成本,导致经并购产生的提升商品价格时,就会产生原料封锁。[243] 欧委会应当评估:

- 经并购产生的严重封锁接触到原料的能力;
- 采取该种行为的动机;
- 这种封锁对下游竞争的影响效果。

3.201 *封锁原料的能力* 经并购产生的企业可能会决定不和处于相关纵向市场上的实际、潜在竞争对手进行交易,而且还有可能会决定限制供应量、提升价格,使得供应条件没那么有吸引力(供给原料质量下降等)。只有当原料对于下游产品来说至关重要时(如果对于下游产品的价格而言,原料是一个重要成本因素的话,就可以将原料看作至关重要的),才有可能会带来竞争问题。另外,经纵向并购而产生的企业必须要在上游市场享有强大的实力,而且可以通过限制下游企业接触到其商品或者是服务的能力,进而在价位或者是质量方面给向下游市场获得原料带来负面影响。[244] 如果原料市场是一个寡头垄断市场,经并购产生的企业所带来的原料封锁有可能会将其下游竞争对手暴露在并未参与到纵向合并中来的市场势力不断加强的供应商面前(除非后者进行积极的竞价)。欧委会同时也要考虑竞争对手企业可能会采取的任何有效、及时的对抗性策略(如更改其生产流程,以降低对于相关原料的依赖程度,或者资助上游市场上新进入的供应商)。

3.202 *原料封锁的动机* 封锁的动机取决于形成封锁所能带来的获利程度。经并购产生的企业面临着以下两方面因素之间的衡量:在上游市场上由于卖给

---

〔243〕 然而,任何并购所带来的高效,都有可能会导致经并购产生的企业降低价格,从而使得对于消费者的影响是中性的或者是积极的。详见《非横向并购指南》第31段。

〔244〕 可能会发生以下这种情形:上游市场上所剩下的供应商效率变低,提供的更少的可选项,或者是在面临供应限制的时候没能力扩大产出,例如,因为他们面临着能力限制问题,或者是更为普遍地来看,在规模方面面临着不断降低的回报。另外,经并购产生的企业与独立生产性投入供应商之间的排他性协议,可能会限制下游竞争对手接触到足量生产性投入的能力。详见《非横向并购指南》第36段。

实际、潜在竞争对手销售量的降低而导致的利润损失，以及在下游市场上因扩大销售量或者是针对消费者提升价格而获得的利润。经并购产生的企业提升竞争对手成本的动机，取决于下游市场上从被限制的竞争对手处转移的需求量，以及该部分转移的需求量由经并购产生的企业在下游市场上的分支机构获得的比例，以及通过提升竞争对手成本而使得价格水平提升，导致经并购产生的企业在下游市场上分支机构的获利程度。[245]

3.203 在评估经并购产生的企业可能具备的动机的时候，欧委会可能会考虑经并购产生的企业的所有权结构、市场上过去所采纳的策略，或内部战略文件的内容，如商业计划。欧委会也应当调查采取这种反竞争行为的动机，以及可能会降低这种动机的影响因素，包括欧盟法律认定这种行为是非法的可能性，非法行为被检测出来的可能性以及可能会受到的惩罚。[246]

3.204 *对有效竞争的影响* 严重损害有效竞争，通常要求被限制的企业在下游市场上的竞争程序中扮演着重要角色。在下游市场上被限制的竞争对手的市场份额越大，并购就越有可能会带来反竞争影响。如果经并购产生的企业不愿为潜在的下游竞争对手供货，进而提升下游市场的进入壁垒，或者是优惠条件比未发生并购时少，那么就会严重损害有效竞争。

3.205 在评估并购可能会给竞争带来的影响的时候，也必须把抵消性因素考虑在内，例如买方力量，在上游市场上维持有效竞争的可能性，以及可能会带来的效率提升。[247] 纵向并购可以使得经并购产生的企业将并购前已经存在的相互独立的双重加价合二为一，进而实现内部化，而且还有可能允许交易各方改善在生产、分销阶段的协调，从而节省存货成本。[248]

3.206 消费者封锁 消费者封锁可以表现为：一个供应商与下游市场上重要的消费者整合，从而封锁其自身在上游市场上实际或者是潜在的竞争对手接触

---

〔245〕《非横向并购指南》第 42 段。

〔246〕《非横向并购指南》第 46 段。

〔247〕 A. Parizel（2008）认为，指南并没有全面考虑效率抗辩的适用范围。A. Parizel，"The European Commission's new guidelines on non－horizontal mergers"，（2008）14（1）Int TLR，7－13。在非横向并购的大背景下评价效率抗辩的时候，欧委会会适用《横向并购通知》第 VII 部分所规定的相关原则。在欧委会审查效率抗辩的时候，效率的提升必须是有利于消费者的，并购所特有的，而且还应当是可以被识别的（累积性条件）。《非横向并购指南》第 53 段。

〔248〕 与降低双重加价相关联的效率性提升并非总是并购所独有的，因为即便是没有发生并购，纵向合作或者是纵向协议也有可能会带来类似的利益，同时减少对于竞争的损害。除此之外，如果生产性投入的供应受制于自身能力，而且相对于生产性投入而言还存在可以带来盈利性的其他替代品的话，并购就有可能没办法完全消除双重加价。详见《非横向并购指南》第 56 段和第 57 段。

到强大消费者群体的能力。[249] 如果并购不会带来效率提升的话，这种封锁有可能通过使下游的竞争对手更难获得原料来提高其成本，进而可以使得经并购产生的企业在下游市场上提升价格，而且同时也有利可图。原料提高成本导致了价格提升，才能认为这种策略损害了消费者利益。与评估原料封锁相类似，欧委会也会评估：

- 封锁竞争对手进入下游市场的能力；
- 经并购产生的企业降低来自上游市场的购买量的动机；
- 封锁对消费者的影响。

3.207 *封锁进入下游市场的能力*　一项纵向并购可能会提升进入成本和/或限制上游竞争对手接触到下游的消费者。经并购产生的企业有可能决定从其自身上游的分支机构处获取所需商品或者是服务，和/或降低从上游竞争对手处获取的购买量，或者是以相对来讲没有那么优势的条件从上游竞争对手处获取商品或者是服务。[250] 对于上游的竞争对手而言，欧委会会检验下游市场上是否存在足够的实际或潜在的可获利的其他可选项。如果下游市场上存在足够强大的消费者群体可供上游供应商选择的话，并购就不大可能会损害竞争。

3.208 正如欧委会所指出的那样，如果在原料的市场上存在重大规模经济或范围经济，或者是需求具备网络效应特征的话，消费者妨碍就可能会损害竞争（例如，更高的原料价格）。这一封锁使得进入市场并不那么具有吸引力，从而导致价格维持在高位。[251] 欧委会应当评估竞争对手企业是否可能采取有效、及时的对抗性策略。

3.209 *封锁的动机*　封锁的动机取决于以下两方面因素的衡量：不从上游市场上的竞争对手处获取商品有可能会带来的成本，以及如果这样做的话可能会获取的回报之间的权衡。封锁的动机还取决于经并购产生的企业因上游竞争对手被限制从而导致价格上升所能获利的程度。

3.210 *对有效竞争的影响*　纵向并购能够降低上游市场上竞争对手参与竞争的能力；这样一来其在下游市场上就处于不利地位。如果上游市场上仍然存在很多未受影响的竞争对手的话，来自这些对手的竞争压力有可能足以抑制

---

[249] 《非横向并购指南》第58段。

[250] 《非横向并购指南》第61段。

[251] 《非横向并购指南》第64段。

上游市场上商品价格的提升，并继而降低下游市场上商品的价格。在评估竞争效果的时候，必须考虑抵消性因素以及可能会带来的效率提升。

(b)协调效应

3.211 如果纵向并购形成封锁的话，就会导致市场上企业数量减少，这样一来在其他企业之间形成协调合作的可能性更大。并购之后市场上企业的数量体现了并购产生或加强联合支配地位的可能性。较高的集中度将会增加形成共谋的风险。企业数量相对较少而各自的市场份额——特别是在同质产品市场上——相对较高时，企业偏离共同协议的动机就会减少，因为偏离行为更容易被发现。因此，市场透明度强化了共谋协议的可持续性。

3.212 拥有类似动机的企业更有可能协调其活动，并达成可持续的默示协议。市场份额的对称性、成本结构、[252]产品范围，以及技术发展将会提升商品价格，进而对所有企业产生一样的效果并引发相同的反应，导致企业实施类似的行为并促进最终共谋结果的稳定性。从另一个方面来看，不同的创新速率会带来可获取产品系列的不同，而且会导致形成有关这些商品价格的协议非常困难。结果就会影响企业的市场地位，使默示不太可能发生。

3.213 上下游市场上合并的程度有可能会影响到供应商参与协调行为的意愿。纵向并购可以允许一个企业得到获取生产性投入和原材料的专有权，从而获得相对于其竞争对手而言的竞争优势。纵向并购可能会影响到下游市场上的透明度，并因此有可能会促进默示共谋结果的可持续性。欧委会在 *United Brands* 案，以及 *Nestlé* 案、*Mannesman* 案[253]中运用了有关纵向合并的论点。[254]

3.214 正如欧委会所提到的，Maverick 企业的纵向合并可能改变其竞争动机，从而使得协同不再受限制。最终，纵向合并可能会影响参与协同企业遵守协同条款的动机，并可能降低未参与协同企业动摇协同的范围。

(五)混合并购评估

3.215 混合并购发生于在任何产品市场上都不存在关联关系的企业之间。对于这

[252] 与此相类似的，在有关价格弹性数据的例子中，对于企业企业成本对称性数据的收集和整理，会成为欧委会评价的障碍。

[253] 详见 Faull and Nikpay (n 196) at 134。

[254] Case IV/M. 222 *Mannesman/Hoesch* [1992] OJ L114/34.

类并购,如果仅是从其混合型效果所带来的后果来看的话,损害竞争的可能微乎其微。我们可以从所谓的"一揽子实力"中发现一些潜在的负面效果。当产生于"一揽子"品牌的市场实力超过其各组成部分之和的时候,我们就认为一个企业享有"一揽子实力"。这有可能会使得企业在各个市场上更有效率地支配其市场力量,并损害竞争。

3.216 欧委会将会同时考虑混合并购可能带来的反竞争效果,以及交易各方证实的效率的提升有可能带来的促进竞争的影响。

(a)非协调效应

3.217 通过混合并购将相关产品汇集在一个企业之中,可能赋予(经并购产生的企业——译者注)将其在一个市场上的强势市场力量通过捆绑传递到另外一个相关市场中的能力以及动机,这样一来就会封锁竞争对手。与评估纵向并购类似,欧委会应当评估:

- 经并购产生的企业封锁竞争对手的能力;
- 封锁的动机;
- 封锁对于下游市场的影响。

3.218 经并购产生的企业通过捆绑销售实现封锁的目标。就像欧委会在非横向并购指南中所解释的那样:[255]

> "捆绑销售"(Bundling)通常指的是经并购产生的企业提供、定价商品的方式。在这一问题上,我们可以区分纯粹的捆绑销售和混合型捆绑销售。如果是纯粹的捆绑销售,商品仅能够按照固定比例共同出售。而在混合型捆绑销售中,各产品是可以单独出售的,但是各个产品单卖价格之和要高于捆绑销售时的售价。"搭售"(Tying)通常指的是:当消费者在购买一个产品(主商品)的时候,被要求购买生产者所出售的另外一个商品(被搭售商品)。

3.219 封锁的能力　如果许多消费者都认为经并购产生的企业所提供的商品中至少有一个是极其重要的,而且该产品的替代品少之又少的话,那么捆绑销售的影响就是巨大的。除此之外,对于各个相关产品而言,应当存在较大的共同公共消费者基础。消费者倾向于同时购买这些商品的可能性也越大,混合并购通过封锁策略损害竞争的可能性就越大。如果存在规模经济,而且

---

[255] 《非横向并购指南》第 99 ~ 100 段。

需求可以为供给提供动态提示的话，妨碍的效果就有可能会更强。欧委会应当兼顾竞争对手所采取的任何及时、高效的应对性策略。

3.220　封锁动机　经并购产生的企业面临以下两种因素间的平衡：捆绑销售的产品可能会带来的成本，以及在相关市场上扩大市场份额，或因在这些市场上享有市场力量而有能力提升价位所获得的利润。欧委会有可能会评估不同产品的相关价值，而且还会同时将其他因素考虑在内，例如经并购产生的企业的所有权结构、企业过去在市场上曾经采取的策略类型，或者是内部战略文件的内容，例如商业计划。[256]

3.221　对消费者的影响　捆绑销售可能会导致竞争对手销售量的下降，而且还能够减损其竞争实力以及动机。除此之外，封锁的行为可能会阻碍潜在竞争对手进入市场。如果在任何市场上仍存在其他强有力的单一产品生产商的话，混合并购就不大可能会损害竞争。与评估纵向并购相类似，欧委会同时也将会考虑抵消性因素，以及经交易方证实的效率提升。

(b)混合并购的协调效应

3.222　混合并购有可能降低竞争者的数量，以至于使得默示一致行动具备了现实可能性。除此之外，混合并购也有可能提高多重市场合同的重要性，针对这种合同而言，如果脱离共谋结果的话，一个企业就会启动这种报复性机制。如果一个企业在多个市场上参与竞争，而且决定脱离共谋的话，它所受到的"惩罚"就会在脱离所发生的市场基础之上扩大至其他市场，这样一来，报复程度就有所提升，进而减弱企业脱离的动机，而且将会加强共谋结果的可持续性。企业也会通过运用多重市场合同来获取其竞争对手的信息。

七、结　　语

3.223　迈尔里戈(Maier - Rigaud)和帕普利斯(Parplies)(2009)[257]在引进 SIEC 测试五年之后，对于欧盟并购控制执法情况进行了一个详细的分析。在这五年中，有 1665 件申报的并购，而第 139/2004 号条例通过之后的十年中并购

---

[256]　《非横向并购指南》第 109 段。

[257]　F. Maier - Rigaud and K. Parplies, "EU merger control five years after the introduction of the SIEC test: what explains the drop in enforcement activity?", (2009) 30(11) ECLR, 565 - 79.

申报的数量为 2157 个。向欧委会所提交的并购申报数量，紧追全球兼并收购发展的步伐。1994 年至 2003 年间，平均有 1% 的交易被禁止，而在 2004 年至 2008 年间，这一比例下降至 0.1%。欧委会的干涉手段包括：禁止性决定、在调查第二阶段作出附条件同意的决定以及在调查第二阶段收回初步同意的决定，对于所有案件而言，其干涉率已经从 4.6% 下降至 2.2%。

3.224 迈尔里戈和帕普利斯（2009）[258] 认为，被禁止并购案件的逐步减少，意味着更加明确的可预期性可以使得企业更好地选择那些将会获得欧委会肯定性决定的交易。他们还认为，2004 年至 2008 年间被否决的两个并购申报案件仅为个例，因为两项并购都基本上形成了垄断，而且依据《横向并购指南》将这种负面影响合理化极其困难。在有关欧盟并购控制前十年的分析之中，内文和罗勒（2002）发现，第一种类型的错误发生概率很低，也就是欧委会禁止了那些被市场认为是有利于竞争的并购。[259]

3.225 他们注意到，对于一些集中度非常高的市场而言，欧委会都已经作出了肯定性的决定，并后续依据第 102 条重新进行干涉。作者认为，这一数目的降低，初看与 SIEC 测试和《横向并购指南》有关规定关于保护消费者的要求不相符。他们还认为："少数仍会进行合并的禁止性决定（或接近垄断）、允许并购的决定和事后干涉三者的性质指向的是可能存在的对执法不足的偏见。"[260]

3.226 在采取这些内部措施的时候，欧委会的目标在于"进行变革，越彻底越好，以确保并购调查进行得更为彻底，而且应当以坚实的经济学分析为基础，并进一步保证并购进程中应有的程序。"[261]

---

[258] Maier - Rigaud and Parplies（n 257）.

[259] 参见 D. Neven and L. - H. Röller, "Discrepancies Between Markets and Regulators: An Analysis of the First Ten Years of EU Merger Control"（2002）Working Paper No. 10/2002, Institut Universitaire de Hautes Etudes Internationales, Genève。

[260] F. Maier - Rigaud and K. Parplies, "EU merger control five years after the introduction of the SIEC test: what explains the drop in enforcement activity?",（2009）30（11）ECLR, 565 - 79.

[261] Monti, "Merger Control in the European Union"（n 36）.

第四章　欧共体范围管辖权之一：集中和控制

一、集中的定义
二、控制的概念
三、收购和控制权变更
（一）单独控制权
（二）共同控制权
（三）决定性影响
（四）外包
四、单一集中的概念
（一）集中模式和分拆模式
（二）仓储和停靠
（三）期权
五、合资企业
全能型考量因素
六、附带性限制条件

4.01 很多竞争法制度都非常重视并购控制，因为处理并购和其他潜在反竞争行为的方式不同。因此，第一个欧盟条约，即《欧洲煤钢共同体条约》中明确规定，处理并购控制问题时应当依据第66条第(1)款到第(6)款。《欧洲经济共同体条约》中并没有关于并购控制的明确规定，这就说明欧洲经济共同体竞争法领域并不包含并购控制这一内容。然而,欧委会先后将第102[1]、101条[2]适用于并购,并且在特定案件中也获得了欧洲法院的认可,这就确认了一点:欧共体竞争法可以在特定情况之下适用于并购。

4.02 1989年,欧委会的提议经历了漫长的失败之后,[3]通过将事前控制体系适用于兼并、收购以及其他符合特定营业额收入门槛标准的集中类型,部长会议通过了欧洲共同体并购条例。随着时间的推移,向欧委会申报的经营者集中案例数目大幅度上升,审查并购控制工作成为竞争总司最丰富、最显而易见的活动。直到2002年,竞争总司在案件处理方面创造出了一个难以企及的记录:没有任何欧委会的决定被欧洲法院认定为无效,只有一个例外。[4])然而,在2002年,普通法院否决了一些欧委会所作出的备受瞩目和争议的并购决定,进而在社会大范围内引发了对于欧委会作决定流程的批评。

4.03 欧委会记录了这些批评,在收到有关其并购条例审查绿皮书[5]的评论之后,提出了一份并购改革控制"一揽子"计划,并于2004年1月发布。[6]

---

[1] 第一个适用第102条的例子是Continental Can Case(Case 6/27 Europemballage Corp. And Continental Can Co. v. Commission[1973]CLMR 199)。在1972年所作出的一个决定中(Case 72/71 Re Continental Can Co. Inc. [1972]OJ L7/25),欧委会认为,一个占据支配地位的公司发出了收购另外一个较小竞争对手的投标,是违反第102条规定的。欧委会认为,如果存在以下这种安排,就有可能会被认为是对于第102条的滥用:占据支配地位的公司已经削弱了市场上的竞争。该上诉案被欧洲法院否决,因为欧委会没有充分明确相关市场的界定,因此也就没有办法证明Continental Can享有第102条所规定的那种支配地位。然而,欧洲法院确实确认,第102条可以适用于以下这种情形:支配地位公司希望通过收购另外一个公司来进一步减损竞争,即便是存在交易并非被迫进行的这种情形。尤其需要注意的是,欧洲法院在以下这一点并未被说服:欧洲煤钢条例中明确规定了有关并购控制的内容(但是《欧洲经济共同体条约》中却没有),说明欧洲经济共同体条约并未赋予这样一种管辖的权力。

[2] 其他类似案例,是关于将第101条适用于香烟生产商之间所形成的协议(Joined Cases 142 and 156/84 BAT Ltd and Reynolds Industries Inc v. Commission[1987]ECR 4487)。欧委会通过了该项并购申请,经上诉,法院支持欧委会所持观点,认为在审查可能会导致形成市场集中的协议时,可以参照第101条,即适用第101条第(1)款的禁止性规定。

[3] 欧委会所提出的第一个条例草案是1973[1973]OJ C92/1。

[4] 详见Joined Cases C－68/94 & 30/95 France v. Commission(hereinafter Kali und Salz)[1998]ECR I1－375。

[5] "Commission Green Paper on the Review of Council Regulation 4064/89"(COM (2001) 745/6 final), 11 December 2001, para 165, http://europa.eu.int/eurlex/en/com/gpr/2001/com2001_0745en01.pdf,2013年9月14日访问。

[6] R. Whish, Competition Law (5th edn., Oxford: Oxford University Press, 2003).

4.04 《理事会(EC)第139/2004号[7]关于企业集中控制的理事会条例》,与其前身第4064/89号条例[8]一样,基础是条约[9]第4条第(1)款的有关原则:成员国以及欧共体的一切行动应当以自由竞争为特征的开放型市场经济为依据。

4.05 在这种背景下,新版《欧盟并购条例》的作用在于,确保公司为了实现业务扩张[10]并进而提高长期盈利能力、竞争能力所使用的工具,不会损害整体竞争。新版《欧盟并购条例》的主要目标在于创造出一个控制系统,以确保为活跃于不同成员国之内的企业提供一个交易平台,并在欧委会专有控制条件之下,提供共同标准的适用以及法律确定性。[11] 立法者希望通过一个高效的并购条例,来为交易各方提供一站式服务,[12]促进欧盟繁荣发展,并为消费者带来更多的选择以及更低的价格。[13]

---

〔7〕 Council Regulation (EC) No. 139/2004of January 2004 on the control of concentrations between undertakings (the EC Merger Regulation) [2004] OJ L24/1.

〔8〕 Council Regulation (EC) No. 4064/89 of 21 December 1989 on the control of concentrations between undertakings [1989] OJ L395/1, amended by Council Regulation (EC) No. 1310/97 of 30 June 1997 [1997] OJ L180/1.

〔9〕 Treaty establishing the European Economic Community, EEC Treaty (Treaty of Rome) [1957].

〔10〕 这类工具包括兼并,获取单独控制利以及共同控制权。兼并指的是两个公司合并为一个更大的公司。这类行为通常都是自愿的,而且还包括与目标公司进行股票交换或者是现金支付的安排。目标公司的执行官通过谨慎程序帮助买方实现支付以确保交易对于双方而言都是有利的。一个在此方面备受瞩目的案例就是2000年Glaxo Wellcome和SmithKlineBeecham之间通过合并形成主要的药物公司—— GlaxoSmithKline。(Case No. COMP/M.1846)[2000]OJ L-2985。

获取单独控制权,也就是接管,是指一个公司将另外一个公司(目标公司)买下。收购可能是善意或恶意的。如果是善意收购,各公司在谈判时会相互合作;如果是恶意收购,目标接管公司并不希望被收购,再或者是目标公司的管理层事先并不知道本公司将要被收购。这就是大家所熟知的恶意收购。收购通常指的是大公司收购小公司这种情形。

获取共同控制权,也就是合资企业,指的是两个或者是多个公司通过设立一个企业共同参与经济活动的行为。公司各方通过共同投资享有股权,并进而据此共享收益、共担支出并共同控制企业,来创造出一个新的企业。这样一个新的企业可以是为了某个特定项目而设立的,也可能是一个长久持续存在的商业关系。

〔11〕 L. O. Blanco, European Community Procedure (2nd edn, Oxford: Oxford University Press, 2006) 601 at para 1.

〔12〕 根据第9条可知,主要内容包括具备欧共体范围影响力的集中以及将并购案例移转至成员国竞争当局。

〔13〕 本章中,在我们在分析集中概念以及欧共体范围时,会遵循《关于并购条例项下管辖权的合并通知》的结构。欧委会关于理事会(EC)第139/2004号控制企业集中条例的《关于并购条例项下管辖权的合并通知》,[2008]OJ C95/01(《关于并购条例项下管辖权的合并通知》)。

一、集中的定义

4.06 欧委会对于特定类型交易的专属管辖权是以两个因素为基础的。一个是相关营业额门槛,另一个就是交易构成“集中”。一个集中可以是一项真正的兼并,也就是先前两个相互之间各自独立的公司进行合并。兼并的结果是产生一个新的企业,而先前相互独立的两个公司不再存续。集中也可以表现为接管,即一个或者是多个企业获取了另外一个或者是多个企业的控制权。〔14〕

4.07 第139/2004号条例仅适用于在欧共体范围内具有影响力的企业间并购。这样一来,与适用第139/2004号条例直接相关的就有两个概念。新版《欧盟并购条例》项下有关“集中”的界定包括“为企业控制带来持续性改变的交易,并因此改变市场结构”。如果先前两个相互独立的企业进行合并,或者是对于现有企业的控制权发生改变,我们就认为发生了经营者集中。〔15〕 与第101条和第

---

〔14〕 在成员国判例法中,竞争当局对于“集中”这一术语的界定包括:

Appeal against the decision of the Cartel Court, dated 16 September 2002, 25 Kt 206, 260/02 (*Austrian competition authority*).

Competition Council Decision No. 2006 C/C 23, 30 October 2006, Belgacom SA/Vodafone Belgium SA/Belgacom Mobile SA, Belgian O cial Journal, 11 December 2006, p. 68900, CPC Decision No. 14 of 12 February 2004 (*Belgian competition authority*).

Viva Ventures Holdings GmbH/Bulgarian Telecommunications Company ADSAC Decision No. 2123 of 10 March 2005, 5th Chamber SAC Decision No. 11204 of 14 December 2005, 2nd Grand Chamber (*Bulgarian competition authority*).

Vivartia/Christis, 8.13.24/2006, Decision of the O ce of 6 May 2004, No. S 218/03 (*Cypriot competition authority*).

Bijouterie Trading Company a.s./Swarovski Bohemia Spol. s.r.o./Ornelaa.s./Biˇzuterie ˇCesk ́a Mincovna, a.s. (*Czech competition authority*).

Case C 7018 API - AnonimaPetroliItaliana/IP, 30 June 2005, Bull. No. 25/2005 (*Italian competition authority*).

Comnord SA Decision No. 242 [2006] (*Romanian competition authority*).

Fides zdravotn'1cke z'asobovanie (medical supply), Biama, a.s. and SL Plus, a.s. 2003/FH/3/1/112 (rst instance decision); 2003/FH/R/2/294 (second instance decision) (*Slovak competition authority*).

Decision of the Council of Ministers Sara Lee/Reckitt & Colman PLC [18 June 1998] (*Romanian competition authority*).

〔15〕 Council Regulation (EC) No. 139/2004 on the control of concentrations between undertakings ("the EC Merger Regulation") [2004] OJ L24/1 Articles 1(1), 2(2), 3(1), and Recital 20.

102 条相类似，“经营者”(undertaking)一词指的是参与经济活动的实体。[16]

4.08 新版《欧盟并购条例》适用于兼并、收购，以及会给控制权带来持续性结构改变的其他类型集中。[17] 然而，在列举并分析并购控制的程序之前，首先明确什么样的交易会被认为是“集中”，以及哪些交易应当接受欧委会管辖会比较合适。[18] 如果是基于某些条件的考量，欧委会会把一些相互之间紧密联系的几个交易认定为一项集中，或者是把那些在两年之内发生的相互关联的多个交易认定为一项集中。可以落入此范围的不同种类的交易包括：

- 通过公共投标获取控制权；[19]
- 通过逐步获取股权来取得对一个企业的控制权；
- 在证券市场上通过一系列的交易从不同的卖方手中获取控制权；
- 两个或者是多个企业之间资产的互换，而不管这些企业是否构成企业法人；
- 共同取得对于一个企业某一部分的共同控制，以及对于另一部分的单独控制。[20]

4.09 通常来讲，一项交易是否可以被认为是“集中”取决于其结构。有关新版《欧盟并购条例》项下“集中”的概念体现在并购控制条例的第 3 条[21]中，如果存在以下几种控制权变更的情形之一，就认为是发生了“集中”：先前两个相互独立的企业或者是独立企业的部分进行合并[新版《欧盟并购条例》第 3 条第(1)款第(a)项]；或者是获取控制权[22][新版《欧盟并购条例》第 3 条第(1)款第(b)项]；再或者是设立一个全能型合资企业[新版《欧盟并购条例》第 3 条第(4)款]。

4.10 如果一桩交易被认符合新版《欧盟并购条例》第 3 条有关规定的，那么就应当

---

〔16〕 Case C－41/90 Höfner v. Macrotron GmbH[1991]ECR I－1979；[1993]4 CMLR 306.

〔17〕 T. Soames and S. Maudhuit, “Changes in EU Merger Control: Part I”, [2005] 26(1) ECLR, 57－64 at para 6.

〔18〕 这在《关于并购条例项下管辖权的合并通知》中有所提及(*Commission Consolidated Jurisdictional Notice under Council. Regulation (EC) 139/2004 on the control of concentrations between under－takings* [2008] *OJ C* 95/01)。

〔19〕 在公共投标中投标价格的改变，或者是依据新版《欧盟并购条例》可以认定：公司结构发生改变，但并未因此对相关控制情况产生影响，均被认为是归属于欧委会的授权决定。

〔20〕 Soames and Maudhuit (n 17) at 57－64.

〔21〕 M. Furse, Competition Law of the EC and UK (4th edn., Oxford: Oxford University Press, 2004), 323 at para 4.

〔22〕 通过购买股票、购买资产、合同安排或者其他手段，来获取另外一个或者是多个企业的部分或者是全部控制权。

依据该条例接受审查。如果交易不能被界定为集中,那么就有可能适用《欧盟运行条约》第 101 条,但这并不能阻止成员国进行并购控制审查。例如,*Covisint* 一案中就包含了"业务对业务"(business - to - business)的合资企业,欧委会依据第 101 条审查该案,但是德国联邦卡特尔局却参照其自身的竞争法将交易认定为并购。[23]

4.11 对于以下类型的交易,欧委会一般宣称其享有管辖权:交易满足营业额门槛要求,但主要影响的是欧盟范围之外的市场。[24] 就申报时间而言,交易各方并不需要承担在特定时间框架之内进行申报的义务,只要在申报并获取肯定性决定之前交易并未被实施。交易在以下情况下也可能需要申报:具备达成协议的善意,再或者是在公共场合宣布将要进行招投标。正如管辖权通知中所提到的那样,[25] 确定欧共体管辖权的日期是以下几个日期之中最早的一个:具备法律效力的协议签订的日期、公共招投标的宣布日期、获取控制利益的日期或第一次(向欧委会或者是成员国竞争当局)进行申报的日期。

4.12 正如上文曾经提到的,"合并"(merger)指的是两个或者是多个互相独立的企业经融合形成一个新的企业,而不再以相互独立的企业法人的形式存在。并购也包括产生单独经济体这种类型的交易。"经济体"、"单一经济体"或者是"单一经济企业"[26] 源自于"单一实体原则",这一原则主要见于涉及共同

[23] 详见"Commission clears the creation of the Covisint Automotive Internet Marketplace"(Brussels, 31 July 2001), Press release IP. 01/115。

[24] 1999 年 3 月,普通法院支持了欧委会关于否决以下交易的决定:Impala Platinum Holdings Ltd(受控于 South Africa group Gencor)与 British group Lonrho plc 制铂分支机构之间的合并(Case T - 102/96 Gencor v. Commission[1998]ECR II - 0753)。法院认为,对于以下类型的并购,欧委会享有管辖权:交易发生在欧共体以外,但是却有可能会严重影响欧共体范围之内的竞争。

"营业额"的考量是以地理界线为标准的,而不管交易各方实际运行地点:如果营业额是产生于欧盟的,即便是外国企业之间的并购也可能会受到(欧委会——译者注)控制。欧委会所处理的一些最具争议性的案件就包括举世瞩目的美国(企业之间的——译者注)并购。1997 年,Boeing 和 McDonnell Douglas 之间的结合,即两个具备世界影响力的美国公司之间的合并,在第二调查阶段获取了欧委会的肯定性决定。欧委会禁止了 *GE/Honeywell* 案,一个发生在两个美国公司之间的并购案。(Boeing/McDonnell Douglas (Case No. IV/M. 877) Commission Decision (97/816/EC) [1997]OJ L336/0047)

[25] Commission Consolidated Jurisdictional Notice under Council. Regulation (EC) 139/2004 on the control of concentrations between undertakings [2008] OJ C 95/01, parag 156.

[26] Case T - 102/92 Viho Europe BV v. Commission of the European Communities[1995]ECR II - 00017; Case C - 73/95P Viho Europe BV v. Commission of the European Communities[1996]ECR I - 05457; Case 170/83 HydrothermGerätebau GmbH v. Compact del Dott. Ing. Mario Andreoli& C. Sas. [1984]ECR 02999.

受控于同一母公司的多个公司间的卡特尔案件。美国反垄断法最初时提出了“企业内部共谋”原则，美国最高院在 *Yellow Cab* 案[27]中确认了该原则。这一概念在 *Copperweld* 案[28]的决定中得到了进一步的发展，在本案中，最高院认为，母公司与其全资子公司之间的协调行为必须要被认定为是单一企业的行为。

4.13 单一实体概念是并购案件的争议焦点。针对被质疑的并购，交易各方已经多次援引该原则。在 *Dyestuffs* 案中，欧洲法院(ECJ)指出：[29]

> 因为各自享有独立法律人格而导致这些公司之间的正式相互分离，并不能阻碍为了适用竞争规则而将其各自在市场上的行为认定为具备统一性。

4.14 这样一来，相关问题就在于市场上两个相互分离的法人行为能否成为一个实体的行为。

4.15 也会存在并购案件不需要被审查的情况，因为个人可以以其私人资产进行收购。如果企业被同一个人所控制的话，竞争当局将其认定为形成单一经济实体会比较合适。在这一方面，如果家族成员各自独立从事商业活动的话，“家族联系”并不意味着形成经济实体。除此之外，通过例如相互持股和/或相互担任管理层职位、联合设备、提供资金/借贷支持的关系等经济联系，可能会形成(单一——译者注)经济实体。欧洲法院在 *Hydrotherm* 案[30]中认为，在确立是否形成经济实体时，应当考虑“家族关系”、管理层职位以及自然人的代表能力。[31]

4.16 如果建立了一个单一经济实体，那么在分析这一实体时就应当考虑该实体之内所有公司的市场份额。

---

[27] United States v. Yellow Cab Co. 332 U. S. 218(1947).

[28] Copperweld Corp v. Independence Tube Corp 467 U. S. 752(1984).

[29] Case 48/69 ICI v. Commission of the European Communities[1972]ECR 619；亦可参见 Case 22/71 Béguelin Import Co. v. G. L. Import Export[1971]ECR 949。

[30] Case 170/38 Hydrotherm Gerätebau GmbH v. Compact del Dott. Ing. Mario Andreoli& C. Sas. [1984]ECR 02999.

[31] H. Bolatoglu, “The concept of economic unity in merger cases: lifting the corporate veil”, [2009]30(8)ECLR, 362 – 70。Bolatoglu 提及了一些解决单一经济实体概念界定问题的主要美国案例，包括 UServe(Clyde E. Harvey v. Fearless Farris Wholesale, Inc. 589 F. 2d 451)和 *NAT* 案(Community Publishers Inc v. Donrey Corp U. D. District Court for the Western District of Arkansas, 892 F. Suup. 1146)等。

4.17 在 *Hydrotherm* 案〔32〕中，控制结构的类型是横向的。欧洲法院强调，为了明确协议的主体，必须要将“经营者”一词解释为一个（单一——译者注）经济实体，即使这一（单一——译者注）经济实体在法律上是由几个不同的自然人和法人组成的。仅从两个公司的资金是由同一个人或者是同一个“家族”控制这一点，并不能说明这些公司同属于一个（单一——译者注）经济实体。还需要额外的控制因素，例如持有大量的股权，在年度股东大会（AGMs）中的代表权，再或者是实际管理层的控制。

4.18 如果相关企业放弃了集中，那么集中案件将不复存在，而且新版《欧盟并购条例》也不再适用。证明放弃的要求必须要符合特定法律形式以及强度等条件，以说明最初的交易已经达到了要申报的标准。〔33〕另外，对于集中所进行的不会影响控制变更的细微修改，不能被认为是放弃了交易。更进一步来讲，在实施被授权的集中之前，交易结构从第3条第（1）款第（b）项获取控制权变为第3条第（1）款第（a）项兼并，再或者是与之相反的话，就构成了另外一项交易，需要重新申报。〔34〕

二、控制的概念

4.19 对于一项交易而言，应当适用新版《欧盟并购条例》有关原则（满足营业额标准）的基本要求就是存在控制权的变更。前言第20段提到，“集中”一词包括将会给相关经营者带来持续性控制权变更影响的交易。有关集中的相同概念可见新版《欧盟并购条例》第3条第（1）款。根据第3条第（1）款可知：

> 如果基于以下情形，发生了控制权的持续性变更的话，就认为发生了集中：（a）两个先前相互独立的经营者或者是经营者的部分之间所进行的兼并；或（b）一个或者是多个已经控制了至少一个经营者的个人，再或者是一个或多个经营者，以协议或者是其他方式，通过股权收购或者是资产收购，取得另外一个或者是多个经营者的整体或者是部分的直接或间接控制。

---

〔32〕 Case 170/83 Hydrotherm Gerätebau GmbH v. Compact del Dott. Ing. Mario Andreoli & C. Sas. [1984] ECR 02999.

〔33〕 Commission Consolidated Jurisdictional Notice under Council. Regulation (EC) 139/2004 on the control of concentrations between undertakings [2008] OJ C 95/01 paras 117 – 21.

〔34〕 Commission Consolidated Jurisdictional Notice under Council. Regulation (EC) 139/2004 on the control of concentrations between undertakings [2008] OJ C 95/01 para 123.

4.20　涉及控制权变更的持续性，只要拟签订的协议是可以更新的，那么确保在一个确定的时间内签订协议并不能排除控制权发生了持续性变更。即便是协议期限不可延展，也可能会发生集中，只要预期的协议期限长到可以导致相关经营者的控制权发生持续性的变化。[35]

三、收购和控制权变更

4.21　只有在获得了单独控制或者是共同控制，又或是由单独控制变为共同控制及相反情况时，才能认为发生了集中。如果享有单独控制权的企业变为了另外一个企业，再或者是享有共同控制权的企业之一发生变化的话，就认为是发生了集中。因此，如果仅仅是失去对于目标公司的控制权的话，不能认为是发生了集中。[36] 与之相反，如果享有控制权的母公司数目增加了的话，应当认定是为集中。单独控制通常是以积极控制为基础的，而共同控制则基于消极控制。[37]

4.22　控制的变更也会包括以下各种情形：引入新的股东[38]，或被多个公司所控制的企业的股东发生改变以至于改变了控制的性质，即表现为享有共同控制

〔35〕 在 DaimlerChrysler/Deutsche Telekom/JV（Case COMP/M. 2903）案欧委会决定（2003/729/EC）[2003] OJ L 300/0071 中，12 年就足够了；在 Deutsche Babn/ECT International/United Depots/JV（Case COMP/M. 2632）[2002] OJ C81/19 案中，8 年足矣。在 Lehman Brothers/SCG/Starwood/Le Meridien（Case COMP/M. 3858）[2005] OJ C154/04 案中，欧委会认为至少需要 10～15 年的时间，但是 3 年却不够。

〔36〕 欧委会的一些数目非常有限的决定却认为，即便是一个合资企业的母公司数量有所下降，但剩下的母公司仍然共同控制目标企业的话，仍然可以认定为发生了集中。详见 Vodafone/BT/Airtel JV（Case COMP/M. 1863）[2002] OJ C332/06，和 Norske Skog/Abitibi/Papco（Case COMP/M. 2493）[2001] OJ C163/07，和 Bertelsmann/Kirch/Premiere（Case No. IV/M. 993）欧委会决定（1999/153/EC）OJ L53/01。在以上所有三个案件中，享有共同控制权的母公司数目均从 3 个降至 2 个。从某种程度上来讲，这一解释可以从 Commission Notice on the concept of undertakings concerned under Council Regulation（EC）No. 4064/89 on the control of concentrations between undertakings [1998] OJ C66/14, paras 35 and 39 中找到支持。

〔37〕 获得“消极控制”—— 对于与公司商业战略有关的重大决定进行否决的可能 —— 就足矣。

〔38〕 引入新股东，可以表现为由单独控制变为共同控制，或者是额外引入一个新的股东，再或者是变更一个合资企业原多个股东中的一个。详见 Commission Consolidated Jurisdictional Notice under Council. Regulation（EC）139/2004 on the control of concentrations between undertakings [2008] OJ C 95/01, para 85。

权的多个股东。[39] 只有在一个或者是多个股东凭借交易获取了单独或共同控制权时，股东的进入（或退出）才会带来需要申报的集中，这样一来才会有从单独控制到共同控制的变更（或者是从共同控制到单独控制的变更）。

4.23 在 *IFI/Worms/Saint Louis* 案[40]中，IFIL 和 Worms 之间通过股东协议获取了对 Saint Louis 的共同控制权，这一交易构成集中。一年之后，各方同意由 Worms 获取对于 Saint Louis 的单独控制权，这也构成一个集中。[41] 在 *James River/Rayne* 案[42]中，James River 和 Montedison 平均享有合资公司 JA/MONT 的股权。为了实现 James River 和 Rayne 对于 JA/MONT 的共同控制，Montedison 需要将其所持的一半股权转给 Rayne，这也构成集中。

4.24 在 *Particitel International/Cableuropa* 案[43]中，General Electric 和 Bank of America共同控制 Cableuropa，后另一企业（CDPQ）也加入了共同控制的队伍中。控制公司从两个增加至三个，构成一项集中。共同享有控制权的公司之一放弃其控制权本身不会构成集中，因为控制属性并未发生变更（也就是说，企业仍然被多个企业所共同控制）。

4.25 新版《欧盟并购条例》第 3 条第（5）款详细规定了不应当被认定为并购，从而不应当适用新版《欧盟并购条例》的诸多情形。如果一个公司的日常业务包括为其自身账户或者他人账户买卖证券，当这种买卖行为是在公司日常业务框架之中进行，且公司仅短时间持有证券时，那么此类公司有关证券的买卖和交易行为不应当被认为是集中。另外，根据一个成员国有关清算、解散、破产、无力支付、重组等类似法律、程序的规定，公职人员（暂时——译者注）获取控制权时，不应当认为是发生了控制权的变更。最后，若是理事会第 78/660/EEC 号指示所规定的金融控股公司取得了控制权，也不构成集中。[44]

4.26 欧委会将第 3 条第（5）款第（a）项解释为仅仅包含以下类型的交易：例如，一

---

〔39〕 控制变更并不包括从消极控制转化为单独控制这种情形，因为在这两种情况下，控制权都是掌握在一个企业手中，只不过是行使方式不同罢了。详见 2005 年 5 月 31 日第 142 号 CPC 决定，Danish Investment Fund for Central and Eastern Europe/Carlsberg Bulgaria AD（"Carlsberg"）（保加利亚竞争当局），2005 年 12 月 22 日第308 号 CPC 决定，Novator Telecom Bulgaria Ltd/Viva Ventures Holding GmbH（"Novator Telecom"）（保加利亚竞争当局）。

〔40〕 IFIL/Worms/Saint – Luis（Case No. IV/M. 750）［1996］OJ C266/05.

〔41〕 Worms/Saint Luis（Case No. IV/M. 909）［1997］OJ C203/03.

〔42〕 James River/Rayne（Case No. IV/M. 162）［1992］OJ C43/05.

〔43〕 Particitel International/Cableuropa（Case No. IV/M. 1251）［1998］OJ C213/05.

〔44〕 详见 para 113 Consolidated Jurisdictional Notice。我们应该注意，第 114 段提及，并购条例第 3 条第（5）款所列举的例子仅限于非常有限的情形。

个银行与第三方签订合同而获取证券。正如《关于并购条例项下管辖权的合并通知》所提到的那样，临时买方以最终买方的名义获取证券。第一笔交易的目的仅仅是使得第二笔交易顺利进行，而且第一个买方是与最终的证券获得者是直接相关的。但欧委会会考虑那些借助临时买方在这种情况下获取证券为作为第一步，并由最终买方获取持续性控制权的一项交易。[45]

4.27 根据第 3 条第(5)款第(b)项可知，如果根据一个成员国有关清算、解散、破产、无力支付、重组等类似法律的规定，公职人员(暂时——译者注)获取控制权时，不应当认为是发生了控制权的变更。与之相类似的，根据第 3 条第(5)款第(c)项可知，特定金融控股公司获得一个企业的控制权，只要行使投票权的目的仅在于维持投资应有的全部价值，而非直接或者间接决定这些企业的竞争性行为，也不应当被认为构成了集中。[46]

4.28 正如《关于并购条例项下管辖权的合并通知》所述，[47](如果是按照定义——译者注)这些例外适用于本应当被认为是集中的交易类型，而非是那些成为一项具有更广范围的集中的构成部分的交易，而在这种情况下，最终获得者并不符合新版《欧盟并购条例》第 3 条第(5)款的规定。第 3 条第(5)款第(a)项和第(c)项只适用于通过买入证券获取控制权，不适用于获取资产。除此之外，这些例外并不适用于典型的投资基金结构，因为那些投资基金结构通常会为企业战略作决定。一个集团内部的重组并不构成并购，因为不存在控制权的变更。[48] 如果是为了拯救濒临破产程序危机的企业的话，就应认为是发生了集中，因为通常情况下来讲，控制银行决定了被拯救企业的战略商业行为。如果是可以自行决定采取进一步的经济活动，或掌控了至少一家其他的经营者，才可以认为是自然人所获取的控制权构成了收购。

---

〔45〕 Commission Consolidated Jurisdictional Notice under Council. Regulation (EC) 139/2004 on the control of concentrations between undertakings [2008] OJ C 95/01 para 35.

〔46〕 T. Soames, "The community dimension in the EEC merger regulation: the calculation of the turnover criteria", [1990] 11(5) ECLR, 213 - 25.

〔47〕 Commission Consolidated Jurisdictional Notice under Council. Regulation (EC) 139/2004 on the control of concentrations between undertakings [2008] OJ C 95/01 paras 114, 115.

〔48〕 欧委会也会讨论买卖双方企业为被同一个成员国所享有所有权的情形。如果交易各方先前是分属不同经实体且各自具备独立决策权的话，就会认为是形成集中，而非内部结构重组。详见 Péchiney/Usinor(Case No. IV/M.097)[1991]OJ C175/18, CEA Industrie/France Telecom/Finmeccanical/SGS - Thomas(Case No. IV/M.216)[1993]OJ C68/06, Neste/IVO(Case No. IV/M.931)[1998]OJ C126/04, and Commission Consolidated Jurisdictional Notice under Council. Regulation (EC) 139/2004 on the control of concentrations between undertakings [2008] OJ C 95/01 para 52。

(一)单独控制权

4.29 如果一个企业可以决定另外一个企业的商业战略决策的话,就认为其享有单独控制权(通过获取多数投票权而获得的法律上的控制权,而非多数股权)。如果只有一个股东可以否决企业战略决策,但又不能强加某种决定的话,仍然认为是存在独立决策权(消极的单独控制权)。[49] 如果特定股权(例如,享有特定权利的优先股,这种优先股使得股东获取了作出战略决策的能力)享有特定权利的话,从法律层面上来讲,就认为是获取了单独控制权。[50] 如果公司章程规定,战略决策的作出需要绝对多数权的话,那么如果是仅仅掌握了一般多数权,也可以被认定是获取了消极控制权。

4.30 如果根据某个少数股权股东所享有股权的多少、股东大会的参与度及投票机制可知,这一股东极有可能在股东大会上获取多数股权支持的话,就可以认定这一少数股权股东获取了实际的单独控制权。[51] 欧委会在其《关于并购条例项下管辖权的合并通知》中提到,股东地位的其他评定因素包括:例如,剩下的股权结构是否是分散的,其他重要股东是否与这一实力较大的少数股权股东之间具备结构上的、商业的或家庭关系,又或是其他股东在目标公司中是否享有战略性或者是纯商业性的利益。[52]

(二)共同控制权

4.31 如果两个或者是多个企业或自然人可以共同控制另外一个企业,就可以认定为享有共同控制权。在这种案例中,涉及有关子公司的决定时,享有共同控制权的母公司可能没办法达成一致意见,这样一来他们就需要合作以达到双方都满意的结果。[53]

4.32 共同控制权存在的形式很多。母公司可能在合资企业中享有同等的投票权

---

〔49〕 该股东获得了新版《欧盟并购条例》第3(2)条范围内的决定性影响力。

〔50〕 即便是少数股权股东的情形。

〔51〕 Société Générale de Belgique/Générale de Banque(Case No. IV/M. 343)[1993]OJ C188/06;Bertelsmann/M6(Case COMP/M. 3330)[2004]OJ C 49/04;Mediobanca/Generali(Case No. VI/M. 159)[1991]OJ C334/17;MAN/Scania(Case COMP/M. 4336)[2006] OJ C274/09.

〔52〕 Consolidated Jurisdictional Notice under Council(此处应为 Commission Consolidated Jurisdictional Notice under Council——译者注) Regulation (EC) 139/2004 on the control of concentrations between undertakings [2008] OJ C 95/01 para 61.

〔53〕 即便是一个母公司由于技术或者是行业方面的优势经验而享有决定性投票权,其效果也有限,而且范围也不会太过宽泛。

(例如,他们可能平分董事会中的成员)。这种类型的共同控制并不需要正式协议,即便是存在某种协议,也不会规定决定性投票权。如果两个母公司的投票权并非平均分配,或者是母公司的数量多于两个,而且少数股权股东对合资企业商业政策的战略决定享有否决权的话,仍然可以认定为存在共同控制权。[54] 不需要少数股权股东从所持有的否决权中获利,也不要求其实际行使了否决权,只要有可能从否决权中获利,或者是有获利可能而并未真正在实际中获利。共同控制权也存在于以下这种情形:某一单一股东针对战略性决定具有否决权,尽管其自身并不享有实施这一决定的权利。

4.33 涉及高级管理人员任命和撤职,以及通过预算的否决权非常重要。即便是不存在其他否决权,某个针对战略商业计划的否决权对于合资企业而言就已经足够。投资否决权取决于母公司通过的投资程度,以及这些投资对于企业战略计划而言的重要性。

4.34 在决定共同控制权是否存在时,需要综合考虑这一系列的所有权利。然而,《关于并购条例项下管辖权的合并通知》却规定,如果一个否决权与以下三个事项均无关联的话,就不能被认为是授予其所有者共同控制权:战略性商业政策,对于高级管理人员的任命以及预算或商业计划。[55] 一项权利是否足以可以被认定为形成共同控制权取决于其内容,及其对于共同控制商业行为的重要性。

4.35 即便是不存在特定的否决权,两个或多个企业获取另外一个企业的少数股权,也可能会据此获得共同控制权。这种情形可以表现为:(数个——译者注)少数股权共同为控制目标企业提供了一种途径。这就意味着,少数股权股东将共同获取多数投票权,而且在行使这些投票权时,他们将会结盟。可以通过达成具有法律约束力的协议来实现这一目标,再或者是实际上形成共同控制权。实现联合行使投票权这一目标,可以采取协议的方式,也可能因为少数股权股东通过结盟会获利颇丰。如果不存在这种共同利益,那么少数股权股东间不断变化的联盟将会排除这种共同控制权的假设。

---

〔54〕 正如《关于并购条例项下管辖权的合并通知》中所提到的那样,此处的否决权应当与通常情况下授予少数股权股东的否决权(为了保护其自身作为合资企业投资者的经济利益)不同。涉及讨论共同控制权概念的一些成员国原始判例包括:C 3037,Schemaventuno – Promodes/Gruppo GS,1998 年 6 月 18 日,Bull. No. 25/1998(意大利竞争当局),Mediobanca v. Italian Competition Authority,Administrative Tribunal of Lazio,2004 年 2 月 20 日,No. 1631(意大利竞争当局)。

〔55〕 SITA – RPC/SCORI(Case No. Iv/m. 295)[1993]OJ C88/06,para 73.

4.36 这种共同利益可以体现在，为了合资企业的战略目标，母公司与子公司之间形成了高度的相互依赖性。当多数股权股东对于少数股权股东具有高度的财务依赖性[56]或者是技术依赖性[57]时，这种情况就会出现。

(三)决定性影响

4.37 新版《欧盟并购条例》第3条第(2)款将控制权定义为对企业施加决定性影响的可能性。这种影响可以通过授予权利、签订合同或者是其他方式来实现。

可以分别或共同通过授予权利、制定合同或者是其他方式来形成控制权，并同时考虑案件所涉及的事实或者是法律，以授予企业行使决定性影响的可能，尤其是通过：

(a)可以使用一个企业全部或者部分资产的所有权或者是权利；

(b)对于一个企业组成部分的构成、投票权或者是决定可以施加决定性影响的权力或者是合同安排。

4.38 新版《欧盟并购条例》对于实际控制进行了定义，包括：一个企业在另外一个企业中的投票权可能低于50%但却享有控制权，而且与此同时，享有超过50%股权的股东却不一定享有控制权。

4.39 因此，控制权的一个先决条件就是存在"决定性影响"，而这一影响相对于成员国公司法给少数股权股东所提供的保护而言，影响更大；与此同时，相对于实际控制权而言，影响较小。获取"消极控制权"，即否决一个公司的商业决策重大决定的可能性，就足以构成控制权。

4.40 对于决定性影响的评估，尤其会关注影响(或者至少是消极控制)是否可以与以下一些决定共同行使：

- 对于目标企业管理层的任命；
- 采纳目标企业的财务、商业计划；
- 涉及目标企业的投资、技术选择，或者是产品发展。[58]

---

[56] KLM/Air UK(Case No. IV/M.967)[1997]OJ C372/10.

[57] Hutchison/RCPM/ECT(Case COMP/JV.55)[2001]OJ C39/04.

[58] 欧委会已经在一些情况下将"决定性影响要求"替换为"单一经济实体要求"。单一经济实体要求不同于决定性影响，可以很明显地体现在以下案例中：Andersen UK(目标公司)将要成为 Deloitte & Touche UK(收购方)的一部分，是因为，履行"并购协议"之后，Andersen UK 的某些部分决定不加入 Deloitte & Touche UK。详见 M. Broberg，"The concept of control in the Merger Control regulation"，[2004] 25(12) ECLR，741-51。

4.41 对于以上诸多因素中的一个形成影响，就可以对整个公司形成决定性影响。政府当局对于一个企业的影响，只有在超出了当局惯常行为范围的情况之下，才可能会被认定为掌握了控制权。

4.42 如果收购使得购买方获取了控制目标公司的能力，那么获取任何比重的利益可能都需要申报。如果少数股权（如否决权）被赋予了针对目标公司战略决定可以施加决定性影响的能力，就可以认为是控制权发生了变更。[59] 尤其是在集中度较高的市场上，在某些情况下竞争对手中的少数股权可能会被认为是协调竞争行为的途径或动机。

4.43 对于上市公司而言，如果收购方可以在年度股东大会上实际掌握多数投票权的话，也可以认为其掌握了控制权；因为并非所有具备投票权的股权都会参与到这类大会中，20%或30%的股权就足以形成多数股权，获取类似比例的股权就可以掌握控制权。针对股东在未来年度股东大会中可能的代表，欧委会倾向于参照往年股东大会上的股东代表。[60] 如果在公司股东大会上需要通过重要决定时，一个股东享有多数投票权的话，就可以认定这一少数股权股东对于公司享有控制权。通常情况下，前提条件是（这一少数股权——译者注）股东至少在三年中享有多数投票权。[61]

4.44 在 *McCormick/CPC/Rabobank/Ostmann* 案[62]中，McCormick、CPC 和 Rabobank 通过设立一个合资企业来接管 Ostmann。Rabobank 将获取 Ostmann 一部分非常有限的股权，并可针对该投资获得一致通过的回报。欧委会认为，仅凭 Rabobank 可以参与商业决策这一点，即可以在原则上认定其享有控制权。

---

〔59〕 C. Hatton and D. Cardwell, "Treatment of minority acquisitions under EU and international merger control", [2010] 31(11) ECLR, 436 - 8. 依据英国并购控制法可知，获取"重大影响"可能会构成需要申报的交易。

〔60〕 在 *Yara /Kemira Grow How*（Case COMP/M. 4730）[2007] OJ C245/05 案中，Yara 获取了目标公司 GrowHow30. 05% 的股权。考虑到以往三年股东大会中的低出席率，这种比例的股权可以实现对于 KemiraGrowHow 的控制。A. Weitbrecht, "Ryanair and more EU merger control in 2007", [2008] 29(6) ECLR, 341 - 8.

〔61〕 在 *Ford/ZF*（Case No. IV/M. 1368）[1998] OJ C 369/06 案中，可以对一个企业进行七年的评估，而且在 Thomson/Daimler - Benz（Case No. IV/M. 744）[1996] OJ C 179/03 案中，运用了四年的评估期限。欧委会也会考虑特定市场的独特之处（如一个公司决定持续运行至少五年，对于诸如食品或者是饮料这些成熟产业来说，可能会太短；然而，对于那些产品周期至少长达三到四年的新科技产业而言，又太长），尽管一般规则是合资企业应当在三年之内独立运行，而且绝对不会受到市场特征的影响。

〔62〕 McCormick/CPC/Rabobank/Ostmann（Case No. IV/M. 330）[1993] OJ C 256/03.

4.45 在 *BskyB* 案[63]中,BSkyB 获取了 ITV17.9% 的股权(但在董事会中却并没有代表),这导致 BSkyB 获得了 ITV 实际的控制权。尽管所占据的股权仅仅有 17.9%,但分析是根据股东大会在历史上的投票情况来评定的,以往经验表明,股东大会的出席率很低,这也就赋予了 BskyB 否决 ITV 涉及战略的特别决议的能力。英国上诉法院否决了 BskyB 的关于质疑企业和监管改革大臣所作出将 BskyB 在 ITV 中的股权从 17.9% 降至低于 7.5% 的决定。

4.46 2008 年,News Corporation 获取(德国电视付费频道)Premiere 25% 的股权,欧委会在分析该案时采取了与竞争委员会类似的处理方式。欧委会分析了股东大会的出席率以及投票情况,进而得出结论:News Corporation 实际上取得了 Premiere 的控制权。欧委会认为,根据 Premiere 年度股东大会的历史出席率可知,即便是 News Corporation 在 Premiere 最初仅仅享有 Premiere 24.2% 的股权,这仍然赋予了它在这些股东大会中享有多数投票权的能力,并因此获得了 Premiere 的有效控制权。需要注意的是,那些不需要向欧委会申报的获取少数股权的收购,有可能会依据《欧盟运行条约》(TFEU)第 101 条和第 102 条被审查。在 *Philip Morris* 案[64]中,股权协议规定了公司之间的商业

---

[63] British Sky Broadcasting Group Plcv(1)The Competition Commission(2)The Secretary of State for Business, Enterprise and Regulatory Reform supported by Virgin Media, Inc.; Virgin Media, Inc v. (1)The Competition Commission;(2)The Secretory of State for Business, Enterprise and Regulatory Reform supported by British Sky Broadcasting Group Plc[2008]CAT 25(the CAT judgment) and"British Sky Broadcasting Group Plc 获取了 ITV Plc17.9% 的股权"(Report sent to Secretary of State (BERR), 14 December 2007), http://www.competition - commission.org.uk/our - work/directory - of - all - inquiries/bskyb - itv, http://www.catribunal.org.uk/237 - 6549/1158 - 8 - 3 - 10 - British - Sky - Broadcasting - Limited.html,2013 年 9 月 13 日访问。

[64] Joined Cases 142 and 156/84 British American Tobacco Co. Ltd. and R. J. Reynolds Industries Inc. v. Commission of the European Communities[1987]ECR 04487 第 30 段。欧洲法院认为:"这些案件的主要问题在于获取竞争对手的少数股权是否、以及在什么样的情况下会构成对第 81 条的违反……"而且还认为:"尽管一个公司获取其竞争对手股权利益本身并不会构成限制竞争的行为,然而,这种收购却有可能会成为影响涉案公司商业行为的工具,以至于会影响或者是扭曲相关市场上的竞争。"欧洲法院得出结论,认为并不存在足够的推翻欧委会决定的依据。1984 年协议并没有赋予一个公司影响另外一公司行为的能力,而且也没要求交易各方在决定商业策略时应当将他方利益考虑在内。后续类似的例子包括 BT/MCI(Case IV/34.857)Commission Decision(94/579/EC)[1994]OJ L223/36 and Olivetti/Digital(Case IV/34.410)Commission Decision(94/771/EC)[1994]OJ L309/24 都是在新版《欧盟并购条例》通过之后所作的决定,表明,Philip Morris 适用那些在新版《政盟并购条例》范围之外的股权收购,因为它们不会赋予控制权。F. Caronna, "Article 81 as a tool for controlling minority cross shareholdings between competitors", [2004]29(4)EL Rev, 485 - 500.

合作，而在 *Warner - Lambert/Gillette* 案[65]中，欧委会得出结论，认为获取竞争对手的少数股权有可能会形成滥用市场支配地位，即便没有获取控制权。

4.47 在 *Ryanair/Aer Lingus* 案[66]中，Ryanair 获得了 Aer Lingus 19.16% 的股权；2006 年 10 月，针对 Aer Lingus 的所有股权，Ryanair 参与了公开招投标。[67] 2006 年 11 月 26 日，Ryanair 所持有的 Aer Lingus 的股权高达 25.17%；但是 2007 年 6 月 27 日，欧委会禁止了该项收购，Ryanair 则在普通法院中提起诉讼，并同时将其持股提升至 29.3%。Aer Lingus 请求欧委会命令 Ryanair 将其所持有的 Aer Lingus 所有股权分离出来，但是欧委会已经否决了这项收购，它没办法再迫使 Ryanair 将少数股权分离开来，因为这一少数股权并不会使得 Ryanair 获取 Aer Lingus 法律或实际上的控制权。

4.48 Aer Lingus 提起上诉，普通法院注意到 Ryanair 并未证实其反对欧委会决定的抗辩。针对欧委会并未要求 Ryanair 分离股权的决定，普通法院认为一项并不能使一个企业可以对另外一个企业行为施加决定性影响的交易并不构成集中。[68]

4.49 在 *Aer Lingus* 案[69]中，Aer Lingus 针对欧委会决定所提出的上诉中的关键点在于"部分实施"或者是实施可以共同构成一个集中的一系列因素中的任意一项，是否会构成这种"集中"的实施，并引发欧委会第 8 条第(4)款和第(5)款项下的权力。普通法院着眼于对"实施"进行字面解释，并且提到英文中还存在一些不确定性。普通法院指出，根据新版《欧盟并购条例》第 8 条第(4)款和第(5)款可知，欧委会可以"分解一项集中"，而且这一表述，从表面上来看，暗指已经构成集中，并据此获得控制权。

---

〔65〕 Warner Lambert/Gillette and others and BIC/Gillette and others (Case IV/33/440) and (IV/33/486) Commission Decision (93/252/EEC) [1993] OJ L116/21 - 32.

〔66〕 Ryanair/Aer Lingus (Case COMP/M.4439) [2006] OJ C274/10.

〔67〕 欧委会否决了该项交易，认为 Ryanair 和 Aer Lingus 在决定价格以及竞争行为的其他因素方面，都在相互之间形成了竞争压力。

〔68〕 Case T - 342/07 Ryanair Holdings plc v. Commission [2010] ECR II - 03457; Case T - 411/07 Aer Lingus Group plc v. Commission [2010] ECR II - 03691. Aer Lingus 申请临时性保障措施，以制止 Ryanair 行使投票权，但被普通法院拒绝，因为申请者并未证明其已经具备表面证据，而且也未证明，为了防止出现严重的、不可避免的后果，这一紧急措施是非常紧迫的。详见 Case T - 411/07 R Aer Lingus Group plc v. Commission [2008] ECR II - 00411。也可参见 L. Nouvel, "Mergers: the General Court refuses to grant Aer Lingus the freezing of voting rights acquired by Ryanair", [2008] 4IBLJ, 534 - 6。

〔69〕 Case T - 411/07 R Aer Lingus Group plc v. Commission [2008] 5 CMLR 7.

4.50 普通法院认为,当收购者获取目标公司全部控制权时,欧委会有权要求其完全剥离所获取股权。[70] 他还指出,如果 Tetra Laval[71] 或者是 Schneider[72] 在欧委会作出否定性决定时仅获得了少数股权,那么欧委会在这些情况之下就无权要求分离这类少数股权。[73]

4.51 2008 年 2 月 27 日,在德国发生的一个类似案例中,德国联邦卡特尔局否决了 A – TEC(Norddeutsche Affinerie 在奥地利市场上的竞争对手)收购 Norddeutsche Affinerie13.75% 股权,并要求 A – TEC 分离其在 Norddeutsche Affinerie 中所占据的所有股权,[74] 因为申报的交易会带来支配地位。联邦卡特尔局同时也否决了 A – TEC 任命 NA 三名监事会成员的议案。

4.52 联邦卡特尔局会参考股权比例,以及其他因素是否授予少数股权股东否决议案的能力。该局发现,在过去的几年中,仅 33% ~37% 有表决权的资本才会出席 Norddeutsche Affinerie 的年度股东大会。这样一来,A – TEC 所占据的股权实际上在股东大会上给它自身带来了多于 25% 的投票权。该局还指出,目前为止 A – TEC 是 Norddeutsche Affinerie 最大的股东,而且 A – TEC 可以任命 Norddeutsche Affinerie 监事会三名成员这一事实,也可以增强 A – TEC对于 Norddeutsche Affinerie 的控制权。

4.53 正如《关于并购条例项下管辖权的合并通知》所强调的那样,集中可能会依

---

〔70〕 如果欧委会作出分离的决定,那么 Ryanair 仍然可以获取这些股权而不需要得到欧委会的肯定性决定,因为它将仍然会维持在获取控制权的门槛标准以下。

〔71〕 Tetra Laval/Sidel (Case No. COMP/M. 2416) Commission Decision (2004/124/EC) [2004] OJ L043/0013.

〔72〕 Schneider/Legrand(Case COMP/M. 2283)[2001] OJ C71/12.

〔73〕 H. Leupold and J. Haans, "Minority shareholdings and merger control after Ryanair/Aer Lingus 'no worries, mate?' ", [2008]29(11)ECLR, 624 – 31.

〔74〕 2008 年 2 月 27 日联邦卡特尔局决定(B527442Fa198/07 ATEC/NorddeutscheAffinerie)。可参见德国联邦卡特尔局的网站:http://bundeskartellamt.de,2013 年 9 月 14 日访问。

据法律或者是事实发生,[75]可能表现为单独控制或者共同控制的形式,而且可以扩展至一个或者是多个企业的全部或者是部分。[76] 可能以所获得的资产或者是股权为基础来认定控制权,再或者是以协议为基础,而且该协议的实施应当是有效的。[77] 即便是并非出自交易方本意也可能会获得控制权;再或者是收购方仅扮演了消极的角色,也就是第三方行为导致其获取控制权。

4.54 控制权通常由自然人或者是企业获得,他们享有或者是有权获取相关协议所授予的控制权[第3条第(3)款第(a)项]。《关于并购条例项下管辖权的合并通知》将控制权利益的正式享有者以及真正享有这些利益产生的权利的自然人或企业这两种情形作了区分。

4.55 一个由一个团体之中不同的企业持有的达到控制程度的股权,通常归属于那些对不同权益所有者享有控制权的企业。在其他情况下,需要证明这种间接控制的证据可能会包括持股情况、合同关系、融资来源或者是家族联系等因素。[78]

---

〔75〕 正如一个可供参考的场景所示:经济依赖性可能会导致形成实际控制权,例如,供应商或者是消费者所提供的非常重要的长期供应合同或信用关系,再加上结构性的关联,会带来决定性控制权。欧委会会仔细分析这类经济联系,并结合其他关联,看是否足以带来持续性的控制权变更。Coca-Cola/Amalgamated Beverages GB(Case No. IV/M.794)Commission Decision(97/540/EC)[1997] OJ L 218/0015;Case ECSC. 1031 US/Sollac/Bamesa[1992];Nordic Capital/Transpool(Case No. IV/M.625)[1995]OJ C199/06;如需考量因素,还可参见 Lockheed Martin Corporation/Loral Corporation(Case No. IV/M.697)[1996]OJ C33/07,CCIE/GTE(Case No. IV/M.258)[1992]OJ C 265/0000,在这些案件中,因为所涉及的商业合同仅是暂时性的,所以欧委会并不认为获取了控制权。详见《关于并购条例项下管辖权的合并通知》第22段。还可参见成员国判例法:Mediobanca v. Italian Competition Authority,Administrative Tribunal of Lazio,2004年2月20日,No. 1631(意大利竞争当局),Case C812B Emilcarta/Agrifood Machinery,2004年7月29日,Bull. No. 31/2004,Administrative Tribunal of Lazio Tetra Pak International SA v. Italian Competition Authority,2005年5月10日,No. 3572(意大利竞争当局)。

〔76〕 Commission Consolidated Jurisdictional Notice under Council. Regulation (EC) 139/2004 on the control of concentrations between undertakings [2008] OJ C 95/01 para 16.

〔77〕 不形成控制权变更的合同包括特许经营合同,这类合同仅仅是纯商业性质的,因为相关资产将会在未来被回购。

〔78〕 普通法院认为,商业公司所享有的控制权可以归属于他们的专有股东,他们的多数权股东,或者是那些对于该公司享有共同控制权的母公司,因为这些公司会遵守这些股东所做出的任何决定。Case T-282/02 Cementbouw Handel & Industie BV v. Commission[2006]ECR II-00319;也可参见《关于并购条例项下管辖权的合并通知》第13段。集中可能产生于直接与间接控制权的结合,例如:M.421 Medeol/Elosua. H. Anttilainen-Mochnacz, "Two step transaction structures in the context of the EC Merger Regulation: to have or to hold?", [2008] 29(4) ECLR, 238-44。

4.56 《关于并购条例项下管辖权的合并通知》还提到了在以下情况中可能会产生的问题:通过投资基金获取控制权,而且公司形式的属性较为特殊,并在基金内部形成控制。欧委会将会逐案分析涉及投资基金的交易。[79]

4.57 第3条第(1)款第(b)项规定,控制的目标可以是作为法律实体的一个、多个企业,或企业的一部分,或这些企业资产的全部或部分。获得(有形或者是无形的)资产控制权,只有在该资产是一个企业的全部资产或部分资产时,才能够被认为是集中;也就是说,业务在市场上需存续,同时其市场营业额能够明确区分。

(四)外包

4.58 如果公司经营活动存在外包(如IT服务类)的情况,即便是外包服务的提供者有权管理其客户的资产和雇员,如果受控资产和雇员仅仅专门适用于这一外包服务的话,就不认为是产生了集中。外包合同与服务合同类似,市场结构并不存在持续性变更。

4.59 外包的形式多种多样,取决于客户的选择及其决定外包的程度。可以区分以下四种不同的外包:简单外包和组合外包,以及转移外包和合资企业外包。简单外包的例子并不包括任何资产或者雇员向外包服务提供者的转移。

4.60 简单外包并不包括任何控制权的变更。在简单外包中,服务提供者依据客户命令行事,而且并未获取客户企业的任何股权、投票权以及其他影响客户商业策略的权力。就像发生在一个公司团体内部的结构重组并不构成集中一样,组合外包(这种类型的交易发生在一个公司集团决定在本集团内部设立一个特定企业时)并不构成集中,因为在这种情况下,控制权并未发生变更。

4.61 如果资产和雇员将被专属地适用于客户服务的话,欧委会就会排除简单外包的可能。如果外包服务提供者,除了接管特定的先前由团体内部自行提供的经营,还接管了关联资产和/或人员的话,那么结果就又有不同。如果资产构成一个企业的全部或者是部分的话,交易就会构成集中,只要那些事先被运用于卖方企业内部经营的资产将会使得外包服务提供者除了外包客户以外,

---

[79] 详见 Commission Consolidated Jurisdictional Notice under Council. Regulation (EC) 139/2004 on the control of concentrations between undertakings [2008] OJ C 95/01 para 15。涉及计算有关企业营业额时,也会遇到类似问题。

仍然可以为第三方提供服务。[80]

4.62 转移外包指的是顾客决定将其部分业务职能转包出去,并且同时将相关资产和/或人员转移给服务提供者。这种转移可以被认定为获取控制权。正如 Dubois 所提到的那样,根据欧委会的观点,一个包含有转移已经在向第三方提供服务的商业团体或者是分支机构的交易构成集中,因为该商业行为是具备可操作性的,从而提供了立即进入市场的可能性,因此导致了市场结构的持续性变更。[81] 欧委会在《关于并购条例项下管辖权的合并通知》[82]中指出,如果第三方尚未接收到供应,在大规模生产的大背景下所转移的资产应当包括特定生产设备,产品专有技术(如果所转移的资产允许在不久的将来培养出这种能力的话,也应被认定为足矣),同时,如果现阶段无法实现市场进入的话,应当授予购买者在短时期之内进入市场的能力。

4.63 欧委会还认为,集中只有在以下情况才会发生:被转移至服务提供者的资产是一个企业的全部资产或部分资产,因为在这种案例中,外包提供者也可以为第三方提供服务。因此所转移的财产必须要使得其获得者能够在一个给定的时间段之内给第三方提供服务,而这段时间应当与合资企业的设立时间段相类似。在 *AT & T/IBM* 案[83]中,AT&T 享有 IBM 的全球网络系统,而且双方之间已经存在外包协议。根据双方之间新签订的外包协议可知,双方承认 AT& T 获得 IBM 的雇员以及资产,目标在于向 IBM 以及第三方提供服务。因此认为,新协议构成经营者集中。

4.64 根据判例法可知,如果要使得外包协议符合新版《欧盟并购条例》项下的持续性控制权变更的话,最短应当满足 8 年的期限。在 *DaimlerChrysler/Deutsche Telekom/JV* 案[84]中,12 年才被认定为满足期限条件;在 *Deutsche Bahn/ECT International/United Depots/JV* 案[85]中,8 年就足够;而在 *Lehman*

[80] Commission Consolidated Jurisdictional Notice under Council. Regulation (EC) 139/2004 on the control of concentrations between undertakings [2008] OJ C 95/01 para 26.

[81] S. Dubois,"e approach adopted by the Commission regarding outsourcing transactions and whether they constitute concentrations for the purpose of Regulation 139/2004", [2010] 31(12) ECLR, 491 -7.

[82] Commission Consolidated Jurisdictional Notice under Council. Regulation (EC) 139/2004 on the control of concentrations between undertakings [2008] OJ C 95/01 para 26.

[83] AT&T/IBM(Case COMP/M. 4981)[2007] OJ C278/06.

[84] DaimlerChrysler/Deutsche Telekom/JV(Case COMP/M. 2903) Commission Decision(2003/729/EC) [2003] OJ L300/0073.

[85] Deutsche Bahn/ECT International/United Depots/JV(Case COMP/M. 2632)[2002] OJ C81/18.

Brothers/Starwood/Le Meridien 案[86]中，欧委会认为至少需要 10～15 年的时间才够，并且否决了 3 年的期限。

四、单一集中的概念

4.65 如果一系列分散的交易在本质上是"统一"的话，那么就可以将其认定为一项集中。为了确定统一性，就需要针对每一个案例逐一进行分析，以确定这些交易相互之间是否存在依赖性，也就是说，一个交易不能独立于另外一个交易而存在。[87] 这种相互依赖性可以是法律上的，也可是实际存在的（在这种情况下，各交易需要同时进行）。如果是由相同企业获取控制权的话，这一系列的交易就可以被认定为一项集中。

4.66 欧委会在其《关于并购条例项下管辖权的合并通知》中讨论了对于一个单一业务的收购问题，在这类案件中，相同的买方通过几个不同但以相互完成为条件的合法交易，获得了对另外一个业务的控制权，[88]并且讨论了一些将一系列对于控制权的收购认定为一项集中的情形。[89] 通知还讨论了将一系列对于单独/共同控制权的获取认定为一项集中的情形，其中就包括了：一个企业首先同意获取目标公司的单独控制权，并意在直接将目标公司的部分转卖给另外一个企业，以实现共同控制的目的。[90]

4.67 如果交易涉及对于一个或者是多个企业不同部分的收购，对于卖方而言，只有那些被认定为交易主体的部分才应当考虑在内。根据《关于并购条例项下管辖权的合并通知》可知，[91]交易对市场可能产生的影响仅仅取决于交易主

---

[86] Lehman Bros/SCG/Starwood/Le Meridien (Case COMP/M. 3858) [2005] OJ C154/04.

[87] 普通法院在 Case T－282/02 CementbouwHanderl&Industrie BV v. Commission [2006] ECR II－00319 第 104－9 段中确认了这一点。

[88] Gencor/Shell (Case COMP/M. 470) [1994] OJ C271/04; Total/Gaz de France (Case COMP/M. 3410) [2004] OJ C215/08; L'Oreal/Procasa/CosmetiqueIberica/Albesa (Case No. IV/M. 957) [1997] OJ C374/03; Textron/Kautex (Case No. IV/M. 861) [1997] OJ C110/08.

[89] EQT/H&R/Dragoco (Case COMP/M. 2926) [2003] OJ C80/10; Ernst&Young/Andersen Germany (Case COMP/M. 2824) [2002] OJ C181/06; Kingfisher/Wegert/ProMarket (Case No. IV/M. 1188) [1998] OJ C159/03; Haniel/Cementbouw/JV (CVK) (Case COMP/M. 2650) Commission Decision (2003/754/EC) [2003] OJ L282/1.

[90] Mitsui/CVRD/Caemi (Case COMP/M. 2420) [2001] OJ C167/02.

[91] Commission Consolidated Jurisdictional Notice under Council Regulation (EC) 139/2004 onthe control of concentrations between undertakings [2008] OJ C 95/01 para 136.

体经济、财务资源的结合。正如通知所述,交易相关方为收购方以及目标企业被收购的部分,但是卖方剩下的业务应当忽略掉。

4.68 一项集中也可能发生于以下情形:通过一系列证券交易,从一个或者是多个卖方处,在合理的较短时间之内获得另外一个企业的控制权。相同自然人或企业在两年之间的一系列交易(每个交易都会使得购买方获取控制权)应当被认定为一个集中,不管交易涉及相同企业的多个部分还是整个行业。[92]

4.69 欧委会在其《关于并购条例项下管辖权的合并通知》中列举了一系列场景:几宗交易连续进行,而其中第一笔交易仅是暂时的。关键在于评估这一系列交易是否会给市场带来持续性变更。[93]

4.70 类似地,如果一个交易由于没有满足营业额门槛要求,则其本身并不具备欧共体范围的影响力,但却有可能构成应当受新版《欧盟并购条例》管辖的由一系列交易构成的一项集中的一部分。新版《欧盟并购条例》前言第20段规定,如果一系列交易基于某些条件相互紧密关联,或是在较短合理期限之内,以证券交易市场上一系列交易的形式存在,[94]那么将其认定为一项集中比较合适。[95]

(一)集中模式和分拆模式

4.71 公司可能会通过采取不同的两步交易结构来尝试并平衡公司的商业需求和并购控制规则的要求。《关于并购条例项下管辖权的合并通知》第30～33段列举了"集中模式"(pooling)和"分拆模式"(spinning)两种情形。一些企业聚集在一起的目的,就是通过协议收购另外一个公司,一旦交易完成,就立刻根据先前达成的协议将所获得的资产分为几个不同部分("集中

---

〔92〕 欧委会已经在第51段将这一论述进行确认。还可参见E. ON/FortunBurghausen/Smaland/Endenderry(Case COMP/M. 3173)[2003]OJ C114/03。

〔93〕 Commission Consolidated Jurisdictional Notice under Council Regulation (EC) 139/2004 on the control of concentrations between undertakings [2008] OJ C 95/01 para 23.

〔94〕 这一原则将会强化第5条第(2)款第(2)项中所提及的假设,防止出现人为地将一个集中分割为几项交易以规避立法的行为。L. Nouvel, "EC merger control: the launch of a decisive reform", [2003]3 IBLJ,318－29。在Ryanair/Aer Lingus(Case COMP/M. 4439)[2006]OJ C274/10案中,欧委会认为,Ryanair后续所采取的一系列意在获取其竞争对手Aer Lingus控制权的措施(获取大宗股权,并对剩下的股权进行公开招投标)应当构成一项集中。

〔95〕 将收购股权的一系列交易认定为一项集中的原因在于:依据《欧盟并购条例》第21条第(3)款可知,对于一系列不会获取控制权的收购少数股权的交易而言,只要《欧盟并购条例》的营业额门槛满足的话,就不应当由成员国竞争当局来管辖。详见Leupold和Haans(n 73)。

模式”下,由收购方对被收购公司进行分割;“分拆模式”下,被收购方将自身资产拆分给不同的第三方)。在这种情形之下,第一步,由一个或者是多个企业对于目标公司进行收购;第二步,在不同企业之间进行分割被收购的资产。

4.72 在这种情形中,《关于并购条例项下管辖权的合并通知》明确了:第一步交易(也就是说,一个或者是多个公司一起以分割资产为目的收购目标公司)如果符合以下两项要求,就不应当被认为是集中:首先,收购各方应当以具备法律效力的方式对于后续的分割达成一致意见;其次,在第二步中,确定无疑地将在第一步骤完成之后较短的合理期限之内分割被收购资产(最长期限应为1年)。如果这些条件无法满足的话,第一项交易就应当被认为是集中,而交易如果需要继续进行的话就需要申报,并获得准许。只有在一项具备持续性的交易在获得准许之前就被执行,才会违反新版《欧盟并购条例》第7条中止条文的规定。如果仅是正在进行的交易尚未获得准许,并不意味着具备持续性的交易已经进入了早期的履行阶段。

(二)仓储和停靠

4.73 欧委会在其《关于并购条例项下管辖权的合并通知》中还处理了“仓储”(warehousing)和“停靠”(parking)的问题,[96] 在这类案件中,一个企业暂归临时买方(如银行)管理是基于将该企业继续卖给最终买方的协议。通常情况下,临时买方以最终买方的名义获得股权,而这个最终买方承担了主要的经济风险,而且享受特定权益。在这种情况之下,第一宗交易进行的目的就是帮助实现第二宗交易,而且临时买方是直接与最终买方相关联的。与上文所提到的“集中模式”的不同之处在于,在此种情况下,目标企业并未发生改变,交易的进行主要由最终买方来引导。如果没有第二宗交易的支持,第一宗交易永远不可能单独进行。在这种情况下,欧委会会将临时买方所获得的控制权认定为最终买方获得持续性控制权的第一步。这也就意味着,欧委会会将临时买方所进行的交易认定为违反了新版《欧盟并购条例》第7条规定的中止执行义务。

4.74 有人认为,即便是临时买方非常明确地被认定为仅仅扮演“仓储”或“停靠”的角色,其也应当适用与“集中模式”或者是“分拆模式”情形下相同的规则。

---

〔96〕 Commission Consolidated Jurisdictional Notice under Council. Regulation (EC) 139/2004 on the control of concentrations between undertakings [2008] OJ C 95/01 para 35.

在“集中模式”和“分拆模式”中，如果没有第二宗交易，第一宗交易是不会发生的。即使可以区分这两种不同情形，关键问题也在于如果第一宗交易本质上具备临时性的话，那么就不会构成集中，即便是尚未申报并获得准许，也可以被实施。[97]

4.75 在《关于并购条例项下管辖权的合并通知》实施之前的 *Vivendi/Lagardère* 案[98]中，欧委会已经明确接受“仓储”这种类型的处理方式，尽管《关于并购条例项下管辖权的合并通知》不认可其效力。在 *Universal/BMG Music Publishing* 案[99]中，Vivendi 已经试图适用类似于 *Vivendi/Lagardère* 案中的“仓储”型结构，但是欧委会已经表明，其将不会认可将“仓储”技术适用于以下一种情形，即卖方要求支付对价并在特定日期转移股权，无论交易是否已经被欧委会通过。

4.76 在 *Fortune Brands/Pernod Ricard/Allied Domecq* 案[100]中，Pernod Ricard 宣布其将以公开投标的方式获得 Allied Domecq 的单独控制权，并将 Allied Domecq 的部分品牌和资产继续出售给 Fortune Brands。Allied Domecq 的品牌继续被出售给 Fortune Brands 的前提是 Pernod Ricard 成功中标 Allied Domecq。Pernod Ricard 收购 Allied Domecq 需要欧委会通过。这一场景与 *Vivendi/Lagardère* 案中的“仓储”场景不同，反而更类似于“集中模式”的场景。这样一来，Pernod Ricard 和 Fortune Brands 一起通过具备法律效力的协议收购 Allied Domecq，并继而对于 Allied Domecq 的资产进行分割。

4.77 在 *Ineos/Innovene* 案[101]和 *Ineos/BP Dormagen* 案[102]中，Inoeos Group Ltd 同意从 British Petroleum Group 处收购 Innovene Inc.，其因此获得的独占性业务包括 Innovene 位于德国科隆/多马根的工厂，以及有关环氧乙烷和乙二醇的生产与销售。多马根的 EO/EG 业务将由 Innovene 转移给 BP 的另外一个子

---

〔97〕 Anttilainen – Mochnacz (n 78).

〔98〕 Lagardère/Natexi/VUP(Case No. COMP/M. 2978) Commission Decision(2004/422/EC) [2004] OJ L125/0054.

〔99〕 Universal/BMG Music Publishing(Case COMP/M. 4404) [2006] OJ C276/02.

〔100〕 Pernod Ricard/Allied Domecq(Case COMP/M. 3779) [2005] OJ C114/05; Fortune Brands/Allied Domecq(Case COMP/M. 3818) [2005] OJ C114/06.

〔101〕 Ineos/BP(Innovene) (Case COMP/M. 4005) [2005] OJ C282/06.

〔102〕 Ineos/BP Dormagen(Case COMP/M. 4094) [2005] OJ C25/03.

公司。[103]

(三)期权

4.78 未来可能会获得的控制权——例如通过行使期权——并不足以形成控制权。新版《欧盟并购条例》第3条第(3)款规定:

以下自然人或者是企业会获得控制权:

(a)根据有关合同成为权利享有者或者是可以行使权利;或

(b)虽然根据该类合同,并非权利享有者,也不能行使权利,但有权行使因此产生的权利。

4.79 除此之外,欧委会在《关于并购条例项下管辖权的合并通知》中还提到:

一个买入或者是转化为股权的期权本身并不能形成单独控制权,除非根据具备法律效力的协议可知,该期权将在不久的将来实施。然而,在非常特殊的情况下,一项期权与其他因素一起,可能得出事实上单独控制的结论。[104]

4.80 在*Ford/Hertz*案[105]中,Ford是Hertz最大的单一股东(49%),而且对Hertz享有否决权。除此之外,Ford已经和其他所有股东之间签订了协议,以授予Ford任命Hertz绝大多数董事的权利。即便是Ford并未行使这些期权,欧委会认为这类期权,再加上Ford在Hertz中所享有的其他权利,意味着Ford对于Hertz享有单独控制权。在*Mannesmann/Vallourec*案[106]中,Mannesmann获得了Vallourec21%的股权。欧委会认为,这21%的股权,无论如何都会使Mannesmann获得单独控制权。

4.81 股东协议可能因时效过短而无法构成一项集中。在*BS/BT*案[107]中,Banco

[103] 欧委会认为,Ineos和BP之间针对多马根的EO/EG业务将要达成的期权买卖协议,以及运营维修协议、供应协议,并不会使得Ineos获取多马根EO/EG业务的联合或者单独控制权。欧委会在其决定中明确提到:如果期权买卖协议被实施的话,那么欧委会将会审查这项交易。但问题在于,并不存在可以行使这些期权的具备法律效力的协议,而且也没证据证明交易各方具备行使这一期权的意图,欧委会就不能认为期权会带来控制权的变更。详见Anttilainen-Mochnacz,(n 78)。

[104] 详见60 in the Consolidated Jurisdictional Notice第60段。也可参见*Nomura/Blueslate*(Case No. IV/M.1037)[1997]OJ C326/04第7段;*KLM/Air UK*(Case No. IV/M.967)[1997]OJ C372/10第12、14和17段;*Banco Santander/Central Hispanico/AKB*(Case COMP/M.2578)[2001]OJ C339/10第5和6段;*BP/E. ON*(Case COMP/M.2533)[2001]OJ C222/06第10段;Case T-2/93 *Air France v. Commission*[1994]ECR II-323;*Ford/Hertz*(Case No. IV/M.397)[1994]OJ C121/03。

[105] *Ford/Hertz*(Case No. IV/M.397)[1994] OJ C121/03.

[106] *Mannesmann/Vallourec*(Case No. IV/M.906)[1997]OJ C238/05.

[107] *BS/BT*(Case No. IV/M.425)[1994] OJC 134/03.

Santander 和 British Telecom 共同设立了一个合资企业,并一致同意由 Banco Santander 对于该合资企业在其十年存续期间的前三年中享有决定性影响,但这并不足以认定 Banco Santander 享有控制权。[108]

五、合 资 企 业

4.82 合资企业(JV)通常被定义为,两家或多家企业为了共同进行超出其各自能力范围的特定经济活动所作的商业安排。合资企业可以通过正式或者是非正式的方式设立,设立合资企业可以提高效率,实现规模经济,从而使企业可以进入原本很难进入的市场。合资企业可以表现为类似兼并的交易,也可以仅仅表现为研发、生产和分销合作协议。[109]

4.83 一个合资企业可能会展现出一项集中的所有特征。两个或多个企业可能会将其在某个特定领域之内的经营活动都转移到合资企业中来,并从此永久地退出相关市场。合资企业可以表现为各种形式,包括合资子公司、合伙,或仅仅是可以决定资源(分配——译者注)计划、定价、制定策略或研发议案的联合委员会。[110]

4.84 如果交易各方通过另外设立一个企业并对此进行共同控制,但同时各自又相互独立,因为交易各方并不会对另外一方的业务获得任何控制权,则该项交易就不会构成集中。然而,如果成立合资企业的交易各方将其资产或者权益

〔108〕 Anttilainen – Mochnacz(n 78)。Anttilainen – Mochnacz 同时还指出,控制权有时候可能是在无意之间获取的,非常典型的就是产生于第三方行为。在 *Avesta*(*II*)(Case No. IV/M. 452)[1994]OJ C179/04 案中,Avesta 的四个主要股东之间达成股东协议。根据该协议可知,涉及 Avesta 的重大决定,需要获取四个股东中两个最大股东的事先书面同意,而且还需要获取另外两个小股东中至少一方的同意。当两个小股东之一出售其在 Avesta 中的股权时,这一协议规定并不因此发生改变。结果就是,针对所有的重大决定,不仅需要两大股东,还需要另外两个小股东中的一名的事先书面同意。在出售股权之前,只有两个股东享有否决权;但是股权售出之后,三个公司都享有否决权。换句话来说,剩下的小股东已经获得了 Avesta 的共同控制权。

〔109〕 针对其运营,合资企业可能会面临一些问题,因为合资企业需要所有母公司都有所投入。合资企业可能会需要企业之间的密切合作,这就会使得各方所采取工作模式的不同彰显出来,进而会引发管理层之内的问题,并使得运营合资企业变得冗余而代价高昂。

〔110〕 T. Xiong and J. Kirkbide,"e European control of joint ventures: an historic opportunity or a mere continuation of existing practice?",[1998]23(1)EL Rev,3749。可能会设立起来一个特殊目的公司,当其在获取母公司的特定分支机构或者是业务时,母公司就会停止运营。这样一来,母公司就将其分支机构或者是业务合并到另外一个企业中去了。

转移至一个新设的企业之中(例如,将其各自的分销业务转移至合资企业之中)的话,那么母公司所转移的资产,将会构成合资企业(作为一个独立的实体)对母公司这一业务的全部或部分控制权的收购。

4.85 通常来讲,合资企业可以通过更加充分地利用经合并或者是取代不同实力或资源所获取的现有资产,来提升效率。除此之外,合资企业可以整合互补技术或商业秘密,避免机会主义或搭便车行为,而且还可以采取一种风险分担的行为模式(业务也可以分担其所涉及的任何商业风险,这取决于商业性质)。设立合资企业的其他原因还包括分享资源,扩大各自业务的消费者基础,为进入新的相关地域市场以及新的技术市场提供可能。一个合资企业可以是为促进竞争而实现协调作用的工具,但其也可能会减弱甚至是消除母公司之间本应该存在的竞争。问题在于合资企业的母公司之间并不会就其各自的股权利益进行竞争。合资企业也可能被当作是掩饰卡特尔协议的工具(例如,通过设立起一个联合销售代理处来以相同的价格出售母公司的产品)。

4.86 在第 4064/89 号条例通过之前,欧委会针对合资企业采取了一种格式化的处理方式。欧委会对"集中型"合资企业和"合作型"合资企业进行区分。集中型合资企业会对相关企业结构带来持续性影响。合作型合资企业的设立是为了实现特定目的;例如,研发或者是分销。欧委会认为,集中型合资企业并不适用《欧盟运行条约》第 101 条,并通过适用"部分并购"规则来将集中型合资企业排除在《欧盟运行条约》第 101 条的适用范围之外。然而,这种部分并购仅在例外的情形下才会出现。大部分的合资企业都是合作型的,而且应当适用《欧盟运行条约》第 101 条。[111]

4.87 为了仔细进行区分,"集中型"合资企业会持久地运行一个全能型独立经济实体的所有功能,而并不会导致母公司之间的协调行为,也不会形成母公司与合资企业之间的协调行为。简言之,合资企业在相关产品和相关地域市场上享有独立经济实体的所有特征。这类就是新版《欧盟并购条例》所规制的合资企业。与之相对应的,针对"合作型"合资企业而言,其目标或者效果在于实现相互之间仍然保持独立性的企业间竞争行为的一致性。应当依据《欧

---

〔111〕 G. Zonnekeyn,"e treatment of joint ventures under the amended E. C. Merger Regulation", [1998] 19(7) ECLR, 414 - 21.

盟运行条约》第101条评估这类合资企业。[112] 欧委会接受了这种模棱两可的区别,其以正式的卡特尔/集中之间的区分作为基础,通过对于相同的经济交易适用两套不同的规则和程序,关注对于经济事实(这一经济事实表明了相对于合作型合资企业,欧委会更偏向于集中型合资企业的意愿)的法律界定。集中型合资企业应当依据欧盟并购条例评估,在这种情况下,审查时限较短,而且就最后的决定而言,具备一定的法律确定性。对于合作型合资企业而言,应当依据《欧盟运行条约》第101条进行评估,该评估过程就冗长得多。[113]

4.88 就这一点,《欧盟并购条例》第2条第(4)款规定:

如果根据第3条,合资企业的设立构成一项集中,并且其目标或者是效果在于协调相互独立的企业间竞争行为的话,那么这样的协调行为应当依据条约第81条第(1)(3)款的相关因素进行评估,旨在确定这一交易是否与共同市场相符。

4.89 通常情况下,如果出现以下情形的话,欧委会就不认为合资企业是全能型的:合资企业仅向其母公司提供服务,其依赖于母公司的生产性投入,或相对于主要向母公司提供服务而言,合资企业向第三方提供服务只是附带的。全能型合资企业应当具备专门的管理团队,并能获得充足的资源,包括财务类、人员类资源,有形/无形资产,以及雇员。[114] 如果一个合资企业只是接管了母公司业务的特定部分,而无法自己独立进入市场或是在市场上立足的话,就不能被认定为全能型。

4.90 任何合资企业,无论是以"绿地投资"(greenfield operation)的形式创立,还是由母公司通过资产投入创造出来的,只要满足全能型的要求,都会构成一项集中。合资企业可以自主运行便足矣。[115] 欧委会曾强调过合资企业的双重

---

[112] P. Alexiadis, "e EC Commission's new substantive and procedural criteria for the evaluation of cooperative joint ventures: much ado about nothing, or a change for the better?", [1993] 4(7) ICCLR, 264 - 70.

[113] L. Nouvel, "e new European treatment of joint ventures: a shift towards a more economic approach", [2002] 5 IBLJ, 511 - 56.

[114] 在企业起步阶段,可以使用来自于第三方的员工,以及从母公司临时借调来的员工,但为了满足全能型这一要求,一个合资企业应当选择其独立的工作人员。

[115] 详见 Consolidated Jurisdictional Notice。需要满足独立经济实体的要求非常复杂,与持续性基础的要求相对应的,并非总是在交易各方的掌控之中的。独立性特征必须要包括法律以及事实上的依赖性,因此潜在地就会与交易各方的意图相冲突,或者在实际中就会无法实现。

属性。

关于一个合资企业的设立是构成某种类型的限制竞争行为，还是形成一项并购这一问题，应当根据案件的特定情况，逐例分析。合资企业可能会构成某种类型的限制性行为，也可能会构成兼并。[116]

4.91 因此，母公司可以创设出一个全能型合资企业，并同意完全退出市场。因为并不存在协调行为的风险，因而就应当依据《欧盟并购条例》来评估一个合资企业。母公司也可以设立一个全能型合资企业，但与此同时仍然在市场上从事重要经营活动。由于存在协调行为的风险，那么欧委会就会依据《欧盟运行条约》第 101 条第(1)、(3)款来考察协调性行为方面的因素。在进行此类评估时，欧委会应当考虑合资企业所在市场上，或是上下游市场，再或者是关联市场上母公司的存在情况，以及相关企业消除有关产品或服务重要部分竞争的可能。

4.92 如果母公司在合资企业所活跃的市场上，或在相关联的市场、上游市场（合资企业是其主要客户）或下游市场（合资企业是其主要供应商，而且母公司会额外加入一些附加值）上仍然有经营活动的话，那么就有协调的可能。根据《欧盟并购条例》第 2 条第(5)款可知：

在进行此类评估时，欧委会尤其应当考虑以下因素：两个或者是多个母公司是否在与合资企业相同的市场上，或者是合资企业所在市场的上游、下游，再或者是紧密相关联的市场上，仍然进行大范围的经营活动；通过创设合资企业直接带来的协调一致行为是否赋予了相关企业减损大部分有关产品或者是服务竞争的可能。

4.93 就所有的母公司退出合资企业所在的市场而言，欧委会已经在一些案例中（如 *Thomson/Pilkington* 案[117]、*Del Monte/Royal Food/Anglo American* 案）[118]表明，通常来讲，如果母公司在合资企业所在的市场上存在度较低的

---

[116] "Sixth Report on Competition Policy"（Brussels, Luxembourg, April 1977）, point 53.

[117] *The Thomson/Pilkington*（Case No. IV/M. 086）[1991] OJ C279/10 案，是有关 Thomson CSF 获取 Pilkington Optronics Ltd 49.9% 的股权。Thomson CSF 本身并不退出光电子学领域。Pilkington 退出市场，并签订了竞业禁止协议，但与此同时仍然保有股东身份，并维持接下来的两年时间。E. Sibre，"欧洲经济共同体并购控制和合资企业"[1992] 17(2) EL Rev, 91104。

[118] *Del Monte/Royal foods/Anglo American*（Case No. IV/M. 277）[1992] OJ C 331/07. 也可参见 *Toyota Motor Corp/Walter Frey Holding/Toyota France*（Case No. IV/M. 326）[1993] OJ C 154/09; *Knorr – Bremse/Allied Signal*（Case No. IV/M. 337）[1993] OJ C 286/05; *Fortis/ASLK – CGER*（Case No. IV/M. 981）[1997] OJ C274/10。

话,是不足以形成协调行为的。母公司之间存在潜在协调行为的可能,并不会妨碍欧盟并购条例的适用。在 *Fujitsu/Siemens* 案[119]中,Fujitsu Europe 和 Siemens 将其各自在欧洲的业务合并到了一个合资企业之中。欧委会很快地就得出结论,认为并没有创造出支配地位,而且支配地位并未就此加强。但是欧委会发现 Fujitsu 和 Siemens 之间确实有协调竞争行为的风险,因为母公司双方均在上下游的信息技术市场(例如半导体芯片)以及相关联的市场(信息技术服务)上存在经营活动。[120]

4.94 在 *Baxter/Nestlé/Salvia* 案[121]中,合资企业无法行使独立企业的全部职能,被认定为合作型合资企业。尽管在 *Avesta/British Steel* 案[122]中,母公司在合资企业所在市场上的存在度不高,但仍然将企业认定为集中型的。对于合资企业的不同认定,取决于合资企业对于处在同一市场上的母公司的依赖程度。[123] 在 *Renault/Volvo* 案[124]中,集中或是合作的属性产生于卡车和公交车市场。交易方通过协议设立了一个卡车和公交车联合委员会,其有权作出对于每个团体中的有关企业具有约束力的决定。至于协调行为,欧委会认为,有关卡车和公交车/长途汽车的运营,并不可能使得交易各方独立运营,而不会严重损害其各自在这一商业活动中的利益。

全能型考量因素

根据新版《欧盟并购条例》第 3 条第(4)款可知:

> 所设立的合资企业能够持续性运营一个独立经济实体的所有经营活动的话,应当构成第 1 段(b)意义上的集中。

4.95 若要构成全能型合资企业,需要满足一些条件,即合资企业在市场上正常运营,而且与市场上其他实体的功能类似,必须存在运行企业的管理机构,必须

---

[119] *Fujitsu/Siemens* (Case No. IV/JV.22) [1999] OJ C 250/06.

[120] L. Nouvel(n 113)。另外,在 Eureko(Case No. IV/M.207)[1992]OJ C 113/11 案中,四个保险公司希望设立一个合资企业——Eureko,这四个保险公司试图将其各自在母国领域之外的人身险以及非人身险业务转移到这一合资企业中来。尽管 Eureko 可能是一个全能型企业,欧委会还是认为这将会导致母公司竞争行为形成协调一致的效果,而且还将会导致形成市场分割。

[121] *Baxter/Nestlé/Salvia* (Case No. IV/M.058) [1991] OJ C 7/04.

[122] *Baxter/Nestlé/Salvia*(Case No. IV/M.058) [1991] OJ C 7/04.

[123] Xiong and Kirkbide (n 110).

[124] *Renault/Volvo*(Case No. IV/M.004)[1990]OJ C 254/04。还可参见 Competition Council decision of 11 April 2007,TV2 Sport(丹麦竞争当局),1073/Westland Producenten(1998 年 2 月 10 日)(荷兰竞争当局)。

具备足够的财力以及人力资源，[125]以及其他合资企业在市场上正常运行所必需的资产。不管存续期间有限还是无限，合资企业必须是可持续存在的，[126]并掌握必要资源，包括财务、人力以及资产（无论是有形还是无形的）以强化其持续性。合资企业一定不能是一个“空壳”。如果母公司希望合资企业拥有充分自主权，就会把与正常运营于相关市场有关的资产都投入合资企业中。[127] 母公司可以在合资企业起步阶段为其提供其运营所必需的资金以及人力资源。[128] 欧委会会根据企业所从事的经营活动以及相关市场的实际情况，依情况界定个案的起步期。[129] 使用母公司的基础设施有可能会减损合资企业的自主性，但这一因素本身并不会自动把合作企业排除在全能型合资企业的界定范围之外。

4.96 欧委会会考察合资企业是否是独立于母公司需求的真实商业存在。合资企业必须要结合相同市场上的一个公司通常情况下所会从事的所有经营活动，而非简单地从属于其母公司。[130] 如果合资企业仅从事母公司所有业务中的一个特定功能，但其自身并不能独立进入市场或在市场上独立运营[131]（例如，合资企业的功能仅限于研发、生产、分销以及出售母公司的产品），合资企业就不应当认为一个合资企业是全能型的。如果是为了使得合资企业扩展其业务，母公司将重要的额外资产、合同、专有技术或者是其他权利转移给合

---

[125] 人员并非需要由合资企业自身来雇佣。合资企业的工作人员也同样可以通过其母公司（或者是第三方）获取，只要合资企业能够根据长臂原则与母公司进行交易。

[126] 如果合资企业仅存续一段非常短的有限期间，那么就不会被认为具备持续性。

[127] *Fujitsu/Siemens* (Case No. IV/JV. 22) [1999] OJ C 250/06.

[128] *ENW/Eastern* (Case No. IV/M. 1315) [1998] OJ C 344/04.

[129] L. Nouvel(n 113).

[130] 在 Flachglas/Velga(Case No. IV/M. 168)[1992]OJ C 120/11 案中，合资企业打算大量使用转包商，欧委会认为该企业并不具备全能型特征，因为其经营活动从属于母公司的商业活动。母公司之间所签订的联合开发、生产以及营销临床营养产品的协议并不会对其企业结构带来持续性变更，而且也并未创设出一个独立经济体，因为母公司授予合资企业的独占性技术许可并非不可撤销的，而且通过双方一致同意可以被终止，母公司可以通过担任转包商这一角色继续生产合资企业所卖的大部分产品，母公司以分销为基础继续从事在相关市场上的大部分研究和发展（工作——译者注），而且，合资企业会使用母公司的商标继续分销产品，而这一商标与母公司有关技术是相类似的，获取了独占性的许可。在分析合资企业所缺乏的经济合理性时，欧委会评估了一方可能依据第 101 条第(3)款决定所提出的原因。详见 J. Venit，“e joint venture conundrum: is a purely structural analysis enough?”，[1992]3(11)ICCLR，377－84。

[131] 一个贸易市场以存在其中的公司为特征，这些公司专门销售、分销商品而不需要实现纵向的合并，除了那些已经合并的公司以外，以及针对涉案商品而言，会存在不同的供应源。如果为了在贸易市场上形成全能型合资企业，一个企业要享有必要的设备，而且除了母公司以外，还可以从其他竞争对手处获取生产性投入的供应。详见 para 102 of the Consolidated Jurisdictional Notice。

资企业的话，就可以认定已经形成一项集中。类似地，如果是现存的非全能型合资企业通过变更其经营活动转变为了全能型合资企业的话，也可以认定为发生了一项集中。

4.97 如果一个合资企业具备了确保其经济独立性的必要人力和物质资源，欧委会即认为此类合资企业是一个“独立的”经济实体。在 *Sanofi/Sterling Drug* 案[132]和 *Elf Atochem/Rohm Haas* 案[133]中，欧委会认为，合资企业构成独立经济实体，因为其具备自有资源，包括独立从事商业活动所必需的财务、资产以及知识产权。在 *Nestlé/Baxter/Salvia* 案[134]中，欧委会得出结论，认为 Baxter 和 Nestlé 共同设立的所有合资企业在功能方面均不具备独立性，因为母公司所授权的所有独占性许可以及商标（使用权——译者注）仅供合资企业在有限时间之内使用。在 *Mitsubishi/UCAR* 案[135]中，欧委会认为合资企业并不具备全能型特征，并提及了合资企业决策自主权。[136] 如果涉及诸如“需要保护股东投资价值”的情况，合资企业只能咨询并获得母公司的认可。[137]

4.98 如果合资企业使用母公司的分销渠道来分销产品，只要母公司仅以合资企业代理人的身份行事，则不会削弱合资企业的“全能型”特征。例如，在 *TNT/Canada Post* 案[138]中，申报的合资企业起初被授予使用母公司批发商店五年

---

[132] *Sanofi/Sterling Drug* (Case No. IV/M.072) [1991] OJ C156/18, [1991] 4 CMLR 739.

[133] *Elf Atochem/Rohm & Haas*(Case No. IV/M.160)[1992]OJ C 201/18. 在 *Elf/Enterprise* 案中，欧委会并不认为合资企业的设立构成集中，因为母公司双方在合资企业所在的市场上仍然保有活跃性。母公司与合资企业之间所签订的竞业禁止协议只是表明了母公司之间的协调。有关协调的一个类似论断可参见 *Baxter/Nestlé/Salvia*(Case No. IV/M.058)[1991]OJ C 7/04 案。J. Venit “joint venture conundrum”(n 130).

[134] Baxter/Nestlé/Salvia(Case No. IV/M. 058)[1991]OJ C 7/04. 母公司间所签订的联合开发、生产以及营销临床营养产品的协议并未形成全能型合资企业，因为其并未创设出一个独立经济实体，究其原因，在于：母公司授予合资企业的独占技术许可并非不可撤销，而且可以通过双方协商一致被撤销，母公司将继续以分包商的身份生产大部分合资企业所卖的产品，母公司继续以分包为基础从事相关领域的大部分研发工作，而且，合资企业将会在母公司的商标之下，继续分销产品，而这一商标与母公司有关技术是相类似的，获取了独占性的许可。

[135] *Mitsubishi/UCAR* (Case No. IV/M.024) [1991] OJ C5/04.

[136] 相类似的，在 *Pasteur Merieux/Merck*(Case No. IV/M.285)[1993]OJ C 188/07 案中，合资企业的设立并未构成一项集中，因为该企业无法自主做决定，而且考虑到经济和法律环境，合资企业也不可能实施自主采购政策。另外，合资企业也并未享有任何相关知识产权。

[137] Xiong and Kirkbide(n 110).

[138] *TNT/Canada Post, Deutsche Bundespost, La Poste, PTT Post and Sweden Post*(Case No. IV/M.102)[1991]OJ C 284/10，详见 paras 95, 96 of the Consolidated Jurisdictional Notice。

的独占权利，最后该期限更改为两年，之后母公司的批发商店就成为了合资企业的代理商。这并不会影响全能型的认定，因为合资企业将要承担此类运行中的商业风险，所以从经济、财务以及运营方面来看，欧委会就将其认定为全能型经济实体。与之相类似地，在 *Angelini/Phoenix/JV* 案[139]中，通过认定合资企业可以自主决定其商业决策，而且在分销母公司所生产、营销的商品时承担相关商业风险，欧委会将其认定为具备全能型特征。除了承担商业风险以外，可以发展独立的商业框架也可能是实现自主权的必要条件。在 *Generali/Unicredito* 案[140]中，合资企业自身并不具备技术管理能力，也就因此完全缺乏自己的分销渠道。因此，合资企业并不具备全能型功能所要求的必不可少的商业以及分销自主权。

4.99 如果在起步阶段（三年之内）合资企业与其母公司之间存在重大买卖关系，那么合资企业的全能型特征并不会就此受到影响，因为这起初的几年对于合资企业立足于市场而言是必要的。[141] 如果合资企业持续地为母公司供应（商品/服务——译者注），认定的关键就在于合资企业是否在市场上享有独立的角色，这可以表现为出售给母公司的部分仅占据了合资企业总产出的一部分。欧委会在其《关于并购条例项下管辖权的合并通知》中提到，所占据

---

[139] *Angelini/Phoenix/JV*（Case COMP/M.2432）［2001］OJ C 171/05.

[140] *Generali/Unicredito*（Case No. IV/M.711）［1996］OJ C 132/03.

[141] 请参见 para 97 of the Consolidated Jurisdictional Notice，以及其中提到的以下案件：*EDS/Lufthansa*（Case No. IV/M.560）［1995］OJ C 163/05，*Nokia/Autoliv*（Case No. IV/M.686）［1996］OJ C 69/04，以及与之相对应的 *RSB/Tenex/Fuel/Logistics*（Case No. IV/M.904）［1997］OJ C 168/04 和 *Preussag/VoestAlpine*（Case No. IV/M.979）［1997］OJ C 314/06。在 *RSB/PSG/TENEX* 案中，交易各方参与到核工业的物流服务以及商品运输的提供之中。由于合资企业缺乏必要的资产，例如特定的运输工具，专业人员以及知识产权，主要向其母公司提供服务，据此认为该合资企业并不具备全能型特征。在 Preussag/VoestAlpine 案中，欧委会并不认为合资企业具备全能型特征，因为该企业从其母公司处获取所有的薄钢板供应，而且就这些供应而言，没有办法自由定价。在 *Unisource/Telefonica*（Case No. IV/M.544）［1996］*OJ C* 013/0003 案中，Unisource 和 Telefonica 创设的一个企业并不具备全能型特征，因为其目的在于为母公司提供服务，而且其大部分资源是由母公司提供的。在 *Tenco/Merrill Lynch/Bankers Trust*（Case No. IV/M.722）［1996］OJ C 159/03 案中，合资企业设立的目的在于掌控特定航线资产，直到三年之内可以将该资产处理给第三方。由于资产被处理之后合资企业将会解散，欧委会认为该合资企业的存续不具备持续性。

有关合资企业出售给其母公司（商品/服务——译者注）是由于合资企业在下游市场上的垄断所造成的案例，可参见 *Siemens/Italtel*（Case No. IV/M.468）Commission Decision（92/225/EC）［1995］OJ L 161/27。出售给母公司的商品包括副产品，而这一副产品对于合资企业而言无关紧要的，案例可参见 *Union Carbide/Enichem*（Case No. IV/M.550）［1995］OJ C 123/05。

的股权少于50%是全能型的一个象征。[142] 欧委会将会考虑这些销售量与合资企业总产出之间的比例,以及这些买卖交易是否按照正常的商事交易条件进行,以及是否在母公司的长臂管辖权范围之内。[143] 在评估从母公司处获得的购买交易时,欧委会会考虑产品是否获得了附加值,或者合资企业是否仅扮演了联合销售代理商的角色,而且在合资企业的层面并未给产品或服务带来太多附加值。在*EDF/Lufthansa*案[144]中,尽管合资企业未来会依赖于向其母公司提供服务,欧委会仍宣布该合资企业是全能型的,因为欧委会认为这种依赖性会降低,而且合资企业的目标在于积极参与到相关市场的竞争中去。合资企业通知中提到,关键问题在于合资企业是否在市场上扮演一个积极的角色。[145]

4.100 正如上文所提到的那样,企业通过外包协议与另外一个服务提供者设立一个合资企业,而这个合资企业所从事的业务之前就是由企业内部自身来完成的,那么这一合资企业就不能被认定为是全能型的,因为合资企业所提供的服务依赖于服务提供者的投入。[146] 根据《关于并购条例项下管辖权的合

---

〔142〕 第98段,正如《关于并购条例项下管辖权的合并通知》在下文所提到的这一象征性门槛一样,需要逐案分析,据此,如欲得出运营独立性的结论,那么合资企业与母公司之间的关系必须是纯经济性的。欧委会还提到,如果相对于第三方而言,合资企业是相同的商业模式与母公司交易的话,那么如果合资企业预期销售量的20%流向第三方的话,就足以认定全能型特征了。然而,商品出售给母公司的比例越大,就越需要有关企业间关系商业特征的明确证据。还可参见*Hitachi/NECDRAM/JV*(Case COMP/JV. 44)[2000]OJ C 96/06,*Fujitsu/Siemens*(Case No. IV/JV. 22)[1999]OJ C 250/06;*Alitalia/KLM*(Case COMP/JV. 19)[2000]OJ C 96/04;*BT/AT&T*(Case No. IV/JV. 15)[1998]OJ C 342。

〔143〕 在*Alcatel/Thomson Multimedia/JV*(Case COMP/M. 2048)[2000]OJ C 348/16案中,通过假设在未来的两年之内,出售给第三方的比例高达75%,得出全能型特征的结论。在*Nokia/Autoliv*(Case No. IV/M. 686)[1996]OJ C 69/04案中,通过假设在未来的三年中,出售给第三方的比例高达50%就已经足够。在Ford/ZF(Case No. IV/M. 1368)[1998]OJ C 369/09案中,将一个为了生产客车转换器的合资企业认定为全能型的是被认可的,因为在未来的七年中出售给第三方的转换器至少占据了总产量的三分之一。在Electrabe/Energia Italian/Interpower(Case COMP/M. 3003)[2002]OJ C 301/04案中,一个申报的合资企业仅将其服务中的5%~15%提供给第三方,因而并未被认定为具备全能型特征。详见C. Bergqvist,"The concept of an autonomous economic entity"[2003]24(10)ECLR,498-503。

〔144〕 *EDS/Lufthansa*(Case No. IV/M. 560)[1995]OJ C 163/05.

〔145〕 作为贸易市场上的全能型合资企业的指标是,一个企业必须要有必要的设备,而且除了母公司以外,还会从其他竞争对手处获取大部分供应。

〔146〕 《关于并购条例项下管辖权的合并通知》还提到了一些特定的情形:通过外包协议设立起来的合资企业可以被认定为具备全能型特征。还可参见*AgrEVO/Marubeni*(Case No. IV/M. 788)[1996]OJ C 229/05。

并通知》[147]可知,合资企业商业计划并不排除向第三方提供服务这一点,并不会改变其缺乏全能型特征这一事实,因为在典型的外包安排中,任何来源于第三方的营业额收入都有可能会从属于合资企业与其客户企业之间主要的经营收入。概括上述分析可知,如果重大的第三方销售是可预期的,而且合资企业与其母公司之间是纯商业关系,并在长臂管辖范围之内,那么就可以认定合资企业具备全能性。

4.101 全能型的另外一个特征在于合资企业必须是计划持续性运营的。[148] 市场对于合资企业具备全能型特征的预期,是从合资公司设立初期就开始的。欧委会要求合资企业要么可以无限期地存续下去,或者首先存续五年,而且运营期限是可以延长的,以实现持续性运营的目标。[149] 在 *Telia/Telenor/Schibsted* 案[150]中,欧委会得出结论,认为合资企业持久地运营一个独立经济实体的所有功能,因为各方母公司将其资产以及经营投入到了该合资企业中,而这一合资企业又具备其自身的组织机构、人员,而且设立期后也会拥有自身的财力资源。更进一步来讲,合资企业出售给其母公司的销售额占其总产出不到10%,而且存续期间一旦届满,会自动延续。

4.102 合资企业协议通常会包含以下预防性条款,例如合资企业的解散,或者是一个或者是多个的母公司将会撤出,以及母公司对于合资企业的暂时性投入。[151] 如果合资企业存续期限足够长,以至于会给相关企业结构带来持续性变更结果,或者是协议为合资企业在这一时段基础之上继续运营提供了

---

[147] Commission Consolidated Jurisdictional Notice under Council. Regulation (EC) 139/2004 on the control of concentrations between undertakings [2008] OJ C 95/01, para 100.

[148] 在 *ATR/Bae*(Case No. IV/M. 551)[1995]OJ C 264/06 案中,因为母公司并未致力于不可逆转地设立一个合资企业,但是这一点取决于大多数可行性研究的成功结果。

[149] 分析方式反映了以下这一事实:并购控制是一种工具,旨在防止给企业以及市场结构带来持续性的负面影响。母公司可能决定在合资企业存续历程中扩大其经营范围。如果一个合资企业的范围有所扩大,但并未就此获取额外的资产、合同、知识产权或者是转移的权利,就不会认为是发生了一项集中;但是,如果一个现存的非全能型合资企业通过更改其经营活动转变为了一个全能型合资企业的话,就可以将其认定为一项集中。

[150] *Telia/Telenor*(Case No. IV/JV. 1) [1998] OJ C128/07, C 220/28.

[151] *British Airways/TAT*(Case No. IV/M. 259)[1992]OJ C 326/19. 通过授予 BA 收购 TAT 股权的选择权,并不会排除全能型特征。还可参见 *Telenor Ergogroup/DNB/Accenture/JV*(Case COMP/M. 2374)[2001]OJ C 104/08,在该案中,一个有关两年之后有可能会公开上市的条款,并未排除全能型的可能。详见 C. Bergqvist,"The conceot of an autonomous economic entity",[2003]24(10) ECLR,498 - 503。

可能性,就可以认定这种有关预防性条款不会损害合资企业的全能型特征。[152]

六、附带性限制条件

4.103 合并和收购通常会包含一些限制竞争、但对于实施至少在过渡阶段的并购必不可少的一些条款。这种附带性限制条件包括购买和供应义务、许可协议和竞业禁止条款。[153]

4.104 对附带性限制条件的处理随着欧洲法院的判决和欧委会的决定缓慢发展。[154] 附带性限制条件通常来讲具有重大实践意义。[155] 如果想要把一个限制条件认定为是附带性的,它必须是与集中直接相关的,而且是必要的。

4.105 一个宣布集中与共同市场相符的决定"应当被认为是包含与实施这项集中直接相关联的必要的限制性条件"。[156] 同样的,根据新版《欧盟并购条例》

---

〔152〕 详见 Commission Consolidated Jurisdictional Notice under Council Regulation (EC) 139/2004 on the control of concentrations between undertakings[2008]OJ C95/01,para 92,以及其中所提及的一些案例:在 DaimlerChrysler/Deutsche Telekom/JV(Case COMP/M. 2903)Commission Decision(2003/729/EC)[2003]OJ L300/0073 案中,12 年的时间被认为是足够的;在 Deutsche Bahn/ECT/International/United Depots/JV(Case COMP/M. 2632)[2002]OJ C 81/18 案中,有效期为 8 年的合同就足矣。在 Lehman Brothers/Starwood/Le Meridien(Case COMP/M. 3858)[2005]OJ C 154/04 案中,欧委会认为至少需要 10~15 年的时间,但是 3 年的时间是不够的。

〔153〕 最为常见的竞业禁止条款是有关限制卖方的,其规定卖方同意在特定的市场上不与买方竞争。详见 A. L. Kramer,"Non-competition clauses ancillary to mergers and acquisitions",[1992]JBL, 302-10。有关成员国附带性限制条件的判例包括:2002 年 7 月 18 日,Resolution No. 83 of the Competition Council of the Republic of Lithuania on issuing permission for DragsbaekMargarinefabrik A/S to implement a concentration by acquiring 83.2 percent of UAB Vilniausmargarinogamykla package of shares(立陶宛共和国竞争理事会关于允许 DragsbaekMargarinefabrik A/S 获取 UAB Vilniausmargarinogamykla 83.2%"一揽子"股权集中申报案件的第 83 号决议)(立陶宛竞争当局),Annex of Oxford Gazette Information Notices 2002 No. 59, CCD/40/04 Simonds FarsonsCisk Plc/Law. Quintano& Co. Ltd.,2004 年 4 月 5 日(马其他竞争当局)。

〔154〕 Case 42/84,*Remia v. Commission*[1985]ECR 2545;"Eleventh Report on Competition Policy"(Brussels,Luxembourg,1982),and Reuter/BASF(Case No. IV/28.996)[1976]OJ L 254/40. 以及 Reuter/BASF(Case No. IV/28.996)[1976]OJ L 254/40.

〔155〕 这一点对于最为常见的附带性限制条件而言尤为正确,如竞业限制条款。

〔156〕 Council Regulation (EC) No. 139/2004 of 20 January 2004 on the control of concentrations between undertakings (the EC Merger Regulation) [2004] OJ L24/1, Article 6(1)(b), second sub-paragraph, Article 8(1), second subparagraph, and Article 8(2), third subparagraph.

前言第21段可知,欧委会的肯定性决定应当自动包括那些与实施集中直接相关的必要限制条件,除非是一些案件包含新的或者是未解决的问题,不需要欧委会在每一个案件中都逐一对于这些限制性条件进行评价,从而避免引发不确定性,而且这些问题是在欧委会《关于并购条例项下管辖权的合并通知》中或者是欧委会的决定中尚未得到解决的问题。

4.106 所有与集中主要目标有关的协议,例如那些与出售企业股权或者是资产相关的条款,都是集中必不可少的组成部分。并购各方也有可能会通过签订其他协议来影响各方的行为,而且这些协议会自动获得欧委会的肯定性决定。在实施兼并/收购时,通常在过渡阶段有必要维持买卖双方现存的或者是类似的关联。通常情况下,会通过卖方的购买以及供应义务和/或目标企业的买方来实现这一目标。

4.107 正如相关的《附带性限制条件通知》中所提到的那样,典型的实施集中所必需的协议,旨在保护转移的价值,在分割先前的经济实体之后继续维持供应,再或者是帮助设立新的企业,并逐步使得并购后的过渡阶段更为顺利。[157]

欧委会阐明:

在判定一个限制性条件是否必要时,不仅需要考虑该条件的性质,还需要保证其适用的存续期间、主旨以及地域适用范围并不会超过实施集中的合理要求。

如果为了实现既定合理目标,还有其他可选措施的话,企业就必须要选择一个客观上来讲对竞争损害最小的的方式。[158]

4.108 最为重要的附带性限制条件就是竞业禁止条款,如果其有效期为三年,则可以接受。[159] 如果企业转移包括以商誉、专有技术为表现形式的消费者忠诚度的话,鉴于仅涵盖了商誉,这一竞业禁止条款存续两年时间是合理的。如

---

[157] Commission Notice on restrictions directly related and necessary to concentrations, [2005] OJ C 56/03, para 13.

[158] Commission Notice on restrictions directly related and necessary to concentrations, [2005] OJ C 56/03, para 17.

[159] 在 *Tesco Ltd. /Catteau SA*(Case No. IV/M. 301)[1993]OJ C 45/07 案中,欧委会拒绝承认竞业禁止义务,因为作为附带条件,其存续期间是无限的。考虑到 Tesco 在英国之外的零售食品分销业务方面缺乏经验,而且并未转移专有技术,所转移的专有技术有限,欧委会认为三年的竞业禁止期限才是合理的。详见 J. Modrall, "Ancillary restric - tions in the Commission's decisions under the Merger Regulation: noncompetition clauses", [1995]16(1) ECLR, 4048。

果转移仅限于有形资产或者是工业、商业产权，那么竞业禁止条款就是非必需的。[160]

4.109 欧委会决定并非总会清晰地描述双方之间所达成的竞业禁止条款。欧委会已经否决了那些明显不当的竞业禁止条款的范围。竞业禁止条款必须要局限于转移企业所从事的产品（近乎终端产品或者是未经销售的产品）、服务活动，以及并购之前转移企业所从事的有关产品/服务活动。竞业禁止条款的地域范围应当仅限于转移前卖方所提供的相关产品或服务地域范围。[161]

4.110 正如欧委会所提到的那样，转移一个企业的整体或者是部分可以包括向买方转移知识产权或专有技术。然而卖方仍然可以继续持有该权利，以将该权利充分适用于除了转移经营以外的其他方面。

4.111 至于设立合资企业，欧委会认为母公司与合资企业之间的竞业禁止义务可能会被认为是与实施集中直接相关的，而且也是必要的，此类义务与合资企业协议所包含的产品、服务以及领域是一致的。[162] 竞业禁止的地域范围

---

[160] Commission Notice on restrictions directly related and necessary to concentrations, [2005] OJ C 56/03, para 21 for a detailed analysis of non – competition clauses.

[161] 相关参考性判例包括：*FIAT Geotech/Ford New Holland* (Case No. IV/M. 301) [1991] OJ C 118/07; *Digital/Kienzle* (Case No. IV/M. 057) [1991] OJ C 18/11; *VIAG/Continental Can* (Case No. IV/M. 081) [1991] OJ C 119/11; *ICL/Nokia Data* (Case No. IV/M. 105) [1991] OJ C 162/10; *Digital/Philips* (Case No. IV/M. 129) [1991] OJ C 235/07; *Inchcape/IEP* (Case No. IV/M. 182) [1992] OJ C 21/08; *Solvay – LaPorte/Interox* (Case No. IV/M. 197) [1992] OJ C 165/0000; *orn EMI/Virgin Music* (Case No. IV/M. 202) [1992] OJ C 75/15; *PepsiCo/General Mills* (Case No. IV/M. 232) [1992] OJ C 187/31; *GECC/Avis Lease* (Case No. IV/M. 234) [1992] OJ C 201/0000; *BTR/Pirelli* (Case No. IV/M. 253) [1992] OJ C 186/19; *Sara Lee/BP Food Division* (Case No. IV/M. 299) [1993] OJ C 39/06; *Tesco Ltd/Catteau SA* (Case No. IV/M. 301) [1993] OJ C 45/07; *Volkswagen AG/V. A. G. (UK) Ltd* (Case No. IV/M. 304) [1993] OJ C 38/05, *American Cyanamid/Shell* (Case No. IV/M. 354) [1993] OJ C 234/02; *Allied Lyons/HWEPedro Domecq* (Case No. IV/M. 400) [1994] OJ C 126/09; *ERC/ NRG Victory* (Case No. IV/M. 433) [1994] OJ C 165/06; *Matra Marconi Space/British Aerospace Space Systems* (Case No. IV/M. 437) OJ C 221/08; *ENI/NuovoPignone (II)* (Case No. IV/M. 440) [1994] OJ C 162/04; *GE/CIGI* (Case No. IV/M. 465) [1994] OJ C 271/0003; *Pechiney World Trade/Minemet* (Case No. IV/M. 473) [1994] OJ C 178/04; *Jefferson Smurfit/St Gobain* (Case No. IV/M. 499) [1994] OJ C 284/0003。详见 J. Modrall (n 159)。

[162] 在 *SHV/Chemvron*(Case No. IV/M. 26872)[1975]OJ L38/14 案中，交易双方通过设立一个分销合资企业来销售产品，而其中 Chevron 和 SHV 在协议达成之前各自已经具备独立的分销网络。两个母公司转移其各自分销网络的（使用——译者注）期限长达 50 年，并转移了所有相关的资产。在 *Dräger/IBM/HMP*(Case No. IV/M. 101)[1991]OJ C 236/10 案中，欧委会认为有关禁止 Dräger 和 IBM 参与病人数据管理解决方案的业务（也就是合资企业所从事的业务领域）的条款属于附带性竞业禁止条款。

应当局限于设立合资企业之前母公司提供产品和服务的区域。这一地理范围可以扩展至交易时母公司将要“进军”的地域,只要母公司已经就此进行了必要的投资。关于地域范围,欧委会已经在 *Reuter/BASF* 案[163]中确认了其分析方法,即将这一条款限制于企业在交易之前所活跃的市场之内。

4.112 除此之外,母公司授予合资企业的许可也会被认为是与实施集中直接相关的,而且也是必要的。另外,如果母公司仍然活跃于合资企业所在市场的上游或下游市场的话,那么任何买卖、供应协议,包括服务和分销协议均参照收购企业过程中的有关原则。

4.113 欧委会通知还提到,只要卖方将相关企业的资产全部出售,保护卖方的相关条款就通常不被认定为附带性限制条款,因为在这种情况下不需要保护卖方。然而,如果仅仅转让一个企业的部分资产,至少在一个特定时段之内,可能限制买方在卖方所留下来的市场上的竞争,反过来也是为了完全“分割”企业,尽全力保护企业转让的部分资产,并维持企业未参与交易的资产的价值。[164]

4.114 至于合资企业,交易之后,企业各方应当可以自由决定有关其经营的附带性限制条件。[165] 这类条款可能会影响母公司之间的关系,或者是母公司与合资企业之间的关系。如果涉及设立合资企业,那么所有会直接并明确地使母公司退出合资企业所在市场的条款,都会赋予合资企业集中型的特质,因此这些条款对主要协议而言是必要的。[166]

4.115 然而,在 *KEWA* 案[167]中,欧委会却将此类竞业禁止条款认定为违反第 101 条的限制竞争行为。这两个案件之间的区别在于,在 *SHV - Chevron* 案中,母公司不可能继续在合资企业所在市场上参与竞争,但是这种参与竞争的可能在 *KEWA* 案中还是有可能存在的。[168]

4.116 总结以上内容,如果涉及联合收购的案例,欧委会会处理母公司之间三种不

[163] *Reuter/BASF* (Case No. IV/28.996) [1976] OJ L, 254/40.

[164] Commission Consolidated Jurisdictional Notice under Council. Regulation (EC) 139/2004 on the control of concentrations between undertakings [2008] OJ C 95/01.

[165] 针对集中型合资企业以外的商业买卖或其他经营条款,不应当认定为是附带性的。

[166] 欧委会在大多数情况下会认为,合资企业存续期间或者是合资企业存续期间再加上一个固定时间段之内的具有约束力的义务都具备附带性。

[167] *KEWA* (Case No. IV/26.9640/b) [1976] OJ L51/0015.

[168] Kramer (n 153).

同类型的附带性限制条件：

1. 放弃针对相同企业所提出的不同的竞争要约，抑或获得控制权；

2. 分割被收购企业资产的必要限制；

3. 若有需要，分割现有经济实体的协议。[169]

〔169〕 Kramer (n 153).

第五章　欧共体范围管辖权之二：申报和审查

一、欧共体范围标准

二、营业额

三、欧共体范围标准的例外

（一）第 21 条

（二）案件移交系统

四、并购控制程序

（一）申报之前

（二）交易申报

（三）初步调查：第一阶段

（四）深入调查：第二阶段

（五）获取文件

（六）口头听证

五、平行申报

六、申报减损

七、放弃集中

八、2004 年后内部变化

九、罚款

十、证明标准

5.01 新版《欧盟并购条例》[1]授予欧委会对欧盟范围内集中交易的独立管辖权。这类交易将会对超出成员国领域的市场造成影响。[2] 欧委会因此排除了任

〔1〕 Council Regulation（EC）No. 139/2004 of 20 January 2004 on the control of concentrations between undertakings（the EC Merger Regulation），（"Recast EUMR" or "EUMR"），［2004］OJ L24/1.

〔2〕 "European Parliament，Committee on Economic and Monetary a airs"，Notice to members No. 11/02，Directorate - General for Committees and Delegations，http://www. europarl. europa. eu/hearings/20020415/econ/questionnaireen. pdf，2013 年 9 月 13 日访问。

何成员国竞争当局管辖欧共体范围内集中的可能,并适用了"一站式服务"原则。[3]

5.02 当1989年理事会通过《并购控制条例》时,[4]其明确的目标是创建一个成员国与欧委会间权力互斥共存的体系。然而,这一目的实现的前提在于有可能简易、快速并毫不含糊地判断出一项交易应当归属于欧委会还是成员国竞争当局的管辖范围。解决这一问题的关键在于设立"欧盟范围"的标准,这一考量因素纯粹是以有关母公司营业额为基础的。[5] 如果交易各方之间的并购超过了条例所规定的最高营业额门槛的话,那么就应当向欧委会进行申报。如果交易额低于申报门槛的话,那就应当向成员国竞争当局进行申报,此时各成员国竞争当局拥有管辖权。

5.03 划分并购条例的管辖权,是各谈判成员国优先权与明确简易地划分管辖权的需求之间政治妥协的产物。[6] 另外,欧委会一直声明,对营业额门槛已经满足但主要影响在欧共体范围之外的交易拥有管辖权。[7]

一、欧共体范围标准

5.04 欧共体范围标准是以营业额为基础的,旨在辨别出那些会对欧共体产生可预计的经济影响的交易。第1条第(2)、(3)款规定了可以决定一项集中是否具备欧共体范围影响的标准。新版《欧盟并购条例》第1条第(2)款规定,如

---

[3] 由此可知,应当由一个最合适的机构来审查有关交易。

[4] Council Regulation (EEC) 4064/89 of 21 December 1989 on the control of concentrationsbetween undertakings, [1989] OJ L395/1, corrigendum [1990] OJ LL257/14.

[5] Council Regulation (EEC) 4064/89 of 21 December 1989 on the control of concentrationsbetween undertakings, [1989] OJ L395/1, corrigendum [1990] OJ LL257/14.

[6] M. Broberg, "Muddying the clear waters: on the Commission's proposal for a new delimitation of jurisdiction in the eld of merger control", [2002] 23(9) ECLR, 429-33.

[7] 1999年3月,普通法院支持了欧委会阻止所提交Impala Platinum Holdings Ltd.(被South African Group Gencor控制)与British Group Lonrho plc的铂生产分支机构之间的并购申报(Case T-102/96 Gencor v. Commission, [1998] ECR II-753)。法院认为,欧共体并购规则适用于以下类型的交易:交易虽发生于欧共体范围之外,但其会严重损害欧共体范围之内的竞争。

营业额是一个地理上的概念,与交易各方实际从事商业活动的地点无关:外国交易各方之间的并购有可能会受到控制,如果它们的营业额主要产生于欧盟的话。还可参见备受瞩目的"美国与美国"之间的并购;这是欧委会近年来所处理的最具争议的案件之一。1997年,Boeing与McDonnell-Douglas的合并,两个具备世界范围市场的美国公司,在第Ⅱ调查阶段获取了欧委会的认可。

果交易各方在全球范围之内的营业总额超过 50 亿欧元,而且其中至少任何两个交易方在欧共体范围内的营业总额超过 2 亿 5000 万欧元,那么就认为一项集中具备欧共体范围的影响力;除非交易各方在同一个成员国之内获取其超过 2/3 的欧共体范围之内的营业总额。[8]

5.05 1998 年,针对较小型的、覆盖多重管辖权的交易,还引进了其他可选门槛,而且也适用于新版《欧盟并购条例》第 1 条第(3)款的规定。结果,如果一项集中并不满足以上的营业额门槛条件,却满足以下条件的话,仍然可以被认定是具备欧共体范围影响力的:如果交易各方世界范围之内的营业额之和超过 25 亿欧元;在至少任何三个成员国之内的营业额之和超过 1 亿欧元;在以上任何三个成员国中,其中至少任何两个成员国之内的营业额之和超过 2500 万欧元;至少任何两个交易方在欧共体范围之内的营业额之和超过 1 亿欧元;除非交易各方在同一个成员国之内获得其超过 2/3 的欧共体范围之内的营业总额。[9]

5.06 欧委会已经对各类型的交易行使管辖权,包括欧盟企业和非欧盟企业共同收购非欧盟企业的共同控制权、[10] 非欧盟企业收购另外一个非欧盟企业的独立控制权、[11] 非欧盟企业收购另外一个非欧盟企业的共同控制权,[12] 以及

---

〔8〕 还可参见 A. Scott,“Last rites for the two - thirds rule in EC merger control?”[2006]JBL,619 - 30, http://www.ftc.gov/bc/international/docs/ECMergerRegSimpleGuide.pdf,2013 年 9 月 13 日访问。这一条款主要用于辨明那些涉及大型公司,(虽)影响范围超过了一个成员国,然而却主要影响一个成员国内部市场的集中。这类交易应当由成员国竞争当局来管辖。

〔9〕 很少有满足此类标准的案例。可参见,例如 *UPM - Kymmene/Morgan Adhesives*(Case No. COMP/M.2867)[2002]OJ C 229/02,http://www.europa.eu.int/comm/competition/mergers/cases/decisions/m2867_en.pdf,2013 年 9 月 13 日访问。

〔10〕 *Gencor/Lonrho*(Case No. IV/M.619)[1997] OJ L11/30; *Ericsson/Ascom*(Case IV/M.236)[1992] OJ C151/11; *McDermott/ETPM*(Case IV/M.648)[1995] OJ C 289/05.

〔11〕 *Boeing/McDonnell Douglas*(Case No. IV/M.877)[1997] OJ L 336/16; *Kyowa/Saitama Banks*(Case No. IV/M.069)[1991] OJ C 66/07; *Compaq/Tandem*(Case No. IV/M.963)[1997] OJ C 283/03; *Fujitsu/Amdahl*(Case No. IV/M.977)[1997] OJ C 247/4; *Ingersoll - Rand/ ermo King*(Case No. IV/M.1011)[1997] OJ C 298/03; *Archer - Daniels - Midland/Grace Cocoa*(Case No. IV/M.882)[1997] OJ C 27/08.

〔12〕 *JCSAT/SAJAC*(Case No. IV/M.346)[1993]OJ C 219/04;Inchcape/Gestetner(Case No. IV/M.583)[1995]OJ C 201/03.即便是欧委会发现一项集中并不会对欧洲产生影响,其仍然有可能会实施管辖权。在 JCSAT/SAJAC 案中,四个大型日本公司在日本境内设立了一个合资企业,以在日本境内提供通信服务。基于与提供通讯服务相关的许可以及技术要求的考量,欧委会认为合资企业对于欧共体并无影响。详见 A. Fiebig,“International law limits on the extraterritorial application of the European Merger Control Regulation and suggestions for reform”,[1998]19(6), ECLR, 323 - 31。

两个非欧盟企业间的合并。[13]

5.07 交易方位于欧共体境外这点本身不会妨碍并购条例的适用。在 *Being/McDonnell Douglas* 案[14]中，相关企业位于欧洲之外，但由于涉及了重大欧洲市场份额，欧委会行使了域外管辖权。

二、营 业 额

5.08 营业额包括销售产品和提供服务的收入。如果一个企业直接向消费者提供完整的商品或服务的话，相关企业的营业额就包括销售商品或者服务的总额。欧委会将会参考距离交易日期最近一个财务年度的账目，该账目是根据适用于有关交易各方的会计准则审计的。[15]

根据第5条第(4)款，一个相关企业的营业总额应当是以下各个企业的营业额之和：

a. 相关企业。

b. 相关企业对于以下各类企业直接或间接地：

(1)持有超过半数的资本或营业资产；或

(2)有权行使过半数投票权；或

(3)有权任命监事会、董事会或者其他可以在法律上代表企业的机构的过半数成员；或

(4)有权管理企业事务。

c. 在相关企业中享有b项中所列举各项权利的企业。

d. c项类企业在其中享有b项所列举各项权利的企业。

e. a项到d项所列举的两个或者多个企业针对其享有某些b项所列举权利的企业。[16]

---

〔13〕 13 Chase Manhattan/Chemical Banking (Case No. IV/M. 642) [1995] OJ C 33/05; Royal Bank of Canada/Bank of Montreal (Case No. IV/M. 1138) [1998] OJ C 74/08.

〔14〕 14 Boeing/McDonnell Douglas (Case No. IV/M. 877) [1997] OJ L 336/16.

〔15〕 年度营业额必须是以与企业过去一个财务年度相对应的12个月之内年度汇率平均值为基础转换为欧元来计算的。营业额数字需要依据自从上个财务年度结束以来所发生的收购和分拆的变化，作出相应调整。

〔16〕 详见 Commission Consolidated Jurisdictional Notice under Council Regulation (EC) No. 139/2004 on the control of concentrations between undertakings, [2008] OJ C95/01，第177段，http://eurlex.europa.eu/LexUriServ/LexUriServ.do? uri=OJ:C:2008:095:0001:0048:EN:PDF，2013年9月13日访问。

5.09 “营业额”应当是指企业在消费者所在地所进行“日常活动”[17]所产生的营业额，因为这正是与其他可选供应商之间进行竞争的地域范围。营业额的分配由交易时消费者所在地来决定，而非商品或服务最终被运往或者是使用的地点。[18] 需要考虑的营业额是净营业额，即减去其他部分之后所得到的营业额，[19]以反映企业的实际的经济实力。营业总额不应当包括任何相关企业所属集团内部各企业之间买卖商品或者是提供服务所产生的营业额。因此，相关企业内部之间或者是相关企业所属集团内部各企业之间的交易额应当排除在营业额的计算之外。[20]

5.10 如果涉及国有企业营业额的计算，在计算参与集中的相关企业的营业额时就应当将具备独立决策权的构成一个经济实体的所有企业考虑在内，而无论其持有资金的或适用的行政监管规则。

5.11 在一项并购案中，相关企业指的是参与并购的企业。如果是获得一个企业单独控制权的收购，相关企业就是收购企业与被收购企业（或部分被收购企业）。如果是两个或者是多个企业获得了相关企业的共同控制权，那么所有这些企业的营业额都应当考虑在内。[21] 针对合资企业而言，营业额应当在各个相关企业之间进行平均分配，而不管其各自资本份额或者是投票权分别

---

[17] 在计算营业额时需要考虑的数额应当与相关企业的“日常经营活动”一致。这就是在通常的商业经营过程中销售产品或者是提供服务所获得的营业额。

[18] Council Regulation (EC) No. 139/2004 of 20 January 2004 on the control of concentrations between undertakings (the EC Merger Regulation) (“Recast EUMR” or “EUMR”) [2004] OJ L24/1, Article 5(1) EUMR.

[19] 第5条第(1)款规定了应当减去销售回扣、增值税以及其他与营业额直接相关的税费。

[20] Council Regulation (EC) No. 139/2004 of 20 January 2004 on the control of concentrations between undertakings (the EC Merger Regulation) (“Recast EUMR” or “EUMR”) [2004] OJ L24/1, Article 5(4) EUMR.

[21] 辨明那些应当归属于相关企业营业额的标准是与第3条第(2)款有关“控制”的概念标准不相符的。正如营业额通知所阐述的那样(第184段)，第3条与第5条之间有重大区别，因为这些条款所扮演的角色不同。这些不同在实际获取控制权的情况下最为明显。根据第3条第(2)款可知，即便是经济依赖性可能会导致实际上形成控制权，针对子公司而言，只有依据第5条第(4)款第(b)项才能被认定为是形成了独立控制权，如果很明显的，相关企业有权行使过半数的投票权，或者是有权任命董事会过半数成员。如果是涉及共同控制权的场景，第5条第(4)款第(b)项(iv)涵盖了以下情形：掌握控制权的公司通过其各自否决权可以联合实现对于目标公司的治理。

然而，第5条第(4)款并不包括以下情形：基于股东出席股东大会的考量，合资企业的不同少数股东之间由于具备强大的共同利益，而形成了实际的共同控制。区别可以体现在：第5条第(4)款第(b)项(iv)涉及管理权，而非另外一个权力[就像第(b)项(2)、(3)所举的诸情形一样]，而且可以通过在计算营业额时需要准确、确定的衡量标准以使得管辖权可以更容易被辨明来解释。

是多少。[22] 当一个全能型合资企业获取目标企业的独立控制权时,除目标企业以外,合资企业一方是另外唯一一家相关企业。如果合资企业仅是一个收购工具的话,欧委会会揭开公司面纱,将合资企业的母企业认定为相关企业。

三、欧共体范围标准的例外

5.12 针对新版《欧盟并购条例》中所规定的欧委会管辖权而言,有一些例外规定。

5.13

(一)第21条

欧委会针对具备欧共体范围影响力的集中应当享有独立管辖权。根据第21条可知:

(3)任何成员国都无权对于具备欧共体范围影响力的集中实施管辖权。
(4)尽管存在第(2)、(3)款的有关规定,成员国仍然可以采取适当措施来保护其各自除了条例所规定的合法利益以外的权益,而且这些权益是与基本准则以及欧盟其他法律规定相一致的。
公共安全、媒体多元化以及审慎原则,都应当被认定是符合第一段所要求的法定权益。如果涉及其他公共利益,应当由相关成员国与欧委会进行交谈,而且应当在采取相关措施之前,由欧委会评估这一诉求是否与普遍原则以及欧盟其他法律规定一致之后,再进行认定。欧委会应当在有关成员国与其联系之后的25个工作日之内给出决定。
第21条第(4)款讨论了成员国采取"合适"手段来保护自身合法利益的情形。[23] Bright讨论了"合法"这一词的含义,哪些可以被简单地认为是新版《欧盟并购条例》并未涵盖的利益,或是构成对本应是符合欧盟有关法律的干涉。第21条第(4)款第2段列举了三种被认为是合法的干涉手段类型:公共安全、媒体多样性以及审慎规则。这就意味着"合法"是与干涉相关联的。[24]

---

〔22〕 只要营业额产生于与第三方之间的交易活动。

〔23〕 对于"合法利益"的保护并不会授权成员国通过一项已经被欧委会否决的集中。

〔24〕 C. Bright," e European Merger Control Regulation: do member states still have an independ ent role in merger control?", [1991] 12(4), Part 1, ECLR, 139 - 47.

5.14 成员国必须满足为达到相关目标的适当性要求，且采取的措施应当限制在足以保护合法利益的最低程度内。公共安全可能会包括国防，而且可延伸至非特定军事利益的产品，其在某种程度上可以得到较为宽泛的解释。媒体多样性指的是为了实现观点多样性以及更多不同可选看法的合法目的，而维持消息来源的多元化。审慎性原则会包括对于金融行业的监管，例如银行、股票经纪企业以及保险企业。[25] 第21条第(4)款列举了一系列可以逐案、逐个分析的，由成员国向欧委会提出的其他可能的合法利益诉求。任何其他公共利益诉求，只有在向欧委会提出，并获取欧委会的认可之后，才能被认定为合法利益。[26]

(二)案件移交系统

5.15 新版《欧盟并购条例》规定了多重机制，以实现对于各种并购案件的管辖权：案件可以从欧委会移交至一个或者是多个成员国，当然也存在反向机制，一个向成员国申报的并购案件也可以移交至欧委会。根据新版《欧盟并购条例》前言第11段可知，

> 有关并购案件由欧委会移交至成员国，以及由成员国移交至欧委会的规则，应当被认定是辅助性原则背景之下的有效纠正机制；这些规则旨在全面保护成员国的竞争利益，最大可能地实现法律确定性以及“一站式服务”原则。

5.16 因此，基于法律确定性的考量，将案件移交至另外一个竞争当局而非“欧共体范围”标准所确定的机构是可行的。这种案件移交仅限于当根据辅助性原

---

〔25〕 经过严重的金融危机以及 *Lloyds/HBOS* 并购案之后，英国政府引进了额外的公共政策考量因素，旨在与公共安全并列，将英国金融系统的稳定性纳入公共政策保护的例外中去，以根据2002年企业法案(Act)第58部分来将有关并购情形的案件移送问题提至竞争委员会。企业法案允许国务大臣干涉一项并购，如果他/她认为该并购可能会涉及一个或多个给定的公共利益的话。这一条文是通过2000年第2645号命令加入的：《2002年企业法》(特定加入第58部分考量因素)2008令；原文参见 http://www.opsi.gov.uk/si/si2008/uksi_20082645_en_1，2013年9月13日访问。在 *Lloyds TSB Group plc* 与 *HBOS plc* 并购案中，英国国务大臣就以公共利益为理由，发出了一个干涉通知。2008年10月31日，国务大臣决定行使这一自由裁量权，决定不将本案移至竞争委员会，因为这项并购将会给公共利益带来巨大好处(该交易可以确保实现英国金融系统的稳定性，这一益处大于公平贸易办公室可能会发现的会对竞争带来的负面影响)。详见 http://www.berr.gov.uk/files/file48745.pdf，2013年9月13日访问。

〔26〕 欧委会明确了第21条第(3)款并未给成员国提供新的权利，只是局限于认定除现存的除新版《欧盟并购条例》规定以外，成员国已经掌握的干涉那些会影响其境内(整体环境——译者注)的集中案件的特定方面的能力。

则[27],由另外一个竞争当局来调查某特定案件将会更合适时。这最终就会导致欧委会或者是成员国竞争当局最终获得某特定集中案件的管辖权,而非严格参照新版《欧盟并购条例》第1条关于欧共体影响范围的规定。

5.17 判断哪一个竞争当局最适合处理某并购案件取决于一些因素,包括必要的法学/经济学分析、可能的地域影响、经验以及当局所享有的权利。另外,案件移交系统为具备跨境因素的案件提供了一站式服务,避免了向多个成员国申报的烦琐要求。

5.18 简言之,申报前交易各方可以申请案件移交;申报后,欧委会或成员国可以主动提出移交。案件的重新分配应当依据严格的法律要求,但是欧委会和/或成员国仍然享有巨大自由裁量权。案件移交系统需要遵守法定截止日期。

(a)申报前移交:第4条第(4)款和第4条第(5)款

5.19 新版《欧盟并购条例》规定了在进行申报之前提起移交申请的可能,以防止多次提交申报材料。

5.20 新版《欧盟并购条例》第4条第(4)款引进了前第4064/89号条例并未提及的一种可能性,即欧共体范围集中的交易各方可以提交一份合理请求,以在正式向欧委会申报之前,请求将交易提交至一个或者是多个成员国。第4条第(4)款程序的目标就是实现在成员国层面审查并购(或是并购的一部分)。

5.21 根据第4条第(4)款可知,并购可由欧委会移交至成员国。为了使得该类请求获得准许,必须要说明集中可能会严重损害一个成员国境内特定市场的竞争。这一请求必须要依据并购控制条例第4条第(4)、(5)款提交"合理提交表格"(the Form RS)[28]。为了防止任何与提交信息不完整有关的问题,建议交易各方与欧委会以及成员国竞争当局提前进行接触。[29]

---

[27] Commission's Notice on Case Referrals in respect of concentrations [2005] OJ C 56/02, (Case Referral Notice), http://eur-lex.europa.eu/LexUriServ./LexUriServ.do? uri = OJ:C:2005:056:0002:0023:EN:PDF,2013年9月13日访问。辅助,在此背景下指的是原则上应当由更为合适的竞争当局来调查某一特定的并购案件。通知还提及了成员国竞争当局(NCAs)网络(第53~54段),就集中案件而言,为实现新版《欧盟并购条例》中所包含的案件移交系统目标,强调了欧委会与成员国竞争当局之间合作与对话的重要性。

[28] 合理提交表格包含在《欧共体(EC)第802/2004号关于实施理事会(EC)第139/2004号条例》(实施条例)[2004]OJ L 133/1附件Ⅲ及其他附件(Form CO, Short Form CO,以及Form RS)之中。这一条例被欧委会(EC)第1033/2008号条例[2008]OJ L 279/3所修订。

[29] Form CO第6.Ⅲ部分(第802/2004号条例附件)界定了以下被影响的市场:由于参与集中的交易各方的市场份额之和超过15%。

5.22 交易各方提交“合理提交表格”之后，欧委会自收到表格之后的一个工作日之内将该申请发送至所有有关成员国。与案件移交有关的所有成员国，自收到申请之后的15个工作日之内，应当表明其是否接受该申请。[30] 如果成员国同意，则欧委会享有额外的10个工作日来决定是否移交有关案件。[31]

5.23 如果欧委会同意移交，则这一案件（或者是案件的部分）将会被移交至成员国，并适用该成员国的并购法律来规制该并购（或者是被移交的并购案件的部分）。必须要在欧委会进行案件移交，或者是成员国收到申报案件之后的45个工作日之内，通知交易各方“初步竞争审查”的结果。

5.24 根据第4条第（5）款，如果一项交易并未满足向欧共体申报的门槛，如果需要向三个或者三个以上成员国申报的话，交易各方可以请求欧委会来审查该案件。[32] 根据第4条第（5）款，[33]一站式服务原则经“3+规则”得到强化。这一请求必须要在向任何有管辖权的成员国竞争当局进行申报之前提出。[34]

5.25 根据第4条第（4）款，案件移交的请求应当通过制作RS表格来提出。欧委会将会把移交请求在一个工作日之内传达到所有成员国。受交易影响的成员国，也就是那些有权依据自身国内有关规则来审查某并购案件的成员国，必须要在RS表格中明确列出，[35]而这些成员国可以在收到移交申请之后的15个工作日之内提出反对意见。如果有任何成员国反对移交的话，那么移交申请就宣告失败。欧委会将立即将异议通知所有成员国以及有关企业，这就导致在并购申报过程中，交易各方不得不满足遵守应当适用的有关成员国规则。

5.26 如果受到交易影响的任何成员国都不反对的话，欧委会将获得案件管辖权，

---

[30] 若成员国未作出任何回应，代表同意。

[31] 若欧委会未作出任何回应，代表同意。

[32] 《案件移交通知》确认：没必要由成员国法律来要求将交易提交申报；根据成员国竞争法，一项交易落入了成员国有关竞争法的管辖权范围之内这一事实，就已经足够。

[33] Commission's Notice on Case Referrals in respect of concentrations [2005] OJ C 56/02, http://eur-lex.europa.eu/LexUriServ/LexUriServ.do?uri=OJ:C:2005:056:0002:0023:EN:PDF，2013年9月13日访问。

[34] 只有在尚未向任何成员国竞争当局申报的案件，才能适用第4条第（5）款有关案件移交机制的规定（《案件移交通知》第69段）。

[35] 如果任何成员国并不同意其自身被认定为“有权”审查RS表格所提及的交易，可以在收到请求之后15个工作日之内通知欧委会（《案件移交通知》第75段）。如果由于RS表格中的错误信息，某成员国后来认为，与交易方有关提议相反，其有权审查某特定交易的话，也可以依据第9条向欧委会请求申报后的案件移交（《案件移交通知》第77段）。

而交易各方也将会参照新版《欧盟并购条例》申报并购案件。与第 4 条第(4)款所规定的案件移交不同,在此种情况下,不可能实现部分移交,这样一来,就需要整体移交案件。

5.27 第 4 条第(5)款的目的在于使得更多的交易向单一竞争当局提交申报。欧委会据此可防止交易各方在进行多重申报时所产生的不必要支出,提高法律确定性,并减少交易最终被否决案件中交易各方所花费的时间。

5.28 前申报阶段的移交申请为并购各方提供了很多优势,因为并购方有可能而且可以选择在申报前申请案件移交,而且还可以监督申报前案件移交的过程。申报前的案件移交为并购各方提供了与最合适的竞争当局进行交涉的机会。申报前案件移交降低成本,避免了因需要向多个成员国竞争当局提交材料而有可能会带来的迟延,与此同时对于欧委会和成员国竞争当局所施加的严格法定时间节点要求可以使得交易各方对于案件申报所需时间有一定的把握。

5.29 然而,第 4 条第(4)款和第 4 条第(5)款所规定的有关程序,有可能会耗时较长,因为欧委会判定是否应当进行移交所需要的时间,与其进行第 I 阶段审查所需要的时长基本一致。成员国可用 15 个工作日判断是否适用案件移交,严重延长了交易时刻表,而在这一时刻表中,管辖权和实体部分问题通常需要 25 个工作日。[36] 如果案件被移交,成员国则有 45 个工作日来就竞争问题的初步审查作出一个决定,而对于最终决定则并未设定特定时限,因为这取决于成员国竞争法的有关规定。申请案件移交也可能是一个非常烦琐的过程,因为就移交申请而言,鼓励交易各方提交 RS 表格所涉及的各个成员国的翻译版本。欧委会与成员国都享有很大的自由裁量权。根据第 4 条第(5)款的移交规定,只要任一成员国反对,就可以阻止整个移交申请程序。

5.30 此外,如果涉及部分或者是多重移交的话,并购就应当参照不同成员国的实体审查标准,而且有可能会导致不同的分析结果。[37] 最后,即便是申报前已经申请案件移交,欧委会也并未明确排除申报之后移交发生的可能,尽管欧委会表明应当避免此类情况的发生。

---

〔36〕 J. Connolly, S. Rab, and M. McElwee, "Pre - noti cation referral under the EC Merger Regulation: simplifying the route to the one - stop shop", [2007] 28(3) ECLR, 167 - 71.

〔37〕 尽管大部分成员国遵循严重损害有效竞争审查标准(SIEC)或类似标准。

(b)依据第9条和第22条的申报后移交

5.31 欧委会有可能会将申报的并购案件移交给有权成员国竞争当局。[38] 根据第9条第(2)款第(a)项可知,集中必须:(1)"存在严重影响一个市场之内竞争的风险",以及(2)涉案市场必须要"在提交申请的成员国境内,而且具备一个特定市场所应具备的所有特征"。[39]

5.32 如果并购将会对竞争产生严重损害,欧委会就会移交一项交易。有关成员国应当在收到申请之后的15个工作日之内,决定其是否同意该请求。如果15工作日之后仍并未作出决定,推定成员国已经同意了请求。然而,不管成员国作出何种决定,欧委会都会针对最终是否将并购申请整体还是局部移交至有关成员国,享有自由裁量权。如果案件被移交至成员国的话,该成员国就适用其自身的竞争法。

5.33 新版《欧盟并购条例》第9条并未明确限制欧委会移交案件的自由裁量权,[40] 同时欧委会的实践也表明,如果条件满足的话,欧委会通常情况下都会移交案件,除非是有其他更为重要的原因妨碍了移交。伯恩利(Burnley)和多明格斯(Dominguez Perez)认为,欧委会在考虑案件移交请求时会将以下一些因素考虑在内:在涉及交易各方或竞争者之一的成员国层面上的平行程序;欧共体层面上先前的经验;成员国层面上先前的经验;交易的其他方面是否正依据欧共体竞争规则被分析;先前竞争者之间的并购是否曾经是案件移交的主题;以及案件移交是否意味着分割并购。[41]

---

〔38〕 正如欧委会和普通法院所解释的那样,由于先前的经验,以及在处理成员国各自相关市场、参与并购的交易各方以及第三方问题所直接获取的知识,若是涉及影响一个成员国内部市场的并购,成员国竞争当局至少应当被放置在与欧委会等同的位置上。详见 Joined Cases T–346/02 and T–347/02 Cableuropa and Others v. Commission[2003]ECR II–04251,第178段。

〔39〕 Steetley/Tarmac(Case No. IV/M. 180)[1992] OJ C 50/11; Sogecable/Canalsatelite Digital/Vía Digital(Case COMP/M. 2845)[2002] OJ C 166/06; SEB/Moulinex(Case COMP/M. 2621)[2003] OJ C 88/06; Interbrew/BASS(Case COMP/M. 2044)[2000] OJ C 196/06.

〔40〕 普通法院辩称(在 Case T–119/02 Royal Philips Electronics NV v. Commission[2003]ECR II–01433 案中),欧委会的自由裁量权也非完全不受限制,另外还认为,如果以一系列精确而紧密联系的证据链可知,很明显的,在移送评估请求时,发现案件经移送不会保护或者是维持相关市场上的有效竞争的话,欧委会也可以决定不对案件进行移送转。根据普通法院可知,必须在采纳案件移送决定时判断欧委会行使自由裁量权的合法性问题,而不管成员国竞争法院最终的决定如何。R. Burnley and D. Dominguez Perez,"e Article 9 referral back procedure: a solution to the jurisdictional dilemma of the European Merger Regulation?",[2003]24(8)ECLR,364–74.

〔41〕 详见(以及其中所引用的案例)Burnley 和 Dominguez Perez(n 40)。他们还补充,分析还表明,一些相关产品相对于其他产品而言,更适合适用移送规则,例如建筑产品、零售活动以及电力的产生和分销。作者引用了一些非常有趣的案例。

5.34 早在1992年时,欧委会收到了3个有关并购条例第9条所规定的案件移交请求(德国条款)。欧委会只在 *Steetley/Tarmac* 案[42]中部分接受了案件移交申请,拒绝了 *Mannesmann/Hoesch* 案[43]以及 *Siemens/Philips* 案[44]的案件移交申请。

5.35 并购条例第22条("荷兰条款")[45]最初旨在使没有并购控制的成员国可以将案件移交至欧委会评估。近年来,并购控制制度逐渐发展,如果一个成员国将并购案件移交至欧委会,第22条授权欧委会审查会给欧洲带来负面影响的并购案件。[46]

5.36 并购条例第22条允许欧委会审查一项由一个或者是多个成员国提起的不具备欧共体范围影响力的集中。已经有四个"单独成员国"的案件依据这种方式被提交至欧委会。[47] 然而从目前来看,由于所有成员国都拥有了并购控制体系,[48]实践中的重点已经变成至由几个成员国共同提起案件移交的申请。

5.37 针对一项由成员国提交至欧委会的案件移交申请而言,该项集中必须:(1)"影响成员国之间的贸易",而且(2)"有严重影响提交申请成员国境内竞争的威胁"。新版《欧盟并购条例》第22条第(1)款允许一个或者是多个成员国[49]提请欧委会审查某项不具备欧盟范围影响力的交易,如果该项交易影响到了成员国间的贸易,[50]同时该项交易存在严重影响提请案件移交

---

[42] 1991年,欧委会收到依据第9条所提起的2个案件移送申请;Varta/Bosch(Case No. IV/M.012) Commission Decision(91/595/EEC)[1991]OJ L 320/26 and Alcatel/AEG Kabel(Case No. IV/M. 165)[1992]OJ C 6/10,但最终否决了以上两个请求。

[43] Mannesmann/Hoesch (Case No. IV/M.222) Commission Decision (93/247/EEC) [1993] OJ L 114/34.

[44] Siemens/Philips (Case No. IV/M.238) [1993] OJ C 11/04.

[45] 第22条也就是所谓的"荷兰条款",因为这一条是经荷兰请求而提出的,因为荷兰本身并不存在控制集中的(法律——译者注)体系。

[46] 1992年,欧委会在 *British Airways/Dan Air*(Case No. IV/M.278)[1993]OJ C 68/05案中,收到依据第22条所提起的第一个请求。

[47] *British Airways/Dan Air*(Case No. IV/M.278)[1993]OJ C 68/05(空中运输市场),*RTL/Veronica/Endemol*(Case No. IV/M.553)Commission Decision(96/346/EC)[1996]OJ L 134/32(荷兰电视市场),Tesko/Tuko(Case No. IV/M.784)[1997]OJ L 110/53(芬兰日用消费品零售市场),*Blokker/Toys"R"Us*(Case No. IV/M.890)[1998]OJ L316/1(荷兰零售玩具市场)。

[48] 在27个成员国当中,只有卢森堡不具备并购控制体系。

[49] 第22条还规定,如果案件移送条件满足的话,欧委会还会邀请一个或者是多个成员国提起移送申请。

[50] 也就是说,该项交易会对成员国之间的贸易流带来可感知的影响。针对这一点而言,《案件移送通知》提及了《欧共体条约》[2004]OJ C 101/81第81、82条有关贸易影响概念的指引。

成员国境内有效竞争的威胁的话。针对后面一点要求，需要证明交易确实存在给竞争带来严重负面影响的风险。[51]

5.38 第22条第(1)款第2段要求欧委会通知其他成员国竞争当局以及有关企业该项申请。案件移交申请必须要在向成员国竞争当局提出申报之后的15个工作日之内提出，随后，欧委会会将该申请发送给所有成员国以检验是否仍有任何其他成员国愿意加入这一请求。收到该通知之后，任何其他成员国可以在15个工作日内加入这一申请提交程序。这一时限期满之后，欧委会还有10个工作日的时间来决定其是否将要审查该项集中。只有在欧委会认为某项集中将会影响成员国之间的贸易，同时会威胁将要严重影响提请案件移交成员国境内有效竞争时，才会决定审查该交易。然而，如果在这10个工作日之内，欧委会并未作出决定，就自动认为欧委会有权根据交易各方的申请来审查该项交易。如果欧委会主张管辖权，并以提出申请的成员国的名义，依据并购条例第22条第(4)款审查案件的话，那么这一案件仍然可以由未提出申请的成员国在其国家层面上进行审查。

5.39 布莱特(Bright)和佩尔松(Persson)[52]指出了一些适用第22条会带来益处的情形。一项交易有可能会触发多个成员国竞争当局的申报要求。因此，移交申请可以减少调查所需的公共和私有资源。另外，一项交易可能会给一个成员国带来严重的竞争问题，然而该成员国却拿不出有效的救济措施，但若以欧共体范围为基础的话，就有可能存在有效的救济措施。同时，一项交易有可能会给不具备管辖权的成员国带来严重问题。最后，并购可能会涵盖比一个成员国范围更大的市场。在*P&G/Sara Lee*案[53]中，交易各方向11个成员国提交了申报，其中有6个作出了批准的决定，另外5个将案件移交至欧委会。欧委会本来是希望案件可以被移交至该处的，但最后所有未提出移交申请的成员国以及欧委会都作出了同意的决定，而且不需要任何救济措施。

(c)移交数据

5.40 表5.1展示了1990年9月至2013年2月的案件移交数据。

---

[51] European Competition Authorities (ECA), "Principles on the application, by National Competition Authorities within the ECA, of Articles 4(5) and 22 of the EC Mergers" [2005], http://ec.europa.eu/competition/ecn/eca_referral_principles_en.pdf, 2013年9月13日访问。

[52] C. Bright and M. Persson, "Article 22 of the EC Merger Regulation: An opportunity not to be missed", [2003] 24(10) ECLR, 490-7.

[53] Procter & Gamble/Sara Lee Air Care (Case COMP/M.5828) [2010] OJ C 129/10.

表 5.1　根据第 4 条第(4)款、第 4 条第(5)款、第 9 条和第 22 条进行的案件移交

II. 案件移交	1990年	1991年	1992年	1993年	1994年	1995年	1996年	1997年	1998年	1999年	2000年	2001年	2002年	2003年	2004年	2005年	2006年	2007年	2008年	2009年	2010年	2011年	2012年	2013年	总计
第 4 条第(4)款请求(RS 表)															2	14	13	5	9	8	6	10	13	6	88
第 4 条第(4)款移交至成员国															2	11	13	5	9	6	7	10	12	5	80
第 4 条第(4)款部分移交给成员国															0	0	0	1	0	0	0	1	0	1	3
第 4 条第(4)款拒绝移交															0	0	0	0	0	0	0	0	0	0	0
第 4 条第(5)款请求(RS 表)															20	28	38	51	23	26	18	22	3	8	257
第 4 条第(5)款接受移交															16	24	39	50	22	25	24	17	22	7	246
第 4 条第(5)款拒绝移交															2	0	0	2	0	0	1	0	1	0	6
第 9 条 请求	0	1	1	1	1	0	3	7	4	9	4	9	8	10	4	7	6	3	5	3	11	2	2	0	101
第 9.3 条 部分移交给成员国	0	0	1	0	1	0	0	6	3	2	3	6	7	1	1	3	1	1	2	0	3	0	1	0	42
第 9 条 全部移交	0	0	0	1	0	0	3	1	1	3	2	1	4	8	2	3	1	1	2	1	4	2	1	0	41
第 9.3 条 拒绝移交	0	1	0	0	0	0	0	0	0	1	0	0	0	1	0	0	0	1	0	1	1	0	0	0	6
第 22 条 请求	0	0	0	1	0	1	1	1	0	0	0	0	2	1	1	4	4	3	2	1	3	1	3	0	29
第 22 条第(3)款 移交(第 4064/89 号条例的第 22.4 条和第 6 条或第 8 条)	0	0	0	1	0	1	1	1	0	0	0	0	2	1	1	3	3	2	3	1	2	2	2	0	26
第 22(3)条 拒绝移交																1	1	0	0	0	1	0	1	0	4

5.41 从程序上来讲，案件移交程序可以被分为以下三个大的类别：第 4 条所规定的由交易方在申报前所提起的移交请求；第 9 条所规定的申报后移交；以及第 22 条所规定的由成员国向欧委会提出的，有关不具备欧共体范围影响力的并购的移交（申请——译者注）。然而，以上各程序允许交易方来决定一项给定的并购应当由欧委会还是在成员国层面上来审查最合适。程序也表明，交易方并不具有最终话语权。[54] 在 *Philips v. Commission* 案[55]中，普通法院认为，如果不存在案件移交的话，一个竞争对手仍然可以根据新版《欧盟并购条例》对一项并购的通过决定提出质疑，那么该竞争对手就可以在普通法院中质疑该项并购的移交决定。因此，第三方可能是几个重要竞争对手，甚至一些足够重要的潜在竞争对手也有这种参与权。[56]

5.42 第 139/2004 号条例并未对构成具备欧共体范围影响力集中的营业额收入门槛标准进行重大变更。然而，新版《欧盟并购条例》项下的管辖权经历了细微的转变。首先，成员国数目由 15 个增加至 25 个，继而又增至 27 个，自动扩大了营业额门槛的适用范围，也就在实际上降低了分配至每个成员国头上的营业额门槛要求。其次，案件可以被移交至欧委会或者是成员国的情形增多。因此新版《欧盟并购条例》旨在在欧盟范围之内，维持一站式服务并购控制程序的目标，并同时认可成员国对更适合由其监管案件的自主管辖权。新版《欧盟并购条例》试图为欧委会处理的有重要跨境影响的案件提供解决途径，但与此同时允许成员国处理主要会对其国内市场产生影响的案件。设计这一程序，使交易方在整个申报流程的早期对案件移交施加更大影响，并减少提起申报之后移交的数量。[57] 移交制度的目标是，不管是在欧委会还是在成员国竞争当局的管辖权范围之内，促进并购决定在 27 个成员国之内的执行。

四、并购控制程序

5.43 新版《欧盟并购条例》规定了案件申报的规则，并设立程序时刻表，为欧委会

---

〔54〕 如果一项集中先被放弃，继而又被提起的话（即便是由相同的交易各方以相同的模式），与起初交易相关的移送程序并不能适用于重新提起的案件，因为起初的集中案件不再存续。

〔55〕 Case T – 119/02 Royal Philips Electronics NV v. Commission [2003] ECR II – 1433.

〔56〕 Case T – 114/02 Babyliss SA v. Commission [2003] ECR II – 01279.

〔57〕 I. M. Sinan and J. N. T. Upho，"Referrals under the new EC Merger Regulation"，(Global Competition Law Review)，http://www.morganlewis.com/pubs/Sinan_EAR – EC – Merger05.pdf，2013 年 9 月 13 日访问。

提供了调查权力，还列举了交易方所享有的权利。针对第139/2004号条例而言，程序方面最重要的创新为更新了“最佳行为指南”，[58]以及有关申报程序的修正案。

(一)申报之前

5.44 在早期的并购执行案件中，会遇到申报之前的接触程序，并非正式程序。而现在，在申报之前交易方与欧委会之间的会面在欧委会所发布的“最佳行为指南”之中得到了详细的阐述，[59]这被认为是新版《欧盟并购条例》的申报程序中最为重要的方面，[60]还被普通法院认定为体现良好管理原则的例子之一。[61]

5.45 欧委会鼓励交易各方尽早与竞争总司接触，因为这有助于竞争总司更有效地处理其工作，而且针对疑难案件有更多的处理时间。然而，仍然需要平衡好旨在确保申报流程快速进行的申报前会面，与规避法定时间框架的冗长的预申报流程。[62]

---

〔58〕 DG Competition Best Practices on the Conduct of EC Merger Control 竞争总司[2004]，http://europa.eu.int/comm/competition/mergers/legislation/regulation/best_practices.pdf，2013年9月13日访问。

〔59〕 竞争总司认为，即便是针对貌似没什么问题的案件而言，申报之前与交易各方的会面也是非常有用的。申报前会面最好是在预期申报日之前的至少两周提起。申报前会面的同时，应当提交一份帮助选择合适的竞争总司案例处理小组的申请。这份备忘录应当提供一个简要的案件背景介绍，所涉及行业以及市场的简单描述，以及交易可能会给竞争带来的大致影响。在简明的案例中，交易各方可以选择提交一份CO表格初稿，并以此为基础，与竞争总司进行更深入的讨论。

〔60〕 “根据《并购执行条例》第17条第(2)款可知，接触并购程序有关文件的权利，经申请，也应当授予其他已被告知否决结果的有关交易方，只要这对于其准备论点而言是必需的。”欧委会关于接触欧委会文件规则的通知第33段，该相关情形应当参照欧共体条约第81和82条，欧洲经济区协议第53、54和57条，以及理事会(EC)《第139/2004号条例》[2005]OJ C 325/07。

〔61〕 Case T-3/93 Air France v. Commission[1994]ECR II-121，第67段。Gotz Drauz已经对此类会面的价值作出以下解释：“在采取任何正式步骤之前，并购管理处[该机构一直存续到2004年为止，是竞争总司主要的‘并购’部门]总是很乐意与交易各方讨论欲提交的并购案件，而且这种‘申报’是非正式的，而且还是保密的。这种事先的申报，从欧委会的经验来看，通常来讲对于有关各方都是有益的。尤其是这种非正式会面可以降低或者是移除由于申报时所提交的申请不完整或者是申报了一项并不适用条例的交易所带来的延迟或者是其他不便方面的风险”，欧洲委员会，“《欧盟并购控制法》：1998年3月的情况”(介绍13)。转引自N. Levy, The Control of Concentrations between Undertakings (2002) Chapter 5, (5.10), in V. Korah, Competition Law of the European Community, (New York, NY: Matthew Bender, 2002)。

〔62〕 例如，可参见2002年7月15日宣布的M.2922 Pfizer/Pharmecia，2002年10月25日提交申报，2002年11月19日程序中止，2003年2月6日程序重启，最终于2003年2月27日在第一阶段得到准许。Gavin Anderson & Company, “Comments to the DG Competition Draft Best Practices on the Conduct of EC Merger Control Procedures”(23 February 2004) para 6，http://ec.europa.eu/comm/competition/mergers/review/submissions/ref0013_gavin_anderson_en.pdf，2013年9月13日访问。

5.46 对于交易各方而言，此类会面对于决定申报案件的范围，以及未来谈判可豁免提交CO表格中所要求信息是有帮助的，[63]其同时还降低了提交材料不完整导致交易被否决的风险。对于并购控制程序的成功管理，可以就交易本身而言形成友好互惠关系，同时该程序还是保密的。因此，申报前的会面以交易方与欧委会双方的利益为基础。

（二）交易申报

5.47 新版《欧盟并购条例》规定，涉及通过合并或收购的方式获得共同控制权的案件，应当由有关各方共同提起申报。[64] 在其他所有案件中，应当由获得另外一个或者多个企业全部或部分控制权的自然人或企业来提起申报。

5.48 从旧版条例（第4064/89号条例）第4条第（1）款的措辞来看，并不允许交易各方在达成确定性协议之前提交申报材料。然而，新版《欧盟并购条例》的条文却允许交易各方，在能够向欧委会证明其具备达成协议的善良意愿的情况下，对于潜在交易提起申报，只要协议会导致欧共体范围的集中。[65]

5.49 执行条例中包括申报相关规则。[66] 申报时应提交实施条例附件I中的CO表格。CO表格较长，也较为复杂，与其说是表格，不如将其称为一份报告。填写CO表格时需要选择策略，这影响着企业后续向欧委会提交材料的框架，例如界定交易将要影响的市场，交易所处的竞争环境及其对于申报交易的影响。交易各方应当将完成CO表格当作是并购过程中最为重要的步骤之一，因为对于CO表格的回应将成为欧委会后续分析案件的基础。这样一来，交易方需要预留出充分的时间准确地填写CO表格，这将会影响申报时间，以及欧委会作出决定所需要的时间。

5.50 另外，交易方必须注意欧委会通常都会考虑其在先前的案例中所采纳的分析方法，尤其是涉及相关市场的界定问题。例如，欧委会在 *Airtours/First*

---

〔63〕 参见本章“交易申报”部分。

〔64〕 Council Regulation (EC) No. 139/2004 of 20 January 2004 on the control of concentrationsbetween undertakings (the EC Merger Regulation) [2004] OJL24/1, Article 4(Z).

〔65〕《并购控制条例》前言第34段明确了，如果企业可以展示出它们所计划的集中“足够的具体，例如，原则上是以一个协议、企业备忘录或者是由相关企业所签订的意向书为基础的”，那么他们将会遵守第4条第（1）款的规定。

〔66〕 Commission Regulation (EC) No. 802/2004 implementing Council Regulation (EC) No. 139/2004 (the “Implementing Regulation”) and its annexes (Form CO, Short Form CO, and Form RS) [2004] OJ L 133/1. This Regulation was amended by Commission Regulation (EC) No. 1033/2008 [2008] OJ L 279/3.

Choice 案中声明："在该领域先前有关案件的决定中，欧委会已经区分了特定的不同产品市场，而这些相关市场的界定将被作为是认定本案中相关市场的起点。"[67] 然而，欧委会并不受制于任何先前的决定，而且如果有必要的话，会随时更改对某个特定市场的分析方式。

5.51 正如上文所述，建议交易各方尽快为填报 CO 表格以及撰写申报草案收集信息。另外，竞争总司通常会要求交易各方在正式提交材料之前，提交一份 CO 表格草案征求意见。最终的 CO 表格应当以 1 份原件、35 份复印件的形式提交，包括所有附件。提交错误或有误导性信息的企业，将会依据新版《欧盟并购条例》第 14 条第(1)款第(a)项被处以罚款。[68]

5.52 除了通过常见的 CO 表格所进行的标准申报流程以外，[69] 还有简化版的申报流程(简化版 CO 表格)。[70] 简化程序和简化版表格可以适用于不会带来任何重大竞争问题，而且也不会带来任何实体问题的集中。[71] 引进并购的特殊程序，旨在减轻申报方和欧委会的行政负担，因为相对于 CO 表格而言，简化版 CO 表格要求的信息要少得多。

---

〔67〕 *Airtours/First Choice*(Case IV/M. 1524) Commission Decision(2000/276/EC) [2000] OJ L 93/01，第 4 段，该决定被普通法院于 2002 年 6 月 6 日所做的 Case T－342/99 案判决所否决。普通法院所做判决并未将欧委会分析方法作为其分析相关先例的起点。还可参见 *Conoco/Phillips Petroleum* (Case COMP/M. 2681) [2002] OJ C 39/08，第 10 段："根据欧委会先前的决定可知……以下市场可以被认定为是相关的……" *Magneti Marelli/MM Automotive Lighting JV*(Case COMP/M. 2102) [2000] OJ C 283/03，第 15 段。还可参见 Levy(n 61)。

〔68〕 必须以欧盟的官方语言之一进行申报，这一语言将是申报方在申报流程中所适用的语言。如果申报是按照欧洲经济区域协议第 24 号议定书第 12 条的规定，以欧洲自由贸易联盟成员国的一种官方语言进行的话，那么在提交申报的同时也必须提交一份欧共体官方语言的版本。参见《实施条例》第 3 条第(5)款。还可参见 CO 表格第 E 段。

〔69〕 提交 CO 表格之后的程序将在本章"初始调查——第一阶段"部分进行讨论。

〔70〕 详见实施条例第 3 条第(1)款。表格包含在实施条例附件 I 之中。

〔71〕 简易程序，以及简化版表格，通常适用于以下类型的交易：

· 合资企业在欧洲经济区域(EEA)之内并未进行任何活动，或者是所进行的活动可以忽略不计(也就是说，合资企业和/或相关活动在欧洲经济区域之内的营业额低于 1 亿欧元，移送给合资企业的资产总价值低于 1 亿欧元)。

· 参与交易的各方都不存在于同一个相关产品市场或相关地域市场，或者是任何一个交易方不存在于任何其他交易方所在相关产品市场的上游或下游产品市场。

· 交易各方通过兼并、(设立——译者注)合资企业或者其他收购的方式获取单独或共同控制权的情况下，尽管两方或多方在相同的相关产品以及地域市场活动，再或者是单个的各个交易方活跃于具备纵向关系的市场之上，在纵向关系中交易各方的市场份额之和低于 15%，而且，任何一方在另外一方所活跃市场的上下游市场上所具备的市场份额低于 25%。

· 收购方针对其事先共同控制的企业获取单独控制权，除非放弃共同控制权一方为了其自身的不同利益，针对合资企业的活动作出了管理方面的努力。

5.53 尽管已经提起简易程序，但欧委会有时候[72]也会要求进行全面调查，以作出“标准”决定。如果成员国在收到申报复印件之后的15个工作日之内，提出集中将会带来严重的竞争问题，或者如果第三方在调查时间内提出了此类问题，那么欧委会就会作出“标准”决定。[73]

5.54 在申报前接触阶段，鼓励申报方请求豁免通过填写完整版表格来进行申报。欧委会将会把申报事实公布在官方公报(Official Journal)及其官网上。这一公报将包含参与集中的交易各方的名字、对于集中的描述、交易所归属的经济部门以及该项集中可能符合简易程序要求的声明。该通知为相关利益方提供了提交意见的机会，尤其是可能会导致进一步调查情形的相关信息。只有当成员国或第三方所提交的信息可以证明调查的公正性时，欧委会才会以简易程序启动调查。

5.55 如果欧委会认为满足了简易程序下的通过条件，其将会在申报日起25个工作日之内作出简易决定。简易决定还会包括与实施集中直接相关且必要的限制措施。如果交易方希望明确评估附带性限制条件，是因为限制性条件涉及新颖或尚未解决的问题，那么简易程序就不适用。欧委会将在其官网上公布简易决定，并公报在中公布不反对的通知。

5.56 一项具备欧共体范围影响的集中，在申报之前，或者是被宣布与新版《欧盟并购条例》的规定一致之前，不应当实施。[74] 一旦一项集中被认为是符合新版

---

〔72〕 例如，包含以下情况：并未活跃于同一市场的交易各方合并技术金融或其他资源，或其他类型的资源；集中案件中，交易各方之间并不具备横向或纵向关系，但其各自所处的市场属于关联市场(neighboring market)，任何交易方在任何相关产品市场上的市场份额等于或高于23%；在新的，或发展不完全的市场之中，存在市场进入障碍、集中度较高或者其他公认的竞争问题(第8段)。通知还规定，如果存在以下情形，不适用简易程序：很难界定相关市场或确定交易方的市场份额，以及包含公共利益创新法律点的集中(第6)段。参见 Commission Notice on a simpli ed procedure for treatment of certain concentrations under Council Regulation (EC) No. 139/2004[2005]OJ C 56/04，http://www.europa.eu.int/eurlex/lex/LexUriServ/site/en/oj/2005/c_056/c_05620050305en00320035.pdf，2013年9月13日访问。

〔73〕 Commission Notice on a simpli ed procedure for treatment of certain concentrations under Council Regulation (EC) No. 139/2004[2005]OJ C 56/04，http://www.europa.eu.int/eurlex/lex/LexUriServ/site/en/oj/2005/c_056/c_05620050305en00320035.pdf，2013年9月13日访问。

〔74〕 新版《欧盟并购条例》第7条第(1)款。Gun - jumping 指的是在应当适用的并购控制法律所规定的期限之前，部分或完全实施一项兼并、收购或者是成立一个合资企业。欧委会禁止了一项在获得许可之前就部分执行的集中案件：Bertelsmann/Kirch/Premiere(Case No. IV/M.993)Commission Decision(1999/513/EC)[1999]OJ L 53/01，该案就包含了 Bertelsmann、Kirch 与 Premiere 通过设立合资企业，在德国境内铺设第一个数字付费电视频道。就在申报之前，执行合资企业协议之后不久，据称 Premiere 就开始向用户营销 Kirch 的数字译码器了，而且还为了提供其数字电视服务使用这种译码器。交易各方很明确地及时终止了 gun - jumping 活动，而欧委会也据此并未施加任何罚款。详见 J. Modrall and S. Ciullo，Gun - jumping and EU merger control，[2003]24(9)ECLR，424 - 30。

《欧盟并购条例》的规定,那么其实施的时间就不存在限制。[75]

(三)初步调查:第一阶段

5.57 《并购控制条例》规定的程序可以分为两个阶段,也就是大家所熟知的调查第一阶段和第二阶段。这种两阶段的调查方法,援引自1976年美国的《哈特—斯科特—罗迪诺法》,使得在更为复杂的案件中,可以实现更为深入的分析,欧委会因此可以迅速处理不太可能会严重损害竞争的案件。

5.58 欧委会要在25个工作日内就集中是否与共同市场相符作出初步决定。如果交易方在提交申报之后的20个工作日之内提交了救济措施申请,或者是一个成员国请求移交案件的话,那么25个工作日的期限可以延长至35个工作日。欧委会认为一项申报已经完成之日的第二日起,开始计算调查第一阶段的时限。如果欧委会认为申报实质上不完整,那么只有在交易各方一直修改申报表格直至欧委会满意时,审查时限才开始计算。如果交易各方并未在要求的时间节点之前提交所需信息,那么这个25个工作日的时限有可能会中止。

5.59 在收到申报后的3日之内,欧委会必须把申报材料的副本传达给成员国的相关机构。如果经初步审查,欧委会认为并购条例可能会适用于申报的集中,就必须在欧盟官方公报中公布申报的有关事实、交易各方名字、对于交易的描述以及所涉及的经济领域。[76] 欧委会通常在收到申报之后的8日之内在官方公报中进行公布,并欢迎第三方在公布之后的10日之内提交建议。[77]

5.60 新版《最佳行为指南》,以及申报前接触程序的引进,造成最初要在CO申报表格中填写大量信息。这一体系相应的优势在于,一旦正式申报完成,第一阶段的审查程序可以实现无缝对接。针对绝大多数的申报案件而言,它们都是在25个工作日之内获得准许的,而且之后交易各方可以立即完成交易。

5.61 欧委会可能会根据提出的问题,例行向有关申报方和第三方发出补交信息的官方或非官方请求(如竞争对手、供应方以及消费者)。[78] 欧委会也会考虑成员国以及第三方提交的建议。

---

〔75〕 Gaz de France/Suez (Case COMP/M.4180) Commission Decision (2007/194/EC) [2007] OJ L 88/47.

〔76〕 根据新版《欧盟并购条例》第4条第(3)款。

〔77〕 Commission Notice on a simpli ed procedure for treatment of certain concentrations under Council Regulation (EC) No. 139/2044 [2005] OJ C 56/04, para 16, http://europa.eu.int/comm/ competition/whatsnew.html,2013年9月13日访问。

〔78〕 根据新版《欧盟并购条例》第11条。

5.62 在并购案件中，欧委会审查会计账簿、要求现场口头解释以及进入经营场所的权力〔79〕至今仍未起到重要作用。〔80〕 这些权力经并购条例改革得到扩张，现在还包括在审查过程中访问企业官员的权力。然而，欧委会似乎不大可能需要在并购控制程序中大范围地适用这种权力。〔81〕

5.63 最近的实践中，欧委会已经诉诸签发大范围的信息请求，以获得更多的调查时间。〔82〕 如果交易方无法在截止时间之前提供要求的所有信息，欧委会可以依据新版《欧盟并购条例》第 11 条第(3)款发出有关补交信息的正式请求。这将会造成"停表"(stop – the – clock)，并会中止调查时间直到交易方能够完全满足遵守欧委会的请求。〔83〕

5.64 在第一调查阶段的末期，欧委会作出以下决定：申报的交易不受条例控制，〔84〕或者是经修正之后，可以基本确定与共同市场相符，再或者是针对是

---

〔79〕 根据新版《欧盟并购条例》第 12、13 条。

〔80〕 大致上来讲，欧委会的调查权力与 Regulation 1/2003 of Article 9 of the Implementing Regulation 的有关规定相类似。然而，存在一个重要例外：欧委会无权针对企业董事以及有关人员的私人住所进行审查，正如第 2003/1 号条例第 21 条详细规定的那样。前竞争委员 Mairo Monti 曾提到，相对于实施并购控制条例而言，为了发现卡特尔的存在，可能更需要合适的特定权力："基于这点原因，(针对搜查私人住所的要求——译者注)我并未被说服，因此，也不会提议依据并购控制条例授权欧委会搜查私人住所的权力。" Speech by Mario Monti European Competition Commissioner Review of the EC Merger Regulation – Roadmap for the reform project Conference on Reform of European Merger Control, British Chamber of Commerce(Brussels, 4 June, 2002)(SPEECH/02/252), heep://europa. eu/rapid/press – release_SPEECH – 02 – 252_en. htm? locale = en，2013 年 9 月 13 日访问。

〔81〕 实践中，欧委会所进行的调查都不大可能会有时间限制。欧委会发言人 Amelia Torres 认为："通常来讲，公司会通知我们它们的意图，而不大可能冒突然袭击的风险。" Brussels to Boost Antitrust Powers(BBC News, December 2001), http://news. bbc. co. uk/1/hi/business/1697766. stm，2013 年 9 月 13 日访问。

〔82〕 参见 *Pfizer/Pharmacia*(Case COMP/M. 2922)[2002]OJ C 265/02，在该案中，已经于 2002 年 11 月 18 日针对申报方做出了第 11 条决定，而全面信息直到 2003 年 2 月 6 日才提交。相类似的，在 *Lagardere/Natexis/VUP*(Case COMP/M. 2978)[2003]OJ C 137/06 案中，调查先是被中止了 2 个月，之后又被中止了 1 个月，因为交易方并未在欧委会第 11 条决定中所要求的时限之内提交有关信息。

〔83〕 欧委会也可以针对其中止期间进行延展。任何期间的延展最多均不得超过 20 个工作日。参见《欧盟并购控制条例》第(10)条第(3)款第(b)项。

〔84〕 新版《欧盟并购条例》第 6 条第(1)款第(a)项。如果认为申报的交易并不构成第 3 条所规定的"集中"，或者是并不具备欧共体范围影响力的话，欧委会就会宣布新版《欧盟并购条例》不适用。通常情况下，不到 1% 的案件会落入这种情况之中，http://europa. en. int/comm/competition/mergers/cases/stats. html，2013 年 9 月 13 日访问。在 C – 170/02 P Schlusselverlag JS Moser et al v. Commission[2003]ECR I – 9889 案中，第 26 ~ 30 段，欧洲最高院强调，针对这类请求而言，欧委会应当承担法律责任。

否与共同市场相符仍然存在重大疑问,从而需要进入第二阶段深入调查。[85]

5.65 欧委会的决定应当公布在官方公报[86]及其官方网站上。[87] 另外,如果交易方进入了调查第二阶段,欧委会就会依据第 6 条第(1)款第(c)项,将其决定传达至申报方而不公布,并解释引发第二阶段调查程序的“严正质疑”。

这样一来,第一阶段调查程序的结果可以表现为,某一项并购:

- 落到了新版《欧盟并购条例》第 6 条第(1)款第(a)项范围之外(大约有 1%);
- 针对与共同市场的相符性而言,并不会引发严正质疑,原因在于依据新版《欧盟并购条例》第 6 条第(1)款第(b)项所规定的申报或者是后续的救济措施(94% ~95%,以及 88%的未包含救济措施);或者
- 针对与共同市场的相符性而言,引发了严正质疑,从而需要展开依据新版《欧盟并购条例》第 6 条第(1)款第(c)项所规定的更深入的第二调查阶段(有 4% ~5%)。

见表 5.2。

---

〔85〕 新版《欧盟并购条例》第 6 条第(1)款第(c)项,http://europa.eu.int/comm/competition/mergers/cases/stats.html,2013 年 9 月 13 日访问。

〔86〕 新版《欧盟并购条例》第 20 条规定,欧委会有义务公布其决定,终止第二调查阶段。但并不要求在第一调查阶段的默契公布决定。

〔87〕 新版《欧盟并购条例》第 6 条第(5)款。欧委会承担毫不迟疑地通知相关企业以及成员国竞争当局其决定的职责。

表 5.2　第一阶段决定

III. 第一阶段决定	1990年	1991年	1992年	1993年	1994年	1995年	1996年	1997年	1998年	1999年	2000年	2001年	2002年	2003年	2004年	2005年	2006年	2007年	2008年	2009年	2010年	2011年	2012年	2013年	总计
第6条第(1)款(a)项　并购条例范围之外	2	5	9	4	5	9	6	4	4	1	1	1	1	0	0	0	0	0	0	0	0	0	0	0	52
第6条第(1)款(b)项　相符性	5	47	43	49	78	90	109	118	118	225	278	299	238	203	220	276	323	368	307	225	253	299	254	146	4649
第6.1(b)条　简易程序下的相符性[数据计算在以上第6.1(b)条兼容性的数据之内]	0	0	0	0	0	0	0	0	0	0	41	141	103	110	138	169	211	238	190	143	143	191	170	93	1938
第6条第(1)款第(6)项　连同第6.2条(与承诺的相符性)	0	3	4	0	2	3	0	2	2	16	26	11	10	11	12	15	13	18	19	13	4	5	9	6	224

(四)深入调查:第二阶段

5.66 正如表5.2所展示的那样,欧委会试图在调查第一阶段解决大多数案件。然而,针对那些引发困难问题并需要深入调查的案件而言,就不得不进入调查第二阶段。从决定展开调查第二阶段之日开始,欧委会还有90个工作日的时间作出最终决定,但如果交易各方在调查第二阶段开始之后的第54天之后提出了救济措施申请的话,作出最终决定的期限就会延长至105个工作日。[88]

5.67 申报方有可能请求延长20个工作日的时间。然而,他们也可能仅申请一次延长,而且仅在调查第二阶段开始之后的15个工作日之内提出。如果交易方同意,欧委会可能会将时限延长20个工作日,而延长的次数不受限制,也不管交易方何时同意延长。然而不论是由申报方单方提出的,还是经与欧委会协商一致通过的,这类延长总数上都不得超过20个工作日。

5.68 当欧委会决定作出不利于交易方的决定时,[89]就必须要根据新版《欧盟并购条例》第18条第(1)款给交易方听证的机会。交易方听证的权利代表了通常意义上抗辩权的核心,除此之外抗辩权的核心还包括法定代表权、拒绝透露商业秘密权以及禁止自证其罪权。[90] 在作出任何不利决定之前,赋予相关交易方听证的权利,是被《基本权利宪章》第41条所认可的欧盟法律所规定的基本权利。[91]

5.69 如果一项交易可能会被否决或者是附条件通过,实施条例要求欧委会应当向交易方出具书面异议声明(SO)[92],从而给交易方机会对欧委会的关切作出

---

〔88〕 根据实施条例第19条可知,交易各方应当在第二调查阶段开始之后的65个工作日之内提出。然而,如果交易方请求或同意针对作出最终决定的时限进行延长的话,截止日期就可以被推后。

〔89〕 例如:认为一项交易与共同市场不相符,附条件同意一项交易,处以罚款或延长中止期限。

〔90〕 T. Tridimas, e General Principles of EC Law (Oxford: Oxford University Press, 1999).

〔91〕 Decision of the President of the European Commission of 13 October 2011 on the function andterms of reference of the hearing o cer in certain competition proceedings (2011/695/EU) [2011] OJ L 275/29, para 2.

〔92〕 根据实施条例第13条可知,欧委会有义务将其反对意见以书面的形式通知到交易方,以使得他们能够准备抗辩。根据实施条例第16条可知,欧委会书面通知利益第三方有关程序的主题,以使得他们能够针对调查发表意见。在Case T-290/94 Kayserberg SA v. Commission[1998]ECR II-04105案中,普通法院评论到,根据新版《欧盟并购条例》第18条很明显的可以得出结论:针对接受调查的相关企业而言,第三方程序方面的权利并没有那么广泛。新版《欧盟并购条例》第18条第(4)款规定,证明与交易有重大利益关联的自然人或法人经申请,应当有权陈述其意见。详见M. Kekelekis, "e 'statement of objections' as an inherent part of the right to be heard in EC merger proceedings: issues of concern", [2004]25(8)ECLR, 518-27。参见Article 13(2) of the Implementing Regulation and Green Paper on the Review of Council Regulation (EEC) No. 4064/89, COM(2001) 745 nal, para 240。

回应。[93] 当有关并购是否与共同市场相符的重大疑问尚未排除时，欧委会就会发出异议声明。欧委会必须要发布此声明，列举出作为其作出反对意见基础的所有事实和法律，而申辩方不仅要针对这些反对意见，还要针对欧委会的证据提出建议。[94] 欧洲最高院在 *IBM v. Commission* 案[95]中提出，异议声明的主旨在于使得相关企业能够表达其观点，并在欧委会作出影响交易方利益的决定之前为其提供足够充分的信息。如果并购获得附条件准许，所附条件会直接体现在决定之中，或者是作为决定的附件出现，但与异议声明中的主要形式一致。[96]

5.70 异议声明只是一份初步文件，[97]因此最终的决定不需要解释其为什么与异议声明中的观点不一致，同时这种差别本身并不会构成评估方面的明显错误。然而，欧委会必须要证明其完全改变观点[98]的合理性。普通法院建议，异议声明中的事实必须能够支持欧委会决定中的结论，除非欧委会可以在法院面前反驳这些事实。[99]

5.71 欧委会通常会在调查第二阶段的第 8～10 周之间，给交易方签发异议声明。针对申报方提交回复意见而言，并没有什么特定的时限，这取决于欧委会的自由裁量权。交易方有一个特定的、非常有限的时间段来作出回应（通常是 2 周）。然而，在一些案件中，欧委会已经根据交易方所提交的救济性措施同意了申报的交易，而并未签发异议声明，如此一来大大缩减了调查第二阶段的时间。[100]

---

〔93〕 欧委会根据实施条例第 13 条第（4）款的规定，在作出处以罚款或者是周期性罚款支付决定之前，仍要求发布异议声明。

〔94〕 Case T－30/91 Solvay SA v. Commission [1995] ECR II－01775.

〔95〕 Case C－60/81 IBM v. Commission [1981] ECR 02639.

〔96〕 M. Kekelekis（n 92）。异议声明包含了欧委会所有的文件证据，以使得交易方能够通过提交其调查报告，并在听证程序中展示其案例，为自己做辩护。

〔97〕 异议声明只是一种决定草案，并不能在法院面前受到质疑。

〔98〕 正如 Sony/BMG（Case COMP/M. 3333）[2007] OJ C 59/01 案中所示的那样，以及在最终面临“流产”的 Time Warner/EMI（Case COMP/M. 1852）[2000] OJ C 180/06 案。

〔99〕 S. Volcker and C. O'Daly, " e Court of First Instance's Impala judgment: a judicial counter－reformation in EU merger control?", [2006] 17（11） ECLR, 589－96.

〔100〕 详见例如 *BT/AT&T*（Case JV. 15）[1998] OJ C342, 99; *Allied Signal/Honeywell*（Case COMP/M. 1601）Commission Decision（2001/417/EC）OJ L 152/1; *MMS/DASA－ASTRIUM*（Case COMP/M. 1636）[1999] OJ C 358/03; *Pirelli/BICC－General*（Case COMP/M. 1882）[2000] OJ C 84/05。

(五)获取文件

5.72 根据新版《欧盟并购条例》第 18 条第(3)款可知,欧委会的最终决定只能以交易方对此能够提出建议的异议为基础。[101] 交易方有权根据新版《欧盟并购条例》第 18 条第(3)款的程序性规定接触相关文件。接触文件的权利意在使交易方能够对欧委会提出的意义生命有效地行使抗辩权。根据新版《欧盟并购条例》第 18 条第(3)款,"应当在程序中充分尊重交易方的抗辩权",所以欧委会有义务与交易方合作。欧委会必须要调查案件的方方面面,包括那些有利于并购实施的因素。

5.73 在收到异议声明之后,申报方或某些案件中的第三方可以请求接触欧委会的文件,来查阅欧委会在发布异议声明时并未提供的文件。[102] "欧委会文件"包括欧委会调查并购案件过程中欧盟竞争委员会获得、制作和/或收集到的所有文件。[103] 第 1049/2001 号条例[104]规定了接触欧盟机构文件的权利,只要所透露的文件不会损害对公共安全、个人隐私与诚信、经济利益、法院程序、调查目的以及欧盟机构最终的决策程序这些利益的保护。[105] 为了保证交易方针对异议声明中所包含的声明有权获得公平申辩的权利,交易方就需要有权接触文件。[106] 正如接触文件通知[107]第 18 段所述:

---

[101] 常见问题在于,回应异议声明的时限会与提交救济性措施时间截点相互重合(第二阶段开始之后的 65 天)。这会给交易方带来问题,考虑到在行政授权程序的大背景之下,交易方需要充分时间来针对异议声明进行调查的重要性。更进一步来讲,在处理救济性措施之前,欧委会基本山上没有时间研究交易方针对异议声明所作出的回应。

[102] 在大多数案件中,这些文件指的是竞争对手或消费者的评论。

[103] Commission Notice on the rules for access to the Commission file in cases pursuant to Articles 81 and 82 of the EC Treaty, Articles 53, 54, and 57 of the EEA Agreement and Council Regulation (EC) No. 139/2004 [2005] OJ C 325/7. 内部文件可能并非定罪性的,也非申明无罪的,而且并不构成欧委会所能依赖的证据的一部分,交易方对于这类欧委会文件而言,并无权接触。

[104] Regulation (EC) No. 1049/2001 of the European Parliament and of the Council of 30 May 2001 regarding public access to European Parliament, Council, and Commission documents [2001] OJ L145/43.

[105] R. Hempel, "Access to DG Competition's files: an analysis of recent EU court case law", [2012] 33 (4) ECLR, 195 - 202.

[106] 106 Article 18(3) EUMR and Article 13(3) of the Implementing Regulation, "欧委会应当仅能以交易方能够据此提交调查意见的异议为基础来作决定"。

[107] Commission Notice on the rules for access to the Commission file in cases pursuant to Articles 81 and 82 of the EC Treaty, Articles 53, 54, and 57 of the EEA Agreement and Council Regulation(EC) No. 139/2004 [2005] OJ C 235/7.

如果透露一个企业的商业活动信息将会给该相同企业带来严重损害的话,那么这类信息就构成商业秘密。可以被界定为商业秘密的包括以下情形:有关一个企业商业秘密的技术和/或财务信息、评估成本的方法、生产秘密和流程、供应源、生产和卖出的数量、市场份额、消费者和分销者名单、市场营销计划、成本和价格结构以及销售策略。

5.74 交易方不得接触文件中的商业秘密[108],或欧委会、成员国当局内部文件。如果会接触文件会损害对公共安全、隐私、个人经济利益的完整性、法院程序、调查目的以及欧盟机构的决策程序这些利益的保护,欧委会可以拒绝接触文件的申请。

5.75 在 *Odile Jacob* 案[109]中,普通法院认可了欧委会拒绝一个法国编辑接触欧委会在 *Lagardère/Natexis/VUP* 案中有关文件的申请。[110] 申请人希望通过使用这些文件,对欧委会的决定提起上诉。至于欧委会所援引的检查例外,普通法院认为,为了保护欧委会程序,即便是得出此类文件的调查程序已经结束,只要欧委会的程序还在进行之中,就可以阻止接触有关文件。普通法院还补充,最为重要的公共利益本质上来讲必须是客观的、具有普遍意义的,而且一定不能将其与特定的私人利益混淆在一起,例如那些与反对欧盟机构决定的行为有关的利益。[111] 在 *My Travel* 案[112]中,My Travel 已经申请接触欧

---

[108] 欧共体条约以及任何其他执行性条例中并未对于商业秘密进行界定。欧洲法院已经对此进行了一个非常宽泛的界定,但从未给出一个一致的信息类别。欧洲法院所认定的商业秘密拥有一个共同特征:如果有关信息被泄露的话,就会给其所有者的利益带来负面影响。详见 Commission Notice on the internal rules of procedure for processing requests for access to the file in cases pursuant to Articles 85 and 86 of the EC Treaty, Articles 65 and 66 of the ECSC Treaty, and Council Regulation (EEC) No. 4064/89 OJ C 23/3,还可参见 Case 53/85 AKZO Chemie BV and AKZO Chemie UK Ltd. v. Commission[1986]ECR 01965 第 24 ~28 段,欧洲法院将商业秘密界定为:有关一方重大利益、运行或发展业务的战略信息,而以上信息是不为第三方所知的。

[109] Case T-279/04Éditions Odile Jacob SAS v. Commission[2010]ECR II-00185。请求与购买协议、进一步合同、欧委会与申报方之间的通信、欧委会的内部文件以及与救济措施相关的文件有关联。

[110] *Lagardère/Natexis/VUP*(Case COMP/M.2978)[2003]OJ C 137/06.

[111] 在 Case C-404/10 *P Commission v. Éditions Odile Jacob SAS* 以及 Case C-477/10 *P Commission v. Agrofert Holding a. s.* 案中,第三方请求接触欧委会关于 *PKN Orlen/Unipetrol*(Case COMP/M.3543)[2005]OJ C 129/02 案的文件,以便评定 Unipetrol(包括其自身)小股东由于并购所遭受的利益损失。普通法院并不认可欧委会所提出的其所接收到的文件全部都应当受到保护的论点,还追加到欧委会在并购控制程序中收集信息的特定目的,并不影响第 1049/2001 号条例所规定的普遍性权利。涉及经济利益例外,与欧委会保护职业性秘密义务之间的关系,经济利益这一概念的外延要大于商业秘密的外延。普通法院还认为,得出准许并购决定的调查程序已经完结,因此,(即便是——译者注)透露有关材料也不会有损调查程序的完成。详见 Hempel(n 105)。

[112] Case T-403/05 *MyTravel v. Commission* [2008] ECR II-2027.

委会在 *Airtours/First Choice* 并购控制案[113]中的文件,目的在于以此为基础提起损害赔偿的诉讼请求,但被欧委会拒绝了。普通法院承认,所涉文件包含在保护欧盟机构决策程序的例外情况之中。Kingdom of Sweden 成功对此决定提起上诉,[114]是因为欧委会并未说明例外情况应当适用,但是欧洲最高法院并未检验是否存在最重要的公共利益。[115]

5.76 欧洲监察官已经分析了透露有关文件会破坏欧委会的调查目的这一情形。他将不同文件分为了三类:申请人为了得到宽大处理自动提交的文件,依信息请求所提交的文件以及欧委会在"突袭调查"中获得的文件。透露上述第一、二类有关文件有可能会危及欧委会收集事实的能力,然而针对第三类文件而言,并不存在这种危险。[116]

5.77 获取文件的程序受到听证官的监督,而听证官是欧委会的高级官员,其并非欧委会调查并购案件小组的成员。听证官的角色在于监督、保护交易方的程序性权利。听证官在并购控制程序中的角色在于保护交易方的公正秩序权利。要求听证官确保听证本身的"客观性",并确保在欧委会的决定初稿中,理应考虑到了所有相关事实,不管该事实对申报方有利与否,同时,听证官也可以针对欧委会竞争程序所引发的任何问题提出观察报告。[117] 听证官应当能够帮助作出有关文件属于法律职业特权请求的决议,应当负责决定第三方是否展示了足够的利益以获取意见被听取的权利,应当决定是否允许原告以及有关第三方参与口头听证程序,考虑到他们对于明确案件有关事实可以作出的贡献,而且应当负责确保有关接触文件的争议,或保护商业秘密和其他保密性信息的争议得到解决。最后,听证官应当负责决定是否同意延长回应异议声明期限的申请。

---

[113] *Airtours/First Choice*(Case IV/M. 1524) Commission Decision (2000/276/EC) [2000] OJ L93/1.

[114] Case C-506/08 *P Kingdom of Sweden v. Commission*[2011](未公布)。

[115] Hempel(n 105).

[116] 在他的决定中,监察员提到,促进欧盟竞争法在私人领域之内的执行可以体现为一种公共利益。然而,该监察员并不认为这种公共利益通常情况下要比第 1049/2001 号条例第 4 条第(2)款所规定的例外更为重要,还建议欧委会在处理接触其文件申请时,应当检查文件在何种程度上可以被适用于私人的损害赔偿诉讼;以及,除了接触文件以外,是否还存在其他相对而言更能促进欧盟竞争法在私人领域之内得到执行的可选项(拒绝公众接触欧盟竞争法 Case 3699/2006/ELB[2007]案决定,第 10 段)。详见 Hempel(n 105)。

[117] H. Hofmann,"Good governance in European merger control: due process and checks and bal- ances under review", [2003] 24(3) ECLR, 114-31.

(六) 口头听证

5.78 经申报方请求,欧委会必须要举行一个正式的、非公开的口头听证程序,在该程序之中申报方可以全面展示其论点。如果申报方并未请求听证,那么欧委会无权经第三方请求决定开展听证程序。欧委会在处理案件的整个流程之中,都会根据并购控制条例第 19 条第(2)款的要求,与成员国竞争当局紧密接触。

5.79 听证官会发布两份不同的报告:一份报告是给欧委会委员的内部报告,其内容包括听证的所有细节,听证官的详细观察报告和初步结论,以及有关如何推进程序进行的建议。另一份报告是发送给欧委会同事,[118] 成员国竞争当局以及顾问委员会的,并最终与欧委会的最终决定一起公布在官方公报上。[119]

5.80 第二调查阶段中,欧委会在作出最终决定之前,应当咨询由成员国当局代表所组成的顾问委员会的意见。顾问委员会由成员国竞争当局代表组成。这就确保了欧委会是在与成员国竞争当局经常、紧密配合的基础上处理案件的。[120] 欧委会在作出最终决定之前,必须要根据新版《欧盟并购条例》第 19 条第(3)~(7)款,咨询并"尽最大可能考虑到"由成员国代表所组成的顾问委员会的意见。然而,实践中,顾问委员会通常都会遵循欧委会的建议。[121]

5.81 欧委会的法律服务办公室会在给欧委会提出建议之前负责评审最终决定,尽管其并不充分具备分析、评估经济问题的能力。

5.82 在调查第二阶段末期,欧委会可能会决定依据并购条例第 8 条,宣布集中与共同市场相符而不需要任何变更,[122] 或者由于与共同市场不相符而禁止集中,[123] 再或者宣布在一定变更的基础之上认定集中与共同市场相符。[124]

5.83 欧委会审查并购的最后一个环节就是,欧委会作为一个合议主体来决定竞争总署的最终决定。这一最终决策环节的目的在于避免与欧共体其他政策目

---

[118] 根据并购条例第 8 条所作出的正式决定需要所有欧委会委员的全体一致同意。

[119] Hofmann (n 117).

[120] 正如《并购控制条例》第 19 条第(2)款所要求的那样。

[121] 尽管在 *GE/Honeywell* 案中,一个成员国并不赞同欧委会。

[122] 新版《欧盟并购条例》第 8 条第(1)款。

[123] 新版《欧盟并购条例》第 8 条第(3)款。

[124] 新版《欧盟并购条例》第 8 条第(2)款。

标相冲突。[125]

5.84 调查第二阶段的结果是,欧委会可能会依据第8条作出以下决定:

- 宣布集中与共同市场相符,且不需要救济措施(约25%的第二阶段案件);
- 禁止集中,因其与共同市场不相符(约20%的第二阶段案件);[126]
- 宣布集中与共同市场相符,但需要救济措施(约55%的第二阶段案件)。

5.85 表5.3列举了欧委会提起第二阶段调查的并购案件数目,以及1990年至2013年2月之间第二阶段调查结果。

---

[125] 通常来讲,欧委会委员会同意竞争总司的决定。但在最近金融危机背景之下,据称还会有来自成员国的巨大干涉,甚至在一些比较极端的情况下,欧委会内部委员之间还会分为几个不同部分。

[126] 主要的在成员国被禁止的并购判例包括:

· IBM/Schlumberger, Competition Authority, Determination No. M/04/032(爱尔兰竞争当局)。

· Kingspan/Xtratherm, Competition Authority, Determination No. M/06/039(爱尔兰竞争当局)。

· Case C5249 Autogrill/Ristop, 2002年7月24日, Bull. No. 29/2002, Case C5249B Autogrill/Ristop, 2002年9月5日, Bull, No. 35 - 36/2002(意大利竞争当局)。

· Ccent 37/2004 Barraqueiro/Arrival/ATMS(2005年11月25日)(葡萄牙竞争当局)。

· Ccent 22/2005 Via Oeste(Brisa) - Auto - Estradas do Atl'antico(2006年4月7日)(葡萄牙竞争当局)。

表 5.3　第二阶段调查的案件和决定数量

IV. 第二阶段调查的案件	1990年	1991年	1992年	1993年	1994年	1995年	1996年	1997年	1998年	1999年	2000年	2001年	2002年	2003年	2004年	2005年	2006年	2007年	2008年	2009年	2010年	2011年	2012年	2013年	总计
第6.1(c)条	0	6	4	4	6	7	6	11	11	20	18	21	7	9	8	10	13	15	10	5	4	8	10	2	215
V. 第二阶段决定的案件	1990年	1991年	1992年	1993年	1994年	1995年	1996年	1997年	1998年	1999年	2000年	2001年	2002年	2003年	2004年	2005年	2006年	2007年	2008年	2009年	2010年	2011年	2012年	2013年	总计
第8.1条　相符性（第4061/89号条例的8.2）	0	1	1	1	2	2	1	1	3	0	3	5	2	2	2	2	4	5	9	0	1	4	1	0	52
第8.2条　与承诺的相符性	0	3	3	2	2	3	3	7	4	4	12	9	5	6	4	3	8	4	5	3	2	1	6	2	102
第8.3条　禁止	0	1	0	0	1	2	3	1	2	1	2	5	0	0	1	0	0	1	0	0	0	1	1	2	24
第8.4条　恢复有效竞争	0	0	0	0	0	0	0	2	0	0	0	0	2	0	0	0	0	0	0	0	0	0	0	0	4

五、平行申报

5.86 新版《欧盟并购条例》并未明确规定可以合并审理两个连续的独立集中案件。每一桩申报的集中,都会依据新版《欧盟并购条例》具备其自身的程序和时刻表。当两个案件同时发生时,欧委会就会在各个案件申报之时根据竞争情况评估每一个交易的影响,而且还会将第一个集中独立于第二个集中来评估。这样一来,欧委会就会通过仅仅分析第一个并购自身情况/特征而不考虑第二个并购,然后再以第一个并购案件的评估结果为基础来分析第二个并购,依据优先规则来处理这种"冲突案件"。根据欧委会意见可知,对于一个申报方而言,如果该项集中不会严重损害共同市场上的有效竞争,就有权将其交易认定为是与共同市场相符的。

5.87 在相互重叠的并购案件中,如果第一桩交易的申报一方同时也在相同市场上通过第二桩交易收购或者是处理另外一个业务的话,欧委会在处理第一桩交易时,会假设第二桩交易将会发生。[127]

5.88 林赛(Lindsay)和巴瓦索(Bavasso)展示了四种涉及平行并购案件的情形。第一,如果有两桩申报的并购A和B,而且欧委会正在考虑申报的并购A,欧委会就需要考虑申报的并购B,因为其需要预测,如果没有并购A的话,市场将会发展成什么样子。第二,如果任一个并购或者两个并购的申报方提供了救济措施,那么在评估已经救济措施修正并购A时,欧委会必须考虑到可能会对已经任何救济措施修正并购B所作的评定。第三,如果欧委会针对申报的并购A和B都享有管辖权,而且决定仅同意一项并购的话,应当通过第一个作出决定的并购,因为在评定第二个并购发生可能性时,欧委会会考虑是否有可能通过第二个并购。第四,如果欧委会针对第二个并购不具有管辖权的话,那么欧委会就必须要预测其他反垄断当局可能会对于第二个并购所作出的评估。如果欧委会通过了第一个并购而其他当局可能会禁止第二个并购的话,那么就属于以上所列举的第三种情形。即便欧委会通过了第一个并购,其他反垄断当局还是有可能通过第二个并购的情况下,案件变得更为复杂。如果欧委会的评估结果是只有一桩交易可能会继续进行,那么就要求禁

---

[127] A. Bavasso and A. Lindsay, "Causation in EC merger control" [2007] 3(2) JCL & E, 181 - 202.

止第一桩交易。[128]

5.89 在 *KarstadtQuelle/MyTravel* 案[129]以及 *TUI/First Choice* 案[130]中,欧委会就有机会阐明同时发生在英国和爱尔兰市场上的短途度假套餐和长途度假套餐并购案件的处理情况。[131]

5.90 还有其他类似情形。Price Waterhouse 与 Coopers & Lybrand 之间的并购仅在 KPMG 与 Ernst & Young 并购之前的 12 天提起申报。[132] 在评估申报的 Price Waterhouse/Coopers & Lybrand 交易时,欧委会也考虑到了 KPMG/E&Y 并购。欧委会发现,在这种双重并购情境之下,经两个并购可能会产生的两个最大企业的市场份额之和将会带来反竞争影响。KPMG/E&Y 并购被放弃之后,欧委会在不需要考虑双重并购情形的基础之上,认为应当通过 Price Waterhouse/Coopers & Lybrand 并购申请,因为据此并不会产生真正的反竞争问题。

5.91 2001 年 7 月,Shell/RWE – DEA 和 BP/E. ON 这两个并购相隔 17 天先后提起申报。[133] 在这两个并购案件中,欧委会不得不针对以下两种处理方式作出选择:适用优先原则,还是将两个并购合并处理并选择合并评估。正如施密特所声称的那样,优先原则确保了高标准的客观可预测性,但是这与法律确定性是否一样则另当别论。合并评估的方法更加重视实体部分的评估。[134] 欧委会以其自身所声称的"双重并购情景"为基础来进行分析。欧委会采取了合并评估的分析方法,会在前后临近申报的其他交易背景之下分析每一个集中。欧委会会在第二个并购实际会发生的市场结构背景之下分析第一个交易。欧委会认为,其不能将竞争评估限制在市场上的特定发展(环境——

---

[128] Bavasso and Lindsay (n 127).

[129] *Karstadt Quelle/MyTravel* (Case COMP/M. 4601) [2007] OJ C 75/08.

[130] *TUI/First Choice* (Case COMP/M. 4600) [2007] OJ C 81/03.

[131] 针对 *Karstadt Quelle/MyTravel*(Case COMP/M. 4601) [2007] OJ C 75/08 案而言,交易被准许,而且不需要救济救济措施;而在后续的第二个并购案件——*TUI/First Choice*(Case COMP/M. 4600) [2007] OJ C 81/03,交易被准许,但需要满足以下条件:TUI 要将"Budget Travel"牌下的爱尔兰业务运营分离出去。

[132] 详见 *Price Waterhouse. Coopers & Lybrand*(Case IV/M. 1016) Commission Decision(1999/152/EC) [1999] OJ L 050/0027, KPMG/Ernst & Young (Case No. IV/M. 1044) [1998] OJ C 05/03 (被撤回)。

[133] Shell/DEA (Case COMP/M. 2389) [2001] OJ C 202/10 and BP/E. ON (Case COMP/M. 2533) [2001] OJ C 222/06.

[134] J. Schmidt, "Spotting the elephant in parallel mergers: first past the post, or combined assess ment", [2003] 24(5) ECLR, 183 – 92.

译者注)之中,而不顾及其他对于评估并购案件而言必要的决定性因素。[135]欧委会认为,如果从理论上假设未来的 BP/E. ON 并购案会有损竞争的话,那么第二个并购会对市场产生负面影响。欧委会针对 *Shell/DEA* 案和 *BP/E. ON* 案同时作出决定,并指出对两项并购共同进行了一次市场分析,得出结论:提交了救济措施后,产生的共同支配地位将会有所减弱。

5.92 *Air Liquide/BOC* 并购案[136]出现了类似的情形,它在 *Linde/AGA* 并购案[137]两周之前提起申报。欧委会通过假设 Linde 和 AGA 仍是相互分离的来分析市场结构,并在 *Linde/AGA* 案的决定中,假设 Air Liquide/BOC 并购案已经改变了市场结构。两个并购都会影响工业煤气市场,但是相互之间的交叉并没有那么严重,因此通过了这两个并购案件。

5.93 如果按照申报时间的先后顺序来排位两个相互冲突的并购案件,以最后的市场结构为基础,应当通过两个并购之一的话,第二个并购就会被禁止。如果合并评估两个并购,那么欧委会有可能会同时禁止这两个并购,因为在虚拟分析每个并购案件的同时会假设另外一个并购已经发生。也存在另一种可能,即第二个并购可能会得益于第一个并购被禁止,并据此获得通过的结果。在这种情况之下,欧委会会评估市场上两个并购的影响,并对救济措施合并评估,正如其在 *Shell/DEA* 案和 *BP/E. ON* 案中所采取的处理方式那样。欧委会在 *VEBA/Viag* 案中继续采取了相同的处理方式。[138]

5.94 通常来讲,一个冲突并购案件会影响另一个申报的并购案件,除非冲突并购

---

[135] C. Sadler, "Conflicting mergers: combined assessment of priority rule?", [2003] 24(8) ECLR, 321 – 30.

[136] Air Liquide/BOC (Case No. IV/M. 1630) [1999] OJ C 239/05.

[137] Linde/AGA (Case No. IV/M. 1641) [1999] OJ C 255/04.

[138] VEBA/Viag (Case COMP/M. 1673) [1999] OJ C 371/08。*RWE/VEW* 并购案(http://www.bundeskartellamt.de/wEnglish/News/Archiv/ArchivNews2000/2000_07_04.php,2013 年 9 月 13 日访问)与 *VEBA/Viag* 案同时发生,但却是由德国竞争当局(联邦反卡特尔局)来评估的。联邦反卡特尔局以特定条件为基础通过了并购案件,而该条件与欧委会在 *VEBA – VIAG* 并购案中所采纳的条件类似,即卖掉 RWE – VEW 所掌握的 VEAG 的所有股权,而 VEAG 则变成一个独立的德国第三大生产商。RWE/VEW 承诺其将在未来的七年之中从 VEAG 处购买电力。其他救济措施还包括:卖掉其他资产,以确保两大集团之间的主要联系将会被割断,VEBA/VIAG 和 RWE/VEW 保证不再收取输电服务费,也就是大家所熟知的"Tcomponent",VEBA/VIAG 将会释放德国—丹麦之间联网线路的 400MW 电力以帮助第三方可以接触到从 Scandinavia 进口的电力。详见 Leveque et al., "Mergers and Acquisitions in the European Electricity Sector Cases and Patterns", CERNA, August 2002. http://www.cerna.ensmp.fr.Documents/FL – MA – MAsEU – Cases – 2003.pdf,2013 年 9 月 13 日访问。

案件宣布或者是协议达成时,竞争当局已经通过了第一个并购案件。[139] 从第二个并购案件交易方的观点来看,合并评估当然是更优的选择,因为当第二个并购案件在第一个并购案件通过之前提出申报或达成一致意见时,欧委会会合并评估有冲突的并购案件。

5.95 只有针对发生在非常短的时间之内的冲突并购案件,适用合并审查的方法才较为合适,因为第二个并购必须要在第一个并购案件之后的有限时间之内提起申报。欧委会当然不能以两个并购都会发生的假设为基础,将其自身局限于通过合并审查的方式来解决冲突并购案件。[140] 施密特展示了一些涉及平行并购的情形。[141] 在审查第二阶段开始之前,申报方的程序性权利通常在任何时候都不会受到合并审查方式的影响。[142] 如果第一个并购的异议声明发出之后,第二个并购提起申报,如果采取合并审查的方式而不发布新的异议声明,将会损害交易方的程序性权利,并会使得最终的决定无效。最后,如果申报的第二个并购案件已经进入审查第二阶段,但第一个并购案件的异议声明尚未发出,那么此时的关键性问题就不在于审查第二阶段的时限已经截止,而在于合并审查异议声明发出之后申报方进行有效抗辩的时限问题(也就是说,获取文件的权利,对于异议声明作出回应,从而为听证和谈判救济性措施做准备)。这样一来,只要第二个并购是在第一个并购的异议声明发出之前提交申报的,就可能合并审查两个并购。欧委会是否将会采取这种分析方式而非优先原则仍然不明,因为现阶段的判例法并没有给出明确答案。

六、申报减损

5.96 根据第139/2004号条例第7条第3段可知:[143]

---

[139] 在这种情况下,冲突并购实际上就是发生在与交易一方、第三方或竞争对手相同的市场上的并购案件。

[140] Sadler (n 135).

[141] Schmidt (n 134).

[142] Schmidt (n 134).

[143] Council Regulation (EC) No. 149/2004 of 20 January 2004 on the control of concentra - tion between undertakings (the EC Merger Regulation) [2004] OJ L24/1. The respective article in Regulation 4064/89 was 7(4).

经申请,欧委会可以决定授权减少第1段[144]或第2段[145]所规定的义务。所提出授权减少的请求必须要有合理原因。在决定是否同意该请求时,欧委会尤其应当考虑到中止集中可能给一个或者多个相关企业,或是第三方所带来的影响,以及集中可能会给竞争带来的危机。欧委会可能会附条件或义务地认可此种减少义务,以确保有效竞争的条件。只要是在提起申报之前或交易后,可以在任何时间提出、授予减少义务。

第7条针对中止集中实现的一般规则,规定了豁免情形:在(参与集中的)申报方提出请求之后,甚至是在利益第三方提出请求之后,[146]欧委会决定批准减少义务,这是为了避免损害申报方和第三方的利益。在提出请求减少义务的情况之下,欧委会为了决定是否应当同意实现集中,不仅有义务平衡交易方与利益第三方之间的利益,还要考虑到并购一旦完成可能会给竞争带来的影响。[147]

5.97 在1990年9月至2013年2月之间,欧委会通过中止集中签发了大概110个有关减少义务的决定。[148] 根据第139/2004号并购条例第7条第3段可知,只有在例外的情况下,欧委会才会减少义务。虽然如此,减少义务通常是基于有关利益企业提出的不同原因而签发的。[149]

5.98 例如,如果存在以下这几种情形,欧委会会作出减少义务的决定:为确保交易

---

[144] "一项符合第1条所规定的具备欧共体范围影响力的集中,或者是将要由欧委会依据第4条第(5)款审查的集中,在申报之前,或者是依据第6条第(1)款(b)项、第8条第(1)款或第8条第(2)款被认为是与共同市场相符之前,或者是以第10条第(6)款为基础所做出的假设之前,不应当实施。"

[145] "第1段不应当阻止公共招投标、或一系列证券交易,包括那些可转换为其他类型的可以在市场上进行交易的证券,例如股票的实施,通过该实施方式,第3条意义上的控制权是从不同卖方处获得的,只要:(a)集中毫不迟疑地依据第4条向欧委会提交了申报;而且(b)收购方并不行使涉案证券所包含的投票权,或以欧委会依据第3条所签发的减少义务(许可——译者注)为基础,行使投票权的目的在于维持其投资的固有价值。"详见 V. Korah, An Introductory Guide to EC Competition Law and Practice (9th edn, Oxford: Hart Publishing, 2007), 396。

[146] 例如,利益第三方可以是债权人、雇员等。

[147] 这也就是为什么"可能以一定的条件和义务为基础来授予此种减少义务,意在确保有效竞争的环境"。相关的可参见 G. Karydis, "Le controle des concentrations entre enterprises en vertu du reglement 4064/89 et al protection des interets legitimes des tiers" [1997] No. 1 – 2, Cahiers de droit European, 81 *et sec*,以及主要的92,第24点。

[148] 详见 Article 7, para 4 of the precedent Regulation 4064/1989. , http://ec. europa. eu/comm/competition/mergers/statistics. pdf,2013年9月13日访问。

[149] 详见 O. Blanco (ed.), *EC Competition Procedure* (2nd edn., Oxford: Oxford University Press, 2006) paras 16.07 – 16.09, and Levy (n 61)。

顺利进行采取紧急临时措施，[150] 为了减少对竞争的损害结果，[151] 为了满足事先的救济性措施，[152] 为了满足法律要求的需要，[153] 为了克服目标企业的经济困境，[154] 或是为了符合招投标特定条件的需要。[155]

5.99 为了对申请作出决定，欧委会应当注意到，中止程序会对集中相关的一个或多个企业、第三方所产生的影响，以及集中可能会给竞争带来的威胁。在适用这种减少义务措施时，可以参照一定的条件和义务，以确保维持有效竞争的条件。可以在申报之前或交易之后的任何时间申请或授予减少义务。[156] 如果授予减少义务的话，那么在欧委会做出是否与共同市场相符的决定之前，集中就会付诸实施。

5.100 针对并购方的财务能力可能存在一些特殊情况，使得对于并购方进行快速审查成为必要。如果存在这种情况话，那么可以依据新版《欧盟并购条例》第7.3条授予减少义务。欧委会已经在 *Kelt/American Express* 案[157] 以及 *ING/Barings* 案[158] 中授予了减少义务。另在 *Kelt/American Express* 案中，欧委会审查了企业最近的年度账目，而且认为企业财务状况不佳已经到了非常严重的程度。考虑到该案的特殊情况，需要将交易快速付诸实施，以阻

---

[150] *BT/Airtel* (Case COMP/JV.3) [1999] OJ C 369/06; *France Telecom/Global One* (Case COMP/M. 1865) [2001] OJ C 43/04.

[151] *Philips/Lucent Technologies* (Deconcentration) (Case No. IV/M. 1358) [1999] OJ C 93/05, *Matra Marconi Space/Satcoms* (Case No. IV/M. 497) [1994] OJ C 307/03.

[152] 详见 *BP/JV Dissolution*(Case COMP/M. 1820) [2000] OJ C 9/08 第2段，以及 *Mobil/JV Dissolution* (Case COMP/M. 1822) [2000] OJ C 16/03 第2段，两个都与 *Exxon/Mobil*(Case No. IV/M. 1383) Commission Decision(2004/284/EC) [2004] OJ L 103/1 相结合。还可参见 *Groupe Cofinoga/BNP* (Case No. /M. 1419) [1999] OJ C 24/11。

[153] 详见 *BBL/BT/ISP – Belgium*(Case No. IV/M. 1667) [1999] OJ C 308/03; *ENEL/FT/DT*(Case No. IV JV. 2) [1998] OJ C 156/06 第8段；以及 *OMNITEL*(Case No. IV/M. 538) [1995] OJ C 53/09 第6段。

[154] *ING/Barings*(Case No. IV/M. 573) [1995] OJ C 70/04. 还可参见 *Siemens/Alstom Gas and Steam Turbines*(Case COMP/M. 3418) [2003] OJ C 207/11; *Kelt/American Express*(Case No. IV/M. 116) [1991] OJ C 223/06。

[155] 详见 *E. ON/TXU Europe Group*(Case COMP/M. 3007) [2002] OJ C 286/06 第2段；*Cinven Limited/Angel Street Holdings*(Case COMP/M. 2777) [2002] OJ C 90/03 第2段。包括依据(《第4064/89号条例》)第7条第(4)款的减少义务。在 SEB/Moulinex(Ⅱ) (Case COMP/M. 2621) [2003] OJ C 88/06 中，也允许第7条第(4)款的减少义务[《第139/2004号条例》第7条第(3)款对应第4064/89号条例的第7条第(4)款]。

[156] 详见《第139/2004号条例》第7.3条。

[157] *Kelt/American Express* (Case No. IV/M. 116) [1991] OJ C 223/06.

[158] *ING/Barings* (Case No. IV/M. 573) [1995] OJ C 70/04.

止集中可能会给一个或多个有关企业带来严重损害。基于这个原因的考量,欧委会在收到申请之后依据第4064/89号条例第7条第(4)款授予减少义务,并允许实施集中。

5.101 在*ING/Barings*案中,集中涉及了针对Baring Brothers & Co. Limited的所有资产和义务的收购。Barings Holding当时正处在破产保护程序之中。交易涉及ING与Barings Securities(Japan)Limited一起从Barings的破产管理人处进行收购。这涉及对Barings责任的假设,以及ING拥有的新集团进行资产重组。欧委会考虑到交易方快速完成交易的需求,根据第4064/89号条例第7条第(4)款授予了减少义务,以防止对Barings和第三方造成严重损害。欧委会还考虑到集中后的市场份额,以及不同相关市场的结构,从而得出结论:交易并不会产生或加强支配地位以致损害共同市场上的有效竞争。

5.102 在*Siemens/Alstom Gas and Steam Turbines*案[159]中,欧委会针对Siemens收购小型发动机(small gas turbine,"SGT")业务,依据第7条第(1)款作出减少义务的决定,以快速推进交易,防止对Alstom和SGT的业务造成严重损害。Siemens是一个德国的多元化工业企业,其活跃于以下诸多领域:通信技术、自动化与控制、发电、传输产品以及相关服务、运输、照明设备以及医疗应用。Alstom是一家法国企业,其主要业务包括:能源生产、传送以及分销的设备生产,功率转换,造船以及铁路。欧委会将燃气机轮、工业汽轮机以及大型汽轮机的相关地域市场界定为至少是欧洲经济区,而且还有可能是全球的。

5.103 有意思的是,为了消除交易会带来的所有潜在竞争问题,Siemens就集中会在工业汽轮机市场上产生反竞争效果的,提交了一些救济措施。然而,欧委会却得出结论:就产生或加强市场支配地位而言,集中并不会带来严重的竞争问题。因此,交易方收回了其所提出的救济方案。

七、放 弃 集 中

5.104 如果在调查第二阶段开始之后放弃交易,除非企业证明它们已经放弃了交

---

[159] *Siemens/Alstom Gas and Steam Turbines* (Case COMP/M. 3418) [2003] OJ C 207/11.

易，否则欧委会会按照正常审查程序作出决定。[160]

正如管辖权通知所规定：[161]

> 按照一般原则，证明放弃的要求必须要在法律形式、强度等方面，与最初所提起的集中申报要求相一致。如果交易方在整个流程中，从交易一开始到现阶段强化了他们之间的实际联系，例如交易提起申报之后，以善意为基础达成了一项具备约束力的协议，那么也要求证明交易被放弃要与最近行为的性质一致。

5.105 变更一项已经通过的集中，并不会像重新提起一项已经通过却放弃实施的集中那样导致一连串事项的中断。根据弗滕卡科斯和安迪莱宁·莫什纳卡(Anttilainen - Mochnaca)[162]的观点，如果是在通过之前放弃交易，又重新进行集中交易，即便重新提起的集中与之前被放弃的集中模式一模一样，仍然需要再次提交申报。

5.106 如果放弃实施集中，欧委会也认为该项集中不再存续的话，那么任何不构成新版《欧盟并购条例》意义上获得控制权的少数股份的收购，即是一项单独的交易。然而，这项集中不需要申报，因为其并不构成集中。如果收购少数股权需要遵循案件移交程序的话，那么这一流程的初步结果将不适用。

5.107 弗滕卡科斯和安迪莱宁·莫什纳卡认为，如果集中已经实施，且之后又被放弃或禁止的话，那么欧委会就有权依据第8条第(4)款，通过处理所有已经取得的股份或资产，来分解这一已经付诸实施的且被禁止的交易。以这一

---

〔160〕 Commission Consolidated Jurisdictional Notice under Council Regulation (EC) No. 139/2004 on the control of concentrations between undertakings[2008] OJ C 95/01, paras 117 - 21. 正如 Fountoukakos 和 Anttilainen - Mochnacz 所认为的那样，管辖权通知，在第二阶段调查程序开始之前，以及正式申报之前放弃交易方面，并未作任何规定。作者认为，没有必要在第二阶段调查程序开始之前证明集中已经被放弃，以使得相关企业能够收回申报。*K. Fountoukakos and H. Anttilainen - Mochnacz*, Abandoned concentrations: issue surrounding restricted concentrations, minority shareholdings and the administrative procedure under the ECMR' [2010] 31(10) ECLR, 387 - 93. 如果是有约束力的协议，那么就需要与原合同形式一样的具备法律约束力的取消协议来证明；如果是基于善意或公告的形式，那么就需要证明善意或公告已经被取消。

〔161〕《欧委会关于理事会(EC)第139/2004号条例项下控制企业间集中条例的统一版管辖权通知》[2008] OJ C 95/01，第119段。

〔162〕 *Fountoukakos and Anttilainen - Mochnacz* (n 163).（此处应为 n 160——译者注）

条对于“集中”的界定为基础,已获得的少数股权可能会被分离出去。[163]

八、2004 年后内部变化

5.108 欧委会为了改善交易方和案件小组之间的沟通,提高程序效率,已经推出一系列的机构改革措施。欧委会现在将调查程序关键时刻[164]竞争总司与申报方[165]之间的会面认定为“专门” 会议[166]。[167] 在第二阶段调查程序中,会任命一个具备经验的竞争委员会官员组成的“同业审查”小组,通过“新的视角”检查案件小组在调查过程中针对关键问题所得出的结论。[168]

5.109 欧委会还设置了首席经济学家[169]这一职位,为欧委会决策者提供独立经济建议,并在整个调查程序之中提供指引。[170] 首席经济学家是一个由享有

---

〔163〕 如果是一个被放弃的集中已经付诸实施,欧委会有可能不会通过要求分离少数股权来达到恢复原状的目的。就像 *Fountoukakos* 和 *Anttilainen - Mochnacz* 所提到的那样,关于持少数股权作为一项集中的一部分,是否与“部分履行”等同,并因此可以适用新版《欧盟并购条例》第 8 条第(4)款,是普通法院在处理 Case T - 411/07R *Aer Lingus v. Commission*[2008]ECR II - 00411 案时的关键问题所在。详见 2009 年 7 月 7 日关于 Case T - 411/07R Aer Lingus v. Commission[2008]ECR II - 00411 案的听证报告,尤其是第 45 - 6、52 段。详见 Fountoukakos 和 Anttilainen - Mochnacz(n 160)。如果一个企业在放弃先前的集中之后,又通过股票交易获得了股份,Fountoukakos 和 Anttilainen - Mochnacz 并不认为,这种股份的获得构成先前交易的一部分,因为一个已经公开宣布放弃招投标,但之后又在证券交易所获得股份这种情况,并不符合构成实际制约性的要求。

〔164〕 (1)在第一调查阶段程序最开始三周期满之前,发现并购案件展示出“严正怀疑”的特征,并有可能引发第二调查阶段程序;
(2)第二调查阶段开始之后没多久;
(3)在欧委会发出异议声明之前;
(4)在交易方回复异议声明之后和/或口头听证程序之前;和
(5)在成员国就案件在顾问委员会中发表意见之前。

〔165〕 根据新版《欧盟并购条例》,与欧委会会面还是有可能的,但申报方需要提出该请求,而且这还取决于欧委会会面,并在任何类似会面之中提供与案件状况有关的明确竞争意见的可行性。

〔166〕 专门会议旨在通过欧委会和申报方之间的审查程序来确保维持足够程度的沟通。

〔167〕 详见 *DG Competition* Best Practices on the Conduct of EC Merger Control [2004], para 30。

〔168〕 这是针对以下事实所作出的主要回应:欧委会在审查并购案件时,集调查权和审判权于一身,并同时享有立法权和行政权。不可避免的,第二调查阶段的案件处理者会更倾向于维持其在第一调查阶段的观点。还有批评意见认为,欧委会官员不仅参与立法,而且还界定并购控制中的政策问题。

〔169〕 这是新版《欧盟并购条例》采取了更为经济化的处理方式的结果。

〔170〕 A. Christiansen, “ e ‘more economic approach’ in EU merger control: A critical assess ment”, (2006)(Deutsche Bank Research Notes 21), 16, http://129.35.230.60/PROD/DBR_INTERNET_DEPROD/PROD0000000000196093.pdf,2013 年 9 月 13 日访问。

博士学位的多个经济学家组成的小组,[171]要求他们在评估程序中从事复杂的经济分析。另外,欧委会会定期雇用学术型经济学家。[172]

5.110 在审查过程中,欧委会也会与具备足够利益相关性的第三方,之间进行双方会面,例如客户、供应商、竞争对手、相关企业的管理层成员,或者这类企业的代表人。[173] 在合适的情况下,欧委会可能会给这些第三方提供一份异议声明复印件,以方便他们针对其内容提出意见和建议。第三方可以提出交易可能会带来的竞争问题,并提出与交易方展示给欧委会不同的观点,但他们必须尽快为欧委会提供有关其提议的证据(示例、文件以及任何有关事实的证据)。[174]

5.111 欧委会另一旨在促进交易方和第三方参与到调查程序中的方式就是"三方会面"。[175] 这种是欧委会、申报方与其他第三方之间的自愿会面,而且如果欧委会认为有利于调查进行的话就会进行。欧委会可以在同一个场合中听取所有各方的意见。

5.112 在并购控制程序中引进同业审查、三方会面、首席经济学家及其工作人员,以及维持顾问委员会有效运转,是欧委会2004年所采取的一些旨在改善欧委会决策质量的内部手段。这些手段对于依据新版《欧盟并购条例》作决定的质量提升起到了积极作用。

九、罚　　款

5.113 在并购审查阶段,交易方有义务避免采取将会使并购实现的行为。如果集中

[171] D. Neven, "Competition Economics in Europe", (e 2007 Handbook of Competition Economics), 2013, http://www.globalcompetitionreview.com/sr/sr_fullpage.cfm? master_id = 3&page_id = 573, 2013年9月13日访问。

[172] 详见 *Volvo/Scania*(Case No. IV/M.1672)[1999]OJ C 277/04。

[173] 第三方在提出意见时并不需要表明其身份,但自然而然的,如果第三方表明身份的话,欧委会针对其评论可以做出更好的回应。详见 The Commission prohibits GE's acquisition of Honeywell'(Brussels, July 2001)(IP/01/939), http://www.wragge.com/files/GE_Honeywell_July_01.pdf, 2013年9月13日访问。

[174] 在 Case T - 210/01 *GE/Honeywell*[2005]ECR II - 05575 案中,正是第三方改变了欧委会的观点,并进而使得后者关闭交易。这表明,第三方可以在欧委会的第一、第二调查阶段提交书面意见。如果是在欧委会针对并购案件发布有关正式反对意见的异议声明之前,第三方提出的意见更有可能会影响欧委会的最终决定。

[175] DG Competition Best Practices on the Conduct of EC Merger Control [2004], para 39.

在获得授权之前就被付诸实践的话,那么欧委会就有可能施加高达申报各方交易额之和10%的罚款。如果企业在申报时提供的信息,或针对依据新版《欧盟并购条例》第14条的请求作出的回应有误或具有误导性的话,就会被施以营业额之和1%的罚款。如果交易一方未按照新版《欧盟并购条例》第11条第3款的规定,在正式请求所设定的截止日期之前提供所要求的完整正确信息的话,每超过一个工作日,欧委会都会施加平均日营业额5%的定期罚款。

5.114 欧委会强调了其从申报方以及第三方处获得完整、准确信息的决心,以及确保每一个具备欧盟范围影响力的并购都提交申报的重要性。欧委会已经针对以下各种情形,通过适用并购条例所赋予的权力,对于企业作出罚款决定:未申报,获得准许之前将集中付诸实施,[176]所提交的申报不完整,或提供的信息不正确[177]或有误导性。[178]

5.115 2000年7月,由于第三方未提供信息,欧委会罚款950,000欧元。该笔罚款是对第三方所施加的第一笔罚款,而且也是依据第4064/89号条例所施加的第一笔定期罚款。[179] 根据新版《欧盟并购条例》可知,如果申报方延迟提供信息,那么每推迟一个工作日,定期罚款的金额可能达到相关企业平均日总营业额的5%。

5.116 在*M.* 1543 *Sanofi/Synthelabo*案中,由于所提交的申报不完整而且还不准

[176] "Commission fines A. P Moller for late notification and unlawful implementation of three concentrtions" (Brussels, February 1999) (IP/99/100) (A. P. Moller由于未成功提交申报并将三项集中付诸实施,而被施以高达21.9万欧元的罚款)。欧委会还就电力生产商Electrabel在获得准许之前,就取得Compagnie Nationale du Rhône (CNR)的控制权,罚款2000万欧元(Electrabell/Compagnie Nationale du Rhône (Case COMP/M. 4994) [2009] OJ C 279/08)。

[177] "Commission fines Sanofi and Synthelabo (France) for supplying incorrect information on their merger", (Brussels, July 1999) (IP/99/591). 根据新版《欧盟并购条例》可知,罚款不再将其上限设定为50,000欧元,但可能会占据营业额之和的1%。参见新版《欧盟并购条例》第14条第(1)款。还可参见Fides zdravotn'1cke z'asobovanie和Biama, a. s. 2004/FH/3/1/173(一审判决);2005/FH/3/1/061(一审判决)(斯洛伐克竞争当局)。

[178] BP/Erdolchemie, (Case COMP/M. 2624) Commission Decision (2004/285/EC) [2004] OJ L 41/40 (BP由于提供了错误、有误导性的信息,而被罚款35,000欧元)。

[179] "Commissiom fines Mitsubishi for failing to supply information on Kvaerner/Ahlstrom joint venture" (Brussels, July 2000) (IP/00/764),针对其在Ahlstrom/Kvaerner (Case No. IV/M. 1431) [1999] OJ C 263/04案中所享有的回收锅炉以及程序方面,Mitsubishi由于未提供完整信息而被罚款50,000欧元;而且,从正式提起信息请求之日起到并购调查终止之日为止,还施加了每天15,000欧元的定期罚款。在*Torras/Sarrio* (Case No. IV/M. 166) [1992] OJ C 58/05案中,交易各方推迟一年才提起申报,但并未被施以罚款。是因为营业额计算很困难,而且针对科威特政府科威特投资办公室而言,并购控制是否适用仍然存在不确定性。

确，每一个申报方都被施以50,000欧元的罚款。在作出通过集中的决定，并接收到一些持有不同意见第三方的观点之后，欧委会发现交易方在其申报中并未提及各自有关吗啡产品的活动。欧委会撤回了其通过决定，而交易方也提交了将Synthelabo的吗啡产品业务剥离的救济提议，以期欧委会再次作出同意的决定。[180]

十、证 明 标 准

5.117 证明标准[181]指的是竞争当局或法院在提出特定观点或作出决定之前应当满足的必要证据标准。证明标准是如果一方想要赢取案件的话，所必须要提供证据的类型和数量。在审查并购时，证明标准指的是欧委会就产生于一项并购的竞争损害而言，所必须要构建的证明程度。有关禁止一项并购的决定，必然会包括预测并购可能会带来影响的不确定因素。新版《欧盟并购条例》并未专门规定欧委会禁止一项并购所必须要满足的证明标准。欧委会的证据质量应当是足够令人信服的、连贯的，而且必须是要构成一系列有说服力的、[182]令人信服的、[183]前后一致的，[184]特定的、[185]事实上非常准

---

〔180〕 详见WilmerHale, *Guide to EC Merger Regulation* (4th edn., January 2006), http://www.wilmer-hale.com/pages/publicaitonsandNewsDetail.aspx? NewsPubId = 90560，2013年9月13日访问。

〔181〕 应当把证明责任和举证责任区分开来，因为前者与一个案件中作出决定之前应当满足的证据标准有关，而后者指的是决定哪一方可以免除（提供——译者注）证据标准的程序规则。主要的讨论到证明标准的成员国判例法包括：

· CPO Decision No. 3071 – 1/02 – 369 Pivovarna Laˇsko d.d. and Pivovarna Union d.d.

· Interbrew Central European Holding B.V., Pivovarna Laˇsko d.d., and Pivovarna Union d.d. v. Commission Protection Office Administrative Court of Republic Court of Slovenia, Case No. U1286/2003（斯洛维尼亚竞争当局）.

· NMa Case 3386/Nuon – Reliant Energy Europe，2003年9月11日和12月8日，District Court of Rotterdam，2004年6月3日，N.V. Nuon and Essent N.V. v NMa，MEDED 04/1243，Court of Appeal for Trade and Industry，2006年11月28日N.V. Nuon and Essent N.V. v. NMa，AWB 05/440（荷兰竞争当局）。

〔182〕 Case T – 342/99 *Airtours v. Commission*[2002] ECR II – 2585，第63段；Case C – 12/03 P *Commission v. Tetra Laval BV*[2005] ECR I – 987，第41段；Case T – 210/01 *GE v. Commission*[2005] ECR II – 5575，第69、229、295、297、327、332、333、340、373、405、429、433、462、464、469、577段；Case T – 464/04 *Impala v. Commission*[2006] ECR II – 2289，第241段。这些案例可参见P. Szilagyi，" e ECJ has spoken: where do we stand with standard of proof in merger control?"，[2008] 29(12)，ECLR，726 – 8。

〔183〕 Case T – 342/99 *Airtours v. Commission*[2002] ECR II – 2585，第294段。

〔184〕 Case T – 464/04 *Impala v. Commission*[2006] ECR II – 2289，第306段。

〔185〕 Case T – 114/02 *Babyliss SA v. Commission*[2003] ECR II – 1279，第353段。

确的、可信赖的[186]证据链。[187] 证明标准应当具备足够程度的可能性。[188] 法院在并购案件中会通过使用“多半”(in all likelihood)、“很可能”(probably)、“最有可能”(most likely)这些字眼来描述证明标准。[189] 欧委会构建的证据链必须是令人信服且前后一致的[这一标准还体现在欧共体法院所使用的以下词语之中:“一致的”(consistent)“令人信服的”(convincing)以及“严格的”(rigorous)]。欧委会需要通过衡量不同的可能性,来针对每一个案件作出决定[这一标准体现在欧共体法院判决“可能的”(likely)“最有可能”(most likely)以及“更可信的”(more plausible)这些措辞中]。[190]

5.118 在 *Kali und Salz* 案中,欧洲法院认为欧委会的决定并没有足够令人信服的前后一致的证据链支持。[191] 在 *Airtours* 案中,普通法院认为,欧委会远没有以令人信服的证据为基础进行预测性分析,其决定由于在评估方面的一系列错误而存在瑕疵。[192] 在 *Schneider* 案中,普通法院认为并不存在“足够多的证据来支持欧委会的决定”。[193]

5.119 不应当预先假设一项并购与共同市场相符或者是不符,因为适用于两种决定的证明标准应当是处于同一级别的。关于该问题,在 *GE* 案[194]判决中有所提及,针对一项并购是否与共同市场相符,新版《欧盟并购条例》并未作出假设,但欧委会最终必须作出通过或禁止的决定。

---

[186] Case T-210/01 *GE v. Commission*[2005]ECR II-5575,第63段,Case T-464/04 Impala v. Commission[2006]ECR II-2289,第328段。

[187] Case T-210/01 *GE v. Commission*[2005]ECR II-5575,第76段。

[188] Joined Cases C-68/94 and C-30/95 *France and Others v. Commission*(*Kali und Salz*)[1998]ECR I-1375,第246段;Case T-210/01 *GE v. Commission*[2005]ECR II-5575,第331、340、364、429、462和464段。这些案例可参见 P. Szilagyi, “e ECJ has spoken: where do we stand with standard of proof in merger control?”, [2008] 29(12) ECLR, 726-8。

[189] Case C-12/03 *P Commission v. Tetra Laval BV*[2005]ECR I-987,第43段;Case T-210/01 *GE v. Commission*[2005]ECR II-5575,第64段;Case T-464/04 *Impala v. Commission*[2006]ECR II-2289,第523段。这些案例可参见 P. Szilagyi, “ e ECJ has spoken: where do we stand with standard of proof in merger control?”, [2008] 29(12) ECLR, 726-8。

[190] Bavasso and Lindsay (n 127).

[191] Joined Cases C-68/94 and C-30/95 *France and Others v. Commission*(*Kali und Salz*)[1998]ECR I-1375,第228段。

[192] Case T-342/99 *Airtours v. Commission* [2002] ECR II-2585.

[193] Case T-310/01 *Schneider Electric v. Commission* [2002] ECR II- 04071.

[194] Case T-210/01 *GE v. Commission* [2005] ECR II-5575.

5.120 欧委会想要禁止一项集中，在达到证明标准之前，[195]应当收集所有相关事实，构建有关损害的基本理论，并挑选出合适的量化工具来支持其分析。欧委会所收集的事实证据将会决定损害理论。新版《欧盟并购条例》授予了欧委会特定的自由裁量权，尤其是涉及经济性评估的问题，[196]而且在来自以下各类型调查对象的信息收集方面也享有广泛的自由裁量权：申报方、其竞争对手、供应商以及消费者（例如，根据新版《欧盟并购条例》第 11 条）。

5.121 应适用的证明标准，根据程序进行阶段的不同也会有所不同。在调查第一阶段程序末期，欧委会拥有较大的自由裁量权来决定是否开启第二阶段调查程序。[197] 同样的，证明标准也不要求欧委会证明反竞争效果是绝对确定的。因为并购审查是对于市场的预期分析，所以证明标准也没必要达到"排除合理怀疑"标准。在 *Tetra Laval/Sidel* 案中，普通法院认为必须要使得欧委会信服，并购将"十分可能"在不久的将来使得交易方获取支配地位。[198]在 *Tetra Laval* 案中，普通法院还提到，欧委会在分析可能会带来反竞争联合效果的并购案件时，需要"着重仔细分析与这种效果审查相关的背景……如果欧委会认为应当禁止一项集中……因此需要欧委会据此制作出令人信服的证据……如需证明这种并购案件会产生反竞争的混合并购效应，那么就需要准确的检验，还需要令人信服的证据支持，以证明存在会产生这种所谓的反竞争效果的环境"。[199]

5.122 总顾问在上诉至欧洲法院时辩论到，如果并购将"很有可能"产生或加强市场支配地位的话，那么就应当被禁止。他还认为，不应当要求欧委会证明一项并购具备损害竞争特征的绝对确定性。他谈论到了"灰色区域"，即预测并购可能会带来的竞争效果非常困难。如果并购会带来的影响仍具有不确

---

[195] 新版《欧盟并购条例》针对欧委会在作有关并购案件决定时所应当满足的证明标准并未做出任何规定。

[196] Joined Cases C－68/94 and C－30/95 *France and Others v. Commission* (*Kali und Salz*) [1998] ECR I－1375; Case T－102/96 *Gencor v. Commission* [1999] ECR II－00753.

[197] 如果在一些并购案件中，有公司提起濒临破产的抗辩，那么就要求展示资产会"不可避免地"退出市场，而且退出的可能性非常大。Lindsay 和 Bavasso 认为，"不可避免性"标准的适用偏离了新版《欧盟并购条例》所规定的证明标准通常分析方法。Bavasso 和 Lindsay（n 127）。

[198] Case T－5/02 *Tetra Laval v. Commission*, [2002] ECR II－04381，第 148 段。

[199] Case T－5/02 *Tetra Laval v. Commission* [2002] ECR II－04381, para 155, L. Prete and A. Nucara, "Standard of proof and scope of judicial review in EC merger cases: everything clear after Tetra Laval?", [2005] 26(12) ECLR, 692－704.

定性,就应当假设其与共同市场相符。[200] 欧洲法院并未采取最严格的证明标准,并指出欧委会禁止一项并购所需要达到的证据质量要求尤其重要,因为这些证据必须要支持欧委会的结论,即如果欧委会不作出此决定的话,并购所面临的经济发展情况可能会不确定。[201]

5.123 欧委会自身掌握了一套对称的证据标准,不管是禁止还是通过一项并购,都必须要满足判例法中所列举出的高标准证明要求。由于证明标准是对称的,通过、禁止的证明标准越高,两种结果之间的分歧就越大。[202]

---

〔200〕 相类似的,如果欧委会无法得出这一观点,就必须要通过提出申报的并购案件。

〔201〕 详见 Y. Botteman, "Mergers, standard of proof and expert economic evidence", [2006] 2(1), JCL&E, 71 – 100。

〔202〕 K. Wright, "Perfect Symmetry? *Impala v. Commission* and Standard of Proof in EC Mergers", [2007] 32(3) EL Rev, 408 – 18.

第六章　市场界定

一、界定市场的目的
二、可替代性以及 SSNIP 测试
三、并购分析中的定量分析方法
四、临界损失分析
五、界定市场的方法

一、界定市场的目的

6.01 市场界定过程的准确性及其结果可以大幅改变欧委会审查并购案件的结果。根据《欧委会关于界定相关市场以适用欧共体竞争法的通知》[1]，市场界定是辨明、界定企业间竞争程度的工具。该通知旨在构建起欧委会所运用的竞争政策框架。市场界定的主要目的在于，以系统的方式明确相关企业所面临的竞争限制。并购控制的一个重要目标在于发现并制止那些通过创设、加强市场(支配——译者注)力量来阻碍竞争的交易。不同的司法辖区针对市场力量会作出不同的解释，但一个公认的定义可能就是：并购企业所拥有的，或者是并购之后市场上其他公司所拥有的，将价格大幅度地提高至竞争水平(或者大幅度降低产量)的同时仍然有利可图(抑或降低竞争对手的可盈利性)的能力。

6.02 经济理论认为，市场结构与分析市场所得出的结果之间的关系，可能暗含了市场结构与市场绩效之间的单方面因果关系。根据哈佛学派，尤其是贝恩在 20 世纪 50 年代提出的结构—行为—绩效模型，市场结构决定了公司行为，

〔1〕 Commission Notice on the definition of relevant market for the purposes of Community competition law [1997] OJ C 372/05.

而该行为又决定了市场绩效。以芝加哥学派为首,对该模型的批判集中在:根据经验主义研究所得出的结论有缺陷,因其是通过会计收益率来计算利润的。就垄断利润而言,会计收益率并非可靠指标。另外,哈佛学派还错误地认为市场进入壁垒普遍存在,而且还误认为规模经济很罕见。[2] 尽管针对"结构—行为—绩效"模型还存在一定疑问,市场结构分析通常是市场竞争分析的重要起点。

6.03 为了与最初的竞争结构分析方法相一致,在决定可能存在的市场力量的时候,最常用的指代概念就是市场份额;例如,并购企业的产品销量占总销量的比例(或其他指标),以及剩下的份额在其竞争对手之间的分配情况。[3] 界定市场和确认参与其中的公司,是计算市场份额的前提条件。市场界定过程的目标在于确保这些计算与市场实际情况尽可能地接近。市场界定这一概念起源于美国。直到20世纪40年代末,美国法院才引进市场界定这一概念作为并购案件的分析工具。然而,直到20世纪50年代末和20世纪60年代初,产品市场和地域市场的界定,才在美国并购分析中扮演中心角色。

6.04 对相关产品市场和相关地域市场的界定,有助于确定市场中支配力的程度。如果市场被界定得很大,每个市场参与者的市场份额相对来说就会比较小,因此实施有效反竞争行为的可能性就会很小。欧委会[4]将产品市场[5]界定为:"基于产品特征、价格及其目标用途的考量,被消费者认为可以相互替代的或相互替换的那些产品和/或服务所构成的市场。"[6]欧委会界定相关产品市场时,主要基于分析相关产品的物理特征及功能。[7]对消费者偏好产生重大影响的产品功能,取决于功能运用的多样性和表现水平等因素。然而,具备相同功能的产品并不必然属于相同的市场。用于界定产品市场的依

---

〔2〕 芝加哥学派的基本观点在于:对于高效率的追求,也就是由市场所界定的配置效率,应当是反垄断的唯一目标。详见 A. Jones and B. Sufrin, *EC Competition Law* (London: LSE University Press, 2001) 20-1。

〔3〕 ICN Merger Working Group: Analytical Framework Subgroup, "Project on Merger Guidelines" (Report for the third ICN annual conference in Seoul, April 2004), Chapter 2, http://www.internationalcompetitionnetwork.org/uploads/library/doc321.pdf ,2013年9月13日访问。

〔4〕 Commission Notice on the definition of relevant market for the purposes of Community competition law [1997] OJ C 372/05, [1998] 4 CMLR 177.

〔5〕 由于技术革新、消费者偏好的改变以及新产品的引入,产品市场也有可能会随着时间的推移而发生改变。

〔6〕 详见 Jones and Sufrin(n 2) at 42。

〔7〕 J. Cook and C. S. Kerse, *E. C. Merger Control* (3rd edn, London: Sweet & Maxwell, 2000), 135.

据包括:最近一段时间内的消费者替代数据、大量的量化测试、消费者和竞争对手的看法、消费者偏好、转移成本以及价格歧视的可盈利性。[8]

6.05 通过市场界定,可以发现以下分属不同的产品市场:原材料(*Commercial Solvents* 案)[9]、备用件(*Hugin* 案[10]、*Eastman Kodak* 案)[11]、服务和维护(Digital)[12]以及消费品(*Hilti* 案)[13]。如果同时存在初级产品市场和次级产品市场,这与单一市场的市场界定过程是相同的,但对于同时存在两级市场的情形,应当将关联市场上的条件对替代品的限制因素考虑在内。如果与初级产品间的兼容性非常重要的话,那么就会导致对于次级产品——例如备用件——市场的界定较为狭窄。[14] 另外,如果次级产品之间具备替代性,或初级产品的特征会对次级产品的价格变化产生影响的话,那么此时的市场界定与仅存在一个产品的市场界定又有所不同。其他因素也可能会导致初级产品市场内的行为限制次级产品市场内的行为(例如,如果打印机市场是初级产品市场的话,那么墨盒所处的市场就是次级产品市场),这些因素包括:产品的生产周期费用、消费者转移产品的费用、公司声誉以及耐用商品的长期服务合同。[15]

6.06 另外,如果次级产品之间存在替代性,或初级产品的特征会对次级产品的价格变化产生影响的话,那么此时的市场界定与仅存在一个产品的市场界定又有不同。

6.07 英国公平贸易办公室针对次级市场,分析了三种可行的市场界定方法。[16]这

---

[8] Commission Notice on the definition of relevant market for the purposes of Community competition law [1997] OJ C 372/05.

[9] Case 6&7/73 *Instituto Chemioterapico Italiano SpA and Commercial Solvents Corp v. Commission* (Commercial Solvents) [1974] ECR 223, [1974] 1 CMLR 309.

[10] Case 22/78 *Hugin v. Commission*[1979] ECR 01869. 有人认为,从经济角度来看,市场界定过于狭小。

[11] *Eastman Kodak Co. v. Image Technical Services Inc.* ,504 U. S. 451[1992]. 有人认为,从经济角度来看,市场界定过于狭小。

[12] "The European Commission accepts an undertaking from Digital concerning its supply and pricing practices in the field of computer maintenance services" (Brussels, October, 1997) (IP/97/868).

[13] Case T-30/89 *Hilti AG v. Commission* [1991] ECR II-01439, ConfirmedC-53/92P *Hilti AG v. Commission* [1994] ECR I-00667. 有人认为,从经济角度来看,欧委会对于市场的界定范围过于狭小。

[14] Commission Notice on the definition of relevant market for the purposes of Community competition law [1997] OJ C 372/05.

[15] 如需针对这些限制的更为详细的分析,详见 Case No. CA98/6/2001, *ICL/Synstar*(Decision of the Director General of Fair Trading)2001 年 7 月 20 日。可参见 http://www.oft.gov.uk。

[16] OFT, "Market Definition: Understanding Competition Law" (December 2004) para 6.2, http://www.oft.gov.uk/shared_oft/business_leaflets/ca98_guidelines/oft403.pdf,2013 年 9 月 13 日访问。

种分析可能会有助于依据欧委会通知来界定市场。这三种方法分别为:"系统"市场,这是一种由初级、次级产品共同组成的统一市场;"多重"市场,其组成为初级产品市场以及与每一个初级产品相关的相互独立的次级产品市场;以及"双重"市场,其组成为一个初级产品市场以及一个独立的次级产品市场。

6.08 相关地域市场[17] 被定义为"相关企业所处的产品、服务供需区域,该区域之内的竞争环境具有足够的一致性特征,而且可以与其邻接的区域区分开来,因为这些不同区域之内的竞争环境大有不同"。[18] 用于界定地域市场的依据包括:过去转移至其他区域的订单情况,基本需求特征,消费者和竞争对手的看法,当今购买的地域模式,[19] 装运的贸易流量/模式,以及订单需求转移至其他区域内公司的壁垒和转移成本。[20]

6.09 用于界定地域市场的不同依据的类型包括:横跨不同国家和地域界限的可比价格、贸易模式以及不同成员国之间的渗透程度。[21] 不同国家或地区之间的价格和价格演变的一致性,可能表明不同产品属于同一个地域市场。不同国家之间的价格差别可能是由于汇率差别以及运输成本造成的。至于贸易模式,如果两个地区或国家之间有大量贸易往来的话,就表明这两个地区或国家分别属于相同的地域市场。更进一步来讲,不断上升的进口量在减弱某个市场内企业的市场支配力量方面也起到一定作用。

6.10 在零售或分销市场方面,有人认为存在一个将不同区域连结成单一地域市场的"替代链"。这样一来,即便是一个商品,比如牛奶,可能没办法直接由 Penzance 供应给 Perth,但当地所有区域都相互重叠,以至于一个区域的价格压力被转移到了另外一个区域,这就创造出了一个单一地域市场。[22] 欧委会在其通知中还提到了有关替代链的(另外一种——译者注)可能性,[23] 这会使得处于市场边缘的产品或地域并不具备直接替代性。这些产品或地域之间

---

〔17〕 地域市场可能会由于诸如币值波动之类的临时危机而发生变化。

〔18〕 详见 Jones and Sufrin(n 2)42。

〔19〕 主要生产工厂的位置可能会证明相关地域市场是的具备欧共体范围的。

〔20〕 Commission Notice on the definition of relevant market for the purposes of Community competition law [1997] OJ C 372/05.

〔21〕 Cook and Kerse(n 7) at 140.

〔22〕 "Scottish Milk: A Report on the Supply of Fresh Processed Milk to Middle – Ground Retailers in Scotland", *Vol.* 5002 Command Paper Series, Competition Commission, 2000, Stationery Office, at Chapter 2.29.

〔23〕 OFT, "Market Definition: Understanding Competition Law" (December 2004), http://www.oft.gov.uk/shared_oft/business_leaflets/ca98_guidelines/oft403.pdf ,2013 年 9 月 13 日访问。

的“链接”或“联系”可能会在特定条件之下一起构成一个相关市场,尽管他们之间并不具备直接替代性。然而,“替代链”这一概念必须要由实际证据来支持——例如,与处于替代链边缘的价格依赖性有关——以在个案中扩宽相关市场。

6.11 我们可以从产品和地域两个视角观察连锁替代效应。[24] 在产品方面,可以在服务市场以及汽车行业观察到上述连锁效应。市场上存在很多不同质量与价格的车型,最便宜的小汽车价格的提升可能会影响在尺寸、价格上与其近似的小汽车的需求和供应量,继而又将会影响其条件近似的其他汽车,依此类推,“连锁”效应使所有汽车型号处于同一个相关产品市场之中。[25] 从地域范围来讲,我们可以认为高速公路沿途有很多加油站。每一个加油站的定价会影响到与其距离最近的加油站的定价,继而又会影响距离后者最近的加油站的定价,直到形成“连锁”效应,使位于高速公路上的所有加油站处于同一相关地域市场之内。

二、可替代性以及 SSNIP 测试

6.12 欧委会和其他一些竞争机构在界定市场的时候都会用到的一个重要概念,就是可替代性。欧委会主要关注的是需求替代。进行需求替代分析的目的在于,仅将那些在价格和其他特征上会限制并购公司及其竞争对手提升价格、降低产量的替代品区别出来并将其列入该市场。确定合适的替代品有时并不简单。尽管有些产品具备类似的特征和用途,但其可替代性却因转移成本和品牌忠诚度而有所降低。替代品并不一定是完全相同或同价的产品。一个质次价低的产品也可能是另外一个质优价高产品的替代品。[26]

---

〔24〕 例如,关于海上航行,从市场界定的角度来看,并不认为最便宜的房间与最贵特等舱之间具备密切的替代性,但实际上它们在持续性价格、质量链上是相互关联的。如需详细了解连锁效应的例子,可参见 ICN Merger Working Group: Analytical Framework Subgroup, “Project on Merger Guidelines” (Report for the third ICN annual conference in Seoul, April 2004), 20, http:// www. interntaional-competitionnetwork. org/seoul/amg_chap2_mkt - defn. pdf,2013 年 9 月 15 日访问。

〔25〕 如果考虑 Mini 和 Rolls Royce 之间的对比,“连锁”效应似乎没有那么大。但如果我们考虑比 Mini 稍微好一点的车型,并遵循这种逐步分析的方法的话,在另外一端,我们终将会对比 Jaguar 和 Rolls Royce。

〔26〕 I. Kokkoris, “The concept of Market Definition and the SSNIP test in the Merger Appraisal”, [2005] 26(4) ECLR, 209 - 14.

6.13　关于供给替代,如果要考虑供给替代对有效竞争的限制,需要满足一些条件。这些条件包括短期之内转向生产相关产品而不会产生重大额外成本以及风险,充足的生产能力,以及灵活性(不存在扩张壁垒,灵活的合同承诺以及与现有消费者的关系,当前的产品利润)。

6.14　可替换性或者说是可替代性是由需求交叉价格弹性来衡量的。[27]这一估值可以通过适用 SSNIP 测试法(Small but Significant Non - transitory Increase in Price,小幅度但很显著且并非临时性的价格上涨,也称为假定垄断者测试)来实现,如果价格(初始价格)发生小幅度但很显著且并非临时性的价格上涨(5% ~10%)将会导致另外一个商品购买量的增加,企业就不能从涨价中获得盈利,那么两个产品就属于同一个市场。[28]如果涉及买方力量集中,类似分析方法也同样适用,那么此时起始点就会是供应方,价格测试就会辨别出供应方所提供产品的替代分销渠道或分销网点。[29] SSNIP 测试法已经成为市场界定中公认的用来进行假定垄断者测试的工具。然而,正如公平贸易办公室所提出的那样,严格依据测试的假设条件去界定市场可能性很小。[30]

6.15　消费者的实际购买决定,以及针对消费者过去对于价格变更所作回应的解释,与 SSNIP 测试一样,是界定相关市场的重要信息。可以从消费者产品相关并购的零售扫描数据中获取消费者偏好的直接证据。也可以从先前的并购或产业中发生的导致价格或产量变化的事件中,发现消费者替代的直接证据。在大多数的并购审查案件中,消费者近期所面临的价格变动与 SSNIP 测试不尽一致,也就无法为过去对于价格变更所做的回应提供有用的证据。但这些消费者仍然能够对其消费行为作出解释,而且能够对其未来决策提供可靠的预测。[31]

---

〔27〕 需求交叉价格弹性,指的是一个产品价格变化在另一个产品需求量变化上的反应。详见 G. Bannock, R. Baxter AND E. Davis, *Dictionary of Economic* (3rd edn, Harmondsworth: Penguin Books, 1985), 106。

〔28〕 详见 US Department of Justice and Federal Trade Commission Horizontal Merger Guidelines 2010, http://www.justice.gov/atr/public/guidelines/hmg - 2010.html ,2013 年 9 月 15 日访问。

〔29〕 Commission Notice on the definition of relevant market for the purposes of Community competition law [1997] OJ C 372/05.

〔30〕 OFT, "Market Definition: Understanding Competition Law" (December 2004) para 2.6, http://www.oft.gov.uk/shared_oft/business_leaflets/ca98_guidelines/oft403.pdf ,2013 年 9 月 15 日访问。

〔31〕 D. Tucker, S. Reiter and K. Yingling, "The customer is sometimes right: the role of customer views in merger investigation" [2007] 3(4) JCL & E, 551 - 607.

6.16 国际竞争网有关并购指南的报告详细说明了进行 SSNIP 测试的方法。[32] SSNIP 是一个交互式的流程,以尽可能小的产品市场(或地域)界定为起点,并检测一个"假定垄断者"(即像定义的那样,一个控制该产品或地域所有产量的公司)是否可能会维持"小幅度但很显著且并非临时性的价格上涨",并据此获利。如果该涨价并能使公司获利,那么另外一些最为接近的替代品就会被加入这一产品组合之中(或者是地域范围会有所扩大),依此进行下去。这一分析过程将会持续至发现这样一系列产品(或地域),使得一个"假定垄断者"能够施加"小幅度但很显著且并非临时性的价格上涨"并同时获利。事实上,该测试旨在确定一个尽可能小的产品组合和地域范围,在该区域内控制一组产品的假定垄断者能够维持高于竞争水平的价格并同时获利,即便这个价格上涨的程度并没有那么明显。[33]

6.17 然而,如果要确定一个企业是否占据支配地位,那么在适用 SSNIP 测试的时候尤其应当注意,因为"初始价格"可能是在不存在竞争的条件下得出的,因此可能高于竞争水平("玻璃纸谬误")。[34] 正确的"初始价格"问题,以及有可能存在的玻璃纸谬误,是处理第 102 条关于滥用支配地位案例最相关的问题。在并购案件中,SSNIP 测试使用得更为频繁,欧委会将普遍的定价作为初始价格,[35] 因此降低了玻璃纸谬误的风险。因此,即便一个拥有巨大市场力量的公司的定价会高于一个竞争市场上的定价,这种高水平的定价通常也会面临来自拥有替代产品的公司的竞争。如果市场力量已经被用尽,那么公司就有可能要面临竞争压力。[36] 由于存在玻璃纸谬误的可能,在第 102 条滥用市场支配地位相关案件中界定市场时,基于当前价格来评估可替代性会

---

〔32〕 ICN Merger Working Group: Analytical Framework Subgroup, "Project on Merger Guidelines" (Report for the third ICN annual conference in Seoul, April 2004), 8, http://www.internationalcompetitionnetwork.org/seoul/amg_chap2_mktdefn.pdf,2013 年 9 月 15 日访问。国际竞争网络报告指出,关于 SSNIP 如何运作的解释与实例之间存在一定的区别。我已使用正确的解释版本,其与实例是相一致的。

〔33〕 如果市场是由不同的产品组成的话,那么就不大可能存在明显的市场边界。因此,如果根据一项调查发现两个产品属于同一个市场的话,那么在另一项调查中它们也有可能不属于同一个市场。

〔34〕 这是以 1956 年美国的一个垄断案例命名的,其包含了一个玻璃纸生产商,法院错误地认为这一生产商并不具备市场支配力量,理由为存在替代品。然而,这些产品之间所谓的"替代性"是以玻璃纸生产商已享有的垄断定价为前提的。该案例为:*United States v. E. I. du Pont de Nemours & Co.* 351 U. S. 377(1956)。

〔35〕 详见 Jones and Sufrin(n 2)48。

〔36〕 V. Korah, *An Introductory Guide to EC Competition Law and Practice* (Oxford: Hart Publishing, 1997), 75.

使市场的界定范围过于宽泛。并购调查过程中所界定的市场至少应当与支配地位调查案件中所界定的市场大小相一致。[37]

6.18 如果并购前的价格高于竞争水平,但并购之后的价格与竞争水平非常接近,那么即便并购案件中运用于SSNIP测试的初始定价,也会存在一定的缺陷。[38]这种结果可能是以下因素造成的:协调行为有效程度降低的可能性,成本的降低以及并购可能会带来的其他效率提升。在这种情况之下,以较低的预期价格为基础,通过将并购前市场上那些并不会成为并购公司产品替代品的商品包含在内,将现有的普遍价格作为SSNIP的初始价格可能会导致低估交易的实际竞争效果(尤其是如果并购企业都生产相同的或非常类似的产品)。类似地,如果参与并购企业的产品仅在(更高的)普遍价格基础之上才具备替代性的话,那么就有可能会高估交易潜在的竞争影响。当实体审查标准以支配地位为基础时,玻璃纸谬误就更具备相关性,因为相对于重点关注市场内变化的SLC原则而言,其更需要谨慎处理市场力量问题。

6.19 与SSNIP测试相关的另一个问题就是基本价格的百分比变动。汤姆(Tom)(2004)分析了SSNIP测试应当脱离5%涨幅约束的几种情形。[39] 假设价格方面5%的涨幅可能会导致销量减少×单位,假设×单位产品产生的利润要高于卖方继续以高价销售所获取的利润。因此,涨价5%无利可图。如果下一组消费者的价格弹性极低,那么价格的提升将不会使得太多消费者转移至其他替代品。即使价格涨幅高达10%,卖方所损失的销售量仍不足×单位。但此时,价格涨幅是10%而非5%,因涨价而维持的利润足够高,超过了销售量下降带来的利润损失,这意味着涨价是有利可图的。类似的分析也可以适用于价格涨幅低于5%的情形。1%的价格涨幅可能会使得在销售量下降幅度尽可能小的情况下盈利;而5%的涨幅却无法实现这一目标。

6.20 这就意味着,5%~10%的相对价格涨幅是否有利可图,取决于涨价导致的销售额损失是否可以被维持高价所获取的利润冲抵。因此,涨价是否导致所有消费者都转向了其他产品并不重要,重要的是足够多的消费者确实转向其他

---

〔37〕 OFT, "The role of Market Definition in monopoly and dominance euquires" (Economic discussion Paper 2, July 2001), para 2.38, http://www.oft.gov.uk.

〔38〕 详见ICN Merger Working Group: Analytical Framework Subgroup, "Project on Merger Guidelines" (Report for the third ICN annual conference in Seoul, April 2004), 10, http://www.internationalcompetitionnetwork.org/seoul/amg_chap2_mktdefn.pdf,2013年9月15日访问。

〔39〕 W. Tom, "Market Definition under the Merger Guidelines: Some Modest Proposals" (Comments submitted to the FTC/DOJ Merger Enforcement Workshop, Washington, DC, 17 February 2004), 3.

产品,使得涨价无利可图。根据汤姆(2004)的分析,由于我们并不确切地知道如果并购不发生的话将会发生什么,我们需要一些合理的参照标准——不仅仅是为了制订计划以及法律意见,同时还为了避免对有利于竞争的并购造成不必要的干涉——而这个5%的标准就是目前来看最合理的参照标准。

6.21　批判SSNIP测试的另一个观点为:把假设的价格上涨当作事实,同时却又把向其他商品的假设转移当作推断。结果会形成偏向于更狭小的市场——如果并购各方的产品并不属于同一个市场,这对于他们来说是有益的;相反,就会给他们造成损失。[40]

6.22　SSNIP测试的交互式分析流程还会引发另外两个问题。一个是会导致SSNIP测试的企业无利可图的销售量损失,另一个则是SSNIP测试涨价造成的销售量损失。哈克莱德(Harkrider)(2004)[41]提到了四种有助于预测SSNIP测试会导致假定垄断者销售量损失的证据形式。一种证据是消费者此前对价格变更的反应,尽管这种类型的数据很有可能会为与转移产品相关的成本变化提供一定参照。另外,如果产品价格的提升反映了会影响到整个行业的成本提升的话,那么消费者就不大可能转向其他商品,这一事实不应当被看作是证明两个产品属于同一个相关市场的证据。更进一步来讲,历史数据所展示的价格变更可能存续时间较短,有可能没办法满足SSNIP测试的非短暂性特征。如果价格变更持续时间较长的话,那么消费者更有可能会转向其他替代品,这也就说明两个商品并不属于同一个市场。

6.23　对消费者和竞争对手进行访问与问卷调查[42]是另外一种预测SSNIP测试将引发销售量变更的方法。然而,这种调查可能没办法覆盖消费者的代表性样本,因此可能会导致关于消费者偏好的错误结论。由区别极大的商品组成的市场中会出现类似的例子,原因是缺乏可靠的数据以及其他非货币原因,这些原因构成了特定产品的购买偏好,正如消费者产品那样——例如,奢侈品、品牌产品、利基市场上的产品以及排他性产品。如果问卷制作和分发适当的话,那么就可以控制选择性偏差以及回应方面的随机性,而不需要采用碎片化证据,这些证据可能无法处理与特定产品和市场相关的整体需求特征。

6.24　对于多边市场来讲,由于市场内不同层面间的反馈,应当将SSNIP测试运用

---

[40]　Tom(n 39) at 2.

[41]　J. Harkrider, "Operationalizing the Hypothetical Monopolist Test" [2004], 3, http://www.avhlaw.com/.

[42]　这在新版《欧盟并购条例》项下的并购案件中非常常见。

于市场的各个边。基于这种市场本质的考量，每一个小组中的消费者数量有可能会影响所卖出产品或服务的价值。例如，服务于读者和广告商的报纸与其他传媒市场就属于多边市场。面向一个消费者群的产品（如一个广告位）价值会受到其他消费群中消费者数目（如一份报纸的读者数量，或一个频道的观看者数量）的影响。[43] 这种横跨不同消费者群体的"外部性"，使得市场界定的过程更为复杂。[44]

6.25 在很多国家竞争当局的实践中，当地市场分析是界定市场地域界限的常用方式。对于特定类型市场上的并购而言，其包含通过一个分销分支/网络来运营的零售商链条，地域市场界定就会倾向于本地化，也就是对多重当地市场进行一般界定。竞争当局可能会审查这样一种地理聚集地：绝大多数（如果是英国并购当局的话，通常不低于80%）零售商的消费者都位于这一区域之内。[45] 正如英国并购指南所规定的那样，[46] 聚集区域是假定垄断者标准可以适用的备选市场的实用替代。英国并购指南还指出，使用聚集区域并非一个可供替代的概念性分析方式。英国当局还补充到，通过运用假设垄断者标准来确定的地域市场通常范围会宽于聚集区域。因此，如果这一聚集区域之内并购对于集中的影响没问题的话，那么竞争当局就可能会将本地区域排除在进一步分析之外，而不会得出有关该特定相关地域市场边界的有关结论。[47] 在欧委会所处理的案例中，本地市场分析并没有那么常见，因为通常来讲，欧委会所审查的并购并不具备"本地"属性，而欧委会案件中界定的地域市场

---

[43] 例如，参见 OFT，"Completed acquisition by Global Radio UK Ltd. of GCAP Plc"［2008］（ME/3638/08），http://www.oft.gov.uk/shared_oft/mergers_ea02/2008/Global_GCap.pdf，2013 年 9 月 15 日访问。

[44] "Merger Assessment Guidelines"（A joint publication of the Competition Commission and the Office of Fair Trading）（September 2010）［CC2（Revised）/OFT 1254］.

[45] 例如，针对假期期间零售渠道的消费者商店而言，如果一个聚集区域并未意识到这一点的话，在计算的时候就会将消费者 100% 都算进去，但这是不准确的。

[46] Para 5.2.25 of the "Merger Assessment Guidelines"（A joint publication of the Competition Commission and the Office of Fair Trading）（September 2010）（CC2（Revised）/OFT 1254）.

[47] 那种聚集区域的界限将会取决于绝大多数消费者将会走多远，以及他们所使用的交通工具。通常来讲，竞争当局有可能会认为，最好通过交通时间来界定聚集区域。也就是说，如果绝大多数零售商的经常性顾客的交通时间都在十分钟之内的话，那么竞争当局有可能就会以每一个零售渠道为中心十分钟路程范围的所有点为基础，来界定聚集区域。所有这些点构成了一个圆，其半径等于十分钟的路程，也就是所谓的等时线（例如，等长的时间），这也就决定了当地地域市场。竞争当局也可能会以商店依赖于那些会"路过"的消费者的距离为基础，来界定聚集区域。这样一来，这些商店就会与特定距离之内本地其他销售渠道进行竞争，这将会决定本地地域市场这个圆的半径（等于等时线）。

通常要远远大于一个成员国的本土区域。

三、并购分析中的定量分析方法

6.26 在并购分析中，会用到很多定量方法，不仅仅是为了市场界定，还有可能是为了评价一项并购的竞争效果。[48] 我们在此简要总结了一些主要的方法，并将更为详细地分析临界损失，因为这是界定市场最常用的方法。

6.27 描述市场时会用到*价格关联分析*。根据价格关联分析可知，如果两个产品（或两个地理区域）属于相同的市场，那么久而久之它们的价格会展现出类似的变化。这样一来，如果一个产品的价格限制了另外一个产品的价格，两种产品的价格变动曲线将趋于类似。关联性越大，产品属于同一个市场的可能性就越大。由于运输方式、交易成本以及产品规格的变化，在做此类分析的时候可能会面临一些困难。能得出最精确结果的数据频率会随着每天、每年有所变化，这使这种类型的分析更为复杂。一个更为重要的问题有关产生于公共因素的伪相关性，而这些公共因素会引发位于不同市场上产品价格变动趋势的趋同。这类因素包括成本、通胀、汇率，还可能会导致分析明显位于不同市场上的产品间的价格关联性。[49] 与价格关联性分析有关的案例包括*BP/E. ON*(*Aral*)案[50] 和 *Nestlé/Perrier* 案。[51]

6.28 *静态分析*与价格关联分析类似，也被运用于市场界定。根据静态分析，如果两个产品位于相同的相关市场的话，那么每一个产品的价格将会制约另外一个的。这样一来，久而久之两个产品的价格变动趋势应当一致。静态分析的优势在于其可以延伸至相同市场上两种以上的产品，且不存在价格关联分析的缺点，尽管在研究的时候需要大量的数据以及市场结构的稳定性。相关案例包括 *Nutreco Holding NV/Hydro Seafood GSP* 案。[52]

---

〔48〕 See OECD, "Policy Roundtables: Economic Evidence in Merger Analysis" [2011], http://www.oecd.org/daf/competition/EconomicEvidenceInAnalysis2011.pdf, 2013 年 9 月 13 日访问。

〔49〕 M. Motta, *Competition Policy – Theory and Practice* (Cambridge: Cambridge University Press, 2004), 108.

〔50〕 See also: Bundeskartellamt, decision of 19 December 2001, file reference B8 – 130/01 "*BP/E. ON* (*Aral*)".

〔51〕 Case IV/M.190 *Nestlé/Perrier* [1992] OJ L356/1, [1993] 4 CMLR, M.17.

〔52〕 CM 5005, *Nutreco Holding NV and Hydro Seafood GSP Ltd*: A report on the proposed merger, UK Competition Commission (2000).

6.29 与价格关联分析类似，通过适用 SSNIP 测试，*价格弹性分析*也被用来界定市场。价格弹性分析的重要性已在“可替代性以及 SSNIP 测试”一节中阐述，我们分析了 SSNIP 测试及其在界定市场中的应用。如果自有价格弹性较高的话，那么备选市场界定就有可能范围过窄。如果自有价格弹性较低的话，那么在备选市场中销售产品的假定垄断者就会发现，其大幅涨价会有利可图，因为销售量下降造成的损失低于高价带来的利润。在后面这种情况下，产品集体构成一个相关市场。价格弹性分析的复杂性在于，其需要一系列长期连续的代表数据，但这些数据并非总能获得，而且其结果可能被误解。相关案例包括 *Guinness/GrandMet* 案。[53]

6.30 另外一种定量分析是*价格集中分析法*，其分析价格和集中程度之间的关系。这种分析可以提供一个深入了解市场界定的机会，也可以被用于推断一个并购可能会给价格带来的影响，以及分析特定的竞争对手是否会给公司带来竞争限制。每个价格集中分析都会检查一个经济市场为本地市场的行业。

6.31 这种分析方法会调查价格（作为卖方集中的功能）在当地的不同市场上的区别。[54] 市场上更高的集中度，通常会被认为是与能够导致更高价格的更强大的市场力量相关联。因此，更高程度的集中可能被认为与更高的价格具有一致性。如果在一个范围被界定得较小的备选市场中，价格和集中度之间不具备系统性关联，那么因并购带来的集中度提升就不大可能引起价格的提升。同样的，如果价格和集中度呈正相关（即如果集中度更高，价格也会系统性地升高），这就说明并购可能会带来更高的价格。

6.32 价格集中分析法也会存在一些问题。需求与供应条件在不同行业之间的巨大差异，从计量经济学的角度来看很难控制。调查过程中，那些价格被对比的位于不同区域的商品应当都是相同的；否则，价格不同的原因就有可能是基于产品特征的不同，而非由于供应方市场力量的不同。其他可能会影响价格的因素也应当考虑在内。另外，价格集中研究方法也很难解释。如果相关市场要比计算集中的市场范围更宽，或者是市场界定是正确的，但仍有其他因素限制市场力量的实施，那么集中就有可能与备选市场中的价格没有关联。另外，如果相对于低集中度的产业而言，高集中度的产业能够赚取更多

---

〔53〕 *Guinness/GrandMet*（Case No. IV/M.938）Commission Decision（98/602/EC）［1998］OJ L 288/24.

〔54〕 C. M. Newmark，“Price－Concentration Studies：There You Go Again”（Prepared for the DOJ/ FTC Merger Workshop，“Concentration and Market Shares” panel，2004），7，http://www.ftc.gov/bc/mergerenforce/presentations/040217newmark.pdf，2013 年 9 月 15 日访问。

利润的话,那有可能是由于高集中度明示或默许形成共谋。运用到价格集中分析法的案例包括 *Federal Trade Commission v. Staples Inc.* 案,[55] *Surgical products*(*Nordic Capital/Mölnlycke/Kolmi*)案,[56] 以及 *Reed Elsevier plc and Harcourt General, Inc.* 案。[57]

6.33 最具说服力的经验分析方法之一就是"*自然实验*"或"*冲击分析*"。"自然实验"倾向于为更常见的市场分析提供支持性的补充证据。这一分析包括:分析那些可以合理替代并购的事件,并评估事件发生前后的产量以及价格。当市场环境发生重大变化的时候,价格、产量和市场份额的变化,可能会被用于预测一项兼并或收购对于市场或公司行为的影响。另外,进入或退出市场都会改变市场集中度,而且还可以研究这种集中离散变化是如何影响价格以及数量的。自然实验可能会包括以下因素带来的影响:引入新产品或建立新公司、需求或供应震荡,或者是竞争对手、所有权的变化,以及汇率、法律制度、关税税率和配额的变化。这种类型的分析方法,在界定相关产品和相关地域市场时起着关键作用。其还会明确并购公司之间的竞争程度。

6.34 一些"自然实验"的价值较为模糊。例如,进入或退出市场的决定是内生的,在分析这种事件的时候,必须把这一因素考虑在内。这样一来,"自然实验"分析在以下情况为有效:一个明确的重量级事件已经一次性地影响了市场,而且也不存在其他重大变化。很关键的一点在于确保被辨别出的影响归因正确。冲击分析需要将其他可以解释被研究模型因素的影响考虑在内。这类案件包括 *Kimberly Clark/Scott* 案。[58]

6.35 如果供应商之间的竞争体现在竞标消费者所提供的合同,而且可以明确中标供应商和第二名的供应商,那么采用*盈亏分析方法*(或"*竞投标分析*")就会非常有用。竞投标分析为市场份额数据提供了补充信息,因为它们有助于明确每个现存竞争对手对于参与并购企业所施加的竞争限制强度。这种分析不仅有助于明确究竟需要多少公司参与招投标才会产生竞争结果,还可以明确参与并购的两个企业之间的竞争程度。如果两个并购企业代表了联系最为紧密的竞争对手关系的话,那么就可以认为这一数据说明:仅从市场份额

---

〔55〕 Federal Trade Commission v. Staples Inc., No. 97 - 701, 1997, US Dist.

〔56〕 Nordic Capital/Mölnlycke/Kolmi(Case No. IV/M. 1075)[1998] OJ C39/19.

〔57〕 UK Competition Commission, "Reed Elsevier plc and Harcourt General, Inc. : A report on the proposed merger" (TSO, 2001)(CM 5186).

〔58〕 *Kimberly Clark/Scott*(Case No. IV/M. 623)[1995] OJ C 212/05.

考虑的话，如果招投标中参与并购的一个企业中标，另一个并购参与者就是排名第二的企业。

6.36 另外，与另一并购方不参与招投标时，一个并购方所能给出的折扣相比，如果另一并购方参与招投标，任何一个并购企业都会给出更高折扣（也就是更低的价格），就说明目前来看并购企业之间相互施加了重要的竞争限制因素。反过来看，这也就说明拟进行的并购可能会导致并购之后的价格有所提升。[59]

6.37 为了准确地进行竞投标分析，就需要大量的数据，以使得我们能够对比不同合同的价格，以及与此同时控制合同、行业特定方面的不同之处。另外，研究必须要包括可靠的潜在投标者。仅简单分析招投标本身，可能会有一定作用，但如果完成一份合同或进入市场以参与合同的招投标的质量、可信赖性或速度会因招标的不同而有所不同的话，那么这一分析就会具有一定误导性。相关案例包括 *Oracle/Peoplesoft* 案、[60] *GE/Instrumentarium* 案、[61] *CHC Helicopter Corporation and Helicopter Services Group ASA* 案、[62] *Price Waterhouse/Coopers & Lybrand* 案。[63]

6.38 *模拟并购*使用以产业组织理论为基础的经济模型，并以并购发生之前一系列市场环境的有关信息以及相关市场上企业行为的特定假设为基础，来预测并购会给市场价格带来的影响。这种模型将预测的需求弹性和价格、产量数据等其他变量，与公司之间是如何相互影响的经济模型（也就是反应竞争性质的模型）相结合，并试图预测并购将会给市场价格带来的影响。如果对并购前后竞争者间的相互作用（也就是竞争的性质）采用相同的模型，那么通过并购假设模型，很直接地就可以计算出交易会对并购之后的价格和数量产生的影响。计算并购假设模型的方法包括两个不同的步骤：先要假设一个结构性的需求模型，然后计算或“假设”并购之后的均衡点以预测并购之后的价

---

〔59〕 D. Ridyard, S. Bishop, and J. B. Baker, “Assessing Unilateral Effects in Practice: Lessons from GE/Instrumentarium” (RBB Economics, May, 2004) (RBB Brief 14), 3, http://www.rbbecon.com.

〔60〕 *Oracle/Peoplesoft* (Case No. COMP/M. 3216) [2003] OJ C 252/0004.

〔61〕 *GE/Instrumentarium* (Case COMP/M. 3083) [2004] OJ L 109/1.

〔62〕 UK Competition Commission, “CHC Helicopter Corporation and Helicopter Services Group ASA: A report on the merger situation” (TSO, 2000) (CM 4556).

〔63〕 *Price Waterhouse/Coopers & Lybrand* (Case No. IV/M. 1016) Commission Decision (1999/152/EC) [1999] OJ L050/0027.

格和数量,这可以用来计算经济福利测度。[64] 在第一步中,会假设市场份额的价值,以及并购发生之前市场上每一个商品的自有价格和交叉价格弹性。在第二步中,会假设市场中竞争的性质,以评价与发生并购之前公司定价相比,并购发生之后新公司定价变化的影响。[65]

6.39 并购模拟模型的限制之一,即在由差别产品构成的并购模拟模型中,价格提升预测对需求的功能型模式很敏感。需求的功能型模式决定了并购会带来的价格上涨程度。预期的并购后价格上涨在很大程度上取决于弹性假设,这样一来小幅度的弹性偏差就会对并购后预期的价格上涨产生重大影响。更进一步来讲,并购模拟模型遗漏了非价格问题,例如市场进入和扩张壁垒、买方力量以及并购之后发生协调行为的可能性。相关案例包括 *Centrica/Dynegy* 案[66]、*Oracle/Peoplesoft* 案、[67] *Volvo/Scania* 案[68]以及 *GE/Instrumentarium* 案。[69]

6.40 转移分析是通过分析消费者行为,来评估并购各方的产品(或品牌)之间竞争的密切程度。"分流比"分析可以被认为是这种分析方式的范式。从产品A转移至产品B的分流比指的是,如果产品A的价格上涨一定程度,转移至产品B处的销量与产品A销售下降总量之间的比例。借助自有价格和交叉价格弹性,可以较为准确地预测分流比。解释分流比以及进行消费者调查时应当谨慎。在设定调查问题的时候应当客观,这一点很重要。相关案例包括 *Volvo/Renault* 案。[70]

---

[64] P. Crooke, L. Froeb, S. Tschantz and G. Werden, "DRAFT: comments solicited, Properties of Computed Post Merger Equilibria" [1997], 2, http://www2.owen.vanderbilt.edu/lukefroeb/froeb.papers/Merger/1997.AIDS.pdf, 2013 年 9 月 13 日访问。

[65] I. Kokkoris, "Merger Simulation: A Crystal Ball for Assessing Mergers", [2205] 28 (3) World Competition, 327 – 48.

[66] UK Competition Commission, "Centrica Plc/Dynegy Storage Ltd and Dynegy Onshore Processing" (TSO, August, 2003) (CM 5885), http://www.Competition – Commission.org.uk .

[67] *Oracle/PeopleSoft* (Case No. COMP/M.3216) [2003] OJ C 252/0004.

[68] *Volvo/Scania* (Case No. COMP/M.1672) [1999] OJ C 324/05.

[69] *GE/Instrumentarium* (Case COMP/M.3083) [2004] OJ L 109/1.

[70] *Volvo/Renault VI* (COMP/M.1980) [2000] OJ C220/03.

四、临界损失分析

6.41 界定市场时经常会用到的一种经验分析就是临界损失分析。[71] 在界定相关市场,以及评价并购的反竞争效果的时候,就会用到临界损失分析。[72] 临界损失分析是由哈里斯(Harris)和西蒙斯(Simons)[73]于 1989 年提出的,其将临界损失定义为,"对于任何给定的价格上涨而言,使特定的价格上涨无利可图的最低销售量比例损失"。[74] 这在竞争法中起着越来越重要的作用,因为市场界定在评价企业的反竞争实践中扮演着至关重要的角色。市场界定流程的准确性及其结果会大幅度改变竞争当局对于竞争损害的评估,因为市场中的竞争程度很大程度上取决于产品和地域市场界限如何决定竞争限制的出现和程度。临界损失分析使得 SSNIP 测试具备了可操作性。

6.42 临界损失分析假设,为了使假设的价格上涨无利可图,需要假设垄断者的销售额下降多少。SSNIP 测试预期会带来的价格上涨给假定垄断者的利润带来两个相反的影响。其对利润带来负面影响,因为一些消费者在面临价格上涨时,会转向竞争对手公司所提供的产品。然而,也会对利润产生抵消性的正面影响,因为假定垄断者就其所剩余的销售量可以获得更高的利润。如果对利润的负面影响高于正面影响,那么价格的提升对于假定垄断者而言将会无利可图,此时相关市场范围就应当更宽。[75] 临界损失就是上述正反影响效果达到平衡时,销售数量下降的比例。如果销量下降的比例大于临界损失的话,那么价格上涨将会使利润降低。如果销量下降的比例小于临界损失的

---

〔71〕 主要包括临界损失分析的案件有:*Federal Trade Commission, et al. v. Tenet Healthcare Corporation*, 186 F. 3d 1045(Eight Circuit 1999);*Federal Trade Commission v. Swedish Match North America Inc.* et al., 131 F. Supp. 2d 151, 160 – 62(D. D. C. 2000);*Federal Trade Commission v. Occidental Petroleum Corp.*, 1996 – I Trade vs. (CCH) 67, 071(D. D. C. 1986);*US v. SunGard and Comdisco*, 172 F. Supp. 2d 172, 182, 186 – 92and n. 21(D. D. C. 2001);OFT, "Completed acquisition by Global Radio UK Ltd. of GCAP Plc" [2008] (ME/3638/08), http://www.oft.gov.uk/shared_oft/mergers_ea02/2008/Global_GCap.pdf, 2013 年 9 月 13 日访问。

〔72〕 I. Kokkoris, "Critical Loss Analysis: Critically Ill?", [2005] 26(9) ECLR, 518 – 25.

〔73〕 B. Harris and J. Simons, "Focusing Market Definition: How Much Substitution is Necessary?" [1989] 12 Research in Law and Economics, 207 – 26.

〔74〕 Harris and Simons(n 73) at 211.

〔75〕 Lexecon, "An introduction to Quantitative Techniques in Competition Analysis", 18, http://www.crai.com/ecp/assets/quantative_techniques.pdf, 2013 年 9 月 13 日访问。

话，那么价格上涨将会使得假定垄断者的利润得以提升，而且此时相关市场的范围就不能被扩大。

6.43 临界损失分析会预测一个产品价格上涨的必要比例，以使得最终销量下降的比例让提升价格无利可图。根据临界损失分析可知，利润越高，由于价格上涨所带来的利润减损越大。这样一来，很小的临界损失就可以使假定垄断者的价格上涨无利可图。对于任何给定的价格上涨而言，临界损失越小，毛利率就越高。这是因为，（价格上涨引起的）毛利率越高，销量降低给利润带来的负面影响就越大。这样一来，利润率就决定了为扩大一个临时相关市场的界定所需要的替代物数量。有关临界损失越小毛利率就越高的论断也受到了质疑，因为通过观察可知，高额利润可能是因为反竞争行为，也可能是因为在差异产品构成的市场中，不同公司所提供产品之间并不具备紧密的替代性。

6.44 有关利润率越高、价格上涨之后销售量的损失带来的利润损失就越大的观点受到了卡茨和夏皮罗（Shapiro）（2003）的质疑，他们认为：这一论断是不完整的，因为高利润还可能意味着实际损失很小，因而即便临界损失很小，提升价格仍可能有利可图。[76] 他们建议以总分流比为基础转换一种分析方式，而分流比是价格上涨时一个产品总体销售量下降的比例，而该部分销售量损失被备选市场上的其他产品所填补。他们认为，如果总分流比高于临界损失，就会产生这样一种假设：备选产品市场实际上就是一个相关的反垄断市场。

6.45 尽管临界损失会假设使价格上涨无利可图的销量减损比例，但其并未明确这种减损是否会实际发生。因此，临界损失分析的第二步会计算由于价格的提升而带来的实际损失。这一假设要求分析消费者（市场需求方）的反应以及生产商（市场供应方）的反应。

6.46 并购对价格的影响很大程度上取决于：由于价格上涨而导致的转移至竞争对手的销售损失程度，以及这些转移量在竞争公司之间的分配。如果与价格上涨相关联的潜在销售量损失证据（可以通过使用一系列分析方法来进行规整，包括需求假设、震荡分析以及转移调查）表明，实际损失将会大于临界损失的话，那么所涉产品就不属于同一相关市场。这样一来，价格的上涨将无利可图，就必须扩张相关市场的范围。根据案件情况，实际损失大于临界损

---

〔76〕 M. Katz and C. Shapiro, "Critical Loss: Let's Tell the Whole Story", [2003] (Antitrust magazine, a publication of the ABA Section of Antitrust Law), 50, http://faculty.haas.berkeley.edu/Shapiro/critical.pdf ,2013 年 9 月 13 日访问。

失意味着,问题并不在于与给定的价格上涨等同的单边或联合价格影响,也不在于所牵涉到的产品并不会构成一个独立的反垄断市场。[77] 如果实际损失小于临界损失的话,那么价格上涨就是有利可图的,市场不应当再被扩大。

6.47 换句话说,临界损失分析是预测随着假定价格上升,商品销售量所能下降的最大数量(以百分比计算),但该数量仍能确保假定垄断者的利润不会下降。因此临界损失分析会预测这样一个点:5% ~10% 的价格上升对假定垄断者利润带来的正反面影响会相互抵消。

6.48 临界损失分析体现了价格上涨对销量的影响,如果假设公司会通过将边际成本与边际收益等同来实现利润最大化,那么可以用(价格——译者注)弹性[78] 的方式重新解释临界损失分析。临界弹性分析通过比较备选市场的预设弹性来提供一种特有的价值,在很大程度上提高了以计量经济学为基础的市场界定的准确性。[79] 假定垄断者所面临的行业弹性程度应当小于每个公司的价格弹性,因为一个行业整体上面临的竞争小于每一个公司单独面临的竞争。

6.49 然而希夫曼(Scheffman)和西蒙斯(2003)却认为,公司很少通过将边际收益[80] 和边际成本[81] 等同来设定价格。他们认为,由于行业需求曲线或边际成本的不规则性(扭曲),这一假设很不现实。他们得出结论:假定垄断者的实际损失将会低于单个竞争对手的实际损失。然而,实际损失可能会远远高于临界损失。[82]

---

〔77〕 R. Epstein and D. Rubinfeld, "Technical Report Effects of Mergers Involving Differentiated Products" [2004] (COMP/B1/2003/07), 28, http://ec. europa. eu/competition/mergers/studies_reports/effects_mergers_involving_differentiated_products. pdf ,2013 年 9 月 13 日访问。

〔78〕 需求价格弹性的经济学概念指的是:针对价格变化,某一产品的需求变化程度。如果市场需求是不具备弹性/具备弹性的话,那么每个单独公司各自的需求也将会是不具备需求弹性/具备需求弹性的。如需有关价格弹性的详细定义,详见 A. Mas - Colell, M. Whinston, and J. Green, *Microeconomic Theory* (New York, NY: Oxford University Press, 1995), 27。

〔79〕 G. Werden and L. Froeb, "Calibrated Economic Models Add Focus, Accuracy, and Persuasiveness to Merger Analysis", [2002], 6, http://www2. owen. vanderbilt. edu/luke. froeb/papers/sca10. pdf, 2013 年 9 月 15 日访问。

〔80〕 每增加一单位的产量所带来的收益。

〔81〕 每增加一单位产出的边际成本指的是,为实现该单位的产出所需要的额外投入。在充分竞争的市场中,"企业会通过将边际成本与边际收益等同来实现利润最大化"的论断才有效。"充分竞争市场"这一概念是经济学会中会用到的理论基准,其与实际市场条件并不同。

〔82〕 D. Scheffman and J. Simons, "The State of Critical Loss Analysis: Let's Make Sure We Understand the Whole Story" [2003], 5, http://www. abanet. org/antitrust/source/nov03/scheffman. pdf ,2013 年 9 月 16 日访问。

6.50 临界损失分析也存在一些缺陷,以至于会抵消掉其在适用中的高效性及准确性。这些批评中的一些观点与基准价格的变化比例有关。临界损失分析公式表明了其对于以下方面的依赖性:价格上涨的重要门槛,以及市场上的价格——成本边际。[83] 5%的价格上涨可能并不会为一个假定垄断者带来盈利,但如果稍微再提升一点点价格就有可能有利可图。如果一些现有消费者对于价格的敏感程度高于其他消费者,这种情况就能发生。5%的相对价格上涨是否有利可图,将取决于由于价格上涨带来的损失是否可以被利润的上涨所抵消。正如分析所指出的那样,关键问题不在于相对价格上涨导致所有消费者都转而选择其他产品;而在于确有大量消费者会转向其他产品,从而导致价格上涨无利可图。

6.51 韦登(2002)列举了三种临界损失分析可能具有误导性的情形。[84] 在这些情形下,运用临界损失分析公式的过程中所涉及的市场,可能要比市场实际大小更为宽泛。韦登(2002)认为,运用这些公式可能具有一定误导性,因为其并未探究为了充分开发非弹性需求消费者的潜力,假定垄断者愿意放弃多少对弹性需求消费者的销售量。

6.52 这些情形下的案例中,产品的不同用途引发了不同的弹性。这可能是因为,一个商品由于其不同用途可能会有不同的替代产品或不同的替代价格,因此产品需求对于一些消费者而言是弹性的,但是对于其他消费者而言却不具备弹性。[85] 如果产品具备多种用途,临界损失分析的运用同样可能有误导性。另外,由于很多工厂运用不同方法生产产品带来的不同边际成本,以及忽视停止工厂运作节省的固定成本,也可能会导致临界损失分析产生错误结果。

6.53 除了韦登(2002)、卡茨和夏皮罗(2003),以及奥勃良(O'Brien)和威克尔格伦(Wickelgren)(2003)也表示对标准临界损失分析的高效性和准确性持保

〔83〕 价格成本边际 =(价格 - 边际成本)÷ 价格。每增加一单位产出的边际成本指的是,为实现该单位的产出所需要的额外投入。

〔84〕 G. Werden, "Beyond Critical Loss: Tailoring Applications of the Hypothetical Monopolist Paradigm" [2002], http://papers.ssrn.com/sol3/papers.cfm?abstract_id = 327281 ,2013 年 9 月 15 日访问。

〔85〕 Werden(n 85) at 3.

留意见。[86] 这些作者在一系列的文章中已经对"标准临界损失分析"提出批评意见。随后,他们的分析方式也被希夫曼和西蒙斯(2003)所批判。在本节,我们将要对这些文章中提到但被忽视或者较少被注意到的问题进行分析。我们将会忽略诸如扭曲的需求曲线模型以及适当的经济模型之类的问题,因为这些问题在这些文章中已经得到了充分的阐述。

6.54 奥勃良和威克尔格伦(2003)认为,临界损失分析并未认识到公司利润可以提供与价格上涨可能带来的销量损失程度相关的信息,并且忽视了涨价的公司所生产产品之间替代程度的重要性。[87] 如果利润很高以至于使得转移销售非常有利可图的话,那么并购公司将会有相对来说更强烈的意图来提升价格,而不需要抵消市场进入、产品重新定位或者是提高效率。[88] 最为重要的结果在于,更高的利润将会使得并购公司提升价格更加有利可图。因为高额毛利润可能意味着临界损失很小,据此可以得出相关市场很宽泛的结果。

6.55 然而,这一论断有一定争议性,因为大额的利润可以理解为是反竞争行为造成的,也可以理解为在由差异产品组成的产业中,不同企业所生产的产品并无替代性造成的。价格上涨的盈利程度将取决于所涉产品的价格弹性。如果产品具有较高价格弹性的话,那么任何价格的提升都将会使得销量转移至替代产品,并严重影响利润。这样的结果取决于替代产品存在,并可以被提供给消费者的程度。如果生产替代品的公司面临产能限制,例如重大成本或时间限制,或新公司面临市场进入壁垒,那么现有公司涨价的行为将可能会非常有利可图。

6.56 奥勃良和威克尔格伦(2003)还认为,一个企业的产品与其替代产品之间联系越紧密,企业的边际利润肯定就越小,价格也就会越低,[89] 这将会阻止消费

[86] 会引发临界损失分析问题的主要文章包括:Katz 和 Shapiro(76);D. O'Brien and A. Wickelgren, "A Critical Analysis of Critical Loss Analysis" [2003], http://www.ftc.gov/be/workpapers/wp254.pdf,2013 年 9 月 13 日访问;*Sheffman and Simons*(n 82);K. Danger and H. W. Fresh III, "Critical Thinking about Critical Loss in Antitrust" [2001] 46 Antitrust Bulletin, 339; J. J. Lagenfeld and W. Li, "Critical Loss Analysis in Evaluating Mergers" [2001] Antitrust Bulletin, 46(2), 299。这些文章中所提及的问题都很类似。

[87] 两个产品之间的替代程度可以体现在交叉价格弹性之中。需求交叉价格弹性这一概念指的是,一个产品价格变化在另一个产品需求量变化上的反应。详见 Bannock, Baxter and Davis(n 27) at 106。

[88] O'Brien and Wickelgren(n 87) at 3.

[89] 增量利润百分比 =(初始价格 - 平均成本)÷ 初始价格。这样一来,假设成本维持不变,如果公司利润要降低的话,价格也必须降低。

者转向其他产品。[90] 然而，正如我们的研究所显示的那样，产品之间替代性的紧密程度，不仅仅取决于这些产品的差异程度，还取决于其他一些因素，例如产能限制、市场进入壁垒及扩张壁垒。

6.57 奥勃良和威克尔格伦（2003）还认为，高额边际利润意味着实际损失很低。[91] 正如卡茨和夏皮罗（2003）所提出的那样，如果一个公司每实现一个单位的销售额都会赚更多钱的话——表明高额利润——那么如果其降价，仅需要增加少量的销售额就可以抵消降价导致的利润损失。高额利润表明，供应商认识到，市场对其产品的需求相对于价格下调来说，没有那么敏感。[92] 正如他们进一步论证的那样，高额利润意味着产品面临非弹性需求，一个典型的理由就是该产品可以区别于其他产品。如果产品之间可以互相区分，那么喜欢某个特定品牌特质的消费者将会继续购买这一品牌，即便是价格有小幅度上涨。

6.58 然而，产品非弹性需求可能并非高额利润仅有的或最为重要的原因。其他一些因素，例如规模经济和范围经济，[93] 以及生产中的其他效率性因素也可以解释高额利润，而不需要给出任何有关公司产品价格敏感度的信息。另外，产品的低弹性程度（非弹性需求）将会在很大程度上取决于不同产品之间的差异程度。更进一步来讲，由于产品某特质，即便是价格有所上涨买方仍然保有的忠诚程度，不仅取决于产品的特质，还取决于价格上涨的幅度。这样一来，有关高额利润与低弹性之间，以及高额利润与实际低损失之间的关系和联系，并无准确的结论。另外，在反竞争的市场结构中，玻璃纸谬误也可能会减损临界损失分析的效率和准确性。产生高额利润可能是因为公司已经具备了市场力量，因而也就无法得出与价格上涨导致的实际损失程度有关的

---

〔90〕 O'Brien and Wickelgren（n 87）at 30.

〔91〕 As outlined in Scheffman and Simons（n 83）［此处应为（n 82）——译者注］at 4.

〔92〕 Katz and Shapiro（n 76）at 51.

〔93〕 规模经济，指的是随着产出的不断提升，长期平均生产成本会有所下降。详见 D. Begg, S. Fischer andR. Dorbusch, *Economics*（5th edn, New York, NY：McGraw－Hill, 1997）, 109。范围经济指的是，单个企业的联合产量要多于两个生产单一产品的不同企业（两个企业之间生产投入的分配相等）所能创造的产量。详见 R. Pindyck and D. Rubinfeld, *Microeconomics*（4th edn, Upper Saddle River, New Jersey：Prentice Hall International, 1998）, 227。范围经济的概念类似于规模经济的概念。规模经济适用于与增加或减少生产规模相关的效率问题，涉及单一产品类型产量的变化。范围经济则是适用于与市场营销和分销范围的增多或减少相关的效率问题，涉及不同产品类型的数量变化。另外，规模经济主要涉及供应方面的变化（如生产水平），而范围经济主要涉及需求方面的变化（如市场营销和分销）。

准确结论。

6.59 卡茨和夏皮罗(2003),奥勃良和威克尔格伦(2003)以及希夫曼和西蒙斯(2003)强调了标准临界损失分析中所存在的一些问题,但仍有一些问题并未得到解决。如果是为了界定市场以及评估并购的反竞争效果的话,根据实际市场情况的不同,基于需求或成本假设作出的临界损失分析是不准确的。如果能准确预测假设实施市场力量相关的实际损失,那么临界损失仍是合适的市场界定方法。

五、界定市场的方法

6.60 在评估竞争效果之前,通常要进行市场界定。布卢门撒尔(Blumenthal)(2004)提及了[94]三种根据美国并购指南界定市场的处理方式和程序,这为依据新版《欧盟并购条例》采用不同的方式进行市场界定构建了框架。第一种分析方式是:在机构行政行使自由裁量权时,将指引作为一个分析案件选择工具。直到分析的最后一步才会明确反映法律方面的考量,这需要判定进行经济分析得出的结论是否可以被转化为法律元素,以足够支持起草诉状。第二种分析方式是:将市场界定保留在分析的第一步,但同时会将大部分竞争影响分析加入该步骤之中,并与市场界定同时决定。第三种分析方式是反复进行的——会以快速"虚拟市场界定"为起始点,这将会确认备选问题市场,并继续进行竞争影响分析,之后再回到"确定市场界定"的步骤。[95]

6.61 尽管存在法律、经济论点的交互作用,以及市场界定和竞争影响的合并分析,假定垄断者测试的适用及其重要性对于准确地确定市场很重要。另外,为了

---

〔94〕 W. Blumenthal, "*Why Bother? On Market Definition under the Merger Guidelines*" (Statement before FTC/DOJ Merger Enforcement Workshop, Washington, DC, February, 2004), 5.

〔95〕 主要的有关市场界定的成员国判例包括:

· Competition Council Decision No. 2004C/C69, 24 December 2004, SN Airholding II/Virgin Express Holding PLC/Virgin Express SA, Belgian Official Journal, 24 February 2005, 7222 (Belgian competition authority).

· Decision of 26 October 2006, No. 45 – KO AS Levira/AS Starman/ Eesti Digitaaltelevisioo ni AS, Decision on Challenge of 7 December 2006, No. 56 – KO AS Viasat v. Estonian Competition Board (Estonian competition board).

· TDC Report No. C44/99 Heineken/Cruzcampo [2 December 1999] (Spanish competition authority).

SSNIP 测试的目标,确定并使用“正确的”初始价格,对准确界定市场和正确评估交易的竞争效果至关重要。

6.62 SSNIP 测试所展现的概念性突破不仅有助于改善市场界定的流程,还有助于更全面地理解市场力量这一概念。SSNIP 测试提供了一种假设,而这一假设又可以在分析市场数据时得到检验。市场界定,在捕捉市场动态和回答最终的交易是否将会严重损害市场上有效竞争这一问题方面,都会存在一定的限制。

第七章　横向并购——非协调效应

一、横向并购的非协调效应

（一）评估非协调效应

（二）网络市场

（三）评估因素的重要性

二、寡头垄断市场中会导致非协调效应的横向并购

（一）*Oracle/PeopleSoft* 案

（二）*Syngenta CP/Advanta* 案

（三）*Johnson and Johnson/Guidant* 案

（四）*T－Mobile/Tele. ring* 案

7.01 非协调（或单边）效应分析强调的不是市场界定，而是减少并购发生前市场上现存竞争者相互之间施加的竞争限制。无论是并购导致范围较小市场上形成高集中度，还是造成较大范围市场中并购各方之间密切的、直接的竞争的消除，产生于一项并购的单边效应都是一样的。

7.02 假设市场上每一个百分点的市场份额，都等于对于市场上另外一个百分点的市场份额的限制，但是市场之外的每一个百分点的市场份额并未形成限制，这是不对的。新版《欧盟并购条例》提出的“更多以效果为基础的分析方式”旨在预测并更好地估计预期交易所引发的竞争问题，而不会过于依赖结构性参数。严重损害有效竞争标准和《横向并购指南》[1]的基本原理中一个很重要的部分，就是给并购企业及其顾问提供更为准确的指引以及更强的可预测性。新版《欧盟并购条例》的实体测试适用于所有可能严重损害有效竞争的

〔1〕 Guidelines on the assessment of horizontal mergers under the Council Regulation on the control of concentrations between undertakings [2004] OJC 31/5 (“Guidelines” or “Horizontal Merger Guidelines”).

并购案件。

7.03 本章首先简要介绍并购的主要类型,接着重点关注横向并购的反竞争效果,而该效果表现为非协调效应。第八章则关注横向并购反竞争效果的另外一种形式——协调效应。横向并购指的是发生在同一相关市场上的企业之间的并购。这类并购可以提高并购企业的市场力量,使它们单方引发竞争损害,尤其是通过并购之后提升价格以获利。作为回应,市场上其他企业也有可能单方提高价格。这样可能会削弱其对抗性。此外,横向并购有可能会增加并购后市场上企业之间形成默示或明示共谋的可能性(和/或稳定性以及可持续性)。这一问题将在第八章中进行讨论。

7.04 非横向并购包括纵向、混合型以及斜向并购。纵向并购指的是一个市场中活跃于行业不同环节的企业之间的并购。这类并购,尽管通常来讲是有利于竞争的,也有可能在某些情形下,由于进入壁垒增强、竞争对手成本提高、市场封锁或者共谋可能性增强等因素而导致并购企业面临的竞争限制有所减损。然而,这种风险发生的可能性不大,除非并购企业已经具备市场力量,或者是市场上已经存在重大纵向合并以及纵向制约。混合型并购指的是发生于明显位于不相关市场的企业之间的并购,这类并购很少会严重损害市场有效竞争。然而,在一些司法辖区中,已经发现这种类型的并购会造成竞争问题,例如"一揽子势力"的行使。

7.05 斜向并购可能会导致横向或非横向效果,其中参与并购的企业之间具备纵向或混合型关系,而且相互之间也是实际的或潜在的竞争对手。[2] *Google/DoubleClick* 并购案就是这类并购中的一个例子。欧委会认为并购双方并非竞争对手,因为 DoubleClick 并非网络广告空间提供商,而仅仅是广告技术(广告服务)供应商,而且 Google 本身也不会提供广告服务工具。[3] 有顾虑认为,广告商和出版商会认为文字广告和展示广告互为替代物。控告者认为,这将会在 Google 和 Double Click 之间形成斜向关系,而这又将会使得单

〔2〕 详见例如 UK Competition Commission,"BOC Limited/IneosChlor Limited: A report on the anticipated acquisition by BOC Limited of the packaged chlorine business and IneosChlor Limited"(TSO, January 2009), http://www.tsoshop.co.uk/bookstore.asp? FO=1195710&DI=610651, 2013 年 9 月 13 日访问;UK Competition Commission,"Deutsche Börse AG, Euronex NV and London Stock Exchange plc: A report on the proposed acquisition of London Stock Exchange plc by Deutsche Börse AG or Euronext NV"(November 2005), http://www.competition-commission.org.uk/assets/competitioncommission/docs/pdf/non-inquiry/rep_pub/reports/2005/fulltext/504.pdf, 2013 年 9 月 13 日访问。

〔3〕 *Google/DoubleClick*(Case COMP/M.4731)[2007] OJ C 230/08.

方面的价格提升对于并购后的企业而言是有利可图的。洛法罗和路易斯(Lewis)(2008)注意到,如果Double Click的广告商端的广告服务方案提价,将会提升一个广告商通过非整合性渠道购买广告展示空间的总成本,对该渠道而言,Double Click的产品就是一种投入。由于非整合渠道被认为可以替代整合渠道,而Google就是通过整合渠道来出售文字广告的,那么针对非整合渠道的需求会出现一些分流,而其中一部分就会分流至Google。[4] 正如洛法罗和路易斯所认为的那样,这种分流可以通过合并企业而实现内部化,进而会引发出提高展示广告服务方案价格的动机。欧委会经仔细分析,得出结论:Google和Double Click相互之间并未施加重大竞争限制,因此并购之后的单边价格提高并不会带来利润。

7.06 一个类似的斜向并购案就是*Friesland Foods/Campina*[5]并购案,其在基本奶制品、芝士、奶油、风味奶饮料、乳剂以及帕尔马乳糖方面会引发横向关切。欧委会还认为,交易方在荷兰的原生奶采购市场上占据相对较强的地位(他们的合并市场份额高达70% ~80%)。另外,交易方的下游竞争对手需要将原生奶采购渠道作为重要投入。欧委会考虑到并购对不同乳产品市场上的影响(横向关切),并同时考虑到进入原生乳制品市场的需求是剥离实现其有效性和可行性的必要条件(纵向关切),附条件批准了该项并购交易。[6] 如果并购后的企业在上游(投入封锁)或下游市场(消费者封锁)中拥有显著市场力量的话,那么反竞争的纵向效果通常更有可能发生。这样一来,在斜向并购案中,只要市场力量大到有理由引起横向单边效应的关切,就有足够理由引起纵向反竞争效果的关切。

7.07 在分析非协调效应之前,我们要强调这种效果可能会以不同的形式出现。最常见的形式就是相关产品的价格上涨。除了价格,竞争损害还可能会产生于

[4] S. Lewis and A. Lofaro, “Google/DoubleClick: the search for a theory of harm”, [2008] 29 (12) ECLR, 717 – 20.

[5] *Friesland Foods/Campina*(Case COMP/M. 5046)[2009] OJ C 75/06.

[6] J. Kamphorst and V. Pruzhansky, “Vertical theory of harm in a horizontal merger: the Friesland Foods/Campina case”, [2012] 8(2) JCL & E, 417 – 24.

一些非价格因素，如产量、服务质量、产品范围[7]、产品质量[8]、地理位置、生产能力以及创新。[9] 企业调整这些因素的能力及时间段将取决于相关市场。[10]

一、横向并购的非协调效应

7.08 简言之，如果参与并购企业相互之间所施加的竞争限制减损会导致经并购产生的企业的市场力量增强的话，那么横向并购就会产生非协调效应。这样一来，经并购产生的企业就能够通过自己的行为来提高价格、减少选择或创新，而不需要来自竞争对手的一致性回应。更进一步来讲，相关市场上未参与并购的企业也可以获益于并购而导致的竞争压力的降低，因为并购企业价格的提升会使得一些需求转移至其竞争对手处，这反过来又会使得竞争对手发现提升价格是有利可图的。在这类情况下，市场上的企业并未协调它们的竞争性行为，而仅仅是针对其他企业的行为改变作出反应。这些竞争限制的减损可能会对并购后相关市场上的竞争造成严重损害。

7.09 通过消除一个特定竞争对手，一个横向并购有可能会消除对一个或多个现存企业的重要竞争限制，而且还有可能会降低它们之间的竞争力，这反过来又使并购企业得以行使市场力量。这种类型的并购会产生一个全新的、市场份额远高于竞争对手的企业。横向并购也可能会导致形成一个寡头垄断市场，消除这个市场内的重要竞争限制则会导致竞争的大幅减损。

---

[7] 详见例如：UK Competition Commission，"HMV Group Plc and Ottakar's Plc：Proposed acquisition of Ottakar's plc by HMV Group plc through Waterstone's Booksellers Ltd."（May，2006，http://www.competition-commission.org.uk/assets/competitioncommission/docs/pdf/non-inquiry/rep_pub/reports/2006/fulltext/513，2013 年 9 月 13 日访问）。anticipated acquisition by Boots Group plc of Alliance UniChem plc"（OFT Decision ME/2134/05）（May 2006），http://www.oft.gov.uk/OFT-work/mergers/Mergers_home/decisions/2006/boots#.UVDH7Rc0ySo，2013 年 9 月 13 日访问。

[8] UK Competition Commission，"HMV Group Plc and Ottakar's Plc：Proposed acquisition of Ottakar's plc by HMV Group plc through Waterstone's Booksellers Ltd"（May，2006），http://www.competition-commission.org.uk/assets/competitioncommission/docs/pdf/non-inquiry/rep_pub/reports/2006/fulltext/513，2013 年 9 月 13 日访问。

[9] UK Competition Commission，"Carl Zeiss Jena GmbH and Bio-Rad Laboratories Inc：a report on the proposed acquisition of the microscope business of Bio-Rad Laboratories Inc"（May 2004），http://www.archive2.official-documents.co.uk/reps/488/488.pdf，2013 年 9 月 13 日访问。

[10] "Merger Assessment Guidelines"（A joint publication of the Competition Commission and the Office of Fair Trading，September 2010）（CC2（Revised）/OFT1254）.

7.10　竞争限制的减损尤其会使并购企业能够提高价格、降低产出，并可从中获利。其他企业可能就会发现提高价格是有利可图的，因为会有一些需求转移至它们所提供的产品/服务中来。转移的程度取决于并购各方之间，以及并购方与其他企业之间的竞争紧密程度。这种价格上升的趋势将取决于并购方与其竞争对手产品之间的异质性程度。替代产品间的异质性越高，在这些产品间转移需求的消费者就越少（也就是，需求的转移越少），据此，并购之后市场上的企业提高价格获得的利润就更多。这样一来，并购后市场上的其他企业就倾向于单方提高价格。〔11〕 并购产品之间的替代性越强，它们之间的需求转移可能性就越大，单边效果就越有可能实现。在这种情况下，并购前的市场份额有可能并非参与并购的企业之间竞争程度的有效指标。在产品间具备相对同质性的市场上，市场份额是替代性的一个有效指标。如果企业产品可以相互被区分开来的话，那么并购前的市场份额可能并非参与并购企业间竞争程度的有效指标。

7.11　这样一来，任何产生于一项并购的单边效应程度，部分取决于并购使参与方重新吸引顾客的程度，而针对这部分消费者而言，如果任何一个企业单方提升价格的话，其就会将需求转移至其他企业。通常来讲，重获率将会通过两个企业之间的转移率来衡量。转移率可以通过观察消费者在面临价格上涨时放弃一个企业产品而作出的选择来计算。如果产品存在差别，市场上不同企业所销售的产品之间并非完美的可替代品，那么生产差别产品的企业之间的并购，就有可能使并购产生的企业单方提价至高于并购前的水平来获利，同时本产品的消费者也不会大幅转向竞争对手所生产的产品，从而减少竞争。〔12〕 如果，从另一方面来看，大量的消费者将会转移至另外一些可选供应商的话，那么失去这些消费者的威胁可能足以形成对并购参与方的制约。然而，产品差异性以及竞争对手没有能力通过提高产出（如果剩余产能有限的话），或者重新定位以形成对并购后市场上企业的限制，都会有助于在并购后

〔11〕 寡头垄断市场的一个主要特征就在于，可能存在这样一种可持续性的企业协调行为的机制，该机制可能会导致形成价格和产能的平行行为。在一个寡头市场上，由于数量较少，各个企业可以平行的方式行为，并从它们的联合市场力量中获利，而不需要签订协议或者是形成联合行为。这种情形就叫做默示共谋。普通法院在 Gencor 案中默认“联合支配地位”概念等同于“默示共谋”概念，据此扩宽了新版《欧盟并购条例》的适用范围。

〔12〕 消费者可以为竞争效果分析的很多相关考量因素提供重要直接证据。消费者证词会在以单边效应为由而被提出质疑的并购案件中派上用场，因为单边效果分析在很大程度上受到消费者需求模式的影响。消费者也可以为协调一致行为发生的可能性提供大量信息。消费者可以评论产品同质性，可以提供有关产品数量和价格的信息，而这些信息可以帮助辨别出合谋行为。

市场上形成单边效应。

7.12 正如上文所提到的那样,非协调效应可能产生于以下集中型市场:企业以相互区别的产品进行竞争,而且参与并购企业的产品是紧密联系的替代品,以至于参与并购企业所生产产品之间的转移率非常高。相类似地,如果基于地理位置接近这一因素的考量,参与并购方是地理位置上接近的竞争对手的话,也可能产生单边效应。如果产品的差异性是以品牌形象、技术规格、质量或者是服务水平为基础的,那么消费者通常会更倾向于选择特定供应商。与不生产近似产品的竞争者之间的合并相比,如果生产近似产品的企业合并,那么,所产生的新企业更容易在并购发生之后提升价格。如果市场上其他现存企业能够改变其生产线,而且能够近似替代经并购而产生企业的话,那么并购所引发的非协调效应将会减少。此外,如果竞争对手的地理位置很接近,即便相关地域市场相对来说比较大,竞争也会实现本地化,供应商的地理位置也将会成为重要因素。最后,寡头垄断市场上非协调效应的关切也会发生于以下情形:供应商产能、而非商品的差异性,是竞争的主要驱动力,由于受到产能限制的影响,作为对并购企业涨价(以及降低产出)的回应,竞争对手不大可能提高产出。[13]

(一)评估非协调效应

7.13 2004年,随着新版《欧盟并购条例》的通过,欧委会发布了关于其如何分析横向并购的指南,明确了新版《欧盟并购条例》的适用,并解释了欧委会在评估此类并购时所适用的经济学原理。指南还为欧委会就有关新版《欧盟并购条例》实体审查标准的实践增加了一些额外的参照标准,并为非协调效应(以及协调效应)分析提供了明确的法律基础和框架。

7.14 "关于评估理事会控制企业间并购条例项下横向并购指南"("指南")[14]描述了有关评估横向并购可能带来的反竞争效果的理论基础和分析方法。更为重要的是,为了实现改进经济推理的目标,指南关注了分析的本质,以确定现今并购各方互相之间所施加的竞争限制。指南的目的在于为所有相关企

---

〔13〕 详见 WilmerHale, *Guide to EC Merger Regulation* (4th edn, January 2006), 51, http://www.wilmer-hale.com/pages/publicationsandNewsDetail.aspx? NewsPubId = 90560,2013年9月13日访问。

〔14〕 Guidelines on the assessment of horizontal mergers under the Council Regulation on the control of concentrations between undertakings [2004] OJC 31/5 ("Guidelines" or "Horizontal Merger Guidelines"). 欧委会的通知和指南并不具备法律约束力。但是这些文件表明了欧委会在很多重要问题上的立场。

业提供更强的可预测性和更高的法律确定性。

7.15 卡尔顿(Carlton)[15]在分析《2010年美国横向并购指南》[16]时,强调了在解决执法机构提出的竞争抑制并购后价格上涨和其他类似行为的作用的关切时,实证证据所具有的重要性。第一,卡尔顿认为,"单边"效应和"协调"效应之间的区别是人为设定的,不应当被过度关注。第二,他认为,在分析并购的时候应当重视以下历史证据:市场进入或显著买方力量对于维持并购后市场上竞争的影响,以及企业节约成本的历史记录。第三,他认为应当重点关注固定成本中与并购相关的节约带来的效率。第四,关于指南中安全港的数据门槛,应当具备牢靠的基础(例如,赫芬达尔—赫希曼指数HHI)。第五,应当强调在竞争条件下预测未来变化的难度,而且应当明白,并购审查执法不应当以对未来条件的推测性评估为基础。第六,应当修订地域市场界定的分析方法,将分析的重点从以供应商的地理位置为基础,转变为以位于不同地域范围之内消费者所面临的竞争替代品为基础。第七,卡尔顿还认为应当考虑使用术语"maverick"。[17]

7.16 指南探索了横向并购可能带来的反竞争效果,并考虑了横向并购可能严重损害竞争的主要方式。通过排除各方之间的竞争限制,横向并购可以使经并购产生的企业提高价格,而无须考虑其他竞争对手的反应,并因此引发非协调效应。

7.17 指南有关"非协调"效应的讨论是以介绍非协调效应和协调效应之间的区别开始的。欧委会会审查一项拟进行的交易是否会使经并购产生的企业提升价格,并有利可图(非协调或单边效应)。如果经并购产生的企业比并购后市场上紧随其后的竞争对手的市场份额大很多,通常就会产生非协调效应。[18] 由于参与并购各方较并购之前施加给彼此的竞争限制减少,也会严重损害有效竞争,即使经并购产生的企业在相关市场上并未占据最大的市场

---

〔15〕 D. Carlton, "Revising the horizontal merger guidelines", [2010] 6 (3), JCL & E, 619 – 52.

〔16〕 Horizontal Merger Guidelines, (US Department of Justice and the Federal Trade Commission, August 2010), http://www.justice.gov/atr/public/guidelines/hmg-2010.pdf,2013年9月13日访问。

〔17〕 Maverick指的是出于经济动机而变为强劲竞争者的企业。

〔18〕 通知草案列明了具备最大市场地位的企业这一术语(Draft Commission Notice on the appraisal of horizontal mergers under the Council Regulation on the control of concentrations between undertakings [2002] OJC 331/03)。

份额。[19] 欧委会还会审查，在集中型市场中，拟进行的并购是否具有提高企业间协调其行为的可能（协调效应）。

7.18 非协调效应和协调效应之间的区别在于：分析是关注经并购产生的企业的行为及其对竞争对手的行为所带来的影响的静态分析（非协调效应）；还是关注并购后企业间相互联系的动态分析（协调效应）。正如卡尔顿所述（其论述指的是美国指南，但有关论点同样适用于欧委会的指南），美国指南建议以下列分析为基础，来区分单边和协调效应的分析：参与并购的企业是否为彼此次优的替代者；在回应经并购产生的企业调整价位时，其竞争对手是否能够保持价格不变。有趣的是，他认为并没必要将反竞争的并购仅限于彼此是次优替代者的企业之间，以及竞争对手的反应。卡尔顿补充说，单边和协调效应之间的区别是人为设定的，会扭曲经济学理论的观点。他认为，应当将单边和协调效应分析适当地理解为寡头垄断理论的变化，这就为有关并购可能会给消费者带来负面影响的关切提供了基本理论基础。[20]

7.19 指南非穷尽地列举了一系列影响因素，这些因素分开来看并非必然具有决定性，但有可能会影响对一项并购可能带来的非协调效应的评估。指南中所分析的因素包括：[21]

- 参与并购的企业是否占据了较大市场份额；
- 参与并购的企业是否为密切的竞争对手；
- 消费者在供应商之间转移其需求的可能性是否有限；

---

〔19〕 指南第 25 条。新版《欧盟并购条例》中的法律实体审查标准，也就是严重损害有效竞争测试，是为了填补支配地位测试在适用过程中的漏洞，而这一问题体现在以下案例之中，例如：*Airtours/First Choice*（Case IV/M. 1524）Commission Decision（2000/276/EC）[2000] OJ L 93/1，以及 *Heinz*[*FTC v. HJ Heinz Co.*，116 F. Suup. 2d 190（DDC 2000）]。"寡头垄断市场上的非协调效应"这一术语是在新版《欧盟并购条例》前言第 25 段中提出的。新版《欧盟并购条例》明确承认了非共谋寡头垄断这一概念，因为如果按照先前的观念，一些会给竞争带来损害影响的并购，并没有办法依据理事会第 4064/89 号条例有关单一企业和/或联合支配地位的概念得到规制。"漏洞"指的是以下这种情形：经并购所产生的企业所占据的市场份额并未达到支配地位的要求，然而，并购却仍然会导致单边效应。"会导致在寡头垄断市场上形成非协调效应的并购"以及"非共谋寡头垄断"这两个术语指的是以下这种情形：并购之后，市场上的其他企业有动机而且有能力从事给竞争带来负面影响的行为，并据此通过其在并购之后的市场上实施市场力量来获取利益，而不需要依赖于寡头垄断市场结构中其他成员所作出的协调回应。这种对于竞争的负面影响是由并购引发的。

〔20〕 Carlton（n 15）.

〔21〕 Guidelines on the assessment of horizontal mergers under the Council Regulation on the control of concentrations between undertakings [2004] OJC 31/5（"Guidelines" or "Horizontal Merger Guidelines"）at §26 – §38.

- 如果价格有所提高,竞争对手是否有很大可能不增加供应量;
- 经并购产生的企业能否限制竞争对手的扩张;以及
- 并购是否排除了一个重要的竞争力量。[22]

(a)市场份额和集中程度

7.20 市场份额和市场结构可以为判断并购是否会带来非协调效应提供参照。通常来讲,市场份额越大,一个企业就越可能具备一定的市场力量。而且,所增加的市场份额越大,一项并购就越有可能导致市场力量的显著提升。正如欧委会在其指南中所提到的那样,市场份额以及市场集中度可以为市场结构和参与并购方及其竞争对手的竞争重要性提供有用的一手指导。[23] 预测一个正确界定的市场内的竞争份额,对于分析市场结构和参与并购方及其竞争对手的竞争重要性而言,是很有必要的。

7.21 指南创设了安全港制度。如果由于相关企业的市场份额有限,集中不大可能会损害有效竞争的话,那么就可以假设其与共同市场是相符的。这一假设可以适用于相关企业的市场份额并未超过25%的情形。从实施新版《欧盟并购条例》的历史来看,欧委会适用的是大概50%水平的过滤门槛(也会存在例外),但近年来却通过详细审查通常情况下都会获得准许结果的并购案件,来逐步扩大其实体管辖权。[24] 通常来讲,经并购而产生企业的市场份额如果介于25% ~40%之间的话,不会引起任何关切,[25]但如果市场份额高于

---

〔22〕《横向并购指南》提及了两个案例,在该两个案例中市场份额并未明确表明并购可能会产生的非协调效应。这类案件是有关排除预计会施加重大竞争压力的市场进入者,或者排除输油管道有关产品的重要创新者。详见§37 - §38 of the Horizontal Merger Guidelines。

〔23〕 Guidelines on the assessment of horizontal mergers under the Council Regulation on the control of concentrations between undertakings [2004] OJC 31/5 ("Guidelines" or "Horizontal Merger Guidelines"), para 14.

〔24〕 Indicatively: *Carrefour/Promodes*(Case No. IV/M. 1684) [1999] OJC 298/08, where the combined share was below 30 percent, and *Hutchinson Whampoa/RMPM/ECT* (Case No. IV/M. 1412) [1999] OJC 127/04, where the combined share was 36 percent. 详见 Select Committee on European Union, Thirty - Second Report,"The Review of the EC Merger Regulation" (Published by Authority of the House of Lords, London, July 2002) (HL Paper 165), para 139, http://www. parliament. the - stationery - office. co. uk/pa/ld200102/ldselect/ldeucom/165/165. pdf,2013年9月13日访问。

〔25〕 然而,在一些案件中却产生了关切。详见如 *Pfizer/Warner - Lambert* (Case COMP/M. 1878) [2000] OJC 104/03。

40%的话,就更有可能会引发竞争关切。[26] 然而,需要强调的是,经并购产生的企业市场份额如果高于25%的话,对市场份额水平就不适用假定的安全港规则。

7.22 对比合并后的市场份额和市场上其他企业的份额也会有所帮助。如果竞争对手的市场份额明显低于经并购产生的企业的市场份额的话,这就表明经并购产生的企业有能力采取反竞争行为,但当市场份额间的差距较小时,并不能证明经并购产生的企业缺乏这种能力。一个使得合并市场份额55%提升5%的并购,与一个使得合并市场份额75%提升5%的并购相比,不太可能会导致产生单边效应的关切,因为后者的市场更为集中。

7.23 欧委会曾通过会形成显著市场份额合并的并购,而该经并购产生的企业与市场中第二大企业之间的市场份额差距巨大。这就说明,并购审查是一个整体分析的过程,并不存在一个分析因素可以独自导致禁止或通过一项并购的结果。在 *Courtaulds/SNIA* 案[27]中,欧委会认为,尽管经并购产生的企业和与其最紧密的竞争对手之间的市场份额相差45%,但该项并购并未被禁止,因为还存在一些其他重要因素,例如很可能不存在引起反竞争行为的市场进入障碍。在 *Enso/Stora* 案[28]中,欧委会认为尽管经并购产生的企业的市场份额高达60%,但其并未占据支配地位,因为其所面临的买方市场份额较为集中。*Iberia/British Airways* 并购案[29]导致形成伦敦和西班牙路线的高度重合,其合并市场份额分别高达70%与80%。欧委会通过了这项并购,而且没有要求其采取救济措施,因为 Easyjet 和 Ryanair 施加了重大竞争限制,而且并购未发生的时候,作为 One World 联盟的一部分,British Airways 和 Iberia 之间存在持续的紧密合作。

7.24 然而,在最近被禁止的 *Olympic Air/Aegean Airlines* 并购案[30]中,希腊两家最大的航空公司占据了国内市场中80%的航班以及90%的载客量,在未提

---

[26] 但是,这类并购案件也有可能会得到无条件批准。详见如 *Allied Lyons/HWE - Pedro Domecq*(Case No. IV/M. 400)[1994] OJC 126/09;*Haniel/Fels*(Case COMP/M. 2495)[2005] OJC 258/04;*Mercedes - Benz/Kassbohrer*(Case No. IV/M. 477) Commission Decision (95/354/EC)[1995] OJL 211/1;*Enso/Stora* (Case No. IV/M. 1225) Commission Decision (1999/641/EC)[1999] OJL 254/9。

[27] *Courtaulds/SNIA*(Case No. IV/M. 113)[1999]OJ C333/13.

[28] *Enso/Stora*(Case No. IV/M. 1225)Commission Decision (1999/641/EC)[1999]OJ L254/9.

[29] *Iberia/British Airways* (Case COMP/M. 5747)[2010]OJ C 157/11.

[30] *Olympic Air/Aegean Airlines* (Case COMP/M. 5830)[2010] OJ C 174/08. 该案件被提起上诉。交易各方于2013年早期又提交申报。

供可行的救济措施的情况之下,欧委会禁止了该项并购。另一项并购案 *TNT Express/United Parcel Service* 也被欧委会予以禁止,该案中的两个企业是小件快递市场中的重要参与者。欧委会经调查发现,小包裹快递服务市场上存在潜在的竞争关切,尤其是发生在一些成员国(尤其是南欧国家)中的国际快递服务,在这些市场中并购方的合并市场份额很高。UPS 和 TNT 快递是目前在欧洲运营的仅有的四个所谓的"整合者"中的两个。[31]

7.25 欧委会的初步调查显示,小包裹快递服务会构成高度区别的市场,其可以被细分为几个不同的市场,这在很大程度上取决于与服务有关的交付快递时间框架。对于绝大多数的快递服务而言,其他整合者将会成为经并购产生的企业仅存的重大竞争限制者,对于那些最快的时间投入型快递而言更是如此。由于拟进行的并购将会使欧盟经济区域之内相互竞争的整合者由四个下降至三个,所以对于经并购而产生的企业的竞争限制会大幅度下降。这就会导致在很多成员国形成高度集中的国内市场,对于国际快递市场而言更是如此。[32]

7.26 欧委会根据销售收益[33]、产量[34]或者是产能[35]来计算市场份额。如果被许可人或特许经营权人无法对并购参与者施加任何竞争压力,或无法作为独立竞争者进入市场的话,那么并购参与方的被许可人或特许经营者的市场份额就归并购参与方(例如,由于存在长期的独占许可/合同)。[36] 在计算市场份额的时候,不会考虑为了内部生产的纵向整合性企业的产出,除非"内部生

〔31〕 整合者指的是这类企业:其控制了贯穿整个欧洲的综合航空和陆地小包裹邮递的网络,而且除此之外,还能够提供有关这类服务最为广泛的组合。欧洲市场上的其他整合者包括 DHL,其由 Deutsche Post 和一家美国公司 FedEx 共同所有。

〔32〕 决定文本尚未发布。本观点摘自欧委会新闻发布的内容,"Mergers: Commission opens in – depth investigation into proposed acquisition of TNT Express by UPS" [2012] (IP/12/816)(参见 http://europa. eu/rapid/press – release_IP – 12 – 816_en. htm,2013 年 9 月 13 日访问)以及其他可公开获得的信息。

〔33〕 销售通常是供应商所提供的销售(量)。如果并购参与方只在某个企业中享有少数股权,那么只有在并购参与方"控制"该企业,或当该企业属于新版《欧盟并购条例》第 5 条第(4)款所规定的"关联企业"的时候,才会将该企业的市场份额归因于并购参与方。如果并购参与方所享有的股权并未使其获取单独控制权的话,那么销售份额的确定应当取决于案件事实。即便是欧委会并未将市场份额归因于并购参与方,也会在对交易进行整体竞争评估的时候将少数股权考虑在内。参见 WilmerHale(n 13)。

〔34〕 *WorldCom/MCI*, (Case No. IV/M. 1069) [1997] OJ C 362/06; *Carnival Corporation/P & G Princess*(Case COMP/M. 2706) Commission Decision (2003/667/EC) [2003] OJ L 248/1.

〔35〕 *Shell/Enterprise Oil* (Case COMP/M. 2475) [2002] OJ C 89/04.

〔36〕 *Preussag/Hapag – Lloyd* (Case No. IV/M. 1001) [1997] OJ C 368/05; *Kesko/Tuko*(Case No. IV/M. 784) Commission Decision (97/409/EC) [1997] OJ L 174/0047.

产”可以很容易地重新被卖给第三方。[37] 另外，欧委会已经接受了并购参与者的以下论点：其市场份额最近已经有所下降，而且极有可能会继续下降。[38] 如果市场的运行是以企业之间为了长期供应合同而相互竞争为基础，再或者是市场具备高度创新的特征，[39]与其说欧委会会进行数据分析，并关注特定时间点的合并市场份额，还不如说欧委会会评估一段时间之内的平均市场份额和产能，或者如果是通过招投标的形式来签订合同的话，评估市场上现存的参与招投标的企业投标成功与否。[40] 这样一来，如果市场上仅有少数消费者提出大数额的低频率订单的话，那么通过运用一年以上的历史数据来分析市场份额，并调查随着时间的推移市场份额所发生的变化，将会有所帮助。

7.27 市场集中度也可以为竞争环境（评估——译者注）提供有用的信息。为了评估市场集中度，欧委会通常会运用 HHI 指数。HHI 会按比例给大型企业的市场份额更高的权重。尽管在计算时最好将所有企业都考虑在内，但缺少微型企业的信息也没什么问题，因为这类企业通常不会对 HHI 造成太大影响。HHI 等于市场上每一个企业市场份额的平方之和。与四企业集中比例不同，HHI 不仅反映了市场上四个最大企业的市场份额分布，还反映了除了上述四个企业之外的其他企业的市场构成。HHI 根据大型企业在竞争中相互作用的相对重要性，按照相应的比例给大型企业相对更大的权重。美国指南规定，从广义上来讲，市场可以被分为以下几类：非集中型（HHI 低于 1500），适度集中型（HHI 介于 1500 与 2500 之间）以及高度集中型（HHI 高于 2500）。[41] 然而，司法部/联邦贸易委员 1999 年至 2003 年关于被质疑的并购案中的 HHI 研究显示，美国相关机构在这五年中所审查的被质疑的 1300 个并购案中，并购之后 HHI 低于 1400，而且 HHI 变化大致为 85 的并购没有被质疑过。[42]

7.28 HHI 的绝对水平可以为并购之后市场上的竞争压力提供一个初步的指示，

---

[37] 详见例如 *Pilkington - Techint/SIV*（Case No. IV./M. 358）Commission Decision（94/359/EC）[1994] OJ L 158/24。

[38] *Elf Aquitaine - Thyssen/Minol*（Case No. IV/M. 235）[1992] OJ C 232/05.

[39] *Rhône Poulenc Rorer/Fisons*（Case No. IV/M. 632）[1995] OJ C 263/05，*AT&T/NCR*（Case No. IV/M. 50）[1991] OJ C 16/15.

[40] *Raytheon/Thales/JV*（Case COMP/M. 2079）[2001] OJ C 127/09，*Oracle/PeopleSoft*（Case COMP/M. 3216）Commission Decision（2005/621/EC）[2005] OJ L 218/0006.

[41]《美国司法部和联邦贸易委员会横向并购指南》（以下称美国指南）[1992] 第 1. 5 部分，http://www.usdoj.gov/atr/public/guidelines/horiz_book/5.html。

[42] 详见“并购挑战数据，1999—2003 会计年度”（联邦贸易委员会和美国司法部联合发布，2003 年 12 月），http://www.usdoj.gov/atr/public/201898.htm，2013 年 9 月 13 日访问。

HHI 的变化(即“Δ”或“dHHI”)可以为并购直接带来的集中变化提供有用的参照。如果并购之后的 HHI 低于 1000 的话,那么欧委会不大可能认定会引发横向竞争关切。除非存在例外情形,如果并购发生之后的 HHI 介于 1000 与 2000 之间,且 Δ 低于 250,或者是并购后的 HHI 高于 2000,且 Δ 低于 150,那么欧委会同样不大可能会认为一项并购会引发横向竞争关切。指南也提及了以下各种情形:一项并购包含市场份额较小的潜在进入者或者是新近进入者;参与并购的一方或多方是重要的创新者,但这一点并未在市场份额中体现;市场参与者之间存在重大交叉持股;并购参与方之一是一个背离企业,曾存在或者现在有协调的迹象或协助性的行为,而且一个并购参与方在并购发生之前的市场份额高于 50%。[43]

7.29 如果产品间存在差异性,尽管市场界定较为复杂,微量市场份额指南认为,市场份额仍然能够为评估一项并购是否会带来严重竞争关切提供合理的初步基础。在产品呈现出高度区别性的情况下,即便在一个界定的非常狭小的相关市场内,如果两个并购参与方的市场份额之和相对较低的话,并购也不大可能会带来严重竞争关切。但在这种市场中,界定范围较小市场的自由裁量权就会发挥到极致,所以指南在这一部分也未能提供有用的指导。

7.30 经过实证分析在第 I 阶段获得附条件准许的 16 件案件,以及在第 II 阶段被准许的 4 件案件,马丁内斯(Martinez)等评估了与市场份额有关的交易被禁止的可能性。如果集中并未提高市场进入障碍,那么一个导致提升 10% 的市场份额的小型收购最终被禁止的概率为 14%。如果市场份额增长了 27% 的话,将很有可能会导致交易被禁止(75%)。如果市场份额增长了 38% 左右的话,几乎可以确定该项并购会被禁止(被禁止的概率高达 95%)。[44]

(b)参与并购方是紧密的竞争对手

7.31 在评估差异性产品并购的单边效应时,市场份额和竞争影响之间的联系就会很弱。[45] 正如指南所提到的那样,[46] 可以通过不同的方式将产品区分开

〔43〕《横向并购指南》第 20 段。

〔44〕F. B. Martinez, I. Hashi, and M. Jegers, “The implementation of the European Commission's Merger Regulation 2004: an empirical analysis”, [2008] 4 (3) JCL & E, 791 - 809.

〔45〕详见 G. J. Werden and L. M. Froeb, “Unilateral Competitive Effects of Horizontal Mergers” in P. Buccarossi (ed.), *Handbook of Antitrust Economics* (Cambridge, MA: MIT Press, 2008), 43 - 105, and D. L. Rubinfeld, “Market definition with differentiated products: The Post/Nabisco Cereal Merger”, [2000] 68 (1) Antitrust Law Journal, 164。

〔46〕注意指南第 32 段。指南还追加到,一个市场上的广告强度可能表明企业在试图将其产品区分开来。

来，例如地理位置方面，分支机构或店面的位置，品牌形象方面，技术特性、质量或者是服务水准。在这种市场中，参与并购的企业产品之间的替代程度越高，并购参与方提价的可能性就越大。[47] 衡量替代程度的指标包括：消费者偏好调查、所涉产品的交叉价格弹性预测、分流比[48]以及对于消费模式的分析。

7.32 竞争的紧密程度显示了一个并购参与方的消费者受众转移至另外一个并购参与方所提供产品的趋势。如果以品牌或地理接近性（也就是横向区分性）的不同来区分市场上的商品，再或者是以产品质量的不同（也就是纵向区分性）来区分企业，单边效应就取决于由于并购一方商品价格的提高而导致的转移至另外一个并购参与方的销售损失。

7.33 任何并购带来的单边效应程度，部分取决于由于并购的发生，并购参与方可以重新获取本来会失去的消费者的程度。发生于两个并购参与方间的这种分流程度越大，就说明这两个竞争对手之间的关系越紧密，并购就越可能会给竞争带来损害。众所周知，在分析一项并购的单边效应的时候，分流比是一个很有用的工具。这样一来，并购参与方之间的分流比指的是，当价格上升/非价格供应商品条件减损（如服务质量）时，从一方转移至另外一方的消费者的比例。这也表明，经并购产生的企业通过将这种竞争内部化，将会有提高价格或减损非价格供应商品条件的动机。如果任何价格的提升导致 A 企业销售量的下降，那么从 A 企业到 B 企业的分流率就等于这些被 B 企业所吸收的销售量减损的比例。A 企业与 B 企业并购之后，经并购产生的企业会考虑到 A 企业损失的销售由 B 企业重新获得的事实，而这一事实将会降低对于企业价格决策的限制。A、B 企业之间的分流比越高，并购前企业之间相互施加的限制就越大，因此，并购就越有可能会严重损害有效竞争。[49] 尤其是在由非同质产品组成的市场中，经并购产生的企业可以通过单方面将一个或两个产品的价格提升至并购发生之前的价位水平以上，而不会同时导致

[47] 详见《横向并购指南》第 28 段。

[48] 从产品 A 流向产品 B 的分流比指的是，产品 A 因价格提升而损失的销售中被产品 B 获得的部分在产品 A 的损失中所占的比例。对分流比的评估可能没有办法量化。有关并购参与方之间的竞争紧密程度的证据可以是质化的（如消费者观点、内部商业文件）。

[49] 并购参与方相互之间所施加的限制可能并非对称的，因为两个企业相互之间所施加的竞争限制可能并非等同的。

消费者向其竞争对手大规模转移。[50]

7.34 在招投标市场中,欧委会将评估一个并购参与方的投标是否通常会由于另外一个并购参与方的出现而受到限制。[51] 欧委会还会评估竞争对手或并购参与方重新分配产品的可能性,以及这种重新分配对于经并购产生的企业所带来的影响。[52] 这样的市场中,可以通过运用这种分析(也称为赢利/损失分析)来评估竞争的紧密性。如果两个并购参与方之间是最为紧密的竞争对手,那么其中一方就希望有数据显示,在那些由一个并购参与方中标的交易中,与仅考虑市场份额相比,另外一个并购参与方通常成为第二名的程度更大。在绝大多数招投标中,通常是位列第二的投标人会有效决定最终中标的价格。如果边际成本水平使得一个企业无论出多高的价位都可以赢得交易的话,那么对于中标的企业而言就不存在绝对最低价格。[53]

7.35 在 *GE/Instrumentarium* 案[54]中,并购参与方针对每一个受影响的产品以及每个欧洲国家进行了赢利/损失分析。在关键汽车监控设备、C 型臂以及乳腺摄影设备的相关市场中,欧委会接受了这些分析的结论,因为其提供了有关并购双方并非为最密切竞争对手的证据。在 *Cadbury/Kraft* 案[55]中,相关产品市场被界定为巧克力糖果市场,其包含了不同的市场组成部分,例如块状巧克力和夹心巧克力。欧委会要求将 Cadbury 在波兰和罗马尼亚的巧克力业务剥离出来,因为在这些市场中 Kraft 和 Cadbury 合计市场份额高达 60% ~70% ,而且 Kraft 和 Cadbury 是关系紧密的竞争对手。尽管 Kraft 和 Cadbury 在英国和爱尔兰中市场份额也很高,但欧委会并未要求其剥离,因为二者在该市场中并非关系密切的竞争对手。[56] 在 *Unilever/Sara Lee Body*

---

[50] U. Akgun and D. Ridyard, "Lost in translation: the use and abuse of diversion ratios in unilateral effects analysis", [2006] 27 (10) ECLR, 564 - 8. 毛利润可以作为所有市场参与者之间绝对竞争价值的一个替代。企业如能将商品价格大幅度提升至成本以上说明这些企业受到的的竞争压力很小,因为否则的话它们的"边际"消费者(例如,价格敏感型消费者)将会转移至其他竞争对手处,以迫使这些企业降低产品价格,并据此导致毛利润的下降。毛利润数据和分流比的结合,是衡量并购带来的动机变化的有效手段。

[51] 详见《横向并购指南》第 29 段。

[52] 详见《横向并购指南》第 30 段。

[53] S. Bishop and A. Lofaro, "Assessing unilateral effects in practice lessons from GE/Instrumentarium", [2005] 26 (4) ECLR, 2005 - 8. S.

[54] *GE/Instrumentarium* (Case COMP/M. 3083) [2003] OJC 54/03.

[55] *Kraft Foods/Cadbury* (Case COMP/M. 5644) [2009] OJ C 272/12.

[56] 交易方之间模拟了一个并购,欧委会接受了并购将不会导致英国和爱尔兰地区的价格提升这一论点。

Care[57]并购案中,欧委会认为并购可能会使得 Unilever 获取提升其现有一些品牌下除臭剂价格的能力,因为并购之后 Sara Lee 旗下的 Sanex 将不再给 Unilever 旗下的近似替代品——Dove 以及 Rexona 带来任何竞争压力。因此,并购将会在很多成员国中引发严重竞争关切,并只有在剥离 Sanex 的条件下才能会获得准许。

7.36 指南还解释到,在由差异性产品组成的市场中,生产非密切替代性产品的企业之间的并购不大可能会限制竞争。首要关切应当在于并购参与方之间的产品是否为紧密可替代产品,以及并购参与方之间竞争的消失是否会使得经并购产生的企业以及竞争对手提高价格。并购产品间的替代性越强,并购参与方之间的分流比就越高,就越有可能产生单边效应。在这种情况下,并购前的市场份额可能并非一个能很好体现并购参与方之间竞争程度的指标。另外,竞争对手提升价格的能力将取决于它们所提供产品与经并购而产生企业所提供产品之间的替代性,以及它们所面临的扩张障碍。在 *VNU/WPP* 案[58]中,欧委会顺带提到,市场上可靠的竞争者数量从三个降低至两个有可能会引发引严重竞争关切,因为如果消费者更倾向于转移至新的供应商的话,那么就只剩下一个可选投标人了。

(c)消费者在供应商之间转移的可能性有限

7.37 指南提到,并购参与方的消费者在转移至其他供应商方面可能会比较困难,因为基本没有可替代的供应商,或者是因为他们面临着巨大的转移成本。[59]针对该问题,以往的消费者转移模式及其对于价格变化所作出的反应,能够提供重要信息。转移越受限制,其他条件不变的情况下,并购损害性越大。

(d)如果价格提升,竞争对手不大可能提升供应量

7.38 如果市场条件是这样的:面对价格的提高,并购参与方的竞争对手不大可能大幅度增加其供应量,那么并购参与方就可能具备将产量降低至并购发生之前合并产量之下的动机,据此(整体——译者注)提升市场价格。[60]如果竞争者面临着有效的产能限制而且扩张产能成本很高,再或者维持过剩产能的成本要高于现阶段所适用的产能的话,那么扩大产出就不大可能会发生。如

[57] *Unilever/Sara Lee Body Care* (Case COMP/M. 5658) [2010] OJ C 147/04.

[58] *VNU/WPPJV* (Case COMP/M. 3512) [2004] OJ C 209/04.

[59] 《横向并购指南》第 32 段。

[60] 《横向并购指南》第 32 –5 段。

果市场是由同质产品组成的,而且现存企业面临产能限制,那么并购可能会给市场带来反竞争效果。在这类案件中,并购发生之后的市场上,经并购产生的企业及其竞争对手可能会提升价格,而且没有企业能够提升产能来吸收由于企业提高价格所带来的产品需求的转移。尽管在产品具备相对同质性时,产能限制的重要性更大,但是如果企业提供非同质产品的话,产能限制可能也会很重要。

7.39 竞争对手在提升供应量方面无能为力——例如,由于它们已经满负荷生产——就意味着对于经并购产生的企业的消费者而言,在面临并购之后市场上价格条件以及非价格参数的减损,本希望转移至竞争对手所提供的产品,但结果却无法实现这一转移。这样一来,经并购产生的企业"俘获"了这些消费者,这将会引发前者提高价格、降低质量等行为。

(e)经并购产生的企业能够阻止竞争对手扩张

7.40 在一些情况下,经并购产生的企业会处于这样一种地位:其有能力而且也有动机使得小企业以及潜在竞争对手的扩张更难实现,或是限制竞争对手参与竞争的能力。竞争对手可能无法限制经并购产生的企业以使得后者不会提高价格,或者采取其他妨害竞争的行为。欧委会在指南中列举了一些使经并购产生的企业有能力限制竞争对手扩张的因素,例如控制或影响市场投入的供应、销售可能性的程度,使得竞争对手的扩张或市场进入的成本更为高昂。[61]

(f)并购消除了一个重要的竞争力量

7.41 "maverick"一词指的是在市场上的竞争力量非常强大,而且可以为市场带来更多竞争活力的企业。这类企业对于竞争流程的影响程度,要高于其自身市场份额所反映出来的程度。一项涉及 maverick 企业的并购可能会给竞争活力带来重大反竞争的改变,尤其在市场已经很集中的情况之下。[62] 一个重要的竞争实力的消失会降低市场活力,而且会使得并购之后的市场无法呈现出与存在 maverick 企业时的市场一样的竞争程度。

---

〔61〕《横向并购指南》第 36 段。

〔62〕《横向并购指南》第 38 段,例如可参见 *T – Mobile Austria/tele. ring*(Case COMP/M. 3916) Commission Decision (2007/193/EC) [2007] OJ L88/44; *Hutchinson 3G Austrial Orange Austria* (Case COMP/M. 6497) [2012] OJ C 202/04; UK Competition Commission, "Report of the Competition commission on the proposed acquisition by Lloyds TSB plc of Abbey National plc" (No. ME/01009), http://www. oft. gov. uk/OFTwork/mergers/mergers_fta/mergers_fta_advice/lloyds – tsb#. UVNLs-Bc0ySo,2013 年 9 月 13 日访问。

7.42　如果创新是市场上的一个重大竞争力量的话，那么两个重要创新企业之间的并购可能会给市场带来反竞争效果。然而，在这样的市场中一项并购会提升企业引进新技术的能力以及动机。这样一来，针对这种市场的并购分析就要逐案进行了。在 *GE/Instrumentarium* 案[63]以及 *Siemens/Drägerwerk* 案[64]中，欧委会得出结论：GE 和 Siemens 在并购发生之前是施加重要竞争限制的关键市场参与者，尽管其市场份额低于 10%，而且欧委会通常会认为这一份额是可以忽略不计的。

（二）网络市场

7.43　根据网络效应理论，一个商品或服务对于消费者的价值取决于已经拥有该商品或享受该服务的消费者数量。针对一个产品而言，每增加一个新的使用者不仅会带来私人利益，而且也会给现存使用者带来外部利益。后者实际上就是产生于网络运行的外部效应（网络外部效应）。[65] 更进一步来说，使用一个产品的消费者人数越多，对于另外一个潜在的消费者而言产品所带来的价值就越大。网络有可能无法达到最佳范围，因为使用者不会考虑外部效应。如果市场上不相容的标准相互竞争的话，可能会向取得先发优势的标准倾斜。[66]

7.44　直接网络效应已经被定义为是产生于产品价值对于购买者数量多带来的直接物理影响；例如，电脑打印机。间接网络效应是"市场调节效应"，例如可以更容易地得到互补产品（如粉末盒），再或者是基于一个产品消费者数量的考量，价格有所下降。[67]

7.45　网络效应在一些市场中很重要，包括股票、软件以及汽车市场。网络外部效

---

〔63〕 GE/Instrumentarium（Case COMP/M. 3083）［2003］OJ C 54/03.

〔64〕 Siemens/Drägerwerk/JV（Case COMP/M. 2861）Commission Decision（2003/777/EC）［2003］OJ L 291/1.

〔65〕 根据 Liebowitz 和 Margolis 的观点可知，除非市场参与者并未将这些效应内部化，否则把网络效应称为网络外部效应不太合适。网络效应和网络外部效应的区别在于每新增加一个使用者给其他使用者所带来的影响是否会在某种程度上实现内部化。详见 S. J. Liebowitz 和 S. E. Margolis，"Are network externalities a new source of marker failure?"，671，http://www. pub. utdallas. eud/ - liebowit/netwextn. html，2013 年 9 月 13 日访问。

〔66〕 W. Page and J. Lopatka，"Network Externalities" in Encyclopaedia of law and Economics（Cheltenham：Edward Elgar，1999），952，http://encyclo. findlaw. com/0760book. pdf，2013 年 9 月 13 日访问。

〔67〕 S. J. Liebowitz and S. E. Marglis，"Network Effects and Externalities" in P. Newman（ed.），The Palgrave Dictionary of Economics and the Law，（Macmillan Reference Limited，1998），671.

应是贸易产业的特征。外部效应既关注投资者也关注市场机构。通常来讲，网络效应展示了积极的消费、生产外部效应。一个积极网络外部效应指的是随着售出单位的数量的增加，单位产品的价值也有所提升。对于很多产品而言，使用者（所获得）的效用会随着该商品使用者数量的上升而上升。[68] 一个网络的各组成部分之间的重要关系是互补的。

7.46 网络效应展示了积极的外部性，因为一个产品的价值对于使用者而言，会随着使用者数量的上升而不断提高。由于网络具有自我促进的性质，网络效应通常会展现出积极的临界量。在达到特定购买比例之后，网络效应就会变得很重要，即称作临界量。在这一购买比例条件下，从商品或服务中所获取的价值，大于或者等于对产品或服务所支付的对价。这样一来，"不管是什么样的价格，都未曾发现任何规模小于这个积极规模（临界量）的市场"。[69] 然而，特定的网络（规模——译者注）由于超负荷而达到了临界点，这样一来未来的消费者可能会寻求替代产品。

7.47 在特定市场中，企业可能不愿意改变其运营模式，尤其是在它们不得不支付交易成本的时候。这样一来，网络的自我促进属性会给现有消费者带来转移成本。积极临界量，通常意味着在一个网络之中，不同的组织模式可能不会存在。在一个具备网络效应特征的市场中，第一个获取足够临界量的企业可以期待获益于"雪球效应"，该效应会增强其在市场中的地位。这就叫作"临界点"。这就意味着，评估单边效应时所考虑的因素可能并非完全有用。通过在一个具备强大的网络外部效应特征的市场中获取市场份额，占据领先地位的交易方可能会获取支配地位，即便是收购发生之后的静态市场份额通常来讲都不会意味着足以带来（竞争——译者注）损害。这样一来，如果市场具备较大的积极网络外部效应的话，那么竞争就可能是针对市场，而非发生于市场之内的。[70]

7.48 这种网络市场就是证券交易所运行的市场。欧委会禁止了 DeutscheBörse 和

---

〔68〕 M. L. Katz and C. Shapiro, "Network Externalities, Competition, and Compatibility", [1985] 75 Am. Econ. Rev., 424.

〔69〕 N. Economides, "Network Economics with Applications to Finance", [1993] 2 Fin. Mkts. Insts. & Instruments, 89, 93.

〔70〕 UK Competition Commission, "DeutscheBorse AG, Euronext NV and London Stock Exchange: A report on the proposed acquisition of London Stock Exchange plc and Deutsche Borse or Euronext NV" (November 2005), http://www.competition - commission.org.uk/assets/competitioncommission/docs/pdf/non - inquiry/rep_pub/reports/2005/fulltext/504.pdf,2013 年 9 月 13 日访问。

NYSE Euronext 的合并,[71] 因为这会导致在证券交易所中得到全球性交易的欧洲金融衍生品形成准垄断。两个交易所合并起来可以控制全球90%以上的该类产品的交易。欧委会调查显示,潜在竞争对手不大可能成功进入市场,无法给经并购产生的企业带来相当程度的竞争威胁。两个交易所提出的方案尤其提及了出售 Liffe 与 Eurex 竞争的单一股票股本衍生产品。然而,被剥离的资产过小,因而其本身的分离不足以降低给竞争带来的负面影响。在经济重要性更强的欧洲利率衍生品市场中,企业并未提出出售重叠衍生产品的方案,而仅是提出针对一些类型的"新"合同而言,可以接触到经并购产生的企业结算的方案。欧委会认为这是不够的,尤其是因为其并未扩展至现有的竞争产品。另外,还存在关于这种接触补救措施的可行性及其有效性的基本关切。[72]

7.49 欧委会认为,发行公司的上市决议,取决于外部因素,例如规章、投资者基础、商业策略和交易所自身的影响因素(如上市费用、交易服务),以及交易场所的偿债能力。欧委会还补充,如果一个新的证券类型不具备经济意义的话,例如很难获取足够的偿债能力,那么不管多么容易,平台提供者都不会提供交易服务。[73] 欧委会辩称,由 DeutscheBörse 运营的 Eurex 和由 NYSE Euronext 运营的 Liffe 是世界上最大的两个以欧洲为基础的金融衍生品交易所,而且二者互为最为密切的竞争对手。拟进行的并购将会减损这种全球竞争,并在很多资产类型中形成准垄断,从而会给衍生品使用者以及欧洲经济整体带来重大损害。欧委会还评估了非价格因素,并认为如果竞争性市场对于中小企业和大企业而言都很重要的话,那么创新的空间就更小。

(三)评估因素的重要性

7.50 分析表明,在评估一项并购所产生的非协调效应的时候,会考虑很多因素。只要涉及评估因素的相对重要性及其权重,林赛、莱基(Lecchi)和威廉姆斯(Williams)(2003)[74] 检验了欧委会在依据新版《欧盟并购条例》评估一项并

---

[71] *DeutscheBörse/NYSE Euronext*(Case COMP/M.6166)[2011] OJ C 234/04.

[72] 还可参见欧委会的新闻发布,"Mergers: Commission blocks proposed merger between Deutsche Borse and NYSE Euronext",[2012](IP/12/94), http://europa.eu/rapid/press-release_IP-12-94_en.htm,2013年9月13日访问。

[73] DeutscheBörse/NYSE Euronext(Case COMP/M.6166)[2011] OJ C 234/04,第42段和第68段。

[74] A. Lindsay, E. Lecchi and G. Williams, "Econometrics Study into European Commission Merger Decisions Since 2000", [2003] 24 (12) ECLR, 673-82.

购是否会导致产生或加强市场支配地位时所考虑的因素。他们对 2000 年 1 月 1 日至 2002 年 6 月 30 日期间所作的决定进行了取样。作者得出结论认为,市场份额对于欧委会决定是否准许一项并购而言至关重要,尽管欧委会曾表示,市场份额只是一项并购对于竞争可能会造成负面影响的初步参考因素。较低的市场进入障碍有助于拥有较大市场份额的经营者集中获得通过,而买方力量似乎没有那么重要。地理覆盖范围会影响欧委会的评估。最后,HHI 指数并不重要,但作者认为这可能归因于数据的不准确性。

7.51 Bergman 等借助向欧委会申报的 96 个并购案件,分析了欧委会的决策流程。他们发现,随着并购方市场份额的提升,提起第二阶段调查程序和否决一项并购的可能性也随之增加。如果欧委会发现市场进入障碍很高,再或者是并购后形成共谋很容易的话,这种可能性也会有所提升。并购参与方的国籍,或欧委会委员的国籍似乎不会影响到欧委会的决定。[75] 林赛等(2003)认为,禁止的可能性在很大程度上可以通过市场份额来解释,这与欧委会在评估并购时所赋予市场份额权重的有关表述相反。[76]

7.52 马丁内斯等(2008)分析了在调查第一阶段获得附条件准许决定的 16 个案件和在调查第二阶段获得无条件通过的 4 个案件。[77] 他们发现,只有市场份额的提升是重要因素,在其他条件不变的情况下,欧委会倾向于否决涉及市场领先者的兼并。他们还追加到,如果分析显示还存在其他可以抵消重大市场份额所带来损害影响的促进竞争的因素的话,欧委会就会通过并购申请。较高的市场进入障碍会增加被否决的可能性,他们还表示,并不存在对于美国或加拿大并购案件的偏见。他们的分析还显示,涉及纵向效果的并购并未受到太大的歧视对待。这与经济学理论是一致的,即与横向并购相比,纵向并购更有可能会有利于竞争。有趣的是,作者还提到,企业存在造假的动机,因为即便如此它们所受到的惩罚也不过总营业额的 1%,然而这种损害行为的潜在利益(并购被通过)却有可能会高于被施加的罚款。

7.53 迈尔里戈和帕普利斯(2009)分析了新版《欧盟并购条例》通过后前五年的执

---

〔75〕 M. Bergman, M. JackobssonandC. Razo, "An Econometric Analysis of the European Commission's Merger Decisions", [2005] 23 International Journal of Industrial Organisation, 717 - 37, http://www.kkv.se/upload/Filer/Forskare - studenter/projekt/2002/Proj_131_2002.pdf, 2013 年 9 月 13 日访问。

〔76〕 Lindsay, Lecchi and Williams (n 74).

〔77〕 Martinez, Hashi and Jegers (n 44).

行情况,并据此得出一些有趣的结论。[78] 他们发现,被否决案件数目的下降,意味着可预期性的提高使企业可以更好地预测并购审查的结果,并据此实施可以克服这种障碍的交易。作者所担心的潜在信号在于,在集中度非常高的市场中,并购被通过之后,欧委会会依据第102条提起事后干涉、部门调查(如能源和金融服务行业)或特别部门干预(如移动电话市场)。作者还表示,针对所有申报的案件,通过干预来衡量的欧委会执行活动包括:禁止性决定、通过调查第二调查阶段作出附条件准许决定,调查第二阶段的撤回决定已经从1994~2003年(第4064/89号条例,《欧共体并购条例》)的4.6%下降了一半多至2004~2009年(第139/2004号条例,新版《欧盟并购条例》)的2.2%。作者还提到,针对欧委会在并购案件中所作干涉决定的上诉,大部分被否决;但是,该上诉数据强调了欧委会在并购程序中所面临的非对称诉讼风险。作者发现,如果只有终端消费者的利益受损,允许并购通过基本上不存在上诉风险,但并购参与方及其竞争对手也有可能会提起上诉。

7.54 我们应当在此强调一点,并不存在单一因素能够对通过或者禁止一项并购起到决定性作用。欧委会会评估所有因素,并据此得出有关一项并购可能会带来损害的结论。在很多并购案件中,不同因素会指向相互矛盾的结论(某些因素显示不会形成竞争损害,而另外一些因素显示可能会造成竞争损害),但欧委会可以通过行使自由裁量权来决定通过、附条件通过或禁止一项并购。

二、寡头垄断市场中会导致非协调效应的横向并购

7.55 正如名称所示,寡头垄断市场中会导致非协调效应的横向并购是指发生于寡头垄断市场上的,可能会引发非协调效应的横向并购,从而形成一个可能会引发非协调效应的并购类型。指南中并未区分这两种损害理论,而且欧委会在其评估中也未作区分。我们提出这种损害理论的原因有两个,一个是为了证明2004年并购条例改革的合法性,另一个与本章节相关性更大,是为了展示欧委会在一系列重要的非协调效应案件中所作的分析。

7.56 新版《欧盟并购条例》改革的重要原因在于,在适用支配地位测试时面临一

[78] F. Meier - Rigaudand K. Parplies, "EU Merger Control Five Years after the Introduction of the SIEC test: What explains the drop in enforcement activity?", [2009] 30 (1) ECLR, 565 - 79.

些漏洞。新版《欧盟并购条例》明确认可了寡头垄断市场(或非共谋寡头)中非协调效应的概念,因为先前已经形成了一种观念:一些并购可能会给竞争带来损害,但这类并购却无法涵盖在第4064/89号条例所规定的单一企业和/或联合支配地位的概念之中。这一"漏洞"指的是并购发生之后企业的市场份额降低至支配地位所要求的标准以下,但仍然会导致单边效应的情形。在2004年5月新版《欧盟并购条例》通过之前,并不存在依据欧共体并购条例所公布的决定,明确质疑寡头垄断市场中的非协调效应现象。[79] 这种依据第4064/89号条例的支配地位测试无法解决的问题就是支配地位测试的"漏洞",而这类并购就被认为是"漏洞"并购。[80]

7.57 新版《欧盟并购条例》的法律实体标准,即严重损害有效竞争测试,是为了弥补在适用支配地位标准过程中的漏洞,而这一漏洞可以通过 *Airtours/First Choice* 案[81]以及 *Heinz* 案[82]表现出来。"寡头垄断市场上的非协调效应"这一术语是由新版《欧盟并购条例》前言第25段提出来的。新版《欧盟并购条例》明确认可非共谋寡头垄断这一概念,因为先前存在这样一种观念:一些并购会给竞争带来损害,但这类并购却无法通过适用第4064/89号条例有关单一企业和/或联合支配地位的概念得到解决。

7.58 "漏洞"指的是这样一种情形:并购之后企业的市场份额下降至支配地位所要求的水平以下,然而,该项并购仍然可能会导致形成单边效应。"会导致在寡头垄断市场中形成非协调效应的并购"和"非共谋寡头垄断"这两个术语指的是以下这种情形:并购之后市场上的其他企业有动机而且有能力采取给竞争带来负面影响的行为,并据此可以获益于其在并购后市场上行使市场力量,而不需要依赖于寡头垄断市场结构中其他成员的协调性回应。[83]

---

〔79〕 Assonime, "Comments on the Draft EC Commission Notice on the Appraisal of Horizontal Mergers", http://europa.eu.int/comm/competition/mergers/review/contributions.html, 2013年9月13日访问。尽管仍然存在一些案件具备一定的争议性,因为是依据与严重损害有效竞争标准类似的原理作出决定。这类案件包括 *Volvo/Scania* (Case COMP/M. 1672) [2001] OJ L143/74; *Barilla/BPL/Kamps* (Case COMP/M. 2817) [2002] OJ C198/4; as well as *Siemens/Drägerwerk/JV* (Case COMP/M. 2861) Commission Decision (2003/777/EC) [2003] OJ L 291/1; and *GE/Instrumentarium* (Case COMP/M. 3083) [2003] OJ C 54/03。

〔80〕 SeeI. Kokkoris, *The Treatment of Non – Collusive Oligopoly Under the ECMR and National Merger Control* (Oxford: Routledge, 2011).

〔81〕 *Airtours/FirstChohice* (Case COMP/M. 1524) [2000] OJ L93/1.

〔82〕 *Federal TradeCommissionv. HJ Heinz Co.* et al., 116 F. Supp. 2d 190 (D. D. C. 2000).

〔83〕 详细信息,详见 Draft Commission Notice on the appraisal of horizontal mergers under the Council Regulation on the control of concentration between undertakings, [2002] OJC 331/03, para 25。

7.59 漏洞案例指的是这种类型的并购:其可以通过将降低并购参与方之间以及与市场上其他竞争对手之间所施加的竞争限制,给有效竞争带来重大损害。[84] 针对这种并购,并购之后市场上寡占垄断的相互依赖性已经改变,据此市场上的现有企业可能会采取一定的价格或生产模式,而这种模式将会给竞争带来负面影响。考虑到经并购产生的企业会开出更高的价位,市场上其他现有企业会发现其单方提升价格有利可图。给竞争带来的最直接的影响是:并购发生之前并购参与方相互之间所施加的竞争限制,在并购发生之后将会减损。另外,非并购参与方也可能会获益于并购所带来的竞争压力的减损,因为并购企业的价格提高或产出下降可能会导致一些需求转移至竞争对手处,而这反过来又会使得非并购参与方可以提升价格。这种情形尤其会发生于由非同质产品所组成的市场[85]之中,并购可能会引发从事有损竞争行为的动机,而并未创设出一个领先的市场参与者,也未大幅度提升形成默示共谋的可能。而对于后面这种情形而言,其无法根据第 4064/89 号条例的单一企业支配地位或联合支配地位得到解决,就是我们所熟知的在适用支配地位测试过程中会遇到的“漏洞”问题。[86]

7.60 如果导致对于一个或多个企业的重要竞争限制的消除,那么“漏洞”并购就会造成形成非协调效应。并购之后的市场结构将会是寡头垄断型的,其由较少企业组成,而这些企业的产品之间并非近似替代品。[87] 另外,经并购产生

---

[84] 正如 M. Ivaldi, P. Rey, P. Seabright, J. Tirole 和 B. Jullian 为欧委会所准备的中期报告“The Economics of Unilateral Effects”(2003 年 11 月, http://idei.fr/doc/wp/2003/economics_unilaterals.pdf)所强调的那样,单边效应不仅包含并购会给并购参与方所带来的影响,还包括针对经并购产生的企业所做出的决定,市场上其他现有企业对于其决定所做相应调整的类似影响。报告提供了一个寡头垄断市场结构中并购可能会导致形成非协调效应的例子。作者提及了一个产生于两个企业(市场份额为 20%)之间的并购所带来的负面影响,其中占据支配地位的企业的市场份额为 60%。针对并购之后的市场,作者预测所有价格都会上涨,虽然经并购产生的企业市场份额只有 40%。这种并购不会被支配地位测试否决,但如果是参照严重损害有效竞争测试的话就会被禁止。我们应该注意到,这种模型要求(如缺乏效力提升)对于竞争当局评估并购案件时所广泛使用的实践模型而言可能过于严格。

[85] 如果竞争对手可能会通过重置其产品以直接与并购企业的产品进行竞争的话,那么产品差异性的重要性就会消失(如通过重置品牌或引进新品牌)。

[86] “多边效应”这一术语也被用于描述这些影响。可能会导致产生多边影响的并购,与非共谋寡头垄断是等同的。J. Fingleton, “Does Collective Dominance Provide Suitable Housing for All Anti-competitive Oligopolistic Mergers?”, Chapter 12, in B. Hawk (ed.), *International Antitrust Law and Policy*, (New York, NY: Juris Publishing, 2004), 190.

[87] 非共谋寡头垄断具备一些典型特征,包括数目较小而且稳定的企业,每一个企业都在考虑到其他企业会作出的反应的情况下实现利益最大化,而且市场已经形成了一个静态的平衡状态,没有企业会愿意偏离现有状态。

的企业的竞争对手不大可能扩大其产量或者转换其生产,而且面对经并购产生的企业提升价格或降低产出,潜在企业并不存在进入市场的动机。

7.61 关于市场份额,就寡头垄断市场中的非协调效应而言,我们会发现并购之后的市场份额,与倾向于形成协调效应的市场类似。这样一来,经并购产生的企业可能并未占据最高的市场份额。另外,经并购产生的企业也有可能占据最高市场份额,但是这一市场份额并不足以形成第4064/89号条例所规定的单一企业支配地位。

7.62 在2004年5月新版《欧盟并购条例》通过之前,并未公布有关声称将会在寡头垄断市场中形成非协调效应的决定。[88] 欧委会在 *Oracle/PeopleSoft* 案,[89] 即依据第4064/89号条例所作的最后的决定之一中,并未在其最终决定中解决原版《欧盟并购条例》是否适用于这类并购的问题,尽管这在行政程序中已经成为一个顾虑因素。[90] 欧委会针对拟进行的交易展开了第二阶段的调查程序,但根据口头听证程序之后所获得的新证据可知:交易并不会产生任何竞争关切。在反对声明中,欧委会说明了其针对产生于这个市场的非协调效应所享有的管辖权(产生于支配地位测试)。

在反对声明中,欧委会的竞争关切部分依赖于交易将会产生重大非协调效应这一发现。在对反对声明作出回应的时候,Oracle 质疑了欧委会依据 EEC 第4064/89号条例所规定的支配地位测试评估这类影响的管辖权。并无必要解决 Ora－cle 所提出的管辖权缺失这一问题,因为根据口头听证程序之后所获取的新证据可知,并购并不会产生这种反竞争效果。

---

〔88〕 Assonime, "Comments on the Draft EC Commission Notice on the Appraisal of Horizontal Merger". 尽管仍然存在一些案件具备一定的争议性,因为是依据与 SIEC 测试类似的原理作出决定。这类案件包括 *Volvo/Scania* (Case COMP/M. 1672) [2001] OJ L143/74; *Barilla/BPL/Kamps* (Case COMP/M. 2817) [2002] OJ C198/4; 以及 Siemens/Drägerwerk/JV (Case COMP/M. 2861) Commission Decision (2003/777/EC) [2003] OJ L 291/1; 和 *GE/Instrumentarium* (Case COMP/M. 3083) [2003] OJ C 54/03。

〔89〕 *Oracle/PeopleSoft* (Case COMP/M. 3216) Commission Decision (2005/621/EC) [2005] OJ L218/0006.

〔90〕 *Oracle/PeopleSoft* (Case COMP/M. 3216) Commission Decision (2005/621/EC) [2005] OJ L218/0006, 第187段[在反对声明中,"欧委会的竞争关切部分依赖于发现交易将会产生重大非协调效应"。在针对异议声明作出回应的时候,"Oracle 质疑了欧委会依据(EEC)第4064/89号条例所规定的支配地位测试评估这类影响的管辖权"。并没必要解决 Oracle 所提出的管辖权缺失这一问题,因为根据口头听证程序之后所获取的新证据可知,并购并不会产生这种反竞争效果](增加强调)。

7.63 然而,尽管并不存在处理这种漏洞并购的明确决定,欧委会在 *Airtours/First Choice* 案[91]中所作出的决定具备一定的争议性,而且也很模糊。欧委会在该决定中的论点到底是什么并不清楚,但一种可能就是该案件是所谓的"漏洞"案件:欧委会认为并购可能会导致形成联合支配地位,但是,根据每个人对于该决定的不同解读,很有可能会认为并购将导致在寡头垄断市场中产生非协调效应。[92]

7.64 新版《欧盟并购条例》前言第25段强调:可能会存在这样一类案件,其不会导致形成单独企业或联合支配地位。另外,第25段强调,新版《欧盟并购条例》并不能解释为:将会使得在寡头垄断市场中产生非协调效应的并购与共同市场不相符。新版《欧盟并购条例》前言第25段明确指出了适用支配地位测试时可能会存在的漏洞。

考虑到寡头垄断市场结构中的集中可能产生的后果,维持此类市场中有效竞争就显得更有必要。很多寡头垄断市场都会显示良好的竞争程度。然而,在特定情况下,如果集中会消除并购参与方相互之间所施加的重要竞争限制,而且还会降低对于剩余竞争对手所施加的竞争压力的话,即便是在寡头市场中的成员不进行协调的情况下,也有可能会严重损害有效竞争。

然而,迄今为止欧委会并未明确表示(EEC)第4064/89号条例可以要求将此类会引发非协调效应的集中宣告为与共同市场不相符。因此,为了实现法律确定性,应当明确,本条例允许有效控制此类集中,即任何将会严重损害共同市场或其大部分范围之内有效竞争的集中,应当被宣告为与共同市场不相符。第2条第(2)款以及第(3)款中的"严重损害有效竞争"应当被解释为,除了支配地位概念之外,仅仅扩展至以下类型的集中所带来的反竞争效果:尽管并未占据支配地位,但企业之间会在相关市场中形成非协调效应。

7.65 在学术著作中,会提及一些具备市场结构特征的情形或例子:在并购发生之

---

[91] *Airtours/First Choice* (Case No. IV/M.1524) [2000] OJ L93/1 ("*Airtours/First Choice*") 欧委会备受质疑是因为其并未充分利用证据;例如:并未参考英国竞争委员会于1997年所得出的结论,该结论认为市场是竞争性的,而且不存在显著的市场进入障碍。另外,欧委会通过尝试将联合支配地位的概念适用于第二、第三大企业之间的并购,来扩大法律的适用范围,而该市场并未展示出将会形成联合支配地位的特征。更进一步来讲,并购并不会导致形成单一企业支配地位的情形。竞争委员会,"Foreign package holidays: A report on the supply in the UK of tour operators' services and travel agents' services in relation to foreign package holidays" (1997) (Cm 3813), http://www.competition-commission.org.uk,2013年9月13日访问。

[92] 详见 *Airtours/First Choice* (Case No. IV/M.1524) [2000] OJ L93/1,欧委会决定第54段。

后的市场上,一项并购可能会导致形成非协调效应,但企业并不拥有支配地位[93],也未形成协调效应。

7.66 德里克·莫里斯(Derek Morris)先生[94]提议,如果新进入市场的企业拥有先进的技术以及创新的想法,一个未占据支配地位的企业将这一新进入市场的企业买下,可能不会导致创设出或加强支配地位。然而,该种类型的并购可能不仅会给潜在竞争带来重大负面影响,还可能会通过创设出一个具备第二大市场份额的企业严重损害竞争。威什(Whish)(2002)[95]提及了以下类型的市场结构:市场上的企业数量有限,三个企业减为两个企业的并购可能不会导致形成单一企业支配地位,而且并购之后的市场结构似乎并不大可能形成联合支配地位。然而,存在这种可能:市场上的其他企业可能会单方提高价格或降低其产品的数量;这样一来,它们的行为可能会给竞争带来负面影响。如果相同市场上未参与并购的企业也可以同样获益于并购所导致的竞争压力的减损,那么这种类型的并购就可能在寡头垄断市场中产生非协调效应,因为并购参与方提高价格会将一部分需求转移至其竞争对手处,而这反过来又会使得后者发现提升价格有利可图。这就会导致并购发生之后市场上价格上涨。在这类案件中,市场上的企业并未协调其竞争行为,只是针对其他企业的行为作出反应罢了。尽管支配地位测试在否决此类并购时无法发挥其作用,但严重损害有效竞争测试却可以否决此类并购。

7.67 其他非共谋的并购例子包括:市场上的两个小企业之间进行兼并,而第三个企业占据支配地位;[96]在一个稳定的寡头垄断市场中,一个企业买下另外一个较小的竞争对手或市场新进企业;以及,小企业之间的并购使得市场更加具备对称性,而经并购产生的企业并未加入到"大型"企业的行列中去。[97]

7.68 为了解决以下问题:基本不存在通过明确适用寡头垄断市场上的非协调效应而作出的决定,本章将会包含依据新版《欧盟并购条例》审查并购的比较分

---

[93] 根据第4064/89号条例可知,存在"单一企业支配地位"这一术语。

[94] Select Committee on European Union, Thirty – Second Report, "The Review of the EC Merger Regulation" (July 2002) (HL Paper 165) para 148, http://www. parliament. thestationery – office. co. uk/pa/ld200102/ldselect/ldeucom/165/165. pdf 2013年9月13日访问。

[95] R. Whish, "Analytical Framework of Merger Review, Substantial lessening of competition/creation or strengthening of dominance", (International Competition Network, First Annual Conference, Napoli, September 2002).

[96] 详见 *FTC v. HJ Heinz Co.*, 116 F. Supp. 2d 190 (DDC 2000)。

[97] 详见 *Airtours/First Choice* (Case No. IV/M. 1524) [2000] OJ L93/1。如果经并购产生的企业加入大型企业行列的话,那么并购发生之后的市场就可能倾向于形成联合支配地位。

析方法。当针对此类并购作出决定的时候,非共谋寡头垄断的概念并未得到新版《欧盟并购条例》的承认。[98] 然而,导致非共谋寡头垄断的市场特征可能普遍存在于市场结构之中。因而,本章将会提供非共谋寡头垄断的证据,并据此确认需要改革新版《欧盟并购条例》中的实体测试标准。另外,对于这类案件的分析,尤其是采用严重损害有效竞争测试(SIEC)之后的并购案件,阐明了欧委会评估非协调效应的分析方法。下文中将要进行分析的案例包括 *Oracle/PeopleSoft* 案、[99] *Syngenta CP/Advanta* 案、[100] *Johnsonand John/Guidant* 案[101] 以及 *T - Mobile Austria/Tele. ring* 案。[102]

(一) *Oracle/PeopleSoft* 案[103]

7.69 在 *Oracle/PeopleSoft* 案中,欧委会在审查该交易时将相关产品市场界定为高性能金融市场软件(FMS)以及人力资源(HR)软件应用。因为对于消费者而言,HR 和 FMS 应用并非替代品,欧委会认为其分属两个不同的市场。另外,市场调查显示高性能 HR 和 FMS 软件不同于中端市场的产品。市场调查明确显示,对于大型综合企业而言,高性能 HR 和 FMS 应用软件的地域市场是全球市场。

7.70 为了评估一项提交申报的集中是否会带来非协调效应,欧委会进行了招投标研究,并分析了特定招投标的竞争状况(通过进入最后一轮的投标者数目来衡量)会在何种程度上影响相关卖方(也就是 PeopleSoft 在 PeopleSoft 中的资料组、Oracle 在 Oracle 中的资料组)所给出的折扣。欧委会发现,交易规模与卖方给出的折扣之间存在紧密联系。但是,一旦在分析的时候考虑到交易规模,那么进入到最后一轮的投标者的数目将无法解释给招标者提供的折扣,

---

[98] 欧委会可能会受制于现今的规则,该规则并未明确允许欧委会对可能引起"非共谋寡头垄断"的并购加以禁止,比如布鲁塞尔怀疑 Oracle 与 SAP. 之间的并购案可能会引起非共谋寡头垄断。详见 I. Kokkoris, "Was there a gap in the ECMR?", 同时可见 1 - 2009, http://www. parliament. thestationery - office. co. uk/pa/ld200102/ldselect/ldeucom/165/165. pdf, 2013 年 9 月 13 日访问。

[99] *Oracle/PeopleSoft* (Case COMP/M. 3216) Commission Decision (2005/621/EC) [2005] OJ L218/0006.

[100] *Syngenta CP/Advanta* (Case COMP/M. 3665) [2004] OJ C263/7 ('Syngenta CP/Advanta').

[101] *Johnsonand Johnson/Guidant* (Case COMP/M. 3687) Commission Decision (2006/430/EC) [2006] OJ L 173/16 ('Johnsonand Johnson/Guidant').

[102] T - MobileAustria/tele. ring (Case COMP/M. 3916) Commission Decision (2007/193/EC) [2007] OJ L 88/44.

[103] *Oracle/PeopleSoft* (*Case COMP/M.* 3216) *Commission Decision* (2005/621/*EC*) [2005] *OJ L*218/0006.

而且就促进高折扣的某个特定竞争对手的出现而言，并不存在普遍的模式。[104]

7.71 正如本案所展示的那样，在一个给定的招投标中，如果竞争者的数目和身份不会给企业行为带来影响，该结论本身并不能证明并购不会给消费者带来损害。至于这种影响为何未能体现在招投标的数据中，可能会存在各种各样的原因。数据中缺失上述影响的原因之一可能是，数据质量较低，或者选择数据时存在一定的偏见。另外一个原因可能是 Oracle（及其竞争对手）在决定投标项目时，并不认为有关实际竞争者的信息足够可靠以至于可以完全据此行事。第三个原因可能是，最后一轮投标者的身份并不能充分展示实际的竞争过程。[105] 由于竞争不会对 Oracle 行为产生明显的影响，导致不能依赖于招投标数据，因而无法将其作为并购会给竞争带来负面影响的决定性证据。

7.72 在对市场界定进行修正的基础上（在欧委会接触到美国程序的文件之后），欧委会无法得出并购会导致 Oracle/PeopleSoft 与 SAP 形成联合支配地位的结论。其他供应商——Lawson、Intentia、IFS、QAD 以及 Microsoft 都被认为是合适的其他替代供应商，因为欧委会所掌握的数据以及 Oracle 在口头听证程序之后所提交的资料显示，这些替代供应商已经在相关市场上的赢得了软件招标。另外，基于以下因素的考量，不大可能形成默示共谋：HR 和 FMS 高性能软件之间的属性具备高度差异性，[106] 结构性联系的缺失，市场份额不对称，现有供应商数目众多，透明度有限以及缺乏报复性机制。最终，欧委会宣布集中与共同市场相符。

7.73 巴克斯特和德尔默斯（2005）[107] 认为，欧委会仅依赖于单边效应，并未对单独支配地位进行任何分析。美国司法部依据单边效应标准对该交易进行审查，而对协调效应并未予以考虑。另外，正如埃勒曼（Ehlermann）、沃尔克以及古特穆思（Gutermuth）（2005）[108] 所提出的那样，本案中，欧委会似乎是把非协

---

〔104〕 *Oracle/PeopleSoft* (Case COMP/M. 3216) Commission Decision (2005/621/EC) [2005] OJ L218/0006, para 201.

〔105〕 *Oracle/PeopleSoft* (Case COMP/M. 3216) Commission Decision (2005/621/EC) [2005] OJ L218/0006, para 203.

〔106〕 产品的差异性很大，体现在相同供应商卖给不同消费者不同的产品。

〔107〕 S. Baxter and F. Dethmers, "Unilateral Effects Under the European Merger Regulation: How Big is the Gap?", [2005] 26(7) ECLR, 382.

〔108〕 C – D. Ehlermann, S. Völcker and A. Gutermuth, "Unilateral Effects: The Enforcement Gap under the Old EC Merger Regulation", [2005] 28(2) World Competition, at 195.

调效应当作共同支配地位的一种情形。实际上,欧委会在本案中试图通过延伸共同支配地位的适用范围,来弥补适用支配地位测试时所遇到的执行漏洞。正如上文所提到的那样,市场结构并不利于形成共同支配地位,而且SAP和Oracle/PeopleSoft在创新型市场中提供差异性产品但是具备类似市场份额这一事实,很难得出令人信服的单一企业支配地位的论断。

7.74 正如韦登(2005)[109]所提到的那样,这一并购案在美国可能会产生显著单边效应,尽管存在其他一些竞争对手,而且并购参与方的产品并非特别紧密的替代品。这样一来,并购之后的市场上还存在很多企业(Microsoft、Lawson等)提供高性能HR和FMS产品,尽管这些竞争对手所提供的产品并不如三大主要企业的产品那样具备高性能,无法排除并购会引发并购后的寡头垄断市场上以非协调效应形式存在的单边负面效应。

7.75 集中会导致作为独立竞争者的PeopleSoft消失,而且市场上提供高性能HR和FMS产品的主要竞争者将从三个降至两个。这将会减损市场上的竞争程度,在价格、产品多样性、产品质量以及创新方面给消费者带来重大负面影响。即便市场界定很宽泛,而且市场中的产品呈现出一定的差异性,如果对于企业来说提供一些与其现阶段所提供产品略有不同的产品比较困难,企业可能会转换策略,转而提升本地产品价格,从而给市场竞争带来负面影响。

7.76 高性能FMS和HR产品市场竞争的特征体现为:供应商试图提供一种软件解决方案,以尽最大可能满足特定大客户的特别需求,并同时降低所有权享有的总成本。[110] 通过高层次的创新,软件供应商的产品呈现出了一定程度的产品差异性。另外,高性能HR和FMS解决方案的顾客通常都会提出特别要求——定制基本产品样品,而且这些买家都具备大型综合化特征。

7.77 这三个因素(产品差异性、提供定制产品的能力以及对于顾客更为深入的了解)可能会给予每一个EAS供应商在定价方面一定程度的自由裁量权,与之相对应的,市场上其他竞争对手要么无法提供相同产品,要么不具备根据相关消费者需求定制产品的能力,再或者是对于消费者需求并不具备相应的洞

[109] G. Werden, "Unilateral Effects from Mergers: the Oracle Case" (British Institute of International and Comparative Law, 5th Annual Transatlantic Antitrust Dialogue, London, May 2005).

[110] *Oracle/PeopleSoft* (Case COMP/M.3216) Commission Decision (2005/621/EC) [2005] OJ L218/0006, para 81.

察力。[111] 类似地,每个 EAS 供应商在多大程度上优化产品以满足特定消费者的需求方面,具备一定的自由度。

7.78　因此,并购之后的市场结构就有可能在价格和产品供应方面对消费者产生重大负面影响。并购发生之后,仅享有有限选择权的消费者群体尤其包括:未发现两产品(Oracle 和 PeopleSoft 所提供的产品)满足其需求的消费者;更倾向于在非 Oracle 数据库基础之上运行其软件的消费者;[112] 为了避免对于一个供应商产生依赖性,更倾向于从两个不同供应商处购买 FMS 和 HR 软件的消费者;以及不希望从相同供应商处获取软件和数据库的消费者。[113] 这样一来,绝大多数消费者不得不面对并购导致的一大后果,即剩下的两大主要供应商之间的竞争水平大幅降低。

7.79　如上文所述,欧委会开始关注并购后寡头垄断市场上的非协调效应。但是欧委会并不能因此要求企业提供补救措施或禁止一项并购,因为在导致寡头垄断市场中形成非协调效应的并购中适用支配地位测试,是存在一定漏洞的。

(二)*Syngenta CP/Advanta* 案[114]

7.80　该并购涉及若干市场,包括欧洲市场上的甜菜种子、玉米种子、向日葵种子、油菜种子、春大麦种子、豌豆种子以及洋葱种子。至于种子市场的相关地域市场,最终消费者所面临的价位以及供应条件也因成员国的不同而不同,而且商品种子在很大程度上已经实现定制化(如抗病性、化学处理、种子大小等),以适应每个成员国或地区的条件。另外,已经在各个成员国中进行了正式实验,以确保质量控制。[115] 据此,欧委会认为相关地域市场应当是一个成员国范围之内。至于种子处理市场,欧委会的市场调查显示,种子处理构成一个单独的国家市场,尽管欧委会并未明确界定相关地域市场,因为并购并不会在这些市场中引发任何竞争关切。在甜菜种子市场中,欧委会得出结

〔111〕 在这种情况下,可以认为现有供应商(如那些提供并维持现有 EAS 系统的供应商)具备一定的信息优势:竞争对手相对于现有供应商而言所获取的信息越少,现有供应商在新一轮招投标定价方面所享有的余地就越大。

〔112〕 Oracle 的软件只能以 Oracle 的数据库为基础来运行,而 PeopleSoft 和 SAP 的软件还可以在其他数据库基础之上运行。

〔113〕 *Oracle/PeopleSoft* (Case COMP/M. 3216) Commission Decision (2005/621/EC) [2005] OJ L218/0006, para 189.

〔114〕 *Syngenta CP/Advanta* (*Case COMP/M.* 3665) [2004] *OJ C* 263/7.

〔115〕 种子在被卖出之前,应当通过两套检验标准:(1)DUS:差异性,一致性以及稳定性,以及(2)VCU:培育和使用的价值。*Syngenta CP/Advanta* (Case COPM/M. 3665) [2004] OJ C 263/7, para 24.

论:由于并购参与方合并市场份额很高,其产品有高度重合性,而且市场上主要甜菜生产者数目的下降会导致在以研发为基础的产业中形成强大的市场领先者;可能会通过并购在芬兰、荷兰、葡萄牙、西班牙、奥地利、爱尔兰以及意大利的甜菜种子市场上产生支配地位,并在比利时和法国的甜菜种子寡头市场中形成非协调效应,严重损害有效竞争。[116]

7.81 欧委会的分析表明该项并购可能会严重损害丹麦、荷兰以及英国玉米种子市场和匈牙利、西班牙向日葵种子市场上的有效竞争。关于春大麦种子和豌豆种子,欧委会认为并购可能会严重损害法国春大麦种子市场和英国蔓生豌豆种子市场上的有效竞争。交易方提交了包括剥离 Advanta 欧洲业务在内的承诺,以减少欧委会的竞争关切。被剥离的业务包含 Advanta 集团旗下成立于欧洲(包括俄罗斯和土耳其)的所有公司,但不包括 AdvantaTechonlogy Ltd. UK,该公司拥有或有权使用与 Advanta 主要在北美玉米以及大豆市场运营有关的知识产权。[117]

7.82 欧委会认为并购可能会导致在比利时和法国的甜菜种子寡头垄断市场上形成非协调效应。[118] 并购会在比利时与法国形成较高的合并市场份额,分别为 50% ~60% 和 45% ~50%。其主要竞争对手是 KWS,KWS 在比利时的市场份额为 40% ~50%,在法国的市场份额为 30% ~40%。在比利时和法国,经并购产生的企业可能已经成为市场领先者,但 KWS 基本占据了剩下的市场份额。如果依据支配地位测试进行评估,该并购可能并不会被欧委会所禁止。值得注意的是,此时,尽管经并购产生的企业可能已经成为比利时和法国市场上的领先者,但剩下的市场份额仅属于一个竞争对手(KWS)。据此,并购之后的市场上就存在两个大致具备类似市场份额的主要企业。[119]

7.83 正如欧委会所提到的那样,种子行业是一个以研究为基础的行业(研发在种子行业中扮演着至关重要的角色),与其把竞争描述为“市场中的竞争”,还不如描述为“为了市场而竞争”。该市场中企业的目标在于通过竞争研发出

---

〔116〕 Syngenta CP/Advanta (Case COMP/M. 3665) [2004] OJ C 263/7, para 52.

〔117〕 *Syngenta CP/Advanta* (Case COMP/M. 3665) [2004] OJ C 263/7, para 105.

〔118〕 *See Syngenta CP/Advanta* (Case COMP/M. 3665) [2004] OJ C 263/7, para 52.

〔119〕 根据可获取的信息可知,这种案例对于法国而言尤其突出。根据欧委会有关 *Sony/BMG* (Case COMP/M. 3333) [2008] OJ C 94/07 案的有关分析;“根据这些市场份额可知,拟设立的合资企业并未达到单独支配地位的标准,尤其是考虑到 Universal 大体上是德国、荷兰、比利时、卢森堡以及法国录制唱片市场上同样具备强大实力的竞争对手”。

不同产品,使自己成为农民的唯一选择。[120] 更进一步,随着时间的推移,市场份额展示了相对稳定性,买方的对抗性力量并不足以对并购后的企业施加重大限制,而且在这种创新型市场中,由于进入市场的费用和时间成本很高,所以市场进入障碍也很高。这些可能会导致严重损害竞争的因素,可能已经影响欧委会依据支配地位测试对并购做出的评估。

7.84 在先前的涉及类似产品和类似市场条件的并购案中,欧委会认为并购可能会导致形成单一企业支配地位,因为与经并购产生的企业相比,最大的竞争对手在市场份额方面有很大的不同。[121] 与欧委会有关经并购产生的企业的最强竞争对手的论断相反的是,在 *Syngenta CP/Advanta* 案中,欧委会认为并购可以通过在寡头垄断市场中形成非协调效应而带来反竞争效果,即使经并购产生的企业与其最大的竞争对手具备基本等同的市场份额。欧委会根据相同的论点(即最强竞争对手),依据支配地位测试和严重损害有效竞争测试得出了有关并购影响的不同结论。

(三)*Johnson and Johnson/Guidant* 案[122]

7.85 *Johnson& Johnson/Guidant* 并购案涉及心血管药品业务的四个主要领域:(1)介入性心脏病学设备;(2)血管内设备;(3)心脏手术设备;以及(4)心率管理设备。所有市场均被认为是国内市场。

7.86 关于可调导丝,并购可能会导致在一些成员国中形成准垄断。通常来讲,导丝仅是具备一般差异性的产品。该项并购通过加强 Guidant 的支配地位,可

---

[120] *Syngenta CP/Advanta* (Case COMP/M. 3665) [2004] OJ C 263/7, para 46.

[121] 在 *Astrazeneca/Novartis*(Case COMP/M. 1806) Commission Decision(2004/320/EC) [2004] OJ L110/1 一案中,关于谷物杀菌剂市场,欧委会认为并购将会导致西班牙甜菜杀菌剂市场上支配地位的形成。经并购产生的企业将会占据 50% ~60% 的市场份额。Dupont 的市场份额为 10% ~20%。对于市场上剩下的 30% ~40% 的份额,并购参与方并未发现其他生产者。市场调查显示 Bayer 和 Cyanamid 分别占据大概 0% ~5% 的市场份额。在 *Bayer/Aventis Corp. Science* (Case COMP/M. 2547) [2004] OJ L107/1 一案中,欧委会得出结论:拟进行的交易将会在西班牙的香蕉土壤杀虫剂市场中产生或强化支配地位。根据其自身的评估,交易方的合并市场份额可到达 40% ~50%。交易方提出,最大的竞争对手 FMC 的市场份额为 20% ~30%,而 DuPont 所占据的市场份额为 0% ~10%。其他普通企业合并市场份额为 20% ~30%。更进一步,欧委会得出结论:拟进行的交易将会在法国甜菜叶杀虫剂市场上产生或强化支配地位。根据其自身估算,交易方的合并市场份额为 40% ~50%,而且随着时间的推移较为稳定。BASF 是市场上最大的竞争对手,其市场份额为 20% ~30%,紧随其后的是 Syngenta,市场份额为 20% ~30%。

[122] *Johnsonand Johnson/Guidant* (*Case COMP/M.* 3687) *Commission Decision* (2006/430/*EC*) [2006] *OJ L* 173/16.

能会严重损害共同市场以及欧洲经济区域内的有效竞争。[123] 在球囊扩张型(balloon - expandable,BX)血管内支架市场上,Johnsonand Johnson 和 Guidant 是最为强大的两个竞争参与者,而且市场进入障碍较高,来自买方的对抗性力量不足。并购将会合并 BX 支架市场上的第一、第二大参与者。尤其是,并购导致的市场支配地位可能会严重损害很多成员国 BX 支架市场上的有效竞争。[124] 在颈动脉血管内支架领域,三个主要的市场竞争参与者是 Johnsonand Johnson(J&J)、Guidant 以及 Boston Scientific,这三者合计市场份额为 83% ~96%。集中将会强化 J&J 或 Guidant(在奥地利、芬兰、荷兰、葡萄牙以及西班牙市场)的领先地位,或通过合并市场上第二、第三大参与者,以创设出一个新的市场领先者(在比利时、德国和意大利)。

7.87 关于非颈动脉血管内支架,J&J 和 Guidant 均在欧洲经济区内销售非颈动脉自动扩张型(self - expandable,SX)支架。欧委会经市场调查发现,大多数购买非颈动脉 SX 产品的交易相对方认为 J&J 和 Guidant 的产品是最为密切的替代品。J&J 和 Guidant 的非颈动脉 SX 支架是高品质产品,由于与其他竞争的支架相比具备更优质的性能,而互为最密切的替代品。欧委会得出结论,针对集中,考虑到奥地利、比利时、德国以及荷兰的非颈动脉 SX 支架市场所具备的一些特征,市场进入障碍、消费者忠诚度、替代紧密性,以及主要的竞争限制因素的消除,集中将会导致在这些成员国市场中形成非协调效应,并因此损害有效竞争。

7.88 总之,在血管内支架市场中,集中将会巩固一个并购参与者现有的领先地位,或者会创设出一个新的市场领先者。相关产品市场具备差异性产品的特征,而 J&J 的产品与 Guidant 的产品又是更为紧密的替代品。欧委会还认为,在知识产权(IP)、专有技术、消费者获取、企业声誉以及巨额沉没成本等方面存在较大的市场进入障碍。交易方作出了承诺以减少欧委会的竞争关切。[125]

---

[123] *Johnsonand Johnson/Guidant* (Case COMP/M. 3687) Commission Decision (2006/430/EC) [2006] OJ L 173/16, para 198.

[124] *Johnsonand Johnson/Guidant* (Case COMP/M. 3687) Commission Decision (2006/430/EC) [2006] OJ L 173/16, para287.

[125] 交易方提出的有关可调导丝业务的承诺包括剥离与 J&J 在欧洲经济区之内的可调导丝业务的供应、营销和销售有关的资产。在血管内市场,交易方提议剥离 Guidant 在欧洲经济区之内的所有经营活动(产品、物流、存货、客户名单、销售人员、品牌名称以及知识产权)。在心脏外科领域,交易方提议分离以下任何部分:(1)J&J 的内镜血管采集术产品以及内镜下桡动脉采集术;(2)Guidant 的与其心脏手术业务分支机构系相关的全球资产与全体人员;或(3)Guidant 的内镜血管采集术产品,也就是内镜下血管采集术手术包。

欧委会认为交易方作出的承诺对于救济并购给有效竞争带来的重大损害而言是适当的,因此通过了该项并购。[126]

7.89 在某些市场的分析中,欧委会认为并购可能会严重损害有效竞争;但是,如果依据新版《欧盟并购条例》项下的支配地位测试,可能不会得出并购将导致产生或加强支配地位的结论。

7.90 关于非颈动脉血管内支架市场,欧委会认为并购将会使得非颈动脉血管内支架市场上的竞争者数目从四个降低至三个。在欧洲经济区范围之内,企业合并市场份额为 30% ~40%(J&J:20% ~30%,Guidant:10% ~20%)。在过去的三年中,J&J 的市场份额相对稳定。相反,Guidant 于 2000 年进入市场,之后其市场份额稳步增长至 10% ~20%。交易发生之后,HHI 指数为 2691,提升了 600。在比利时和荷兰,企业合并市场份额可能会达到 45% ~55%;在德国,市场份额可能会到达 40% ~50%。在这些市场中,J&J 是市场领先者,而 Guidant 在比利时境内排名第三(紧随 Bard),在德国和荷兰排名第四(紧随 Boston Scientific 和 Bard)。J&J、Guidant、Boston Scientific 和 Bard 合计,占据了比利时 85% ~95% 的市场份额,德国 80% ~90% 的市场份额,荷兰 80% ~90% 的市场份额,[127] 而排名前三的市场参与者合并市场份额在比利时、德国和荷兰均达到了 70% ~80%。

7.91 该市场的特征包括:高度的产品差异性、显著市场进入障碍、较大买方对抗性力量、低程度的创新以及存在知识产权。[128] 如果欧委会按照支配地位测试对该并购进行评估,就不大可能以单一企业支配地位标准为基础论证并购对竞争的负面影响。作者认为,欧委会不大可能根据较低的市场份额、来自买方的对抗性力量以及并购之后市场上至少还存在一个更为重要的竞争对手,认为并购会导致单一企业支配地位。

7.92 至于并购之后的市场上现存企业之间的协调效应,产品间的高度差异性、强大的买方对抗力量、由于行业具备创新以及研发投资的特征而导致的可能存在的非对称性成本结构,以及知识产权的存在,使得维持共谋均衡不大可能

---

〔126〕 2005 年 12 月 5 日,Boston Scientific 发出的初步要约内容为用 250 亿美元买下 Guidant,J&J(随之)将其要约提至 242 亿美元。紧接着,Boston Scientific 又将其价位提至 270 亿美元,Guidant 接受。这样一来,Guidant 给 J&J 支付了 7.05 亿美元的终止费,以撤回该项交易。

〔127〕 *Johnsonand Johnson/Guidant*(Case COMP/M. 3687)Commission Decision(2006/430/EC)[2006] OJ L 173/16,第 306 段。

〔128〕 知识产权可以为参与到联合支配地位中的企业提供非对称性市场力量,据此损害联合支配地位稳定性的可持续性。

实现。

7.93 Johnson & Johnson 和 Guidant 之间的兼并将会严重损害有效竞争,但是在交易方提交补救措施之后,欧委会批准了该项交易。如果欧委会依据支配地位测试对并购进行评估的话,可能就无法有力地论证并购将会对相关市场产生负面影响,其主要原因在于产品间的差异性、非对称性成本结构、对抗性买方力量以及较低的经并购产生的企业的市场份额。在这类市场中,并购既不会带来单一企业支配地位,也不会导致形成共同支配地位。但是,并购之后市场上现存的企业却能够单方面提升价格,据此并购将会在寡头垄断市场上形成非协调效应。

(四)*T – Mobile/Tele. ring* 案[129]

7.94 该并购是依据严重损害有效竞争测试进行审查的。T – Mobile 和 Tele. ring 在奥地利运营移动网络业务,而且还活跃于相关终端消费者和批发市场。他们还提供固定网络服务,但欧委会认为并购对该网络并不会产生影响。

7.95 欧委会得出结论,面向终端消费者的移动电话服务构成一个单一市场,该服务以 2G 和 3G 技术为基础。[130] 是否单独存在一个仅以 3G 技术为基础的特别应用市场的问题并未得到解决,尤其是最近在市场上多媒体服务已经得到实现的情况下。相关地域市场的范围被界定为国内市场。至于呼叫终端批发市场,[131] 正如欧委会在先前的决定中所持有的观点,[132] 欧委会认为每一个网络都构成一个单独的终端市场,其地理范围为一个国家。[133] 最后,关于国际漫游的批发市场,[134] 对于国际漫游批发服务的需求来自那些希望为其客户提供来自其自身网络以外的移动服务的外国移动运营商,以及来自下游

---

[129] *T – MobileAustria/tele. ring* (*Case COMP/M.* 3916) *Commission Decision* (2007/193/*EC*) [2007] *OJ L* 88/44.

[130] *TeliaSonera/Orange DK* (Case COMP/M. 3530) [2004] OJ C 263/04 and Vodafone/Oskar Mobile (Case COMP/M. 3776) [2005] OJ C 140/08.

[131] 呼叫终端,指的是这种服务:网络运营商 B 为网络运营商 A 提供一种服务,通过这种服务,来自 A 网络的呼叫可以传达到 B 网络的用户。

[132] *Telia/Telenor* (Case No. IV/M. 1493) Commission Decision (2001/98/EC) [2001] OJ L 40/1; *TeliaSonera/Orange DK* (Case COMP/M. 3530) [2004] OJ C 263/04;和 *Telefónica/Cesky Telecom* (Case COMP/M. 3806) [2005] OJ C 114/02.

[133] 这主要是由于监管障碍,因为地理许可范围主要限于一个成员国的境内区域。

[134] 国际漫游服务,使得移动用户即便是身在国外,也能够通过使用其移动设备和 SIM 卡发出或接收呼叫/讯息/数据。为了能够给消费者提供这类服务,移动网络运营商通过签订一个又一个批发合同,提供国外移动网络的接入和使用服务。

的希望在其本国范围之外适用移动电话的移动用户。

7.96 再来看竞争分析，以 GSM 技术为基础，在奥地利的移动电话网络市场中存在四个主要的运营商。它们分别是 Mobilkom（Telecom Austria 的一个子公司）、T－Mobile、ONE 和 Tele. ring。经并购产生的企业市场份额为 30%～40%，而 Mobilkom 的市场份额为 35%～45%，ONE 的市场份额为 15%～25%，H3G 的市场份额低于 5%。[135] 这些市场份额是以营业额为基础计算出来的，但如果以消费者数目为基础的话也不会有太大改变。[136]

7.97 欧委会得出结论，通过吞并一个独立网络运营商 Tele. ring，就会形成这样一个市场结构：两个大型网络运营商具备类似的市场份额（Mobilkom 和 T－Mobile），一个小得多的运营商（ONE），还有一个非常小的运营商（H3G），[137] 这将会导致形成非协调效应，尽管并购之后 T－Mobile 并不具备最大的市场份额。为了评估并购给竞争带来的负面影响，欧委会分析了九个因素，包括市场份额、HHI 指数、消费者转移、价格发展、动机结构、国家网络的重要性、网络容量、其他竞争对手的角色以及 Tele. ring 未来的发展。[138]

7.98 关于消费者转移，市场份额数据本身表明，在离开 T－Mobile 和 Mobilkom 的消费者中，相当大比例的消费者转而成为 Tele. ring 的消费者。奥地利监管者以携号转网为基础所得到的数据进一步支持了这种解释。2005 年，转换运营商并携号转网的消费者中超过一半的人选择了 Tele. ring，而且其中 57%～61% 的消费者离开 T－Mobile 和 Mobilkom，保持号码不变，转移至 Tele. ring。2005 年排在 Tele. ring 之后的是 H3G，其吸收了大约 20% 的转换

---

〔135〕 H3G（Hutchison 的一个子公司）于 2003 年 5 月进入市场，其仅以 UMTS 网络为基础提供移动电话服务。H3G 通过一个国内漫游协议，买下了 Mobilkom 的 GSM 通话时间访问（权）。在 H3G 自身网络未覆盖的区域，H3G 的消费者就可以通过适用 Mobilkom 的 GSM 网络进行通话。

〔136〕 通过营业额表现出来的市场份额与所有移动电话的收入相关，因此包括国际漫游和呼叫终端的营业额。至于终端消费者市场，交易方只能给欧委会提供以市场调查为基础的数据。在市场调查过程中得到的终端消费者市场份额，主要与通过上述营业额得出的市场份额一致。如果是通过消费者数目计算出的市场份额就不会存在类似问题，因为这个数目与终端消费者市场有关。

〔137〕 另外一个服务运营商是 YESSS！，其自 2005 年 4 月进入市场，在 2005 年 12 月时所占据的市场份额为 5%（以消费者数目计）。然而，需要注意的是 YESSS！并非一个独立的服务提供商，仅是网络运营商 ONE 的一个子公司，而且其还通过 ONE 的网络提供服务。YESSS！仅提供预付包，而且只通过折扣食品商店和网络提供服务。

〔138〕 本案展示了一个分析单边反竞争效果的结构，尤其是网络产业方面。

移动运营商并保持号码不变的消费者。[139]

7.99 欧委会的价格分析显示，总体而言，在指定时间段之内，Tele. ring 的价格一直在下跌。自 2002 年第 3 季度起，Tele. ring 就开始以每分钟价格大幅度低于其他三个网络运营商的条件提供服务，而且，自 2002 年第 1 季度起就以每分钟低于市场平均价的条件提供服务。Tele. ring 每分钟要价大幅度低于三个市场领先运营商的要价。欧委会得出结论，在调查期间（2002～2005 年）Tele. ring 是最为活跃的市场参与者，其给 T－Mobile 和 Mobilkom 带来了巨大竞争压力，在限制他们自由定价方面发挥了重要作用。因此，价格分析就显示，Tele. ring 在市场中就扮演着 maverick 的角色。

7.100 欧委会得出结论，Tele. ring 设定一个非常具有竞争力的价格的动机在于其现有消费者数目。T－Mobile 并未追求这样的策略，而且 T－Moible 经与 Tele. ring 合并，未来具备此动机的可能性甚至会更小。消费者认为 Tele. ring的服务非常便宜，但是在其他方面，例如服务质量、创新或服务方面并不具备什么优势。

7.101 拟进行的并购完成之后，不仅 Tele. ring 的网络会消除，而且可以推测 T－Mobile的网络相对于分析的时候会得到更为充分的利用。拟进行的并购因此会导致这种情况：与市场上存在三个运营商相比，备用容量的大幅度下降，会降低网络运营商通过低价吸引更多消费者、进而充分利用备用容量的动机。这样一来，并购将会导致市场容量的大幅下降。根据欧委会的上述论断可知，可利用容量的降低意味着并购将会给竞争带来重大影响。[140]

7.102 欧委会并未发现新的（或潜在的——译者注）网络运营商将要进入奥地利市场的迹象。其得出结论，一旦交易完成，与 Tele. ring 相比，H3G 或 ONE/YESSS！不大可能在市场上占据一席之地，或者说它们尤其不大可能限制 T－Mobile 和 Mobilkom 的竞争行为。类似地，服务提供商也不大可能承担起这样的角色。欧委会得出结论：Tele. ring 将来会继续成为奥地利移动电话市场上有价格竞争力的服务提供商。欧委会认为，随着消除市场上的

〔139〕 欧委会假设，奥地利监管者是以与整体市场中的一个代表部分相关的携号转网为基础搜集到的数据，与通过商业市场调查机构提供的消费者调查（其必然包括数目较小的消费者）相比，可以构成更可靠的样本。

〔140〕 价格的设定和新消费者的获取并非必然取决于可利用的（备用）容量，而主要取决于产生自现有消费者的动机。所以竞争者之间所存在的备用容量占据了 T－Mobile 和 Tele. ring 消费者的 10% 这一事实并不能得出以下结论：竞争对手将会以牺牲自身消费者的利益为代价吸引那些消费者。

maverick,与此同时创设出一种市场结构,即市场上有两个占据领先地位的对称的网络运营商,并购很有可能将会产生非协调效应,并会严重损害共同市场大范围之内的有效竞争。在交易方提交承诺之后,欧委会通过了该项并购。

7.103 该案例清楚地表明了《欧共体并购条例》下支配地位测试所存在的漏洞。欧委会似乎分析了绝大部分的重要因素,以证明并购将会在寡头垄断市场中产生非协调效应。并购之后,经并购产生的企业将会在市场上占据第二的位置,其市场份额为30% ~40%,而 Mobilkom 的市场份额为35% ~45%。另外,HHI 指数显示并购之后市场集中度非常高。在并购之后的市场上,在经并购产生的企业和 Mobilkom 之间转移的消费者数目将会非常有限,因为一旦 Tele. ring 从市场上消失,H3G 将会成为消费者主要的选择对象,而这些消费者就是上文所提到的所有转换运营商并携号转网的所有消费者中转移的20%部分。

7.104 并购时,消费者在市场上两个最大的企业,即经并购产生的企业和 Mobilkom 之间转移的有限性,表明两个企业都有可能会提高价格,而无须承担自己的消费者转移至其他企业的巨大风险。尽管两个企业的消费者本可以转移至其他的竞争对手处,正如欧委会所提出的论点:一旦交易完成,H3G 或 ONE/YESSS! 不大可能占据和 Tele. ring 类似的市场地位,它们也不大可能规范经并购产生的企业和 Mobilkom 的竞争行为。这样一来,两个企业都可能在并购之后的市场上单方面提升价格。

7.105 这个案件表明,非协调效应的发生并不局限于并购参与方是最密切的竞争对手这一种情况。并且,经并购产生的企业的市场份额位居第二,而 Mobilkom 则是最大的企业。如果是以支配地位测试评估该项并购的话,难以想象欧委会能得出并购将产生或加强支配地位的结论。[141]

7.106 上文分析表明,在大多数上述类型的案例中,一些并购后的市场中仅剩下数量有限的企业,它们的市场份额类似,而且生产不同产品。在这些市场中,

---

〔141〕 欧委会并未排除这种可能性:拟进行的并购除了如上文所述会产生非协调效应,还可能会导致协调效应给竞争压力带来的减损。这种协调效应将会导致市场上的价格高于单独的、非协调的、以利益最大化为目标的每个单独企业所给出的价位。并购将会导致 Mobilkom 和 T - Mobile 两个网络运营商享有大致相同的市场份额,而双方共同占据了奥地利移动通讯市场60% ~80%的市场份额。另外,并购将会消除市场上价格激进的 maverick 企业,而且在短到中期的时间之内,并没有其他服务提供商可以取代它的位置。正如先前所提到的那样,并购之后的市场上所剩下的竞争对手不大可能会给经并购产生的企业和 Mobilkom 施加重大限制。

共同支配地位的条件并未得到满足(例如,透明度、惩罚机制、监督以及对抗性买方力量)。而且,并购之后的市场也不大可能会形成单边效应。然而,市场上竞争限制的减损可能会给竞争带来负面影响,因为并购之后市场上的企业有动机单方面提升价格、降低产品质量、采取给竞争带来负面影响的行为。由于无法对导致寡头垄断市场上的非协调效应的并购适用第 4064/89 号条例项下的支配地位测试,因此欧委会无法消除竞争关切;但针对该问题却可以通过新版《欧盟并购条例》项下的严重损害有效竞争测试得到解决。

7.107 尽管新版《欧盟并购条例》中的法律实体测试已经从"支配地位测试"转变为严重损害有效竞争测试,[142]似乎欧共体市场内并购领域的"漏洞"可以因此得到弥补,但这种"漏洞"的案例在遵循传统支配地位测试的成员国会继续出现。这些国家仍然可能会遇到某一并购虽然具备非共谋垄断的特征、但却无法适用当前支配地位测试的情形。所以,它们可能会诉诸其他方法,来应对会给竞争带来负面影响的并购。

[142] Guidelines on the assessment of horizontal mergers under the Council Regulation on the control of concentrations between undertakings, [2004] OJC 31/5.

第八章　横向并购——协调效应

一、共同支配地位和协调效应的背景
二、评估标准的发展
（一）集中程度
（二）市场进入障碍
（三）产品同质性
（四）价格弹性
（五）对称的市场条件
（六）市场稳定性和技术成熟的市场
（七）企业过去和现在的行为
（八）纵向合并和多重市场联系
（九）企业间联系
（十）存在一个评估清单吗？
三、*Nestlé/Perrier* 案：标准的发展
四、*Airtours* 案
（一）透明度
（二）报复机制
（三）竞争对手和客户
（四）*Airtours* 案的结论
五、*Sony/BMG – Impala* 案
六、卡特尔行业中并购的协调效应
（一）协调效应和过去的协调
（二）协调效应和同时期的协调
（三）卡特尔市场中评估协调效应的标准
七、预期行为的非法性对产生于一项并购的反竞争效果而言是一种威慑
（一）第 102 条
（二）第 101 条
八、结语
九、附录

8.01 协调效应(即依据第4064/89号条例以及2004年之前的判例法将其称作“共同支配地位”的损害理论)发生于高度集中的市场,在该市场中竞争者的数量非常有限,而且它们还认识到其相互依赖性以及急性激烈竞争的无意义性。这样一来,市场结构就容易导致默示协调的形成。[1] 寡头垄断的主要特征在于存在一种维持协调行为的机制,该机制会导致价格和产能的平行。[2] 在一个寡头垄断市场中,市场参与者有限,它们有能力以平行的行为方式行事,并从共同市场力量中获利,而不需要达成协议或协调行为。这种现象就称为默示共谋。[3] 这种共谋行为也可能是明示的,此时涉及明示协议而非默示协议。在默示共谋中,所有企业都意识到它们与竞争对手之间的相互配合。

8.02 在共谋关系中,经济学理论认为各个企业试图实现共同利益的最大化,而非单个企业利益的最大化。共谋要求企业依照其竞争对手过去和将来可预期的行为行事:今日若定高价,就可以得到默示的在将来仍然保持高价的承诺,但如果今日定价较低的话,未来就可能会遭到惩罚。只有当报复带来的长期损失高于背离共谋的合作伙伴转而参与竞争带来的短期获利时,共谋才是稳定的。[4] 寡头垄断市场的古诺模型预测,在特定的有关竞争对手反应预期的假设条件之下,随着市场集中度的提高,市场价格也会随之稳步上升。[5] 随着价格的提高,共谋会越来越难维持,因为企业脱离共谋将获取更高的短期收益。共谋价格与竞争水平越接近,维持未来价格方面的共谋的价值越小。这样一来,在不存在明确共谋的情况下,企业倾向于将价格维持在垄断价格之下、竞争价格之上。[6]

8.03 第4064/89号条例和第139/2004号条例(EUMR)均未明确提及共同支配地

---

〔1〕 J. E. Stiglitz and J. Driffill, *Economics* (New York, NY: W. W. Nortonand Company Ltd. ,2000), 274.

〔2〕 非价格方面的协调可能会比价格方面的协调要更难实现,因为透明度、报复机制等因素在此种情境下更难满足。例如,在Airtours案中,欧委会认为形成了产能方面的协调,尽管产能被延迟了18个月。(Case T-342/99 *Airtoursv. Commission* [2002] ECR II-2585.)

〔3〕 若需默示共谋的概念,详见J. Sloman, *Economics* (4th edn., Upper Saddle River, NJ: Prentice Hall, 2000), 180。

〔4〕 A. Scott, M. Hviid and B. Lyons, *Merger Control in the United Kingdom* (Oxford: Oxford University Press, 2006).

〔5〕 市场并非总是展示出这种集中和竞争程度之间的关系。详见D. Ridyard and A. Lofaro, “The economic analysis of joint dominance under the EC Merger Regulation” [2000] 1(3) EBOR, 539-59。

〔6〕 M. Stenborg, “Forest for the Trees: Economics of Joint Dominance”, [2004] 18(3) EJL &E, 365-85.

位,也未提及一个或多个企业占据支配地位的情形。[7] 正如欧洲法院所认为的那样,[8]平行行为本身并不能等同于协调行为,除非存在相关方进行沟通的证据对平行行为加以证明。另外,正如欧洲法院在 *Hoffmann – La – Roche* 案中所阐述的那样,必须将支配地位与寡头垄断市场的平行性行为区分开来,因为在这类市场中存在相关方之间的相互配合,但占据支配地位的企业可以单方面决定其自身行为。常见外部冲击,例如所有供应商提高中间价,同时通胀率也提高,将有可能会导致所有销售商按比例地提高价格,但我们不能因此就得出它们正在从事共谋的结论。[9]

8.04 Almelo 案是最早解决共同支配地位问题的案例之一,欧洲法院在本案中认为,为了证明共同支配地位(或协调效应)的存在,集团中的企业必须通过在市场中从事协调行为联系起来(从而形成默示共谋)。[10] 另外,在 *Gencor* 案[11] 中,普通法院通过含蓄地将共同支配地位的概念等同于默示共谋,扩大了新版《欧盟并购条例》的适用范围。因此,单边效应与单一企业支配地位联系紧密,而协调效应与共同支配地位密切相关。

8.05 不管是在法学还是在经济学中,支配地位概念都是最具争议的问题之一。经济学意义上的寡头垄断和垄断理论主要解决这个问题。在法学领域中,有关支配地位的法律界定已经成为讨论非常激烈的问题。在 *Hoffman – La Roche* 案[12]中,欧洲法院将"支配地位"这一概念解释为:"一个企业拥有可以使其在很大程度上独立于其竞争敌手、消费者以及终端消费者自由行动且同时盈

---

[7] 我们将会提及先前的实体审查标准,也就是支配地位标准,因为在 2004 年之前存在重要的关于协调协调效应的判例法,而当时这种损害理论就叫作"共同支配地位"。通过判例法来理解共同支配地位的产生和发展很重要。我们应该强调,"协调协调效应"和"共同支配地位"这两个表述指的是一种损害理论。据此,为了理解后者的评估(也就是 2004 年之后的命名),我们必须要评估先前术语"共同支配地位"。

[8] Case 48/69*ICI v. Commission*(Dyestuffs) [1972] ECR 619, [1972] CMLR 557, at §64.

[9] M. Motta, "Economic Analysis and EC Merger Policy", (European University Institute Working Papers, 1999), 14, http://www. iue. it/Personal/Motta? ECMergR. pdf,2013 年 9 月 13 日访问.

[10] Case C – 393/92 *Almelo (Gemeente) and Othersv. Energiebedrijf Ijsselmij NV*[1994] ECR I – 1477 at §42 – §43.

[11] Case T – 102/96 *Gencor Ltdv. Commission*[1999], ECR II – 753, [1999] 4 CMLR 971 at §276.

[12] Case 86/76 *Hoffmann – La Roche& Co AG v. Commission*[1979] ECR 461,[1979] 3 CMLR 211 at §38,欧洲法院给出了一个与 *United Brands* 案中类似的有关"支配地位"的概念。详见 Case 27/76,*United Brands Co. and United Brands Continental BV v. Commission* [1978] ECR 207, [1978] 1 CMLR 429 at §65。

利的经济实力。"本章旨在评估共同支配地位这一概念的发展,[13]因为这一概念随着大量先例的出现而不断明朗起来。另外,人们尝试对出现的共同支配地位的评估标准加以衡量,并解决诸如这些标准是否足以为衡量具备法律确定性特征的共同支配地位创建一个法律框架的问题。

8.06 共同支配地位或协调效应会发生在高度集中的市场中,其中的企业数量有限,而且这些企业认识到它们之间的相互依赖性,以及从事激烈竞争并无意义。结果,市场结构就倾向于形成默示协调。[14] 有关支配地位的法律概念随着时间的推移而不断变化,就如一些诉至欧洲法院(ECJ)的案例所示。在 *Continental Can* 案[15]中,欧委会在界定"支配地位"的时候关注的是企业是否具备可以独立作出会给市场整体带来影响的决定的能力。

8.07 支配地位概念与三套法律规定有关,分别是第101条、第102条和新版《欧盟并购条例》。[16] 在处理共同支配地位问题的时候,欧委会会使用第102条和第4064/89号条例。第102条适用于对"一个或多个具备支配地位的企业在共同市场或共同市场大范围之内对支配地位的滥用"。[17] 根据第4064/89号条例,如果一项并购"产生或加强了支配地位,进而严重损害共同市场或共同市场大范围之内的有效竞争",[18]那么该项并购是与共同市场不相符的。

8.08 索姆斯(Soames)(1996)论证道,欧委会有关并购案件中通过分析共同支配地位所作出的决定,意味着适用新版《欧盟并购条例》的"共同支配地位"与普通法院在Flat Glass(一个适用第101、102条的案例)案中的分析并不相同。他提到,正如集中案件中的顾问委员会的少数成员所指出的那样,Flat Glass案的判决将共同支配地位概念的适用局限于企业间的经济联系已经得

[13] 共同支配地位是一个建立在以下论点上的法律概念:在高度集中的市场中,仅存的少数企业很有可能会认识到他们之间的相互依赖性,以及参与激烈竞争中的无用性。文章中也会用共同支配地位"联合的"和"寡头垄断"代替"共同支配地位"使用。详见 C. J. Cook and C. S. Kerse, *E. C. Merger Control*(3rd edn., London: Sweet&Maxwell, 2000), 171。即便企业被认为是不具备独立支配地位的,它们也有可能会被认为是享有共同支配地位的。

[14] Stiglitz and Driffill (n 1) at 274.

[15] Case 6/72 *Europemballage Corpand Continental Can Co. Inc. v. Commission* (*Continental Can*) [1973] ECR215, [1973] CMLR 199 at §3.

[16] Council Regulation (EEC) 4064/89 of 21 December 1989 on the control of concentrations between undertakings, [1989] OJ L 395/1, corrigendum [1990] OJ L 257/14.

[17] Consolidated version on the Treaty of the Functioning of the European Union [2008] OJ L 115/89, Article 102.

[18] Council Regulation (EEC) 4064/89 of 21 December 1989 on the control of concentrations between undertakings, [1989] OJ L 395/1, corrigendum [1990] OJ L 257/14, Article 2(2) and (3).

到证明的案件，而且这些少数派认为《欧盟并购条例》项下的共同支配地位并不适用，除非存在这样的联系。[19]

8.09 尽管并购可能会带来规模经济和范围经济，[20]而且还会提高效率，但也有可能会损害竞争。正如第4064/89号条例第2条第(3)款所指出的那样，而且欧洲法院在*Kaliund Salz*案[21]中也进行了确认，产生或加强支配地位和损害有效竞争之间必须具备因果关系。类似地，根据新版《欧盟并购条例》可知，损害理论(非协调效应、协调效应)与并购之间应当具备因果关系。相反，在第102条背景之下，正如普通法院在*Continental Can*案中所论证的那样："没必要证明支配地位和滥用之间具备因果关系。只要行为增强了企业的支配地位并损害了市场上的竞争就足够了。[22]

8.10 欧委会应当适用以目的为导向的分析方法，对第102条和新版《欧盟并购条例》的目的和意图加以考虑。本章主要关注欧委会在评估行为是否有违竞争规则时所依赖的一些标准。这些标准已经在判例法的发展过程中逐步形成。另外，人们尝试制作一个用于评估协调效应的现行标准清单，这些评估标准在普通法院针对Airtours案所作出的里程碑式决定之后已经形成。[23]

一、共同支配地位和协调效应的背景

8.11 在寡头垄断市场中，市场参与者数量有限，它们可以形成平行性行为，并从其

---

[19] OJ 1992 C319/3. S. Trevor, "An analysis of the principles of concerted practice and collective dominance: a distinction without a difference?", [1996] 17(1) ECLR, 24-39.

[20] 规模经济指的是这样一种情形：随着产出的增加，生产的长期平均成本会随之下降。详见D. Begg., S. Fischer and R. Dornbusch, *Economics* (5th edn., Maidenhead: McGraw-Hill, 1997), 109。范围经济指的是以下这种情形：单一企业的产出要大于两个不同的各自生产单一产品的企业所实现的产出(两企业之间的生产性投入平均分配)。详见R. Pindyck and D. Rubinfeld, *Microeconomics*(4th edn., Upper Saddle River, NY: Prentice Hall International, 1998), 227。

[21] *Kaliund Salz/MdK/Treuhand* (Case IV/M. 308) Commission Decision (94/449/EC) [1994] OJ L186/38; on appeal Cases C-68/94 and C-30/95 *Francev. Commission, Societe Commercialees Potassesetdel'Azore(SCPA) v. Commission*[1998] ECR I-1375, [1998] 4 CMLR 829. 如需案件详细分析，详见C. Caffarra and J. Ysewyn, "Two's company, three's crowd: the future of collective dominance after the Kali & Salz judgment", [1998] 19(7) ECLR, 468-72。

[22] Case 6/72 *Europemballage Corp and Continental Can Co. Inc v. Commission* (*Continental Can*) [1973] ECR 00215, §26-§27.

[23] Case T-342/99 *Airtoursv. Commission*[2002] 5 CMLR 317.

联合市场力量中获利,而不需要达成协议或协同行为。[24] 这种现象就叫作默示共谋。[25] 这种共谋行为也可能是明示的,此时涉及明示协议而非默示协议。[26]

8.12 并购执法前几年中的一些案件显示,欧委会无法解决会引发共同支配地位的并购问题。*Renault/Volvo* 案[27]是一个关于公共汽车和卡车运营的合资企业的案件。尽管公共汽车和卡车行业所在市场是寡占型的,该并购案在初始阶段就被通过了,因为经并购产生的企业并不会支配市场。在 *Varta/Bosch* 案[28]中,欧委会对于西班牙和德国汽车电池市场上的高集中度存有顾虑。欧委会通过了 *Varta/Bosch* 并购案,但在其给出的理由中强调了对于单一企

---

〔24〕 与价格协调相比,非价格类协调更难实现,因为在此种情形之下透明度、报复等因素很难实现。例如,在 *Airtours* 案中,欧委会对于能力协调进行论证,尽管这一能力的设置已经推迟了 18 个月。有关一致(行为——译者注)效果的重要成员国案件包括:

1. The Sugar merger, Vj - 127/2001 decision of the Competition Council of the GVH on 21 March 2002 (*Hungarian competition authority*).

2. Case C4502 Granarolo/Centrale del Latte di Vicanza, 24 May 2001, Bull. No. 21/2001 Case C4502 (*Italian competition authority*), and Case C5151 S. E. C. I. - Co. Pro. B. - Finbieticola/Eridania, 1 August 2002, Bull. No. 31/2002 Administrative Tribunal of Lazio Fondiaria Industriale Romagnola S. p. A. v. Italian Competition Authority, 3 March 2003, No. 3861 and Supreme Administrative Court Fondiaria Industriale Romangnola S. p. A. v. Italian Competition Authority, 21 March 2005, No. 1113.

3. Case C6133 British American Tobacco/Ente Tabacchi Italiani, 17 December 2003, Bull. No. 51/2003 (*Italian competition authority*).

4. Case C7951 Assicurazioni Generali/Toro Assicurazioni, 4 December 2006, Bull. No. 47/2006 (*Italian competition authority*).

5. Administrative Tribunalof Lazio Generaliv. Italian Competition Authority, 10 July 2007, No. 6230 (*Italian competition authority*).

6. November 2000, Resolution No. 123 of the Competition Council of the Republic of Lithuania on issuing permission for Carlsberg A/S to implement a concentration by acquiring AB Kalnapilis, UAB Utenos alus, UAB Jungtinisalauscentrascontrol Annexof Official Gazette Information Notices 2000 No. 48 (*Lithuanian competition authority*).

7. TDC Report No. C44/99 Heineken/Cruzcampo (2 December 1999) (*Spanish competition authority*).

〔25〕 默示共谋的定义,详见 Sloman (n 3) at 180。还可参见 O. Black, "Collusion and coordination in EC merger control", [2003] 24(8) ECLR, 408 - 11; G. Niels, "Collusive dominance: more than just oligopolistic interdependence", [2001] 22(5) ECLR, 168 - 72; E. Kloosterhuis, "Joint dominance and the intersection between firms", [2001] 22(3) ECLR, 79 - 92。

〔26〕 根据第 101 条第(1)款可知,任何阻止、限制或扭曲竞争的共谋协议或协同行为都是非法的。

〔27〕 *Renault/Volvo* (Case No. IV/M. 004) [1990] OJ C 254/04.

〔28〕 *Varta/Bosch* (Case IV/M. 012) [1991] OJ C 302/07.

业支配地位和寡头垄断要进行区别对待。正如瑞迪亚德所认为的那样,[29]在德国市场上发生的一些变化说服欧委会认定,尽管 Varta/Bosch 具有强大的支配地位,其将会被竞争威胁有效抑制。但在西班牙市场中并发现任何变化能够减轻并购之后可能存在的共谋问题,而该问题是欧委会最初所担心的。

8.13 正如上文所提到的那样,第 4064/89 号条例并未明确提及共同支配地位,也未提及一个或多个企业所占据的支配地位。然而,通过关注"产生或加强支配地位",其使用了一种在第 102 条中已经使用过的措辞。正如福尔(Faull)和尼克佩(Nickpay)(1999)所认为的那样,没有理由认为第 4064/89 号条例项下的支配地位和第 102 条的支配地位这两个概念之间有什么区别。因此,"支配地位"指的是一个企业所享有的经济实力,该实力使得企业可以通过独立于其竞争对手、消费者以及终端消费者的行为,来阻碍相关市场维持有效竞争。[30]

8.14 第 102 条项下的"共同支配地位"这一概念首先由普通法院在 SIV 案[31]中予以支持,在该案中法院认为第 102 条所指的"一个或多个企业"使欧委会可以评估以下类型的案件:两个或多个经济上相互独立的企业,只有在它们通过经济因素联系在一起的时候,才可以被认定为形成共同支配地位。*CEWAL II* 案[32]和 *TACA* 案[33]界定并建立了经济联系这一概念。在 *TACA* 案

〔29〕 D. Ridyard, "Joint dominance and the oligopoly blind spot under the EC Merger Regulation", [1992] 13(4) ECLR, 161 - 4.

〔30〕 详见 Case 27/76 *United Brands Co. and United Brands Continental BV v. Commission*[1978] ECLR 207.

〔31〕 Joined Cases T - 68/89, T - 77/89 and T - 78/89 *SIV and Othersv. Commission*[1992] ECR II - 1403。法院认为,原则上来讲并不存在什么因素会阻止两个或多个相互之间经济独立的企业在特定市场中通过经济联系结合在一起,并据此使得它们共同针对相同市场上的其他参与者而言占据支配地位(第 358 段)。普通法院并未明确这种联系的设立是是否仅能通过协议或其他明示共谋的方式实现,还是也可以通过垄断寡头间的相互依赖性实现。在 *Compagnie Maritime Belge*(Joined Cases C - 395/96 P and C - 396/96 P *Compagnie Maritime Belge Transportsv. European Commission*[2000] ECR I - 1365;[2000] 4 CMLR 1076)中,欧洲法院明确表示,"存在协议或其他法律上的联系,对于形成共同支配地位而言并非必不可少的要件",而且"这种发现也可能是以其他连接因素为基础的,而且有可能会取决于一个经济分析,尤其是对于涉案市场机构的分析",(第 45 段)。欧洲法院还确认,如果结构性因素使得企业可以在面对竞争对手、交易伙伴和消费者这些外部关系的时候可以像一个联合实体那样行为的话,就足以被认定为是联合市场实力的基础。详见 H. Haupt, "Collusive dominance under Article 82 EC and EC merger control in the light of the Airtours judgment", [2002] 23(9) ECLR, 434 - 44。

〔32〕 Joined Cases C - 395/96 P and C - 396/96 P *Compagnie Maritime Belge Transportsv. European Commission* [2000] ECR I - 1365; [2000] 4 CMLR 1076.

〔33〕 Joined Cases T - 191/89, T - 212/98 to T - 212/98 *Atlantic Container Line AB v. Commissionofthe European Communities* [2003] ECR II - 3275.

中，普通法院引用了 *Airtours* 案，[34] 并将其作为分析 TACA 成员之间是否缺乏内部竞争这一事实问题的法律基础。[35]

8.15 正如欧洲法院所认为的那样，[36] 平行性行为本身并不能等同于协同行为，除非存在相关方进行沟通的证据对平行行为加以证明。另外，正如欧委会在 *Hoffmann – La – Roche* 案中所陈述的那样，必须要把共同支配地位与寡头垄断市场的平行性行为区分开来，因为在后者所在的市场中，存在市场参与者之间的互动，但占据支配地位的企业却可以单方面决定其自身行为。[37] 常见外部冲击，例如所有供应商的中间价上升，以及通胀率的提高，很有可能会导致卖方相应地提高其销售价格，但我们不能据此认定它们之间形成共谋。[38]

8.16 正如欧洲法院在 *Almelo* 案中所提出的论点，为了形成共同支配地位，集团中的企业必须以这样一种形式联系在一起：它们将在市场中参与到协调行为中去，据此导致形成默示共谋。[39] 另外，普通法院在 *Gencor* 案[40] 中含蓄地将共同支配地位的概念等同于默示共谋这一概念，以扩大新版《欧盟并购条例》的适用范围。因此，单边效应与单一企业支配地位密切相关，而协调效应与共同支配地位联系紧密。

8.17 在 *Rhône Poulenc/SNIA* 案的决定[41] 中，欧委会审查了地毯尼龙纤维行业中设立的一个合资企业，认为市场结构特征不会危及可能导致垄断寡头间的相互依赖性的竞争行为。在欧委会有关 *Thron EMI/Virgin Music Decision* 案[42] 的决定中，欧委会试探性地解决了共同支配地位/协调效应问题，而未给出任何具体立场。尽管欧委会感觉唱片录制市场的结构特征可能会指向共同支配地位这种情形但欧委会仍得出结论：提交申报的收购不会产生或加强市场

---

〔34〕 Case T – 342/99 *Airtoursv. Commission*[2002] ECR II – 2585, para 63.

〔35〕 F. Mezzanotte, "Tacit collusion as economic links in article 82 EC revisited", [2009] 30(3) ECLR, 137 – 42.

〔36〕 Case 48/69 *ICI v. Commission* (*Dyestuffs*) [1972] ECR619, CMLR 557, at §64.

〔37〕 Case 85/76, *Hoffmann – La Roche& Co. AG v. EC Commission*[1979] ECR 461 at §64.

〔38〕 Motta, "Economic Analysis and EC Merger Policy" (n 9) at 14.

〔39〕 Case C – 393/92 *Almelo*(*Gemeente*) *and Othersv. Energiebedrijf Ijsselmij NV*[1994] ECR I – 1477at §42 – §43.

〔40〕 Case T – 102/96 *Gencor Ltdv. Commission*[1999] ECR II – 753, [1999] 4CMLR 971 at §276. 还可参见 V. Korah, "Gencorv. Commission: collective dominance", [1999] 20(6) ECLR, 337 – 41。

〔41〕 *Rhône – Poulec/SNIA*(Case No. IV/M. 206) [1992] OJ C 212/22.

〔42〕 *Thorn EMI/Virgin Music*(Case No. IV/M. 202) [1992] OJ C 75/15.

支配地位。[43] 在 *Alcatel/AEG Kabel* 案[44]中，并购可能会导致在德国的电力电缆市场上形成协调。在先前案例中有关协调分析的缺失导致德国竞争当局要求依据第4064/89号条例第9条将并购案件移交其进行调查。欧委会拒绝了这一请求，并通过了该项并购案件，认为有关第4064/89号条例第2条是否适用于共同支配地位这种情形有待研究。

8.18 虽然一直存在这样的辩论：协调效应/共同支配地位的范围是否比默示协调更为宽泛，这一观点强化了协调效应的概念；但是正如毕肖普和沃克(2002)所认为的那样，[45]从经济学角度来看，两个概念可以等同。共同支配地位企业最好可以理解为不受竞争限制的企业。

8.19 单边效应，指的是由于经并购产生的企业单方对价格、产量作出调整，对福利带来整体减损。单边效应并不会使得并购之后市场上的企业所做的决定构成协调。协调效应，指的是由于并购而导致在之后的市场上形成共谋，对社会福利造成整体损害的反竞争行为。[46]

8.20 对以下两种损害竞争的情形加以区分是有可能的：一是并购仅通过减少参与竞争的企业数量来损害竞争；二是并购不仅通过减少企业数量，还通过改变企业间进行竞争的方式来损害竞争。还有可能并购相继导致产生非协调效应和协调效应。这种情形可能发生于以下类型的并购案之中：参与并购的两个企业中，一个是maverick企业，和/或与另外一个企业联系最为紧密的竞争对手。通过消除maverick企业，将会促进在并购之后的市场上所剩下的企业之间形成共同支配地位。另外，通过与一个maverick企业和/或与联系最为紧密的竞争对手进行兼并，提高了企业单边进行提高价格的动机，而产品价格受maverick企业的定价影响。[47] 非协调效应起初还可能会发生于以下情形：协调行为对于并购之后市场上所剩下的企业而言是合理的选择。

8.21 图8.1[48]展示了本章中已经提及的一些概念及其之间的联系。

---

〔43〕 如需任何有关这些案件的进一步分析，可参见H. Lesguillons and C. Gravisse, "Two years of application of the EEC concentration Regulation" [1992] 8 IBLJ, 977 - 92。

〔44〕 *Alcatel/AEG Kabel*(Case No. IV/M. 165) [1992] OJ C 6/10.

〔45〕 详见S. Bishop and M. Walker, *The Economics of EC Competition Law: Concepts, Application and Measurement* (London: Sweet& Maxwell, 2002), 259。

〔46〕 2010年美国指南分析中有关单边和协调效应的主要区别在于，分析所关注的静态或动态因素的程度。详见D. Carlton, "Revising the horizontal merger guidelines" [2010] 6(3) JCL &E, 619 - 52。

〔47〕 A. Lindsay, *The EC Merger Regulation: Substantive Issues* (London: Sweet& Maxwell, 2003), 151.

〔48〕 Bishop and Walker (n 45) at 8.

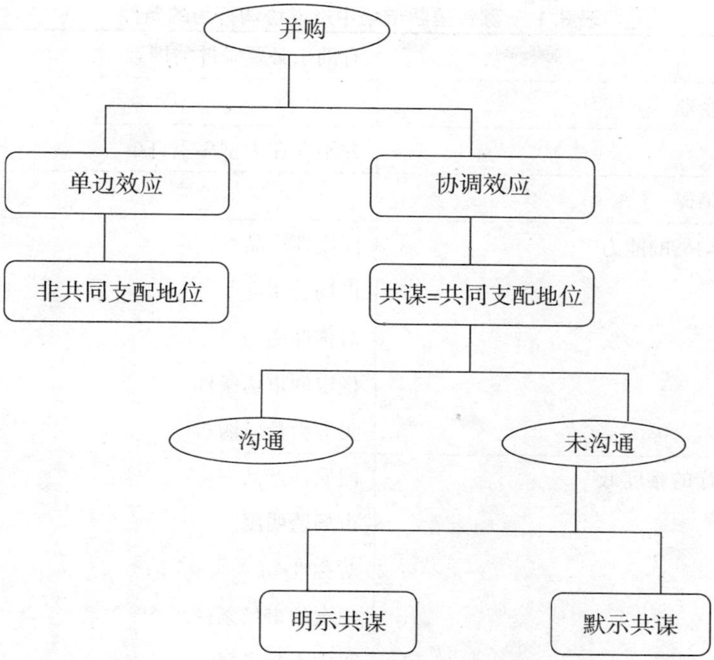

图 8.1 产生于横向并购的损害理论

8.22 并非只要是在寡头垄断市场中,企业间就必然会形成默示共谋或共同支配地位。而是由于寡头垄断市场的特定特征会促使形成成功的协调行为,并会导致并购之后的市场上形成默示共谋。为了使得企业之间形成默示共谋,它们必须以均衡共谋的方式形成协调行为,而这种均衡应当具备稳定性而不易与企业脱离。为了产生并维持这种共谋性均衡,必须满足特定条件,包括进入和退出市场的障碍、企业数量有限、共谋以形成均衡的能力、执行遵守共谋的能力,以及监督和阻止任何潜在 maverick 企业〔49〕的能力。这些因素取决于一些特征,即产品同质性、较低的需求增长、需求对价格的敏感性较低、对称性成本结构以及正如表 8.1〔50〕中所示的多市场合同。本章将会进一步分析这些特征。

---

〔49〕 W. Kolasky, "Coordinated Effects in Merger Review: From Dead Frenchmen to Beautiful Minds and Mavericks" (April 2002), 28, http://www.usdoj.gov/atr/public/speeches/11050.htm,2013 年 9 月 13 日访问。当一个企业拒绝遵守行业共识,并据此损害有效的协调(行为),就将其界定为 maverick。

〔50〕 详见 Europe Economics, "Study on Assessment Criteria for Distinguishing between Competitive and Dominant Oligopolies in Merger Control" (Brussels, Enterprise DG, May 2001), http://europa.eu.int/comm/enterprise/library/lib-competition/libr-competition.html,2013 年 9 月 13 日访问。

表 8.1 寡头垄断市场中形成协调行为的条件

必要条件	有助于必要条件的因素
非常少的企业	
反复互动	并不存在大型多重订单
市场进入障碍	
达成互认均衡的能力	同质性产品 市场透明度 对称性 稳定的市场条件 买方力量较弱
检测出欺诈的难度低	同质性产品 市场透明度 对称性 稳定的市场条件 买方力量较弱
遵守的执行程度	对称性 稳定的需求条件 不存在/较短的检测迟延 多市场合同 过剩产能

二、评估标准的发展

8.23 德尔默斯(2005)〔51〕对欧委会将严肃认真考虑共同支配地位/协调效应的并购案例做了以下分类:

a. 欧委会无法搜集到足够的数据以支持其单边效应理论类案例。欧委会可能更倾向于依赖后一理论,因为与协调效应相比其更易于证明。如果欧委

〔51〕 F. Dethmers, "Collusive dominance under EC merger control—after Airtours and the introduction of unilateral effects is there still a future for collusive dominance" [2005] 26(11) ECLR, 638 – 49.

会无法搜集到足够的有关单边效应理论的数据，就会倾向于证明存在共同支配地位。

b. 事先已经发现卡特尔的存在。

c. 相关产品具备高度同质性，而且市场透明度很高。

d. 并购会消除一个(小)maverick 企业。

8.24 欧委会初步评估共同支配地位/协调效应的结构可以分为四个阶段：

- 引发寡头垄断支配地位的基本市场结构；
- 垄断寡头之间关系的评估；
- 消费者对抗性力量的作用；以及
- 潜在竞争和市场进入的作用。

8.25 每个行业的特征不同，某一行业中的四个企业之间可能会形成共谋，但在另外一个行业中却可能并非如此。因此，评估一项并购对竞争的影响，需要分别评估每一个行业的特征。新版《欧盟并购条例》第 2 条第(1)款[52]列举了调查经营者集中时所应当考虑的"评估标准"。在决定一项集中是否可能产生或加强支配地位时，这些标准非常重要，新版《欧盟并购条例》第 2 条第(2)、(3)款中规定了这些概念。该列表并非穷尽的，而且每个标准将会取决于每一个提交至欧委会的案件的实际情况。

8.26 波斯纳(Posner)列举了一个会导致形成默示共谋的寡头相互依赖性相关的特征列表。这些特征包括[53]高市场份额、缺乏边缘参与者、处于竞争价格的无弹性需求、缺乏及时的市场进入、较小的买方、标准化产品、非耐用产品、类似成本结构和生产流程、静态或下降的需求以及密封投标。

8.27 有关这些因素的一种可能的分类，就是分成两个阶段来调查产生或加强市场支配地位的可行性和可能性(正如表 8.2 所示)。[54]

---

[52] 第 2 条第(1)款规定："在评估的时候，欧委会应当考虑：a)考虑到其他因素，所有相关市场的结构，以及来自于位于欧共体境内或境外企业的实际或潜在竞争，存在保护并发展共同市场之内有效竞争的需求；b)相关企业的市场地位及其经济和财务实力，供应商和适用者的可得机会，其接触到供应或市场(的可能性——译者注)，任何法律或其他进入障碍，中间和终端消费者的供需趋势，技术和经济进步发展，只要这是有利于消费者的，而且也不会构成竞争障碍。"

[53] M. B. Coate, "Collusion Theories in Merger Analysis: Still Alive and Kicking" (US Federal Trade Commission), [2012] 4(2) Competition Policy International Journal, 153.

[54] 详见 A. Anderson, "*Collective Dominance in E. C. Merger Control: An Analysis of Legal and Economic Arguments*" (Juridiska Institutionen, Göteborgs Universitet, 2001), 47, http://www.konkurrensverket.se/epdf/uppsats2002_andersson.pdf, 2013 年 9 月 13 日访问。

表 8.2 会引发共同支配地位分析和寡头垄断市场中竞争评估的基本市场结构

引发共同支配地位分析的基本市场结构：
1. 供应集中程度
a. 集中程度
b. 集中程度的提高
c. 市场份额的分布和稳定程度
d. 供应商之间的联系
2. 基本市场条件
a. 产品性质
b. 需求条件
寡头垄断市场中的竞争评估：
1. 市场透明度
2. 领先企业的结构
a. 对称和非对称寡头垄断
b. 技术和生产经济学
c. 产能
d. 纵向合并
3. 需求、对抗性买方力量的结构
4. 潜在竞争
5. 过去行为的记录

8.28 第一阶段包括辨别并购之后的市场结构，而第二阶段则需要确定是否可能会形成反竞争行为，以及并购之后对于企业而言是否仍然存在任何竞争限制。我们应当按照顺序依次分析这些因素。

(一)集中程度

8.29 在两个影响深远的并购案例[55]中，欧委会已经分析了寡占问题，并施加了阻止形成寡占型支配地位的条件和义务。在这两个案件中，两个占据领先地位的企业将会占据60%的市场份额。过去的决定显示，欧委会认为在双头垄断市场中，如果两个企业所占据的市场份额超过50%～60%，将会引发对于寡占问题的评估。[56]

8.30 欧委会使用两种方法来评估市场集中。在 *Nestlé* 案和 *Kali und Salz* 案中，欧委会

〔55〕 *Nestlé/Perrier*(Case IV/M. 0190) Commission Decision (92/553/EEC) [1992] OJ L 356/0001 and *Kaliund Salz/MdK/Treuhand* (Case IV/M. 308) Commission Decision (94/449/EC) [1994] OJ L186/38.

〔56〕 然而，欧委会分析的结果并非预定的，例如，*Knorr Bremse/Allied Signal*(Case No. IV/M. 337) [1993] OJ C 298/05。

审查的是合并的市场份额，而在 *Airtours/First Choice* 案[57]中，其使用的是 HHI 指数。并购之后市场上企业的数量，是并购能否产生或加强共同支配地位的重要指标。高集中度将会增加共谋的风险。随着具备较高市场份额企业数量的降低，尤其是在由同质产品组成的市场中，企业脱离于共同协议的动机会降低，因为被发现的可能性更大。因此，市场透明度促进了共谋协议的可持续性。

8.31　在新版《欧盟并购条例》前言第 32 段中，可以发现一个反面指标或假设：如果一个企业市场份额超过 25% 的话，那么就可以假设支配地位可能存在。[58] 然而，欧委会在 *Knorr – Bremse* 案[59]中通过了一个市场份额高达 80% 的经营者集中，因为存在一系列对抗性因素，例如需求方的高度集中、潜在竞争的存在以及交易方市场份额的稳步下降。

8.32　市场份额作为共同支配地位的一个指标的重要性，取决于最接近的竞争对手之间的市场份额水平，以及倾向于巩固企业领先地位的一些因素。[60] 并购发生之前市场集中度越高，其他的竞争对手保持有效竞争的重要性就越大。在 *Nestlé* 案中，经并购产生的双头垄断市场中，占据领先地位企业的市场份额超过 60%，而且尽管存在诸如较高的市场进入障碍、市场透明度以及高度的价格平行性等因素，在交易方采取剥离措施之后，欧委会还是通过了该项并购。另外两个影响市场份额评估的因素是非对称市场份额和浮动市场份额。这两个因素都会影响企业的策略和动机，而且会损害共谋结果的可持续性。

8.33　欧委会并未表明任何数量基准，但其实践显示，并购必须要给市场带来重大变化，无论是质量上的还是数量上的，才会被认为会带来反竞争效果。表8.3 展示了在四个主要司法领域中，有关协调效应调查结果的对比。[61]

---

[57]　*Airtours/First Choice*（Case IV/M. 1524） Commission Decision （2000/276/EC） [2000] OJ L 93/1.

[58]　详见 Cook and Kerse （n 13） at 153。

[59]　*Knorr Bremse/Allied Signal*（Case No. IV/M. 337） [1993] OJ C 298/05.

[60]　D. Hildebrand，“EC&MC Comments on the Draft Guidelines on Market Analysis and the Calculation of Significant Market Power”（2001），http://ec. europa. eu/information_society/policy/ecomm/doc/info_centre/public_consult/significant_market_power/ee_mc. pdf，2013 年 9 月 13 日访问。

[61]　在英国的 2002 年企业法案中，并未发现任何可能的协调协调效应，不管是从有关案件来看（而这是供参考的唯一原因）；还是除单边效应顾虑之外，会引发协调协调效应顾虑的案件来看。详见 S. Davies，M. Olczak and H. Coles，“Tacit Collusion，Firm Asymmetries and Numbers：Evidence from EC merger cases”，[2007]。（Working Papers 07 – 7，Centre for Competition Policy，University of East Anglia）；M. Battaglini and S. Coate，“Inefficiency in Legislative Policy – Making：A Dynamic Analysis”，[2005]（NBER Working Papers 11495，National Bureau of Economic Research Inc）。研究的加拿大案例所属时间段为 2001 ~ 2005 年。

表 8.3 四个主要司法领域中协调效应调查结果的对比

	英国公平贸易办公室和英国竞争委员会	欧委会	美国联邦贸易委员会和美国司法部	加拿大竞争局[62]
发生频率	第一阶段的 <2%，到第二阶段提高至 5%	第一阶段的 <5%	第二次请求 <5%	<1%
市场结构	2 个竞争对手	2 个竞争对手	<4 个竞争对手	2 个竞争对手
结构性联系	<3 个案件	第二阶段的 <4%		2 个相关案件
成功的发现	1UIL	第二阶段的 12%	约为提交申报案件的一半	<4 个案件

8.34 诸如 *Gencor/Lonrho*, *Kaliund Salz* 案以及 *Nestlé* 案表明，欧委会在双头垄断结构中画了一条线。在 *Price Waterhouse* 案[63]中，欧委会认为"单是由于所涉及的相互间关系的复杂性以及随之而来的脱离的诱惑，就不可能形成多于三四个供应商的共同支配地位；例如，这种情形长期来看并不稳定而且也不能维持"。[64] 市场中容易导致形成共同支配地位的因素包括低需求增长、同质性服务、低价格弹性以及供应商之间的联系。

---

〔62〕 包含协调效应的重大加拿大并购案件包括：*Saskatchewan Wheat Pool Inc./James Richardson International Limited joint venture* (2005)案中，成立了一个合资企业，而该合资企业以并购参与方代理人的身份行事。随着 12% 的市场份额的提高，交易方获得许可的存储能力合并市场份额达到 37%。Agricore United 独立占有 32% 的市场份额，而且还拥有另外一个合资企业 50% 的所有权，而该合资企业占据了剩下 30% 的市场份额。在评估并购的时候，加拿大竞争当局提出了同时会产生单边效应和协调效应的可能性。在 *Saskatchewan Wheat Pool Inc./Agricore United* 案中，经并购产生的企业将会拥有 58% 的供应市场份额，并占据一个合资企业 50% 的股份，而该合资企业的市场份额为 30%。在 *PaperlinX Canada/Cascades Resources Fine Papers* 案中，PaperlinX 获取了 Cascades 的高级纸张和分销分支机构。经并购，英国哥伦比亚市场上的有关企业数量从 3 个降至 2 个，Alberta 和 Saskatchewan，以及较高市场进入障碍，价格透明度导致加拿大竞争当局产生顾虑，并要求剥离才准许该并购。在 *Abitibi - Consolidated Inc./Donohue Inc.* 案中，Abitibi - Consolidated (ACI) 收购 Donohue Inc.，导致经并购产生的企业的市场份额达到了 46%。并购导致东加拿大市场上的企业由 4 个降至 3 个。市场是透明的，而且需求缺乏弹性，市场进入障碍较大。并购提高了非对称性，在进行剥离之后，并购获得了通过。

〔63〕 并购之后，市场上剩下五个企业。在本案评估过程中，欧委会将其认定为"双重并购情景"，因为先前已经提交申报了 KPMG 和 Ernst & Young 之间的兼并。后面这项并购并未继续，但也未终止，并购之后的市场有可能会形成共同支配地位。

〔64〕 *Price Waterhouse/Coopers & Lybrand* (Case IV/M. 1016) Commission Decision (1999/152/EC) [1999] OJ L 50/27, [1999] 4 CMLR 665, at § 103.

8.35 正如布里奥尼斯(Briones)(1995)[65]所认为的那样,随着供应商数量的提高,双边竞争关系的数量将呈阶乘式[66]增长,就像与相互监督有关的本身困境那样,欺诈风险的增加要多于相关市场上供应商数量增加的比例。

8.36 在塞尔滕(Selten)的模型(1973)[67]中,企业可以是卡特尔的成员,或是一个古诺市场中的边缘竞争对手。如果形成卡特尔之后其成员企业发展得更好,而且边缘成员也发展得更好,那么卡特尔[68]才得以维持。通过使用线性需求和成本功能,并假设信息是充分完整的,塞尔滕展示了即便是只存在四个企业或更少数量的企业,也总能形成一个完整的卡特尔。卡特尔参与者就像一个企业那样行为,而且卡特尔的产出并不取决于其中参与企业的数量。这样一来,卡特尔中企业数量越多,其中每一个参与者可获利润就越低,边缘竞争的吸引力就越大。

8.37 根据塞尔滕所主张的模型,如果一个卡特尔由四个成员组成,则行业中的对称企业就有五个或六个;如果卡特尔成员有五个,则对称企业有七个或八个;如果卡特尔成员有六个,则对称企业有九个或十个。塞尔滕还得出了这样一种可能:会实际上形成一个完整的卡特尔或部分卡特尔。以其理论为基础,对于四个或更少企业而言,形成卡特尔的概率大概为100%,五个企业的概率是22%,但是六个企业的话,概率则只有1%。这样一来,若并购之后的市场上所存在的企业多于六个的话,就不会形成协调效应。

8.38 欧委会有关共同支配地位/协调效应类并购案的决定中,大概有50%是有关“三个企业变为两个企业”的并购,[69]而有关共同支配地位/协调效应并购决定中大概1/3的案件是“四个企业变为三个企业”。而这50%的有关“三个

---

〔65〕 J. Briones,“Oligopolistic dominance: is there a common approach in different jurisdiction? A review of decisions adopted by the Commission under the Merger Regulation”, [1995] 16(6) ECLR,334-47.

〔66〕 Illustrated by n∗(n-1)/2.

〔67〕 R. Selten,“A Simple Model of Imperfect Competition Where Four are Few and Six are Many”, [1973] International Journal of Game Theory, 161-201.

〔68〕 一个卡特尔安排会引发协调行为,而且还与协调效应非常相似。

〔69〕 大概有74%的案件被无条件批准,因为市场并未展现出会导致形成持续性协调的一些因素。这类案件包括:*Repsol YPF/Shell Portugal*(Case No. COMP/M.3516)[2004] OJ C 206/04;*Air Liquide/Messer Targets*(Case No. COMP/M.3314)[2004] OJ C 34/11;*Candoven/Cinven/BertelsmannSpringer*(Case COMP/M.3197)[2003] OJ C 207/10;*UCB/Solutia*(Case COMP/M.3060)[2003] OJ C 78/07;*DSM/Roche Vitamins*(Case COMP/M.2972)[2003] OJ C 84/05。

企业变为两个企业”的并购中,大部分案件都被无条件通过。[70] *Airtours/First Choice* 案是一个非常具有争议的决定,[71] 欧委会禁止了一项使市场上仅剩下三个竞争对手的并购案件,其认为并购参与方相互之间的依赖性,以及高度市场透明度,将会提高形成共同支配地位/协调效应的可能性。[72]

(二)市场进入障碍

8.39 市场进入障碍提高了垄断寡头之间默示共谋的可持续性,因为第三方很难渗入市场之中并参与竞争。因此,市场进入障碍决定了市场上未来的集中度。较高的市场进入障碍可存在于 *Gencor/Lonrho* 案中,该案市场属资本密集型,而且沉没成本[73]高昂;*Nestlé* 案中也存在市场进入障碍,该案的市场特征为经济萧条,以及较高的品牌忠诚度。在 *Pilkington/SIV* 案[74]中,欧委会认为沉没成本、市场上的产能过剩、技术以及新进市场企业设立所需要的时

---

〔70〕 *Repsol YPF/Shell Portugal* (Case No. COMP/M. 3516) [2004] OJ C 206/04; *Air Liquide/Messer Targets* (Case No. COMP/M. 3314) [2004] OJ C 34/11; *Candoven/Cinven/BertelsmannSpringer* (Case COMP/M. 3197) [2003] OJ C 207/10; *UCB/Solutia* (Case COMP/M. 3060) [2003] OJ C 78/07, M. 2972; *DSM/Roche Vitamins* (Case COMP/M. 2972) [2003] OJ C 84/05; *Siemens/Drägerwerk/JV* (Case COMP/M. 2861) Commission Decision (2003/777/EC) [2003] OJ L 291/1.

〔71〕 该案决定经上诉被撤销。普通法院在 Case T-342/99 *Airtoursv. Commission* [2002] ECR II-2585 案的判决中明确列举了评估以及证明协调效应的因素。

〔72〕 在一些适用第 102 条的案件中,有若干由三个或更多竞争对手形成的共同支配地位,但法院并未提出任何质疑。这类案件包括 *Flat Glass* (Case IV/31/906) Commission Decision (89/93/EEC) [1989] OJ L 33/44; [1992] 5CMLR 191; on appeal Joined Cases T-68/89, T-77/89 andT-78/89; *Società Italiana Vetro SpA and Othersv. Commission* [1992] ECR II-4103; [1992] 5 CMLR 302; *Cewal* [1993] OJ L 34/20; [1995] 5 CMLR 198; on appeal Joined Cases T-24-26/93 and T-28/93 *Compagnie Maritime Belge Transports SA and Othersv. Commission* [1996] ECR II-1201; [1997] 4 CMLR 273; on appeal Joined Cases C-395/96 P and C-396/96 P, *Compagnie Maritime Belgeand Othersv. Commission* [2000] ECR I-1365; [2000]4 CMLR 1076。详见 S. Stroux, “Collective dominance under the Merger Regulation: a serious evidentiary reprimand for the Commission”, [2002] 27(6) EL Rev., 736-46。

〔73〕 沉没成本指的是这种成本类型:如果进入失败的话就无法被弥补。固定沉没成本可能会导致形成规模经济,而规模经济指的是以下这种情形:产出越大,固定沉没成本所分布的面积就越广,生产这些单元产品的平均成本就越低,也就意味着更高的规模经济。沉没成本作为一种市场进入障碍也可以在 *Aerospatiale-Alenia/de Havilland* (Case No. IV/M. 053) [1991] OJ C 128/12 案中发现。

〔74〕 *Pilkington-Techint/SIV* (Case No. IV/M. 358) Commission Decision (94/359/EC) [1994] OJ L 158/0024.

间,减少了市场进入的可能。[75]

8.40 欧委会并未对市场进入障碍作出界定,但已经通过判例法明确了一些进入障碍的类型。这些类型可以被分为三类,分别为:相对于潜在市场进入者而言现有市场参与者所享有的绝对优势、现有市场参与者的战略优势以及现有市场参与者的排他性行为。市场进入障碍包括法律和行政障碍(国家条例——*Hoffmann - La - Roche* 案)、消费者转换至另外一个竞争对手的成本(*Tetra Pak I* 案)、[76]、知识产权(*Tetra Pak I* 案)、进入市场所花费的沉没成本(*United Brands* 案)、纵向合并、有效配置以及网络销售(*United Brands* 案)、买方喜好(*Kaliund Salz* 案)、畅销品牌(*Guinness/Grand Metropolitan* 案),[77] 以及现有市场参与者所掌握的卓越技术(*Michelin* 案)。[78] 其他会构成市场进入障碍的因素还包括市场发展前景、获取资本市场和金融资源的能力,以及占据支配地位企业的过剩产能。最后这种进入障碍使企业能够在潜在竞争对手即将进入市场时,通过威胁提高产出或参与到价格战中,进行战略性应对。

8.41 较低的市场进入障碍降低了形成共同支配地位的可能,因为由于价格提高以及随之而来的利润增加会吸引潜在竞争对手进入市场,所以形成协调行为的成员不大可能维持默示的协议。与市场进入障碍密切联系的是扩张障碍,[79] 这种障碍会阻止现有市场参与者扩大产出。如果扩张障碍很低的话,将会使得默示共谋非常难以维持。如果不存在这种障碍的话,占据支配地位的企业将无法实施市场力量,因为如果其提高价格的话,(部分——译者注)消费需求就会转移至其他现有市场参与者处,其他现有市场参与者就会通过

〔75〕 欧委会进一步在 *Aerospatiale - Alenialde Havilland*(Case No. IV/M. 053) [1991] OJ C 128/12 案中辩论到,一项会产生支配地位的并购,如果市场进入使得这种支配地位只是暂时的话,那么该并购可能会被认为是与共同市场相符的。

〔76〕 Case T - 51/89 *Tetra Pak Rausing AS v. Commission*(*Tetra Pak I*) [1990] ECR II - 309, [1991] 4 CMLR 334. 如需有关本案中所使用的多重市场支配地位界定的经验分析方法,详见 G. A. Garcia - Gallego and N. Georgantzis, "Dominance in the Tetra Pak Case: An Empirical Approach", [1999] 7, European Journal of Law and Economics, 137 - 60。

〔77〕 *Guinness/Grand Metropolitan* (Case No. IV/M. 938) Commission Decision (98/602/EC) [1998] OJ L288/24.

〔78〕 Case 322/81 *Michelinv. Commission*[1983] ECR 3461, [1985] 1 CMLR 282.

〔79〕 这种类型的障碍,如果是针对需要巨额投入以提高产能的行业的话,就会很高,但其并未在判例法中得到适用,尽管普通法院在 Case 85/76 *Hoffmann - La Roche& Co. AG v. Commission*[1979] ECR 461 案中已经明确,市场上可能会存在支配地位,如果占据市场份额较小的企业无法及时满足需求的增加。详见 J. Faull and A. Nickpay, *The EC Law of Competition* (Oxford: Oxford University Press, 1999), 132。

扩大生产来获取由于价格提高而带来的高额利润。

(三)产品同质性

8.42 产品同质性简化了价格政策的默示协调。[80] 一定程度的产品差异性并非总会排除价格同质性的可能。产品间的重大差异和价格的多样性会导致市场上的不对称,并会引发垄断寡头成员间严重失衡。这种失衡降低了形成共谋的动机。同质性产品使得价格对比更为容易,进而更易检测出欺诈,并据此提高共谋结果的可持续性。*Gencor/Lonrho* 案、Nestlé 案以及 *Kaliund Salz* 案都包含了同质产品。[81]

8.43 产品同质性会有助于在一个特定共谋均衡中形成协调,因为这样会更容易找出一个共谋聚焦点。产品同质性通过降低需要研究的参数而使得市场透明度更高。因此,检测出脱离共谋的行为就会变得更加容易。产品同质性提高了欺诈可以获得的利润,但其同时也让更为严厉的惩罚成为可能并因此降低欺诈动机。Häckner(1996)[82]展示了一个横向差异性双头垄断,其中最佳共谋价格越低,产品可替代性就越强。这样一来,在默示共谋中,产品差异性会带来更高的价格。一个提供质量更佳产品的企业,类似于提供商品的质量与其他企业相同、成本却更低的企业。通过脱离共谋均衡,企业可以获得更多,而且来自其他企业的报复所造成的损失会更小。[83]

8.44 产品同质性与市场界定紧密相关。市场界定范围越窄,产品越容易被认定为

---

[80] 或其他协调因素。

[81] 欧委会已经在很多产品领域之内评估了协调效应,同质产品的范围包括:纸张、化学品、金属、玻璃、汽油/石油以及电信服务;具备相对差异性的产品包括:会计服务、音乐唱片、跟团游、(以及其他消费者产品)、医疗器械以及软件。

[82] J. Häckner, "Optimal symmetric punishments in a Bertrand differentiated products duopoly", [1996] 14(5), International Journal of Industrial Organization, 611 - 30.

[83] 这种差异被称为"纵向差异"。企业也可以通过提供具备不同特征组合的产品,以定位不同类型消费者来形成横向差异性。基于市场如何界定,横向差异性影响会比较模糊。有关本问题的经济研究显示,形成共谋更容易还是更难,取决于竞争情况的确切性质(如价格竞争 vs 数量竞争)。M. Raith, "Product Differentiation, Uncertainty and the Stability of Collusion" (London School of Economics - STICERD Discussion Paper, 1996) (Series EI/16:49), 然而需要注意,产品差异性会使得非透明市场上的信息问题恶化。详见 M. Ivaldi, B. Jullien, P. Rey, P. Seabright and J. Tirole (2003) *The economies of tacit collusion*, http://ec.europa.eu/competition/mergers/studies_reports/the_economics_of_tacit_collusion_en.pdf, 2013 年 9 月 13 日访问。

具备同质性。[84] 如果同质性产品之间并不存在质量差异的话,唯一可以相互竞争的就是产品价格。其他可以据以相互竞争的产品特征包括质量和服务,如果产品是在这些方面具备差异性的话,那么竞争就可能会依赖于这些因素,而非价格,这样就很难维持默示共谋。另外,一些其他的因素,例如品牌忠诚度,会通过更改消费者偏好来影响产品同质性程度,据此影响共谋协议以及共同支配地位形成的可能。产品差异性越高,定价以及监控协调焦点就变得越复杂。[85] 在 *Rhone - Poulenc/SNIA II* 案[86]中,产品差异性以及消费者特异性进一步阻碍了有效对比和监控市场价格的可能性。如果是与高频率产品创新相关的话,那么产品差异性就显得更为重要。

8.45 就这一方面,布里奥尼斯(1995)认为,可以通过战略性使用产品差异性来分离不同市场部分,或从竞争中获利,以使得整体产品差异性可能会实际上覆盖很多市场组成部分或分市场,而在这些市场中具备更近似的条件,而且平行性行为或行使市场实力也是有可能的。[87]

8.46 Coate(2008)对存在协调方面指控的一些美国并购案件进行了分析。他分析了 1993 ~ 2005 年间的 75 个共谋并购案件。具备同质产品以及复杂的买方的案件非常少,而且这些案件的执行率很低(只有 37.5%),尤其是与同质产品而且非复杂买方相联系的概率(高达 81.5%)相比。另外,从数据上来看,在同质性产品而且并不存在复杂买方的市场中,与差异性产品相比,更容易得到执行。[88]

(四)价格弹性

8.47 需求价格弹性的经济概念指的是,由于价格的变更,对于一个产品需求的变化程度。如果市场需求是非弹性的/弹性的,那么很有可能单个企业的需求也分别是非弹性的/弹性的。如果需求不具备价格弹性的话,那么与需求具备价格弹性相比,企业间形成共谋动机的可能性就更大,因为通过共同提高

---

[84] 但这并非确凿无误的。如果我们做一个假设,其中欧委会将市场界定为金融管理/人力资源系统的高端、低端软件市场。如果欧委会对于市场的界定更为狭窄的话,譬如:金融管理/人力资源系统的高端软件市场,以及金融管理/人力资源系统的低端软件市场,那么每一个市场中产品同质性的可能就高于先前所界定的市场。

[85] 详见 *Knorr Bremse/Allied Signal* (Case No. IV/M. 337) [1993] OJ C 298/05 and in *Rhone - Poulec/SNIA*(Case No. IV/M. 206) [1992] OJ C 212/22。

[86] *Rhone - Poulec/SNIA*(Case No. IV/M. 206) [1992] OJ C 212/22.

[87] Briones,"Oligopolistic dominance: is there a common approach in different jurisdictions?"(n 65).

[88] Coate,"Collusion Theories in Merger Analysis:StillAlive and Kicking"(n 53).

价格，产品需求并不会据此受到太大影响（与需求具备价格弹性相反），据此企业会获得更高利润。[89] 因此，非弹性需求降低了欺诈的动机，因为任何惩罚阶段（也就是更低的价格）都会包含利润的大幅下降。与产品同质性相关的低价格弹性，[90]可能存在于创新性较低的技术成熟型市场中。

8.48 在 *Nestlé* 案中，欧委会认为，[91]在一个非价格弹性市场中，形成价格共谋的可能性非常大。类似的，在 *Gencor/Lonrho* 案中，欧委会认为，[92]低价格弹性（非弹性市场需求）会增强形成共谋的动机以及反竞争的平行性行为，因为它使得价格竞争无利可图。最终，在 *Airtours/First Choice* 案中欧委会得出结论，尽管品牌忠诚度较低，较低的价格弹性将会使得平行性行为成为可能。

（五）对称的市场条件

8.49 具备类似动机的企业之间更倾向于协调他们的活动，并达成可持续的默示协议。例如，如果规模经济很重要的话，相似的和稳定的市场份额将很有可能反映了类似的成本条件。[93] 作为市场份额、成本结构、[94]产品范围以及技术进步具备对称性所带来的结果，提高价格将会对所有企业产生相同的效果，并将会引发相同的反应，进而引发类似的行为，并据此增强最终共谋结果的稳定性。从另一方面来看，不同的创新率会促进产品的多样性，并使得达成有关产品价格的协议很难实现。结果，企业市场地位会受到影响，据此使得默示共谋不大可能实现。

8.50 Compte 等[95]认为，并购降低了市场上竞争者的数量，进而会促进共谋的形成，尤其是当企业的产能限制并没有那么严重时，就意味着任何并购一旦促

---

〔89〕 如需有关价格弹性的详细定义，详见 A. Mas - Colell, M. Whinston and J. Green, *Microeconomic Theory*(New York, NY: Oxford University Press, 1995), 27。

〔90〕 欧委会在计算价格弹性过程中所遇到的一个障碍，就是搜集并处理必要数据会存在困难。

〔91〕 *Nestlé/Perrier*(Case No. IV/M. 190) Commission Decision (92/553/EEC) [1992] OJ L 356/1, at §124.

〔92〕 *Gencor/Lonrho*(Case No. IV/M. 619) Commission Decision (97/26/EC) [1997] OJ L 11/30, at §149.

〔93〕 除非其他成本因素比规模经济更为重要。详见 Briones, "Oligopolistic dominance: is there a common approach in different jurisdictions?" (n 65)。

〔94〕 与有关价格弹性数据的情况类似，关于企业成本对称性数据的搜集和处理，会成为欧委会评估的障碍。

〔95〕 O. Compte, F. Jenny and P. Rey, "Capacity constraints, mergers and collusion", [2002] 46European Economic Review, 1.

使形成共谋，那么市场上所剩竞争参与者的数量越少，共谋的影响就越大。如果并购包含了市场上最大的企业的话，产能的市场非对称性就会上升，这将会使得共谋难以达成。[96]

8.51 市场份额的非对称性意味着不同的成本结构，及其导致的不同价格。这种非对称性的市场份额分布并不会排除形成协调的可能，只要占据领先地位的企业数量达到两到三个，而且其市场份额要远高于剩下的竞争对手，而且剩下的市场环境易导致协调的形成。[97] 欧委会已经分析了当垄断寡头的市场份额没有那么平均分散的时候的共同支配地位/协调效应，而这在 *Pilkington/SIV* 案中有所展示。[98]

8.52 如果成本是非对称的，享受较低边际成本的企业将会坚持一个其他企业所不希望维持的低价。边际成本越低，同时固定或沉没成本越高，协调就越不稳定，尤其是在与大量需求和高价值销售相联系的时候。成本结构的多样性可能会排除任何价格策略上的"焦点"。另外，即便是企业间已经达成一个给定的共谋价格，相对于其竞争对手，低成本企业可能会获利更多，因为这些企业并不需要太担心可能来自高成本企业的报复，[99] 因为低效企业给高效企业施加的报复往往效果并不明显。[100]

8.53 欧委会在 *Nestlé* 案中论证，成本结构上的非对称性将会阻止平行性行为的形成。在 *Enso/Stora* 案[101]中，企业间成本结构的相似性表明其更有可能形成

---

〔96〕 如果产能限制更为严重，或它们的分销非对称性非常明显的话，这就具备相关性。

〔97〕 Briones, "Oligopolistic dominance: is there a common approach in different jurisdiction?" (n 65).

〔98〕 *Pilkington – Techint/SIV*(Case No. IV/M. 358) Commission Decision (94/359/EC) [1994] OJ L 158/0024.

〔99〕 C. F. Mason, O. R. Phillips and C. Nowell, "Duopoly Behavior in Asymmetric Markets: An Experimental Evalution", [1992] 74 Rev. Econ. & Stat., 662 – 70.

〔100〕 欧委会已经在一些案件中评估了成本对称性，包括：*Danish Crown/Vestjyske Slagterier*(Case No. IV/M. 1313) [1998] OJ C 345/03; *Air Liquide/Messer Targets*(Case No. COMP/M. 3314) [2004] OJ C 34/11; *Solvay/Montedison – Ausimont*(Case COMP/M. 2690) [2002] OJ C 153/05; *BP/E. O. N.* (Case COMP/M. 2533) [2001] OJ C 222/06; *UPM – Kymmene/Haindl*(Case COMP/M. 2498) [2001] OJ C 182/04; *Shell/DEA*(Case COMP/M. 2389) [2001] OJ C 202/10; *Outokumpu/Norzink*(Case COMP/M. 2348) [2001] OJ C 71/14; *Veba/Viag*(Case COMP/M. 1673) [1999] OJ C 371/08; *Total Fina/Elf* (Case COMP/M. 1628) OJ L 143/1; *Castrol/Carless/JV* (Case COMP/M. 1597) [2000] OJ C 16/06; *New Holland/Case*(Case No. IV/M. 1571) [1999] OJ C 267/04; *Mannesmann/Vallourec/Ilva*(Case No. IV/M. 315) [1993] OJ C 228/06; and *Nestlé/Perrier*(Case No. IV/M. 190) Commission Decision(92/553/EEC) [1992] OJ L 356/1。

〔101〕 *Enso/Stora*(Case No. IV/M. 1225) Commission Decision (1999/641/EC) [1999] OJ L 254/09, [2000] 4 CMLR 372.

可持续性默示共谋结果。在 *Gencor/Lonrho* 案中,欧委会认为,在诸多因素之中,对称型市场份额会降低形成竞争的动机。尽管本书传达出一种非对称性会降低共谋的可能的信号,但需明确的是,对于该理论,一个严谨的测试还应当寻求在特定市场上形成非对称的原因。[102]

(六)市场稳定性和技术成熟的市场

8.54 市场份额在历史上的波动,可以表明市场在过去是一个竞争型的市场,还可以展示出哪一个企业是最为活跃的竞争者或与并购参与方最密切的竞争对手。稳定的市场是维持默示共谋结果的必要前提条件。一个需求增长停滞不前的稳定市场将会使得价格竞争无利可图,因为市场规模以及每一个企业的市场份额并不会发生太大改变。另外,稳定的市场有助于检测出脱离行为,因此更容易形成默示协调。由于需求停滞不前,现有企业为增加需求而进行竞争的动机有限,因为任何市场份额的获取都是需要竞争者付出代价的。另外,低增长不会吸引局外者加入市场中来。在竞争对手有所行为之前,一个企业可获利于欺诈的期间越长,欺诈就越可能会发生。如果企业认为目前的市场条件仅能够维持一个非常有限的时间段的话,就很有可能会从事欺诈行为。这样一来,默示共谋似乎极有可能不会发生于"游戏规则"可能发生剧变的动态市场之中。[103]

8.55 斯蒂格勒(Stigler)(1964)[104]已经提出,在信息不完整的现实环境中,需求浮动是希望达成共谋的企业所面临的主要问题之一。Rotenberg 和 Saloner (1996),[105]以及 Haltiwanger 和 Harrington(1991)[106]认为,如果市场具备需

---

〔102〕 R. Rothschild, "Cartel Stability When Costs are Heterogeneous", [1999] 17, Int'l J. Indus. Org., 717–34; Compte, Jenny and Rey (n 95); K. U. Kühn, "The coordinated effects of mergers in differentiated products markets" (University of Michigan, 2004) (Legal Working Paper Series 34); H. Vasconcelos, "Tacit collusion Cost Asymmetries and Mergers", [2005] 36(1) Rand Journalof Economics, 39–62,关于产能/成本。详见 Coate, "Collusion Theories in Merger Analysis: Still Alive and Kicking" (n 53)。

〔103〕 Stenborg (n 6).

〔104〕 G. J. Stigler, "A Theory of Oligopoly" [1964] Journalof Political Economy, 72, 1, 44–61.

〔105〕 J. J. Rotemberg and G. Saloner, "A Supergame – Theoretic Model of Price Wars During Booms", [1986] 76 American Economic Review, 390–407.

〔106〕 J. Haltiwanger and J. Harrington, "The impact of cyclical demand movements on collusive behavior", [1991] 22Rand Journalof Economics, 89–106.

求波动性的话，共谋就不大可能维持。Davidson 和 Deneckere(1984、[107] 1990)[108]，以及 Pénard(1997)[109] 通过评估非对称产能对共谋结果稳定性带来的影响，证明了非对称产能会给稳定性带来负面影响。

8.56 另外，如果需求下降，那么产能过剩的情况就会更加严重，而且其对竞争的影响是不明确的。整个市场上的过剩产能可能会加强协调的动机，而一个特定企业的过剩产能会促使其他企业提高产出，并降低共谋价格。[110] 如果过剩产能本身成本不大的话，那么其对协调的积极影响就更为重要，因为设备的安装已经完成，而且基本不需要维护；再或者是因为相对于生产而言，过剩产能非常大以至于会对价格产生非常大的抑制影响。

8.57 如果需求不具备价格弹性的话，普遍性的过剩产能就构成报复的重大威胁，阻碍竞争的进行。[111] Compet 等指出，过剩产能对共谋可持续性的影响不明，这取决于其分布情况。如果企业产能过剩，它们从欺诈中就可以获利更多。[112] 如果其竞争对手也产能过剩，它们很容易地就可以惩罚脱离共谋者。Davidson 和 Deneckere(1990)认为，共谋的有效性、产业水平、过剩产能之间正相关。[113]

8.58 产能限制可能会影响共谋的可持续性，因为一个产能受到限制的企业以低于其竞争对手的价格销售产品并不会有太大收益，但与此同时，产能限制会制约企业的报复实力，这也就使得其对共谋可持续性的影响不明。[114]

---

[107] C. Davidson and R. J. Deneckere, "Horizontal Mergers and Collusive Behavior", [1984]2 International Journalof Industrial Organization, 117 - 32.

[108] C. Davidson and R. J. Deneckere, (1990), "Excess Capacity and Collusion", [1990] 31(3) International Economic Review, 521 - 42.

[109] T. Pénard, "Choixde Capacitéset Comportements Stratégiques: une Approcheparles Jeux Répétés", [1997] 46Annalesd'Economie et de Statistique, 203 - 24.

[110] 另外，如果在较长时间间隔之内只有少数定期订单的话，会促进脱离动机的形成，因为未来惩罚的发生会被延迟。详见 Motta, "Economic Analysis and EC Merger Policy" (n 9) at 17。

[111] 详见 Briones, "Oligopolistic dominance: is there a common approach in different jurisdictions" (n 65)。

[112] Compte, Jenny and Rey (n 95).

[113] Davidson and Deneckere, "Horizontal Mergers and Collusive Behavior" (n 107).

[114] D. Abreu, "External Equilibria of Oligopolistic Supergames", [1986] 39Journalof Economic Theory, 191 - 223，对于一个对称性吉诺背景而言；以及 W. A. Brock and J. Scheinkman, "Price Setting Supergames with Capacity Constraints", [1985]52 Reviewof Economic Studies, 371 - 82; V. E. Lambson, "Optimal penal codes in price - setting supergames with capacity constraints", [1987] 54(3) Reviewof Economic Studies, 385 - 97，为了分析对称性波兰特背景。

8.59 在 *Pilkingotn - Techint/SIV* 案[115]中,欧委会认为长期产能过剩会使得共谋不大可能实现,因为通过降低价格并获取更多的销售额,可以获得长期高额利润。*DMV* 案[116]确认了长期过剩产能会增加寡头垄断的风险,而且展示了一个对寡头垄断问题的非常清晰的分析思路。例如,在 *Pilkington/SIV* 案[117]中,市场份额的变动展示了市场上的竞争状况。在 *Gencor/Lonrho* 案中,有关市场份额的分析,就提供了到底哪个企业是市场上竞争来源的信息。

8.60 市场不景气,通常是由于市场上技术已经成熟,而且还缺乏创新。在一个创新层出不穷的市场中,不大可能实现默示共谋,因为创新会更改市场上一些非常重要的结构性特征,例如产品范围和质量。创新意味着企业可能会具备与众不同的技术,因此会产生不一样的成本基础,从而使默示共谋更难形成。产品创新使得市场供应难以预测,这就会使得可持续性的共谋结果不大可能实现。如果技术已经非常成熟的话,企业就不会通过脱离任何聚集点来维持或获取利益。[118]

8.61 欧委会通过 *Nestlé* 案、*Gencor/Lonrho* 案以及 *Airtours/First Choice* 案解决了市场稳定性和技术成熟型市场对共同支配地位/协调效应影响的问题,欧委会认为市场稳定性有可能会阻碍竞争,并强化企业维持默示共谋结果的动机。欧委会已经在 *Gencor/Lonrho* 案中强调了市场成熟度的重要性,并认为默示共谋可能性提高的原因中,很重要的一点是由于缺乏开采手段方面的技术开发。[119]

---

[115] *Pilkington - Techint/SIV* (Case No. IV/M. 358) Commission Decision (94/359/EC) [1994] OJ L 158/0024.

[116] *Mannesmann/Vallourec/Ilva* (Case No. IV/M. 315) [1993] OJ C 228/06.

[117] *Pilkington - Techint/SIV* (Case No. IV/M. 358) Commission Decision (94/359/EC) [1994] OJ L 158/0024.

[118] 在 *ABB/Daimler - Benz* (Case No. IV/M. 580) Commission Decision (97/25/EC) [1997] OJ L 011/0 案中,尽管存在技术创新,欧委会仍然在当地火车(例如,有轨电车和轻轨)市场上发现了寡头垄断的支配地位。

[119] 强大的研究和发展(R&D,研发)对于一个范围较为宽泛的社会而言是一个重大优势,而且可能成为会引发共同支配地位并购的有力论据。然而,欧委会在 *Glaxo Wellcome/SmithKline Beecham* (Case COMP/M. 1846) [2000] OJ C 90/06 案中却指出,在评估共同支配地位的时候,不应当给这种研发利益过多的权重。详见 European Economics, "Study on Assessment Criteria for Distinguishing between Competitive and Dominant Oligopolies in Merger Control", [2001], 79, http://europa.eu.int/comm/enterprise/library/lib - competition/libr - competition.html,2013 年 9 月 13 日访问。

(七)企业过去和现在的行为

8.62 有卡特尔行为历史的市场中更有可能被怀疑会形成合作。欧委会在 *Nestlé* 案中考虑了过去的价格趋势,据此认为企业在未来可能会形成共谋。类似的,在 *Gencor/Lonrho* 案中,过去企业之间形成的协调会使得未来的协调成为可能。然而,这些过去的战略只有在并购之后的市场上发挥作用的时候,才应当给予考虑。欧委会在 *Francev. Commission* 案[120]中认为不应当给过去行为过多的权重,对于并购未来属性的评估限制了过去行为的重要程度。有关企业过去和现在卡特尔行为的重要问题将在"卡特尔行业中并购的协调效应"部分详细解释。

(八)纵向合并和多重市场联系

8.63 上下游市场的合并程度可能会影响供应商参与到平行性行为中去的意愿。纵向合并允许一个企业排他地获取生产性投入和原材料,据此相对于其竞争对手而言获取竞争优势。下游市场上的纵向合并可能会影响市场透明度,结果可能会强化默示共谋结果的可持续性。欧委会在 *United Brand* 案以及 *Nestlé* 案和 *Mannesman* 案中对纵向合并[121]理论进行了分析。[122] 下游市场上不同的合并程度意味着不同的企业面临的消费者不同。因为需求条件的变化对于每一个垄断寡头的影响各不相同,寡头对于这些变化所作出的反应也将会有分歧,因此持续性的共谋不大可能实现。

8.64 与纵向合并相关的是多重市场联系,如果有脱离于共谋结果的行为,那么一个企业就有可能会利用这种市场来采取报复机制。[123] 如果一个企业在多个

---

[120] *Kaliund Salz/MdK/Treuhand* (Case IV/M. 308) Commission Decision (94/449/EC) [1994] OJ L 186/38 onappealCases C - 68/94 andC - 30/95 *Francev. Commission*, *Societe Commercialedes Potassesetdel' Azore (SCPA) v. Commission*[1998] ECR I - 1375.

[121] 详见 Faull and Nikpay (n 79) at 134。

[122] *Mannesman/Hoesch*(Case No. IV/M. 222) Commission Decision (93/247/EC) [1993] OJ L 114/34.

[123] 详见 D. Harbord and A. Riascos, "The BAT/Protabaco merger: unilateral effects, collusion and multimarket oligopoly", [2001] 32(11) ECLR, 539 - 42; B. D. Benhiem and M. D. Whinston, "Multi - Market Contacts and Collusive Behavior", [1990] 21(1) Rand Journalof Economics, 4 - 26; R. M. Parker and L. H. Röller, "Oligopoly and the Incentive for Horizontal Merger", [1997] 75American Economic Review, 219 - 27; and W. N. Evans and I. N. Kessides, "Living by the "Golden Rule": Multimarket Contact in the U. S. Airline Industry", [1994] 109 Quarterly Journal of Economics, 341 - 66。

市场中参与竞争,并且决定在某一市场中脱离共谋协议,那么其将接收到的“惩罚”就可能会扩展至多个市场,而非仅仅在脱离所发生的那个市场,这样一来报复的强度就会增加。在多重市场中从事欺诈行为的动机更大,因为如果欺诈在所有市场中同时进行的话,获利可以更多。从另一方面来看,惩罚也会更严重,因为基于欺诈在一个市场上的所得,很容易地就会由于在所有市场上所遭受到的惩罚而消失殆尽。不断增加的惩罚将会降低企业脱离共谋的动机,强化共谋结果的可持续性。企业也会通过适用多重市场联系来获取有关其竞争对手的信息。有关多重市场联系的影响问题已经在 *Nestlé* 案和 *Gencor/Lonrho* 案中得到解答。Evans 和 Kessides(1994)回顾了多重市场联系对于美国本土航空行业定价的影响,发现拥有众多不同航线的航空公司所服务的市场给出的票价更高。[124]

(九)企业间联系

8.65 有关并购之后那些有可能会形成共同支配地位的企业之间是否存在联系以及这种联系的重要性的问题,存在很大的不确定性。在 *Kaliund Aslz* 案的决定作出之后,结构性联系被认为是评估共同支配地位/协调效应的必要因素。在 *Gencor* 案中,普通法院并未区分经济联系和结构性联系,并表明在促使并购之后的市场形成共同支配地位方面,企业之间的联系并非必要的。除结构性联系以外,企业之间也可能会具备经济联系。在 *Airtours/First Choice* 案中,垄断寡头相互都会销售对方的产品(旅游套餐)。

8.66 Briones(1995)认为,从经济学角度来看,不需要通过证明一些联系的存在来确认垄断寡头具有支配地位,而且这些垄断寡头之间的联系本身并不足以引发有关垄断寡头型支配地位的分析。[125]

8.67 判例法中得到证明的结构性联系的属性区别非常大。特定类型的联系可能会影响形成平行性行为的可能。合资企业的存在或设立可能会提高透明度。在 *Pilkington/SIV* 案[126]中,欧委会认为平板玻璃市场上两个占据领先地位的生产商之间所设立的合资企业,并不会导致母公司的生产计划、定价或市

---

[124] Evans and Kessides (n 123).

[125] Briones, “Oligopolistic dominance: is there a common approach in different jurisdictions?” (n 65).

[126] *Pilkington - Techint/SIV* (Case No. IV/M. 358) Commission Decision (94/359/EC) [1994] OJ L 158/0024.

场营销政策更加透明。在 *Kaliund Salz/MDK/Treuhand* 案[127]中,在剥离了与母公司之间的所有联系之后,欧委会通过了该项并购。联系的相关性和重要性取决于它们的属性以及每个案件的特定背景。与新版《欧盟并购条例》项下的结构性联系的处理相类似,普通法院在 *Compagnie Maritime Belge* 案[128]中指出,在证明具有第102 条项下的共同支配地位时,证明联系的存在并不是必要的。

8.68 只有在母公司设立合资企业的目的在于形成或增强它们之间的协调时,母公司与合资企业间的协调才会本身就包括在公司的运营之中,因为该合资企业仍然要受到母公司的控制和影响。如果母公司仍活跃于合资企业所在市场,或合资企业所在市场的周边市场、上游市场(合资企业是其主要消费者)或下游市场(合资企业是其主要的供应商,而且母公司会进一步给产品带来若干附加值)的话,母公司和合资企业之间就可能形成协调。

8.69 特定类型的合资企业会增加形成协调的可能,因为这样可以构成一个有效的报复机制。一个母公司可以通过特定的合资企业协议来惩罚另外一个母公司,这份协议就会限制了公司的独立决策权。在 *Alcan/Péchinery* 案[129]中,欧委会接收到了 Alcan 所提交的两个有关相互独立的股权交换要约的集中申报,一个相对方是 Péchiney,而另一个是 Alusuisse。为了避免欧委会作出禁止性决定,Alcan 放弃了收购 Péchiney 的计划,*Alcan/Alusuisse* 案[130]获得了通过。理论上来讲,由于存在一个 Norf 合资企业,欧委会认为 Alcan/Péchiney 并购会产生以下反竞争效果:

- 并购之后,经并购产生的企业和 VAM 之间的竞争程度将会有所降低;
- Norf 层面上的成本分布安排,再加上对并购参与方有利的非对称性产能,将会给 Alcan/Péchiney/Alusuisse(APA)提高 VAW 在 Norf 中成本的可能,而且还会削弱其在并购发生之后参与到激烈竞争中去的动机。[131]

---

[127] *Kaliund Salz/MdK/Treuhand* (Case IV/M. 308) Commission Decision (94/449/EC) [1994] OJ L 186/38 onappealCases C – 68/94 andC – 30/95 *Francev. Commission, Societe Commercialees Potassesetdel' Azore(SCPA)v. Commission*[1998] ECR I – 1375, [1998]4 CMLR 1029.

[128] 详见 Joined Cases C – 395/96 P and C – 396/96 P *Compagnie Maritime Belge Transportsv. European Commission*[2000]ECR I – 1365; [2000]4 CMLR 1076。

[129] *Alcan/Pechiney (II)*(Case COMP/M. 3225) [2003]OJ C 299/08.

[130] *Alcan/Alusuisse*(Case No. IV/M. 1663) [1999]OJ C 274/05.

[131] V. Rabassa, "Joint ventures as a mechanism that may favor coordination: an analysis of the aluminium and music mergers", [2004] 25(12)ECLR, 771 – 9.

8.70 欧委会认为,并购据此会改变 VAW 参与到激烈的竞争之中的动机,而且会促进其与竞争对手在行为上形成同盟。欧委会评估的基础在于,并购参与方可能会将 Norf 当作一种规制 VAW 行为的潜在报复工具。

8.71 在 *Alcan/Péchiney* 案[132]中,欧委会在其审查中强调了一些市场中所存在的严重竞争问题,但 Alcan 能够通过提出剥离 FRP 的一些业务来解决这些竞争关切,尤其是剥离 Alcan 在 Norf 合资企业中 50% 的权益。

8.72 在 *Time Warner/EMI* 案[133]中,欧委会得出结论:该项交易应当被禁止,因为市场已经高度集中,并购会导致共同支配地位的产生,同时交易还会在音乐发布市场带来单一支配地位问题。现有的四个主要市场参与者已经在音乐产业的多个方面存在联系,例如基本上在每个欧洲经济区的成员国中都会存在的合资企业发行协议以及合资企业编纂交易。编纂合资企业对于市场主要参与者的定性而言也非常重要。市场主要参与者将会通过各种方式来相互报复或制约,其所借助的手段包括设立编纂和发行类的合资企业。类似的,在 *Sony/BMG* 案[134]中,审查的一个关注点就是惩罚机制的相关性,欧委会认为编纂合资企业是一个有效的报复机制。

(十)存在一个评估清单吗?

8.73 正如希夫曼和科尔曼(Coleman)所正确指出的那样,在决定一个协调互动理论是否相关的时候,评估清单过于粗糙,以至于无法提供较大帮助。[135] 本质上来讲,本章所列举的诸因素促使了共同支配地位/协调效应的形成。这些因素尤其决定了企业有关以下行为的一些能力:协调其行为(例如通过透明度),提高价格或限制产出而不会同时吸引潜在竞争对手进入市场(例如通过较低的价格弹性、稳定的市场份额和市场进入障碍),识别出脱离行为(例如通过集中型市场、产品同质性和市场透明度),以及惩罚这种脱离行为(例如通过报复机制)。对于这些因素的分析应当是整体性的,而且协调可持续性的结果将取决于这些因素间的相互作用,以及这些因素最终是否意味着经并购产生的企业达成可持续性共谋均衡的能力。

---

[132] *Alcan/Pechiney (II)* (Case COMP/M.3225) [2003] OJ C 299/08.

[133] *Time Warner/EMI* (Case COMP/1852) [2000] OJ C 136/04.

[134] *Sony/BMG* (Case COMP/M.3333) [2008] OJ C 94/08.

[135] D. Scheffman and M. Coleman, "Quantitative Analysis of Potential Competitive Effects from a Merger", [2003] 12(2) George Mason Law Review, 319 – 69, 327.

8.74 为给评估协调效应提供一套政策，我们认为如果市场上存在五个以上的重要参与者，而且不存在市场进入障碍，那么竞争执法机构就不应当认为一项并购可能会导致协调。如果上述两个因素中有任何一个不符合的话，那么竞争执法机构需要评估的因素就包括市场透明度、报复、来自买方和竞争对手的对抗性影响（这三个是 Airtours 标准）、产品同质性、maverick 企业、对协调的违反以及买方。如果任何一个 Airtours 标准没有满足的话，那么竞争执法机构就不应当宣布存在协调。如果三个 Airtours 标准都得到了满足，竞争执法机构还应当评估其他标准是否会使得协调得以维持。

8.75 这些结论还适用于以下情形：企业间在产品数量上形成竞争，其中共谋行为包括将产出水平降至竞争水平以下。[136] 在这类案件中，报复以提高产出的形式表现出来。关于产能协调，[137] 指的是企业的生产接近或本身就是达到充分利用产能的程度，此时如果降低产能就会使得供应下降，并导致价格上涨。在这类市场中，企业会通过限制产能来协调其行为，以便提高价格。如果产能是短暂的，而且市场环境确实促使企业通过调整价格来用尽产能以销售产品的话，产能选择就完全决定了实际产出量，这样会导致产出方面的共谋。然而，通过这种生产选择所做出的产能选择意味着一定的波动，因为产能选择可能是不可逆的。[138] 另外，产能选择并非最终的生产决定，因为企业仍然可以形成价格竞争。这样一来，产能共谋将通常会涉及一些价格协调的形式。[139]

8.76 欧委会已经在一些案件中分析了消费者或市场分配的范围。[140] 在 *MAN/*

---

[136] 尽管提供有关这类协调的准确数据并非总是可行的，大约 77% 的包含协调的案件与价格协调有关，而其中大约 27% 的案件与产能协调相关，18% 的案件与消费者协调相关，大约 12% 的案件与产出协调相关。从这些数据中我们可以发现，在一些案件中可能会发现多个协调聚焦点。

[137] 有关产能协调的并购案件包括：*Norske Skog/Parenco/Walsum*（Case COMP/M. 2499）［2001］OJ C 226/05；*UPM - Kymmene/Haindl*（Case COMP/M. 2498）［2001］OJ C 182/04；*Solvay/Montedison - Ausimont*（Case COMP/M. 2690）［2002］OJ C 52/14；*Airtours/First Choice*（Case IV/M. 1524）Commission Decision（2000/276/EC）［2000］OJ L 93/1。

[138] 如果产能变化很难调查的话，那么协调一个产能焦点就更难了。如果产能变化在供应商之间并非高度相关的话，而且/或遵循了一种非系统性模式，那么产能协调就不大可能形成。

[139] 默示共谋经济学。一个价格变动的分析可以为评估市场是否易于形成价格或消费者协调提供基础。价格变动的分析可以不同的消费者（在不同的消费者之间价格会差别很大吗?）、不同的供应商（在不同的供应商之间价格会相差很大吗?）以及时间（随着时间的推移，价格会变动很大吗?）为基础。另外，一个价格/净价关联分析列表可以作为确定一个市场是否有助于形成并购之前的价格协调的有用工具，因为随着时间的推移列表以及净价之间的关联度越高，一项交易就越容易被认为是有问题的。

[140] 消费者转移越多，消费者分配或协调的空间就越小。

Auwärter 案[141]中，欧委会认为消费者从事非等同数量的多源供应，据此会进一步损害现存的或定期消费者协调(效应)。在 *Mitsui/CVRD/Caemi* 案[142]中，欧委会认为并不存在地理市场分配的范围，因为不同地理区域展示了巨大不同的成长率，据此破坏了共谋的动机。*BP/E. ON* 案[143]是有关合同和地理分布的消费者协调，欧委会认为存在很多不同有效期限的合同，因此会一直存在期限截至或需要重新谈判的合同。[144]

8.77 2008 年，欧委会通过了 *ABF/GB Business* 并购案，其中联合英国食品(Associated British Foods, ABF)——一个酵母生产商收购了 GN 原料(GNI)的酵母生产部分。[145] 欧委会认为并购将会导致在西班牙和葡萄牙市场上形成协调效应，而且并购之后市场上的主要竞争对手数量将会降至 2 个。压缩酵母是一个相对具备同质性的产品，市场参与者较少。欧委会得出结论：两个地理市场都是相对透明的。欧委会还认为，西班牙和葡萄牙这两个压缩酵母市场上都已经显现出一定程度的默示协调。ABF 将会剥离 GBI 在这两个成员国范围之内的分销业务，如果需要的话也会同时剥离适当的生产设备。[146]

8.78 默示共谋，意味着企业选择会导致产生反竞争市场结果的方式分别行为。Kloosterhuis(2001)[147]通过四个问题总结了经济学理论，而这一经济学理论给出了有关会形成默示共谋情形的解释。

(1)*针对最理想的市场结果，不同企业将会持有相同的观点吗？*如果产品具备同质性的话，会更容易形成有关价格水平的共同观点。有关本问题，对称性也具备一定的相关性。

(2)*企业可以从竞争性行为中得到什么？*通过降低价格，会影响直接收益的因素，尤其包括：市场需求的价格弹性(可以吸引到多少新的消费者)、正在考虑降低价格的企业现有市场份额(通过降低价格，"割自己的肉"，企

---

[141] *MAN/Auwärter*(Case COMP/M. 2201) [2001] OJ C 6/03。另外一个涉及评估消费者协调的并购案件是 *Veba/Viag*(Case COMP/M. 1673) [1999] OJ C 371/08。

[142] *Mitsui/CDRD/Caemi*(Case COMP/M. 2420) [2001] OJ C 167/02.

[143] *BP/E. ON*(Case COMP/M. 2533) [2001] OJ C 222/06.

[144] S. Baxter and F. Dethmers, "Collective dominance under EC merger control – after Airtours and the introduction of unilateral effects is there still a future for collective dominance?", [2006] 27(3) ECLR, 148 – 60.

[145] *ABF/GBI Business*(Case COMP/M. 4980) [2008] OJ C 61/10.

[146] S. Albaek, P. Mollgaard and P. B. Overgaard, "Transparency and coordinated effects in European merger control", [2010] 6(4) JCL & E, 839 – 51.

[147] Kloosterhuis (n 25).

业可以把价格降低到什么程度)，以及给出可选折扣的可能(如果这不可能的话，降价就会使得成本变得更高)。

(3)*其他市场参与者发现这种竞争性行为会有多快?* 竞争对手意识到这种竞争行为越快，它们就会越早作出回应。在这一方面，透明度扮演了至关重要的角色。如果市场需求水平很稳定或很容易就可以得知的话，竞争对手将会更容易察觉市场上的风吹草动。

(4)*竞争对手将会如何以及多快做出回应?* 竞争对手所作出的反应越快、越高效，那么企业从竞争性行为中可获取的利益就越少，所以市场上所产生的共同支配地位/协调效应就越明显。带着这个问题，我们研究"欺诈"之后可能会引发的"报复"机制。在一个创新扮演了重要角色的市场中，追赶上创新性行为可能会比较困难，尤其是当这种创新是以技术为基础的时候。

8.79 通过列举出一个清单来展示特定市场结构因素的存在，对于识别出任何未来的共同支配地位/协调效应是不充分的；与之相对应的，必须在以下条件之下，检验相关市场的结构性条件是否会:[148]

- 允许垄断寡头之间的反复互动;
- 为市场进入和/或退出制造障碍;
- 会形成特定的、双方认可的有关市场均衡的默示共识;
- 有助于监督并检测出欺诈;以及
- 允许即刻的有效报复。

8.80 戴维斯(Davies)和奥克扎克(Olczak)(2008)[149]调查了欧委会在1990~2004年间所发布的2400个并购决定，发现在其中的62个并购案件中欧委会评估了并购会给所涉及的至少一个市场带来共同支配地位/协调效应的可能。然而，欧委会并未对这些案件中存在共同支配地位/协调效应的主张加以证明。

8.81 以其研究为基础，戴维斯和奥克扎克(2008)[150]认为，共同支配地位/协调效应很明显地仅在非常有限的情况下才会作为一个问题被提出，而且在这段时间之内，提及该问题的并购案件数量所占总案件数量的比例在任何一年都没

---

[148] Haupt (n 31).

[149] S. Davies and M. Olczak, "Tacit Versus Overt Collusion Firm Asymmetries and Numbers: What's the Evidence?", (Autumn 2008) 4(2) Competition Policy International, 187, http://eprints.aston.ac.uk/18467/1/Davies_Webwcover.pdf, accessed 13 Sept, 2013 年 9 月 13 日访问。

[150] Davis and Olczak (n 149).

有超过4%。基本所有这些并购案件都会涉及多个市场,而且涉及不止一个成员国。并购平均会涉及7个不同的市场,但平均来看会呈现出一个偏斜分布的状态。他们还认为,基本上在所有的并购之中,所覆盖的不同市场就产品空间而言是高度相关的,因为并购是有关不同成员国中的相同产品市场的。大多数并购发生之后的市场上所剩下的主要市场参与者不会超过两个或(更为少见)三个。作者还设定了一个市场份额为15%的基本标准,这就使得其样板中只有1个市场包含5个重要市场参与者,12个市场包含4个市场参与者,89个市场包含3个垄断寡头,245个市场包含2个垄断寡头,以及97个市场包含1个垄断寡头。

8.82 斯滕堡(Stenborg)(2004)认为共谋大多数会发生于高度集中的市场之中,因为发生于极少数量企业之间的欺诈非常容易被发觉,这就构成违反竞争行为的一部分,卡特尔越吸引人,其成员数量就会越多,如果所涉及的企业数量过多的话就不大可能达成一个会引发来自其成员的必要信息揭露的协议。共谋能够得以维持的很重要一点在于,每一个参与者都可以检测出其他参与者的行为,因为只有能够发现秘密的减价行为,即便仅仅是不完全发现,才能够使得报复成为可能。[151]

表8.4[152]展示了在一些主要的法域中对于各种评估因素的处理。[153]

---

〔151〕 Stenborg (n 6).

〔152〕 T. Kaeseberg, "Coordinated effects and collusive dominance—A comparison of German, EC and U.S. Merger Control" (Humboldt - University Berlin, January 2003), 98.

〔153〕 对于欧委会而言,评估一项并购的实体审查标准在于,依据新版《欧盟并购条例》来判断并购是否会严重损害有效竞争。

表 8.4　不同实体审查标准和共同支配地位/协调效应

	经济理论	德国	欧盟	美国
实体问题				
1.1　基本标准	理论上倾向严重损害竞争标准:与经济学上的单边或协调效应一致	支配地位标准联合支配	严重损害有效竞争标准协调效应	严重损害竞争标准协调效应
1.2　在协调效应案件中会评估到的(市场)因素				
数量较少的企业	塞尔滕:4 法雷尔:3	3－2 和 4－3 并购	3－2、4－3 和 5－4 并购	
市场集中(根据市场份额、行业集中度、HHI 指数)	＋＋＋＋	＋＋＋＋更低边界:C3≥50%(假设规则)	＋＋＋＋更低边界:C4≥60%(无假设规则)	＋＋＋＋HHI＞1000 和 ΔHHI＞100 HHI＞1800 和 ΔHHI＞50(假设规则)
扩张和进入障碍(＝没有实际的边缘竞争或潜在竞争)	＋＋＋＋	＋＋＋＋	欧委会至今:＋＋DFI:＋＋＋＋	＋＋＋＋
maverick(没有减少)	＋＋＋	＋＋	＋＋	＋＋
稳定的需求条件	＋＋＋	＋＋(＋)	＋＋(＋)	＋＋(＋)
同质性产品	＋＋＋	＋＋＋	＋＋＋	＋＋＋
市场透明度	＋＋＋	＋＋＋	＋＋＋	＋＋＋
较弱的买方力量	＋＋＋	＋＋＋	CFI:＋＋＋	＋＋＋
较低的价格弹性	＋＋	＋＋	＋＋	＋＋
对称性	＋＋	＋＋	＋＋	＋
结构性联系	＋＋	＋＋＋	＋＋＋	?
辅助性行为	＋＋	＋	＋	＋＋
过去的共谋	＋＋如果适用得当	＋＋	＋＋	＋＋＋
多重市场联系	＋＋	＋	＋	＋

注:(1)＋ ＋ ＋ ＋ ＝被认为是形成共谋的必要条件;
(2)＋＋＋＝非常重要的因素;
(3)＋＋＝重要因素;
(4)＋＝只是附带考虑的因素;
(5)( )＝可能并不存在清晰的陈述;
(6)? ＝竞争当局或法院并未作出陈述。

8.83 本章下一部分将要展示一些影响重大的案例，这些案例对协调效应评估标准的发展有重大意义。

三、*Nestlé/Perrier* 案：标准的发展

8.84 Nestlé 将其计划通过收购 Source Perrier SA 及其子公司（Perrier）来获得控制权之事宜提交申报。Nestlé 集团是一家瑞士公众公司，其在全世界生产和销售食品。Perrier 是一家活跃于瓶装水的生产和分销的法国公司。欧委会在界定相关市场的时候，关注了终端消费者购买来自自然源头的瓶装水的动机、产品构成的不同、瓶装水的味道及其预期用途、针对源头水价格变更反应程度较低、管理要求、生产者的定价以及有限的供应替代。另外，被询问的绝大多数零售商都认为瓶装水构成一个单独的市场。欧委会得出相关产品市场是瓶装水市场的结论。每一个成员国中各自占据主导地位的竞争环境，发展平行进口所面临的困境，欧共体中缺乏有能力克服较高法国市场进入障碍的竞争对手，都说明相关地域市场是法国。对于提交申报兼并的评估考虑了 Nestlé 和 BSN 之间所达成的协议，根据该协议可知，Nestlé 获得 Perrier 的控制权，并将 Perrier 的一个主要生产无气泡矿物质水的公司 Volvic 转移给 BSN。欧委会考虑了两种情况，其中一种是 Volvic 协议会得以实施；另一种是协议并不会得以实施。

8.85 至于市场结构，欧委会认为并购之后法国瓶装水市场将会变为高度集中型，经并购产生的企业将会具备巨大产能储备，从而有能力应对增加的市场需求。在一个由三个供应商组成的范围较为狭窄的寡头垄断市场中，它们之间的价格竞争会被大幅度削弱，而市场透明度将会非常高。另外，欧委会认为，针对本地水源（主要是泉水）而言，三个国家级供应商所提供的五类主要非气泡矿物质水的出厂价（计算回扣和增值税之前）已经以一种平行的方式不断攀升。另外，国家范围之内非气泡矿物质水的需求交叉价格弹性相对较低，三个主要国家级供应商公布了它们的基本数量折扣的价格表，三个国家级供应商的主要品牌之间具备类似的成本结构，至少在短期之内，本地水供应商不大可能会严重限制两个剩下的国家级水供应商的市场力量。

8.86 此外，来自零售商和批发商的买方力量并不足以有效抑制经并购产生的企业的市场力量。并购将会降低零售商的可选项，因为供应商由三个降至两个，据此零售商对于市场上两个主要供应商的依赖程度会有所提升。考虑到对

于主要品牌日益增强的依赖性，零售商之间进行竞争就更为困难。最终，市场上不再存在有效的价格限制性潜在竞争，而这种竞争可以快速大幅度限制法国（饮用——译者注）水市场上所剩下的两个主要供应商的市场力量。拟进行的并购会提高进入市场的风险，因为市场新进者将不得不面对一个实力已经得到扩张的市场参与者，而且 Perrier 旗下的所有主要品牌将会受到潜在市场进入者收购的封锁。

8.87 欧委会认为，集中将会消除市场上具备最大备用容量以及销售量的运营者，法国市场上的矿物质水供应商之间已经发展出有助于形成价格政策默示协调的透明度工具，各企业间已经形成可以控制并监督他方行为的工具，市场上所剩下的两个参与者在规模和属性上都很类似，而且需求相对不具备价格弹性。此外，可以提高价格而不需要担心所得利润会因销售量的下降而抵消，成本类似、技术成熟、研发并未发挥什么重要角色，边缘企业或零售商不会构成重要的竞争限制，而且市场进入障碍很高。以上述诸原因为基础，欧委会得出结论，并购将会在法国的瓶装水市场上形成一个双头垄断市场的支配地位。欧委会认为并购将会使企业获得支配地位，而这个支配地位将会严重损害有效竞争。欧委会在申报方提交承诺的条件下通过了该项并购。

8.88 表 8.5 展示了欧委会在评估 *Nestlé/Perrier* 案，以及随后的一些案件，尤其是 *Norske Skog/Parenco/Walsum* 案[154]时所分析的一些因素，有关共同支配地位/协调效应发展方面，*Norske Skog/Parenco/Walsum* 案是一个影响深远的案例。[155]

8.89 欧委会在 *Nestlé/Perrier* 案中确认了第 4064/89 号条例可适用于共同支配地位，并列举出了一个有关因素的详细清单（其中一些因素已经在前面的部分得到解释），这些因素是欧委会在对可能导致共同支配地位/协调效应的并购进行评估时会考虑到的因素。欧委会认为，单一企业支配地位和共同支配地位/协调效应之间的区别并不能成为适用并购条例与否的决定性因素，因为在特定市场结构条件之下，上述两种情形都可能会严重损害有效竞争。由于第 4064/89 号条例第 2 条第（3）款并未明确排除共同支配地位/协调效应，不能假设立法者意在允许两个或多个拥有市场力量的企业以可感知的方式来独立地实施共同行为，损害有效竞争。

---

〔154〕 *Norske Skog/Parenco/Walsum*（Case COMP/M. 2499）［2001］OJ C 226/05.

〔155〕 H. Lesguillons, "Airtours: The Aftermath", ［2002］5 IBLJ, 477 – 510.

表 8.5 欧委会对 *Nestlé/Perrier* 案和 *Norske Skog/Parenco/Walsum* 案的评估

NESTLÉ	NORSKE SKOG
结构性因素	结构性因素
集中度和竞争者的数量	集中度和竞争者的数量
产品市场的属性	产品同质性
市场领先者的对称性	市场地位技术成熟度
相关市场上其他供应商的限制影响	透明度(价格、产能、交付和扩张)
进入障碍	非弹性需求
退出障碍	较低市场成长和周期性需求
技术成熟型稳定的市场环境	市场份额的稳定程度
作为缓和因素的买方力量	较高市场进入障碍
交叉董事会以及经济或管理联系	市场参与者间的对称性(市场份额、成本以及产能)
招标市场	市场参与者之间的结构性或经济性联系
行为证据	行为证据
竞争受损的证据	易于形成默示协调的市场
非价格竞争证据	没有能力脱离或不具备脱离协调的动机
联合进入阻碍	竞争对手以及消费者无法挑战协调结果

四、*Airtours* 案

8.90 在 *Airtours/First Choice* 案中,欧委会调查了 Airtours 对 First Choice 的恶意收购。1999 年 4 月 29 日,英国境内一个提供跟团旅游服务的旅行社 Airtoursplc,宣布将要收购英国另外一个旅游运营商 First Choiceplc 的所有股份,First Choiceplc 同时也是 Airtoursplc 的竞争对手之一。市场上主要的旅游运营商包括:Thomson(占据 30.7% 的市场份额)、Airtours(占据 19.4% 的市场份额)、Thomas Cook(占据 20.4% 的市场份额)以及 First Choice(占据 15%

的市场份额)。[156] 有关航空服务的相关产品市场为旅行社所提供的从包机到短途飞机的座位供应市场。每个相关产品市场的相关地域市场分别为英国和爱尔兰。

8.91 市场上的一些特征,例如较高的价格透明度以及主要航空公司之间的多重市场合同,可能会促进协调行为。该市场的集中度已经较高,其中四个主要公司所占市场份额为80%,其他小公司占据了剩下的份额。据称,该收购将会导致三个公司形成共同支配地位。在 *Airtours/First Choice* 案中,并购前的HHI指数为2170,[157] 并购后的HHI指数为2752,dHHI指数为582。从HHI指数和集中指数中可以发现,很明显并购发生之后市场的集中度会很高。欧委会认为,并购之后的市场上有三个主要竞争对手,市场集中度高,市场结构两极化严重,经并购产生的企业以及其他市场参与者有可能会在并购发生之后提高价格。欧委会得出结论,提交申报的交易将会在英国的短途涉外跟团旅游市场上形成共同支配地位,这将会严重损害竞争。欧委会的决定被上诉至普通法院。

8.92 *Airtours/First Choice* 案是依据新版《欧盟并购条例》以共同支配地位/协调效应为基础第二个被完全否决的案件。欧委会似乎持以下观点:企业参与默示共谋的能力并不重要。它还认为,如果并购使得已经具备足够市场力量的企业具备合理动机,来独立于其竞争对手和消费者行为的话,就足矣。[158] 欧委会不再遵循其先前的实践,而是将共同支配地位这一概念从双头垄断,扩展至会导致市场上只剩下三个主要竞争对手的并购。

8.93 欧委会对于 *Airtours/First Choice* 案的决定,正如布里奥尼斯和帕迪利亚(2001)所认为的那样,[159] 通过关注"合理动机"这一概念,并降低在先前的决定中所注重的其他因素的地位,[160] 扩展了企业间形成共同支配地位这种情形的界限。

---

[156] 这些市场份额的数据由 AC Nielsen 调查公司提供。根据欧委会所提供的市场份额数据可知,参与并购的企业市场份额之和为32%,其中 Airtours 占据21%,First Choice 占据11%。Thomson 和 Thomas Cook 分别占据27%和20%的市场份额。欧委会与 AC Nielson 提供的数据之间存在一些不明显的偏差。本章使用的是 AC Nielson 提供的市场份额数据。

[157] Cosmos/Avro(2.9%)、Manos(1.7%)、Kosmar(1.7%)以及其他(8.2%)已经被打包。

[158] 详见 *Airtours/First Choice*(Case IV/M. 1524)Commission Decision(2000/276/EC)[2000] OJ L 93/1,para 54。

[159] J. Briones and A. J. Padilla,"The Complex Landscape of Oligopolies under EU Competition Policy. Is Collective Dominance Ripe for Guidelines?",[2001] 24(3) Journalof World Competition,307.

[160] 到目前为止,本章中已经提及的其他因素。

8.94 在 *Airtours* 案[161]中,普通法院认为欧委会不能将市场本身所具备的谨慎产能计划型特征认定为产业中已经具备形成共同支配地位趋势的证据。欧委会在评估并购发生之前的市场上关于产业将要朝着共同支配地位方向发展的竞争条件(与产能设定相关)的时候犯了一些错误。另外,欧委会并未考虑到主要旅行社的市场份额在过去是不稳定的,而这种不稳定性就是竞争性市场的证据。

8.95 此外,普通法院还认为,欧委会对于其所获取的有关需求增长的数据的解释是不准确的,因为欧委会并未考虑到这样一个事实:大体上来讲,在过去的十年中市场上已经明显地表现出大幅度增长趋势,尽管需求属性每一年都有所波动,而且需求增长速度近年来已经有所提高。[162] 另外,欧委会也没有证明需求的不稳定性会容易导致在市场上所剩下的三个主要旅行社之间形成支配性垄断。[163] 因此,欧委会错误地认为,市场上剩余三家旅行社的增长率很低,而增长率是导致共同支配地位产生的重要因素。

8.96 普通法院还认为,欧委会还形成了一个错误的观点,即在计划阶段,市场透明度对于四个主要的综合性旅行社而言很高,而且高透明度是这种容易形成共同支配地位的市场所具备的一个特征。普通法院强调,下一季节的关键性产能决定也是在计划阶段达成的,因此提高产能的空间非常有限。欧委会错误地推断出,如果交易继续进行的话,并购之后市场上所剩下的三个主要旅行社间将存在终止相互竞争的动机。

8.97 普通法院进一步表示,欧委会低估了较小的旅行社和潜在竞争对手可能会作出的反应,以及会带来对抗性力量的消费者也具备动摇共同支配地位的能力。欧委会低估了小的旅行社提高产能以利用大型旅行社所带来的供不应求的机会,并据此对抗集中所带来的共同支配地位。另外,欧委会还低估了潜在竞争对手进入市场,以快速高效地采取行动,来应对大型旅行社联合其产能策略以共同降低产能的行为。最后,如果具备足够的价格趋同性,消费需求可能会部分转移至其他类型的度假计划,因为消费者品味会不断变化,并朝着长途涉外跟团旅行的方向发展。普通法院认为,欧委会并未证明:交易结果会通过使市场上领先的旅行社不再像以前那样行为并产生共同支配地位的方式改变相关市场的结构。

---

[161] Case T-342/99 *Airoursv. Commission*[2002]ECR II-2585.

[162] Case T-342/99 *Airtoursv. Commission*[2002]ECR II-2585, para 133.

[163] Case T-342/99 *Airtoursv. Commission*[2002]ECR II-2585, para 147.

8.98 有关 *Airtours* 案的判决,设立了一个欧委会在审查任何案件时都会适用的非常高的证据标准。欧委会在其决定中破坏了共同支配地位这一概念的可依赖性,而且通过采取一种与其先前分析案例时所使用的不同的方法增加了法律上的不确定性。正如可拉(2001)所认为的那样,〔164〕*Airtours/First Choice* 案的决定并未明确共同支配地位这一概念,而是"弄浑了一滩水"。正如库克(Cook)和科斯(Kerse)(2000)〔165〕所认为的那样,自从并购条例通过之后,普通法院的判决代表了欧共体并购控制中最为重要的发展。〔166〕

8.99 *Airtours* 案中,普通法院认为欧委会在证明并购将会导致形成共同支配地位时,并未达到应当满足的法律标准。〔167〕 普通法院〔168〕针对新版《欧盟并购条例》中最为模糊的领域之一明确了应当适用的法律,即适用于寡占市场中的并购。普通法院在其决定中概括出达成或维持共同支配地位或默示共谋要满足的三个必备条件。

(一)透明度

8.100 普通法院认为,寡占市场上每一个成员都认识到相互依赖型的市场行为有利可图是不够的。必须存在足够的市场透明度,以使得企业能够监督其他企业,并且能够发现脱离行为。〔169〕

8.101 如果出现 maverick 企业的话,企业间的协调行为就有可能会被打乱,因为该种类型的企业会拒绝遵循行业共识,因此会限制有效协调。欧委会认为,如果出现 maverick 企业,而且市场进入障碍较低的话,就会降低形成稳定的共

---

〔164〕 V. Korah, *Cases and Materials on EC Competition Law* (2nd edn., Oxford: Hart Publishing, 2001), 606.

〔165〕 Cook and Kerse (n 13) 173.

〔166〕 也可详见 G. Niels, "Collective dominance: more than just oligopolistic interdependence", [2001] 22(5), ECLR 168 – 72; M. Motta, "E. C. merger policy and the Airtours case", [2000] 21(4), ECLR 199 – 207; C. Gordon and R. Richardson, "Collective Dominance: The Third Way?", [2001] 22(10) ECLR, 416 – 23; M. Jephcott and C. Withers, "Where to go now for E. C. oligopoly control?", [2001] 22(8) ECLR, 295 – 303; V. Rabassa and P. Christensen, "The Airtours decision: Is there a new Commission approach to collective dominance?", [2001] 22(6) ECLR, 227 – 37。

〔167〕 European Economics, "One's a Monopoly, Two's Collectively Dominant, Three's Alright?" [2002], http://www.europe-economics.com/, 2013 年 9 月 13 日访问。普通法院在其判决中提到,欧委会在评估会导致共同支配地位的有关因素时所犯的一系列错误有损其决定。详见 Case T – 342/99 *Airtoursv. Commission* [2002] ECR II – 2585, at § 294。

〔168〕 Case T – 342/99 *Airtoursv. Commission* [2002] ECR II – 2585; in its judgment of 6 June.

〔169〕 S. Stroux, "Collective Dominance under the Merger Regulation: A Serious Evidentiary Reprimand for the Commission", [2002] 27(6) European Law Review, 740.

谋结果的可能。2010 年的美国指南认为，通过并购消除市场上的 maverick 企业将会给竞争带来负面影响。卡尔顿提出，可将 maverick 企业假设为强势的的竞争对手。他还认为，美国指南的任何修订版都应当明确：基于经济环境的考虑，maverick 企业是强势的的竞争对手。他强调，分析应当以合理的、以利润最大化为目标的行为为基础，而不应当参照 maverick 企业的首席执行官商业性的非理性选择。[170]

8.102 市场透明度，尤其指的是与价格、生产、产能、研发以及广告水平有关的透明度。由于联合利益的最大化和单独利益的最大化之间存在冲突，监督竞争对手是否遵守了默示共谋的结果对于默示共谋的稳定性而言至关重要。较高的市场透明度取决于企业观察交易价格和竞争对手销售水平的能力，以及市场的集中程度，因为在集中的、高度透明的市场中，脱离默示协议的行为很容易被发现。对于企业而言，能够区分脱离共同政策的行为与针对需求变动所作出的行为上的变动，至关重要。

8.103 欧委会在 *Nestlé* [171] 和 *Gencor/Lonrho* 案 [172] 中强调了市场透明度的重要性，认为一些行为，例如公布价目表以及生产和销售的数据会强化市场透明度。[173] 欧委会认为招投标机制会降低市场透明度和可能发生的默示共谋，因为企业不大清楚其竞争对手的价格和产出。然而，在评估市场透明度时，应当考虑到在招投标过程中可能会遇到的共谋。在招投标市场中，如果招投标的进行频率较低、范围较大、具备一定秘密性，而且是非标准的，那么通常就会降低形成共同支配地位的可能。在一个招投标市场中，如果竞争者之间会为了更多的小数额合同而进行高频率、持续性竞争的话，就会发生协调，正如 *ABB/Daimler - Benz* 案所展示的那样。[174]

8.104 在 *Knorr - Bremse/Allied Signal* 案 [175] 中，欧委会认为，缺乏价格透明度会降

---

[170] Carlton, "Revising the horizontal merger guidelines" (n 46).

[171] *Nestlé/Perrier*(Case IV/M. 0190) Commission Decision (92/553/EEC) [1992] OJ L 356/0001, [1993]4CMLR M17, at §84. 本案包括有关公布同质性产品可比价格列表的悠久历史，以使得企业能够辨别出聚焦点。

[172] Case T - 102/96 *Gencor Ltd. v. Commission*[1999], ECR II - 753, [1999]4CMLR 971, at §150.

[173] 另外，欧委会还认为招投标机制会降低市场透明度，并因此会降低形成默示共谋的可能，因为企业并不是特别清楚其竞争对手的价格和产出。然而，在评估市场透明度的时候应当考虑到在招投标过程中可能会形成的共谋。

[174] *ABB/Daimler - Benz*(Case No. IV/M. 580)Commission Decision (97/25/EC) [1997]OJ L 011/0.

[175] *Knorr Bremse/Allied Signal*(Case No. IV/M. 337) [1993] OJ C 298/05.

低形成任何共同支配地位的竞争关切的可能。在 *Pilkington/SIV* 案[176] 以及 *Rhone - Poulenc/SNIA II* 案[177] 中，欧委会认为缺乏清晰有效的价格聚焦点。欧委会尤其识别出了以下有可能会排除价格透明度的因素：存在招标程序或单个的谈判，对于不同折扣结构的适用以及产品差异性（例如，通过"一揽子"交易）。然而，如果仅是存在这些因素，并不必然排除价格透明的可能。[178] 在 DMV 案[179] 中，尽管存在各种不同的价格，但所有供应商都倾向于将一种特定类型的管道作为计算价格时的参照对象。

8.105　2008 年，丹麦竞争理事会通过了 *Lemvigh - MÜller/Brdr. A & O Johansen* 案，[180] 该案包含与大量产品的协调效应相关的透明度问题。竞争执法机构认为，并购将会增加在管道供应、供水和污水系统、工具、机床以及电工供应市场上形成协调效应的可能。并购将会导致全国范围内批发商的数量在上述前两个市场中的数量由四个降至三个，在第三个市场中的数量由三个降至两个。竞争执法机构认为，并购将意味着所有市场上最大的竞争参与者将会获得较大的、相对对称的市场份额。

8.106　如需证明存在共同支配地位，竞争执法机构认为应当有足够高的透明度，以决定聚焦点并能够察觉并惩罚脱离默示共谋的行为。Albaek、Mollgaard 和 Overgaard(2010)[181] 发现了这样一个有趣的问题：默示协议可能会覆盖几千种产品，而且分别还会有大幅度的折扣。竞争执法机构还认为，市场参与者都了解批发商的价格表，批发商与其消费者之间的持续性紧密协议会促进透明度的形成，而且在一次突击检查中，丹麦竞争理事会发现至少有一个主要的批发商有能力估计营业额与市场份额。竞争执法机构认为，并购之后市场上企业数量的下降将会提高市场透明度。执法机构还认为存在可靠的惩罚机制。

---

[176] *Pilkington - Techint/SIV* (Case No. IV/M. 358) Commission Decision (94/359/EC) [1994] OJ L 158/0024.

[177] *Rhone - Poulec/SNIA* (Case No. IV/M. 206) [1992] OJ C 212/22.

[178] Baxter and Dethmers, "Collective dominance under EC merger control—after Airtours and the introduction of unilateral effects is there still a future for collective dominance?" (n 144).

[179] *Mannesmann/Vallourec/Ilva* (Case No. IV/M. 315) [1993] OJ C 228/06.

[180] *Lemvigh - MÜller's acquisition of Brdr. A & O Johansen*. The decision (in Danish) is available at, http://www. ks. dk/fileadmin/webmasterfiles/konkurrence/afgoerelser/2008/14. 05. 08/Raadsafgoerelse_14__maj_2008. pdf, 2013 年 9 月 13 日访问。

[181] P. B. Overgaard, P. Mollgaard and S. Albaek, "Transparency and coordinated effects in European merger control", [2010] 6(4) JCL & E, 839 - 51.

8.107 至于大量产品都存在的透明度问题，在 *Antalis/MAP* 案[182]中，欧委会认为市场上将仅剩下两个主要的纸张经销商这一事实可能会使得大量产品的价格信息通过与消费者之间的谈判过程得以披露。在提交救济措施之后，该项并购在第一阶段得到批准。在 *Avnet/Abacus* 案[183]中，欧委会认为，市场上所存在的多品种大批量产品，以数量为基础的折扣系统，以及产品供应与不同服务之间的结合这些因素减弱了透明度。

8.108 如果单个商品的价格不太容易得到或被推断出来的话，共谋可能会比较难以维持，但还不至于无法实现。重要的是，企业能够从市场数据中推断出什么。在稳定的市场中，这种推断比较容易而且更为准确。获取有关价格和数量的数据越难，企业找到一个共谋聚焦点就越难。斯蒂格勒(1964)率先在其经典著中对这一观点作了强调，格林(Green)和波特(1984)，[184]艾伯如(Abreu)、皮尔斯(Pearce)和斯塔海蒂(Stacchetti)(1986)，[185]弗登博格(Fudenberg)和马斯金(Maskin)(1986)、[186]松岛(Matsushima)(2000)[187]等人对其进行了分析。然而，透明度同时也会降低消费者寻求最佳价格的成本，据此提高其转移至其他商品的可能，随之而来的惩罚会更为严重。

(二)报复机制

8.109 第二个条件是存在可靠、及时的报复机制，以阻止并惩罚脱离共谋的行为。如果所有的企业都达成一个谅解协议，通过开出更高的价格来降低竞争程度，那么任何企业都有可能会倾向于通过降低价格来提高利润，从而脱离共同政策。采取报复措施的能力，要求非脱离企业拥有足够的过剩产能来规制脱离企业，不管是单独的还是联合的。为了能够使得默示协调随着时间的推移得以维持，正如经济分析所认同的那样，必须要有可靠的动机使得企

---

[182] *Antalis/MAP*(Case COMP/M.4753) [2007] OJ C 213/08.

[183] *Avnet/Abacus*(Case COMP/M.5385) [2008] OJ C 317/11.

[184] E. J. Green and R. H. Porter, “Non - cooperative Collusion under Imperfect Competition” [1984] 52 Econometrica, 87 - 100.

[185] D. Abreu, D. Pearce and E. Stacchetti, “Optimal Cartel Equilibria with Imperfect Monitoring”, [1986] 39Journalof Economic Theory, 251 - 69.

[186] D. Fudenberg and E. Maskin, “The Folk Theorem in Repeated Games with Discounting or with Incomplete Information”, [1986] 54(3) Econometrica, 533 - 54.

[187] H. Matsushima, “The Folk Theorem with Private Monitoring and Uniform Sustainability”, [2000] (CIRJE Working Paper F - 84), Universityof Tokyo, http://www.cirje.e.u - tokyo.ac.jp/research/dp/2000/2000cf84.pdf, 2013 年 9 月 13 日访问。

业不愿脱离于市场上的共同行为。然而,惩罚的威胁并非总是可靠的,因为企业若想采取惩罚措施,就不得不承担较高成本。[188]

8.110 企业间的共谋通过对脱离企业的报复这种威胁得以维持。所有的企业都遵循共谋协议,是因为与在有效竞争的环境下相比,共谋可以使企业运行得更为顺利。此时,重点在于惩罚威胁的可靠性;也就是说,如果有企业脱离非竞争模式的话,需要有企业愿意转而采取积极的竞争模式。如果惩罚威胁不足信的话,那么企业可能就没有办法坚持共谋,因为脱离共谋的动机超过了脱离的代价。有关共谋的动机会随着环境的改变而有所不同。在竞争对手作出反应之前,从欺诈行为中获取利益可持续的时间越长,欺诈本身就越可能会发生。如果企业认为现有的市场条件仅能够盛行一段非常有限的时间的话,就更有可能会从事欺诈。[189]

在 *BP/E. ON* 案中,欧委会指出:

> 在分析报复机制的必要性和复杂程度的时候,就不得不考虑到脱离于一种行为模式的动机和能力。报复机制必须要足够的可信赖而且高效,以抵消在单个案例中所发生的脱离于市场条件的现有可获利程度和动机。[190]

8.111 在 *UPM – Kymmene/Haindl* 案[191]中,欧委会认为并不存在可信赖的报复机制的基础,因为脱离于共谋的行为只有在欺诈企业的投资决定已经变得不可挽回的时候才能够被发现,这使得报复成本过高。有趣的是,在类似行业中的并购案 *Norse Skog/Parenco/Walsum* 案[192]中,欧委会认为报复机制可以通过将会参与投资竞赛这种威胁得以实现,从中长期来看降低了盈利能力。[193]

8.112 欧委会在 *Airtours/First Choice* 案中否定了报复机制的必要性,尽管其在 *Gencor/Lonrho* 案中认为这一机制很重要。普通法院认为并不要求欧委会

---

〔188〕 正如 Bishop 和 Walker (2002)所认为的那样,有关长期可变因素的协调,例如引入新的产能或新的投资,不大可能被公司所采取并维持下去,因为报复机制没有办法像协调中的短期变量(如价格或产出)那样高效、可信。详见 Bishop and Walker (n 45) at 286。

〔189〕 Stenborg (n 6).

〔190〕 *BP/E. ON.* (Case COMP/M. 2533) [2001] OJ C 222/06, para 111.

〔191〕 *UPM – Kymmene/Haindl*(Case COMP/M. 2498) [2001] OJ C 182/04.

〔192〕 *Norske Skog/Parenco/Walsum*(Case COMP/M. 2499) [2001] OJ C 226/05.

〔193〕 Baxter and Dethmers, "Collective Dominance under EC merger control—after Airtours and the introduction of unilateral effects is there still a future for collective dominance?" (n 144).

证明报复机制的存在，只要有阻止形成欺诈的动机存在即可。[194] 尤其是鉴于欧委会在其决定中概述了普通法院分析惩罚机制可行性的方法，这一论述就显得具备一定的矛盾性。然而，正如尼克佩(Nikpay)和侯文(Houwen)(2003)所认为的那样，这种模糊性可能是故意设定的，为了使普通法院不干预欧委会对共同支配地位理论的发展。[195]

(三)竞争对手和客户

8.113 普通法院还指出，为了确保共同政策的可持续性，欧委会应当证明市场上现存的以及潜在的竞争对手无法通过提高其产能来对抗并购之后市场上占据支配地位的企业所降低的供应。在 *Kaliund Salz* 案[196]中，来自第三方的现存或潜在的竞争限制是案件得以通过的重要考量因素。

8.114 正如前文所提到的那样，在塞尔滕的模型(1973)[197]中，企业可以是卡特尔成员或者是古诺市场上的边缘竞争对手。卡特尔参与者就像一个企业那样行为，而且卡特尔的产出并不取决于其中企业的数量。这样一来，卡特尔中企业的数量越多，每一个参与者可获利润就越少，边缘竞争的吸引力就越大。在 *Norske Skog/Parenco/Walsum* 案[198]中，欧委会主要依据这一论据排

---

[194] 详见 *Airtours/First Choice* (Case IV/M. 1524) Commission Decision (2000/276/EC) [2000] OJ L 93/1, at §194 - §195。普通法院驳回了欧委会在其决定中所提到的所有威胁，基于实际中的一些原因，例如惩罚性威慑并没有足够时间做出反应，需求具备一定波动性，以及共谋脱离者自身所遭受的损失。详见 Field Fisher Waterhouse, "Collective Dominance: The Airtours Appeal" [2002], http://www.ffwlaw.com/download/Docs_1944387_1.PDF，2013 年 9 月 13 日访问。

[195] A. Nikpay and F. Houwen, (2003), "Tour de Force or a Little Local Turbulence? A Heretical View on the Airtours Judgment", [2003] 24(5) ECLR, 198.

[196] *Kaliund Salz/MdK/Treuhand* (Case IV/M. 308) Commission Decision (94/449/EC) [1994] OJ L 186/38; on appeal Cases C-68/94 and C-30/95 *Francev. Commission*, *Societe Commercialedes Potassesetdel' Azore (SCPA) v. Commission* [1998] ECR I-1375, [1998] 4 CMLR 829.

[197] Selten (n 66).

[198] *Norske Skog/Parenco/Walsum* (Case COMP/M. 2499) [2001] OJ C 226/05.

除了共同支配地位存在的可能，当然这并非是唯一的依据。[199] 在 *Nestlé/Perrier* 案中，边缘竞争并不足以被认为是一个有效的限制因素。在 *DMV* 案[200]中，边缘竞争包含了两个企业，每一个企业均占据了10%的市场份额，但最后结论却认为这两个企业无法充分抑制寡占垄断者。在 *Gencor/Lonrho* 案中，边缘竞争还包括一些边际来源，例如俄罗斯以及南非境外的小型铂矿，以及从残余物中重新提炼出金属的可能。[201]

8.115 德尔默斯(2005)[202]认为，尽管欧委会从未确认存在一个市场份额的门槛，但通过研究一系列决定至少可以推出合并市场份额门槛为20%的指示。这样一来，如果边缘竞争者合并市场份额大于20%，而且这类竞争对手不

---

[199] 其他类似的，由于边缘竞争者的存在而排除协调协调效应的案例还包括：Procter& Gamble/Wella (Case COMP/M. 3149) [2003] OJ C 149/11, para 48; *Cargill/Cerestar* (Case COMP/M. 2502) [2002] OJ C 40/05, para 21; *Norske Skog/Parenco/Walsum* (Case COMP/M. 2499) [2001] OJ C 226/05, para 114; *UPM – Kymmene/Haindl* (Case COMP/M. 2498) [2001] OJ C 182/04, paras 114, 139 – 48; *Mitsui/CVRD/Caemi* (Case COMP/M. 2420) [2001] OJ C 167/02, para 234; *Pirelli/BICC General* (Case COMP/M. 1882) [2000] OJ C 80/05, para 93; *CVC/Danone/Gerresheimer* (Case No. IV/M. 1539) [1999] OJ C 161/04, paras 38 – 39; *Valeo/ITT Industries* (Case No. IV/M. 1245) [1998] OJ C 288/07, para 55; *Krupp/Thyssen/Riva/Falck/Tadfi/AST* (Case No. IV/M. 484) Commission Decision (94/421/EC) [1994] OJ L 251/18, para 68; *Rhône Poulenc – SNIA/Nordfaser* (Case No. IV/M. 399) [1994] OJ C 42/07, para 26; 和 *Pilkington – Techint/SIV* (Case No. IV/M. 358) Commission Decision (94/359/EC) [1994] OJ L 158/0024, paras 25 – 26。考虑到边缘竞争这一因素，但仍被否定的案例包括：*Outokumpu/Norzink* (Case COMP/M. 2348) [2001] OJ C 71/14, para 15; and *Grupo Villar Mir/EnBW/Hidolectricodel Cantabrico* (Case COMP/M. 2434) Commission Decision (2004/135/EC) [2004] OJ L 048/0086, para 4. 详见 Baxter and Dethmers, "Collective Dominance under EC merger control—after Airtours and the introduction of unilateral effects is there still a future for collective dominance?" (n 144)。

[200] *Mannesmann/Vallourec/Ilva* (Case No. IV/M. 315) [1993] OJ C 228/06.

[201] P. Christensen, "The Airtours decision: is there a new Commission approach to collective dominance?", [2001] 22(6) ECLR, 227 – 37.

[202] F. Dethmers, "Collective dominance under EC merger control—after Airtours and the introduction of unilateral effects is there still a future for collective dominance?" (n 51).

会受到较大的扩张障碍的话，欧委会就不大可能会否决边际竞争的存在。[203]

8.116 如果存在强大的买方力量，可能会对维持默示共谋有一定的积极影响。[204] 在 *Knorr – Bremse/Allied Signal* 案[205]中，欧委会考虑了来自需求一方较高的集中度，以及买方复制经并购产生的企业所提供产品的能力。如果买方结构较为集中的话，其只愿意提供一个低于默示共谋的价格，这就为企业脱离于共同政策提供了动机，这样一来卖方力量就会被抵消。[206] 从另一方面来看，分散型买方市场会使得欺诈更难以实现，因为发觉这种欺诈行为更容易，而且任何脱离共谋者都可能会被更多的市场参与者发觉。影响买方力量的一个重要因素是转换至其他供应商所产生的成本。如果转换成本很

---

[203] 详见 *Procter& Gamble/Wella*（Case COMP/M. 3149）［2003］OJ C 148/11, para 48; *Siemens/Drägerwerk/JV*（Case COMP/M. 2861）Commission Decision（2003/777/EC）［2003］OJ L 291/1; *P&O/Stena Line Ltd.*（Case COMP/M. 2838）［2002］OJ C 168/12, paras 21, 25; *Cargill/Cerestar*（Case COMP/M. 2502）［2002］OJ C 40/05, para 21; *Norske Skog/Parenco/Walsum*（Case COMP/M. 2499）［2001］OJ C 226/05, paras 114, 139 – 48; *UPM – Kymmene/Haindl*（Case COMP/M. 2498）［2001］OJ C 182/04, paras 114, 139 – 48; *Outokumpu/Norzink*（Case COMP/M. 2348）［2001］OJ C 71/14, para 15; *Grupo Villar Mir/EnBW/Hidolectricodel Cantabrico*（Case COMP/M. 2434）Commission Decision（2004/135/EC）［2004］OJ L 048/0086; *Mitsui/CVRD/Caemi*（Case COMP/M. 2420）［2001］OJ C 167/02; *BASF/Eurodiol/Pantochim*（Case COMP/M. 2314）Commission Decision（2002/365/EC）［2002］OJ L 132/45; *Bosch/Rexroth*（Case COMP/M. 2060）Commission Decision（2004/123/EC）［2004］OJ L 043/0001; *Pirelli/BICC General*（Case COMP/M. 1882）［2000］OJ C 84/05, para 93; *Veba/Viag*（Case COMP/M. 1673）［1999］OJ C 371/08; *CVC/Danone/Gerresheimer*（Case No. IV/M. 1539）［1999］OJ C 161/04; *Valeo/ITT Industries*（Case No. IV/M. 1245）［1998］OJ C 288/07 para 55; *ABB/Daimler – Benz*（Case No. IV/M. 580）Commission Decision（97/25/EC）［1997］OJ L 011/0; *Krupp/Thyssen/Riva/Falck/Tadfi/AST*（Case No. IV/M. 484）Commission Decision（94/421/EC）［1994］OJ L 251/18; *Rhône Poulenc – SNIA/Nordfaser*（Case No. IV/M. 399）［1994］OJ C 42/07; and *Kaliund Salz/MdK/Treuhand*（Case IV/M. 308）Commission Decision（94/449/EC）［1994］OJ L 186/38。另外，在 *Oracle/PeopleSoft*（Case COMP/M. 3216）Commission Decision（2005/621/EC）［2005］OJ L 218/0006 案中，欧委会还指出，其不仅会考虑这些边缘竞争者的合并市场份额，还会以其参与招投标为基础来评估可靠性。详见 F. Dethmers, “Collective dominance under EC merger control—after Airtours and the introduction of unilateral effects is there still a future for collective dominance?”（n 51）。

[204] 在 *The Coca – Cola Company/Carlsberg A/S*（Case No. IV/M. 833）Commission Decision（1998/327/EC）［1998］OJ L 145/41 案中，欧委会认为在评估支配地位的时候所要解决的问题是，是否存在强大的买方力量以中和交易相关方的市场力量。

[205] *Knorr Bremse/Allied Signal*（Case No. IV/M. 337）［1993］OJ C 298/05.

[206] European Economics, “Study on Assessment Criteria for Distinguishing between Competitive and Dominant Oligopolies in Merger Control”,［2001］, 84, http://europa. eu. int/comm/enterprise/library/lib – competition/libr – competition. html, 2013 年 9 月 13 日访问。

低,那么一旦商品价格有所提高就会导致买方转移至其他供应商处,据此会破坏占据支配地位企业的市场实力。面对经并购获取支配地位的企业提高商品价格的行为,买方可以通过行使对抗性力量来转移至其他供应商处,欧委会通常都会考虑到这一对抗性力量,但其在目前的判例法中并未被赋予足够的重要性。[207]

8.117 买方的对抗性力量可能会引发新企业进入市场,[208]损害共谋的完整性,激发脱离于默示共谋的行为。然而,如果买方并非终端消费者,他们可以将提高的成本转嫁给下一个供应链环节上的消费者的话,这种影响可能就会被减弱,正如*Gencor/Lonrho*案和*Nestlé*案,在这些案件中,品牌忠诚度会影响买方的选择。

(四)*Airtours*案的结论

8.118 正如可拉(2001)所认为的那样,*Airtours/First Choice*案的评估是一种有关共同支配地位的"强制性配合",因为市场环境并不会有助于默示协调行为的形成。[209] 正如罗杰(Rodger)和麦卡洛克(MacCulloch)(2001)进一步所提出的那样,欧委会有关*Airtours/First Choice*案的决定表明了其适用共同支配地位法学理论的意愿,甚至是在某种程度上扩张适用至比普通法院所认可的更宽的范围。[210] 欧委会的决定带来了一定的不确定性,各方也都在热切地等待案件被上诉至普通法院。普通法院撤销了欧委会否决并购的决定,并为建立共同支配地位/协调效应设立了更为严格的标准。欧委会不能简单地只反映市场上通常的经济条件,而要令人信服地指出有关经济联系的反竞争影响,以及共同政策形成的可能性和可持续性。

8.119 然而,莫塔(1999)却认为欧委会否决该项并购的决定是正确的,因为对此

---

[207] 欧委会会考虑到买方力量的有关共同支配地位的案件,包括:*Pirelli/BICC General*(Case COMP/M.1882)[2000]OJ C 80/05;*Pilkington – Techint/SIV*(Case No. IV/M.358)Commission Decision (94/359/EC)[1994]OJ L 158/0024;*Valeo/ITT Industries*(Case No. IV/M.1245)[1998]OJ C 288/07。

[208] 因此,在决定市场上重新进入潜在竞争对手的时候,进入障碍这一因素就显得至关重要,而这也要求进入必须要在一个合理时间之内实现。

[209] 详见Korah, *Cases and Materials on EC Competition Law*(n 164)at 609。

[210] B. Rodger and A. MacCulloch, *Competition Law and Policy in the EC and UK*,(2nd edn., London: Cavendish Publishing, 2001), 218.

项并购的否决能避免单边效应的产生。[211] 考虑到形成默示协调的可能性，欧委会还是接受了 Airtours 决定涉及共同支配地位，而非单边效应这一观点。

8.120 通过研读普通法院的判决，可以得出三点保留意见。首先，普通法院针对欧委会评估的实体部分可能挖掘得过深。其次，普通法院在默示共谋和明示反竞争协议之间所作类比过于紧密。最后，普通法院合并了阻止并购所依赖的标准的各个相互分离的不同方面，使得判决在为未来的案件提供先例方面不会带来太大帮助。[212] 尼克佩和侯文（2003）认为，在共同支配地位的原则方面，普通法院的判决对其并没有重大发展。[213]

8.121 通常来讲，欧委会已经广泛地依赖于"评估标准"来决定在一个集中型市场中形成共同支配地位的可能。除 Airtours 因素以外，欧委会在其评估过程中还赋予了诸如企业数量、市场集中度以及企业间对称性这些因素更为重要的权重。然而，决定性因素在于这些因素之间的互动，及其对于并购之后市场的共同影响。欧委会在其评估中不应当混淆寡占市场的通常作用和共同支配地位/协调效应。

8.122 *Airtours* 案判决并没有明确两个问题。这些问题可以体现在以下两个方面：欧委会必须要满足的证明标准，以及共同支配地位标准是否可以被适用于单边效应。更进一步来讲，*Airtours* 案判决似乎是为新版《欧盟并购条例》的覆盖面留下了一个缺口，正如莫塔所指出的，就是那种会给竞争带来负面影响的并购，虽然其既不会带来单独企业支配地位，也不会导致形成共同支配地位。正如 Europe Economics（2002）所认为的那样：[214]"这种漏洞很明

---

[211] 详见 Motta，"Economic Analysis and EC Merger Control"（n 9）at 27。正如 Airtours 所提交的意见，有关可以"单独"行为的公司，意味着共同支配地位的范围已经不再局限于协调效应，而已经扩展至单边效应。详见 *Airtours/First Choice* 案的第 54 段："……如果并购使得寡占垄断者能够以一种将会大幅度降低它们之间竞争的方式单独行为的话，足矣……"其还进一步指出，单独支配地位标准要求，大量的会带来占据支配地位企业享有压倒性市场力量结果的并购应当被否决，原因为单边效应无法被压制，据此该问题就不得不在共同支配地位标准之下得到解决。详见 K. U. Kühn，"Closing Pandora's Box? Joint Dominance after the Airtours Judgment"，in *The Pros and Cons of Merger Control*，48，02-013，Michigan Lawand Economics，2002，http://papers.ssrn.com/sol3/papers.cfm?abstract_id=349521，http://www.konkurrensverket.se/epdf/skrift_proscons.pdf。

[212] A. Scott，"An Immovable Feast? Tacit Collusion and Collective Dominance in Merger Control after Airtours"，[2002] 12，http://www.ccr.uea.ac.uk/workingpapers/ccr02-6.pdf，2013 年 9 月 13 日访问。

[213] 详见 Nikpay and Houwen（n 195）at 193。

[214] European Economics，"One's a Monopoly，Two's Collectively Dominant，Three's Alright"，[2002] 4，http://www.europe-economics.com/，2013 年 9 月 13 日访问。

显地可以通过修订新版《欧盟并购条例》,采纳严重损害竞争标准(SLC)来弥补。"正如先前所分析的那样,欧委会将实体部分修订为 SIEC(严重损害有效竞争标准),而该标准则弥补了漏洞。

8.123 Airtours(也就是现在为大家所熟知的 MyTravel 集团)诉至普通法院,要求欧委会进行损害赔偿。MyTravel 认为,欧委会在实施并购控制的时候有所偏离。普通法院认为,申请人并未就以下问题提供足够详尽的证据:所提出的新的分析方法是否以及在什么程度上会影响欧委会分析 Airtours/First Choice 并购会给竞争带来的影响。[215]

8.124 另外一个损害赔偿得到支持的案件是 *Schneider/Legrand* 案,在该案中,Schneider 针对欧委会否决其并购所遭受的损失提起损害赔偿[216]的请求,普通法院认定欧委会的做法不符合法律规定。欧委会或其工作人员在履行职责过程中因违法行为产生的责任,而非违反合同导致的责任,已经严重或明显超出了其自由裁量权的范围。普通法院支持了当事人所提出的抗辩权被损害的主张。欧委会否决案件的根据并未体现在异议声明中,而是直接写在了最终决定中。普通法院并未认可任何间接损失,而只是认可了 Schneider 为获得欧委会批准而支出的额外成本,以及由于销售程序迟延而导致 Schneider 不得不接受的部分降价。普通法院认为,若要在欧共体层面上认定非合同责任,其机构一方就必须要存在不法行为,标准为欧委会是否严重且明显地无视其审查权限。普通法院认为,欧共体的机构针对以下两个方面均具备独立决策权:政策决定以及对于欧共体法律的解释和运用。与此同时,由于机构的明显错误所引发的成本不应当由第三方来承担。据此,在欧委会错误地禁止与 Legrand 之间的合并之后,Schneider 部分成功地诉求损害赔偿,而且 MyTravel 也相信其可以遵循 Schneider 成功的步伐。然而,Schneider/Legrand 损害赔偿的授予是因为 Schneider 的抗辩权被损害,而非因为欧委会所作出的原始决定被推翻。[217]

8.125 在 *Airtours* 案之后,欧委会再也没有以共同支配地位/协调效应为基础否决过一项交易。在 *Airtours* 案之前,欧委会以共同支配地位为基础否决过 4 项

---

[215] J. C. Bermond, "Dismissal of damages claimed in the Airtours/First Choice case: the Community judge refuses to judge?", [2009] 1 IBLJ, 65 - 68.

[216] Case T - 351/03 *Schneider Electricv. Commission*[2007] ECR II - 02237.

[217] M. Israel, "Travels with my merger", [2008] 83 European Law, 16, 18.

交易,[218] 而且在所有125件进入第二阶段调查的案件中,有27件是有关共同支配地位竞争关切的[219],大约有20%的共同支配地位案件被附条件通过。[220] *Airtours* 案执法的标志意义在于,欧委会需要满足以强有力的经验型经济分析为基础的举证责任,以解决有关协调效应的案件。[221] 另外,有关共同支配地位/协调效应的标准已经以普通法院有关 *Airtoursv. Commission* 案[222] 的判决为基础得到了阐明,而且还被引入了欧委会于2004年所公布的指南之中。

---

[218] Case T－102－96 *Gencor Ltd. v. Commission*[1999], ECR II－753, [1999]4 CMLR 971;*Airtours/First Choice*(Case IV/M. 1524) Commission Decision (2000/276/EC) [2000] OJ L 93/1;*MCI WorldCom/Sprint*(Case COMP/M. 1741) [2000] OJ C 14/04, [2000]5 CMLR 198;*SCA/Metsä Tissue*(Case COMP/M. 2097) [2000] OJ C 238/13.

[219] *Nestlé/Perrier*(Case IV/M. 0190) Commission Decision (92/553/EEC) [1992] OJ L 356/0001;*Kali-und Salz/MdK/Treuhand*(Case IV/M. 308) Commission Decision (94/449/EC) [1994] OJ L 186/38;*Pilkington－Techint/SIV*(Case No. IV/M. 358) Commission Decision (94/359/EC) [1994] OJ L 158/0024;*Mannesmann/Vallourec/Ilva*(Case No. IV/M. 315) [1993] OJ C 228/06;*Krupp/Thyssen/Riva/Falck/Tadfi/AST*(Case IV/M. 484) Commission Decision (94/421/EC) [1994] OJ L 251/18;*Mercedes－Benz/Kässbohrer*(Case No. IV/M. 477) Commission Decision (95/354/EC) [1995] OJ L 211/1;*ABB/Daimler－Benz*(Case No. IV/M. 580) Commission Decision (97/25/EC) [1997] OJ L 011/0;*Crown Cork& Seal/Carnaud Metalbox*(Case No. IV/M. 603) Commission Decision (96/222/EC) OJ L 75/38;*Price Waterhouse/Coopers& Lybrand*(Case IV/M. 1016) Commission Decision (1999/152/EC) [1999] OJ L 50/27, [1999] 4 CMLR 665;*Enso/Stora*(Case No. IV/M. 1225) Commission Decision (1999/641/EC) [1999] OJ L 254/09, [2000]4 CMLR 372;*Danish Crown/Vestjyske Slagterier*(Case No. IV/M. 1313) [1998] OJ C 345/03;*BP Amoco/Arco*(Case No. IV/M. 1532) Commission Decision (2001/45/EC) [2001] OJ L 18/1;*Exxon/Mobil*(Case No. IV/M. 1383) Commission Decision (2004/284/EC) [2004] OJ L 103/1;*Alcan/Alusuisse*(Case No. IV/M. 1663) [1999] OJ C 274/05;Veba/Viag (Case COMP/M. 1673) [1999] OJ C 371/08;*Pirelli/BICCGeneral*(Case COMP/M. 1882) [2000] OJ C 80/05;*MAN/Auwärter*(Case COMP/M. 2201) [2001] OJ C 6/03;*BASF/Eurodiol/Pantochim*(Case COMP/M. 2314) Commission Decision (2002/365/EC) [2002] OJ L 132/45;*Grupo Villar Mir/EnBW/Hidolectricodel Cantabrico*(Case COMP/M. 2434) Commission Decision (2004/135/EC) [2004] OJ L 048/0086;*UPM－Kymmene/Haindl*(Case COMP/M. 2498) [2001] OJ C 182/04;*Norske Skog/Parenco/Walsum*(Case COMP/M. 2499) [2001] OJ C 226/05;*Shell/DEA*(Case COMP/M. 2389) [2001] OJ C 202/10;*BP/E. ON.* (Case COMP/M. 2533) [2001] OJ C 222/06.

[220] Baxter and Dethmers, "Collective Dominance under EC merger control—after Airtours and the introduction of unilateral effects is there still a future for collective dominance?" (n 144).

[221] Baxter and Dethmers, "Collective Dominance under EC merger control—after Airtours and the introduction of unilateral effects is there still a future for collective dominance?" (n 144).

[222] Case T－342/99 *Airtoursv. Commission* [2002] ECR II－2585.

五、*Sony/BMG*[223] – *Impala* 案[224]

8.126 Sony/BMG 是分析共同支配地位/协调效应的另外一个影响深远的案例。欧委会收到了一项经营者集中申报，其中 Bertelsmann AG 和来自美国 Sony 集团的 Sony Corporation 将要合并其全球录制唱片业务。Bertelsmann 是一个全球性的媒体公司；其全球业务包括音乐录制和发行，电视，广播，书籍发行，杂志、报纸，印刷和媒体服务，书籍以及音乐俱乐部。Bertelsmann 通过其全资子公司 Bertelsmann Music Group（BMG）从事录制唱片业务。Sony 当时所从事的业务包括音乐录制和发行，工业和消费者电子产品以及娱乐。其通过 Sony Music Entertainment 从事录制唱片业务。[225]

8.127 欧委会将录制唱片的地域市场界定为一个国家的范围，其中当事方认为包括 A&R，以及录制唱片的促销、销售和营销。然而，欧委会并未就不同的流派是否分属不同的市场得出结论。另外，欧委会还界定了网上音乐市场，并区分了网上音乐牌照的新兴批发市场和分销网上音乐的新兴零售市场，以上两个市场的地域范围均被认为是一国之内。

8.128 最终，欧委会界定了一个音乐发行市场，其包括发行商获取音乐作品的权利，以及后续的以支付报酬为对价的使用权，大多数情况下是发行商向作曲者收取的对于音乐作品商业性使用收益的佣金。欧委会并未就这一市场的进一步细分得出结论，但提到，存在一些有关音乐发行的不同产品市场的迹象，其依据为对于不同类型权利的利用，而这些权利包括：机械复制权、表演权、声像同步权以及复制权。有关机械复制权和表演权的地域市场范围，一些因素指向了国家市场，尤其是基于这样一个事实：这些权利通常是由国家的收费协会以发行商和/或作者/作曲者的名义来管理和收费的。但并未明

---

〔223〕 *Sony/BMG*（Case COMP/M. 3333）［2008］OJ C 94/08.

〔224〕 Case T – 464/04 *IMPALA v. Commission*［2006］ECR II – 02289（“*IMPALA*”）.

〔225〕 如需案例分析，可参见 B. Van Rompuy and C. Pauwels，“The European Commission's Reexamination of the Sony/BMG Merger：A Precedent – Setting Attempt to Jump the Fence”，［2008］（GCP – Online Magazinefor Global Competition Policy），https://www.competitionpolicyinternational.com/the – european – commissions – reexamination – of – the – sonybmg – merger – a – precedent – setting – attempt – to – jump – the – fence/，2013 年 9 月 13 日访问。详见 I. Kokkoris，*Competition Cases from the European Union. The ultimate guide to leading cases of the EU and all 27 Member States*（London：Sweet & Maxwell，December 2010）。

确地域市场到底是什么。

8.129 为了评估在录制唱片市场上是否已经存在共同支配地位，欧委会分析了并购发生之前的三年到四年之中，市场主要参与者[226]之间是否存在协调性价格政策。为了评估主要批发商的价格是否协调，欧委会首先分析了以平均批发净价为基础的市场主要参与者的价格行为。[227] 欧委会进一步分析到，以平均价格的平行性为基础，是否可以通过将定价（PPDs）作为关键点来达成价格协调行为。最终，欧委会分析了不同的主要市场参与者所给出的折扣是否达成一致，以及是否足够透明，以在净价层面上实现对于任何价格协调行为的高效监督。

8.130 以净平均实际价格为基础，欧委会发现了一些平行性行为，以及市场主要参与者的相对类似的价格发展。此外，欧委会还发现了一些可以将 PPDs 作为主要参与者结盟行为聚焦点的迹象。欧委会还发现，PPDs 非常透明，因为可以从主要参与者的价格列表中找到这些信息。因此，监督其他主要参与者的价格列表就成为可能。欧委会的分析显示交易净价与总价（PPDs）密切相关。然而，欧委会发现，不同的市场主要参与者所能给出的折扣水平也会在某种程度上有所不同。更进一步，不能认为各参与方之间的货物折扣是完全达成一致的，尽管欧委会发现 Sony 和 BMG 均通过其销售实力设立了周报告系统，但并不能据此推断出这些报告确保在竞争者的折扣活动方面具备足够的透明度。

8.131 欧委会进一步分析录制唱片市场的特征是否会有助于形成共同支配地位。录制音乐内容的同质性，暗示了市场上的价格以及降低的透明度，使得默示共谋更加难以实现，原因为对于个人专辑监督程度所提出的要求。尽管实际上唱片销售的价格节点并没有太多，但各种不同唱片定价不同，使得对默示协议的监管变得非常复杂。这一产业的特征为零售商与所有的主要市场参与者之间存在长期稳定的关系。另外，主要市场参与者录制唱片销售额的大部分被出售给了有限数量的客户。这种市场上仅有有限数量参与者的情形，会导致以主要参与者的名义采取合作型策略，而且还有助于监督和信息的流通。欧委会无法证明，通过监督零售价格或与零售商之间的联系，主

---

[226] 活跃于世界范围的唱片公司，例如 BMG、Sony、Universal Music Group、EMI 以及 Warner Music Group。

[227] 欧委会以季度为基础，分析了五个最大成员国中每一个最大市场参与者所提供的排名为前 100 的单曲平均净价的发展。

要市场参与者在过去已经克服了折扣透明度方面的缺陷。

8.132 至于报复机制,其他的主要市场参与者可以将脱离者排除在设立新的合资企业协议以外,或者他们也可以拒绝将其歌曲许可给脱离者的音乐合辑,[228]甚至也可以终止一些现存的合资企业。然而,欧委会并未找到以下迹象:作为对于共同政策的主要脱离行为的回应,其他的主要参与者已经被合辑合资企业排除在外,而且作为一种报复方式,针对竞争性行为已经获得回报,或者是报复行为已经发生于网上音乐市场或音乐发行市场。另外,并不存在有关这种报复方法威胁的证据,尽管上述方法展示了录制音乐市场上主要参与者所带来的可靠报复机制。

8.133 欧委会没有办法从可观察到的有关平均价格的相似程度中得出录制音乐市场上的主要参与者之间存在共同支配地位的结论。PPDs 和净价之间并不存在固定联系,意味着可以在货物折扣的层面上要求达成协调行为。然而,音乐专辑层面上的货物折扣显示出了很大的可变性,据此就很难区分到底是脱离还是遵守共同行为。

8.134 一经并购,市场主要参与者的数量从五个降至四个,将会提高市场透明度,因为双边竞争关系从十个降至六个。然而,正如这一分析所阐明的那样,欧委会并未找到有关下述信息的足够证据:五个市场主要参与者在过去曾经形成共同支配地位,尤其是因为实际上并不存在足够的透明度,产品特征只具备部分同质性,而且并不存在曾经发生过的报复行为的实际证据。欧委会并未找到足够的证据来证明主要市场参与者的数量从五个降至四个将会有助于市场透明度以及报复机制的形成,并由此可能导致市场上剩下的四个主要参与者之间形成共同支配地位。

8.135 至于网络音乐市场,欧委会认为,考虑到这是一个新兴的市场,以及目前的价格结构和使用环境,市场上主要的参与者从五个降至四个并不会提高透明度,也不会提高报复的可能,以至于无法因上述两个因素的结合而导致共同支配地位的形成。这样一来,并购既不会形成单一企业支配地位,也不会形成共同支配地位。欧委会认为,集中不会产生或强化支配地位。

---

[228] 多作曲者汇编,例如"Hits 2003"和"Bravo Hits"要求获取所涉及的所有艺术家的记录标记。市场调查显示,通过综合来自不同标签的艺术家,使得覆盖范围更为宽广的排行榜,或合辑所涵盖的不同流派成为可能。因此,出现来自不止一个录制公司的艺术家便成为成功合辑的关键因素。详见 *Sony/BMG*(Case COMP/M. 3333)[2008]OJ C 94/08, para 115。

8.136 Impala,一个欧洲的独立音乐公司间联盟,针对欧委会通过 Sony 和 BMG 并购的决定提起上诉,认为该决定中对录制音乐市场和网上批发许可市场上的共同支配地位的法律适用、评估与分析存在错误。普通法院支持了 Impala 的上诉请求。[229]

8.137 普通法院认为,欧委会的决定由于缺乏理由以及支持性证据而存在一定的缺陷。普通法院认为促销性折扣会降低透明度这一论述并未得必要的法律标准分析的支持,而且该论述由于存在评估上的错误而受损。至于报复机制,普通法院认为,欧委会所依赖的是过去并未采取过报复措施这一证据,然而只有证明威慑机制的存在才足够。普通法院认为,欧委会的决定和案件材料已经展示了这种机制的存在。另外,普通法院还批评欧委会没有充分解释其在反对声明和最终决定中观点的差异。

8.138 普通法院所给出的理由包含重要附带意见。普通法院观察到,从先前的有关产生共同支配地位/协调效应判决的并购案件可知,该类案件需要对市场进行预期分析,而欧委会对复杂的经济分析享有较大的裁量权。而在本案中,证明共同支配地位/协调效应的存在,需要在作出决定时对案件条件已经作了具体分析,而为了作出该决定,"必须要有一系列已有事实的支持,不管是过去的还是现在的,以证明由于特定企业获得一定力量而具有在市场上共同行为的能力,从而会严重损害竞争……"[230]

8.139 普通法院接着论述道:"尽管初审法院在 *Airtoursv. Commission* 案中界定了应当满足的三个条件……也确有必要,然而,这三个条件也可能在合适的时机,间接地以一系列混合标记/象征和证据条目为基础得以实现,而这些间接证据是本身存在于共同支配地位之中的一些象征、表现和现象。"[231]

8.140 至于透明度,普通法院通过提及以下内容证明了这一点,"长时间的价格结盟,尤其是如果这种价格高于竞争水平的话,再加上有关支配地位的一些其他典型因素。"这些"如果不存在其他合理解释的话,足以证明存在共同支配地位,尽管并不存在有关强大市场透明度的牢靠的直接证据,例如在一些情况下可

---

[229] 这是获得肯定性结果的决定第一次被宣告无效。欧委会需要以支配地位标准为基础重新审核并购,并同时考虑到现今的市场条件,而该条件与 2004 年时的市场条件相比也有所不同(如音乐的网络销售已经获取了动力)。

[230] Case T-464/04 *IMPALA v. Commission*[2006]ECR II-02289, para 250.

[231] Case T-464/04 *IMPALA v. Commission*[2006]ECR II-02289, para 251.

能可以假设存在透明度。”[232] 普通法院提到，欧委会发现有关总价和净价的稳定、密切价格联盟的处于一个较高水平，“尽管需求大幅度下降”。[233]

8.141 至于报复机制，普通法院认为，仅存在威慑机制（而非报复行为实际实施过的证据）足矣，因为如果寡占成员遵守共同政策的话，就不需要实施惩罚。[234]

8.142 这是法院第一次支持反对欧委会肯定性决定的主张。普通法院所提出的具备一定争议性的论断——可以间接设立 Airtours 标准，似乎是降低了证明共同支配地位/协调效应的标准。[235] 普通法院似乎是在声称，如果是仅存有关协调效应的一些条件，可能就足以使得欧委会推断出支配地位已经存在。[236] 正如得出否定性决定的案例那样，欧委会必须满足高标准的证明要求，肯定性决定也不例外。另外，共同支配地位的举证责任也可能会被转移至交易方，如果其针对普通院提出的本段有关问题给出另外一种解释的话。

8.143 案件上诉至欧洲法院，当事方尤其提到了普通法院在评估默示共谋的可行性的时候，由于错误地运用 *Airtours* 案中建立的审查标准，而在适用法律方面存在错误；同时普通法院在推论是否通过并购时运用了错误的过激的推断标准，因此在法律适用方面存在问题。欧洲法院并未明确否定普通法院所作出的相关声明，这可能意味着 *Airtours* 案的标准会按照普通法院的方式适用。

8.144 欧洲法院提供了关于证明标准的有效指引，该标准认为新版《欧盟并购条例》是中立的，而且并不存在一个普适性的推定：一项提交申报的并购是与新版《欧盟并购条例》相一致的。[237] 欧洲法院明确，关于肯定性和否定性决

---

[232] Case T－464/04 *IMPALA v. Commission*[2006]ECR II－02289, para 252; the underlining is of the authors.

[233] Case T－464/04 *IMPALA v. Commission*[2006]ECR II－02289, para 253.

[234] Case T－464/04 *IMPALA v. Commission*[2006]ECR II－02289, para 466.

[235] Case T－464/04 *IMPALA v. Commission*[2006]ECR II－02289, para 251.

[236] S. Volcker and C. O'Daly, “The Court of First Instance's Impala Judgment: A judicial Counter－Reformation in EU Merger Control”, [2006] 27(11)ECLR,589－96,at 593.

[237] 有关 Case C－12/03 P *Commissionv. Tetra Laval*[2005]ECR I－00987 案的观点；A. G. Tizzano 已经提出，与之相反的，应当假设并购是与共同市场相符的——尤其是当提交申报交易的效果很难预测的时候（也就是所谓的“灰色区域”案件）。详见 B. V. Rompuy, “The Standard of Proof in EC Merger Control: Conclusion from the Sony BMG Saga”（Institute of European Studies, Working Paper 4/2008）, http://www. ies. be/files/IES% 20Working% 20Paper% 204 _ Ben% 20Van% 20Rompuy. pdf,2013 年 9 月 13 日访问。

定的证明标准应当是对称性的,但同时还提出,关于现存的或潜在的共同支配地位可能会存在不同的证明标准。[238] 欧委会不得不平衡并购最终会带来的各种经济结果的可能。

8.145 至于 Airtours 标准,欧洲法院提到:[239]

"有必要避免采取一种机械的分析方式,来分别单独验证各种不同的要素,而不考虑一个假设默示共谋的整体经济机制。"

8.146 至于异议声明(Statementof Objection,"SO"),欧洲法院认为:需要指出的是,异议声明是一个临时性工具,其目的在于保障交易方的程序性权利。欧洲法院所提到的一些关键点在于:第一点,一旦欧委会在异议声明中表明了反对意见,那么就不能在后续的阶段中再提出"新的"反对意见;这对于交易方而言尤为重要,因为异议声明提供了一种法律确定性,而据此可以在调查过程中有效部署法律资源。第二点,法院认为,由于异议声明具有临时性,异议声明也可能由于交易方进一步提交的论证/抗辩或欧委会后来又发现其他事实而被修改。交易方提交材料之后,欧委会并不需要进行额外的市场调查。一份措辞强硬的异议声明并非必然会阻止欧委会改变其立场以通过一项并购案件;如果这种情况发生的话,欧委会并没有义务针对其在异议声明和最终决定中的不同观点给出解释。[240]

8.147 通过总结 *Sony/BMG saga* 案,欧委会已经通过了与原始案例有关的 Sony 对 BMG 在合资企业中股份的控制股权收购。所以,*Impalav. Commission* 案中的合资企业主体并不存在,因为 Bertelsmann 已经退出市场。案件被发回欧委会,而欧委会则根据支配地位标准开启了第二次调查,在该次调查中欧委会考虑到了当时的市场条件,于 2007 年 10 月通过了该案。[241] 2008 年 6 月,Impala 提出一个申请,意在挑战 Sony/BMG II 的决定。[242] 交易方针对

---

[238] ECJ ruling in Case C-413/06 P *Bertelsmannand Sony Corporationof Americav. Impala*[2008]ECR I-04951, paras 52-3and 175.

[239] Case C-413/06 P *Bertelsmannand Sony Corporationof Americav. Impala*[2008]ECR I-04951, para 125.

[240] Case C-413/06 P *Bertelsmannand Sony Corporationof Americav. Impala*[2008]ECR I-04951, paras 75-6and 94-5.

[241] *Sony/BMG*(Case COMP/M.3333)[2008]OJ C 94/08.

[242] Case T-229/08 *Impalav. Commission*[2009]OJ C 282/93. 对于协调协调效应的评估并没有实质改变。

普通法院关于 *Impalav. Commission* 案的判决提起上诉。[243] 欧委会收到了原始交易方所提交的一项申报,是关于 Sony 收购 Bertelsmann 在原始合资企业中所掌握的 50% 的股份的。[244] 在欧委会通过该项收购之后,普通法院就宣布这两个案件已失去了诉讼目的。

六、卡特尔行业中并购的协调效应

(一)协调效应和过去的协调

8.148 欧委会横向并购指南草案的第 41 段提到,如果交易发生之前已经存在协调行为的话,欧委会不会同意一项并购,除非其认为并购可能会破坏这种协调行为。然而,在咨询公众意见之后,欧委会并未将任何此类的描述体现在终稿中。[245] 横向并购通知中提到,[246] 并购产生或强化了先前不存在协调的企业的共同支配地位,或者是使得现有的协调得到强化,通过上述方式,并购会导致协调效应。

8.149 至于协调效应案例,相对于证明存在并购会产生共同支配地位的风险而言,欧委会证明已经存在的协调会得到强化会更容易一些。这是因为一些特定的行业特征即使不管处于什么样的市场结构之中,都不大可能形成共谋。同时,在一些案件中,集中的变化使得这一差别仅在非常罕见的边缘案例中才会存在。[247]

8.150 有卡特尔行为历史的市场有可能被怀疑会形成合作关系。如果企业已经参与过明示共谋行为,而且自从最近该种行为发生之后的市场特征并未发生太大改变的话,市场条件很有可能是有助于形成协调性互动的。欧委会在 *Nestlé* 案中就考虑了过去的价格趋势,而这种趋势表明未来形成共谋是有

---

[243] Case T - 464/04 *Impala*(*Association Internatonale*) *v. Commission*[2006]ECR II - 02289,如需有关本案以及 Case T - 229/08 *Impalav. Commission*[2009]OJ C 282/93 案的分析,可参见 J. Golding,"The Impala case: a quiet conclusion but a lasting legacy"[2010]31(7),ECLR,261 - 7。

[244] *Sony/Sony BMG*(Case COMP/M. 5272)[2008]OJ C 207/10.

[245] Draft Commission Notice on the appraisal of horizontal mergers under the Council Regulation on the control of concentration between undertakings [2002] OJ C 331/03, para 43.

[246] Draft Commission Notice on the appraisal of horizontal mergers under the Council Regulation on the control of concentration between undertakings [2002] OJ C 331/03, para 39.

[247] I. Kokkoris, "Assessment of Mergers Inducing Coordinated Effects in the Presence of Explicit Collusion", [2008] 31(4) World Competition, 499 - 522.

可能的。类似地,在 *Gencor/Lonrho* 案中,企业间过去所形成的协调性行为使得未来的协调成为可能。然而,对于这种过去的策略,只有在过去的并购市场上扮演一定角色的时候才能够被给予相应的重视。

8.151 在评估协调效应的背景下,欧委会依据新版《欧盟并购条例》通过分析过去的卡特尔行为所得出的决定记录,显示了一种对于这一问题相当粗糙的分析方法。值得一提的是,成员国竞争执法机构(例如,匈牙利竞争执法机构)[248] 在评估并购可能会导致的协调效应时,也考虑到了过去的协调行为。在 *Pilkington/SIV* 案[249]中,欧委会限定其自身只援引两个先前的有关卡特尔的决定(一个决定是由欧委会作出的,另一个决是由德国竞争执法机构作出的),但却没有在评估并购的时候进一步阐述案件事实的相关性。

8.152 欧委会在 *Francev. Commission* 案中确认,应当给过去的行为有限的权重,认为并购评估的未来预期性特征限制了过去行为的重要性。[250] 如果过去的卡特尔行为导致形成特定规则或聚焦点的发展,或包含详细成本和其他战略信息的交换,那么这种行为可以导致产生或强化并购带来的协调行为。过去的卡特尔证据也有可能会意味着存在可靠的威慑机制,因为不管协调是明示的还是默示的,这种机制大体上有可能都是相同的。

8.153 以有关过去卡特尔行为的证据为基础所得出的透明度结论,将取决于卡特尔参与者所关注的信息是否是公开的,或者是否需要卡特尔成员之间互换有关价格、产能、产出以及其他敏感信息。如果需要后者的话,那么市场可能就缺乏透明度,而且存在过去的有关明示协调的证据并非必然意味着并购之后的市场上更具备默示协调的风险。

8.154 根据哈德森(Hudson)和罗伯特(Robert)(2004)[251] 的观点,在评估协调效应的时候,过去的卡特尔行为最重要的一个方面就是卡特尔之外的企业的身份,以及对于边缘竞争的接纳或排除。如果一个重要的市场参与者并未被

---

[248] Sugar merger—Vj – 127/2001 decision of the Competition Council of the GVH on 21 March 2002. 详见 Kokkoris, *Competition Cases from the European Union* (n 225)。

[249] *Pilkington – Techint/SIV* (Case No. IV/M. 358) Commission Decision (94/359/EC) [1994] OJ L 158/0024.

[250] *Kaliund Salz/MdK/Treuhand* (Case IV/M. 308) Commission Decision (94/449/EC) [1994] OJ L 186/38; on appeal Cases C – 68/94 and C – 30/95 *Francev. Commission, Societe Commercialees Potassesetdel' Azore (SCPA) v. Commission* [1998] ECR I – 1375; [1998] 4 CMLR 829, paras 240, 241.

[251] C. Hudson and G. Robert, "Past coordination and the Commission Notice on the appraisal of horizontal mergers", [2004] 25(3) ECLR, 163 – 8.

包含在过去卡特尔行为之中的话，那么这个企业就有可能是一个 maverick 企业。这种情况下，一个过去发生于卡特尔参与者之间的并购，相对于同时还涵盖了卡特尔之外企业的并购而言，结果可能会带来更大的损害。如果边缘竞争者与主要的参与者共同行为的话，卡特尔中的成员可能会非常多。因此，在这种情况下，边缘竞争者的参与可能会暗示其对于并购之后市场上的默示协调所作出的反应。

8.155 对于容易形成卡特尔的行业而言，集中度的提高可能会成为形成这样一种情形的途径：为了避免市场上的有效竞争，明示协调已非必要。[252] 相对于以往的卡特尔行为，欧委会更重视市场的结构性特征。如果不存在本书先前所分析到的诸因素，过去的卡特尔行为本身并不会导致并购被否决。

8.156 在评估并购的时候，过去的协调并未被赋予过多权重。法院的审判流程也表明，在评估产生于一项并购的协调效应的时候，不应当过于重视过去的协调。根据欧委会的指南及其实践中所作出的决定，还有法院的审判实际可知，在一些特定案例中，过去的协调还是很可能作为禁止并购的因素被给予重视。

（二）协调效应和同时期的协调

8.157 正如上文所提到的那样，在横向并购指南草案的第 41 段中，欧委会指出，如果协调在交易发生之前就已经存在的话，其不大可能会通过一项并购，除非其认为并购可能会扰乱协调。欧委会在横向并购指南草案第 41 段中所展示的分析方法可能意味着，同时期协调的相关证据可能会导致并购被禁止。此时，交易方就承担了证明并购将会有损协调的举证责任。尽管这一点并未被包含在最终的指南之中，但这很明显地表明了在面对协调已经发生的情形时，欧委会在评估市场上一项并购的时候可能会采取的分析方法。[253]

另外，欧委会在 *Nestlé/Perrier* 案[254]中提到：

（118）欧委会并未推断出在 Nestlé、Perrier 和 BSN 之间存在寡占支配地位，即便是并购发生之前也没有。然而，事实以及市场结构显示，法国瓶装水市场已经是一个高度集中的市场，而其中的价格竞争已经被大幅度削弱。因

---

[252] Briones, "Oligopolistic dominance: is there a common approach in different jurisdictions?" (n 65).

[253] Kokkoris (n 246).

[254] *Nestlé/Perrier* (Case No. IV/M.190) Commission Decision (92/553/EEC) [1992] OJ L 356/1.

此，为了维持或发展这一市场上任何剩下的竞争，就需要特定的保护措施。这种情况下，就不得不更为严格地判断任何可能会限制竞争范围的结构性交易。将产生于并购的市场结构与其他特定额外因素相结合（见第119、120段），可以得出结论：拟进行的并购可能会创设出一种双头垄断地位，以使得Nestlé和BSN能够共同通过避免它们之间的竞争来实现利润最大化，使其能够自由行为而不太需要考虑消费者和其他竞争敌手的反应。

8.158 欧委会提到："因此，为了维持或发展这一市场上任何剩下的竞争，就需要特定的保护措施。这种情况下，就不得不更为严格地判断任何可能限制竞争范围的结构性交易。"据此，如果一项并购发生于一个卡特尔行业的话，欧委会在评估的时候就会非常严格，而且也不大可能会通过这项并购。

8.159 然而，即便是存在同时期的明示协调，如果一项交易并不会使得现有协调情况有所恶化，或不会对市场造成其他负面影响的话，欧委会也有可能会通过该项并购。为了得出禁止并购的决定，需要与市场上竞争环境的恶化之间存在因果关系。如果可能扰乱协调的话，市场上的一项存在同时期明示协调的并购也可能会被通过。如果并购提高了现有市场参与者之间的非对称性的话，协调就可能会被破坏。如果并购会产生一个maverick企业，而这个企业又拒绝遵循行业共识的话，那么就有可能会限制有效协调。另外，并购带来的成本结构变化可能会提高非对称性，使得共谋更加不稳定，因此产生不同共谋和/或欺诈的动机。如果并购导致过剩产能被消除，也就是一个具备过剩产能的企业买下了一个内需巨大的企业的话，那么并购发生之后需求就直接可以在企业内部得到满足，并购的结果将会是消除可能的报复机制。据此，现存的协调就可能会受到限制。

8.160 另外一个支持卡特尔行业中的并购可能不会被禁止的分析方法，源于波斯纳对于美国司法部在1890年至1969年间的卡特尔调查所进行的数据研究。[255] 他得出结论，低集中度的行业中更容易形成卡特尔。这样一来，过去的卡特尔行为，尤其是在并不明显的分析协调效应的备选项的市场中，实际上能够提供并不存在默示共谋可能的证据。如果这种可能是真的，那么就不大可能得出这一结论：参与卡特尔的收益会大于其被侦测出来的风险。因此，卡特尔行业中的一项并购不大可能会带来协调效应。由于并购并不会给市场带来任何负面影响，因此就不存在因果关系，并购就应当被允许。

---

[255] R. Posner, "A Statistical Study of Antitrust Enforcement", [1970] 13Journalof Lawand Economics, 365.

8.161 如果存在过去的卡特尔行为的话，一些因素是与评估会引发或强化协调效应的并购相关的，而且如果卡特尔行为是与并购同时期的话，这些因素也是相关的。如果卡特尔行为已经导致特殊规则或聚集点的发展，或者导致敏感商业信息的交换，那么并购就有可能会引发或强化协调。此外，存在卡特尔就意味着存在报复机制，而且这种威胁是可以付诸实践的。依据卡特尔成员间聚焦点的保密性程度不同，透明度可能会比较高。

8.162 卡特尔之外企业的身份，以及加入或排除边缘竞争者这些因素也是并购会引发或强化协调可能的重要指示因素。一个可能的 maverick 企业将不会被包含在卡特尔之中。在这种情况下，卡特尔参与者之间的并购相对于包含 maverick 企业的并购而言，损害性可能会更小。[256]

8.163 卡特尔通常会包含很多参与者。评估这种市场上的并购时，应当考虑的因素包括并购之后市场上在多家企业间形成默示协调的可行性。正如上文所提到的那样，在 *Gencor/Lonrho* 案、*Kaliund Salz* 案以及 *Nestlé* 案中，欧委会在双头垄断结构中画出了一条线。在 *Price Waterhouse* 案[257]中，欧委会认为"单是由于所涉及的相互间关系的复杂性以及随之而来的脱离的诱惑，就不可能形成数量多于三四个供应商的共同支配地位；例如，这种情形长期来看并不稳定而且也不能维持"。[258] 在 *Airtours/First Choice* 案中，欧委会作出了一个非常具备争议性的决定，其禁止了一项将会导致市场上仅剩下三个参与者的并购，认为市场参与者之间的相互依赖性，以及高度市场透明度将会提高形成共同支配地位的可能。涉及大量企业间的协调要求有关聚焦点的特殊规则，而且通常来讲这类规则是与参与协调企业的行为相关的。

8.164 另外，如果默示共谋所包含的成员与卡特尔成员不同的话，就不大可能会成功。最后，在这样一个多企业市场中，并购对竞争带来的损害很难辨别出来，而且也不方便量化。如果市场上的企业间已经形成明示协调的话，那么并购仅仅减少了一个市场参与者，是否将会据此大幅提高形成默示协调的可能这一问题就很值得讨论了。[259]

---

[256] Hudson and Robert (n 251).

[257] 并购发生之后的市场上剩下五个企业。在这一评估的过程中，欧委会考虑到了一个"双并购场景"，因为其先前已经收到提交申报的 KPMG 与 Ernst& Yong 之间的并购案。上述第二个并购并未继续下去，但是如果该项交易并未被终止的话，市场上将会形成共同支配地位。

[258] Price Waterhouse/Coopers& Lybrand (Case IV/M. 1016) Commission Decision (1999/152/EC) [1999] OJ L 50/27, [1999] 4 CMLR 665, at § 103.

[259] Hudson and Robert (n 251).

8.165 此时,我们应当强调,在法院针对 *Italian Flat Glass* 案[260]作出决定之后,我们可以认为欧委会不能使用相同的信息和证据来禁止一项并购,并同时宣称并购参与方也是卡特尔成员。正如上文所提到的那样,欧委会将需要证明并购会给已经形成卡特尔的市场带来的负面影响。在 *Flat Glass* 案中,普通法院直接依据第 102 条分析共同支配地位的问题。该案件包含了对于第 101 条和第 102 条的同时适用。三个意大利公司通过固定价格以及分割市场形成了玻璃市场上的卡特尔,违反了第 101 条第(1)款。欧委会同时还发现,相同的三个公司也会滥用其共同支配地位。*Flat Glass* 案是第一个将第 101 条和第 102 条同时适用于滥用共同支配地位的案件。至于第 102 条的适用,普通法院认为,为了证明违反第 102 条行为的存在,仅收集有关违反第 101 条的事实,由此认定形成这种协议或协同行为的企业占据了大幅度的市场份额是不够的。[261] 罗杰(1995)[262]还指出,欧委会同时依据第 101 条和第 102 条攻击同一行为并没有多大意义。

(三)卡特尔市场中评估协调效应的标准

8.166 正如上文所述,卡特尔行为可能已经导致特定规则或聚焦点的发展和/或敏感商业信息的互换。根据卡特尔成员间聚焦点秘密程度的不同,透明度可能会比较高。另外,卡特尔本身就意味着存在报复机制,而且这种机制是有可能会被实际实施的。最后,卡特尔之外企业的身份以及涵盖或排除边缘竞争,指示着并购可能会引发或强化协调可能性。

8.167 如果同时存在明示共谋的话,有关 Airtours 标准的证据标准就更容易实现。根据普通法院在 *Impala* 案中的论述,

> 初审法院在 *Airtoursv. Commission* 案中所界定的三个条件……可能,然而,在合适的情况下,可能会间接通过一系列混合的因素以及与存在于共同支配地位自身的标志、表现和情形相关的证据目录设立起来。[263]

8.168 在一个卡特尔中,透明度可能会非常高,因为卡特尔成员已经明确就聚焦点达成一致意见:在不存在明示共谋的情况下,就需要较高的透明度以便于识

---

[260] Joined Cases T－68/89,T－77/98 and T－78/89 *SIV and Othersv. Commission*[1992]ECR II－140.

[261] B. Rodger,"Oligopolistic market failure: collective dominance versus complex monopoly"[1995]16(1)ECLR,21－9.

[262] Rodger (n 261).

[263] Case T－464/04*IMPALA v. Commission*[2006] ECR II－02289, para 251.

别。如果存在明示共谋的话,证明存在可靠的报复机制,以及缺乏来自买方或竞争对手的限制,所要求的门槛就很容易得到满足。据此,如果同时存在明示共谋的话,在评估一项可能带来协调效应的并购的时候会适用到的标准,是与那些不存在明示卡特尔行为的标准相同的,但这种标准在绝大多数情况下将都很“容易”得到满足。[264]

8.169 如果同时存在明示协调的话,欧委会在评估一项并购的时候将会非常严格,而且也不大可能会通过该项并购。卡特尔市场中的并购,应当依据实际情况进行个案分析。评估卡特尔市场上的并购时,Airtours 因素很容易得到满足,尤其是在 Impala 判决推出证据标准之后。然而,应当避免假设卡特尔市场上的并购是非法的。个案分析所关注的是并购前后的市场结构,以及在并购发生之后的市场上继续进行共谋可以获取较大利益。卡特尔市场上的并购不是给竞争带来负面影响的原因。真正应当评估的是,并购本身会给已经具备反竞争特征的市场带来的损害。如果并购会导致现已被损害的竞争更进一步严重恶化的话,那么就不应当通过该项交易(至少不应当无条件通过)。“严重”这一概念承担了此种情形下的重要性,因为并购可能会带来损害,但在明示共谋发生的市场中,损害并非总是重大的。

8.170 总而言之,在这种情况下,可能存在两种并购可以获得批准的情形(附带或者不附带救济措施)。第一种,是并购会阻止现有反竞争行为。第二种,是并购本身并不会给竞争带来重大影响。不管是以上哪种情形,评估一项可能会引发或强化协调的并购时,也应当同时考虑到另外一个重要因素:在并购后的市场上,实施第 101 条会带来的威慑效果。如果一项并购可能通过提高非对称性(例如,市场份额的非对称性、成本的非对称性)或创设出一个 maverick 企业扰乱现存协调的话,并购后市场上的协调将会受到限制。另外,如果并购导致过剩产能被消除的话,那么并购将可能导致报复机制的消除。现存的协调可能会因此在并购发生之后受到限制。

8.171 更进一步来讲,过去的和现在的卡特尔行为可以证明默示协调并非真实可能的。如果默示共谋是可能的,那么卡特尔成员会更倾向于选择默示协调,因为相对于明示协调而言,这更加难以被检测出来。因此,一项发生于卡特尔市场上的并购可能不会导致默示协调。如果不存在因果关系的话,并购就应当被通过。另外,与一项包含了 maverick 企业的并购相比,发生于卡特

---

[264] 此时,我们应当注意,在 *Flat Glass* 案之后,欧委会不能依据相同的信息和证据来阻止并购,并同时声称并购方还参与了卡特尔。

尔成员间的并购所带来的损害会更小。正如上文提到的那样,如果市场上已经存在明示协调的话,那么卡特尔参与者数量通常会比较多,以下问题就值得讨论:仅消除一个市场参与者的并购是否会使得默示协调在很大程度上更加容易实现?[265]这种情况下,并购将不会通过引发或强化市场上的协调来严重损害有效竞争。因此,并购本身与并购之后的市场上可能发生的反竞争行为之间就不存在因果关系。从另一方面来看,如果并购发生于一个企业数量不多的卡特尔市场上的话,那么就有可能会严重损害有效竞争,并有可能被禁止。

8.172 近年来,第 101 条的适用非常成功。用于解决卡特尔行为的全套工具(例如,宽大政策、和解等)可能会使第 101 条在并购之后的市场上得到高效实施。欧洲法院在 *Tetra Laval/Sidel* 案中作出有关论述之后,欧委会在评估一个卡特尔市场上的并购的时候,会考虑适用第 101 条带来的威慑作用。[266]但这并不意味着发生于这种市场上的并购应当自动获得通过。针对这种类型的并购,应当考虑到第 101 条可能带来的威慑作用,并根据实际情况,进行个案分析。评估一个发生于卡特尔行业的并购,其背后的目的在于检测并购是否会阻止现有的反竞争行为,以及并购是否会对竞争产生重大影响。[267] 实施第 101 条所带来的威慑作用,应当作为并购评估的一个额外(考量——译者注)因素,正如上文所提到的那样(例如,发生于卡特尔参与者之间的并购,并非收购一个 maverick 企业;或者发生于少数现存卡特尔成员间的并购)。

8.173 正如加文(Gavin)和哈德森认为的那样,[268]并不能从过去的卡特尔行为自动推断出现有的或将来的默示协调。他们还认为,卡特尔更容易发生于企业数量较多而非较少的市场上。默示共谋更加难以实现,更不易被检测出来,而且更为重要的是其并不违法。这就暗示了,之所以形成卡特尔,是因为无法实现默示协调。如果明示卡特尔是企业找到聚焦点的唯一途径,那么在发现协调效应的时候,过去的卡特尔行为将不会带来太大影响。加文和哈德森还认为,[269]存在一种例外:过去的卡特尔行为已经导致了特定规

---

〔265〕 Hudson and Robert (n 251).

〔266〕 如果以往的惩罚并未阻止一个企业累犯的话,那么在作出新的惩罚决定的时候就应当对累犯这一事实加以考虑,以最终阻止发生新的违法行为。

〔267〕 即并购是否会严重损害一个已经具备卡特尔特征的市场上的有效竞争。

〔268〕 Hudson and Robert (n 251).

〔269〕 Hudson and Robert (n 251).

则的发展,或者是涉及详细成本和其他战略信息的互换,而市场发展并未据此赶上相应的步伐。

七、预期行为的非法性对产生于一项并购的反竞争效果而言是一种威慑

8.174 在并购控制中,考虑到产生于一项并购的反竞争行为将会引发的预期违法行为这一因素,可以在非横向并购指南中找到相关规定:[270]

46. 另外,如果经并购产生的企业采取某种特定行为是其封锁手段中的一个重要步骤的话,欧委会不仅会考察采取这种行为的动机,还会考察那些有可能会降低,或甚至是消除这种动机的各种因素,包括行为非法的可能。

行为可能是非法的,尤其是因为存在于欧盟或成员国层面上的竞争规则或行业特定规则。然而,这种评估并不要求一个穷尽的、详细的对于有关不同法令的规则的审查,而这类法令有可能会被适用,而且也可能会据此实施有关政策。更进一步来讲,一个行为的非法性,只有在特定条件下才会对经并购产生的企业从事这种行为产生抑制作用。尤其是欧委会在综合分析的基础上对以下因素进行了考虑:(1)这一行为将会获得通过的可能性,再或者是依据欧共体法律很有可能被认为是非法的;(2)这种非法行为被发现的可能性;以及(3)可能被施加的惩罚措施。

8.175 在分析第101条可能会被用于威慑并购之后的市场上产生的协调行为这一问题之前,对第102条通常会带来的威慑影响进行分析是有价值的,因为这一点已经在欧委会的决定实践、普通法院以及欧洲法院的审判实践中得到了更为清晰的表述。通过对于第102条的分析适用,[271]就并购之后的市场而言,可以推断出与第101条相类似的威慑影响。

(一)第102条

8.176 就第102条的适用而言,对于未来可能行为的评估在某种程度上已经得以

[270] Guidelines on the assessment of non - horizontal mergers under the Council Regulation on the control of concentrations between undertakings [2008] OJ C 265/6. 本部分并非意在提供一个完整的将第101条和第102条适用于并购控制的分析,而是在于展示所涉及的主要争议问题。

[271] 这对产生于非横向并购的损害理论而言,更具备相关性。

明确。将第102条适用于并购发生之后的市场，以预先制止经并购产生的企业可能会采取的反竞争行为，这一重要性已经在分析一项混合型并购 *Tetra Laval/Sidel* 案[272]中得以强调，在该案中欧委会关注的是杠杆作用的损害结果。欧委会禁止了这项并购，因为其认为这项并购将会导致未来的非法行为。

8.177 普通法院[273]对并购可能会引发新设企业通过利用其在一个市场上的支配地位，而在另外一个相关的市场上产生另外一个支配地位这一观点表示同意。但普通法院认为，欧委会并未达到必要的法律标准，法律标准要求证明新设企业具备将这种杠杆行为付诸实施的动机。普通法院进一步阐述道，当欧委会在评估一项并购可能会带来的影响的时候，依赖的是可预期行为，而该行为本身有可能会构成对于现有支配地位的滥用，这就要求评估：尽管这种行为是为法律所禁止的，经并购产生的企业是否还会如此行为；或是与之相反，行为的违法性和/或被发现的风险将会使得这种策略不大可能被付诸实施。

8.178 尽管欧委会在评估一项并购的时候，考虑到参与反竞争行为的动机是合适的，而这种反竞争行为是并购造成的；但欧委会还应当考虑到，由于所涉行为的非法性、被侦查出来的可能性、欧共体层面或成员国层面竞争当局所采取的行动以及随之而来的经济处罚，能够在多大程度上降低甚至是消除这种动机。普通法院进一步表示，收购一方已经在相关市场上占据明显的支配地位这一事实可能会构成重要因素，但这一因素本身并不足以验证这样一个事实：企业不得不面临的潜在竞争的减损，强化了其市场地位。

8.179 普通法院的决定被上诉至欧洲法院，[274]但上诉被驳回。佐审官泰兹诺认为，普通法院在 *Tetra Laval/Sidel* 案中所要求的是：欧委会应当评估有关企业从事会产生或强化支配地位行为的刺激因素以及抑制因素。欧洲法院认为，收购一方已经在相关市场上获取明显的支配地位这一事实本身，尽管构成一个重要因素，但不能据此排除市场上潜在竞争的减弱会被其他因素抵消的可能。

8.180 欧洲法院认为，欧委会对于一项混合型并购影响的分析必须要包括对于采取会引发杠杆效果的反竞争行为的整体全面的检测，也就是说，不仅要考虑

[272] *Tetra Laval/Sidel* (Case No. IV/M. 2416) Commission Decision (2004/124EC) [2004] OJ L 034/0013.

[273] Case T-5/02 *Tetra Laval BV v. commission* [2002] ECR II-4381.

[274] Case C-12/03 P*Commissionv. Tetra Laval BV*[2005] ECR I-00987.

到会促进采取这种行为的动机,还要考虑有可能会降低甚至是消除这种动机的其他因素,包括这种行为被认定为非法的可能性。在对一项拟进行的并购进行审查的过程中,评估旨在确立一个违反第102条的行为是否有可能会发生,并确认会通过不同的法令对于该行为施加惩罚措施,其中所包含的投机性太大,而且欧委会也没办法以所有事实因素为基础来进行评估,以确定他们是否支持这样一种经济情况,诸如杠杆效果的发展(情况——译者注)会成为现实。

8.181 欧洲法院似乎认为,一个行为可能会违反第102条,以及随后要遵守的反垄断程序,还有合适的罚款本身,似乎已经构成威慑性因素。根据欧洲法院的观点,欧委会必须考虑到这种威慑性因素,尽管并不要求对于这种抑制因素进行更为深入的分析。欧委会应当依据实际情况,根据企业的非法行为是否很容易地就会被检测出来并受到惩罚,针对这种抑制因素进行个案分析。值得争辩的是,违反第102条的行为越容易得到及时高效的解决,欧委会事先采取行动的必要性就越小。在近期发布的一个禁止性决定中(*ENI/EDP/GDP*案),[275]欧委会已经考虑到国家立法者可能会及时高效地检测出经并购产生的企业会从事封锁行为的可能。

8.182 在*GE v. Commission*案[276]中,普通法院认为,原则上,欧委会[277]必须对潜在的非法行为、因非法行为所要接受的处罚、特定行为的性质加以考虑,将其作为削弱甚至消除企业参与特定行为的动机的因素。然而,考虑到要评估一个违法行为是否可能发生,并确认这种行为将会通过数个法令受到惩罚,其中的预期性太大,因此这种分析并不要求对于各种可适用的法令相关规则,以及相应的实施政策,进行一个穷尽的、详细的检验。

8.183 这样一来,欧委会未经有针对性地、详细地调查有关问题,就能够认定所涉及行为的非法性,其依据为第102条或其他可适用的欧共体法律,欧委会的责任就是发现能够得出这种结果的事实,而且在评估经并购产生的企业将会参与到这样的行为中去的可能性时考虑到这一因素。由此得出结论,尽管欧委会有权以其在作出关于并购控制决定时可得证据为基础,分析所涉

[275] *EDP/ENI/GDP* (Case Co. COMP/M. 3440) Commission Decision (2005/801/EC) [2005] OJ L 302/69.

[276] Case T-210/01 *General Electricv. Commission*[2005] ECR II-05575.

[277] *General Electric/Honeywell* (Case No. COMP/M. 2220) Commission Decision (2004/134/EC) [2004] OJ L 48/1.

问题的合法性问题以及该行为可能会被惩罚的可能性。然而,在其评估过程中,欧委会必须要识别可预期的行为,而且如果合适的话,评估并考虑到如果交易行为被准许,或很有可能依据欧共体法律被认定为非法的话,可能带来的威慑影响。

8.184 在 *Thales/Finmeccanica/Alcatel Alenia Space&Telespazio* 案[278]中,欧委会就认为,涉及利害关系的案件事实很明确地,或非常有可能依据第102条被认定为是非法的,而且将会对经并购产生的企业实施这种行为的动机造成影响。对该市场中主导的市场环境进行考虑之后,拒绝供应商品很容易被发现,也很容易被认定为违反了第102条。

8.185 很明显,面对混合型并购问题,竞争执法机构很有可能转而依据滥用支配地位的相关法律进行处理。尽管普通法院并未建议,如果能够具体到案件本身的话,可以使用这种补救任何混合型损害的备用方法,但其确实建议欧委会应当考虑到这种可选项对于制止某些行为的潜在影响。而在该种情况下,滥用是很明显的。然而,有关滥用支配地位的调查可能发挥重要的威慑作用,因为这类行为对于相关方而言耗时很长(在该段时间之内,消费者可能已经受到并购所引发的反竞争行为的损害),而且成本也很高。另外,如果市场是在不断发展变化的话,案件接受调查之时,市场可能已经发展成为有利于现有参与者的情形。

8.186 另外,只有在执法机构可能滥用第102条的情况下,才能够阻止对第102条的适用。第102条项下的滥用行为包括:超高定价[279](*United Brands* 案),

---

[278] *Thales/Finmeccanica/Alcatel Alenia Space&Telespazio*(Case COMP/M.4403)[2008]OJ C 34/04.

[279] 关于超高定价,可参见 D. Elliott, "What is an excessive price?", [2007] 6(8) Comp. LI, 13 – 15; S. Kon and S. Turnbull, "Pricing and the dominant firm: implications of the Competition Commission Appeal Tribunal's judgment in the Napp case", [2003]24(2)ECR,70 – 86; M. Glader and S. Larsen, "Article 102: excessive pricing" [2006] 5(7) Comp. LI,3 – 5;D. Geradin and M. Rato, "Excessive pricing: in reply" [2006] 5(10) Comp. LI,3 – 5;P. Oliver, "The concept of 'abuse' of a dominant position under Article 102 EC: recent developments in relation to pricing", [2006] 1(2)Euro. CJ,315 – 39。

掠夺性定价[280]（*AKZO* 案），[281]歧视性/差别定价[282]（*United Brand* 案），拒

[280] 关于掠夺性定价，可参见 M. Gal，“Below－cost price alignment：meeting or beating competition? The France Telecom case”，［2007］28（6）ECLR，382－91；M. Gravengaard，“The meeting competition defense principle—a defense for price discrimination and predatory pricing?”，［2006］27（12）ECLR，658－77；P. Andrews，“Is meeting Competition a Defense to Predatory Pricing? —The Irish Sugar Decision Suggests a New Approach”，［1998］ECLR 49；T. Eilmansberger，“How to Distinguish Good From Bad Competition Under Article 102 EC：In Search of Clearer and More Coherent Standards for Anti－competitive Abuses”，［2005］CMLR，129；OECD，“Competition Policy Roundtable on Predatory Foreclosure”（15 March，2005），1－279。

[281] Case C－62/86 *AKZO Chemie BV v. Commission*［1991］ECR I－3359.

[282] 关于价格歧视/折扣，可参见 OECD，“Competition Policy Roundtable on Loyalty and Fidelity Discounts and Rebates”（4 March，2003），1－239；J. T. Lang，“Fundamental Issues Concerning Abuse Under Article 102 EC”，［2005］Regulatory PolicyInstitute 19；J. T. Lang，“Defining Legitimate Competition：How to Clarify Pricing Abuses Under Article 102”，［2002］FILJ 83；M. Lorenz，M. Lübbig and A. Russel，“Price Discrimination，a Tender Story”，［2005］ECLR 355；P. Akman，“To abuse，or not to abuse：discrimination between consumers”，［2007］32（4）EL Rev.，492－512；D. Gerard，“Price Discrimination under Article 102（c）EC：Clearing up the Ambiguities” in *Global Competition Law Centre Research Papers on Article* 102 *EC*，（July 2005）133；J. T. Lang and R. O’Donoghue，“Defining Legitimate Competition：How to Clarify Pricing Abuses under Article 102 EC”，［2002］26 FILJ 83；M. Armstrong and J. Vickers，“Price Discrimination，Competition and Regulation”，［1993］41 Journalof Industrial Economics，335；A. Perrot，“Towards an Effects－based Approach of Price Discrimination” in *The Pros and Cons of Price Discrimination*（Stockholm，Swedish Competition Authority，2005）；D. Ridyard，“Exclusionary Pricing and Price Discrimination Abuses under Article 102 — An Economic Analysis”，［2002］6 ECLR 286；M. Armstrong，“Recent Developments in the Economics of Price Discrimination”（February 2006），http://eprints. ucl. ac. uk/14558/1/14558. pdf，2013 年 9 月 13 日访问；R. Schmalensee，“Output and Welfare Implications of Monopolistic Third－Degree Price Discrimination”，［1981］71 The American Economic Review 242；H. R. Varian，“Price Discrimination and Social Welfare”［1985］75 The American Economic Review 870；P. Muysert，“Price Discrimination — An Unreliable Indicator of Market Power”［2004］6 ECLR，350。

绝供应[283]（*Commercial Solvents* 案），[284]捆绑销售[285]（*Hilti*，[286] *Tetra Pak II* 案），[287]忠诚度回扣（*Hoffman – La Roche* 案），滥用知识产权（*Magill* 案），[288]以及缠讼（*Promedia* 案）。[289] 正如 *Continental Can* 案[290]的判决中所提到的那样，第 102 条并未穷尽列举欧共体条约所禁止的所有滥用支配地位的类型。[291] 尽管，关于什么行为可能会被认为是滥用并不明确，即使并未发现违法行为，交易方也可能会仅仅由于潜在的调查而受到限制。另外，滥用行为通常来讲也很难检测出来。[292]

---

[283] 关于拒绝交易/拒绝提供关键设施，可参见 C. Nagy，"Refusal to deal and the doctrine of essential facilities in US and EC competition law：a comparative perspective and a proposal for a workable analytical framework"，[2007] 32(5) EL Rev.，664 – 85；D. Carlton，"A General Analysis of Exclusionary Conduct and Refusal to Deal — Why Aspen and Kodak Are Misguided"，[2001]（NBER Working Paper No. 10105）. http：//www. nber. org/papers/w8105，2013 年 9 月 13 日访问；Z. Chen，T. Ross and W. T. Stanbury，"Refusals to Deal and Aftermarkets"，[1998] 13 Reviewof Industrial Organization，131；B. Doherty，"Just What Are Essential Facilities"，[2001] 38 CMLR，397；A. Jones，"A Dominant Firm' s Duty to Deal：EC and US Antitrust Law Compared" in Phillip Marsden（ed.）*Handbookof Researchin Transatlantic Antitrust*（2006）；Lang，"Defining Legitimate Competition：Companies"（n 282）；M. Lao，"Aspen Skiing and Trinko：Antitrust Intent and Sacrifice"，[2005] 73 Antitrust LawJournal，171；OECD，"The Essential Facilities Concept"（Background Note，OECD/GD(96) 113），G. Robinson，"On Refusing to Deal with Rivals"，[2002] 87 Cornell Law Review，1177；A. Stratakis，"Comparative Analysis of the US and EU Approach and Enforcement of the Essential Facilities Doctrine"，[2006] 27 ECLR，434；J. Venit（2005）'Article 102：The Last Frontier — Fighting Fire with Fire?，[2005] EILJ，1157。

[284] Cases 6 & 7/73，*Instituto Chemioterapico Italiano SpAand Coommercial Solvents Corpv. Commission*（Commercial Solvents）[1974] ECR 00223.

[285] 关于捆绑销售，可参见 D. Spector，"From harm to competitors to harm to competition：one more effort，please!"，[2006] 2(1) Supp. Special Issue，Euro. CJ，145 – 62；K. U. Kühn，R. Stillman and C. Caffarra，"Economic theories of bundling and their policy implications in abuse cases：an assessment in light of the Microsoft case"，[2005] 1(1) Euro. CJ，85 – 121；D. Ridyard，"Tying and bundling — cause for complaint?"，[2005] 16(6) ECLR 316 – 9；M. Furse，"Article 102，Microsoft and bundling，or 'The Half Monti' "，[2004] 3(3) Comp. LJ，169 – 78。

[286] Case T – 30/89 *Hiltiv. Commission*[1991] ECR II – 1439，在 C – 53/92 P *HiltiAG v. Commission* [1994] ECR I – 666 案中得到确认。

[287] Case T – 83/91 *Tetra Pak Rausing SA v. Commission*（*Tetra Pak II*）[1994] ECR II – 755.

[288] *Magill TV Guide/ITP，BBC and RTE*（Case IV 32.85）Commission Decision（89/205/EEC）[1989] OJ L 78/43.

[289] Case T – 111/96*ITT Promedia NV v. Commission*（*Promedia*）[1998] ECR II – 2937.

[290] Case 71/71 *Re Continental Can Co. Inc.* [1972] OJ L 7/25.

[291] 详见 Case 6/72*Europemballage Corpand Continental CanCo. Inc. v. Commission*（*Continental Can*），[1973] ECR 215，at para 26。

[292] 例如，企业可能并不会采取拒绝交易的行为，但却可以降低商品质量，据此损害其竞争对手（利益——译者注）。

8.187 最后,普通法院为并购案件中的损害理论设定了非常高的证据标准,也就是说任何符合这一标准的行为都有可能会被认定为是违反竞争的,在这种情况下可能会适用第102条。

(二)第101条

8.188 普通法院在 *GE v. Commission* 案中提到,如果欧委会并未针对问题进行特定地、详尽地调查,就可以依据第102条或可适用的欧共体法律中的其他规定来辨明所涉问题的非法性的话,那么欧委会就有职责在评估经并购产生的企业将要参与这种行为的时候发现并考虑到这一因素。

8.189 由此可以得出结论,尽管欧委会在作出并购决定的时候有权依据现有证据来评估所涉行为的非法性及其被惩罚的可能,然而,其必须在评估的过程中辨明可预见的行为,而且如果合适的话,评估并考虑到交易很明显或极有可能被认定为违反共同体法律这一事实所展现出的威慑作用。

8.190 关于并购发生之后第102条的实施,欧委会、普通法院和欧洲法院都会考虑到一个与第101条的实施相关的因素。值得分析的是:第101条的实施,是否在对抗并购之后卡特尔成员所从事的反竞争行为方面具有效果。我们将会简要介绍宽大机制、[293]对抗性因素(如刑事定罪),罚款[294]和私人执行问题。

8.191 根据提尔诺(Tierno)(2008)[295]的观点,由于卡特尔违法的严重性及其之间的秘密性,任何针对卡特尔的、设计良好的执行系统都应当包含合适的工

---

[293] M. Reynolds and D. Anderson, "Immunity and leniency in EU cartel cases: current issues", [2006] 27(2) ECLR, 102 - 90; D. Henry, "Leniency program: an anaemic carrot for cartels in France, Germany and the UK?", [2005] 26(1) ECLR, 13 - 23; K. Nordlander, "Discovering discovery—US discovery of EC leniency statements", [2004] 25(10) ECLR, 646 - 59.

[294] C. Veljanovski, "Penalties for price - fixers: an analysis of fines imposed on 39 cartels by the EU", [2006] 27(9) ECLR, 510 - 3; M. Motta, "On cartel deterrence and fines in the European Union", [2008] 29(4) ECLR, 209 - 20.

[295] 详见 M. Tierno, "An optimal enforcement system against cartels" in I. Kokkoris and I. Lianos, *The Challenge of an Optimal Enforcement System* (London: Kluwer, 2008)。

具,以高效地:[296]

(1)检测出并终止现有的卡特尔;

(2)惩罚违法行为;

(3)不仅要通过预防累犯,还要通过阻止在其他企业之间形成类似行为或鼓励它们停止其他正在进行的卡特尔行为,来防止未来形成卡特尔;

(4)帮助受害者得到赔偿。

8.192 欧委会针对卡特尔成员所施加的罚款似乎在逐步上升,尽管罚款额度仍然要遵守全球营业额10%的上限这个门槛。为了实现惩罚的目标,不同的法律体系会适用不同的规则,但它们都试图在卡特尔的各种特征之间建立起来一个客观联系(例如,存续时间、利润、卡特尔成员所扮演的角色、地理范围以及相关违法严重性),企业在调查过程中的行为(例如,合作、宽大或阻碍),以及所施加的处罚。[297] 宽大机制以及罚款系统的成功,可能会对卡特尔成员产生重大的抑制作用,但是这种抑制作用可能会被来自私人诉讼损害赔偿的鼓励作用所损害。如果存在这种可能的话:罚款的降低或免除,将会被损害赔偿诉讼所抵消,在该程序中,卡特尔成员可能有义务提供关于它们从事反竞争行为的相关证据,以作为宽大程序中的一部分,那么这些企业可能就不太愿意申请宽大处理。[298]

8.193 一则来自 Philipp Collins——公平贸易办公室(Officeof Fair Trading,OFT)主席的观点,"要在以下两类案件之间达到一种平衡:为了公共利益而且运用公共资源的一类案件,以及另外一类由法院来处理的案件。"[299] 这可能就

---

[296] 在英国,其当局通过针对卡特尔进行刑事定罪量刑来提高卡特尔执法的威慑性。《企业法》第190条规定,如果发现某个人因违反卡特尔法相关的规定而被定罪的话,可能会面临高达五年有期徒刑,以及可能的罚款(罚款额度不确定)。在形成卡特尔的时候,企业将会衡量共谋会带来的利益,以及包含潜在惩罚在内的可预期成本。至于威慑作用,预期惩罚必须要超过卡特尔的预期收益。定罪这种手段可能被证明是比较高效的,因为罚款额度最高可能会到达企业全球范围内营业额的10%,而涉及主使一个卡特尔的个人(有时候可能并非高层管理人员)则并不会面临产生自罚款的任何金钱方面的损失。英国1986年的公司董事资格取消法案,就解决了取消董事资格的问题,其可能会面临最少2年,最多15年的徒刑。如果欧共体/英国的宽大决定被授予,或并未发出审查异议的话,就不会适用该法。如果是涉及刑事处罚的话,证明标准就会变高,这就会免除竞争当局的举证责任,如果没有卡特尔成员帮助(如宽大手段的适用)的话,就会非常困难。

[297] M. Tierno (n 295).

[298] J. Pheasant, "Damages actions for breach of the EN antitrust rules: the European Commission's Green Paper", [2006] 27(7) ECLR,365 -81.

[299] T. Buck, "Gates open for a private chase" (Financial Times, 19 January 2006), http://www.ft.com/intl/cms/s/0/59548a96 -8890 -11da - a05d -0000779e2340.html#axzz2P8O60Sja,2013年9月13日访问。

意味着要通过以下两种任务之间的明确分工来实现竞争法实施的“两只手臂”之间的互补作用：一些调查是为了实现公共利益，而另外一些案例通过私人诉讼来解决可能会更好。[300] 前面一类案件，都是可以想象得到的大型卡特尔和滥用支配地位案件。而那些交由法院处理的案子，其公共利益相关性则相对较小。[301]

8.194 近年来，关于第101条的适用已经非常成功。有关第101条实施的整套工具，与适用第102条的案例相比，可以很快地得出结论。这样一来，与第102条相比的话，实施第101条将会更有效。结果，会导致实施第101条的威慑作用有可能会大于第102条。

8.195 正如（上文）所提到的，欧洲法院在*Tetra Lava/Sidel*案中的一个主要保留意见就是：在评估一个提交申报的并购的时候，一个有关确立违反第102条的行为是否会发生，以及未来该行为可能会通过几个不同法令被惩罚的评估可能投机性太大，而且这也无法使得欧委会以所有相关事实为基础来确定其是否支持一种经济场景：这种杠杆作用可能会发生。相类似地，欧委会在《非横向并购指南》中表示：

> 更进一步来讲，只有在特定情形之下，一个行为的非法性才有可能会对经并购产生的企业从事这种行为形成抑制作用。尤其是，以总结分析为基础，欧委会将会考虑：（i）这一行为依据共体法律将会明显或非常有可能被认定为非法的可能性，（ii）这种非法行为被发现的可能，以及（iii）可能会实施的惩罚。

8.196 在这种背景之下，欧洲法院和欧委会所关注的是在并购之后的市场上可能会违反第102条的行为。正如上述分析所证明的那样，相对于第102条而言，实施第101条可能会更快捷、更高效得多，而且其威慑作用更大。据此，如果在评估并购案件过程中发现明示共谋的话，我们可以设想：欧委会和普通法院/欧洲法院在通过一项并购案的时候，可能给予“第101条会给并购之后的市场带来的威慑作用”这一因素更多重视。

---

[300] B. Rodger, “Private enforcement of competition law, the hidden story: competition litigation settlement in the United Kingdom 2000 – 2005”, [2008] 29(2) ECLR, 96 – 116; J. Martin, “Private antitrust litigation in Europe: what fence is high enough to keep out the US litigation cowboy?”, [2007] 28(1) ECLR, 2 – 7.

[301] Waelbroecketal., “Private enforcement: current situation and methods of improvement”, Kokkoris and Lianos (n 295).

八、结　　语

8.197 为实现提高经济效率这一目标，可能需要企业的结构性重组，以开发单一市场中的规模经济和范围经济。在这一过程中，并购控制对于维持和保护能够实现竞争利益的市场结构而言至关重要。

8.198 本章节遵循了自“依据第102条审查 *Flat Glass* 案”和“依据《欧盟并购条例》审查 *Nestlé* 案”以来，共同支配地位/协调效应概念的发展。本章分析了欧委会在评估可能带来共同支配地位/协调效应的并购会考虑到的相关因素，而且我们也看到，这些衡量因素的重要性会由于每个特定市场的经济条件不同而不同。在运用共同支配地位这一概念的时候，有必要明确区分竞争和支配性垄断。在这一方面，市场界定对于准确识别每个寡占市场的条件而言至关重要。

8.199 关于评估共同支配地位/协调效应，我们应当参照三个主要的分析方法。第一是个案分析法，但由于其给并购交易方带来了更多的法律不确定性，因此不具有实际可操作性；第二是以完美清单为基础的完全分析法，但这种方法不可行，因为并不存在“完美的”检测方法，或“穷尽的”清单；第三是“指南”分析方法，在欧委会会发布指南并在指南中明确评估共同支配地位时所考虑的各种因素。根据埃特(Etter)(2000)可知，“指南”是目前的最佳选择。

8.200 欧委会发布指南，其阐明了分析横向并购时所采用的分析方法，并且明确了对于新版《欧盟并购条例》的适用。

8.201 指南[302]不仅描述了理论基础，还且还提及了在评估一个横向并购可能给竞争带来负面影响的时候所采用的分析方法。更为重要的是，为了改善经济分析的质量，指南关注的是现阶段在辨明并购参与方相互之间所施加竞争限制的时候，所需要的分析方法的属性。目标在于提供更大的可预期性，以使得所有的相关交易方获取更多的法律确定性。指南探索了横向并购可能带来的负面影响，并且考虑了横向并购可能严重损害有效竞争的主要方

[302] Guidelines on the assessment of horizontal mergers under the Council Regulation on the control of concentrations between undertakings [2004] OJ C 31/5；欧委会的通知和指南并不具备法律约束力。然而，这些官方文件却是欧委会对于不同重要问题所持观点的重要指示。

式。一个横向并购可能通过创造出一个有助于维持默示共谋的环境而导致形成协调效应，从而损害有效竞争并导致价格上涨。

8.202 在 *Airtours v. Commission* 案〔303〕中，普通法院列举了协调效应的评估标准，《横向并购指南》中也包括这些标准。在 Airtours 案中，普通法院〔304〕明确了《欧盟并购条例》中最模糊的领域之一所应当适用的法律；也就是寡占市场中的并购所应当适用的法律。普通法院的决定列举了达成并维持共同支配地位或默示共谋必须满足的三个条件。普通法院认为，仅仅寡占的每一个成员都意识到独立行动是有利可图的还不够。还必须要有足够的透明度，以使得企业能够监督其他企业的行为，并能够发现脱离行为。〔305〕

8.203 第二个条件，是存在报复机制这种阻止并惩罚脱离行为的机制。如果在所有的企业之间达成一个默示协议：通过收取更高的价格来降低竞争程度，那么任何企业都有可能会倾向于通过收取较低的价格来提高利润，从而脱离共同政策。为了使得默示协调能够随着时间的推移得以维持，正如经济分析所展示的那样，必须要存在一种不会脱离于市场上共同行为的切实可靠的动机。然而，惩罚威胁可能并不总是可靠的，因为这会给采取惩罚措施的企业带来高额成本。〔306〕

8.204 普通法院还指出，为了确保一个共同政策的可持续性，欧委会应当证明：现有的和潜在的竞争对手以及消费者〔307〕在面对经并购产生的企业降低产出的时候，无法通过提高自身产能形成对抗性力量。来自第三方的现有或潜在竞争限制，是 *Kaliund Salz* 案〔308〕被通过的一个重要原因。

---

〔303〕 Case T－342/99 *Airtoursv. Commission*［2002］ECR II－02585.

〔304〕 在其于 2000 年 6 月 6 日的判决中（Case T－342/99 *Airtoursv. Commission*［2002］ECR II－02585）。

〔305〕 S. Stroux（n 169）at 740.

〔306〕 正如 Bishop 和 Walker（2002）所认为的那样，一个关于长期变量（如引入新产能或新投资）的协调，不大可能被企业采取或维持，因为其报复机制可能并没有关于短期变量（如价格或产出）的协调那么有效可靠。详见 Bishop 和 Walker（n 45）at 286。

〔307〕 买方若想要给经并购产生的企业带来重大影响的话，尤其必须能够不会过分延迟地，或产生额外支出地转向其他供应商，（与此同时，经并购产生企业的）竞争敌手会扩张赞助量，据此有效地通过形成纵向合并，以及停止或迟延从经并购产生的企业处购买产品或服务来形成威胁。详见 Guidelines on the assessment of horizontal mergers under the Council Regulation on the control of concentrations between undertakings［2004］OJ C 31/5, at §64－§67。

〔308〕 *Kaliund Salz/MdK/Treuhand*（Case VI/M. 308）Commission Decision（94/449/EC）［1994］OJ L186/38；on appeal Cases C－68/94 and C－30/95 *Francev. Commission, Societe Commercialees Potasseset del' Azore*（*SCPA*）*v. Commission*［1998］ECR I－1375，［1998］4 CMLR 829.

8.205 正如上文所提到的那样，协调还将会取决于有关市场结构的一些其他因素，包括：市场进入[309]和退出障碍、市场上的企业数量较少、协调以达成均衡的能力、实施所达成承诺的能力，以及监督并阻止任何潜在的 maverick 企业的能力。这些因素取决于一些特征，例如，产品同质性、较低的需求增长、关于需求的较低的价格弹性、对称性成本结构，以及正如数据 8.2 所展示的多重市场合同。[310]

8.206 莫塔(2004)指出，[311]会导致并购产生共同支配地位/协调效应的两个因素是：独立企业数量的减少以及这种数量的减少会给形成共谋带来可能，和强化的资产分配系统带来的积极影响。他指出，在这两种情形之下，在并购发生之后的市场上形成共谋的范围都会更高。至于非协调效应，他认为并购（不存在效率提高）将会降低消费者盈余，[312]因此给竞争带来负面影响。[313]

8.207 至于欧委会在指南中对于协调效应的分析，瑞迪亚德(2004)认为，欧委会错失了这样一个机会：阐明其关注点在于交易会给市场带来的影响。因此，会存在一种危险，即欧委会将会混淆“在一个产业中并购发生之前的竞争状态”与“并购将会如何影响竞争的评估”之间的区别。这种结果可能会严重损害分析的明确性和可预测性。[314]

8.208 另外，值得一提的是，还很有可能会存在一种不确定的情形，即欧委会可能会通过或禁止一项并购，但并未在实质上明确指出其竞争关切所在。EMI

---

[309] 为证明市场进入障碍足以对参与并购的企业产生重大竞争限制，必须证明这种障碍是可以及时地充分地禁止或挫败并购可能会给竞争带来的任何潜在负面影响。详见 Guidelines on the assessment of horizontal mergers under the Council Regulation on the control of concentrations between undertakings [2004] OJ C 31/5, at §68。

[310] 详见 Europe Economics (2001), “Study on Assessment Criteria for Distinguishing between Competitive and Dominant Oligopolies in Merger Control”, [2001], 29, http://europa.eu.int/comm/enterprise/library/lib-competition/libr-competition.html, 2013 年 9 月 13 日访问。

[311] M. Motta, *Competition Policy—Theory and Practice* (Cambridge: Cambridge University Press, 2004), 251.

[312] M. Motta, *Competition Policy—Theory and Practice* (n 311) at 234.

[313] 消费者福利可以等同于消费者盈余。Case 6/72 *Europemballage Corpand Continental Can Co. Inc v. Commission* (*Continental Can*) [1973] ECR 215, [1973] CMLR 199, para 25; and Case T-168/01 *GlaxoSmithKline Services/Commission* [2006] ECR II-02969, para 118. 欧洲法院和普通法院先后澄清：竞争法的目标是消费者福利。尽管前面一个案件发生于第 4064/89 号条例（公布——译者注）之前，而第二个案件的决定是在第 4064/89 号条例（公布——译者注）之后做出的。

[314] D. Ridyard, “The Commission's new horizontal merger guidelines—an economic commentary”, [2004], http://gclc.coleurop.be/documents/DR%20GCLC%20paper%20March%2004.pdf, 2013 年 9 月 13 日访问。

和 Warner 已经进行了有关潜在并购合作的讨论。然而,在普通法院的撤销决定之后,两公司宣布,他们将要在这一阶段放弃并购计划,因为普通法院质疑监管机构是否会允许音乐行业的进一步合并。

8.209 通常情况下,欧委会在决定一个集中型市场中的共同支配地位/协调可能性的时候,会广泛依赖"评估标准"。*Airtours v. Commission* 案[315]中所涵盖的三个标准,同时也是指南中重复的三个标准,是竞争执法机构为了得出并购将会带来协调效应这一结果必须要证明的标准。诸如企业数量、市场集中度、市场透明度以及企业对称性这些标准,都在欧委会的评估中被赋予了更大的权重。决定性因素在于这些标准间的互动,及其会对并购发生之后的市场带来的综合影响。欧委会在其评估的过程中,不应当混淆一个寡头市场的正常运行和寡占型支配地位的区别。

九、附　　录

8.210 图 8.2[316]涵盖了容易引发协调行为的各因素之间的互动。

[315] Case T – 342/99 *Airtoursv. Commission*[2002]ECR II – 2585.

[316] European Economics, "Study on Assessment Criteria for Distinguishing between Competitive and Dominant Oligopolies in Merger Control", [2001], 120, http://europa. eu. int/comm/enterprise/library/lib – competition/libr – competition. html,2013 年 9 月 13 日访问。

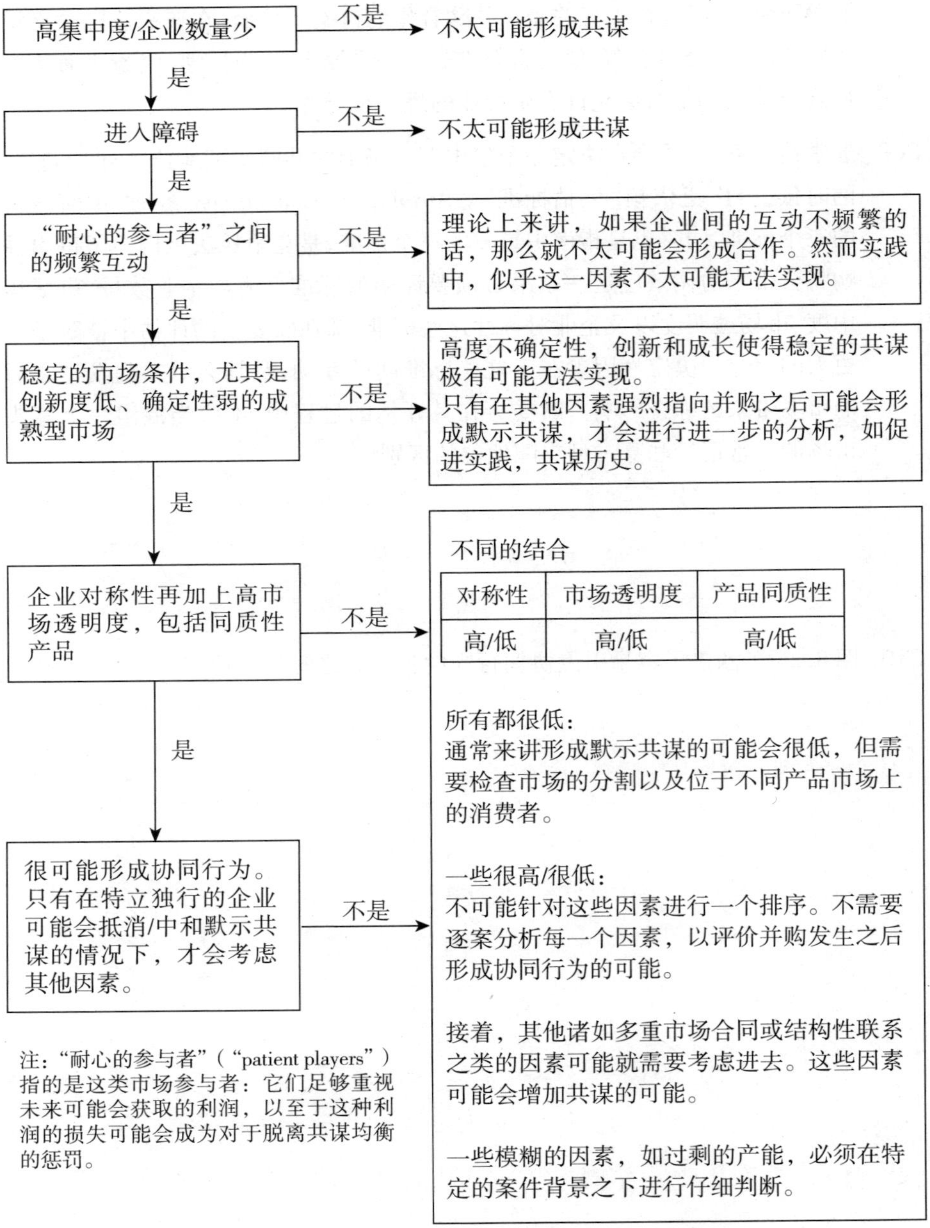

注：“耐心的参与者”（“patient players”）指的是这类市场参与者：它们足够重视未来可能会获取的利润，以至于这种利润的损失可能会成为对于脱离共谋均衡的惩罚。

图 8.2　逐步式分析方法

第九章　非横向并购

一、非横向并购有利于竞争的属性
（一）生产效率和成本节约
（二）纵向外部性和排他性
（三）交易成本和劫持问题
二、非横向并购评估的初始阶段
三、非横向并购指南
四、纵向并购评估
（一）非协调效应：封锁
（二）协调效应
（三）两个重要案例
五、混合并购评估
（一）非协调效应
（二）混合并购的协调效应

9.01 非横向并购，指的是活跃在不同市场上的企业之间进行的并购。[1] 这类并购不会立刻减少直接竞争，反而可能产生促进竞争的效果。与之相反，横向并购会给市场集中度的提高带来直接影响，而且有可能直接导致经并购产生的企业市场力量的提升，甚至还可能转化为更高的均衡价格。

9.02 通常情况下，非横向并购不会影响市场集中度的变化，而且经济理论和实践都说明非横向并购的竞争影响取决于所分析情况的特征。价格弹性，指的是价格上涨对竞争对手的商品销售量的影响，也表示由于价格上涨而导致的消费者从一个企业向另外一个企业的转移。如果类似于横向并购的情形，两个

[1] 非常感谢法律硕士 George Kyprianides 先生对混合并购分析提供的研究帮助和资料支持。

企业是直接的竞争对手,那么一个企业的产品价格上涨将会导致其消费者向竞争对手处转移。相反,具备非横向关系的企业销售的互补产品的价格和数量之间的关系具备消极的交叉价格弹性特征,因此某产品的价格上涨不仅会降低这些特定产品的销售量,还会降低其互补产品的销售量。生产互补产品的企业之间进行合并,通常会促使企业降低产品价格,与消费者利益相一致,因为一种产品价格的降低会导致其互补产品需求的增加。通常认为,相对于非横向并购而言,横向并购可能会对竞争过程带来更大的损害。[2] 欧委会在评估纵向并购和混合型并购可能带来的反竞争损害和产生的效率时,适用的证据标准基本上与横向并购相同。[3]

一、非横向并购有利于竞争的属性

9.03 《非横向并购指南》[4](“指南”)提到,纵向并购和特定类型的混合型并购所具备的一个共同特征,就是并购参与方所从事的活动或所提供的产品是互补的,互补活动或互补产品的结合可以产生重大的效率,有助于竞争的发展。正如本章将要阐述的那样,非横向并购可能会引发一系列的效率提高,如节约边际成本、提高产品质量、便捷消费者、通过避免古诺效应或执行歧视价格来提升价格效率、通过规模经济和范围经济来提升生产效率、提升财务效率、改善信息流动和协作。因此,非横向并购不仅有可能会带来效率的提升(双重溢价内部化,消费者“一站式”购物,交易成本降低),同时这类交易也并未移除并购参与方相互之间施加的竞争限制,因为这些企业活跃于市场的不同层面(纵向并购情形下)或不同市场(混合型并购情形下)中。[5]

---

〔2〕 M. Wija, “EC Merger Control: does more economics bring increased legal certainty in the assessment of conglomerate mergers?”, [2008] 14(3) Int. TLR, 61 –74.

〔3〕 T. Weckand A. Scheidtmann, “Non – horizontal mergers in the Common Market: assessment under the Competition Commission’s guidelines and beyond”, [2008]29(8)ECLR, 480.

〔4〕 Guidelines on the assessment of non – horizontal mergers under the Council Regulation on the control ofconcentrations between undertakings[2008] OJ C 265/07 (“Non – horizontal Merger Guidelines”).

〔5〕 Guidelines on the assessment of non – horizontal mergers under the Council Regulation on the control ofconcentrations between undertakings[2008] OJ C 265/07, para 13.

9.04 毕肖普、洛法罗和罗萨蒂(2006)[6]正确地指出,任何竞争损害理论都必须要指明会导致所声称损害的条件,并且要对相关行业的特征和行为进行损害理论测试。他们将纵向并购和混合型并购可能带来效率提升归类为以下四部分:

- 提升价格效率:通过移除外部定价的需求,非横向合并能够带来一个更高效的结果。
- 提高生产效率:规模经济和范围经济能够促进对投入或生产性资产的高效利用。
- 阻止利润剥削:通过对企业投资者的利益进行整合,非横向并购能够带来重大效率提升。
- 最后,非横向并购能够降低交易成本,并减轻不完整的合同带来的负面结果,进而提高效率。

9.05 欧委会在起草《非横向并购指南》时,委任杰弗里·丘奇(Jeffrey Church)完成一个非横向并购会对竞争产生影响的报告。我们简单介绍一下丘奇对非横向并购产生的效率的分析。[7] 丘奇将非横向并购产生的效率分为以下三类:(1)生产效率和成本节约;(2)纵向外部性的内部化,以及激励的联盟;(3)节约交易成本,包括减轻机会主义行为。[8]

(一)生产效率和成本节约

9.06 非横向并购参与方之间的协调性可能会增强,这将大大地促进不同生产效率的提高和成本的节约。在纵向并购中,低效生产投入替代的消除可以降低成本。赖尔登和塞普洛(1995)[9]指出,纵向并购带来的设计和生产方面的协调性会产生其他的潜在效率,包括成本降低、质量提高、交付时间缩短、质量控制改善、库存成本降低、生产运营优化等。

9.07 在混合并购中,将互补产品捆绑至一个系统(即由不同产品组成部分捆绑起来而构成的产品)中,而非让消费者自由选择组装可兼容的组件,可能对于企

[6] S. Bishop, A. Lofaroand F. Osati, "Turning the tables: why vertical and conglomerate mergers are different", [2006] 27(7) ECLR, 403 - 6.

[7] J. Church, "Vertical Mergers" in *Issues in Competition Law and Policy* (ABA Section of Antitrust Law 2008) 2, 1455.

[8] 在分析这些效率时,我们会展示由丘奇所完成的分析;J. Church, "Vertical Mergers" (n 7).

[9] M. H. Riordan and G. Salop, "Evaluating Vertical Mergers—A Post Chicago Approach", [1995] 63 Antitrust Law Journal 63, 513 - 68, 523 - 4.

业和消费者而言都更有效率。相对于消费者而言,企业在专业、知识和技术方面具备更多的优势,所以由企业来组装产品的成本更低。即便并非总是如此,但在绝大多数情况下,企业拥有组装系统必备的专业技能和组装配件的必备知识,因此能够降低成本。此外,企业将规模经济和范围经济相结合,再加上其在生产和分销过程中积累的经验,使得企业能够更高效地生产一系列产品或将若干产品组合在一起捆绑销售。确实,向消费者引进非捆绑式的选择,以使他们能够从零开始设计出产品会产生固定成本,这可能并不符合效益原则。

9.08 埃尔斯、帕迪利亚(Padilla)和塞林杰(Salinger)(2003)[10]强调了在捆绑销售或搭售中,与产品供应结果相关的固定成本如何发挥其在限制消费者组装系统的能力的作用。这种固定成本的存在意味着即便是在竞争性市场中,也会对产品供应产生限制。他们用两个例子证明了上述观点,一是餐馆基本上都把面包包含在所提供的食品中;二是订阅人无法自行设计报纸,因此订阅人不能只选择接受它们希望获得的内容并为之支付报酬。

(二)纵向外部性和排他性

9.09 如果一个企业的行为直接影响到了另外一个企业利益的话,就会产生外部性。这些企业可能是一个上游企业和一个下游企业,销售相同生产商生产的产品的两个下游企业,或是两个生产商。生产商与零售商之间的排他性(或因纵向并购产生的等同的排他性)导致的协调增强由于以下原因而产生了优势:(1)纵向结构之内的激励联盟;(2)防止"搭便车";(3)质量认证、创设以及维持。

9.10 当零售商在产品质量和销售方面进行投资时,激励效应就会产生。如果存在消费者封锁的话,那么零售商在销售方面进行投资的自我激励就不能"分散于"不同生产商的产品之上。更进一步来讲,纵向合并,意味着生产商能够与他们的零售商分享市场条件以及促销计划或促销活动的信息,而且也不太需要担心这类信息会被有意或无意地泄露给生产商的竞争对手。排他性还会消除零售商可能通过降低成本和使用质劣产品进行替代以获取利益的动机。如果零售商没有办法从生产商的竞争对手处获取质劣品牌产品的话,这一动

---

〔10〕 S. David, A. Evans, J. Padilla and M. A. Salinger, "A Pragmatic Approach to Identifying and Analyzing Legitimate Tying Cases" in C. D. Ehlermann, and I. Atanasiu *European Competition Law Annual: What is an Abuse of Dominant Position* (Oxford: Hart Publishing, 2003), 557 - 72.

机就会更低。相类似地,纵向并购会使上游企业和下游企业的福利联系得更为紧密。任何一个企业为了提升需求或质量所进行的投资,都不会在与其他企业相互独立时将其他企业的利益考虑在内,但是在并购发生之后,这些企业的利益将会被内部化。

9.11 如果生产商与零售商之间不存在排他交易安排或纵向并购,生产商对零售商及其产品进行投资的动力就会因其他生产商潜在的"搭便车"行为(从某一活动中获益却不承担任何成本)而减少。通过排他性安排或纵向并购消除的"搭便车"行为包括以下几种情形:

(a)对产品质量和促销活动进行投资所增加的需求量被竞争对手"搭便车"。在这种情况下,生产商的投入增加了对产品种类的需求,而生产商的竞争对手会试图通过对零售商施加财务激励(如更高的利润)达到转移消费者的目的,进而从新增需求中获利。

(b)如果产品创新和设计并未受到知识产权的完全保护,这种产品创新和设计会被竞争对手"搭便车"。如果竞争对手能够轻易地对产品进行复制和销售,那么他们就又会引诱消费者转而选择他们提供的定价(更低)的仿制品。

(c)对零售商的投入被竞争对手"搭便车"。如果生产商对零售商投资获得的利益不是专门归于该生产商的话,该生产商对零售商投资的动力就会减少。例如,生产商对零售商销售队伍的投资(通过技术教育和培训)。

9.12 文献中另外强调的一个纵向外部性是质量保证。联合提供构成一个系统的所有零部件,当这一系统完全不能运作或运作不佳时,可以避免追究究竟是哪一个零部件造成了这种运作障碍而产生的争端和分歧。联合提供确保了企业能够发展并维持高质量的声誉。此外,联合提供为企业展示其自身系统的高质量提供了一种机制。联合提供可以以较低的价格提供一种较高质量的零部件(通常是典型的耐用型产品),因为企业弥补其在耐用型产品上的初始损失的唯一方式就是其他零部件的销售和利润,而这些销售也只有在产品质量够高的情况下才能实现。

(三)交易成本和劫持问题

9.13 非横向并购能够通过更为高效地缓和劫持问题来降低交易成本,并促进对于特定资产的投资。如果某一资产对于任何其他可选买卖方而言都没有价值的话,那么这一资产对于某一交易关系(也就是说,在一个给定的买方和另外一个给定的卖方之间)而言就是特定的。更为常见的是,如果某一资产被用于其他用途(也就是说,与其他可选交易伙伴合作)其价值就会有所减损的话,那么就存在一定程度的资产特定性。资产特定性程度与资产的沉没成本(即如果交易关系终止的话,这一损失将无法得到弥补)的大小有关。

9.14 所谓的劫持问题,是指与对特定交易关系中的特定资产进行投资相关的障碍。劫持问题包括买方(目标为更低的价格)或卖方(目标为更高的价格)的机会主义行为,买卖双方会在投资于特定资产之后试图重新协商交易条款。例如,在投资之前,买方可能已经同意支付零售商的平均总成本;但在投资之后,如果存在资本沉没成本的话,即便是卖方仅收到平均可变成本,也愿意提供产品。如果卖方预感到买方可能会对卖方在投资之后的动机变化加以利用,那么卖方将不愿意进行必要的投资。如果通过签订私人合同消除劫持问题的成本过大的话,那么对于交易双方而言,另一种选择就是进行非横向并购。

二、非横向并购评估的初始阶段

9.15 在指南通过之前,欧委会已经以交易方产生或强化支配地位和封锁竞争对手的能力为基础对大多数纵向并购进行评估。欧委会解决的始终都是交易方采取反竞争行为的动机问题,但又在绝大多数案件中仅从表面上评估这种动机。[11] 此外,在某些案件中,[12] 仅通过在其中一个受影响市场上的市场力量认为拟进行的并购可能会限制共同市场上的竞争。

9.16 在后来的案件中,欧委会评估了交易参与方封锁竞争对手的经济动机。在一些案件中,企业在上游市场或下游市场中的一个市场具有市场力量就足以认定拟进行的并购可能会限制竞争。[13] 在 *Philips/Intermagnetics* 案、[14] *Johnson &Johnson/Pfizer Consumer Healthcare* 案、[15] *Thales/Finmeccanica/Alcatel*

[11] Case T-210/01 General Electronic v. Commission [2005] ECR II-5575.

[12] Skanska/Scancem(Case IV/M. 1157) Commission Decision (1999/458/EC) [1999] OJ L 183/1.

[13] Á. Ramos, T. Mohan and F. Carloni, "Evaluating Vertical Mergers Post Non-Horizontal Guidelines: An Economics-Based Approach?" (The Global Competition Law Centre, Working Papers Series) (Working Paper 03/09), 6.

[14] *Philips/Intermagnetics*(Case COMP/M. 4300) [2006] OJ C 242/06.

[15] *Johnson& Johnson/Pfizer Consumer Healthcare*(Case COMP/M. 4314) [2006] OJ C 258/08.

Alenia Space and Telespazio(*Thales*)案[16]以及*Evraz/Highveld*案[17]等案件中，欧委会从经济分析的角度对其用于纵向并购和混合型并购的分析方法进行了更为清晰的说明，这些并购通过与否的决定均是由欧委会在非横向并购指南通过之前作出的。

9.17 在*Scancem/Skanskan*(此处应为Skanska。——译者注)的并购案[18]中，瑞典最大的水泥和建筑材料生产商(Scancem)与最大的预拌混凝土、干硬性混凝土以及预铸混凝土生产商(Skanska)之间进行并购，欧委会认为，鉴于并购后企业将会具有较高的市场份额，将会在水泥市场中占据支配地位。欧委会主要关注交易参与方提高其竞争对手成本的能力，而未对交易参与方进行上述行为的经济动机进行评估。[19] 这是一个很重要的因素，因为为了使封锁策略具备盈利的可能性，参与并购的上游企业放弃的收益，必须足以被下游企业增加的收益完全抵消。[20] 这与欧委会在*EDP/GDP*案[21]中的分析很类似，欧委会在该案中也仅关注了企业的封锁能力，而没有分析其采取封锁行为的经济动机，由于欧委会对相关企业提交的救济措施不甚满意，最终未通过该项交易。

9.18 在*Telia/Sonera*案[22]中，虽然没有进行经济分析，但是欧委会认为，为了增强Sonera的优势，Telia具有扭曲竞争的动机。所以，在作出通过该项并购的决定中，欧委会不仅考虑到了经并购产生的企业所具备的能力，还顾及了该企业的经济动机，但没有针对这种动机进行分析。*Imperial Tobacco/Altadis*并购案[23]是欧委会依据并购方提交的经济评估认定并购方不具备封锁能力的案件之一，[24]该经济评估主张并购方实施封锁行为无利可图。

9.19 在*Neste/Ivo*并购案[25]中，欧委会担心由于天然气是电力生产的一种投入，

---

[16] *Thales/Finmeccanica/Alcatel Alenia Space and Telespazio*(Thales) (Case COMP/M.4403) [2009] OJ C 34/06.

[17] *Evraz/Highveld*(Case COMP/M.4494) [2007] OJ C 5/03.

[18] *Skanska/Scancem*(Case IV/M.1157) Commission Decision (1999/458/EC) [1999] OJ L 183/1.

[19] *Skanska/Scancem*(Case IV/M.1157) Commission Decision (1999/458/EC) [1999] OJ L 183/1.

[20] Guidelines on the assessment of non – horizontal mergers under the Council Regulation on the control of concentrations between undertakings[2008] OJ C 265/07, para 40.

[21] *EDP/ENI/GDP*(Case COMP/M.3440) [2004] OJ C 209/06.

[22] *Telia/Sonera*(Case COMP/M.2803) [2002] OJ C 133/09.

[23] *Imperial Tobacco/Altadis*(Case COMP/M.4581) [2007] OJ C 210/07.

[24] *Imperial Tobacco/Altadis*(Case COMP/M.4581) [2007] OJ C 210/07.

[25] *NESTE/IVO*(Case No. IV/M.931) [1998] OJ C 126/04, paras 2 – 3.

交易方能够利用其在天然气市场上的强势地位来提高电力生产竞争对手的成本。[26] 但是,在芬兰只有10%的企业使用天然气发电,因此提高竞争对手成本的经济激励相当小。但是,欧委会认为,在芬兰,天然气对于发电而言具有十分重要的战略意义,而且在未来几年中这种重要性将会逐年提升。[27] 在附条件通过该案件的过程中,欧委会主要关注的是交易方的能力,但同时也注意到了其动机。

9.20 在 *Evraz/Highveld* 案中,欧委会的分析所关注的是并购会给消费者带来的影响。[28] 问题在于,并购是否会导致下游市场上价格的提高。欧委会认为,产业结构的特定变更,例如纵向合并的程度,或潜在的活跃于供应链中间环节的企业被边缘化的情况,如果这些变更最终会给下游市场带来负面影响的话,就会被认为是有害竞争的。[29]

9.21 *Thales/Finmeccanica/AlcatelAlenia Space and Telespazio* 案是一个非常有趣的案子。[30] 有关该案的决定,就是在非横向并购指南正式通过之前的几个月作出的。当时的竞争委员 Neelie Kroes 评论道:"这一并购在一个包含高技术产品的市场中创设出了一个复杂的纵向结构,但欧委会已经进行了彻底的调查,而且认为通讯卫星及其次要系统市场上的现有激烈竞争将不会受到负面影响。"[31] 欧委会在评估的第一阶段收集到的证据,引起了严重的竞争关切,尤其是在投入封锁的可能性方面。案件中的协议涉及三个级别的纵向并购。在上游市场上,Thales 和 L3 这两个竞争对手占据支配地位。在下游市场上,很多竞争对手之间的竞争非常激烈。欧委会遵循了一个三步骤检测分析法:能力、动机以及潜在的投入封锁效应。很明显地,这一分析方法与非横向并购指南的规定是一致的。欧委会发现,由于存在竞争限制,经并购产生的企业实施封锁行为的能力会受限。另外,如果企业封锁其竞争对手的话,那么它们就不大可能会获得优势。它们可能会面临高度经济风险;因此,企业参与到这种行为中去的动机就会被降至最低。这种深度经济分析消除了

---

[26] *NESTE/IVO*(Case No. IV/M.931) [1998] OJ C 126/04, para 47.

[27] *NESTE/IVO*(Case No. IV/M.931) [1998] OJ C 126/04, paras 33 – 34.

[28] *Evraz/Highveld*(Case COMP/M.4494) [2007] OJ C 5/03.

[29] P. Lahbabiand S. Moonen, "A closer look at vertical mergers", [2007] 2 Competition Policy Newsletter, 11 – 17, at 14.

[30] *Thales/Finmeccanica/Alcatel Alenia Space and Telespazio*(*Thales*) (Case COMP/M.4403) [2009] OJ C 34/06.

[31] "Mergers: Commission approves acquisition by Thales and Finmeccanica of joint control of two space joint ventures Alcatel Alenia Space and Telespazio" (Brussels, 2007) (IP/07/477).

欧委会的竞争关切,因此欧委会无条件通过了该项并购。

9.22 *Tetra Laval/Sidel* 并购案和 *GE/Honeywell* 并购案可能已经成为发展非横向并购经济政策过程中最为重要的两个案件,因为这两个案件是欧委会最开始改变其非横向并购评估方法的标志性案件。在 *Tetra Laval/Sidel* 案[32]中,Tetra 活跃于加工、包装和分销流质食品的设备、消费品和附带性服务的设计和生产市场。Sidel 是一家涉足包装设备和包装系统的设计和生产的企业。欧委会的市场调查和分析显示,该项交易可能会强化 Tetra 在无菌纸盒包装机器和无菌纸盒市场上的支配地位,并导致其在 PET 包装设备,尤其是 SBM 机器(低能和高能)在"敏感"产品终端用途细分、LDPs、果汁、FFDs 和茶/咖啡饮品市场上产生支配地位。Sidel 在所有终端用途细分的高能和低能 SBM 机器市场上占据领先地位,并在其他 PET 包装设备,尤其是无菌灌装机、二次混料机以及相关服务市场上占有很强的地位。并购后的企业在两个紧密联系的市场上将会占据的支配地位,再加上其在 EBM 机器和 HDPE 灌装机市场上的显著地位,将有可能会增强其在这两个市场上的地位,提高市场进入障碍,将现存竞争对手的重要性降至最低,而且会导致在欧洲经济区域之内整个有关"敏感"产品的无菌和非无菌包装市场上产生垄断型结构。

9.23 欧委会否决了该项并购,因为它认为交易方所提交的救济措施并不令人满意,但普通法院撤销了这一禁止决定。普通法院认为,一个市场中的竞争条件有可能会被市场之外的因素所影响。如果涉案市场是相邻市场,而参与并购交易的一方已经在其中一个市场中占据支配地位的话,那么并购所带来的途径和产能可能会立刻创造出这样的条件:不久的将来,经并购产生的企业通过利用其在先前市场中所占据的支配地位,会在另外一个市场上也获得支配地位。然而,如果并购发生之后,其并不会立刻在第二个市场上产生或强化支配地位,而是需要一段特定时间,并且还将取决于经并购产生的企业在已经占据支配地位的市场上所从事的行为的话,那么欧委会若想要禁止该项交易,就需要在审查拟进行的混合型并购的反竞争效果时,进行更为深入的检查,以给出令人信服的证据来支持其分析。

9.24 欧洲法院认为,尽管针对经济问题欧委会具备自由裁量权,但这并不意味着欧共体法院必须要回避审查欧委会对于经济信息的解释。欧洲法院还表示,

---

[32] *Tetra Laval/Sidel*(Case COMP/M. 2416) Commission Decision (2004/124/EC) [2004] OJ L 43/13, Case T-5/02 *Tetra Laval BV v. Commission* [2002] ECR II-4381, Case C-12/03P *Commissionv. Tetra Laval BV* [2005] ECR I-00987.

欧委会对于混合型并购效果的分析,必须要包含对于会引发杠杆效应的反竞争行为的全面分析;也就是说,其不仅必须要考虑到采取这种行为的动机,还要考虑可能会降低,甚至能够消除这类动机的因素,包括这类行为被认定为非法的可能。在对拟进行的并购进行评估时,有关行为是否会违反第102条,并确认该种行为将会被数个法令惩处的评估推测性过强,这使得欧委会无法以所有相关事实为基础来进行评估,以确定其是否支持这样一个经济方案:例如杠杆作用等方面将会有所发展。

9.25 在非横向并购评估的发展过程中,另外一个重要的案例是 *GE/Honeywell* 并购案,[33]其中由于存在横向重叠,而且交易方的活动在纵向和混合方向上都存在融合,欧委会认为拟进行的并购将会产生反竞争效果。GE 在大型商用飞机引擎和大型区域性喷气式飞机引擎市场上具有支配地位。交易将会强化 GE 在大型商用飞机引擎和大型区域性喷气式飞机引擎市场上的支配地位,并将在企业喷气式飞机引擎市场上产生支配地位。Honeywell 已经在航空电子、非航空电子以及引擎启动市场上占据了显著领先地位。交易发生之后,Honeywell 将在买方供应设备(Buyer - Furnished Equipment, BFE)、供应方供应设备(Supplier - Furnished Equipment, SFE)以及 SFE - 选择[34]航空电子市场上占据支配地位。

9.26 GE 针对欧委会的决定提起上诉,普通法院支持欧委会的以下观点:并购发生之后,申请方先前在大型区域性喷气式飞机引擎市场上的支配地位将会得到强化,而且经并购产生的企业将获取企业"喷气式"飞机引擎市场以及小型船用燃气轮机市场上的支配地位。另外,在每一个市场中产生或强化的支配地位将会严重损害共同市场上的有效竞争。从另一方面来看,欧委会并未充分证明,基于以下原因:(i) Honeywell 的引擎启动和申请人的大型商用飞机引擎之间存在纵向重叠;(ii) Honeywell 的航空电子和非航空电子产品的结合,以及 GE 集团的财务和经济实力;或(iii)捆绑销售申请人的引擎和 Honeywell 的航空电子产品、非航空电子产品的可能性,经并购产生的企业将会产生或强化其支配地位。普通法院认为不应当撤销欧委会的决定,但正如上

---

〔33〕 *GE/Honeywell* (Case COMP/M. 2220) Commission Decision (2001/462/EC) [2004] OJ C 42/05, Case T - 209/01 *Honeywellv. Commission* [2005] ECR II - 05527, Case T - 210/01 *General Electricv. Commission* [2005] ECR II - 05575.

〔34〕 SFE 可以是 SFE - 标准或 SFE - 选择。SFE - 标准是单一来源的,而对于 SFE - 选择来说,机身生产商将针对一种飞机类型的多种(通常是两种)可替代产品获取认证,而且由飞机买方来进行选择。

文所提到的那样,其对欧委会非横向并购影响的分析提出了严重的批评。

9.27 这两个案件之后,欧委会于 2007 年 11 月 28 日公布了关于纵向和混合型并购的指南。[35] 纵向并购和混合型并购的非横向并购指南发布之前,已经作了一些研究准备,包括对毕肖普[36]等人(2005)和丘奇(2004)案件的研究。[37] 杰弗里·丘奇调查了有关反竞争原理以及非横向并购效应的文献,这类文献是以辨明交易是如何通过改变并购后企业的行为动机和/或施加于其的限制而强化其市场力量为基础的。他发现,纵向并购的反竞争效果理论,或依赖于提升竞争对手的成本,或依赖于降低竞争对手的收益。[38] 典型的,与提高竞争对手成本相关的假设包括投入封锁,与降低竞争对手收益相关的假设包括消费者封锁。另外,不管是在欧洲还是在美国,有关恰当处理纵向关系和纵向并购的更普遍的讨论已经进行了多年。[39]

9.28 在《非横向并购指南》中,欧委会旨在提供一个明确而又统一的分析框架,以

---

[35] Eg, Case C - 12/03 P *Commissionv. Tetra Laval BV*[2005] ECR I - 00987 and Case T - 210/01 *General Electricv. Commission* [2005] ECR I - 5575.

[36] S. Bishop, A. Lofaro, F. Rosati, J. Young and RBB Economics, "The Efficiency - Enhancing Effects of Non - Horizontal Mergers" (A Report by RBB Economics, 2005).

[37] J. Church, "The Impact of Vertical and Conglomerate Mergers on Competition" (Final Report for the Directore General for Competition, September 2004), http://ec. europa. eu/competition/mergers/legislation/non_horizontal_consultation. html,2013 年 9 月 13 日访问。

[38] J. Church, "The Impact of Vertical and Conglomerate Mergers on Competition" (n 37) at 5.

[39] 例如, I. M. Stelzerand R. Schmalensee, "Vertical Integration: Should the AT& T Doctrine be Extended? Potential Costs and Benefits of Vertical Integration", [1983] 52Antitrust Law Journal, 249; M. H. Riordan and S. C. Salop, "Evaluating Vertical Mergers" (n 9); M. Ivaldi, B. Jullien, P. Rey, P. Seabrightand J. Tirole, "The Economics of Unilateral Effects", [2003] (Final Draft for DG Competition, European Commission), http://idei. fr/sites/default/files/medias/doc/wp/2003/economics_unilaterals. pdf,2013 年 9 月 13 日访问。R. Epstein, D. Rubinfeld, "Effects of Mergers involving Differentiated Products", [2004] Technical Report (COMP/B1/2003/07), http://ec. europa. eu/competition/merg - ers/studies _reports/effects _ mergers _ involving _ differentiated _ products. pdf, 2013 年 9 月 13 日访问。J. Cooper, L. Froeb, D. O'Brien and M. Vita, "Vertical Antitrust Policy as a Problem of Inference", [2004] (Working Paper, Federal Trade Commission, Washington, DC); J. Church, "The Impact of Vertical and Conglomerate Mergers on Competition" (n 37); J. Church, "The Church Report's Analysis of Vertical and Conglomerate Mergers: A Reply to Cooper, Froeb, O'Brien and Vita", [2005] 1(4) Journal of Competition Law and Economics, 797 - 802; M. Motta, "Vertical Restraints and Vertical Mergers", Chapter 6 in M. Motta, Competition Policy (Cambridge: Cambridge University Press, 2004), 302 - 410; P. Rey and J. Tirole, "A Primer on Foreclosure", 2145 - 220 in M. Armstrong and R. Porter, *Handbook of Industrial Organization* (Amsterdam: Elsevier, 2008), Vol. III; P. Rey and T. Verge, "The Economics of Vertical Contracts", [2005] http://www. economics. soton. ac. uk/staff/Verge/Verticals. pdf,2013 年 9 月 13 日访问。

提高法律的确定性,确保欧盟竞争法在非横向并购领域的统一适用。《非横向并购指南》必须具有足够的普遍性,以保证每一个不同的案件都能够适用,也应当足够具体,以保证指南具有实用性。欧委会认为,非横向并购并不会给有效竞争带来威胁,除非经并购产生的企业在至少一个相关市场上具备显著的市场力量(但并不必然要求构成支配地位)。[40] 欧委会在评估非横向并购的过程中,采取了一种以效果为基础的测试方法,并重点关注消费者福利。[41]

9.29 竞争委员科洛斯曾表示:[42]

> 绝大多数纵向和混合型并购并不会引发什么问题,反而会带来能够造福于经营者和消费者的效率利益。但是,在阻止那些对显然会损害竞争和消费者的利益的并购时,欧委会会果断地采取行动。

9.30 德科南(2010)认为:[43]

> 指南阐明了非横向并购可能会导致反竞争效果的两种主要方式。第一,可能会产生非协调效应,这主要是封锁行为的结果。尤其是,纵向并购可能会导致投入封锁和消费者封锁。指南还讨论了混合型并购可能会通过捆绑和搭售行为带来反竞争效果的特定条件。[44] 第二,如果非横向并购会导致企业间协调以提高价格,或使得企业之间先前已经存在的协调变得更加容易或更加稳定,或更加有效,那么该项非横向并购就有可能会严重损害竞争。[45]

9.31 非协调效应可能主要是由封锁行为引起的。非横向并购尤其会导致投入封

---

〔40〕 Guidelines on the assessment of non – horizontal mergers under the Council Regulation on the control of concentrations between undertakings[2008] OJ C 265/07, para 23.

〔41〕 Guidelines on the assessment of non – horizontal mergers under the Council Regulation on the control of concentrations between undertakings[2008] OJ C 265/07, para 10.

〔42〕 "Commission adopts guidelines for merging companies with vertical or conglomerate relationship" [2008] 29(3) Comp. Law, 84 – 5.

〔43〕 R. De Coninck, "Application of the Non – Horizontal Merger Guidelines", [2010] 55(4) Antitrust Bulletin, December, 929 – 52.

〔44〕 Guidelines on the assessment of non – horizontal mergers under the Council Regulation on the control of concentrations between undertakings[2008] OJ C 265/07, Section V.

〔45〕 Guidelines on the assessment of non – horizontal mergers under the Council Regulation on the control of concentrations between undertakings[2008] OJ C 265/07, para 19.

锁和消费者封锁,[46]捆绑和搭售行为。另外,非横向并购可能会带来协调,也可能会强化已经形成的协调。

三、非横向并购指南

9.32 欧委会在《非横向并购指南》中阐明了两种损害理论,这与《横向并购指南》中的损害理论一致。[47] 非协调效应主要发生于并购导致封锁行为产生之时,而协调效应则存在于活跃于寡头市场的企业之间协调的可能性提高或者业已存在的协调变得更加容易、更加稳定或更加有效的情形之下。[48]

9.33 如果实际或潜在竞争对手获取供应商或消费者的机会受到阻碍或消除,进而竞争者参与竞争的能力和动力也受到阻碍,这种封锁就会产生非协调效应。受到封锁行为的影响,经并购产生的企业和/或一些竞争对手就可能有能力采取反竞争行为(如提高价格,降低产量等)。如果并购改变了竞争属性,而且先前并未协调其行为的企业,现在变得极有可能从事损害竞争的协调行为,就会产生协调效应。《非横向并购指南》指出,并购还可能会使得并购发生之前已经存在的协调变得更加容易,更加稳定,或更加高效。[49]

9.34 简言之,纵向并购会导致产生非协调效应的两种情形是:投入封锁和消费者封锁。如果新设企业在并购发生之后会使得其竞争对手更难从上游企业获取产品或服务,此时就产生了投入封锁。只有供应商在(上游)投入市场上具有市场力量,而且投入对于活跃于下游市场上的竞争对手企业而言成本很高时,这一策略才有效。与之相反的情况就是消费者封锁:其中经并购产生的企业在下游市场上具备市场力量,它可能会阻碍位于上游市场上的现存或

[46] 另外一种损害理论是"恢复垄断力量",一个无法完全满足顾客需求的上游供应商,不会以低价将商品出售给其竞争对手,而是可能会采取纵向合并的方式来解决这一问题,因为合并之后扩大产出销售量,也会损害其自身下游分支机构,而且纵向合并可以充分挖掘其市场力量。参见 Guidelines on the assessment of non – horizontal mergers under the Council Regulation on the control ofconcentrations between undertakings[2008] OJ C 265/07, para 44 and R. De Coninck(n 43)。

[47] Guidelines on the assessment of horizontal mergers under the Council Regulation on the control of concentrations between undertakings [2004] OJ C 31/5.

[48] Guidelines on the assessment of non – horizontal mergers under the Council Regulation on the control of concentrations between undertakings[2008] OJ C 265/07, para 18.

[49] Guidelines on the assessment of non – horizontal mergers under the Council Regulation on the control of concentrations between undertakings[2008] OJ C 265/07, paras 18 – 19.

潜在竞争对手获取足够多的消费者受众。在上述两种情况下,欧委会将会分析新设企业采取封锁策略的能力和动力。欧委会强调,封锁竞争对手本身并不是竞争关切之一;而是接受审查的交易是否可能会导致产生反竞争的封锁行为;也就是说,封锁损害了消费者利益。[50]

9.35 混合型并购,可能会给经并购产生的企业一种组合力量,以及通过捆绑或搭售行为来运用杠杆作用将一个市场上的强大实力转嫁到另外一个市场的能力和动力。捆绑和搭售是指对一种产品感兴趣的消费者,也会“被迫”购买另外一种产品。另外,杠杆策略向消费者提供了以低于单独价格之和的优惠条件购买两个或多个产品的选择(混合型捆绑销售),设计出与竞争对手所提供产品不兼容的产品(技术搭售),或进行掠夺式定价。另外,如果混合并购提高了经并购产生的企业所能控制的产品数量,就为经并购而产生的企业提供了一个从事排他性行为的机会,进而可以通过这种方法来增强市场力量。

9.36 《非横向并购指南》列举了非横向并购评估的三个步骤。欧委会首先会分析经并购产生的企业是否具备封锁其竞争对手的能力;其次,企业是否具备这样做的动机;最后,这种封锁是否会损害下游市场上消费者的利益。所有这些因素都是合并考察的。[51] 《非横向并购指南》暗示:如果在其中一个相关市场上具备一定实力的话,就会存在封锁的可能。问题在于,是否可以通过利用在有关市场(与纵向并购相关的上游市场,以及与混合型并购相关的相邻市场)上的垄断地位来获取在相关市场上的支配地位,或延长在该市场上的垄断期限。[52] 如果基于市场结构的考虑,经并购产生的企业获得相应能力的话,就具备采取反竞争行为的动机。《非横向并购指南》中所列举的影响因素,关注的是反竞争行为对消费者的影响。

9.37 经并购产生的企业采取封锁行为的动机,在考虑封锁行为对经并购产生的企业所在的上下游市场的影响的情况下,取决于封锁行为的获利程度。[53] 纵

---

〔50〕 Guidelines on the assessment of non – horizontal mergers under the Council Regulation on the control of concentrations between undertakings[2008] OJ C 265/07, para 18.

〔51〕 Guidelines on the assessment of non – horizontal mergers under the Council Regulation on the control of concentrations between undertakings[2008] OJ C 265/07, para 32.

〔52〕 F. Alese, “(Fore)closing the Gap: the Commission's non – horizontal Merger Guidelines—a 'response' to Simon Bishop”, [2008] 29(3) ECLR,196 – 100.

〔53〕 Guidelines on the assessment of non – horizontal mergers under the Council Regulation on the control of concentrations between undertakings[2008] OJ C 265/07, at 40.

向并购中，经并购产生的企业要对上游市场的利润损失和下游市场上通过采取封锁行为所获利润之间进行权衡。[54] 因此，封锁行为的可获利性，不仅取决于在每一个市场上所获得的相对利润，还取决于经并购产生的企业在下游市场上能够获取的销售量。[55] 在混合型并购中，经并购产生的企业同样面临类似的权衡。[56]

9.38 我们需要注意，在并购的反事实分析方面，非横向并购与横向并购可能存在不同，因为并购参与方之间先前可能已经存在可以限制买方或卖方竞争和转移的合同关系。与纵向并购相关的企业之间，在并购发生之前就可能存在各种类型的短期或长期的合同。

9.39 《非横向并购指南》指出，非横向并购一般情况下不会给有效竞争带来威胁，除非经并购产生的企业在至少一个相关市场上具有显著市场力量。欧委会在继续评估并购对竞争的影响之前，将会考虑到这个问题。与评估横向并购相类似，市场份额以及集中度为判断并购参与方及其竞争对手的市场力量和竞争重要性提供了有效的初步指标。如果经并购产生的企业在任何一个相关市场上的份额均低于30%，[57] 而且并购之后的 HHI 指数低于2000 的话，那么欧委会就不大可能认为非横向并购存在竞争关切。在设定安全港门槛时，需要明确考虑到其可能会给实施带来的影响。如果门槛设定得过“低”，那么很容易就会引发竞争对手的投机性申诉，因为它们会害怕非横向并购可能会带来的有利于竞争的影响。与之相反，如果门槛设定过“高”，那么风险就会小一点，特别是考虑到绝大多数的非横向并购并不会引发任何竞争

[54] R. De Coninck(n 43).

[55] Guidelines on the assessment of non – horizontal mergers under the Council Regulation on the control of concentrations between undertakings[2008] OJ C 265/07, at 42.

[56] Guidelines on the assessment of non – horizontal mergers under the Council Regulation on the control of concentrations between undertakings[2008] OJ C 265/07, at 105.

[57] 类似于 Commission Regulation (EC) No. 2790/1999 of 22 December 1999 on the application of Article 81(3) of the Treaty to categories of vertical agreements and concerted practices [1999] OJ L 336/21; Guidelines on the assessment of non – horizontal mergers under the Council Regulation on the control of concentrations between undertakings [2008] OJ C 265/07, 第 26 段提到，“针对此类并购，欧委会不会展开深入调查，除非是出现以下一种或多种特殊情况：(a)并购包含了一个在不久的将来很有可能会显著扩张的企业，例如：由于最近的创新；(b)市场参与者之间可能存在重大交叉持股或互任董事的情况；(c)参与并购的企业之一极有可能会从事扰乱协调的行为；已经出现了协调行为迹象或者正在出现协调行为或协助行为的迹象。”

关切。[58]

9.40 《非横向并购指南》强调,如果一项交易可能会导致终端消费者面的价格攀升,那么该交易就可能会带来竞争关切,但同时也要考虑到并购可能会带来的效率提升。欧委会认为,需要依据并购参与方所支持的效率提升来评估并购可能会给竞争带来的影响。如果并购带来的效率提升可能会促进经并购产生的企业提升其自身从事有利于竞争行为的能力和动机,以给消费者带来福利,以此抵消并购可能给竞争带来的负面影响,欧委会就会通过该项并购。[59]

9.41 由于产品之间存在互补性,欧委会认为非横向并购为效率的提升提供了一个很宽泛的范围。纵向并购和混合型并购的一个特征就是:相关企业的活动和/或产品是互补的。在一个企业之内实现互补性活动或产品的整合,可以带来重大效率提升,而且是有利于竞争的。根据经济学理论,欧委会认为由于双重加价(或双重边际效应)被消除,纵向并购可以使下游商品价格下降。[60] 欧委会会将所有因并购而产生的效率考虑在内,例如双重加价的消除以及范围经济。[61] 欧委会在对非横向并购带来的效率提升进行评估时,特别提到了两个重要条件。第一,与消除双重加价相关,《非横向并购指南》指出,并购发生之前并非总是存在双重加价问题或者存在严重的双重加价问题,同时也要考虑将产品分开出售时对产品价格的影响。第二,范围经济仅是"捆绑或搭售可以提高效率"的必要非充分条件。[62] 此外,非横向并购所带来的整合可能会降低交易成本,[63]并促使企业在产品设计、生产流程的组

---

〔58〕 S. Bihop, "(Fore) closing the gap: the Commission's draft non – horizontal merger guidelines", [2008] 29(1) ECLR, 1 – 4.

〔59〕 Guidelines on the assessment of non – horizontal mergers under the Council Regulation on the control ofconcentrations between undertakings[2008] OJ C 265/07, para 52.

〔60〕 例如以下类型的并购案:*Tom Tom/Tele Atlas* (Case COMP/M. 4854) [2007] OJ C 290/02;*Nokia/Navteq*(Case COMP/M. 4942) [2008] OJ C 86/02;*Itema/Barcovision* (Case COMP/M. 4874) [2009] OJ C 25/06;在这些案件中,欧委会考虑到了消除双重边缘化这一因素。

〔61〕 Guidelines on the assessment of non – horizontal mergers under the Council Regulation on the control ofconcentrations between undertakings[2008] OJ C 265/07, paras 92, 115 – 8.

〔62〕 Guidelines on the assessment of non – horizontal mergers under the Council Regulation on the control ofconcentrations between undertakings[2008] OJ C 265/07, para 118.

〔63〕 在 *Posten AB/Post Danmark A/S*(Case COMP/M. 5152)[2009] OJ C 53/09 案中,考虑到市场进入障碍和转换成本都很低,打印和包装市场上都存在强有力的竞争对手,而且还存在对抗性策略的可能,对于邮件分发、打印和包装市场的反竞争性阻碍不大可能会发生。欧委会认为,Strålfors 和 PDK 之间的整合,可能会通过一站式服务来提供更低价格的商品,以及更优质的服务。

织机构以及产品销售途径方面进行更好的协调。欧委会还表示，如果并购所涉及的同属一类或一个组合的产品通常被售给相同类型的消费者的话（无论是否是互补产品），就可能会带来消费者福利，如“一站式”购物。[64]

9.42 《非横向并购指南》并未明确提及对斜向并购。《英国并购指南》将斜向并购归于纵向并购之下。斜向并购发生于以下两种类型企业之间：上游提供生产性投入的企业，以及下游的并不会实际买入这种生产性投入，但又会提供下游替代品的企业。[65] 在 *EWS/Marcroft* 并购案[66] 中，EWS 就是一个经纵向合并而产生的企业，其上游分支主要给其下游分支供应产品。Marcroft 是位于上游，给 EWS 的下游竞争对手提供产品的供应商。英国竞争委员会关注的是 EWS 通过运用其在上游市场上的强势地位来使得下游竞争对手（如 Freightliner）处于不利地位的动机，以强化其在下游市场上的地位。交易方被要求进行剥离。依据斜向并购分析，我们再看这一并购，Marcroft 本来可能已经强化了其提升生产性投入价格的动机（但实际上却并没有这种行为。——译者注），因为通过获取来自 EWS 在下游市场上货运分支机构的需求，Marcroft 能够吸收这部分销售损失。考虑到其较高的市场份额，如果 Marcroft 没有受限的话，提升这一上游市场上价格应该是很容易实施的。适用纵向损害理论，就要求在上游市场上占据支配地位。与之相反，当上游市场仅是一个寡占型市场时，上述斜向并购可能会带来的反竞争影响也可能会发生，与纵向并购相比，斜向并购的影响与横向并购更相近。《非横向并购指南》在纵向并购评估中涵盖了斜向并购这一概念。

四、纵向并购评估

9.43 纵向并购指的是一个行业中不同层面的企业之间的合并。尽管这类并购通

---

〔64〕 Guidelines on the assessment of non – horizontal mergers under the Council Regulation on the control of concentrations between undertakings[2008] OJ C 265/07, at 14.

〔65〕 R. S. Higgins, “Diagonal Merger”, [1997] 12 REVIEW OF IndustrialOrganization, 607 – 23.

〔66〕 如需有关本案的描述，参见 News Release 47/06 12 September 2006:“Commission Requires EWS to sell off part of business”(Competition Commission, September 2006)(News Release 47/06), http://www.competition – commission.org.uk/press_rel/2006/sep/pdf/47 – 06.pdf, 2013 年 9 月 13 日访问。如需有关该并购的更多细节，参见 A. Land, “Svitzer Wijsmuller A/S Adsteam Marine Ltd”(Presentation at the ACE conference in Toulouse 2007), http://www.competitioneconomics.org/dyn/files/basic_items/57 – file/Adam%20Land%20 – %20EWS%20Marcroft%20case%20 – %20ACE%202007.ppt, 2013 年 9 月 13 日访问。

常来讲是有利于竞争的,但由于市场进入障碍增加、竞争对手的成本提高、产生实质的封锁效应,或形成共谋的可能性增加等原因,在某些情况下经并购产生的企业所面临的竞争限制会减少。然而,这一风险不大可能会发生,除非现在具备市场力量,[67]或市场上已经形成重大纵向合并和纵向限制。[68]

(一)非协调效应:封锁

9.44 即便是被封锁的竞争对手并未被迫退出市场,封锁仍然可能发生:如果竞争对手处于不利地位,而且结果导致其更少参与到竞争中去的话,就足以认定封锁发生。封锁分为以下两种形式:第一种,并购通过限制获取重要生产性投入的可能,来提高下游竞争对手的成本(投入封锁)。第二种,并购通过限制接触到下游足够的消费者受众,来阻碍上游竞争对手(消费者封锁)。

(a)投入封锁

9.45 如果经并购产生的企业能够限制获取其产品或服务的可能,据此提高其下游

---

〔67〕 Partiel(2008)提到了指南中的一些低效问题。他认为,并不存在显著市场力量的指标,而且有关欧委会如何评估混合型并购的内容也很少。A. Parizel, "The European Commission's new guidelines on non-horizontal mergers", [2008] 14(1) Int. TLR, 7-13.

〔68〕 著作中还会使用"同类并购"(congeneric mergers)这一术语,其指的是以下这种类型的并购:两个参与并购的企业处于同一个基本产业,但它们相互之间并不存在买方/消费者或供应商关系,如银行与租赁企业之间的并购。国家判例法中经典的纵向并购包括:

1. CPC Decision No. 270 of 1 November 2005, Actavis B. V/Higia AD ("Actavis/Higia") (Bulgarian competition authority).

2. Decision of the Office of 10.12.2002, No. S 145/20 ˇCEA/Stˇredoˇcesk àenergetick à V ýchodoˇcesk à energetika, Severoˇcesk à energetika, Severomoravsk à energetika and Jihomoravsk à energetika (*Czech competition authority*).

3. Decision of the Office of 10 December 2002, No. S 25/02 RWE GAS/Transgas, a. s./Jihomoravsk à plyn àrensk à plyn àrensk à/Severomoravsk à plyn àrensk à/Severoˇcesk àplyn àrensk à,/V ýchodoˇcesk´ aplyn àrensk à/Z àpadoˇcesk à plyn àrensk à/Stˇredo česk à plyn àrensk (*Czech competition authority*).

4. Decision of the Office of 7 June 2001, No. S11/01LASSELSBERGER Holding - International GmbH/Rako, a. s. (*Czech competition authority*).

5. B 3-24664-U-132/96 Merck/KMF, 3 June 1997, NJWE-WettbR 1997, 188 (*German competition authority*).

6. Coillte/Weyerhaeuser Competition Authority, Determination No. M/06/057 (*Irish competition authority*), Case C3818 Edizione Holding/Autostrde—Concessionie Costruzioni Autostrade.

7. 2 March 2000, Bull. No. 9/2000, Case C3818D Edizione Holding/Autostrade, 12 December 2002, Bull. No. 50/2002, Administrative Tribunalof Lazio Autostrade — Edizione Holdingv. Italian Competition Authority, 28 May 2003, No. 7183, Supreme Administrative Court.

8. Edizone Holding — Autostrade v. Italian Competition Authority, 9 July 2004, No. 5288 (*Italy competition authority*).

竞争对手的成本，并导致经并购产生的企业提高向消费者销售的商品价格，就会产生投入封锁。[69] 欧委会应当评估：

- 经并购产生的企业实质上封锁获取投入的能力；
- 采取上述行为的动机；
- 这种封锁对于下游市场上竞争的影响。

9.46 投入封锁的能力。经并购产生的企业可能决定不与纵向相关市场上的实际或潜在竞争对手进行交易，还可能决定限制供应、提高价格，施加较为苛刻的供应条件（如降低所供应的投入的质量等）。[70] 只有在投入对于下游产品很重要的情况下，投入封锁才可能会引发竞争问题（如果投入成本对下游产品的定价至关重要，那么投入成本就有可能是一个重要组成部分）。[71] 另外，纵向合并产生的企业必须要在上游市场上具有相当程度的市场力量，而且能够通过减少竞争对手获取其提供的上游产品或服务的可能，在价格或质量方面对下游市场整体获取投入的能力带来负面影响。[72] 如果投入市场是寡占市场的话，那么经并购产生的企业实施的投入封锁行为就可能会将其下游竞争对手暴露在未参与到纵向合并的上游供应商竞争对手面前，使其市场力量不断增强，据此强化第三方的市场力量（除非后者决定更加强势的参与定价）。欧委会还应当评估竞争对手可能会采取的任何有效及时的对抗性策略（如改变生产流程以降低对相关投入的依赖性，或帮助新的上游供应商进入市场）。

---

〔69〕 然而，任何产生于并购的高效率，都有可能会导致经并购产生的企业降低价格，以至于对消费者的整体影响是中性的或积极的。详见 Guidelines on the assessment of non – horizontal mergersunder the Council Regulation on the control of concentrations between undertakings [2008] OJ C 265/07, para 31。

〔70〕 相对于提高价格，投入封锁可能会通过更为微妙的方式表现出来，包括通过降低投入质量。欧委会必须要决定经并购产生的企业是否存在降低产品质量的动机，并考虑到可能的成本节约，以及由于产品质量下降给竞争对手所带来的影响。

〔71〕 在 *ABF/Azucarera* (Case COMP/M. 5449) [2009] OJ C 50/10 案中，纵向关注在第一审查阶段并未被采纳，由于除了经并购产生的企业，市场上还存在其他能够给竞争对手提供原蜜以生产蔗糖的供应商。还可参见 Opinion 06 – A – 13 of 13 July 2006 TPS/Canal Plus (French competition authority)。

〔72〕 也可能会出现以下情形：上游市场上剩下的供应商可能并没有那么高效，所提供的替代品并不那么受欢迎，或针对其他供应商的供应限制没能力及时扩大产出，例如，因为它们面临产能限制，或更普遍地来讲，随着规模的扩大，所获得的回报也会下降。另外，如果经并购产生的企业与独立的投入供应商之间签订排他协议的话，可能就会限制下游竞争对手获取足够投入的可能。详见 Guidelines on the assessment of non – horizontal mergers under the Council Regulation on the control of concentrations between undertakings [2008] OJ C 265/07, para 36。

9.47 在对从事投入型封锁行为的能力进行评估时,历史购买模式、现有供应安排以及上游市场产能的历史变化,通常能够为消费者以及供应商在面临不同供应商的投入价格变化时所做出的历史反应提供有价值的信息,同时也为并购发生之后,转移至可替代供应商或产品的可行性提供了有效指示。另外,对近期产能增加以及投入型市场的进入情况进行案例研究,也很具有启发性,因为通过这些研究,可以对市场进入的复杂程度,与市场进入相关的成本与风险、可能的进入规模,以及新产品是如何营销、分散的等问题有一定的了解。

9.48 在 *Nokia/NAVTEQ* 并购案中,欧委会认为经并购产生的企业将在上游市场上享有显著市场力量,因为 Tele Atlas 是市场上另外一个仅存的具备相似覆盖面和质量的导航电子地图数据库供应商。然而,欧委会得出结论:不能确定经并购产生的企业是否具备从事投入封锁的能力,因为导航电子地图数据库对于移动手机终端而言是否是重要投入并不清楚。针对这一点,欧委会认为电子地图对于具备导航功能的手机成本而言仅占据相对有限的部分,大概只有 0~15%,尽管欧委会还认为,如果没有导航电子地图数据库的话,手机移动终端的导航服务就无法运行。[73]

9.49 经济学理论认为,在某一市场上的市场力量是该企业通过封锁行为损害竞争的前提条件。并购参与方在市场上具有市场力量只是竞争损害的必要条件,但不是充分条件。即便是享有市场力量,并购参与方可能并不会采取行动以缩小适应于其竞争对手的市场,而且即便是上述情况可能发生,也非必然会带来消费者损害。

9.50 投入封锁的动机。封锁的动机取决于其可能带来的营利性程度。经并购产生的企业可能要面临以下两方面因素的衡量:由于减少针对(实际或潜在)竞争对手的生产性投入而导致的上游市场的利润损失,以及通过扩大下游市场上的销售量或能够提高消费者价格所获取的利润。经并购产生的企业提升其竞争对手成本的动机,取决于下游市场上的需求脱离于竞争对手的程度,还有经并购产生的企业的下游分支机构所能够获取的该部分需求转移比例,以及由于采取提升竞争对手成本的策略而导致经并购产生的企业的下游

[73] M. Hughes and D. Wirth, "The Assessment of Non - Horizontal Mergers Under EC and UK Merger Control" [2010] (ICLG to: Merger Control), http://www.iclg.co.uk/index.php, 2013 年 9 月 13 日访问。

分支机构能够获利于下游市场上的更高定价的程度。[74]

9.51 在评估一个经并购产生的企业可能具备的动机时，欧委会可能会考虑企业的所有权结构，市场上过去曾经采取过的策略，或内部战略文件的内容，如商业计划。欧委会还应当检验企业采取反竞争行为的动机，以及降低这种动机的诸因素，包括该行为被欧共体法律认定为非法的可能，这种非法行为被检查出来的可能，以及可能被施加的处罚。[75] 在 *Philips/Intermagnetics* 案[76]中，并购参与方必须说服欧委会：它们并不具备任何消费者封锁的计划，或由于不具备可营利性，他们并不认为封锁行为具备吸引力。

9.52 在 *Tom Tom/Tele Atlas* 并购案[77]中，欧委会提到，经并购产生的企业会在以下两个因素之间进行衡量：降低投入的销售量而导致的上游市场上的利润损失，以及通过提升竞争对手交易成本而在下游市场上获取的利润。对于利润动机的衡量，将取决于以下一些因素：包括正在考虑中的战略性行为的类型，即如果经并购产生的企业将采取战略性行为，愿意放弃上游市场上的投入销售利润值，而下游市场上的竞争对手不得不提升价格或者无力像并购之前那样进行有效竞争，那么经并购产生的企业能够在下游市场上提高价格并出售更多产品，以获取额外利润。[78]

9.53 对有效竞争的影响。对有效竞争的重大损害，通常要求被封锁的企业在下游市场上的竞争过程中扮演非常重要的角色。存在这样一种可能，受到封锁的企业在下游市场上所占据的份额越大，并购会引发反竞争效果的可能性就越大。如果经并购产生的企业不大可能会给潜在的下游市场进入者提供投入，或相对于并购发生之前而言，供应条件变得更加不利，那么并购就有可能会通过提升下游市场上潜在竞争对手的进入障碍，来严重损害有效竞争。

9.54 在 *Nokia/NAVTEQ* 并购案中，欧委会明确表示，手机移动终端生产商没那么

---

[74] Guidelines on the assessment of non – horizontal mergers under the Council Regulation on the control of concentrations between undertakings[2008] OJ C 265/07, para 42. 在 *WPP/TNS*(Case COMP/M. 5232)[2009] OJ C 83/06 案中，由于合并后的企业没有封锁其竞争对手的动机，消除了部分的纵向竞争关切。

[75] Guidelines on the assessment of non – horizontal mergers under the Council Regulation on the control of concentrations between undertakings[2008] OJ C 265/07, para 46.

[76] *Philips/Intermagnetics*(Case COMP/M. 4300) [2006] OJ C 242/06, http://ec. europa. eu/competition/mergers/cases/decisions/m4300_20061107_20310_en. pdf,2013 年 9 月 13 日访问。

[77] *Tom Tom/Tele Atlas* (Case COMP/M. 4854) [2007] OJ C 290/02.

[78] Hughes and Wirth (n 73).

容易受到集中的影响,因为电子地图仅占总成本的比重非常之小,而且 Tele Atlas 也会为了提高地图销售量而与 NAVTEQ 展开竞争。另外,手机生产商和移动网络运营商也可以选择向 Garmin 购买电子地图和导航软件,而 Garmin 因为与 NAVTEQ 签署了长期合同,可以免受价格增长的影响。

9.55 在评估竞争影响时,还应当考虑对抗性因素,如买方力量的出现、进入上游市场的同时维持有效竞争的可能性以及并购可能带来的效率。[79] 纵向并购可以将并购之前因企业独立定价而产生的双重加价内部化,还可以使交易方能够更好地协调其生产以及分销流程,并因此节省存货成本。有趣的是,欧委会认为与消除双重加价相关联的效率提升并非总是并购所特有的,因为即便是不存在并购,通过纵向合作或纵向协议也能够实现类似的利益,而且反竞争效果会更小。另外,如果有关投入的供应被产能限制所制约的话,而且针对投入还具备其他同等可获利的用途的话,那么并购可能并没有办法完全消除双重加价。[80] 在 *Tom Tom/Tele Atlas* 并购案中,欧委会发现了并购在消除双重加价方面的特有效率,以及通过分享数据提供运行更快品质更优的地图的能力,如果没有共同所有权所带来的确定性,这对于并购参与方而言是不可能实现的。[81]

9.56 我们应当强调一点:并购与封锁效应之间必须具备因果关系。在 *Aeroportsde Paris/the Nuance Group* 并购案中,欧委会没有考虑投入封锁方面的竞争关切,因为 ADP 本身已经具备提升其下游市场份额的能力。[82]

(b)消费者封锁

9.57 供应商与下游市场上的一个重要消费者合并,并因此封锁了其在上游市场上的实际或潜在竞争对手获取足够数量消费者的能力,此时消费者封锁发生。[83] 这种封锁可能(如果并购并未带来效率提升的话)通过使得下游的竞

---

[79] Parizel(2008)认为,指南并未充分考虑效率提升的适用范围。Parizel(n 67)。在评估非横向并购中的效率时,欧委会运用了《横向并购指南》中第七部分已经规定的原则。若欧委会会考虑效率抗辩的话,就需要这一效率必须是有利于消费者的,是并购所特有的,而且是可证实的(累积性条件)。Guidelines on the assessment of non – horizontal mergers under the Council Regulation on the control of concentrations between undertakings [2008] OJ C 265/07, para 53.

[80] 参见 Guidelines on the assessment of non – horizontal mergers under the Council Regulation on thecontrol of concentrations between undertakings[2008] OJ C 265/07, para 56 and note 57。

[81] *Tom Tom/Tele Atlas* (Case COMP/M. 4854) [2007] OJ C 290/02, paras 238 – 50.

[82] *Aeroportsde Paris/The Nuance Group*(Case COMP/M. 5389) [2009] OJ C 14/04, para 38.

[83] Guidelines on the assessment of non – horizontal mergers under the Council Regulation on the control of concentrations between undertakings[2008] OJ C 265/07, para 58.

争对手更难获取投入供应来提高竞争对手的成本,进而经并购产生的企业能够在下游市场上提升价格的同时有利可图。如果要使这一策略引发消费者损害,投入成本的提高必须导致消费者购买商品的价格上升。与评估投入封锁相类似,欧委会将会对以下因素进行评估:

- 封锁进入下游市场的能力;
- 经并购产生的企业降低其上游市场购买量的动机;
- 这类封锁对消费者的影响。

9.58 封锁进入下游市场的能力。一个纵向并购可能会增加上游竞争对手获取下游消费者的成本和/或限制该种能力。经并购产生的企业可能会决定主要从其自身的上游分支机构处购买产品或服务,并且/或者以不利的条件,降低从其上游竞争对手处购买产品或服务的数量。[84] 对于上游的竞争对手而言,欧委会检查在下游市场上是否具备足够实际或潜在经济备选项。如果另外还存在足够强大的消费者基础的话,就构成上游供应商的替代性选择,并购就不大可能会引发竞争损害。在 *Rozier/BHS* 并购案中,欧委会排除了消费者封锁方面的竞争关切,因为下游消费者对投入产品的需求占总需求的比重非常之小。[85]

9.59 正如欧委会所提到的那样,如果投入市场上存在重大规模经济或范围经济,或需求具备网络效应的话,消费者封锁才会引发竞争损害(如更高的投入价格)。这种封锁使进入市场并没那么吸引人,这反过来又会导致高价得以维持。[86] 欧委会应当评估竞争对手是否会采取及时有效的对抗性措施。

9.60 封锁的动机。封锁动机取决于以下两个因素间的平衡:不从上游竞争对手处购买产品相关的成本,以及这样行为可能会获得的收益;以及由于妨碍上游竞争对手而带来的价格提升,使得经并购产生的企业能够据此获利的程度。

9.61 对于有效竞争的影响。纵向并购可能会降低上游竞争对手参与竞争的能力,并因此使下游竞争对手处于不利地位。如果在上游市场上具备一定数量未受影响的竞争对手,那么来自这些企业的竞争可能就足以防止上游市场上的价格上升,进而使下游市场也不受影响。在评估竞争影响时,还应当考虑到

---

〔84〕 Guidelines on the assessment of non – horizontal mergers under the Council Regulation on the control of concentrations between undertakings[2008] OJ C 265/07, para 61.

〔85〕 *Rozier/BHS*(Case COMP/M.4788) [2007] OJ C 276/02, para 18.

〔86〕 Guidelines on the assessment of non – horizontal mergers under the Council Regulation on the control of concentrations between undertakings[2008] OJ C 265/07, para 64.

对抗性因素,以及可能会带来的效率提升。

9.62 通过纵向合并,经并购产生的企业可能会获取上游或下游竞争对手的商业敏感信息。[87] 经并购产生的企业所能够获取的信息必须是竞争相关的,[88] 如关于价格、消费者、技术、产品设计等的信息。欧委会认为,如果能够获取有关竞争对手成本结构信息的话,就应当要引起特别警惕。[89] 然而,《非横向并购指南》并未指明实践中欧委会如何对信息分享行为进行分析,或交易方是否可以主动通过防火墙或其他行为措施来消除此类竞争关切。

9.63 在 *Tom Tom/Tele Atlas* 并购案中,欧委会拒绝了第三方个人导航设备(Personal Navigation Devices,PNDs)生产商所提出的竞争关切,认为它们不得不与上游地图供应商分享保密信息,因为消费者最终会完全控制披露给 Tele Atlas 和其他地图供应商的信息类型和数量。在评估一项并购是否会产生保密信息交换方面的竞争关切时,欧委会在 *Tom Tom/Tele Atlas* 案中提到了几点应当考虑的因素。首先,欧委会检查了位于上游市场的 Tele Atlas 与其消费者之间实际上交换过什么信息,以及并购发生之前信息流动的程度。其次,欧委会会考虑,是否可以在不损害下游市场上消费者利益的前提下,对这种上下游市场间的信息流动进行限制。最后,欧委会会考虑经并购产生的企业是否具备针对保密信息有所行动、以保护其下游业务的动机。在评估经并购产生的企业的动机时,欧委会认为,评估经并购产生的企业基于保密因素,是否愿意让消费者转移至备选供应商 NAVTEQ 非常重要。[90]

9.64 在 *Nokia/NAVTEQ* 并购案中,第三方也陈述了他们的顾虑:获取有关下游消费者未来行为的信息,能够使经并购产生的企业转换它们的任何行为,以通过更具竞争力的价格、创新特征、新的商业概念或更广的地图数据覆盖范围来赢取更多消费者。然而,欧委会发现,在 NAVTEQ 与其消费之间所交换的有关其未来行为的具备竞争价值的信息量是很有限的,而且可以进一步被降低。就这一点而言,消费者并不需要与 NAVTEQ 交换新设备特征方面的有关信息,因为独立软件开发商的参与使手机生产商能够避免与 NAVTEQ 直接接触,并避免敏感信息的交换。

---

〔87〕 Guidelines on the assessment of non – horizontal mergers under the Council Regulation on the control of concentrations between undertakings[2008] OJ C 265/07, para 78.

〔88〕 *Cendant/Galileo* (Case COMP/M. 2510) [2001] OJ C 201/3 at 37.

〔89〕 *EDP/ENI/GDP*(Case COMP/M. 3440) [2004] OJ C 209/06 at 414.

〔90〕 Hughes and Wirth (n 73).

(二)协调效应

9.65 如果纵向并购导致封锁效应的话,企业数量就会减少,因此市场上所剩的数量更少的企业间的协调行为会变得更容易实现。并购发生之后市场上的企业数量,是并购会产生或强化联合支配地位的重要指示。高集中度会增加共谋的风险。如果企业数量减少,而且各自市场份额得到提高,尤其是在一个由同质性产品构成的透明市场中,市场参与者脱离共同协议的动机就会较小,因为这种脱离行为更容易被发现。

9.66 具备相似动机的企业间更容易协调其行动,并达成可持续的默示协议。作为市场份额、成本结构、[91]产品范围以及技术发展的同质性的结果,价格上涨将会给所有企业带来相同的效果,而且将会引发相同的反应,并导致相类似的行为,并以此强化最终共谋结果的稳定性。另外,不同的创新率有助于提供各种类型的产品,并使得产品价格上的协议更难。结果就是,企业的市场地位会受到影响,因此不太可能发生默示共谋。

9.67 上下游市场上的集中程度可能会影响供应商从事平行行为的意愿。纵向合并使企业能够独家获取投入和原材料,据此相对于其竞争对手而言,获得竞争优势。下游市场的纵向合并可能会影响市场透明度,结果可能会强化默示共谋结果的可持续性。[92] *United Brands* 案、[93] *Nestlé* 案[94]和 *Mannesman* 案[95]等案件中都进行了纵向合并的论证。欧委会还提到,如果纵向合并包含 maverick 企业的话,可能会改变这种动机,以至于协调将不会受到阻止。最终,纵向并购可能会影响参与协调的企业遵守协调条款的动机,而且可能会降低未参与协调企业破坏协调的范围。

(三)两个重要案例

9.68 *Tom Tom/Tele Atlas* 并购案,[96]是依据新版《非横向并购指南》进行审查的最

---

〔91〕 与有关价格弹性的数据相类似,收集并处理有关企业成本同质性的数据,会构成欧委会评估的一个障碍。

〔92〕 详见 J. Faull and A. Nikpay, The EC Law of Competition (Oxford: Oxford University Press, 1999), 134。

〔93〕 Case 27/76 *United Brands Co. and United Brands Continental BV v. Commission* [1978] ECR 207.

〔94〕 *Nestlé/Perrier* (Case No. IV/M. 190) Commission Decision (92/553/EEC) [1992] OJ L 356/1.

〔95〕 *Mannesman/Hoesch* (Case No. IV/M. 222) Commission Decision (93/247/EEC) [1993] OJ L 114/34.

〔96〕 *Tom Tom/Tele Atlas* (Case COMP/M. 4854) [2007] OJ C 290/02.

早的重要案件之一。欧委会对于交易的评估包括而且依赖于周密而深入的经济分析。拟进行的并购是纯粹的纵向并购，并涉及上游的合并。个人导航设备（Personal Navigation Devices，PNDs）生产商 TomTom，寻求收购其主要供应商 Tele Atlas 的关键投入，Tele Atlas 是一家地图供应商。[97] 结果，欧委会的评估关注的首先是在 PND 和导航软件市场的投入封锁；[98] 其次，新成立的企业由于可以获取 PND 供应商的保密信息而引起的滥用封锁行为。[99]

9.69 针对第一类封锁，欧委会考虑了新企业封锁其他企业获取投入的能力及其实施此种行为的动机；经过对于下游价格弹性的预估，欧委会认为，尽管新设企业具备从事阻碍行为的强大实力，但由于无利可图，企业并不具备这样行为的动机（地图价格仅占 PND 总价非常小的一部分，不到 10%，因此如需影响 PND 的价格，就需要大幅提高地图的价格）；[100] 由于并不存在封锁（其他企业——译者注）获取投入的经济动机，欧委会认为没有必要对拟进行的并购的效率问题进行考虑。[101] 欧委会提到，尽管 TomTom 与 Tele Atlas 之间的纵向合并可能使经并购产生的企业将并购发生之前企业独立定价引起的双重加价内部化，但并购也会使经并购产生的企业能够在下游市场上扩大产出的同时还有利可图。对于第二种封锁，欧委会对主要的合同条款进行了考量；发现并购发生之前所签订的合同并不要求消费者与 Tele Atlas 分享有关其未来行为的信息。[102] 欧委会也未发现并购之后协调效应发生的任何可能，因此无条件通过了该项交易。

9.70 *Google/DoubleClick* 案[103] 是另外一个依据新版《非横向并购指南》进行审查、表明欧委会分析方法的影响重大的案例。该案是 Google 对 DoubleClick 的收购。Google 是一家以搜索引擎闻名于世的企业，Google 还在其自身及其合作伙伴的网站上提供网络广告空间业务；DoubleClick 是一家活跃于显示和服务市场的企业。尽管交易方的活动并未重合，欧委会还是审查了将来 DoubleClick 被收购之后，是否会损害网上广告中间市场的竞争；DoubleClick 或 Google 开发竞争产品的潜能也被考虑在内。考虑到交易可能会带来的横

---

〔97〕 *Tom Tom/Tele Atlas*（Case COMP/M.4854）[2007] OJ C 290/02，para 14.

〔98〕 *Tom Tom/Tele Atlas*（Case COMP/M.4854）[2007] OJ C 290/02，para 190.

〔99〕 *Tom Tom/Tele Atlas*（Case COMP/M.4854）[2007] OJ C 290/02，para 253.

〔100〕 *Tom Tom/Tele Atlas*（Case COMP/M.4854）[2007] OJ C 290/02，para 216.

〔101〕 *Tom Tom/Tele Atlas*（Case COMP/M.4854）[2007] OJ C 290/02，para 250.

〔102〕 *Tom Tom/Tele Atlas*（Case COMP/M.4854）[2007] OJ C 290/02，para 256.

〔103〕 *Google/DoubleClick*（Case COMP/M.4731）[2007] OJ C 230/08.

向影响，欧委会认为，由于 DoubleClick 并非网络广告空间供应商，而仅仅是一个广告技术（广告服务）供应商，交易双方不是彼此的竞争者；而 Google 自身也不提供任何广告服务工具。[104] 欧委会认为，如果 DoubleClick 仍保持独立的话，将来就具备成为 Google 有效竞争对手的能力。但是，DoubleClick 被收购之后所带来的任何竞争损害，都会轻易地被市场上出现的其他竞争对手弥补。另外，Google 正在为广告服务市场开发产品这一事实对于欧委会而言并不重要，因为产品还在实验阶段，而且也不能保证该产品会成为 DoubleClick 产品的竞争对手。

9.71 欧委会考虑了新设企业可能会从事的一些排他性策略，如捆绑交易方的广告服务工具和服务，再或者是拒绝与竞争对手交易的投入封锁。由于存在大量可以阻止新企业从事上述行为的限制，欧委会消除了所有此方面的竞争关切。[105] 而且新企业也不具备从事上述行为的经济动机。欧委会所审查的其他类型的封锁，是以每个交易方分别的以及合计的市场力量为基础的，但都未被证明是真正的竞争关切。[106] 经并购产生的企业可能具备阻碍广告服务市场上竞争对手的能力；但是，任何此类策略都不大可能实现，也不足以损害竞争。[107] 欧委会无条件通过了该项并购。

五、混合并购评估

9.72 混合型并购，指的是在任何产品市场上都不具备关联的企业之间的并购。如果仅考虑混合效果的话，这类并购基本不会损害竞争。在大多数情况下，可能存在与所谓的“组合力量”有关的潜在负面效应。如果产生自组合品牌的市场力量大于每一部分之和的话，就认为一个企业具备“组合力量”。这可能使企业能够在各个单独市场上更有效地行使市场力量，进而损害竞争。

9.73 欧委会不仅会考虑混合型并购可能会带来的反竞争效果，还会考虑交易参与

---

〔104〕 *Google/DoubleClick*（Case COMP/M.4731）［2007］OJ C 230/08，paras 94 and 113.

〔105〕 *Google/DoubleClick*（Case COMP/M.4731）［2007］OJ C 230/08，para 310.

〔106〕 *Google/DoubleClick*（Case COMP/M.4731）［2007］OJ C 230/08，para 329 for summary.

〔107〕 *Google/DoubleClick*（Case COMP/M.4731）［2007］OJ C 230/08，paras 356 – 8.

方所支持的效率提升可能会带来的有利于竞争的效果。[108]

(一)非协调效应

9.74 混合型并购所引发的相关产品的合并,可能会给予经并购产生的企业通过捆绑或搭售以阻碍竞争对手,利用杠杆作用将其在一个市场上的强大力量转移至另外一个市场的能力和动机。与评估纵向并购类似,欧委会应当对以下因素进行评估:

- 经并购产生的企业阻碍封锁对手的能力;
- 从事封锁行为的动机;以及
- 这种封锁行为对下游市场的影响。

9.75 正如欧委会在非横向并购指南中所解释的那样:[109]

> “捆绑”,通常指的是经并购产生的企业提供产品并对其定价的方式。我们可以就此区分纯粹的捆绑以及混合型捆绑。如果是纯粹的捆绑,产品只是以混合比例的方式进行出售。如果是混合型捆绑,产品通常情况下也可以分别单独出售,但是各独立产品的价格之和高于捆绑价格。“搭售”,通常指的是以下这种情况:购买一种商品(搭售商品)的消费者还被要求从生产商处购买另外一种商品(被搭售商品)。

9.76 捆绑和搭售,指的是这种情形:对一种商品感兴趣的消费者“被迫”购买另外一种商品。如果是捆绑,消费者不得不以混合的比例同时购买两种产品;而如果是搭售,并不要求消费者同时购买第二种商品,但他们将来早晚得买入这一商品(如主市场和售后市场)。[110] 另外,杠杆型策略能够为消费者提供购买两个或多个产品的选择,但支付的价格低于这些商品单独价格之和(混合型捆绑),设计出与其竞争对手产品不兼容的产品(技术搭售),或从事掠夺性定价。

(a)搭售

9.77 如果卖方要求商品1(搭售商品)的购买者同时还要购买商品2(被搭售商

---

[108] Seminal national cases include:(1)KVR 3/84 Edelstahlbestecke, June 25 1985, WuW/E BGH p. 2150 (*German competition authority*). (2)Case C4158 Seat Gialle/Cecchi Gori Communications, 23 January 2001, Bull. No. 3/2001 (*Italian competition authority*).

[109] Guidelines on the assessment of non – horizontal mergers under the Council Regulation on the control ofconcentrations between undertakings[2008] OJ C 265/07, paras 99,100.

[110] 在以上两种情形之下的价格都比分开来买两种商品的价格之和低。

品),就会发生搭售。上述两个商品可能会以可变的比例被消费,但在有些情况下产品的混合必须要以固定的比例进行消费。[111] 如果消费者认为两个产品是正相关的话,搭售策略是最具营利性的。这意味着,最重视商品 A 价值的消费者同时也最重视商品 B 的价值。就定义本身而言,"搭售商品"是一种至关重要的部件,而且如果不与其他商品一起的话,经并购产生的企业是不会单独对其进行出售的。

(b)捆绑

9.78 捆绑,通常指的是经并购产生的企业提供产品并对此进行定价的方式。[112] 捆绑可以分为纯粹的捆绑和混合型捆绑。

9.79 纯粹的捆绑。如果两个商品只有放在一起时才会出售,就认为发生了纯粹的捆绑。这意味着,不能分开购买上述两种商品,因为它们仅以固定比例捆绑后一起出售。[113] 以汽车为例:每辆汽车仅能以一个方向盘和四个轮胎的混合比例形式进行出售。纯粹的捆绑非常罕见,因为企业通常会分别出售产品,即便是分开出售的价格对消费者没有吸引力。[114] 例如,如果能够分别购买"Microsoft Word™"和"Microsoft Excel™"的话,消费者可能更愿意以更加有吸引力的价格打包购买"Microsoft Office™"产品。[115] 但是,它们仍然是单独的商品,仅仅是放在一起出售而已。例如,一张机票通常会包含一顿饭;但是消费者不能分开购买饭和机票。[116]

9.80 混合型捆绑。如果经并购产生的企业或单独或合并销售商品的话,就认为发生了混合型捆绑。如果是混合型捆绑的话,对于捆绑包而言,经并购产生的企业将会以折扣的方式进行出售。前文提到的"Microsoft Office™"的例子:消费者虽然能够分别购买两种商品,但如果打包购买的话,企业会给予折扣

〔111〕 Guidelines on the assessment of non – horizontal mergers under the Council Regulation on the control ofconcentrations between undertakings[2008] OJ C 265/07,第 97 段和第 98 段将搭售分为技术性和合同型两类。

〔112〕 Guidelines on the assessment of non – horizontal mergers under the Council Regulation on the control of concentrations between undertakings[2008] OJ C 265/07, para 96.

〔113〕 P. Maydell,"Non – horizontal mergers under the EC Merger Regulation"(Stanford Vienna European Union Law, 2012)(Working Paper No. 3), 62, https://www.law.stanford.edu/sites/default/files/child – page/205024/doc/slspublic/maydell_eulawwp3.pdf,2013 年 9 月 13 日访问。

〔114〕 Maydell(n 113).

〔115〕 Maydell(n 113).

〔116〕 B. Nalebuff,"Bundling, Tying, and Portfolio Effects"(2003)(DTI Economics Paper 1, at section 2.1), 13, http://www.bis.gov.uk/files/file14774.pdf,2013 年 9 月 13 日访问。

优惠，这种情况下就认为发生了混合型捆绑。另外一个关于混合型捆绑的很好的例子就是数量折扣。对于消费者来说，购买一大袋商品，例如一大袋麦片，与购买两小袋麦片相比，会更便宜。即便如此，另外一种混合型捆绑的形式是简单的价格折扣。最好的例子是，商家通常以第二件半价的形式鼓励消费者买入两件相同商品。

9.81 混合型捆绑与纯粹的捆绑之间的区别。混合型捆绑为消费者提供更多选择，并与此同时扩大生产商获得消费者盈余的范围。所以说，从消费者角度来看，如果一个生产商采取纯粹的捆绑策略的话，那么消费者要么买入所有捆绑商品，要么就不买。另外，如果一个生产商提供混合型捆绑的商品 A 和 B，而且还会分别出售这些商品的话，那么消费者就享有以下四种选择：要么捆绑购买，要么单独买 A，要么单独买 B，再或者是什么都不买。

9.82 搭售与捆绑销售之间的区别。搭售不同于捆绑，是因为搭售的产品之间更可能具有可分性。搭售要求对于每单位的 B 商品，都要有两单位的 A 商品来匹配。有关搭售的一个最佳例证就是：消费者为了以折扣价购买一件剃须刀，就必须购买同一企业提供的两件剃须泡沫；这与同一企业以折扣价打包出售两件剃须泡沫和一件剃须刀是不同的。后者就构成捆绑销售。

(c)组合理论

9.83 组合力量的范围。根据组合理论可知，如果一项并购增加了新设企业所能控制的商品数量，这种商品组合或商品范围的扩大可能会为经并购产生的企业提供从事排他性行为的机会，并因此提升其市场力量。很多人将其视为杠杆理论，如此一来，问题就变成：经并购产生的企业是否可以利用杠杆作用，将其在一个市场上的实力，通过上文所讨论的策略转移至另外一个市场并获利。如果是这种形式的话，组合力量并不构成一种单独的竞争损害理论，而仅仅是多种理论集合的一种较为便捷的表达形式。

9.84 即便如此，《非横向并购指南》[117]表明：相对于从多个供应商处购买产品而言，消费者从单一来源购买一系列有关产品（一站式购物）的动机可能更强。这可能是出于节约交易成本的考虑。因此欧委会强调，经并购产生的企业将会拥有一系列产品组合这一事实本身并非必然会引发竞争关切。在欧洲，尽管欧委会可能并未拒绝将组合效应认定为一种反竞争的损害理论，但由于欧

〔117〕 Guidelines on the assessment of non – horizontal mergers under the Council Regulation on the control of concentrations between undertakings[2008] OJ C 265/07, para 104.

委会必须满足很高的的举证责任标准,使其以组合效应为基础质疑混合型并购变得非常困难。[118]

9.85 市场力量的来源。欧委会明确了提供产品组合的供应商可能具备的市场力量的潜在来源,而这些来源是经并购产生的企业可能拥有的。[119] 第一,结构价格的灵活度更高、促销以及折扣,[120] 包括使用价格歧视手段。[121] 第二,捆绑[122] 或搭售的可能性更大。第三,拒绝供应的可威胁范围更大。第四,在更大范围内影响对零售商在库存、商品陈列,或使用通用产品、促销时间等方面的决定的影响范围更大。[123]

9.86 第五,组合力量使供应商能够战略性地使用次级品牌,将其作为与其竞争对手的主要品牌进行竞争的手段,而非作为收入来源。[124] 第六,组合力量使企业可以在更大范围之内采取品牌扩张策略,以排除竞争对手,或阻止潜在竞争对手进入市场。欧委会认为,更强的组合多样性,以及将交易方较弱的品牌列入零售商清单之内,减少了竞争对手供应商的机会,因为他们的产品可能会被供应商从其清单中删除。更进一步,组合力量使"一站式购物"或单一来源的范围更广。最后,组合力量为销售、市场营销和分销活动带来了规模经济和范围经济方面的利益。

9.87 林赛和贝里奇(Berridge)[125] 认为上述前六点在以下这种意义上是相互关联的(尽管存在重叠):每一点都构成一种机制,通过这种机制,经并购产生的企业能够利用其强大的品牌实力帮助其次级品牌"渡过难关",[126] 尤其是通

---

[118] Seminal national cases include: Opinions 02 - A - 07 of 15 May 2002, and 04 - A - 16 of 28 July 2004, Seb/Moulinex (French competition authority); CCD/40/04 Simonds FarsonsCiskPla/Law. Quintano& Co. Ltd., 15 April 2004 (Maltese competition authority); Premier Foods plc/RHM plc Competition Authority, Determination No. M/06/098 (Irish competition authority).

[119] *Du Point/ICI* (Case IV/M. 214) Commission Decision (93/9/EEC) [1993] OJ L7/3, para 41; *ABB/Daimler Benz* (Case IV/M. 580) Commission Decision (97/25/EC) [1997] OJ L 11/0001 at para 65.

[120] *Guinness/Grand Metropolitan* (Case No. IV/M. 938) [1997] OJ C 198/10 at paras 40 and 101.

[121] *CVC/Lenzing* (Case COMP/M. 2187) Commission Decision (2004/237/EC) OJ L 82/20, at para 182.

[122] *BSkyB/KirchPayTV* (Case COMP/JV. 37) [2000] OJ C 7/06 at paras 78 - 80.

[123] *BAT/SkandinaviskTobakskompagni* (Case COMP/M. 5086) [2008] OJ C 207/03 paras 28, 41 and 42.

[124] *PernodRichar/Diageo/Seagram Spirits* (Case COMP/M. 2268) [2001] OJ C 98/04 at para 23.

[125] A. Lindsay and A. Berridge, *The EC Merger Regulation: Substantive Issues* (London: Sweet& Maxwell, 2009), 469.

[126] Guidelines on the assessment of non - horizontal mergers under the Council Regulation on the control of concentrations between undertakings [2008] OJ C 265/07, para 99.

过保护其进入零售商清单，以及防止其从清单上被移除。[127] 另外，如果非要适用的话，上述六点也会带来产生于杠杆作用的竞争损害。因此，对“组合力量”这一概括性描述的使用，并未解除欧委会运用杠杆理论一般原则的职责。[128] 与之相反，最后两点并未展示竞争损害理论，因为这类便利或节省并不会对消费者造成任何直接损害，所以也不是禁止一项并购的原因。[129]

9.88 如果是基于组合效应的原因，即便是交易方在这些市场上的活动并未重合，一项交易仍被认为不利于市场竞争[130]，从而产生问题。[131] 这在原则上是可能会发生的，因为组合力量的关键在于整体的价值高于各组成部分价值之和。[132] 这一点已经在 *Guinness/Grand Metropolitan* 案[133]中得到证实，其中欧委会认为交易会导致在交易方之间互不重合的市场中产生支配地位。

9.89 在评估经并购产生的企业是否有动机采取涉及组合效应的杠杆策略时，要对产品间的联系加以恰当考虑。例如，在 *Akzo Nobel/Hoechst Roussel Vet* 案[134]中，如果不同市场上的产品可能会被一起使用，或构成一个处理流程中的各连接组成部分的话，欧委会就认为可能会产生组合力量方面的竞争关切；但如果交易方的产品是卖给不同交易相对方的话，就排除这种竞争关切。另外，在 *INA/FAG* 案[135]中，经并购产生的企业能够供应一整套的轴承，但欧委会不予考虑组合力量方面的竞争关切，部分原因在于消费者通常会从不同供应商处分别购买轴承。[136] 经并购产生的企业采取涉及组合效应的杠杆策略的动机，也会受到采取这种策略的成本的影响。[137] 这点在 *UIAF/Carlye/Andritz* 案[138]中得到了很好的阐释，该项交易被通过的一部分原因在于

[127] Lindsay and Berridge(n 125) at 469.

[128] Lindsay and Berridge(n 125) at 469.

[129] P. E. Areedaand H. Hovenkamp, *Antitrust Law* (2ndedn, Aspen Lawand Business, 2003 New York) Vol. 5, para 1106d.

[130] Lindsay and Berridge(n 125) at 470.

[131] Lindsay and Berridge(n 125) at 470.

[132] *Coca - Cola Company/Carlsberg A/S* (Case No. IV/M. 833) Commission Decision (98/327/EC) [1998] OJ L 145/41, para 67.

[133] *Guinness/Grand Metropolitan* (Case No. IV/M. 938) Commission Decision (98/602/EC) [1998] OJ L 288/24, para 117.

[134] *Akzo Nobel/Hoechst Roussel/Vet* (Case No. IV/M. 1681) [1999] OJ C 272/07.

[135] *INA/FAG* (Case COMP/M. 2608) [2001] OJ C 272/03, para 34.

[136] Lindsay and Berridge(n 125) at 471.

[137] Lindsay and Berridge (n 125) at 471.

[138] *UIAG/Carlye/Andritz* (Case No. IV//M. 1736) [1999] OJ C 306/09, para 34.

交易方所提供产品的相互兼容会消耗巨额成本。

9.90 在评估经并购产生的企业是否有能力采取涉及组合效应的杠杆策略时，欧委会在 *Guinness/Grand Metropolitan* 案[139] 中认为，"一揽子"品牌的益处及其对市场竞争结构的预期影响，取决于不同的变量，包括不同品牌的市场份额，尤其是竞争对手的市场份额。采取杠杆策略的能力，还取决于各单独市场（并购参与方在这些市场上占据非常大的市场份额）的相对重要性，以及"一揽子"所有者在其中具备领先品牌的市场量。另外，在考虑组合效应的强度这一问题时，应当以竞争对手的品牌及其产品组合的力量为背景。

9.91 经并购产生的企业采取涉及组合效应的杠杆策略可能会受到一系列因素的影响。[140] 第一点，欧委会已经反复提到，只有在经并购产生的企业至少拥有一个"必备的"品牌（可以将其等同为占据支配地位），才可能会产生组合效应。有关这点的一个非常好的例证就是 *Akzo Nobel/Hoechst Roussel/Vet* 并购案，[141] 欧委会在该案中认定可能存在组合力量方面的竞争关切，因为至少有一个商品是"必备的"的产品。与之相反，在 *Newell/Rubbermaid* 案[142] 中，欧委会排除了组合力量的可能，因为交易方并未在任何生产线上具备重要实力。第二点，如果竞争对手的商品刚好可以匹配经并购产生的企业所提供产品范围的幅度或质量的话，那么组合效应通常情况下将不会发生。[143] 第三点，买方力量可能会阻止经并购产生的企业通过组合力量采取以杠杆作用为基础的策略。[144]

9.92 除了搭售、捆绑以及组合理论，还有其他策略会赋予经并购产生的企业实施有损消费者利益行为的能力和动机。这些策略包括全线逼迫，也就是一个供应商给消费者施压，迫使其从该供应商处购买整套商品；例如，通过威胁要撤

[139] *Guinness/Grand Metropolitan*(Case No. IV/M. 938) Commission Decision (98/602/EC) [1998] OJ L 288/24, paras 41 and 42.

[140] Lindsay and Berridge(n 125) at 472.

[141] *Akzo Nobel/Hoechst Roussel/Vet*(Case No. IV/M. 1681) [1999] OJ C 272/07, paras 40 and 41.

[142] *Newell/Rubbermaid*(Case No. IV/M. 1355) [1999] OJ C 109/05, para 19.

[143] Coca – Cola Enterprises/Amalgamated Beverages Great Britain (Case No. IV/M. 794) Commission Decision (97/540/EC) [1997] OJ L218/15，第 147 段强调：CCSB 在英国的软饮料生产商中具备范围最广的组合力量。还可参见 *INA/FAG*(Case COMP/M. 2608) [2001] OJ C 272/03, para 34。

[144] *Allied Signal/Honeywell*(Case COMP/M. 1601) Commission Decision (2001/417/EC) [2001] OJ L 152/1, para 113.

回整个系列中的“必需品”或消费者希望购买的部分。[145] 另外，如果消费者向供应商保证，不与其他供应商竞争对手进行交易的话，就会构成排他性交易。在 *Boeing/McDonnell Douglas* 案[146]中，欧委会担心并购后的企业通过将服役飞机的消费者基数从60%提高至84%，可能更有能力说服航空企业与其签订排他供应协议。[147] 经并购产生的企业也可能会通过利用产生自其“必备”品牌或产品（这些品牌或产品所面临的竞争很有限）的收益，来交叉资助其次级品牌或产品（这些品牌或产品所面临的竞争要激烈得多）。[148] 例如，可以通过“交叉领导”或系统定价（如通过对刀片收取额外费用来资助剃须刀的低位定价），来实施交叉资助的策略。在 *Boeing/McDonnell Douglas* 案[149]中，欧委会发现，并购发生之后，Boeing 有机会在竞争更为激烈的中型部门将价格设定在的成本范围以下，但同时可以在最小以及最大部门中获得更高利润。[150]

9.93 最后，混合型并购可能会通过掠夺式定价提高排他的可能性。[151] 只有在企业能够逼迫竞争对手退出市场，并通过提高价格来弥补其损失的情况下，掠夺性定价才是可能的。[152] 如果参与并购的企业已经在一些市场上具备一定实力，而且进入障碍已经相对较高，以至于短期损失可以被长期高定价所弥补，则掠夺性定价就更可能发生。最后，企业可能会战略性地运用控制信息的能力，来消除或边缘化其竞争对手。[153]

9.94 封锁的能力。只有在至少一个并购参与方的产品被消费者认为是尤其重要，而且基本不存在针对该产品的相关替代品的情况下，才能认为捆绑或搭售的

---

〔145〕 *Boeing/McDonnell Douglas*（Case No. IV/M.877）Commission Decision（97/816/EC）[1997] OJ L 336/16, at para 64.

〔146〕 *Boeing/McDonnell Douglas*（Case No. IV/M.877）Commission Decision（97/816/EC）[1997] OJ L 336/16.

〔147〕 *Boeing/McDonnell Douglas*（Case No. IV/M.877）Commission Decision（97/816/EC）[1997] OJ L 336/16.

〔148〕 Case T-5/02 *Tetra Laval BV v. Commission*[2002] ECR II-4381, at para 217.

〔149〕 *Boeing/McDonnell Douglas*（Case No. IV/M.877）Commission Decision（97/816/EC）[1997] OJ L 336/16, para 78.

〔150〕 Lindsay and Berridge（n 125）at 465.

〔151〕 *Aerospatiale/Alenia/de Havilland*（Case No. IV/M.053）Commission Decision（91/619/EC）[1991] OJ L334/42and *Tetra Laval/SIG*（Case COMP/M.3746）[2005] OJ C 153/11 at para 76（2）.

〔152〕 Lindsay and Berridge（n 125）at 465.

〔153〕 Lindsay and Berridge（n 125）at 465. See also *P& O Stena Line（Holding）Ltd.*（Case COMP/M.2838）[2002] OJ C 168/12, paras 19 and 20.

影响是重大的。另外，对于各个相关产品而言，必须要存在一个共同的大范围消费者群体。越多的消费者倾向于购买这两个产品，混合型并购就越有可能会通过封锁行为引发竞争损害。如果存在规模经济，而且对于供应而言需求是强有力的指示的话，封锁效应可能会更强大。欧委会应当评估竞争对手所采取的任何及时有效的对抗性策略。

9.95 欧委会已经总结了一个能够检测出可行的阻碍策略的两步分析法。[154] 首先，经并购产生的企业必须在一个相关市场中具备强大的市场力量；[155] 其次，针对各独立产品而言，必须存在一个庞大的消费者池。[156]

9.96 *在一个相关市场中具备强大的市场力量。*《非横向并购指南》[157]中提到，为了封锁竞争对手，新设企业必须具备强大的市场力量，但不要求其在一个相关市场中占据支配地位。[158] 另外，《非横向并购指南》还提到，只有在至少一个并购参与方所提供的产品被大多数消费者认为是尤其必要的，而且针对该产品仅存在有限的合适替代品的情况下，才能够将搭售或捆绑所提供的指示认定为重大的。一个很好的例证可能就是产品差异性，或对于竞争对手的产能限制。

9.97 林赛和贝里奇（2009）[159]认为，从欧委会的通知中似乎很清晰地就可以推出：如果市场地位是并购所导致的，那么就满足了相关条件。[160] 德劳兹（Drauz）（2001）[161]认为，尽管并购发生之前，在至少一个互补产品市场上享有一定市场力量或占据支配地位，是使得杠杆行为成为可能并且有利可图的一个必要条件。然而，如果经并购产生的企业在一个杠杆市场上具备更强大的市场力

---

〔154〕 Lindsay and Berridge(n 125) at paras 99 and 100.

〔155〕 Guidelines on the assessment of non – horizontal mergers under the Council Regulation on the control of concentrations between undertakings[2008] OJ C 265/07, para 99.

〔156〕 Guidelines on the assessment of non – horizontal mergers under the Council Regulation on the control of concentrations between undertakings[2008] OJ C 265/07, para 100.

〔157〕 Guidelines on the assessment of non – horizontal mergers under the Council Regulation on the control of concentrations between undertakings[2008] OJ C 265/07, para 99.

〔158〕 Guidelines on the assessment of non – horizontal mergers under the Council Regulation on the control of concentrations between undertakings[2008] OJ C 265/07, para 99.

〔159〕 Lindsay and Berridge(n 125) at 466, note 33.

〔160〕 Lindsay and Berridge(n 125) at 466, note 33.

〔161〕 G. Drauz, "Unbundling GE/Honeywell: the Assessment of Conglomerate Mergers under EC Competition Law" (FILJ,2001), at 887.

量,那么它就更有可能具备采取杠杆策略的能力和动机。[162]

9.98 一个*大型的共同消费者群体*。两种产品的消费者基础必须具备以下这种类型的联系:封锁策略能够对受杠杆作用影响的产品产生作用。[163] 更准确地讲,除非是同时需要两种产品的消费者足够多,否则鼓励或迫使消费者购买两种商品的策略大多数情况下都会失败。[164] 同时,也需要考虑以下两方面的因素。第一,通常情况下消费者是否会一起买入这两种产品,因为如果不是的话,鼓励甚至是迫使消费者同时购买会更加困难。例如,在 *Tetra Laval/SIG* 案[165] 中,全线迫使顾虑并未被欧委会采纳,因为并不存在消费者将同时买入两个或多个产品的证据。

9.99 第二,所涉及的商品是否在通常情况下都会由相同的消费者通过类似的程序买入。如果不是的话,那么试图将他们的购买联系在一起就不大可能会成功。[166] 第三,对于互补产品的需求程度也应当被考虑在内。这是因为,如果产品间互补性很强的话,那么通常情况下,搭售和捆绑策略就更有可能会带来更多利润。[167] 同时,欧委会还应当考虑消费者是否愿意购买捆绑商品。如果消费者要求的是整套商品的话,它们可能会拒绝将两个或更多产品联系在一起。例如,批发商可能会强烈地倾向于提供一整套商品。[168]

9.100 阻碍策略也必须具备妨碍竞争对手在杠杆市场上从事竞争性行为的能

---

[162] 有关这一点,可以参见 Case T – 5/02 *Tetra Laval BV v. Commission*[2002] ECR II – 4381, at para 197。该决定在上诉时得到支持,其所参照的基础并非是与 Case C – 12/03P *Commissionv. Tetra Lava BV* [2005] ECR I – 987 案中的问题有关的原因。

[163] Guidelines on the assessment of non – horizontal mergers under the Council Regulation on the control ofconcentrations between undertakings[2008] OJ C 265/07, para 100.

[164] Lindsay and Berridge(n 25) at 447, point ii. 亦可参见 *Air Liquide/Messer Targets*(Case COMP/M. 3314) [2004] OJ C91/08 at para 66。

[165] *Tetra Laval/SIG*(Case COMP/M. 3746) [2005] OJ C 153/11, at paras 71 and 74.

[166] 有关这一问题的两个很好的案例是:(1)*GE/Amersham*(Case COMP/M. 3304) [2004] OJ C 74/4, para 35; (2) Case T – 210/01 *General Electric Companyv. Commission*[2005] ECR II – 5575 at para 410。

[167] 在 Mar/Wrigley(Case COMP/M. 5188)[2008]OJ C 229/06,第 33 – 6 段中,欧委会认为,从终端消费者的角度来看,巧克力和口香糖并非互补商品。但欧委会另外从杂货店的角度,考虑了两种商品之间的联系。欧委会提出以下意见:经并购产生的企业将在冲动购物市场上享有强大的市场力量,而这些产品会在商店的一个特定区域内进行出售。

[168] 参见 *BC Funds/Sanitec*(Case COMP/M. 2397) [2001] OJ C 207/05。

力。[169] *Tetra Laval/SIG* 案[170] 就是一个很好的例证,欧委会在该案中强调,并购发生之后,竞争对手仍然维持了强大的市场力量。《非横向并购指南》有关搭售和捆绑的规定中提到,如果一个产业具备规模经济的话,那么封锁影响就更可能会被发现;而且任何时间点上的需求模式,都是未来市场上供应条件的有力指示。[171] 结果就是,任何封锁策略所带来的销售量损失都可能会给杠杆市场上的现存竞争对手带来尤为重要的影响,而且也会给新进入市场的企业带来更大的威慑作用。[172]

9.101 此外,欧委会也将会考虑其他市场参与者是否有能力采取及时有效的对抗性策略,以抵抗杠杆策略。[173] 有关这一问题,可能会包含以下因素:第一,竞争对手会采取的行为,例如提供相类似的交易,不管是单独地[174]还是通过并购,或签订"合作"协议,或采取更为激进的定价行为等方式与其他相关方一起进行。[175] 第二,消费者所采取的支持实力相对较弱的供应商的行动,以维持市场上的竞争。[176] 第三,也应当考虑到套利行为,例如购买捆绑商品的目的是进行分别转售。[177] 第四,新进市场的企业。[178]

9.102 在 *Pernod Ricard/V&S* 案[179]中,欧委会认为合并企业不具备封锁其竞争对手的能力,因为它将会在酒产品的销售市场上面临强有力的竞争对手(知名度很高的品牌)。在 *Posten AB/Post Danmark A/S* 案[180]中,欧委会不予考虑混合效应,因为考虑到市场进入障碍很低、转换成本也很低、竞争对手在

---

[169] Case T－5/02 *Tetra Laval BV v. Commission*[2002] ECR II－4381 at para 245. 但下文将要强调的是,竞争对手的阻碍行为应当给消费者利益带来阻碍作用。

[170] *Tetra Laval/SIG*(Case COMP/M. 3746)[2005] OJ C 153/11, at para 75.

[171] Lindsay and Berridge(n 125) at para 101.

[172] Guidelines on the assessment of non－horizontal mergers under the Council Regulation on the control of concentrations between undertakings[2008] OJ C 265/07, para 101.

[173] Lindsay and Berridge (n 125) at 448.

[174] 在 *Google/Double Click*(Case COMP/M. 4731)[2007] OJ C 230/08 案的第 327 段和第 344 段中,欧委会提到,竞争对手能够提供类似的捆绑商品。

[175] Guidelines on the assessment of non－horizontal mergers under the Council Regulation on the control of concentrations between undertakings[2008] OJ C 265/07, para 103.

[176] 在 *Proctor& Gamble/Gillette*(Case COMP/M. 3732)[2005] OJ C 139/10 案的第 121 段和第 130 段中,欧委会认为零售商可能会行使买方力量。

[177] Guidelines on the assessment of non－horizontal mergers under the Council Regulation on the control of concentrations between undertakings[2008] OJ C 265/07, at para 103.

[178] 参见 *GE/Amersham*(Case COMP/M. 3304)[2004] OJ C 74/4 at para 41。

[179] *Pernod Ricard/V&S*(Case COMP/M. 5114)[2008] OJ C 219/05.

[180] *Posten AB/PostDanmark A/S*(Case COMP/M. 5152)[2009] OJ C 148/03.

打印和包装市场上具备显著的市场力量以及潜在的对抗性策略等因素，新设企业并不具备封锁能力。

9.103 在*Kraft Foods/Cadbury*案[181]中，Kraft和Cadbury都是巧克力糖果市场上强有力的企业。欧委会认为，虽然Cadbury在英国和爱尔兰的市场份额非常高，但是Kraft的品牌在这些市场上的渗透程度维持在一个较低的水平。另外，欧委会发现Kraft和Cadbury的品牌之间并不存在密切竞争的关系，考虑到英国和爱尔兰的消费者对于传统的英国巧克力具备更强烈的偏好，而非"欧洲大陆类型的"巧克力。因此，只要是涉及英国和爱尔兰市场，欧委会就认为并不存在竞争关切。然而，在波兰以及罗马尼亚的巧克力糖果市场上，欧委会认为存在竞争关切，因为在这些市场中，Kraft与Cadbury的合并市场份额非常高，而且它们的品牌在巧克力糖果市场上是紧密的竞争对手。为了消除这些竞争关切，Kraft承诺剥离Cadbury在波兰Wedel品牌下的糖果业务，以及Cadbury在罗马尼亚境内的巧克力业务。在对所提交的救济措施进行市场测试之后，欧委会认为：救济措施可以消除上述竞争关切。据此，拟进行的收购，经过救济措施的修正最终被欧委会通过。[182]

(d)封锁的动机

9.104 经并购产生的企业面临以下两方面因素的衡量：与捆绑或搭售有关的可能会发生的损失，以及在有关市场上通过扩大市场份额可能会获得的收益，或者是特定情形下在这些市场上因具备市场力量得以提高价格。欧委会衡量了不同产品的相对价值，也可能考虑了一些其他因素，如经并购产生的企业的所有权结构、市场上过去曾经采取过的策略类型，或诸如商业计划的内部战略文件的内容。[183]《非横向并购指南》通过以下这种方式描述了欧委会评估经并购产生的企业的动机的方式：

经并购产生的企业面临以下两方面因素的衡量：与捆绑或搭售有关的可能会发生的损失，以及在有关市场上通过扩大市场份额可能会获得的收益，或

[181] *Kraft Foods/Cadbury*(Case COMP/M. 5644) [2010] OJ C 29/03; "Mergers: Commission clears proposed acquisition of Cadbury by KRAFT Foods, subject to conditions" (Brussels, January 2010) (Press Release IP/10/3).

[182] *Kraft Foods/Cadbury*(Case COMP/M. 5644) [2010] OJ C 29/03.

[183] Guidelines on the assessment of non – horizontal mergers under the Council Regulation on the control ofconcentrations between undertakings[2008] OJ C 265/07, para 109.

者是特定情形下在这些市场上因具备市场力量得以提高价格。[184]

9.105 欧委会对于动机的分析包含两方面的因素。第一,对于经并购产生的企业在杠杆市场上所获利润的影响,例如失去了那些只购买杠杆商品的消费者,或部分消费者转移至竞争对手所提供的捆绑商品。[185] 这种损失的重要程度,将取决于损失的销售量的大小,以及该笔销量本应获得的利润。以这类损失为背景,假设其可能会给杠杆市场带来任何积极影响;例如,杠杆策略是否对于保护经并购产生的企业的市场力量具有一定影响;第二,在被杠杆作用影响的市场上的利润增加。[186] 有关这一影响的很好的例证就是销售量增加或市场力量增强的结果。如果销售量增加,欧委会将会考虑销售量以及因此赚得的利润。如果杠杆策略使得竞争对手退出市场,阻碍潜在企业进入市场,或提高竞争对手成本的话,就认为可能会提升市场力量。这可能会使得经并购产生的企业提高价格,或者至少不会降低价格,或者是能够得益于在受杠杆策略影响的市场上所占据的更高地位。[187]

9.106 在对经并购产生的企业的动机进行分析时,欧委会对以下三种类型的证据加以考虑:第一,为经并购而产生企业的所有权结构。第二,市场上过去曾经采取过的战略类型。[188] 更准确地来讲,如果并购发生之前,并购参与方或其竞争对手有机会采取杠杆策略的话,那么分析这种策略被付诸实施的影响就显得尤为重要;以及如果没有机会采取杠杆策略的话,就要考虑并购是否给企业创设出另外从事这种策略的动机以及能力。第三,欧委会将会考虑诸如商业计划之类的内部战略文件的内容。[189] *General Electric v.*

---

[184] Guidelines on the assessment of non – horizontal mergers under the Council Regulation on the control of concentrations between undertakings[2008] OJ C 265/07, para 105.

[185] 在 *Google/DoubleClick*(Case COMP/M.4731) [2007] OJ C 230/08 案的第 315 – 23 段中,欧委会提到,杠杆产品的消费者,以及服务工具评估了其中立性,而且如果这一中立性被杠杆策略(如纯粹的捆绑)所中和的话,消费者就有可能会转移需求。

[186] 杠杆策略在受杠杆作用影响的市场上可能会带来利润提升的程度,取决于经并购产生的企业预先采取这种策略的能力。参见 M. Whinston, "Tying Foreclosure and Exclusion", [1990] 80Am. Econ. Rev., 837, at 893 and 840。

[187] Guidelines on the assessment of non – horizontal mergers under the Council Regulation on the control of concentrations between undertakings[2008] OJ C 265/07, at 451.

[188] Guidelines on the assessment of non – horizontal mergers under the Council Regulation on the control of concentrations between undertakings[2008] OJ C 265/07, para 109 and *GE/Amersham* (CaseCOMP/M.3304)[2004] OJ C 74/4, para 35.

[189] Guidelines on the assessment of non – horizontal mergers under the Council Regulation on the control of concentrations between undertakings[2008] OJ C 265/07, para 109. 必须要注意 Case T – 210/01 General Electricv. Commission [2005] ECR II – 5575 案的第 338 段、第 353 段和第 420 段。

Commission 案就是这样的一个例子,[190] 本案中,普通法院认为可以从诸如描述董事会决议内容的企业内部文件中找到经并购产生的企业采取杠杆策略动机的证据。

9.107 在 *General Electric Company v. Commission* 并购案[191] 中,普通法院认为,欧委会不仅应当认定经并购产生的企业具备将这种行为转移至航空电子设备以及非航空电子设备市场上的能力,而且根据令人信服的证据可以推断出:经并购产生的企业将会实际从事这种行为。只有通过评估经并购产生的企业是否具备采取这种行为的动机,据此,判定这对于该企业而言是否是最有利可图的策略,才能够核实企业是否会采取某个特定策略。

9.108 在 *Koninlijke Philips Electronics/Saeco International Group* 案[192] 中,交易方活跃于国内咖啡机市场。[193] 欧委会评估了活跃于电子产品一些相邻市场上的 Philips 是否会通过搭售或捆绑,从事反竞争的阻碍行为;但后来又拒绝采纳该理论,因为 Philips 产品存在替代品,而且市场上过去也未存在过类似行为。欧委会检验了 Philips 在衬垫机市场上的强大实力是否会带来反竞争影响。欧委会认为,尽管一些零售商将 Philips 机器认定为必需品,但经并购产生的企业不大可能会纯粹地将 Philips 的衬垫机与 Saeco 的浓缩咖啡机捆绑销售,因为还有巨大的并不会同时买入 Senseo 以及高端浓咖啡机的零售商池,比如说 Saeco。[194]

(e)对于消费者的影响

9.109 捆绑或搭售可能会降低竞争对手的销售量,而且会降低竞争对手参与竞争行为的能力或动机。另外,封锁行为可能会阻碍潜在竞争对手进入市场。如果在任何一个市场上还保有一个有效的单一产品供应商的话,混合型并购就不大可能会导致竞争环境的恶化。与评估纵向并购类似,欧委会也会评估对抗性因素,以及并购参与方所支持的效率的提高。

9.110 第一个问题考虑的是,策略是否可能会排除或边缘化竞争对手。一个很好的例证就是引诱竞争对手退出市场、阻碍进入市场,或阻止对研究和发展的

---

〔190〕 Case T-210/01 *General Electricv. Commission*[2005] ECR II-5575 at para 333.

〔191〕 Case T-210/01 *General Electricv. Commission*[2005] ECR II-5575 at para 327.

〔192〕 *Koninlijke Philips Electronics/Saeco International Group* (Case COMP/M.5547) [2009] OJ C 185/02.

〔193〕 提交申报时,Philips 是一个全球的电子产品供应商,而 Saeco 则是家用和商用咖啡机生产商。

〔194〕 R. De Coninck(n 43).

投资。[195]《非横向并购指南》尤其关注的是,并购行为是否会阻止潜在竞争对手进入市场,例如,通过将潜在竞争对手的预期销售量降至最低可变范围之下,或迫使它们同时进入两个不同的市场。[196] 第二个问题考虑的是,这种消除或边缘化可能会给市场整体带来的影响。如果在任何一个市场上仍然存在有效的竞争对手,或具备扩张动机和能力的竞争对手,封锁效应就不大可能发生。以下情形则会引发第三个问题:如果退出或封锁行为是可预期的,那么就要评估潜在竞争对手进入市场或重新进入市场是否及时、可能,并且足以阻止经并购产生的企业严重损害消费者利益,或消费者能否通过买方力量来保护其自身权益。同时,《非横向并购指南》明确地提到,欧委会并不认为竞争对手可能退出市场是封锁效应的必要条件。[197]

(二)混合并购的协调效应

9.111　混合并购可能会将有效竞争者的数量降低到一定程度,以至于默示协调成为真正的可能。另外,混合并购还可能会提升多重市场合同的重要性,而一个企业也可能会利用这种报复机制来惩罚脱离于共谋结果的行为。如果一个企业在多个市场中参与竞争,并决定脱离于共谋,那么其将接受到的"惩罚"可能会扩展至多个市场,而非仅限于脱离行为本身所发生的市场,报复的强度就会因此增大。强化的惩罚会降低企业从事脱离行为的动机,而且也会提升共谋结果的可持续性。企业也可能会通过利用多重市场合同,来获取其竞争对手的有关信息。

9.112　*PG/Gillette* 案[198]就是一个重要的混合并购案,明确展示了欧委会是如何评估混合型并购的,其中交易方的活动仅在假定的电动牙刷(电池以及可充电牙刷)市场,以及假定的独立电池牙刷市场上存在显著重叠。欧委会进一步阐述到,虽然对于并购可能会带来的潜在竞争问题而言,来自消费者的买方对抗性力量是一个重要的缓解因素,但其他论点还是支持以下这种假设:高市场份额表明电动牙刷市场上存在竞争问题。竞争对手还认为,与其他消费产品相比,电动牙刷市场的进入障碍较高。

---

〔195〕 In *Air Liquide/Messer Targets* (Case COMP/M. 3314) [2004] OJ C 91/08at para 66.

〔196〕 Guidelines on the assessment of non – horizontal mergers under the Council Regulation on the control ofconcentrations between undertakings[2008] OJ C 265/07, para 112.

〔197〕 Guidelines on the assessment of non – horizontal mergers under the Council Regulation on the control ofconcentrations between undertakings[2008] OJ C 265/07, para 111.

〔198〕 *Proctor& Gamble/Gillette*(Case COMP/M. 3732) [2005] OJ C 139/10.

9.113 除横向竞争关切以外,对于交易方的电池牙刷业务而言,并购也可能会强化Gillette在可充电部分/市场上的地位。很多竞争对手认为,可以将电池部分认定为更具营利性的可充电牙刷业务的"市场进入部分",因为这有助于获取有关可充电牙刷的必要知识。并购发生之后,不管是进入电池还是可充电牙刷市场都会变得更加困难,因为一个新进市场者不得不与另外一个提供全套产品,而且具备很高知名度的"全方位"企业进行竞争。欧委会得出结论:并购可能会严重损害假设的电动牙刷,或相分离的电池牙刷、可充电牙刷市场上的竞争,但却不会在手动牙刷、牙膏、压线以及其他口腔产品、止汗剂/香味剂、剃须制剂、香氛或小型家用电器市场上产生竞争关切。

9.114 欧委会还认为,交易方享有大量所谓的"必备品牌"。除了在口腔护理市场上的强大实力,交易方还在其他产品分类市场上具备一定地位,而在这些市场中它们的活动并未重合。考虑到交易方的折扣机制、定价政策、必备品牌的份额、采购策略、先前并购的影响,或产品下架的例子,欧委会调查了并购是否会带来反竞争的混合(并购——译者注)影响。欧委会的市场调查,关注的是作为捆绑不同产品的结果,或经并购而产生企业扮演分类管理器的结果,可能会带来的封锁影响。

9.115 欧委会还调查,并购是否会使得交易方通过捆绑行为来将较弱的品牌施加给消费者,封锁竞争对手获取有限的零售商货架空间,并阻止新的产品进入市场。欧委会会调查,交易方是否会迫使消费者与"必备"商品一起,购买"较弱的"商品("纯粹捆绑"),或是否会给联合购买捆绑商品的行为提供更好的交易条件("混合捆绑")。原告认为特别回扣(全面退税以及激励奖金)以及促销活动,可能是交易方提高其产品在货架上出现频率的一种措施。欧委会得出结论:捆绑行为不大可能会带来反竞争效果,因为享有足够宽泛产品范围的其他品牌产品的供应商也会带来强有力的竞争,零售商也具备行使对抗性买方力量的能力和动机。[199] 绝大多数零售商通过"多源"策略保护它们的议价地位。交易方给各种零售商提供的回扣力度并不会相差太大。欧委会得出结论:通过将并不具备互补性的产品进行捆绑销售,交易并不会产生封锁效应。

---

〔199〕 对于供应商而言,零售商扮演了一个重要的"看门人"角色,因为它们为交易方的产品提供了"一站式店铺"。如果一个零售商拒绝销售交易方的一个品牌的话,那么这个品牌就面临消失于消费者视野的危险。

9.116 欧委会还通过品牌管理调查了潜在的封锁。[200] 一些第三方提到,一个品牌管理商可能更倾向于其自身的产品,或者是不了解零售商,或者是与零售商已经达成协议(“默示共谋”)。并购可能会使得交易方提升其在口腔护理行业的品牌管理活动的参与度。欧委会在其询问中检测了相对于竞争对手的整体销售量和价格而言,交易方的现有品牌管理所带来的影响。欧委会分别在交易方被认定为品牌领先者,以及并未被认定为品牌领先者的情况下,对比了 P & G、Gillette 及其竞争对手之间的市场份额/销售量演变情况。同时,欧委会还检测了有关产品分类定价的演变,竞争者数量、货架上品牌的演变,以及如果交易方是品牌领先者的话,竞争对手的品牌下架的可能性。欧委会还考虑到了可能会存在的“缓解”情况,例如交易方过去曾经失去品牌领先地位。欧委会得出结论,品牌管理政策通常都会给领先品牌带来优势地位,而非仅仅是交易方。这被认为是非常有利于竞争的,因为其会使得零售商能够上架消费者最需要的品牌,并为消费者从货架上找到足够数量的商品提供了便利。在接受交易方提出的补救措施之后,欧委会最终通过了该项并购。

9.117 在 *Tetra Laval/SIG* 案[201]中,欧委会强调,交易仅使 Tetra 产生了边际变更的动机。在一个类似的案件 *Akzo Nobel/Hoechst Roussel Vet* 案中,[202] 欧委会认为,通过将单一疫苗加入一系列(多于 50 个)疫苗当中,交易并不会带来任何重大的“组合效应”。[203] 另外,在 *Allied Signal/Honeywell* 案中,欧委会提到,有关供应特定产品的竞争已经在一个整合的基础之上发生,这表明并购并不会导致这些领域产生组合力量。[204]

---

[200] 品牌管理,是在现代零售业务中使用的一种管理方法,目的在于实现零售商组合产品的最佳配置,并使得这些产品能够更好地满足消费者需求。

[201] *Tetra Laval/SIG* (Case COMP/M. 3746) [2005] OJ C 153/11at para 76 (2).

[202] *Akzo Nobel/Hoechst Roussel Vet* (Case COMP/M. 1681) [1999] OJ C 272/07.

[203] *Coca - Cola Enterprises/Amalgamated Beverages Great Britain* (Case No. IV/M. 794) Commission Decision (97/540/EC) [1997] OJ L 218/15, para 209.

[204] *Allied Signal/Honeywell* (Case COMP/M. 1601) Commission Decision (2001/417/EC) [2001] OJ L 152/1, para 113.

第十章　市场进入和潜在竞争

一、市场进入壁垒
（一）市场进入壁垒的界定
（二）受约束的市场进入与不受约束的市场进入
（三）结构性进入壁垒与战略性进入壁垒
（四）进入同质性市场与进入差异性市场
（五）欧委会对进入壁垒的分析
（六）市场进入的评估标准
二、潜在竞争
对潜在竞争的分析

10.01 市场进入分析是并购评估的重要组成部分，并购发生之后，如果经并购产生的企业涨价（或采取其他类型的反竞争行为）会诱使足够多的潜在竞争对手进入市场，以使得价格恢复至并购发生之前的话，那么经并购产生的企业就不大可能会涨价。通常情况下，如果新企业很容易就能进入市场，那么并购就不大可能会持续性地降低一个特定行业中的竞争。因此，为了证明并购是有害竞争的，竞争当局至少要证明存在市场进入壁垒。另外，如果潜在竞争对手已经给其他企业施加了重大竞争限制，或该竞争对手极有可能会成长为有效竞争力量，那么与潜在竞争对手的并购也可能会通过消除（潜在的）竞争限制，来降低竞争水平，或增加市场上协调的风险。如果并购发生之后，市场上不存在足够或有效的潜在竞争，那么与潜在竞争对手进行并购就可能会产生问题。

一、市场进入壁垒

10.02 并购分析的不同阶段都有可能涉及市场进入壁垒分析。针对以下各个阶段,“市场进入”都发挥了一定作用:市场界定阶段,[1]对并购进行反事实评估阶段,[2]并购的竞争影响评估阶段(如并购引发的市场进入以及受约束的市场进入,[3]有涉及潜在市场进入者参与的并购[4])。如果进入市场不可行,那么该市场内能够引发反竞争效果的并购,会让竞争当局产生并购后市场上可能会缺乏竞争的顾虑。如果市场进入壁垒很低,使得市场进入很容易实现的话,那么可以在一定程度上抵消这一顾虑。欧委会在《横向并购指南》[5]中以及时性、可能性以及充分性三个因素为基础,对市场进入进行分析。类似地,如果潜在竞争对手可以有效限制活跃于市场上的企业的行为,那么与这样一个潜在竞争对手进行并购就可能会带来反竞争效果。[6]

10.03 通常来讲,市场进入壁垒的高低与市场现有参与者在竞争水平之上定价的

---

〔1〕 可以对供给替代品的市场参与者和潜在市场进入者进行区分,因为供应替代品的参与者会对价格提升作出迅速反应,而潜在市场进入者可能需要多于一年的时间,才能开始给市场供应产品。另外,供给替代参与者包括以较低成本进入市场,而不会引发不可逆的投资;但对潜在市场进入者而言,是需要花费巨额沉没成本的。

〔2〕 《横向并购指南》提及,“现有市场份额可能会做相应调整,以合理反映市场未来的特定变化,例如市场退出、市场进入或市场扩张”。详见 Guidelines on the assessment of horizontal mergers under the Council Regulation on the control of concentrations between undertakings [2004] OJ C 31/5,第15段。

〔3〕 通过降低竞争程度,并购可能会提升市场进入者的预期可得利益,以覆盖掉现有的进入成本。

〔4〕 如果市场进入壁垒足够低,以至于潜在竞争对手可以迅速进入市场,那么通常就会将它们认定为实际竞争对手。

〔5〕 Guidelines on the assessment of horizontal mergers under the Council Regulation on the control of concentrations between undertakings [2004] OJ C 31/5.

〔6〕 主要成员国判例包括:(1) Decision of the Office of 13 June 2003, No. S 180/02 Zentiva B. V. /S. L. Pharma Holdings Gesellschaft M. B. H (*Czech competition authority*). (2) Decision of 25 August 2004, No. 28 – KO Philip Morris Products S. A. /Amer – Tupakka Oy, Amer – Yhtym¨a Oyj and Amernet B. V (*Estonian competition authority*), 27 May 2004, Resolution No. 1S – 80 of the Competition Council of the Republic of Lithuania on issuing permission for AB Alita to implement a concentration by acquiring the 100 per cent of AB Anykˇsˇci˛u vynas package of shares Annex of Oxford Gazette Information Notices 2004 No. 43 (*Lithuanian competition authority*). (3) CCD/M/66/03 Simonds Farsons Cisk Plc/Guido Vella, 20 November 2003 (*Maltese competition authority*). (4) Ccent 45/2004 Petrogal/Esso (14 December 1005) (*Portuguese competition authority*)。

能力有关。如果进入壁垒较低,那么价格就会接近于竞争水平。如果进入壁垒较高,那么价格就会接近于垄断水平;而如果进入壁垒适中,那么价格就处于竞争水平和垄断水平之间。[7]

10.04 波特(Porter)(1980,1990)[8]提出了五种决定长期产业营利性的“竞争性因素”。这些因素是:(1)新进市场者的威胁;(2)可替代产品或服务的威胁;(3)供应商议价能力;(4)买方议价能力;(5)现有竞争者间的对抗性。波特认为,潜在市场进入的有效性,取决于市场进入的壁垒有多高,以及市场现有参与者对新进者可能会做出的反应。[9]

(一)市场进入壁垒的界定

10.05 市场进入壁垒包括高投资成本、高市场营销成本以及高沉没成本,以上诸因素构成财务性进入壁垒。另外,强制性通知、标准、行政资格与授权、最低标准的专业技能要求、最低水平库存,以及最低存储标准,都会阻碍企业进入市场。

10.06 1936年,唐纳德·华莱士(Donald Wallace)提出了一个研究项目,“针对自由进入市场的障碍而言,需要对其性质和程度进行彻底的分析”,结果被证明是不切实际的。[10] 贝恩1956年对市场进入壁垒进行了界定:任何使得现有市场参与者赢取高额利润,而不会带来新进企业的因素。他还认为,在“结构—行为—绩效”这一模式中,诸如资金需求、产品差异性、成本优势以及由于规模经济所导致的市场进入壁垒,都会阻止新的竞争对手进入市场,维持非竞争性的市场结构,并将价格提升至非竞争水平。[11] 贝恩对进入壁垒界定的核心在于可得利润。市场进入壁垒使得现有市场参与者能够获得

---

〔7〕 M. Bergman, “Potential Competition: Theory, Empirical Evidence and Legal Practice” (Konkurrensverkets, Stockholm, 2002), http://www.kkv.se/upload/filer/trycksaker/rapporter/pros&cons/rap_pros_and_cons_pricediscrimination.pdf, 2013年9月13日访问。

〔8〕 M. E. Porter, *Competitive Strategy: Techniques for Analyzing Industries and Competitors* (New York NY: Free Press, 1980) (Translated into Swedish as Konkurrensstrategi, Uddevalla; ISL Förlag, 1983); M. E. Porter, *The Competitive Advantage of Nations* (New York, NY: Free Press, 1990).

〔9〕 Bergman (n 7).

〔10〕 In *Papers and Proceedings of the Forty eighth Meeting of the American Economic Association*. 详见 R. P. McAfee, H. M. Mialon and M. A. Williams, “What is a Barrier to Entry?”, [2004] American Economic Review 94 (2 May), 461 – 5。

〔11〕 M. B. Coate, “Theory Meets Practice: Barriers to Entry in Merger Analysis”, [2008] 4(1) Review of Law & Economics, 10, at 2 – 3, http://ssm.com/abstract=988423, 2013年9月13日访问。

高额利润,而不必担心会有新的企业进入市场。[12]

10.07 贝恩[13]提出四种市场进入壁垒的类型:(a)绝对成本优势,(b)规模经济,(c)产品差异性优势,以及(d)资本需求优势。[14]

(a)绝对成本优势

在现有企业的任何生产水平条件下,它们每单位的成本都低于潜在市场进入者。现有市场参与者具备绝对的成本优势有多方面原因,如专利、卓越的生产技术、稀有资源以及领先的管理技术。这些成本优势构成新企业进入市场的壁垒。

(b)规模经济

一个决定进入特定行业的潜在进入者,必须要下定决心达到运营的最低效率规模。规模经济越重要,新进市场者不得不实现规模经济以形成竞争环境的可能性就越大,如此一来,进入市场的吸引力就越小。

(c)产品差异性优势

根据贝恩的观点,第三类进入壁垒是产品差异性。现有市场参与者可以利用消费者对其产品的偏好,并在此基础上设计进入壁垒。

(d)资本需求优势

贝恩认为资本需求优势也是进入壁垒之一。例如,如果最低行业效率规模对潜在进入者的资本要求非常高的话,那么这些企业可能就没办法满足这类条件。

10.08 1968年,乔治·斯蒂格勒(George Stigler)提出了一个以成本为核心,而非以利润为核心的定义。[15] 芝加哥学派认为,市场上的竞争应当被视为处于一种长期零利润均衡状态。以此为前提,斯蒂格勒认为,市场进入壁垒包含必须由新进者承担,而非现有参与者承担的成本。[16] 他将政府规章、专利、网络效应以及控制关键性投入界定为进入壁垒。我们可以看到,贝恩和斯

---

〔12〕 Coate (n 11) 10, at 2–3.

〔13〕 J. S. Bain, *Barriers to New Competition: their character and consequences in manufacturing industries* (Cambridge, MA: Harvard University Press, 1956), 256.

〔14〕 Bain, *Barriers to New Competition* (n 13) 256.

〔15〕 G. J. Stigler, *The Organization of Industry* (Chicago, Il: University of Chicago Press, 1968).

〔16〕 Coate (n 11) at 10.

蒂格勒对规模经济和资金成本的认识不同。

10.09 1974年,弗格森(Ferguson)[17]将市场进入壁垒界定为一种使得进入市场无利可图,但同时又允许现有企业能够在边际成本水平之上定价,并长期维持这样一种垄断回报的因素;1979年,费舍尔[18]则将市场进入壁垒界定为所有阻止给社会带来利益的市场进入的因素。1980年,魏伯乐(Weizsacker)[19]认为,市场进入壁垒指的是必须要由市场新进企业承担,而非现有企业承担的生产成本。魏伯乐对市场进入壁垒的界定,遵循的是斯蒂格勒的分析方法。1989年,Gilbert[20]将进入壁垒界定为因其市场内现有企业的身份而产生的收益。[21]

10.10 1976年,波斯纳[22]将竞争认定为处于一个短期的均衡状态,据此提出了另外一种界定方法。波斯纳认为,在考虑什么因素会构成进入壁垒时,必要的及时性是主要考虑因素。[23] 他认为,拖延企业进入市场的因素可以被认为是进入壁垒,尽管他还认为这些因素可能会因案而异。[24]

10.11 大概十年之后,1987年,理查德·施马兰西(Richard Schmalansee)提出了一种经济界定的方法,而这种方法演变自芝加哥学派。[25] 施马兰西认为,非对称性因素,如规模经济以及沉没成本等,由于会阻止潜在的竞争损害市场现有参与者的利润,因此可以被认定为进入壁垒。[26] 1994年,卡尔顿和佩

---

〔17〕 J. M. Ferguson, *Advertising and Competition: Theory, Measurement, Fact* (Cambridge, MA: Ballinger, 1974).

〔18〕 F. M. Fisher, "Diagnosing Monopoly", [1978] 19 Quarterly Review of Economics and Business, 7 – 33.

〔19〕 C. C. Von Weizsacker, "A Welfare Analysis of Barriers to Entry", [1980] 11 (2) Bell Journal of Economics, 399 – 420.

〔20〕 R. Gilbert, "Mobility Barriers and the Value of Incumbency" in R. Schmalensee and R. D. Willig (eds) *Handbook of Industrial Organization* (Amsterdam: North – Holland, 1980), 475 – 535.

〔21〕 R. P. McAfee, H. M. Mialon, and M. A. Williams, "When are sunk costs barriers to entry? Entry Barriers in Economic and Antitrust Analysis: What Is a Barrier to Entry?", (My 2004) (AEA Papers and Proceedings, Pittsburgh) 461.

〔22〕 R. A. Posner, *Antitrust Law: An Economic Perspective* (Chicago, IL: University of Chicago Press, 1976).

〔23〕 Coate (n 11) at 10.

〔24〕 Coate (n 11) at 10.

〔25〕 R. Schmalensee, "Ease of Entry: Has the Concept Been Applied Too Readily?", [1987] 56 Antitrust Law Journal, 41 – 51.

〔26〕 Coate (n 11) at 10.

洛夫(Perloff)[27]遵循了斯蒂格勒的观点,认为市场进入壁垒指的是任何阻止一个企业家迅速在市场上设立新企业的因素。

10.12 McAfee以及本书的其他作者们,对上述文献中给出的市场进入壁垒的不同界定进行了批判。根据作者观点,贝恩所给出的定义存在缺陷,他将定义的结果作为定义的构成要素。斯蒂格勒的定义避免了循环定义,而是通过抓住进入壁垒的基础特征来对其进行界定,强调了市场现存者与潜在进入者之间的成本区别。弗格森的界定遵循了贝恩的方法,但增加了对现有企业获取垄断利润的要求。费舍尔(Fisher)的界定遵从贝恩和弗格森的观点,但其定义更偏陈述性,而非肯定性。魏伯乐的界定也是陈述性的,但其遵循的还是斯蒂格勒的界定方法。他认为,只有在会降低福利的情况下,成本差异才能够被界定为市场进入壁垒。Gilbert的界定关注的是现存企业所享有的优势,而非新进企业的劣势。他的界定存在一个很明显的问题,即利润本身并非壁垒。卡尔顿和佩洛夫认为,"进入壁垒"这一术语通常指的是进入市场的成本与进入市场所需的时间。他们仅从长期来看进入壁垒,并将沉没成本排除在外,因为并不存在长期的沉没成本。

10.13 因此,作者们给出了如下界定。经济型市场进入壁垒指的是,新进企业必须承担,而现存企业没有承担或不需要承担的成本。[28] 反垄断进入壁垒,指的是与即时且成本等同的进入相比,拖延企业进入市场并因此降低社会福利的成本。他们还认为,所有的经济类进入壁垒都是反垄断壁垒。但是,有很多反垄断壁垒并非经济类的壁垒,因为反垄断壁垒的范围大于经济类的壁垒。

(二)受约束的市场进入与不受约束的市场进入

10.14 从广义上来讲,市场进入可以分为受约束的和不受约束的两类。[29] 这两种类型是以沉没成本为基础进行的分类。如果不需要产生任何巨额沉没成本就可以进入市场的话,那么就构成不受约束的或暂时性市场进入。这是因为,市场进入者可以相对轻松地退出市场,因为沉没成本很低。因此,此时

[27] D. W. Carlton and J. M. Perloff, *Modern Industrial Organization* (New York, NY: Harper Collins College Publishers, 1994) at 461.

[28] McAfee, Mialon, and Williams (n 21) at 461.

[29] OECD,"Policy Roundtable: Barriers to Entry" (2005), http://www.oecd.org/regreform/sectors/36344429.pdf, 2013年9月17日访问。

的市场进入是不受约束的。[30] 从另一方面来看，如果不发生巨额沉没成本就无法进入市场，那么市场进入就是受约束的，因为企业无法在不承担巨额沉没成本的情况下退出市场。[31]

10.15 沉没成本，是新进市场者要面临的主要壁垒之一。根据其界定可知，一旦企业进入市场，沉没成本是没办法恢复的。随着沉没成本的提升，潜在企业进入市场的可能性也会随之下降。与已经在市场上站稳脚步且在定价时可以忽略沉没成本的市场现存企业相比，潜在进入者无法忽略沉没成本，并因此要关注斥资进入市场相关的风险。[32] 沉没成本是指无法得到恢复的投资，即便是进行投资的企业最终走向破产。

10.16 沉没成本与监管成本是市场进入壁垒的两大主要构成部分。与之相对应，固定成本不会随着产出水平的不同而有所变化，但可以通过停止生产、出售或重新分配相关资产的方式得到弥补。如果市场现存企业产生沉没成本的话，在其进行定价以对新进企业作出回应的时候，也没必要考虑这些投资的成本。企业进入市场之后，已经投入巨额沉没成本的现存企业之间的竞争会尤其激烈。[33] 另外，沉没成本可以通过给潜在市场进入者施加退出成本，来降低其期待暂时性进入市场的可能性。可以将沉没成本认定为企业进入市场时愿意承担的风险金额。如果企业没有成功进入市场的话，那么沉没成本就是后续无法得到弥补的成本。因此，与可预期的利润机会相比，沉没成本越高，进入市场的吸引力就越小。

10.17 因此，如果进入市场需要巨额沉没成本，而企业最终又未成功进入市场的话，那么其损失就会非常大。但如果资本市场非常高效，那么筹资对大规模可盈利项目而言，并不比小规模可盈利项目更难。由于资本市场存在缺陷，其会倾向于更富有、更有经验的企业，而非那些没有任何经验的企业家，但前者并非一定是市场上的现存企业。如果一个行业中主要的潜在进入者是提供多样化产品的大型企业，那么巨额资金成本可能就不会构成进入壁垒。

---

〔30〕 OECD, "Policy Roundtable: Barriers to Entry" (2005), http://www.oecd.org/regreform/sectors/36344429.pdf, 2013 年 9 月 17 日访问。

〔31〕 OECD, "Policy Roundtable: Barriers to Entry" (2005), http://www.oecd.org/regreform/sectors/36344429.pdf, 2013 年 9 月 17 日访问。

〔32〕 OECD, "Policy Roundtable: Barriers to Entry" (2005), 27－8, http://www.oecd.org/regreform/sectors/36344429.pdf, 2013 年 9 月 17 日访问。

〔33〕 OECD, "Policy Roundtable: Barriers to Entry" (2005), http://www.oecd.org/regreform/sectors/36344429.pdf, 2013 年 9 月 17 日访问。

但巨额资金成本仍可以间接阻碍企业进入市场。[34]

10.18 虽然受约束的市场进入和不受约束的市场进入都可以降低非竞争性价格，或给市场带来其他有利于竞争的影响，但是受约束的市场进入通常更常见。同时，与不受约束的市场进入相比，由于额外变量的存在，受约束的市场进入更难分析。[35]

10.19 在完善的竞争市场中，进入或退出市场都可以低成本地、快速地实现，而且市场现存企业无法及时对市场进入作出反应，但是这种完善的竞争市场基本不存在。如果价格被提升至竞争水平以上的话，那么赚取超竞争的利润会即刻吸引更多企业进入市场，直到价格重新回到竞争水平。进入一个市场的必要总成本，以及通过借贷筹集资金进入市场的相对成本，都是重要的进入壁垒；同时，声誉效应也是一项重要的进入壁垒，这指的是市场现存企业所具有的可信度剩余或产品质量上的良好声誉给市场进入带来的影响。[36] 声誉可能还会影响资金的相对成本，因为贷方会认为，相对于不具有公认成功记录的新进企业而言，把资金借给已经设立的知名企业的风险更小。如果得知市场现存企业会采取激烈的策略来阻止其他企业进入市场，例如通过降价来进行有力促销，那么企业声誉就可能会带来相反的影响。一旦阻止了市场进入，市场现存企业就能够重新把价格调至先前的更高水平。

10.20 退出障碍也会构成一个重要的进入壁垒，因为退出市场的成本越高，先前进入市场的风险就越大。在退出市场时，企业可能必须承担非贬值性成本、繁重的雇员成本等。在一个企业决定是否要进入市场的时候，会考虑到这类成本。

（三）结构性进入壁垒与战略性进入壁垒

10.21 市场进入壁垒也可以分为结构性的和战略性的。[37] 结构性壁垒与市场结构本身以及基本产业条件相关，例如成本和需求。结构性因素包括政府规章、沉没成本、供需以及资源。另外，战略性壁垒与市场现存企业为了阻止

---

〔34〕 McAfee, Mialon, and Williams (n 21) at 461.

〔35〕 McAfee, Mialon, and Williams (n 21) at 461.

〔36〕 OECD, "Policy Roundtable: Barriers to Entry" (2005), http://www.oecd.org/regreform/sectors/36344429.pdf, 2013 年 9 月 17 日访问。

〔37〕 OECD, "Policy Roundtable: Barriers to Entry" (2005), http://www.oecd.org/regreform/sectors/36344429.pdf, 2013 年 9 月 17 日访问。

潜在企业进入市场而有意或无意采取的行动有关。这类壁垒可能由于以下行为而产生:独家交易安排、掠夺性定价、大范围广告,以及折扣。[38] 结构性壁垒很容易界定和评估,但战略性壁垒则完全相反。

10.22 在很多市场中,政府通常是进入市场最大的壁垒。来自政府的壁垒可以表现为很多形式,最常见的是许可和规制。[39] 政府施加的某些限制,诸如关税、进口配额,其目的很明确,就是提高进入壁垒并限制竞争。在受规制的行业中,许可程序、地域限制、安全标准以及其他法律要求可能会不必要地阻止或延迟企业进入市场。由于许可和规制是重要的政策因素,所以它们所起的作用就是限制或拖延企业进入市场。经观察,行业监管者的许可和其他技术性规则有时是现有企业游说的结果。[40]

10.23 另外,现有企业可以通过控制并掌握重要的投入、专利以及网络来限制其他企业获取关键性投入,据此提高结构性进入壁垒。由于现有企业所占据的地位,它们可以很快地控制市场上最重要的资源,并通过提高进入壁垒来限制新企业进入市场。[41] 现有企业所享有的成本优势以及规模经济,在阻止新企业进入市场方面发挥着重要作用。[42] 此外,新进企业面临的另一个问题是网络型市场中的转换成本可能会很高。[43] 当品牌忠诚度也成为市场的特征时,这一点就显得尤其重要。

10.24 现有企业的声誉,在阻止新企业进入市场方面也发挥着重要作用。如果现有企业在产品质量、价格以及可靠程度方面与之前处于相同水准,那么新进企业一进市场就不得不提供价低质高的产品,这一处境可能会使新企业怯于进入市场。正如上文所提到的那样,声誉可以阻止新企业进入市场。

10.25 除了结构性顾虑,现有企业施加的战略性壁垒也可能会限制市场进入。有关这类壁垒,最常见的就是掠夺性定价或限制定价,即现有企业将价格设定在成本之下或仅略高于成本。在某些情况下,现有企业可以通过掠夺性定

〔38〕 OECD,"Policy Roundtable: Barriers to Entry" (2005), http://www.oecd.org/regreform/sectors/36344429.pdf, 2013 年 9 月 17 日访问。

〔39〕 Coate (n 11) at 16.

〔40〕 OECD,"Policy Roundtable: Barriers to Entry" (2005), 51, http://www.oecd.org/regreform/sectors/36344429.pdf, 2013 年 9 月 17 日访问。

〔41〕 OECD,"Policy Roundtable: Barriers to Entry" (2005), http://www.oecd.org/regreform/sectors/36344429.pdf, 2013 年 9 月 17 日访问。

〔42〕 Coate (n 11) at 16 – 18.

〔43〕 Coate (n 11) at 20.

价来阻止新企业进入市场。同样的，现有企业还可能采取限制定价策略，它们没有将价格定在成本之下，而是刻意暂不实现短期利益最大化。现有企业也可以通过制造过剩产能来实现限制定价的相同效果。现有企业还可以通过给予消费者忠诚度折扣和捆绑折扣制造进入壁垒。此外，产品差异性也可能会提高产品忠诚度，这会构成重要进入壁垒。[44] 如果两个产品市场上的产品存在搭售，那么为了实现与现有企业的竞争，一个企业要想进入一个市场，就必须再进入另一个次级（被搭售产品的）市场，因此搭售也可能使市场进入更加困难。专利通常鼓励创新，并会给消费者带来福利，但也会构成强大的进入壁垒。最后，非横向并购可以通过改变并购企业的能力和/或动机来造成排他性影响，从而提高进入壁垒。

10.26 不同进入壁垒之间的区别并非总是清晰的。例如，行政性市场进入壁垒可能是现有企业游说得来的结果，也可能是纯粹的外部政治决定，还有可能仅仅反映了现有的自然垄断。[45]

（四）进入同质性市场与进入差异性市场

10.27 进入同质性市场和进入差异性市场的方式有所不同。如果是同质性市场，进入可能是从头开始或边缘性的。如果新进企业是从头开始运营的话，那么就属于从头开始型市场进入。如果是边缘性进入，那么新进企业大多数情况下活跃于一些相关联的市场中，这使得其能够进入相关市场。在差异性市场中，进入市场可能会有多重方式，应当分别分析每一种方式。[46]

10.28 与相对同质的产品市场相比，对差异性市场的评估可能会更复杂。新进企业不仅要进行创新以将其产品区别于现有企业的产品，还需要足够的时间来让市场接受自己。[47] 在差异性市场中，产品忠诚度显得更加重要。因此在判断进入的可能性、有效性及其影响时，要考虑到以上因素。欧委会在并购评估中对进入壁垒进行判断时，遵循的就是这样一种分析方法。

（五）欧委会对进入壁垒的分析

10.29 分析市场进入的时候，不应当仅仅考虑是否有进入壁垒或能否进入市场。

---

〔44〕 OECD, "Policy Roundtable: Barriers to Entry" (2005), 36 - 7, http://www.oecd.org/regreform/sectors/36344429.pdf, 2013 年 9 月 17 日访问。

〔45〕 Bergman (n 7).

〔46〕 Coate (n 11) at 12.

〔47〕 Coate (n 11) at 12.

还必须要进一步确认是否有企业希望进入市场,最为重要的是,市场进入是否强大到可以弥补损害理论。如果一个并购将集中程度大幅度提升至某个临界点,以至于竞争机构会关注其反竞争效果,那么对进入壁垒的分析就会显得很重要,因为如果新企业可以很轻松地、快速地、全面地进入市场,那么竞争就没有被损害。结论就是,如果竞争当局想要阻止一项并购,通常需要证明进入壁垒使新企业不大可能快速地、全面地进入市场。

10.30 《横向并购指南》[48] 在评估市场进入壁垒的时候,提到了进入市场的可能性、及时性以及充分性:

68. 如果企业很容易地就可以进入市场的话,那么一项并购就不可能会带来任何重大反竞争的风险。因此,市场进入分析就构成整体竞争评估的一个重要因素。为了说明市场进入对参与并购的企业而言足以构成竞争限制,那么就必须要证明市场进入是可能地、及时地而又能充分地预防和阻止并购带来的任何潜在反竞争影响。

进入的可能性

69. 欧委会会评估市场进入是否可能会发生,或潜在的市场进入是否会在并购发生之后限制现有企业的行为。考虑到市场中产量增加对价格的影响以及现有企业的潜在反应,新进入者必须要有充足盈利,市场进入才具备可能性。

及时性

74. 欧委会会评估市场进入是否可以足够迅速地、持续地预防和阻止企业实施市场力量。至于多长时间可以构成合适的时间段,取决于市场特征以及市场动力,以及潜在市场进入者的具体能力。然而,通常情况下,市场进入只有在两年之内发生才会被认为是及时的。

充分性

75. 市场进入必须要具备足够的规模和广度,以预防和阻止并购带来的反竞争效果。小规模的市场进入,可能不会被认为具有充分性,例如进入一些利基市场。

10.31 欧委会在对并购进行评估时会考虑多种进入壁垒。这些进入壁垒包括:

---

〔48〕 Guidelines on the assessment of horizontal mergers under the Council Regulation on the control of concentrations between undertakings [2004] OJ C 31/5.

- 法律优势:监管壁垒、关税以及非关税壁垒是否有可能会阻止或限制新的竞争对手进入市场。
- 技术优势:获取关键性设施、创新或知识产权的机会可能会使得新进企业更难参与到竞争中去。
- 结构性优势:规模经济/范围经济,网络效应。
- 经验以及声誉:在一些特定市场中,对以往经验的需求是有效参与竞争的关键性因素。

10.32 前两种优势构成"绝对"优势,是指新进企业无法获取资源或资产,造成现有企业因此占据一定优势。法律优势指的是限制市场参与者的数量(如许可)或设置关税壁垒。例如,德国法律规定要在国家层面上对电信服务进行规制,这会限制市场进入,因为进入德国电信市场的前提就是得到国家监管层的授权,但这种授权很难获得,因为可获得的无线电频率(在国家层面上)是受限的。*Vodafone/Airtouch* 并购一案就被认定为影响市场的竞争。尽管经过一项特定并购之后,市场上并不存在支配地位,但并购可能会导致双头垄断,两个企业的市场份额之和将超过95%,这将会导致市场进入壁垒足够高,并因此产生反竞争效果。[49]

10.33 技术优势,包括获取特定设备、研发或知识产权的能力,正如 *Shell and Montecatini* 案[50](关于聚丙烯—PP—化学技术),除非一个企业自己研发了 PP 技术,否则就只能在获得许可的情况下实施运营。聚丙烯技术是受到专利法保护的,这就构成了重要的市场进入壁垒。由于技术改进是创新的核心组成部分,专利会严重拖延或阻碍新进企业发展新技术。

10.34 第二点,进入壁垒也可能由于规模经济而产生。正如上文所讨论的那样,贝恩[51]认为规模经济会构成一种进入壁垒。现有企业可能已经建立起高效的规模以及其他优势,如完善的分销以及销售网络。在某些案件中,建立起一个新的分销系统对潜在的市场进入者而言,在经济上是不可行的,例如 *Coca – Cola* 案和 *Carlsberg* 案中,潜在的市场进入者就不得不支付灌装以及分销系统的相关费用。[52] 然而,如果潜在进入者能够占据足够多的市场份

---

〔49〕 *Vodafone/Airtouch* (Case IV/M. 1430) [1999] OJ C 295/02.

〔50〕 *Shell/Montecatini* (Case No. IV/M. 269) Commission Decision 94/811/EC [1994] OJ L 332/48.

〔51〕 Bain, *Barriers to New Competition* (n 13) at 256.

〔52〕 *The Coca – Cola Company/Carlsgerg A/S* (Case No. IV/M. 833) Commission Decision (98/327/EC) [1998] OJ L 145/41.

额,规模经济可能并不会被认为是有损竞争的。

10.35 只有在消费者对现有企业的品牌具备足够的忠诚度,而且转移成本很高的情况下,规模经济才会阻碍市场进入。因此,规模经济会强化另外一种进入壁垒,即品牌忠诚度。如果规模经济已经形成,那么就可以节约成本,因为生产、分销或销售几种不同类型的产品,而非仅仅一种产品,会提升效率。分析规模经济时所考虑到的大部分市场进入因素也适用于范围经济,包括:如果不存在沉没成本的话,这些规模/范围经济就不可能会预防或阻止企业进入市场。因此规模经济和沉没成本在并购分析中扮演了关键角色。不存在巨额沉没成本的情况下,如果价格低于一定程度以至于新进企业(或现有企业)无法维持其存续的话,那么该企业就会退出市场。正如科特(Coate)所说,[53]规模经济可能会迫使价格降低至竞争水平以下,这时它就不仅仅是一个障碍了。

10.36 第三点,根据网络效应理论,网络效应可能包括进入壁垒以及锁定效应,这会导致对市场上的现有企业而言,新进企业不大可能会带来竞争挑战。为了使新进企业能够以可行的方式与现有企业竞争,就需要有大部分的需求转移至新进企业。

10.37 一个产品或服务对消费者的价值,取决于已经拥有该商品或接受该服务的消费者数量。产品的每一个新用户都会产生私人利益,但同时也会给现有用户带来外部利益。后一种影响,相当于网络运营导致的外部性(网络外部性)。[54] 因此,使用一个产品的消费者数量越多,该产品对下一个潜在的消费者而言就更有价值。这种网络可能无法达到一个最佳范围,因为用户不可能会考虑到外部利益。在一个互不兼容的标准相互竞争的市场,可能会"倾向"能够实现早期优势的标准发展。[55]

10.38 直接网络效应的定义为:消费者数量对产品(如计算机打印机)价值的直接

---

〔53〕 Coate (n 11) at 12.

〔54〕 根据 Liebowitz 和 Margolis 的观点,除非市场上的企业没办法将这些效应实现内部化,否则不应当将网络效应称为网络外部性。网络效应与网络外部性之间的区别,取决于每增加一个新的用户对其他用户的影响是否在某种程度上实现了内部化。详见 S. J. Liebowitz and S. E. Margolis "Are network externalities a new resource of market failure?", [1995] 17 Research in Law and Economics, 1 - 22。

〔55〕 W. H. Page and J. E. Lopatka, "Network externalities", in B. Bouckaert and G. De Geest (eds.), *Encyclopedia of Law & Economies*, *Volume I. The History and Methodology of Law and Economics* (Cheltenham: Edward Elgar, 2000).

物理影响产生的效应。间接网络效应指的是“市场协调效应”,如随着一个产品(计算机打印机)用户数目的提升,更容易获取互补性产品(如墨粉盒),或互补性产品的价格更低。[56]

10.39 网络会呈现出正相关的外部性,因为一个产品对消费者的价值会随着用户数目的增加而得到提升。网络效应自我强化的属性直接导致其经常会展现出正临界值。在实现一个特定的“订阅”或“需求”百分比之后,网络效应就会变得非常强大,也就是所谓的“临界值”。在达到这一“订阅”百分比的时候,从商品或服务中获取的价值要大于或等于对该商品或服务支付的对价。因此在任何价格,都未发现规模小于这一正相关的范围或临界值的网络。[57] 然而,在临界值之外会充满特定的网络,据此未来的消费者会寻求替代产品,以使新的企业可能进入市场。

10.40 最高效的网络在开始时可能并不盛行,或不能一直维持在最高效的水平。网络规模对任何给定的贸易网络的价值而言都非常重要。一个先于竞争对手发展自己网络的企业可能会获得规模优势,并有可能会挖掘这种冒尖效应,以占据较大的市场份额。若市场选定了某一单一标准,可以说该标准“冒尖”。[58] 一旦市场上形成这一标准,就可能会形成惯性,即便是存在更好的替代品。在会引发早期市场上的激烈竞争的情况下,网络市场就会呈现出冒尖现象。法雷尔和夏皮罗[59]已经发现了一些企业为了成为标准所采取的行为。这类行为包括类似于掠夺性定价的行为,即为了成为标准而通过低价阻碍企业进入市场。

10.41 协调需求转移的尝试,尤其有可能会受到市场参与者之间差异性的阻碍。如果其他参与者数量非常少的话,那么冒尖效应就有可能会阻止市场参与者协调转向其他商品或服务的需求。[60] 私下协调面临一定困难,这使需求至少在短期内不会转移。流动的大规模转移是具备破坏性的,不仅对转移所涉及的企业如此,对整个市场而言更是如此。“冒尖”理论已经招致强烈

---

[56] Liebowitz and Margolis, “Are network externalities a new source of market failure?” (n 54).

[57] N. Economides, “Network Economics with applications to Finance”, [1993] 2(5) Financial Markets, Institutions & Instruments, 89 - 97, at 4.

[58] Page and Lopatka (n 55).

[59] J. Farrell and C. Shapiro, “Dynamics Competition with Switching Costs”, [1988] 19(1) Rand Journal of Economics, 123.

[60] R. B. Ahdieh, “Making Markets: Network Effects and the Role of Law in the Creation of Strong Securities Markets”, [2003] 76 Southern California Law Review, 277 at 333.

批评。利博维茨(Liebowitz)和马戈利斯(Margolis)[61]认为,一个网络规模的边际利润通常在临界值以上的时候消耗殆尽,但这一规模相对整体市场而言还是比较小的。利博维茨和马戈利斯区分了网络效应和网络外部性。他们将"网络外部性"这一术语局限于特定类型的网络效应,即"展现未完全挖掘的收益的一种均衡状态,而这种收益产生于与网络参与者有关的贸易"。[62] 伊科诺密迪斯(Economides)和怀特(White)[63]认为网络外部性包括网络效应。

10.42 网络效应构成重大的市场进入壁垒。在具备网络效应特征的市场中,一个可能进入市场的企业将需要承担以下风险:发展新的基础设施可能并不一定会吸引需求,以使得发展新的网络有利可图。因此,网络效应可能会构成重大市场进入壁垒。正如上文所述,网络行业中的冒尖效应会引发锁定效应。一旦一个网络已经占据显著市场份额,那么新进企业就会很难在市场中占据重要的地位,因为市场参与者的惯性会使向新进企业大规模转移需求的行为不太可能发生。

10.43 此外,战略性优势会强化最先出现在市场上的现有企业的地位。诸如产生自一个企业现有地位的经验或声誉等因素,这对新进企业而言很难获得。例如,在消费者和供应商中建立起来的品牌忠诚度。在 *Coca - Cola* 和 *Carlsberg* 的并购案[64]中,除了分销渠道和销售网络,市场进入壁垒还包括品牌忠诚度,以及与广告相关的沉没成本。因此,建立一个国际品牌就会有一定高成本的风险。在这种市场中尤其需要注意的是,为了建立一个新品牌,必须要强化品牌形象以影响并促进销售,那么新进企业就不得不在树立品牌意识方面支付巨额成本。零售商提出,在货架上囤积知名品牌的产品对零售商而言是有利的,但是对其他品牌而言是不利的,因为零售商不大可能会囤积其他相对小众(或相对较新)品牌的产品。

10.44 于是问题就在于,高集中度以及强大的市场力量,是否可以被这样一种相对

---

[61] S. J. Liebowitz and S. E. Margolis, "Network Externality: An Uncommon Tragedy", [1994] 8(2) Journal of Economic Perspectives, 133 - 50.

[62] Liebowitz and Margolis, "Network Externality" (n 61) at 135.

[63] N. Economides and L. J. White, "One - Way Networks, Two - Way Networks, Compatibility, and Antitrust" (1996) in D. Gabel and D. F. Weiman (eds.) *Opening Networks to Competition: The Regulation and Pricing of Access* (Amsterdam: Kluwer Academic Press, 1996).

[64] *The Coca - Cola Company/Carlsberg A/S* (Case No. IV/M. 833) Commission Decision (98/327/EC) [1998] OJ L 145/41.

较小的买方对抗性力量所抵消。因此,在这种情况下,欧委会认为并购会在碳水化合物饮料以及瓶装饮料的市场上产生支配地位。在 Nestlé 和 Perrier 并购案[65]中,并购参与方的品牌在法国市场上所占据的支配地位非常明显。尤其是,三个国家级企业的促销预算总额高达6.8亿法郎,而且已经产生了巨额沉没成本。因此,由于存在较高的进入壁垒,而且新进企业也没办法阻止任何涨价的意图,并购会引发双寡头垄断的情形,在交易方提交救济措施之后,欧委会通过了该项并购。

(六)市场进入的评估标准

10.45 正如《横向并购指南》所规定的那样,[66]若要认定市场进入对并购参与方构成充分的竞争限制,必须要证明进入壁垒可以可能地、及时地、充分地阻止或击败并购可能会带来的任何潜在反竞争影响。在衡量市场进入可能性的时候,这一行为必须是具备充分可盈利性的,要考虑给市场注入额外的投入所带来的价格影响,而且还要顾及市场上现有企业的潜在回应。欧委会还会检验市场进入是否可以足够及时地、可持续地阻止或击败市场力量的实施。通常情况下,市场进入只有在两年之内发生才会被认为是及时的。最后,市场进入必须要具备足够的规模和范围,以阻止或击败并购会带来的反竞争效果。只有当市场进入能够减轻并购所带来的反竞争影响时,才能够在欧委会审查并通过一项并购时扮演重要角色。

(a)市场进入的可能

10.46 只有对企业而言具备充分营利性,市场进入才是可能发生的。[67] 即便同样的价格在市场进入之前的并购环境中不会带来利润,如果并购后得以维持并购之前的价格,那么市场进入这一行为本身也有可能是有利可图的;这种动机上的变化就是市场进入可能的分析关注点。潜在的市场进入者不得不考虑到它们的进入行为会给市场上的价格带来的影响。如果潜在的市场进入者认为,进入之后的价格过低,无利可图,那么就会选择不进入市场。进入市场是否具备充分营利性,取决于两方面的因素:第一,生产的经济可变增量对价格的影响程度;第二,现有企业作出竞争性回应的能力。如果只有

---

[65] *Nestlé/Perrier* (Case No. IV/M. 190) Commission Decision (92/553/EEC) [1992] OJ L 356/1.

[66] Guidelines on the assessment of horizontal mergers under the Council Regulation on the control of concentrations between undertakings [2004] OJ C 31/5.

[67] D. Hildebrand, The Role of Economic Analysis in the EC Competition Rules (3rd edn., Amsterdam: Kluwer Law International, 2009), 481 - 2.

进行大规模的生产才能实现充分盈利的话,那么市场进入就不大可能会发生,因为额外的产量将会将会降低市场上的价格。[68] 相反,如果小规模生产也有利可图的话,那么市场进入就更有可能会发生。在评估一个市场上的进入条件时,过去曾经进入过市场,或并未进入过市场的证据可能会带来一定帮助,尽管此类证据本身并非总是决定性的。此外,长时间都没有企业进入市场,并非必然证明了市场进入门槛很高,也不能证明未来就不会发生重大市场进入。因此,持续性的超竞争利润,通常被认为是与较高的进入壁垒以及不具备进入市场可能性相一致的,尽管这种联系并非必要,而且也是不充分的。现有企业的盈利水平,在证明或否定市场进入方面,并不具备决定性。在评估一个市场中的重大进入壁垒的时候,尽管有关过去的市场进入(或不存在市场进入的先例)证据可以提供一定的帮助,但这一证据本身并不具备决定意义。

10.47 现有企业可以维护其现存市场份额的能力,与市场进入直接相关。如果现有企业能够提供或已经签订长期合同,或处于一种可以降低商品价格的地位的话,那么市场进入就更不可能实现。[69] 类似地,与高风险相关的高沉没成本,可能会使得市场进入更不可能实现。[70] 消费者的品牌忠诚度、[71] 转换成本、纵向关系以及现有的过剩产能,[72] 也具备相关性,会被考虑在内。例如,转换至其他供应商的成本越高,企业进入市场的机会就越小。相类似地,如果现有企业可以轻松利用其过剩产能的话,那么市场进入也不大可能会实现。

10.48 与此同时,技术可能也会在市场进入方面扮演一定的角色。如果潜在的市场进入者无法获取与研究、开发[73] 以及生产有关的技术的话,或如果现有

---

〔68〕 Hildebrand (n 67), 481 – 2.

〔69〕 Hildebrand (n 67), 481 – 2.

〔70〕 *Saint – Gobain/Wacker – Chemie/NOM* (Case No. IV/M. 774) Commission Decision (97/610/EC) [1997] OJ L 247, 10. 9. 1997/1, 第 184 点。

〔71〕 *The Coca – Cola Company/Carlsberg A/S* (Case No. IV/M. 833) Commission Decision (98/327/EC) [1998] OJ L 145/41.

〔72〕 *Industri Kapital/Nordkem/Dyno* (Case COMP/M. 1813) Commission Decision (2001/432/EC) [2001] OJ L 154/41, 第 100 点。

〔73〕 *Saint – Gobain/Wacker – Chemie/NOM* (Case No. IV/M. 774) Commission Decision (97/610/EC) [1997] OJ L 247, 10. 9. 1997/1, 第 184 – 7 点。

企业通过控制自然资源、[74]关键设备、专利或其他知识产权[75]而具备明显的技术优势的话，那么市场进入就不大可能会发生。市场进入也会受到配额、许可、[76]关税以及标准[77]等因素的阻碍或限制。

(b)市场进入的及时性

10.49 竞争机构与法院也会决定市场进入是否及时。基本前提就是，如果市场进入可能的话，那么为了抵消并购所带来的反竞争影响，市场进入还必须是及时的。[78] 如果市场进入不及时的话，那么消费者就不得不面临并购所带来的后果。针对"及时"本身而言，并不存在一个固定的时间长短。在判断及时性时，欧委会会考虑一些因素，包括市场特征以及潜在的新进企业。[79] 然而，公认的观点为，如果需要两年以上才能进入市场的话，那么就不能认定为"及时"。进入市场所需时间越长，对现有企业的威慑作用就越小，因为后者会有更多的时间来获取超竞争利润，直至新企业进入市场，而且现有企业可以通过定价对潜在市场进入者作出回应。在分析市场进入的时候，必须要观察所有具备独特优势的进入者，并评估每一个企业参与到市场中的竞争所需要的时间。[80]

(c)市场进入的充分性

10.50 除可能性、及时性之外，市场进入还应当具备充分性，以解决并购可能会带

---

[74] *Anglo American Corp./Lonrho* (Case No. IV/M.754) Commission Decision (95/335/EC) [1995] OJ L 149/21，第118-9点。

[75] *Shell/Montecatini* (Case IV/M.269) Commission Decision 94/811/EC [1994] OJ L 332/48，第32点。

[76] 还可参见 *Vodafone/Airtouch* (Case No. IV/M.1430) [1999] OJ C 295/02，第27点；*France Télécom/Orange* (Case No. IV/M.2016) [2000] OJ C 261/6，第33点。

[77] *Alcoa/Reynolds* (Case COMP/M.1693) Commission Decision (2002/174/EC) [2002] OJ L 58，第87点。

[78] Guidelines on the assessment of horizontal mergers under the Council Regulation on the control of concentrations between undertakings [2004] OJ C 31/5; US Horizontal Merger Guidelines [2010] (US Department of Justice and the Federal Trade Commission) Chapter 9, http://www.justice.gov/atr/public/guidelines/hmg-2010.pdf, 2013年9月17日访问。

[79] *Alcoa/Reynolds* (Case COMP/M.1693) Commission Decision (2002/174/EC) [2002] OJ L 58，第31-2、38点。

[80] 新版美国指南规定，市场进入必须是及时的，但是法院对潜在的竞争案件并未设定一个特定的时间段。正如 Royall 和 Vincenzo 所提出的那样，一个法院已经要求市场进入至少是应当在合理的可预期的不久的将来发生的。S. Royall and A. J. Vincenzo, "Evaluating Mergers Between Potential Competitors Under the New Horizontal Merger Guidelines", [2010] 25(1), Antitrust, 33.

来的反竞争效果。[81] 这就意味着，就生产和供应而言，进入的规模必须足够强大，以抵消竞争关切。如果市场进入是可能的，而且也很及时，但仅涵盖了并购所留下的非常小的一部分竞争空间，那么欧委会在评估的时候就会认为市场进入是不充分的。假设新进市场的企业所获取的价格并不会高于并购之前的水平，那么只有在并购发生之后的经济环境中是有利可图的，市场进入才具备相关性。进入市场之后的营利性取决于两点因素：进入市场之后的竞争强度，以及进入市场的沉没成本大小。如果最后一个进入市场的企业所获取的利润刚好覆盖有关成本的话，那么进入市场的时机就恰到好处。高额固定进入成本会阻碍市场进入，即便是企业已经支付了沉没成本。

10.51 正如科特所认为的那样，不同类型的市场进入可能会需要各种有关沉没、固定以及可变成本的组合类型。在寻求进入市场的时候，企业会要期待获得足够多的市场份额，以通过各种形式的投资来赢得回报。一个新进入市场的企业规模对营利性而言至关重要，因为大规模地进入市场更有可能会将价格保持在竞争水平以下，而该价格水平是覆盖沉没成本所必需的。科特还表示，与每个可预期的市场进入所要求的独立及时性和可能性分析不同，有效性要求的是一种同步性的分析，也就是说单独分析每个类型的市场进入本身是不够的，如果将市场进入的各种类型同时考虑，那么其整体影响可能会阻碍或抵消关切所涉的竞争影响。[82]

10.52 潜在竞争对手进入相关市场的能力有所不同。在一些行业中，如果有市场进入失败或利润下降的先例，那么潜在的市场进入者就会面临更大的不确定性。潜在竞争对手可能缺乏一些成功进入市场的必要属性。一个具有资金来源和动机的潜在市场进入者，可能并不具备发展一种全新的产品、服务或技术所需的才能、技术或毅力。正如伊瓦尔迪（Ivaldi）以及其他作者们所认为的那样，在市场进入壁垒较低的情况下，竞争当局会对并购采取一个宽大的态度的原因不仅仅是此时的竞争关切更少，另外还存在一个更强有力的假设：效率会相应地得到提升。如果市场进入壁垒较低，通过并购来减少竞争的范围就有限，以至于企业根本就不会尝试去从事这种行为。因此在这种情况下，企业并购是因为期待获得大幅度的效率提升。正如伊瓦尔迪

---

〔81〕 *Tetra Pak/Alfa Laval* (Case No. IV/M.068) Commission Decision (91/535/EEC) [1991] OJ L 290/35，第3、4点。

〔82〕 Coate (n 11) at 10.

以及其他作者们所认为的那样，[83]竞争当局应当将“不存在市场进入壁垒”认定为通过一项并购的强有力的支持性因素。他们还认为，在评定并购案件的各种因素中，市场进入壁垒应该排在靠前的位置。

二、潜在竞争

10.53 可以将“潜在竞争”界定为：由尚未活跃于市场上的一个或多个企业给该市场施加的竞争压力。仅仅新企业进入市场的威胁就可以规范现有企业的行为，促使它们降低商品价格，并不断提升商品质量。另外，潜在竞争提高了企业进入市场的可能性。潜在竞争能够限制具备一定市场力量的企业利用其市场力量，通常将起到降低商品和服务的价格以及提升质量的作用。[84]

10.54 在有关纵向限制的通知中，欧委会将潜在竞争对手界定为：[85]

> 竞争企业指的是以下类型的企业：合同项下的商品或服务的实际或潜在供应商，或者是合同项下商品或服务替代品的实际或潜在供应商。一个潜在供应商是这样一个企业：它并没有实际生产一个竞争性产品，但在面临相对价格的小幅度持续性提升之时能够而且有可能在未签订合同的情况下提供产品。这就意味着，该企业能够而且有可能会在1年之内进行必要的额外投资，并向市场供应商品。这一评估必须是以现实因素为基础的；仅存在理论上的进入市场的可能性还不够。

10.55 如果潜在竞争对手已经施加重大限制性影响，或其很有可能会发展为有效竞争力量，那么一项包含该潜在竞争对手的并购就可能会通过移除（潜在）竞争限制，来降低竞争水平，或提升市场上形成协调的可能。克沃卡（Kwoka）认为，有关潜在竞争会限制现有企业行为的预测，已经体现在诸如古诺、伯特兰德和斯坦博格（Stackelberg）之类的各种不同类型的垄断模型

---

〔83〕 M. Ivaldi et al.,“The Economics of Horizontal Mergers: Unilateral and Coordinated Effects”（Report for DG Competition, European Commission, March/November 2003）, http://www.een.sk/docs/KD7105150ENS_002.pdf, 2013年9月17日访问。

〔84〕 Bergman（n 7）.

〔85〕 Commission Notice of 13 October 2000: Guidelines on vertical restraints [2000] OJ C 291/01，第26段。其主要判例包括：Competition Council decision of 28 February 2001 The merger between DONG and Naturgas Sjælland（Danish competition authority）和 Ccent 16/2005 Enernova/Ortiga * Safra（11 November 2005）（Portuguese competition authority）。

之中,以上策略性市场进入妨碍模型预测:在很多情况下,消除一个限制性竞争对手将会改变现有企业之间的竞争,从而改变市场价格。[86]

10.56 根据可竞争市场假设可知,潜在竞争非常有效。即便是在一个完全的垄断市场中,存在潜在竞争这一因素本身也许就足以迫使垄断者将价格维持在竞争水平。根据限制性定价理论,潜在竞争还是具备一定重要性的,因为即使市场进入可能会受到现有企业所设定的有限价格的阻碍,但商品/服务的价格至少在某种程度上还是会降低至垄断水平以下。然而,批评者却认为,现有企业没有理由在潜在竞争对手进入市场之前就开始降低价格。[87] 哈尔(Hall)认为,只有在特定情况之下,潜在竞争才会限制价格。现有企业只有通过将潜在市场进入者的可得利润降低至足够低的水平,使市场进入这一行为无利可图,才会迫使市场进入者决定放弃进入市场。限制定价,必须是能够给现有企业带来经济性利益的(也就是说,现有企业降低价格所导致的损失,必须要低于通过阻止潜在竞争对手进入市场所获取的利润)。[88]

10.57 如果市场本身已经具备足够的竞争,那么任何来自潜在竞争对手的进一步限制就有可能是多余的,因此消除这样一个企业也不会给市场带来什么影响。相对一个实际竞争对手而言,现有企业的定价行为不太可能会受到潜在市场进入者的限制。因此,相对收购一个现存的直接存在竞争关系的企业给价格所带来的影响而言,消除这样一个潜在竞争对手所带来的影响可能会更小。

对潜在竞争的分析

10.58 如果有证据表明,若并购未发生,未参与到竞争当中去的企业能够限制市场价格,而且还可能会进入并参与到相关市场的竞争中去的话,那么就会产生潜在竞争关切。Royall 提到,[89] 如果一项发生于现有企业和潜在竞争对手之间的并购将会产生单边效应的话,那么欧委会不仅需要证明即便并购并

---

[86] J. Kwoka, "Eliminating Potential Competition: Mergers Involving Constraining and Prospective Competitors" Issues in Competition Law and Policy 1437 (ABA Section of Antitrust Law 2008, Washington, DC).

[87] Bergman (n 7).

[88] R. E. Hall, "Potential Competition, Limit Pricing, and Price Elevation from Exclusionary Conduct", Chapter 18 in *Issues in Competition Law and Policy* 433 (ABA Section of Antitrust Law 2008, American Bar Association, Washington, DC) 433 – 48.

[89] Royall and Vincenzo (n 80).

未发生,企业也能够成功进入市场,还需要证明交易方之间随后会产生密切竞争。在评估协调效应时,欧委会应当展示新进市场的企业将会危及现有企业从事协调行为的能力。一个关键问题在于,如果并购消除了可能的市场进入者/潜在竞争对手,非并购参与方是否以及在何种程度上会随时准备进入市场,或被鼓励进入市场。一个相关问题就是,现有参与到市场竞争中的企业是否能够重新定位或扩张,足以阻止交易企图实现的反竞争影响。

10.59 《美国并购指南》[90]区分了以下两种情形:即便是并购未发生,一个潜在的竞争对手在不久的将来也一定会进入市场("承诺进入者"),或如果现有企业提高价格价格的话,有可能会进入市场("迅速进入者")。现有企业的市场份额越高,相对其他企业而言,参与并购的潜在市场进入者的竞争重要性就越大(通过预期收益来衡量),拟进行的并购所引起的竞争关切就越多。[91]

10.60 根据欧共体《横向并购指南》可知:[92]

58. 一个已经活跃于相关市场上的企业与该市场上的一个潜在竞争对手之间的集中,与两个已经活跃于相同相关市场上的企业间的并购相比,具备相似的反竞争效果,因而会严重损害有效竞争,尤其是通过产生或强化支配地位。

59. 如果潜在竞争对手会严重限制活跃于市场上的其他企业的行为的话,那么涉及这种潜在竞争对手的并购就会引发横向反竞争效果,不管是协调类还是非协调类的。如果潜在竞争对手享有可以随时使用以进入市场的资产,而不会产生巨额沉没成本的话,更是如此。反竞争效果还会在以下情形发生:并购参与方在相对较短的时间段之内进入市场,很有可能会需要产生必要沉没成本,之后这个企业能够限制现阶段活跃于市场上的企业行为。

60. 如果一个包含潜在竞争对手的并购将会带来严重反竞争效果的话,必须要满足两个条件。首先,该潜在竞争对手必须已经施加了重大限制性影响,或其极有可能会成长为一个有效的竞争力量。有关该潜在竞争对手

〔90〕 US Horizontal Merger Guidelines [2010] (US Department of Justice and the Federal Trade Commission) para 5.1, http://www.justice.gov/atr/public/guidelines/hmg-2010.pdf,2013年9月17日访问。

〔91〕 Royall and Vincenzo (n 80).

〔92〕 Guidelines on the assessment of horizontal mergers under the Council Regulation on the control of concentrations between undertakings [2004] OJ C 31/5.

计划以重大方式进入市场的证据，能够帮助欧委会得出这样一个结论。其次，市场上不存在足够数量的其他潜在竞争对手，以维持并购之后的足够竞争压力。

10.61 正如第59段所提到的那样，一个包含潜在竞争对手的并购可能会带来反竞争效果，*如果该潜在竞争对手严重限制了活跃于市场上的企业行为的话*。在该段还有关于潜在竞争对手限制现有企业的证据。[93] 欧委会陈述道，如果并购参与方想要进入市场，就很有可能花费必要沉没成本的话，那么反竞争效果也可能会发生。第60段列举了包含潜在竞争对手的并购会带来严重反竞争效果必须满足的两个条件。欧委会认为，一个包含潜在竞争对手的并购若想要带来重大反竞争效果，*就必须不能存在足够数量的其他潜在竞争对手*，*因为这些企业在并购发生之后能够维持市场上的充分竞争*。

10.62 在列举了欧委会评估一个包含潜在竞争对手的并购过程中所采取的分析方式之后，值得简要介绍一下普通法院以及欧洲法院针对以下问题的观点：与评估消除一个潜在竞争对手相关的并购的举证责任和标准。

10.63 普通法院的观点可以清晰地体现在 *Tetra Laval* 案[94]的判决中：

法院发现，在这方面，当欧委会基于潜在竞争的消除或重大减损，甚至将来可能会增长的竞争的消除或重大减损，来证明否决一项申报案件的正当性时，所提出的一些用于证明支配地位得到强化的因素，必须建立在令人信服的证据基础之上。收购一方已经在相关市场上占据明显的支配地位这一事实本身可能会构成一个重要的考量因素，正如受到质疑的欧委会决定所阐述的那样，但这一事实本身并不足以证明减少该企业必须面临的潜在竞争将会强化其支配地位。

10.64 在上诉案中，欧洲法院[95]认为：

因此，初审法院在上诉判决的第312段中的陈述是正确的——而且这样的行为，并未违反条例的第2条——也就是说，尽管构成一个重要因素，正如受到质疑的决定中所陈述的那样，收购一方已经在相关市场上占据明显的

---

〔93〕 还可参见 *case Optiroc/Stråbruken* (*Swedish Competition Authority*, Case No. 809/97, Stockholm City Court, Case No. T8 – 1002 – 97 and Market Court, Case No. A 4/98) of the Swedish competition authority，该案中，至少在一些相关市场上的合并市场份额已经超过了50%，但法院仍认为这些市场中的潜在竞争非常激烈。

〔94〕 Case T – 5/02 *Tetra Laval BV v. Commission* [2002] ECR II – 04381, para 312.

〔95〕 Case C – 12/03P *Commission v. Tetra Laval BV* [2005] ECR I – 00987, para 126.

支配地位，这一事实本身并不足以证明减少该企业所面临的潜在竞争将会强化其支配地位。

10.65 我们应当强调普通法院和欧洲法院对现有企业支配地位的论述，也就是说，尽管构成一个重要因素，但收购一方已经在相关市场上占据明显支配地位这一事实本身，*并不足以证明减少该企业所面临的潜在竞争将会强化其支配地位*。

10.66 现简要论述一下美国在分析包含潜在竞争对手的并购时所使用的分析方法。潜在竞争理论，首先由美国最高法院通过其 20 世纪 60 年代的一系列案件明确提出，并进行提炼。第一个案件为 *El Paso Natural Gas*（该企业为加利福尼亚州的消费者提供天然气）收购 *Pacific Northwest*（在加利福尼亚州之外的地区制造天然气的企业）案。[96] 美国最高法院支持了政府对该收购案所提出的质疑，因为未中标的企业与成功中标的企业一样，都是非常优秀的竞争对手。[97] *Marine Bancorporation* 案[98]是关于一个西雅图的大型银行试图收购一个博斯坎市银行的并购案，该交易受到了司法部的质疑。

最高院在证明一个企业构成可信赖的潜在竞争对手的时候，提出了举证责任的问题，并认为，应有明确的证据证明，若并购未发生，收购一方实际上还会再次进入市场。这种证据可能包括：重新成为市场进入者的收购一方的特征、能力及其经济动机，还有关于这一企业会给现有企业带来限制性影响的证据。然而最高院表示，这类证据很难获得。

10.67 正如我们将要看到的很多引起潜在重大竞争关切的并购案例中，禁止决定或需要救济措施的原因，包括实际的竞争关切，而实际的竞争关切导致必须要实施这种禁止决定/救济措施。另外，对有关消除潜在竞争关切的分析非常广泛，而且通常会包括潜在市场进入者的动机和能力，进入/扩张的壁垒，其他可信赖的潜在竞争对手的数量等。[99]

10.68 欧委会所作的两个决定值得分析，以验证其是怎么分析有关消除潜在竞争关切的。我们还会分析英国公平贸易办公室所作出的两个并购决定，在这两个案件中，潜在竞争的消除是主要关切之一。

---

〔96〕 *United States v. El Paso Natural* Gas Co. -376 U. S. 651 (1964).

〔97〕 Kwoka (n 86).

〔98〕 *United States v. Marine Bancorporation, Inc.* -418 U. S. 602 (1974).

〔99〕 这一部分讲不会反复提及案件的事实部分，而是会关注对潜在竞争的评估。

(a)欧委会

10.69 *Air Liquide/BOC*[100] 在 *Air Liquide/BOC* 案中,欧委会同时分析了实际的和潜在的竞争关切。[101] 作为分析有关潜在竞争关切程度的指标,欧委会在其决定的第45段中解决了 Air Liquide 作为英国和爱尔兰境内最可靠的潜在竞争对手被淘汰的问题。欧委会关注的是 Air Liquide 进入英国市场的动机和能力。欧委会尤其分析了以下相关证据:潜在竞争对手进入英国市场的先例,Air Liquide 的财务实力,以及出现其他可靠的潜在竞争对手。

10.70 欧委会总结到:

> 英国和爱尔兰的气缸和大宗气体市场上的潜在竞争,在很大程度上依赖于 AirLiquide 作为一个独立竞争对手持续存在于市场上。一旦现有企业(BOC)和最强大的潜在市场进入者(Air Liquide)进行合并的话,这种竞争压力就会消失。

10.71 据此,欧委会证明了并不存在其他可靠的潜在竞争对手,而且还展示了为何 Air Liquide 会给现有企业施加强大的竞争限制。欧委会主要担心的是对实际竞争的阻碍,并据此接受了交易方提交的救济措施,[102] 以保护实际竞争,

---

[100] *Air Liquide/BOC* (Case COMP/M. 1630) Commission Decision (2004/269/EC) [2004] OJ L 92/1.

[101] *Air Liquide/BOC*(Case COMP/M. 1630) Commission Decision (2004/269/EC) [2004] OJ L 92/1. 还可参见 *Telia/Telenor* (Case IV/M. 1439) Commission Decision (2001/98/EC) [2001] OJ L 40/1,在该案中,两个企业在其各自母国境内的电话市场份额典型地介于50% ~100%,然而,在其他情况下却只有30% ~40%(瑞典的网络服务供应市场),或甚至在15%左右(瑞典的网络广告市场)。欧委会要求两个企业将其重叠业务卖出,并认为 Telia 和 Telenor 各是另外一方最重要的、最大的潜在竞争对手。欧委会还认为,并购可能会提高市场进入壁垒,而且还会降低实际和潜在竞争的有效性。欧委会同意附条件通过提交申报的并购,但最终交易方选择放弃并购。

[102] 总而言之,补救措施包括以下内容:

1. 剥离吨位级资产和业务,包括:现场厂房设备,管道,所有相关的吨位级消费者合同,以及与此类设施有关的运营、维护和人员支持。

2. 剥离与特定吨位级设备(Brinsworth, Fawley, Pardies, Mons and Terneuzen)相关的散装货物设施和业务。需要剥离的资产和业务包括批量生产和存储设备,相关的批量分销设备(公路运油车),位于消费者经营场所的收集罐,以及除消费者大宗合同以外的销售、技术支持、分销和消费者服务有关的人员。

3. 剥离气缸资产和业务,包括:特定气缸填充厂房设备、相关气缸、分销设备(卡车),以及除了与消费者签订的合同以外的生产和分销人员。

4. 剥离 BOC 现阶段在俄罗斯和波兰所享有的液态氦供应合同,以及适当的分销基础设施(运输容器)。

5. 剥离 Air Liquide 在法国享有并运营的电子特制气体转换填充设备,以及运营转换填充厂房所必需的技术许可,所有相关的消费者信息,以及现有买卖订单。

6. 第三方在合理、非歧视条件下所要求的授权使用 BOC 所有专利技术(加工和运用技术)。

目的在于使交易得以通过。消除潜在竞争仅是欧委会考虑的原因之一，但并非其主要关注点。

10.72 *ENI/EDP/GDP*[103] 在 *ENI/EDP/GDP* 案中，欧委会认为集中将会移除 GDP 的主要潜在竞争对手，并提高为小型客户提供天然气的企业进入市场的壁垒。

10.73 欧委会评估了 EDP 进入市场/扩张的能力，[104] 其作为现存电力零售分销商和供应商所具备的优势（如客户联系、品牌优势），[105] 由于 EDP 的现有市场地位所享有的相对优势，以及有关葡萄牙燃气零售的信息。[106] 欧委会认为，除了将会移除最有效、最有可能成为竞争对手的 EDP，拟进行的集中将进一步阻碍潜在竞争对手进入葡萄牙的零售市场。

10.74 与 *Air Liquide/BOC* 案类似，欧委会考虑对一项并购附加救济措施，因为该项并购将消除一个潜在竞争对手。[107] 由于交易方所提交的救济措施不能令欧委会满意，该交易最终被否决。

10.75 上述两个案例表明，欧委会在对涉及潜在竞争对手的并购案件的反竞争影响进行评估时，会对市场结构、可靠性、其他潜在竞争对手进入市场的可能性，以及若并购未发生，并购参与方进入相对方所在市场的动机和能力，进行全面深入的分析。另外，欧委会基本上不会仅仅以消除潜在竞争对手而产生的竞争关切为根据，来决定是否通过一个并购案件。绝大多数被否决或被要求提交救济措施的案件，都是与消除实际和潜在竞争相关的。

---

[103] *ENI/EDP/GDP*（Case COMP/M. 3440）Commission Decision（2005/801/EC）［2005］OJ L 302/69.

[104] *ENI/EDP/GDP*（Case COMP/M. 3440）Commission Decision（2005/801/EC）［2005］OJ L 302/69，第 562 段及以下各段。

[105] *ENI/EDP/GDP*（Case COMP/M. 3440）Commission Decision（2005/801/EC）［2005］OJ L 302/69，第 569 段及以下各段。

[106] *ENI/EDP/GDP*（Case COMP/M. 3440）Commission Decision（2005/801/EC）［2005］OJ L 302/69，第 576 段及以下各段。

[107] 欧委会得出结论，认为提交申报的集中将会强化：（1）EDP 在以下市场上的支配地位——电力批发、零售电力给大型工业客户、零售给 LV 客户，以及在葡萄牙境内的辅助性服务；和（2）GDP 在以下市场上的支配地位：将天然气供应给 CCGTs，当地燃气分销企业（LDCs），大型工业客户，以及在葡萄牙境内的小型客户，结果会导致共同市场和欧洲经济区域之内的有效竞争被严重损害［依据并购条例第 2（3）条］。

(b)英国公平贸易办公室

10.76 *NASDAQ/LSE*[108] 公平贸易办公室(以下简称 OFT)评估了 NASDAQ 对伦敦证券交易所(以下简称 LSE)提出的恶意招标行为。在其评估过程中,OFT 考虑了并购会对每一个相关市场的实际竞争和潜在竞争造成的影响。OFT 认为,就初级市场而言,并没有证据证明 NASDAQ 就是 LSE 的实际或潜在竞争对手。市场参与者并不认为,在赢取 LSE 在英国发行市场上的主要业务方面,NASDAQ 是一个可靠的潜在进入者。

10.77 至于股票交易市场,在先前一个 LSE 参与的并购案件[109]中,竞争委员会认为,对 LSE 而言,五个最重要的潜在备选交易平台分别是:Deutsche Börse,Euronext,virt - x,NYSE 以及 NASDAQ。它还认为,来自其他交易所和场外市场的竞争限制相对较弱。相关的竞争限制,主要产生于英国市场上可感知的齐头并进型竞争的威胁,因为并不存在什么交易市场是 LSE 在交易方面的直接实际竞争对手。竞争委员会认为,消除一个消费者可以转向的潜在目标(Deutsche Börse 或 Euronext)并不会在实质上减轻 LSE 所面临的整体竞争威胁,因此不会大幅度减少竞争。

10.78 OFT 还认为,交易发生之后,市场上少了一个潜在的交易平台,并不会在实质上减轻 LSE 所面临的市场进入威胁(这并不会简单地按比例,根据潜在交易平台的数量进行变化)。LSE 的业务被其竞争对手所吸收的可能性不会受到太大影响,只要消费者还有足够多的其他可选平台,以满足其整体转移业务的需求。

10.79 OFT 还搜集了相关证据,即不能证明通过并购来移除第五个可选项将会在减轻未发生并购的情形下 LSE 所面临的实质上的整体转移威胁。据此,由于潜在竞争者的多重性,OFT 认为消除一个潜在竞争对手并不会大幅减少竞争。

10.80 *Svitzer Wijsmuller A/S/Adsteam Marine Ltd.*.[110] *Svitzer Wijsmuller A/S/Ad-*

---

[108] 公平贸易办公室,"Anticipated acquisition by the Nasdaq Stock Market, Inc. of London Stock Exchange Group plc." (Jannary 2007), http://www.oft.gov.uk/shared_oft/mergers_ea02/361227/NASDAQ.pdf,2013 年 9 月 17 日访问。

[109] *Deutsche Börse AG, Euronext NV and London Stock Exchange plc*, November 2005 ("LSE bids").

[110] Competition Commission, *Svitzer Wijsmuller A/S/Adsteam Marine Ltd.: A report on the proposed acquisition by Svitzwewijsmuller A/s and Adsteam Marine Ltd.* (February 2007).

steam Marine Ltd. 案与港口拖轮服务和客户终端拖轮服务的规定有关。英国竞争委员会得出结论：Svitzer 拖船同时为特兰米尔的终端所有者和利物浦港口区域提供港口拖轮服务，其在相关产品市场之中。而相关地域市场是本地市场，限于拖船队所服务的各个港口。每个当地市场仅由一个拖轮商来提供服务，但存在两个例外。例外表现为：Adsteam 和 Svitzer 均在利物浦提拖轮服务；而 Adsteam、Humber Tugs Ltd.（Humber Tugs，Adsteam 的子企业）和 SMS Towage Ltd.（SMS）均在亨伯提供托运服务。

10.81 英国竞争委员会考虑了以下各个问题：该并购是否会在国家层面上产生负面影响；单一运营港口的潜在竞争是否有所减损；以及是否会引发市场进入壁垒。英国竞争委员会得出结论：对仅存在一个拖轮运营商的港口而言，对价格产生限制的原因最可能来自新进竞争对手的威胁。竞争委员会分析了进入本地市场的难易程度，得出结论：进入英国港口拖轮市场是可能的，但并不容易。由于一些潜在竞争者可以进入英国的某些或全部的大中型港口市场，竞争委员会认为还存在足够数量的潜在竞争者会进入英国的大中型单一运营港口市场，以阻止经并购产生的企业大幅度提升价格。

10.82 正如对上述并购案件的分析所示，竞争当局需要通过全面深入的分析，来得出发生于潜在竞争对手之间的并购会带来反竞争效果的结论。这包括对以下各问题的分析：市场结构、进入/扩张的壁垒、[111] 其他潜在竞争对手进入市场的可靠性和可能性，以及并购参与方之间的亲密程度。另外，在并购未发生情况下，并购参与方进入对方所在市场的动机和能力、两个目标企业将会具备的预期能力和投资要求、开始运营的时间框架也是分析涉及潜在竞争对手并购案件的考量因素。为了禁止可能会给市场潜在竞争产生负面影响的并购，竞争当局需要对其进行详尽的分析。

10.83 需要强调的是，竞争当局基本上不会仅基于并购消除了潜在竞争者来决定一个并购案件。大部分此类案件都包括基本上掌控了独占性市场进入的交易方（如他们掌握了进入市场所需的为数不多的许可之一）。另外，大部分此类案中并不存在其他可靠的潜在竞争对手能够给并购后的企业施加重大竞争限制。

10.84 消除可以带来限制性影响的潜在竞争对手将会给企业的市场行为带来负面

---

〔111〕 详见 Guidelines on the assessment of horizontal mergers under the Council Regulation on the control of concentrations between undertakings [2004] OJ C 31/5, para 68 – 75。

影响,而这种影响的程度也因案而异。克沃卡认为,与潜在竞争对手的并购在以下情况可能会存在问题:该潜在竞争对手发现如果保持现有价格的话,那么进入市场就是有利可图的,而且能够在两年之内以可观的规模进入市场,并降低价格。有趣的是,克沃卡还提到,潜在竞争对手必须是以下两种企业中的一种:五个以内处于同等优势地位的潜在市场进入者之一,或该企业所占据的市场地位要比任何其他潜在市场进入者要好。[112]

10.85 克沃卡认为,潜在竞争关切已经降为次要规则,[113]并提及美国联邦贸易委员会反垄断部门首席经济顾问最近的评论:对潜在竞争关切的执法非常少见,以致其整体概念在反垄断领域已基本消失。为了得出潜在竞争对手间的并购会带来反竞争效果的结论,需要竞争当局进行全面深入的分析。这包括对以下各问题的分析:市场结构、进入/扩张的壁垒、[114]其他潜在竞争对手进入市场的可靠性和可能性,以及并购参与方之间的亲密程度。

10.86 另外,如果并购并未发生,并购参与方进入到对方所在市场的动机和能力,以及两个目标企业将会具备的预期能力和投资要求、开始运营的时间框架也是分析涉及潜在竞争对手并购案件的考量因素。为了禁止可能会给市场上的潜在竞争带来负面影响的并购,竞争当局需要对其进行详尽的分析。需要强调的是,竞争当局基本上不会仅基于并购消除了潜在竞争者来决定一个并购案件的通过与否。大部分此类案件,都包括基本上掌控了独占性市场进入的交易方(如它们掌握了进入市场所需的为数不多的许可之一)。另外,大部分此类案件中并不存在其他可靠的潜在竞争对手能够给经并购产生的企业施加重大竞争限制。

10.87 欧盟和美国的实践,似乎为涉及潜在竞争对手的并购案件的反竞争影响设置了较高的证据标准。可靠的有关包含潜在竞争对手的并购会引发严重竞争损害的论证,需要细致的市场进入壁垒分析的补充支持,以确认企业进入市场的可能性和相关能力。除非市场进入是可能的,否则就不存在潜在竞争对手,潜在竞争对手也不会给现有企业施加竞争限制。

---

[112] Kwoka (n 86).

[113] Kwoka (n 86).

[114] 详见 Guidelines on the assessment of horizontal mergers under the Council Regulation on the control of concentrations between undertakings [2004] OJ C 31/5, para 68 – 75。

第十一章 买方力量

一、买方力量:福利和威胁
二、福利:抵消性买方力量
三、威胁:买方市场力量
四、有关买方力量的特殊观点
(一)独立性
(二)动机
(三)谈判中议价/影响的实力
(四)水床效应
(五)信息
五、市场界定和买方力量
六、评估买方力量的方法
七、买方力量的后果
八、竞争当局对于买方力量的评估
(一)作为抵消性力量的买方力量
(二)买方力量的负面影响
九、结语

11.01 由于世界市场的某些部分是由少数几个大型企业控制的,会引发竞争关切的一种反垄断滥用形式就是买方力量。尽管反垄断法在很长一段时间内都认为,买方力量和卖方力量都会产生竞争关切,但反垄断分析的首要关注点,尤其是在并购案件中,主要在于卖方。买方力量在最近的一些案例中已经变得更为突出,不仅是因为买方力量和卖方力量通常是齐头并进的,还因为这种市场支配地位可能会为具备买方力量的企业提供一种便捷方式,使得该企业相对于其竞争对手能够获取更优异的交易条件,据此在下游市场上获取相对竞争优势,并抓住剥削卖方力量的机会。

11.02 经济合作与发展组织(OECD)将买方力量界定为这种情形:“一个企业或一个集团,或是由于其具备作为购买商品或服务一方享有支配地位,或是由于其规模/其他特征而享有战略或杠杆优势,相对于其他买方而言,能够从供应商处得到更好的交易条件。”简言之,买方力量是买方能够从供应商处获取更好的交易条件的能力。买方力量指的是市场上需求一方足够集中的情形。在这种情况下,买方可以通过迫使卖方将价格降低至竞争水平以下,以对卖方施加市场力量。[1] 即便是一个大型供应商,也可能被迫维持较低价格。与卖方实力相类似,其产生于具备垄断或寡头特征的市场;买方力量也一样,会出现在具备买主垄断或寡头买主垄断特征的市场之中。买卖双方的力量均可能通过降低产出,导致经济净损失。

11.03 “1995 年欧洲竞争论坛”上的讨论指出,很多竞争当局都认为买方力量是一个重要问题,该因素也通常会被充分挖掘,但在反垄断和竞争法的传统概念之下却没那么容易得到解决。[2] 在将竞争法运用于买方力量的时候,还需要考虑一些政策性因素。讨论主要围绕在是否应当同等对待买方和卖方力量这一问题。例如,有关市场份额的门槛,对于买方力量和卖方力量而言,是一样的吗? 另外,对于合法取得买方力量的企业而言,对于依法获取垄断力量(如来源于政府规章或企业生产效率)的处理方式一样吗? 之所以会产生这样的问题,原因在于买方力量对于市场和竞争而言,可能同时扮演带来福利和造成威胁的角色。买方力量既有可能给市场带来反竞争影响,也可能有助于对抗来自卖方的强大力量。

11.04 这样一来,买方力量对经济的影响是不明确的。可能会形成这样一种情形:逐步提升的买方力量会扭曲市场结果;也可能会形成另外一种情形:顾客可以通过利用买方力量,来对抗占有较高市场份额的卖方力量提升价格。后者实施买方力量的类型,就是所谓的“对抗性买方力量”。因此,个案分析买方力量和买方力量可能会给上下游市场带来的扭曲影响,就显得尤为重

〔1〕 R. G. Noll, “Buying Power and Economic Policy” [2005] (SIEPR Discussion Paper No. 4 – 8, Stanford University), 589 – 624 at 589, http://www – siepr. stanford. edu/papers/pdf/04 – 08. pdf, 2013 年 9 月 13 日访问。

〔2〕 Dobson Consulting, “Buying power and its impact on competition in the food retail distribution sector of the European Union” (Prepared for the European Commission, UK, 1999), 34, http://europa. eu. int/comm/competition/publications/studies/bpifrs/, 2013 年 9 月 13 日访问。

要。不应假设买方力量本身违法。[3]

11.05 对于竞争法中买方力量的分析，是竞争法相关著作中极少涉及的领域之一。本章将关注的是第 101 条、第 102 条，以及新版《欧盟并购条例》项下的抵消性买方力量和反竞争性买方力量（或买方市场力量）。以下各部分将介绍两种买方力量的背景，以及如果涉及评估买方力量问题的时候如何界定市场，而且还将会阐述评估买方力量的方法。我们将会评估如何依据《欧盟运行条约》第 101 条、第 102 条以及新版《欧盟并购条例》来处理买方力量的问题，以及竞争立法如何适用于同时包含反竞争性和抵消性买方力量的案件。

一、买方力量：福利和威胁

11.06 经济理论认为，买方力量可能会带来效率利益，但同时也会带来潜在的反竞争效果。根据具体案件背景的不同，可以积极地或消极地看待其影响。[4] 威什（2003）认为，买方力量可能有害于社会或消费者福利，但也有可能会抵消供应商的谈判实力。[5] 买方力量所扮演的这两个角色，可以表现为“抵消性买方力量”和“买方市场力量”。

11.07 抵消性买方力量，指的是买方创建或强化在相对方所在市场上的竞争的实力。买方市场力量，指的是由于买方之间缺乏有效竞争，在采购市场上产生的市场力量。“相对于卖方的总产出而言，买方采购能力与其自身议价能力正相关”这一论述并非总是正确的，尤其是在像水泥这样的行业，正如谢勒和罗斯（1990）所认为的那样，实力较小的买方可能会通过不会被察觉的私下小规模交易，来脱离于各买方间所形成的卡特尔。[6] 据此，卡特尔就不会采取报复机制，而小型买方也可获利于这种小规模的订单。

---

〔3〕 D. Carlton and M. Israel, “Proper Treatment of Buyer Power in Merger Review”, [2011] Review of Industrial Organization, 39 (1 - 2), 127 - 36.

〔4〕 Carlton and Israel (n 3) at 129.

〔5〕 例如，Case C - 250/92 *Gøttrup - Klim e. a. Grovvareforeninger v. Dansk Landbrugs Grovvareselskab AmbA* [1994] ECR I - 5641, [1996] 4 CMLR 191。详见 R. Whish, *Competition Law* (5th edn., London: Reed Elsevier, 2003) at 45。

〔6〕 F. M. Scherer and D. R. Ross, *Industrial Market Structure and Economic Performance* (3rd edn., Boston, MA: Houghton Mifflin, 1990), 532.

二、福利:抵消性买方力量

11.08 加尔布雷思(Galbraith)(1952)认为,一方享有的市场力量(如卖方力量)可能会导致另外一方市场力量的发展(如买方力量),而后者可能会扮演前者的抵消性力量这一角色。[7] 如果得到提升的买方力量使得价格有所降低的话,那么从福利的角度来讲,就是有益的。特别是,如果位于卖方市场的一个垄断者面临来自买方的力量的话,我们就可以推测:这样一个企业不会依赖于任何一方,以施加过高(如果不存在买方力量的话,垄断者就会如此行为)或过低(如果不存在卖方力量的话,垄断者就会如此行为)的价格。

11.09 我们可以推测,双方会设定一个数量,以实现合并利润的最大化,之后会通过议价分配利润。[8] 根据鲁宾斯坦(Rubinstein)(1982)的观点,在谈判过程中,双方会不断开出新的要约和反要约,以期达成一致意见。[9] 对相对方的偏好有了全面了解之后,交易双方就会通过达成一个交易价格,来实现共同利润的分配。因此,相对于交易一方不受限制而言,在买卖双方都会给对方施加一定影响的情况下,福利受到的损害相对较小。但这并不意味着社会福利实现了最大化。最好是买卖双方所在市场上都存在一定程度的竞争。

11.10 一个强大的买方,尤其可以通过威胁其自身将从事生产活动,或威胁将其订单需求转向其他供应商或转向卖方所在市场的潜在竞争对手,来运用其谈判力量,促使在卖方间形成竞争。如果满足特定条件的话,买方力量就会更

---

〔7〕 J. K. Galbraith, *American Capitalism: The Concept of Countervailing Power* (New York, NY: Houghton Mifflin, 1952).

〔8〕 J. Warnick and B. Ruffle, "Buyer Countervailing Power versus Monopoly Power: Evidence from Experimental Posted - Offer Markets" (2002), at 3, http://www.nuff.ox.ac.uk/economics/papers/2002/w14/buyer_power_nuf.pdf, 2013 年 9 月 13 日访问。其证实了这样一个例子:相对于四个买方而言,两个买方所得到的价格会大幅度降低,而且还针对这一结果给出了两个解释。它们提及了"买方授权假设",根据该假设可知,买方的数量越少,价格就会越低,因为此时它们会觉得自己的实力更强,据此就会更积极地保有其自身需求。垄断者未来就会同过降低价格,来进行退让。他们还提到,"谨慎垄断者假设"认为,买方数量越少,其保有自身需求给卖方带来的成本就越高这一威胁,会促使垄断者更谨慎地进行定价。详见 Warnick and Ruffle, at 3。

〔9〕 A. Rubinstein, "Perfect Equilibrium in a Bargaining Model", [1982] 50(1) Econometrica, 97 - 109.

有效。这些条件包括：协议未达成对于卖方而言成本更高的可能性，卖方产品未来的销量以及互补产品的销售量，对买方现有订单的依赖程度。另外，如果买方拥有谈判相对方即卖方的有关信息，而且相对于卖方而言承受迟延交货后果的能力更强的话，那么抵消性买方力量就会更有效。

11.11 塞洛普（2003）[10]列举了四种买方可以施展其谈判实力的策略。这些策略包括，“要么接受要么放弃”要约［相对于卖方，买方所具备的不容相对方讨价还价（Tioli）的实力］，选择性拒绝交易威胁（买方可能会选择性地威胁将仅降低对关键性产品的购买量），买方驱动的独占（如果买方想要充分利用这样一个事实：买方需要购买来自不同品牌的一个差异性产品，买方可能会努力购买来自于同一个品牌的产品），以及买方驱动的搭售（买方可能会要求卖方提供互相搭售的要约）。

11.12 尽管在一些案例中，抵消性买方力量并未产生太大影响。如果相对于买方所必须支付的总成本而言，通过提升抵消性买方力量而实现的成本节约很少的话，这一成本的降低将不会给下游市场上的价格产生太大影响，因为此时边际成本下降已降至最低，边际成本的下降意味着价格降低。[11] 更进一步来讲，如果买方必须要支付的固定成本有所下降，那么边际成本不会受到影响，因此买方在下游市场上的要价也不会受到影响。

11.13 正如沃尼克（Warnick）和拉弗尔（Ruffle）（2002）所认为的那样，买方集中是一个很有效的抵消性力量，即便是对于不受市场进入威胁的不受约束的垄断者而言，在面临强大的买方力量的时候也会采取竞争性定价。[12] 如果投入和产出市场的地理界线不同，那么对于产品市场而言，供应商和买方的替代选择就不同，尽管一个买方具备强大的实力，但其在下游市场上可能并不具备任何力量。如果买方力量可以对已经具备市场力量的卖方施加影响，但同时又不会提升买方在下游市场上的销售能力的话，那么就认为这种买

［10］ 如需有关这些策略的简要分析，详见 S. Salop，“Buyer Power Defense in Antitrust” in J. Kirkwood “Buyer Power and Exclusionary Conduct：Should *Brooke Group* Set the Standards for Buyer – Induced Price Discrimination and Predatory Bidding”［2005］Antitrust Law Journal，72，625。

［11］ 绝大多数商品的价格受到边际成本，即每多生产一单位的商品所产生的成本的影响，而非沉没或固定成本。沉没成本，指的是过去发生的不可恢复的支出。在决定是要继续还是中止一个计划的时候，通常情况下不会考虑这些因素，因为不管怎样这种成本都不会得到弥补的。在生产中，固定成本指的是那种不会随着生产产品数量的变化而有所变更的成本。短期来看，诸如土地和租金等因素，是固定成本；但投入生产的原材料不是。

［12］ Warnick and Ruffle（n 8）at 20.

方力量的实施是对社会福利有利的。[13]

11.14 然而,如果上游市场的买方力量导致形成下游市场的卖方力量的话(也就是“后续力量”),那么由于实施原始卖方力量所带来的福利损失可能会就恶化。据此,亚当斯(Adams)(1987)认为,可以想象得到,相对方市场力量的发展可能会导致价格的提高,导致消费者福利受到损失,最终不会降低商品价格。[14] 如果已经掌握买方力量的企业并未被迫将产生于其买方力量的利益以低价高质的形式转移给消费者的话,那么生产过程无法带来任何效率提升,它们的后续卖方力量就会对福利产生负面影响。

11.15 如果各买方力量并非平均分配的话,那么相对于其他实力较弱的买方而言,那些具备更强谈判实力的买方可能会从供应商处获得更大幅度的折扣。这反过来可能会扭曲下游市场上的竞争本质,此时相对于其竞争对手而言,较低的成本就会被关键买方认定为其作为卖方时所享有的优势。据此,如果企业同时发展买方力量和卖方力量,那么就无法事先明确,谈判过程中的抵消性力量会带来社会福利,还是后续的市场力量可能会给福利带来负面影响。要使抵消性买方力量带来益处,那么买方不仅需要具备强大的谈判实力,而且还可能面临终端消费者市场上的激烈价格竞争。[15] 在评估竞争法案例中的买方力量的时候,为了得出有关买方力量会给竞争带来影响的准确结论,需要将这些关切考虑在内。[16]

三、威胁:买方市场力量

11.16 根据为欧委会准备的一项研究可知,如果一个买方(买方独家垄断)或一些

---

〔13〕 在以下这种情况更容易发生:下游市场上具备竞争关系的企业所提供的产品,相互间是很密切的替代品,而且企业数量有限。

〔14〕 W. A. Adams, “Countervailing Power” in J. Eastwell, M. Milgate, and P. Newman (eds.) *The New Palgrave: A Dictionary of Economics* (Vol. 4, London: Macmillan Press, 1987), http://www.dictionaryofeconomics.com/article? id = pde1987_X000481&goto = I&result_number = 729, 2013 年 9 月 13 日访问。

〔15〕 这在零售市场上最为常见。详见 P. Dobson, M. Waterson, and A. Chu, “The Welfare Consequences of the Exercise of Buyer Power” (Prepared for the Office of Fair Trading, 1998, Crown Copyright) (Research Paper 16), 28。

〔16〕 详见 I. Kokkoris and L. Daye, “Buyer Power in UK Merger Control”, [2009] 30(4) ECLR 176 - 88; I. Kokkoris, “Buyer Power Assessment in Competition Law”, [2006] 29(1) World Competition, 139 - 64。

买方单独或共同(买方寡头垄断)具备影响市场价格的能力,那么为了实施买方力量,就需要满足三个条件:(1)买方的购买量在市场上占据了很大份额;(2)买方市场存在进入壁垒;(3)供给曲线是向上倾斜的。[17]

11.17 一个寡头垄断买方会通过降低原材料的购买数量,来迫使原材料价格降低至竞争水平以下。实施(不受控制的)的买方力量,会降低生产设备的有效运用,给社会福利带来潜在的负面影响,进而影响卖方的可营利性和存续性,并阻止新的卖方进入市场。寡头垄断买方给市场带来负面影响的能力,将取决于寡头垄断买方改变其愿意支付的价格时,供应商的反应程度。供给方对于买方需求的反应越小(或弹性越小),寡头垄断买方给价格带来负面影响的能力就越强,进而对福利的影响也就越大。就像格莱姆斯(Grimes)(2005)所认为的那样,正是沉没成本和资产的易损毁性,使得卖方尤其容易受到强大买方的损害。[18] 至于买方市场力量,对福利损失的分析,与对具备垄断或寡占特征的市场福利损失的分析相类似。因此,由于买方力量不受限制,所以产量会减少,进而给消费者福利带来损害。

11.18 正如卡斯滕森(Carstensen)(2004)所认为的那样,买方市场结构,在利用农业市场和非农业市场上的买方力量方面扮演了重要角色。这种对于买方力量的利用,可能会给这些市场的短期和长期效率造成重大威胁。[19]

11.19 强大的抵消性买方力量可能会促使供应商之间形成有效竞争,这可能会导致形成买方市场力量。反之,在没有抵消性买方力量的情况下,卖方市场力量可能会导致买方间形成有效竞争。正如我们的分析所示,买方市场力量是供给方之间有效竞争的结果之一,而抵消性买方力量仅仅是促成这种竞争形成的因素之一。对于前者而言,需要在供应商之间形成竞争;如果供应商之间的竞争有限,为了减轻由于卖方市场的竞争有限而导致卖方力量增

---

〔17〕 Dobson Consulting (n 2) 34. 一个向上倾斜的供应曲线所表达的是,随着(单一)企业买入更多单位的投入,就需要更高水平的产出以满足更高的需求,结果导致单位生产成本的提升。然而,单位价格的提升,不仅需要支付新的生产成本,还需要支付现有的生产成本水平,因为对于生产的更高单位成本的弥补,需要通过各种销售水平来获取。详见 Dobson Consulting (n 2) 9。

〔18〕 W. S. Grimes, "Buyer Power and Retail Gatekeeper Power: Protecting Competition and the Atomistic Seller", in A. Foer, "Introduction to Symposium on Buyer Power and Antitrust", [2005] 72 Antitrust Law Journal, 505, at 506.

〔19〕 P. C. Carstensen, "Buyer Power and Merger Analysis—The Need for Different Metrics" (Prepared for the Workshop on Merger Enforcement held by the Antitrust Division and the Federal Trade Commission, 2004), 1, https://www.ftc.gov/bc/mergerenforce/presentations/040217carstensen.pdf, 2013 年 9 月 18 日访问。

强所带来的负面影响,就需要后者。

11.20 无法预先明确估计买方力量可能带来的净经济福利。这一影响将同时取决于需求和供给双方的相关市场条件,因此,对买方力量应当个案分析。决定市场条件的一个重要因素就是相关市场的界定。

四、有关买方力量的特殊观点

11.21 买方力量通常是一个复杂而模糊的概念。可能一部分原因在于其受到很多因素影响。大企业的采购行为,可能会通过几种方式给竞争带来负面影响。一个例子就是,强大的零售商以供应商不为其下游的折扣商店提供相同的产品为条件,来从事购买行为。另外一种方式就是买方行为,这会在供应商层面提升市场进入壁垒。最后,有这样一种论述:对于买方力量的关注有时候可能会出现一定的偏差,而并购审查应当旨在同时维持上下游市场上的有效竞争。有关例证就是废除限制大型商店进入市场或扩张其势力的法律。随之而来的,就是有关影响买方力量的主要因素的讨论。与评估买方力量有关的一些关键性概念无法穷尽列举,但至少包括为保持独立性所作的努力、动机、谈判、水床效应和信息等基本概念。

(一)独立性

11.22 根据一个令人信服的理论可知,如果一个供应商依赖于一个买方的话,那么这将会给予买方力量。存在一些原因可以解释为何供应商会依赖于一个买方或一个买方集团。首先,正如上文所讨论的那样,如果一个买方的订单相对而言足够大,而且很难被取代的话,那么供应商将会依赖于这一买方。然而,目前尚不明确,买方的购买量占供应商总产量的比例达到时,才有能力实施买方力量。美国联邦贸易委员会在其有关 Toys R Us 的报告(1997)中指出,1994 年 Toys R Us 占据了排名前十的传统玩具生产商总销量的29%,认为这足以促使 FTC 得出结论:Toys R Us 具备“强大的买方力量/杠杆,以及给供应商带来严重经济损害的能力”。[20] 卡斯滕森(2004)[21] 建议,“如

---

〔20〕 美国联邦贸易委员会就 Toys R Us 问题所作出的初步决定(1997 年 9 月 25 日),第 454 段,https://www.ftc.gov/enforcement/cases-and-proceedings/cases/2000/08/toys-r-us,2013 年 9 月 18 日访问。

〔21〕 Carstensen (n 19) at 1.

果一个零售商能够买入全国某几类市场上的20%或更多商品/服务数量的话，该零售商就具备实施重大买方力量的潜能。”[22]恩德斯特(Inderst)和马扎罗塔(Mazzarotto)(2006)[23]建议，使供应商依赖于一个买方的因素，不仅包括订单的相对规模，还取决于损失一笔大额订单会使供应商的财务变得更为脆弱这一事实。恩德斯特和马扎罗塔认为：“若一个零售商之前的采购量占其总产出的相当大的比例，那么失去该零售商造成的利润损失可能会使供应商陷入财务危机。”[24]供应商将会发现自身处于不利境地的程度取决于自身的财务地位、其业务量是否会按比例缩小以及是否可以快速找到可供替代的其他分销渠道。

11.23 如果一个买方在市场上扮演“看门人”的角色的话，就认为供应商依赖于这一买方。恩德斯特和谢弗(Shaffer)(2007)[25]认为，如果买方是一个零售商，而且其在一个特定市场上基本或完全没有面临竞争的话，那么该零售商就是这一市场的看门人。通过扮演看门人的角色，零售商将有能力行使买方力量，因为供应商除此之外别无他选。因此，如果不与买方签订合同，供应商在特定市场上的份额就可能会遭受严重损害。这就意味着，如果零售商像一个垄断者那样在当地市场上行动，失去的销售量就会很难弥补。恩德斯特和马扎罗塔(2006)[26]认为，相对于弥补先前来自高度竞争市场上大型零售商的销售损失而言，弥补先前来自当地市场的小型垄断零售商的销售损失可能会更困难。这是因为，如果扮演看门人角色的买方拒绝购买，供应商就会遭受巨大损失。

(二)动机

11.24 一个企业选择行使其买方力量的原因有很多，包括：获取更优合同条款、获得更低的价格，甚至是封锁竞争对手。如果不会对其产生不利后果的话，企业将具备挖掘其自身买方力量的动机。

---

〔22〕 Carstensen (n 19) at 13.

〔23〕 R. Inderst and N. Mazzarotto, “Buyer Power. Sources, Consequences and Policy Responses” (Working Paper, 2006), http://else.econ.ucl.ac.uk/conferences/supermarket/ind.pdf, 2013年9月17日访问。

〔24〕 Inderst and Mazzarotto (n 23) at 10.

〔25〕 R. Inderst and G. Shaffer, “Buyer Power in Merger Control”, in W. D. Collins (ed.) *Issues in Competition Law and Policy* (ABA Antitrust Section Handbook, Washington, DC: 2007), 1611 – 36.

〔26〕 Inderst and Mazzarotto (n 23).

11.25 所有企业都有降低成本并提高其自身盈利的动机。企业降低成本的一个方法就是降低原料的价格。这可以通过谈判或企业的战略性行为来实现。卡斯滕森(2004)〔27〕评论道,随着一个企业某个生产线上的采购数量逐渐增多,其操纵这种原料的整体价格的动机就会增强。道尔(Doyle)和恩德斯特(2007)〔28〕认为,一个买方可以通过保留在原材料上的自身需求,来降低原料的统一价格。企业可能会通过报出低于实际情况的需求量,来诱使供应商降低价格。然而,保留需求会导致低效的后果,因为强大的买方所购买的商品量会低于其自身实际需求,这是由于其不得不低报自身需求以获取更低的价格。这会给社会福利带来影响,因为产量会降低,而且终端价格会相对高于竞争水平。以上分析基于买方力量强大到足以对原料价格以及终端产品的价格产生影响这一假设。

11.26 这一理论取决于一个类似的古诺模型,在该模型中存在一个所有交易都会遵循的明确市场定价。因此,如果买方保留自身需求量的话,其不能单独获取折扣,结果就是实施买方力量将会有利于所有其他买方。

11.27 重要的一点在于,统一市场价格会受买卖双方的影响。一个强大的买方可以通过保留自身需求来降低原料的整体价格;同样地,一个强大的卖方也能够通过限制供给来提升市场原料价格。很明显在极端情况下,垄断买方就是垄断卖方的镜像,而且双方均有动机提高其各自的盈利。双方运用的手段不同,垄断买方利用的是需求,而垄断卖方利用的是供给。

11.28 即便是在一个并不具备强大到可以操控整体商品/投入价格的买方市场中,买方所组成的集团也可以通过战略性地保留需求以降低支付给供应商的价格,来达到同样的结果。然而,除了单一买方采用的保留需求的策略,买方集团还具备单一买方所不具备的优势。企业之所以有动机加入联合买方集团,是因为相对于单独行动,联合起来会使它们具备更强的实力。恩德斯特和马扎罗塔(2006)〔29〕认为,买方集团能够更好地保护合同条款,并获益于其他效率性收益。买方集团能够保护更有利的条款的原因之一,在于它们能够担当最低需求保证人的角色。如果这一最低需求占据了供应商所有销售量的较大比例的话,合同未达成导致的销量损失将会给供应商带来损害。

〔27〕 Carstensen (n 19).

〔28〕 C. Doyle and R. Inderst, "Some Economic of the Treatment of Buyer Power in Antitrust", [2007] 28 (3) European Competition Law Review, 210 -9.

〔29〕 Inderst and Mazzarotto (n 23).

这是因为，销量的损失相对来说较难得到弥补，这就使得供应商依赖于买方。下文将对此问题进行更详细的论述。

11.29 买方也可以通过联合从供应商处购买原料，来获取效率性收益。[30] 通过更低的交易成本来获取效率利益，这不仅有利于供应商，还有利于集团内部的各个买方。这种收益来源于：所有买方通过收集和传播信息，作为一个整体扮演合同一方的角色。尽管买方集团能够获益于这些收益，同时也需要指出，买方集团力量的实施也会像上文所提到的那样产生低效的后果，也就是会形成单一买方力量。另外，尽管企业可能有动机加入一个买方集团，这一买方集团将会影响它们的相对买方力量，但买方集团并非适用于所有行业。正如恩德斯特和马扎罗塔(2006)[31]所讨论到的那样，在一个特定行业中形成一个买方集团是否合适，将取决于一些因素，包括集团的目标和范围，以及成员和行业整体特征。一个有益于形成买方集团的行业例证就是农业生产。一部分原因可能在于产品具备相对同质性，而且由于产品易腐烂，农民和买方的目标均为将产品尽快出售给终端消费者。

11.30 随着一个买方的力量逐步变得更为强大，一个需要关注的问题是，其是否具备保持或提升这种实力的动机。实现这一目的的方法之一就是与供应商达成共谋。恩德斯特和马扎罗塔(2006)[32]认为，如果市场上有一个更强大的买方的话，这一买方就占据了与供应商形成共谋的相对更优地位，以排除其他买方竞争对手。在买方会直接将商品出售给终端消费者，例如零售商行业的情况下尤为如此。很明显，如果零售商的数量降低，买方力量就会变得更强。这是因为供应商对其出售商品的可选交易方更少了，从而降低了其外部选择权。如果一个买方竞争对手被排除在市场以外的话，那么剩下的零售商和供应商各自所占据的行业利润份额也会提升。为了排挤一个竞争对手，一个买方将不得不“贿赂”供应商，以期其不会将商品出售给其他买方竞争对手。

---

〔30〕 参见 Commission Notice – Guidelines on the applicability of Article 81 of the EC Treaty to horizontal cooperation agreements [2001] OJ C 3/2，第116段：“在中小型企业之间通常会达成采购协议，以实现与其他更强的竞争对手可获得的相类似的购买量以及折扣。因此，通常来讲，这些中小企业间的协议是有利于竞争的。即便是可能会产生一定程度的市场力量，但如果各个企业实际上捆绑了其销售量的话，还是会形成更引人注意的规模经济的。”

〔31〕 Inderst and Mazzarotto (n 23).

〔32〕 Inderst and Mazzarotto (n 23).

11.31 恩德斯特和马扎罗塔(2006)[33]评论道,买方有动机排除其竞争对手以维持或提升其市场份额和买方力量这一观点并未正式成立。然而,在现有共谋模式的背景下,一个强大的买方可能将有能力惩罚那些"欺诈"并将产品出售给买方竞争对手的供应商。尽管共谋主张并未正式形成,但马克斯(Marx)和谢弗(2005)[34]却认为,如果一个买方很强大,导致其可以获取大部分共同利润,那么供应商可能会更愿意达成排除买方竞争对手的独占性协议。这是因为,供应商通过与强大的买方进行交易能够获取的利润相对较低,而通过与买方达成独占性协议,供应商得以通过买方所提供的"贿赂"来提升自己在整体利润中所占的份额。

(三)谈判中议价/影响的实力

11.32 如果涉及谈判,那么买方所支付的对价就各有不同。如果谈判是在双方间进行的话,这一点就尤为明显。因此,正如在道尔和恩德斯特(2007)所讨论的那样,可以通过谈判得出的各单个折扣幅度来推断买方力量。[35] 通常情况下,谈判的重点在于对于供应商而言的买方的相对谈判实力。一些因素会提升买方相对于供应商的谈判实力。其中一个因素就是买卖双方的相对谈判实力。

11.33 谈判结果会受到供应商和买方可获得的其他可选项的影响。正如恩德斯特和马扎罗塔(2006)[36]所阐述的那样,为了证明这一点,假设谈判涉及双方(一个买方和一个供应商),利润由"z"来指代。每方均可在这一总利润中获取一定份额。双方可以平分这一利润,但这种情况实际中不大可能会发生;双方实际获取的利润份额,尤其取决于其各自的外部可选项。

11.34 外部可选项,指的是可以从替代选择中获取的利润;例如,买方可以停止与当前供应商间的谈判,转而开始与另外一个供应商谈判。对于供应商而言,一个外部可选项,可能就是停止谈判,并寻求或适用不同的分销渠道。这些外部可选项可能继而被运用于谈判当中,以试图达成更好的交易。如果我们分别用"V^s""V^b"来指代供应商和买方的外部可选项的话,那么可以很清楚地看到,谈判成功可实现的净盈余就是"$z - V^s - V^b$"。至于每方可获取

---

〔33〕 Inderst and Mazzarotto (n 23).

〔34〕 L. Marx and G. Shaffer, "Upfront Payments and exclusion in downstream markets", [2007] 38(3) Rand Journal Economics, 823 – 43.

〔35〕 Doyle and Inderst (n 28) at 213.

〔36〕 Inderst and Mazzarotto (n 23).

的盈余数量，取决于外部可选项的价值、各方在谈判过程中能够获取的回报多少以及各方在达成协议构成中有多大的忍耐性。很明显，谈判过程中双方能够获得的回报将少于对双方都有利的协议所对应的 z［恩德斯特和马扎罗塔（2006）］。[37]

11.35 恩德斯特和马扎罗塔（2006）[38]提到，如果买方的外部可选项（V^b）大于谈判可提供的 $z - V^s - V^b$ 的份额的话，那么买方可能会威胁转向其他供应商。然而，如果买方外部可选项的价值小于谈判可提供的份额的话，那么买方威胁转向其他供应商的可能性就比较小，此时买方会更倾向于接受协议。通过这一例证我们可以发现，外部可选项的价值能够决定到底是哪一方会获取盈余的最大份额，从而获取谈判的实力和影响力。

11.36 道尔和恩德斯特（2007）[39]认为，买方的相对实力会影响供应商外部可选项的价值。他们提到，失去一个大型合同，将迫使供应商要么另外寻找一个强大到足以吸收其大量供应的买方，要么寻找一个新的分销渠道。这可能会降低供应商可以要求的价格，并因此影响其利润。因此一个买方的相对大小可能会影响其在谈判过程中的相对实力。在此，我们应当消除一个误解：买方的力量并非由其实际业务量的大小决定，而是由其相对于其他买方而言订单的大小，以及供应商的总销售量决定。这是合理的，因为尽管一个企业的实际规模可能会非常大，但如果其仅从供应商处买入相对较少单位的商品的话，就意味着其将不一定享有买方力量。从这一点可以推断出，赋予买方力量的并非其本身规模的大小，而是取代其所签订合同的难易程度，以及供应商因此对买方的依赖程度。

（四）水床效应

11.37 这一讨论的关注点在于，不同的因素是如何影响一个买方的买方力量，及其对一个供应商的影响。然而，一个买方的买方力量将会影响市场上其他买方的买方力量。多布森（Dobson）和恩德斯特（2007）[40]讨论了买方通过实施其买方力量可能会给市场上其他买方的买方力量带来的影响。

---

〔37〕 Inderst and Mazzarotto (n 23).

〔38〕 Inderst and Mazzarotto (n 23).

〔39〕 Doyle and Inderst (n 28).

〔40〕 P. Dobson and R. Inderst, "Differential Buyer Power and the Waterbed Effect: Do Strong Buyers Benefit or Harm Consumers?", [2007] 28(7) European Competition Law Review, 393 - 400.

11.38 多布森和恩德斯特(2007)认为,一个买方针对折扣进行谈判的能力将会给其他买方带来影响。这些影响对于其他买方和最终的消费者而言,可能是积极的也可能是消极的。如果一个企业获取折扣的能力将会使得其他买方也可以通过谈判获得折扣的话,就会带来积极影响。如果其他买方获悉一个买方已经获取折扣的话,那么供应商的谈判地位就会被削弱。这是因为"给一个[买方]折扣后,对竞争对手进行额外让步的成本降低了。"[41]然而,只有在各买方所谈判的是相同合同条款的情况下,这一情形才会发生。如果买方在下游市场上面临竞争,这一低价被传递下去的话,那么消费者也会据此受益。

11.39 与上述情形相反的就是"水床效应"。也就是说,一个买方成功获得折扣的谈判,会通过将其他买方置于不利的谈判地位而提高其他买方可获取的价格。供应商可能会通过提高给其他买方的价格,来弥补因给一个买方提供折扣所遭受的损失。从这一点可推断出:"差异性买方力量,意味着一些买方以其他买方的相对和绝对成本为代价,来获取收益。"[42]这一差异性买方力量对最终零售价的影响是模糊的。可以说,这将会使得消费者所获得的最终价格更高,因为面临更高购买成本的买方会将提高的成本转嫁给消费者。然而,多布森和恩德斯特(2007)[43]提出这样一个观点,更强大的买方有可能会将其获取的更低成本转移给消费者。竞争对手为了维持其市场份额,也可能会作出降低价格的回应。因此,这会使得终端消费者获得更低的价格。这是以市场上存在充分竞争为基础,可以鼓励所有零售商降低价格。然而需要强调的是,强大的买方降低零售价格,可能会迫使较弱的竞争对手退出市场,或减弱多样性。这最终将会损害消费者的利益,因为其将损害竞争,或减少消费者的选择。

11.40 水床效应的强弱,及其最终会对消费者产生积极影响还是消极影响,尚不明确,但多布森和恩德斯特(2007)[44]提出,一些因素可能会影响最终结果。首先,如果各种规模的买方之间已经存在较大价格歧视的话,那么水床效应将会更明显,因为强大的买方在获取折扣方面越成功,较弱的买方获益的可能性就越小,价格差异就会变得越大,进而给消费者带来的潜在危害就越

---

〔41〕 Dobson and Inderst (n 40) at 10.

〔42〕 Dobson and Inderst (n 40) at 2.

〔43〕 Dobson and Inderst (n 40).

〔44〕 Dobson and Inderst (n 40).

大。各买方间的重叠部分越大,水床效应就越明显。对于继而出售商品给终端消费者的买方而言,更是如此。例如,多布森和恩德斯特(2007)认为,对一个零售商而言,市场上处于竞争关系的买方间重叠性越高,水床效应就越明显。这就意味着,更强大的买方会以其他较弱竞争对手的成本为代价来壮大自身,并能够获取潜在的较大市场份额。多布森和恩德斯特(2007)提出,可能会存在一个市场份额的门槛,超过这一门槛之后,水床效应就变得"强大到足以最终引发竞争对手零售价的提升"。[45] 然而,至于门槛将会是什么,并未得到进一步的讨论。在实践中,通过以市场份额为基础的理论来决定企业的买方力量是否将会影响其他买方的力量并最终损害消费者的利益,这似乎是不现实的。因为市场份额门槛的高低取决于很多因素,举例来说,包括市场类型、竞争者的数量和市场上所有买方的相对买方力量。

11.41 考虑到水床理论是以价格歧视为基础的,可以运用第102条来分析水床效应。适用该法条的必要条件为:采取价格歧视行为的供应商必须具备非常强大的市场力量。欧盟最近的判例法中所提及的,供应商的独立性不断提升,已经被认定为是带来竞争关切的原因之一。这类案件包括 *Carrefour/Promodes* 并购案,[46] 在该案中,欧委会明确了"螺旋效应"和"威胁点"。"螺旋效应"产生于与数量相关的折扣,而"威胁点"检测的是会给上游市场带来损害影响的买方力量形成的可能性。采取这种分析方式的另外一个缺点在于,买方的市场份额通常会低于支配地位所要求的标准,因此这种价格歧视行为就不大可能会被禁止。在一些欧洲成员国中,也可以通过优势经济独立性/滥用优势谈判地位的有关法律,来实现水床效应。[47]

(五)信息

11.42 信息能够使买方获悉外部选择,以改善其在谈判过程中的地位。信息也可以增加一个企业的外部可选项。恩德斯特和谢弗(2007)[48] 认为,一个强大的买方能够鼓励新的企业进入供给方所在市场。这可能会提升供给方间的竞争,从而提高买方的谈判地位,因为它们的可替代供应商数量增多。新进企业可能会受到赞助方直接的激励。买方可能会通过分担一些启动成本,

---

〔45〕 Dobson and Inderst (n 40) at 10.

〔46〕 *Carrefour/Promodes*(Case COMP/M. 1684) [2000] OJ C 164/05.

〔47〕 I. Kokkoris, *A Gap in the Enforcement of Article* 82(London: British Institute of International Comparative Law, 2009).

〔48〕 Inderst and Shaffer (n 25).

或保证最低订单数量,来吸引新的潜在企业进入供给市场。比直接赞助新进企业更为极端的做法,就是买方自身后退一步实现整合,开始从事供应业务。不管采取以上两种方法中的哪一个,买方都需要特定的知识和技术。赞助新的企业进入市场将会提升买方的外部可选项,而后退一步实现整合这一行为本身并不会使得买方获取更优的谈判地位,因为这种情况下买方不再需要谈判。然而,具备后退一步实现整合所需要的知识和技术这一威胁,可能强大到足以影响一个企业的买方力量。如果来自某一买方的需求占据了供应商总销售量的很大比例的话,那么失去这些销售量的威胁可能会削弱供应商的谈判地位。

11.43 信息是议价过程中的关键工具,而且前文也讨论了有关外部可选项的信息,恩德斯特和马扎罗塔(2006)〔49〕认为,信息可以通过其他方式推动谈判的顺利进行。信息被当作谈判的一个工具,因此,买卖双方的信息越不对称,其对谈判的影响就越大。恩德斯特和马扎罗塔(2006)〔50〕提到,供给方成本结构的相关信息将会影响双方的谈判地位。例如,如果供应商的成本非常低,但买方并不知道这一点,那么这就会使得供给方处于一个更强势的地位。在拒绝一个买方开出的价格的时候,供应商能够"隐藏在"承担更高成本的其他供应商背后,以等待买方开出的更高的价格。然而,即便是一个供应商成本非常高,如果买方认为卖方的成本甚至会更高的话,那么这一供应商仍可能处于优势的地位。这一理论在"Coase Conjecture"中得到阐述。〔51〕

11.44 信息不仅是谈判过程中的有用工具,同时通过谈判获取的信息也会影响买方力量。谈判的结果和持续时间,能够为买卖双方提供议价工具。诺尔(Noll)(2005)〔52〕评论道,通过一系列交易获取的信息,将会赋予交易双方构建未来交易框架的能力。如果交易双方会反复进行交易的话,这将会带来益处。如果存在多重谈判关系的话,那么双方就有动机给出误导性信息从而影响另外一方对自己谈判实力的认识。恩德斯特和马扎罗塔(2006)〔53〕认为,双方都试图营造一个强硬的形象,而且也希望另外一方认识到,达成协议的话可以获益颇多。这一行为旨在强化其未来的谈判实力。

---

〔49〕 Inderst and Mazzarotto (n 23).

〔50〕 Inderst and Mazzarotto (n 23).

〔51〕 R. Coase, "Durability and Monopoly",[1972] Journal of Law and Economics 44, 143 - 9.

〔52〕 G. Noll, "Buyer Power and Economic Policy", [2005] 2 Antitrust Law Journal.

〔53〕 Inderst and Mazzarotto (n 23).

五、市场界定和买方力量

11.45 市场界定过程的准确性和最终结果,能够大幅度改变欧委会对于反竞争行为的评估,因为市场上的竞争程度关键取决于,相关产品市场和相关地域市场的界限如何决定竞争限制的存在与否及其程度。根据"欧委会关于适用欧共体竞争法相关市场界定的通知"[54]可知,市场界定是明确并界定企业间竞争程度的工具。其旨在设立一个欧委会适用竞争政策的框架。界定市场的主要目的在于系统地明确涉案企业所面临的竞争限制。[55]

11.46 界定相关产品市场和相关地域市场,对于评估市场力量至关重要。至于卖方市场,欧委会[56]将相关产品市场[57]定义为"基于商品的特征、价格及其预期用途等因素,消费者认为是可以相互替代或替换的所有商品和/或服务组成的市场"。[58] 欧委会在界定相关产品市场时,很大程度上会检验相关产品的物理特征和用途。[59] 界定相关产品市场时所考虑到的因素包括:近期有关替代性的数据、大量的量化测试、消费者及竞争对手的观点、消费者偏好、将需求转移至潜在替代品有关的障碍和成本,以及不同类别的消费者和价格歧视。[60]

11.47 相关地域市场,[61]可以定义为:"一特定地域,相关企业产品或服务的供给和需求在该地域内具备足够相似的竞争性,并因竞争情况的不同,可以明显

---

〔54〕 Commission Notice on the definition of relevant market for the purpose of Community competition law [1997] OJ C 372/5.

〔55〕 I. Kokkoris, "The Concept of Market Definition and the SSNIP test in the Merger Appraisal", [2005] 26(4) ECLR, 209 - 14 at 209. 本部分介绍的是卖方市场,摘自以上提到的条款。

〔56〕 Commission Notice on the definition of relevant market for the purpose of Community competition law [1997] OJ C 372/5.

〔57〕 随着时间的推移,由于技术创新,消费者偏好的转变以及新产品的引入,相关产品市场可能会有所变更。

〔58〕 详见 A. Jones and B. Sufrin, *EC Competition Law* (London: LSE University Press, 2001) at 42。

〔59〕 C. J. Cook and C. S. Kerse, *E. C. Merger Control* (3rd edn., London: Sweet & Maxwell, 2000) at 135.

〔60〕 Commission Notice on the definition of relevant market for the purpose of Community competition law [1997] OJ C 372/5.

〔61〕 相关地域市场,可能会由于暂时的外部危机而有所改变,例如币值波动。

区别于相邻地域。"[62]界定相关地域市场时所考虑的因素包括:过去的订单分流至其他区域的证据、基本需求特征、消费者和竞争对手的观点、购买行为的现有地域模式、[63]装运的贸易流/模式,以及与将订单转移至位于其他区域的企业相关的障碍和转移成本。[64]

11.48 至于与买方所在市场有关的市场界定过程,相关地域市场有可能是全国市场或世界市场,但是相关产品市场的范围可能会比较小,原因在于特定品牌或物品的供给特质。[65] 运输成本和时间问题有可能在市场界定过程中扮演着重要的角色,尤其是在产品需要在短时间之内运往非常远的目的地的情况下。另外,如果卖方并不属于同一市场,而是位于几个相邻的市场的话,那么在界定相关市场的时候就会把这些市场也包含在内,这有助于评估典型的反竞争行为或并购影响。

11.49 在界定买方所在市场的相关市场过程中,如果存在买方力量的话,就需要考虑某些问题。首先,买方可能会支付给不同的供应商不同价格,以歧视对待各供应商。买方采取这种歧视行为的能力,对分析竞争影响来说,可能体现了相关市场。[66] 其次,买方之间更有可能形成共谋,因为避免原料竞争对其有利。另外,买方市场中的企业有可能会为了原料跨多个市场竞争的这一事实会强化贯穿于所有这些市场的报复机制的影响,从而使共谋更有可能得以维持。

11.50 欧委会和一些竞争机构在界定市场的过程中都会用到的一个关键的概念,就是"替代性"。欧委会主要关注的是需求替代,其包含了消费者偏好以及替代可行性。需求分析的目标,在于明确并且涵盖那些仅在价格和其他特征方面会限制并购参与方及其竞争对手提高价格或降低产出的替代品所在的市场。

11.51 至于供给替代,需要满足一些条件,才能使得供给替代成为有效的竞争限制。这些条件包括:短时间内能够转而生产相关产品,但不会据此带来太大额外成本或风险;足够的产能和灵活性,尤其是不存在扩张障碍,并且还能

---

〔62〕 详见 Jones and Sufrin (n 58) at 42。

〔63〕 主要生产厂房的地理位置,可能证明了相关地域市场就是欧共体范围。

〔64〕 Commission Notice on the definition of relevant market for the purpose of Community competition law [1997] OJ C 372/5.

〔65〕 Dobson Consulting (n 2) 30.

〔66〕 紧随 Carstensen (n 19) at 15。

够与现有消费者间达成灵活的合同承诺。

11.52 正如在解决市场界定问题的章节中所讨论的那样,可以通过评估需求的交叉价格弹性,来衡量相互替换性或替代性。[67] 可以通过适用 SSNIP 测试(小幅度但很显著且并非临时性的价格上涨,也称为假定垄断者测试)来完成这一评估,根据该测试,如果一个商品的价格("起始价格")持续性小幅度(介于 5% ~10% 之间)提升,会使得另外一个产品的购买量有所提升,从而导致前者的价格提高无利可图的话,那么这两个产品就属于同一个市场。[68] 如果运用 SSNIP 测试无利可图,那么下一个最接近的替代品就被列入产品组中(或者地域范围被扩大),如此进行下去。这一过程会一直进行下去,直到发现一组产品(或地理区域),使得"假定垄断者"能够通过实施 SSNIP 获得利润。实际上,这一测试所寻求的是最小范围的产品组合和地理区域,以使得在该区域中控制了某一产品组合的假设垄断者能够维持一个价格,并且同时有利可图,而这一价格是高于竞争价格水平的,即便是高出的部分并不多。[69]

11.53 SSNIP 测试已被广泛认可为实施"假设垄断者"测试以界定相关市场的工具。然而,正如英国公平贸易办公室所提到的那样,严格依据测试的假设条件来界定一个市场,基本不可能。[70]

11.54 同样的分析也适用于涉及买方力量集中的案件,此时的出发点是供应商,价格测试将会明确供应商产品的其他可选分销渠道或直销店。[71] SSNDP 测试[72]与 SSNIP 类型测试相类似,在这种情况下,测试若买方肯支付给供应商产品的价格降低 5% ~10% 并一直持续的话,供应商是否会拒绝交易,从

---

〔67〕 需求的交叉价格弹性这一概念,指的是面临另外一个产品价格的变化,一个产品需求量的变化。详见 G. Bannock, R. E. Baxter, and R. Rees, *The Penguin Dictionary of Economics* (3rd edn., Harmondsworth: Penguin, 1985), 106。

〔68〕 详见 US Department of Justice and Federal Trade Commission Horizontal Merger Guidelines (1992), http://www.ftc.gov/bc/docs/horizmer.htm, 2013 年 9 月 17 日访问。

〔69〕 如果市场是由差异性产品组成的话,那么可能并不存在一个明确的市场边界。因此,根据一个调查所认定的同属一个市场的两个产品,可能在另一个案件中就不属于相同市场了。

〔70〕 OFT, "Market Definition: Understanding competition law" (Competition Law 2004) para 2.6, http://www.oft.gov.uk/, 2013 年 9 月 17 日访问。

〔71〕 Commission Notice on the definition of relevant market for the purpose of Community competition law [1997] OJ C 372/5.

〔72〕 "小幅度但很显著且并非临时性的价格下降"将这一买方所在市场的测试等同于 SSNIP 测试,也获得了 Dobson Consulting 为欧委会所准备的报告(n 2) at 30 的支持。尽管该报告关注的是食品零售分销行业,但是作者认为,SSNDP 测试可以被普遍适用于涉及买方力量的案例。

而导致降低价格对买方而言无利可图。如果 SSNDP 测试可能会无利可图，那么下一个买方就会被包含在买方范围之内(或地理区域被扩大)，这一过程会一直延续下去。直到发现这样一组买方(或地理区域)，其每降低供应商所提供产品的价格 5% ~10%，都会被各供应商所接受，从而对于这样一个买方组合而言降价是有利可图的。与 SSNIP 测试相类似，SSNDP 测试所寻求的是最小范围的买方组合和地理范围，这会使得买方在获取低于竞争水平的价格同时还能够有利可图，即使这一价格的降幅并没有那么大。〔73〕

11.55 如果是界定买方市场的相关市场，那么在适用 SSNDP 测试评估一个企业的买方力量时，就必须要小心谨慎，因为"初始价格"可能是在并不存在竞争的情况下确定的，可能低于竞争水平。〔74〕因此，买方所要求并支付的价格可能已经达到最低程度，如果再降价的话，就会将供应商驱逐出市场。有关正确的"初始价格"这一问题，与第 102 条项下的滥用支配地位类案件相关性最大。在并购案件中可以更高效地运用 SSNDP 测试，因为欧委会会将现行价格当作起始点，以评估并购可能会给竞争带来的影响。SSNDP 测试能够被运用于违反竞争法的案例，该类案件涉及包含买方力量的行业，例如食品生产行业和农业，以及更常见的，大型连锁商店会成批量购买特定产品的行业。〔75〕

六、评估买方力量的方法

11.56 竞争当局能够运用以下方法来评估买方力量：买方集中度，供给弹性，以及诸如营利性和相对于卖方而言的谈判实力之类的性能指标。买方集中度为

〔73〕 在零售市场中，存在一个供应链的分销水平，以及所有形式的由食品分销构成的对食品生产商开放的各种销售渠道的中间水平。据此，在零售市场中，相关谈判实力对于市场界定而言将会至关重要，因为各个企业之间会在中间水平进行交易，而且通常情况下不太会遵守价格。详见 N. Mazzarotto，"Competition Policy towards Retailers：Size，Seller Market Power and Buyer Power"(CCR Working Paper CCR 01 -4)，http://www.ccp.uea.ac.uk/public_files/workingpapers/ccr01-4.pdf，2013 年 9 月 17 日访问。

〔74〕 美国 1956 年的一起反垄断案之后，就产生了"玻璃纸谬误"这一术语，该案包含一个玻璃纸生产商，其中法院错误地认为这一生产商并不具备市场力量，因为还存在其他替代产品。然而，这些产品在生产商收取的垄断价格上也构成替代品。这一案例就是：*United States v. E. I. Du Pont de Nemours & Co.* 351 U.S. 377 (1956)。

〔75〕 Dobson Consulting 为欧委会准备的报告(n 2) at 30。他给出了在涉及买方力量的案件中，如何界定市场的一些例子。

判断买方力量提供一种指示,但这一因素本身并非决定性的,还需要考虑买方结构以及卖方市场。如果是一个并购案件的话,该并购会带来的影响取决于市场上最大的企业间通过并购所形成的非对称性的程度,这会给上述企业带来利用市场力量的机会,而来自其他竞争对手的竞争则无法缓解上述负面影响。

11.57 在判断“买方集中度”能否成为评估买方力量的代表性方法时,企业的数量也具有关键作用。如果少数企业占据的采购份额非常高的话,那么这就意味着买方市场是集中型的。可以适用的标准就是50%的门槛,根据一份提供给欧委会的报告可知,可以判断买方力量的方法之一就是买方的购买量占了商品销售量的50%以上。[76] 此外,可以认为,在评估购买差异性产品的企业间并购时,类似于分流比这种比率要比市场份额能更准确地显示并购的影响力。分流比,指的是随着一个产品价格的提高,总销售量的损失比例(针对该部分销售量损失,其转向了可选市场上的其他产品)。类似地,在评价买方力量时,如果买方给出的价格降低,企业因此损失的销量被其他买方所吸收的比例,能更准确地体现两个具备强大买方力量的企业间并购的影响力。

11.58 另外一个评估买方力量的方法就是赫尔芬达—赫尔斯曼指数(HHI)。HHI指数,测算的是购买一个产品的各企业市场份额的平方和。如果我们使用与美国《横向并购指南》[77]中评估一个可能会带来潜在的严重竞争关切的横向并购相类似的分析方法,就可以推出:如果HHI大于1000,而且市场上的买方数量很少的话,那么买方市场就是集中型的。[78] 我们可以进一步推断出,如果HHI值变高,即便是企业数量同时增多,买方市场的集中度还是很高。针对这一点,需要强调的是,买方市场上的集中程度,是形成共谋可能的一个重要体现。

11.59 供给弹性[79],也是评估买方力量的方法之一。供给弹性越小,买方的市场

---

〔76〕 Dobson Consulting (n 2) at 25.

〔77〕 US Department of Justice and Federal Trade Commission Horizontal Merger Guidelines (1992), http://www.ftc.gov/bc/docs/horizmer.htm, 2013年9月17日访问。

〔78〕 1992年的《横向并购指南》通过HHI将各种集中程度的市场大致分为以下三类:分散型(HHI低于1000),适度集中型(HHI处于1000和1800之间)以及高度集中型(HHI大于1800)。

〔79〕 供应价格弹性的经济概念,指的是随着产品价格的变化,一个产品供应量的变化程度。如需有关供应弹性的详细界定,可进一步参见 D. Begg, S. Fischer, and R. Dornbusch, *Economics* (5th edn., London: McGraw-Hill, 1997), 135。

力量就越强,由于买方力量而导致的利润损失就越大。正如上文所提到的那样,供给量对于买方需求所作出的反应越小(或弹性越小),垄断企业对价格产生负面影响的能力就越大。[80] 垄断企业的谈判实力得到强化,使得该企业能够获取更低的价格,进而给福利带来更大影响。然而正如雅各布森(Jacobson)和多曼(Dorman)(1992)所述,这类方法的一个限制在于,实践中供给弹性很难测算。[81]

11.60 至于绩效指标,例如可营利性和谈判实力,这些因素在作为衡量买方力量的因素本身存在一定限制。前者是买方力量的一个任意指标,因为其会包含一些其他因素,不管是内部的还是外部的,都会影响一个企业的可营利性。内部因素,尤其包括技术效率、生产和分销效率,以及成本最低化。外部因素,尤其包括市场需求、供给条件、经济衰退以及汇率变化。

11.61 至于谈判实力,则是一种很难准确预测的衡量方法。对于谈判实力的评估方法之一,可能就是买方实际支付的价格和在不具备谈判力情况下可能会支付的最高价格之间的差价。另外,强大的买方所支付的价格,与具备有限买方力量的企业对相同产品所支付的价格之间的差价,也可能为评估具备强大买方力量企业的谈判实力提供指示。以上两组价格之间的差价越大,买方相对于卖方的谈判实力就越强。由于存在一定的局限性,因此在适用这两种方法评估买方力量时应当谨慎,并确保将其他因素页考虑在内,尤其是买方集中度和供给弹性。

11.62 在运用以上各方法评估买方力量的时候应当谨慎,因为其最终结果取决于其他一些因素,而其他因素又很难评估,因此可能无法准确衡量市场上买方力量的大小。这些方法只是评估买方力量过程中的一些指标,而且在适用的时候应当联系市场的整体环境。本章节以下部分将要论述的问题包括买方力量可能带来的后果,并将展示竞争当局在评估涉及买方力量的案件过程当中可能会使用的分析方法。

---

〔80〕 Dobson Consulting(n 2)给欧委会准备的报告还提到,也可以以供应弹性为基础,转而通过买方力量指数(Buying Power Index,BPI)来衡量买方力量。其论述如下所示:我们以购买某商品的一个垄断买方为例,那么相类似的,买方力量的大小(以垄断买方愿意支付给一个商品的边际价格和其实际上支付的价格之差来衡量),就等同于供应弹性的互惠作用。因此,我们可以通过观察(互惠)供应弹性,来衡量买方力量的大小。详见 Dobson Consulting (n 2) at 26。

〔81〕 J. M. Jacobson and G. J. Dorman, "Joint Purchasing, Monopsony and Antitrust", [1991] 36 Antitrust Bulletin, 1 – 79.

七、买方力量的后果

11.63 本章节已明确了买方力量可能会带来的一些后果。该部分将会更深入地分析买方力量对市场福利以及市场上的竞争过程带来的影响。

11.64 如果市场上存在一个(不受限制的)垄断买方的话,那么就会给社会福利带来损害,其所借助的方式就是降低生产设备的有效利用,这反过来会影响卖方的竞争活力,并阻止新的企业进入市场。然而,正如诺尔(2005)所认为的那样,垄断也可能来源于生产效率的提升和技术的进步。导致下游市场上形成垄断的规模经济和创新,以及因此导致的上游市场上的垄断买方所拥有的、除了生产垄断产品外别无他用的投入,有可能形成垄断买方力量。[82]

11.65 长期来看,生产商可能不愿投资,因为强大的买方可能会利用供应商投资承诺来从事可预期的投机性行为。因此,买方力量可能会降低供应商进行创新的动机。然而恩德斯特和魏(Wey)(2004)却认为,首先,在面临形成更强大的买方的时候,一个供应商最理想的回应就是提供更多的产品创新。[83] 至于技术的选择,正如恩德斯特和魏(2005)所认为的那样,在与大型买方进行双边谈判的过程中,一个供应商可以通过供应更多的商品来"延缓"相对较少的增量成本,也可以通过供应更少的商品来承担更多的增量成本。[84] 其次,如果是面临具备强大买方力量的企业的话,供应商必须具备对产品需求大幅下降作出回应的能力。最后,如果存在更强大的买方的话,供应商更可能有动机以更低的增量成本提供更多数量产品的生产技术,因此一个相对于现有技术而言更具创新性的生产技术,能够降低买方力量给供应商盈利能力带来的影响。采取这样一种创新型技术,可能会增加产量并提高福利。

---

〔82〕 Noll (n 1), 589 - 624 at 614. 垄断买方等同于关键设施原理,指的是一个垄断买方可能需要承担一些义务:平等对待各个卖方。另外,不允许垄断买方利用杠杆作用,通过其买方垄断力量在上游的投入市场形成垄断。

〔83〕 该著作的一个局限性在于,其关注的是将买方的大小认定为决定买方力量的唯一因素。源自其他因素(如政府规章或技术进步)的买方力量,会对供应商的动机带来不同影响。

〔84〕 R. Inderst and C. Wey, "Buyer Power and Supplier Incentives" (Markets and Political Economy, June 2003) (Working Paper No SP II 2003 - 05), 3, http://skylla. wz - berlin. de/pdf/2003/ii03 - 05. pdf, 2013 年 9 月 17 日访问。

11.66 我们还应当提及垄断买方力量可能给供应商长期生命力带来的负面福利影响。如果供应商的经济存续性依赖于一个强大的买方,而且其生产独家用于满足该特定买方需求,那么垄断买方力量就会导致供应商对买方的经济依赖性。因此,至少在短期之内,可以排除这一供应商给其他买方提供产品的可能。

11.67 至于抵消性买方力量,买方力量的影响有可能取决于买方是否被局限于将通过实施买方力量而产生的利益,以低价和/或高质的商品和服务的形式转移给消费者。如果答案是否定的,而且后续买方力量的产生最终会导致价格提升,且并未带来生产效率提升的效益,社会福利就有可能受到不利影响。

11.68 然而,也存在一些抵消性买方力量的影响可能会被减弱的例子。如果由于对交易条款的预期不同而导致协议无法达成,那么抵消性买方力量所带来的利益可能就无法实现。由于预期不同而无法达成互利协议,可能导致交易成本提高以及配置和生产方面的低效。另外,如果(单独或共同)买方不仅在其他投入市场上创设出垄断,而且还在产出市场上具备后续实力的话,那么投入市场上的垄断买方就有可能会导致产出市场上形成垄断买方。在这种情况下,来自买方抵消性力量的影响就有可能被减弱。

11.69 为了公共政策原因而发布的政府规章(如自然垄断),或技术进步的有效应用,可能会导致在产出市场中创设出垄断的情形。据此,通过抵消这一垄断力量,社会福利不仅可能会受到政府规章所带来的低效影响,还会受到创新动机下降的消极影响。[85]

11.70 特别是在零售市场上,权衡低价带来的短期利益和生产商之间相互竞争带来的长期损害之间的另一个关键问题,来自品牌普遍存在的风险、更强大的自有品牌渗透度、转换成本,以及会给供应商带来财务损失的有利于大型买方的零售竞争扭曲。在零售市场中,对于供应商而言,大型零售商通常代表了一个必不可少的分销渠道,这是绝对无法被取代的。如果产品无法出售给其他买方的话,那么大型零售商退出市场就会给这一卖方带来严重的(财务)问题。转换成本会产生"被俘获的供应商",因为该供应商并不具备卖方力量。在这种情况下,供应商可能被迫出售其全部或部分产量而且无利可图,最终导致供应商退出市场。反垄断当局很担心这种发展趋势,而欧委

〔85〕 根据 Inderst and Wey(n 84)可知,动机降低可能并不会发生。

会也已经采取了评估措施[86]，以找出供应商对一个零售商销售产品获取利益的关键比例，即 *Carrefour/Promodes* 案[87]中所提到的“威胁点”。调查发现，如果一个零售商占供应商总收入的比例高达22%的话，那么失去该零售商的业务就必然导致大额的经济损失，或意味着其业务量将缩水。如果低于22%这一门槛的话，针对一个零售商的业务损失则取决于供应商的整体盈利。

11.71 除了财务损失，还可能会发生品牌侵蚀。如果一个消费者没有办法在货架上找到“想要的”品牌，那么基本上也不会在附近继续寻找以购得“想要的”品牌。在零售市场上，具备买方力量的买方极其希望削弱其他强大的品牌，以树立其自身品牌。它们的自有品牌直接与其他品牌的商品进行竞争。通过给其他品牌带来重大损失，零售商可以趁机促进其自有品牌商品的销售。因此，在这类市场上的买方会逐步成为它们的供应商的竞争对手，而非仅仅是产品分销商的竞争对手。这就意味着在其他品牌生产商采取促销活动以提供低价产品的时候，零售商会通过购买并存储此类产品，以侵蚀该品牌，并最终降低生产商的利润。从经济学上来讲，如果一个买方在上游的竞争市场上具备卖方实力，那么由于双重边际效应，生产商盈余会出现净损失，消费者盈余会降低。这种情形下的一个极端例子，就是在上下游市场上都形成了垄断。在这种案例中，反垄断机构应当采取措施同时降低零售买方和卖方的力量，以避免经济福利的减损。如果自有品牌存在被零售商侵蚀的风险，那么一个生产商有权保护其品牌。

11.72 品牌侵蚀的另一个影响在于，基本上只有品牌产品的生产商会进行产品创新。通常具备积极经济效应的投资动机，会因品牌产品生产商和零售商之间力量平衡转移的而受到大幅度削弱。产品创新度降低可能导致供应量降低，也可能从长期来看降低品牌质量，从而给消费者福利带来损害。

11.73 尽管这些效果具有相关性，但竞争当局已经提出，它们对经济福利的影响并不明确。经济合作与发展组织指出，如果买方力量以消费者利益为代价来保护低效的分销商的话，那么就认为强化零售市场上的买方力量会带来负面影响。如果供应商和零售商的市场力量都很弱，或根本不具备市场力量的话，就会发生这种情形。零售商通过实施买方力量，降低购买量，但出售给消费者的产品总量并不会降低（也就是说，未受到影响的供应商会提高其

---

[86] Dobson Consulting（n 2）为欧委会准备的报告。

[87] *Carefour/Promodes*（Case COMP/M. 1684）[2000] OJ C 164/05.

产量）。因此，由于生产资源未被高效地利用，经济福利会有所降低。如果零售商本身并未处于一个竞争性市场，从而可以自行定价的话，那么就会获得超竞争性利润，导致消费者福利损失。

11.74 如果我们更进一步分析这样一种情形：仅有一个买方具备完全的买方力量，那么这一经济损失的场景就代表了一个垄断买方的买方力量。这就是一个垄断者所具备的卖方力量的镜像。正如上文所提到的那样，一个垄断买方会给经济福利带来损害，因为其通过降低供应价格来限制供应量。再看经济理论，我们会明白为什么一个垄断买方市场上的买方力量会导致福利损失，而非使消费者享受到更低的价格。一个竞争性市场中的企业是价格接受者，而垄断买方则是价格制定者。

八、竞争当局对于买方力量的评估

11.75 现在来看竞争当局对于涉及买方力量案件的评估，整个评估流程尤其包括相关市场的界定、对于买方力量的评估（正如上文所述，运用买方集中度或HHI指数），以及诸如营利性和谈判实力之类的绩效考核方法。利润率可以帮助深入研究企业的可营利性。[88] 至于买方相对于一个卖方所具备的谈判实力，正如上文所述，可通过谈判而实际支付给某一商品的价格与供应商最初对该商品的要价之间的差价，以及一个强大的买方所支付的价格与具备有限买方力量的企业对于相同产品所支付的价格之间的差价来评估。

11.76 欧委会已经公布了一个有关买方力量的报告，[89]并在其中列举了与评估涉及买方力量的案件相关的证据和行为类型。[90] 对于认定是否存在买方力量而言，可以评估买方所购买的商品整体比例。同时，还会考虑到这一企业购买条款的安排（例如，在生产/分销产品的一个或多个阶段分销产品所支付的费用，如货位费）。为了评估买方力量是否与不具备市场力量的卖方相对抗，可以考虑以下因素：是否存在供应商主导销售条款的证据，以及上游市场的卖方集中度是否较低。为了认定买方是否具备后续力量，竞争当局

〔88〕 为欧委会准备的一个报告[Dobson Consulting (n 2) at 33]，简要分析了一些利润分析方法，以帮助评估买方力量的影响。

〔89〕 Dobson Consulting (n 2).

〔90〕 参见 Dobson Consulting (n 2) at 21 – 3，可获取有关这些证据类型的详细分析，另外还可参见 Dobson, Waterson, and Chu (n15) at 31。

可以适用评估卖方在下游市场上市场力量的任何方法，其中尤其包括不同行为者之间的相互关系以及集中度。

11.77 为了检验买方力量是否会提高生产效率，竞争当局可以评估由于平均交易成本的下降而由买方力量带来的规模经济。最后，在考虑买方是否试图与供应商之间确立依赖性关系[91]时，[92]竞争当局可以运用有关独家供应要求和定制合同或安排的证据。当局也可以检验与特定产品的成本结构无关的收费结构。

11.78 正如施瓦兹(Schwartz)(2004)所认为的那样，从经济学上来讲，哪一方是买方，哪一方是卖方并非总是清晰可见的。反垄断案件中的经济分析本质，或作出这类决定的各因素，无法确定“买方”或“卖方”的标签。[93] 正如上文已经提到的那样，事先并没办法弄清买方力量的净经济福利是什么，因此对于买方力量的评估将会因案而异。

11.79 正如本章已经明确的那样，买方力量会给竞争带来积极或消极影响。一个由买方组成的强大团体能够针对卖方力量形成抵消性力量，欧委会在评估卖方市场上的企业间并购的时候将会考虑到这一事实。然而，如果是具备强大买方力量的企业间进行并购的话，也有可能会给竞争带来负面影响。正如泰勒(2004)[94]所提出的那样，在并购分析中，并不存在令人信服的理由将买方力量与垄断力量区别对待。

(一)作为抵消性力量的买方力量

11.80 如果一个市场上的抵消性买方力量能够减弱并购后企业给竞争带来的负面

[91] 如果一个供应商的经济存续性依赖于一个强大的买方，而且其生产独家用于满足这一买方需求的话，就认为这一垄断性买方力量会引发供应商对该买方的经济依赖性。据此，供应商就失去了至少在短期内给其他买方供应商品的可能。

[92] 买方所采取的这类行为构成有效的纵向限制。这类行为会提高市场进入障碍，并限制供应商的行为。

[93] M. Schwartz, “Should Antitrust Assess Buyer Market Power Differently than Seller Market Power?” (presented at DOJ/FTC Workshop on Merger Enforcement, Washington, DC, 2004), 5, https://www.ftc.gov/bc/mergerenforce/presentations/040217schwartz.pdf, 2013 年 9 月 17 日访问。

[94] C. R. Taylor, “The Many Faces of Power in the Food System” (Presented at DOJ/FTC Workshop on Merger Enforcement Washington DC) at 2, http://www.usdoj.gov/atr/public/workshops/docs/202608.pdf#search=%E2%80%98The%20Many%20Faces%20of%20Power%20in%20the%20Food%20System, 2013 年 9 月 17 日访问。

影响,那么发生在供应商之间的、可能给有效竞争带来严重损害的并购[95]就有可能会被审核通过。这类抵消性买方力量可以表现为多种形式,包括买方所具备的资助新的供应商进入市场的能力,以及潜在的买方自我供应的能力。[96] 位于下游市场的买方为了吸引新的企业进入,可能会为新的潜在供应商提供一些激励,例如高额或长期合同,以及有利的财务安排。

11.81 另外,强大的买方力量的出现,可能会给默示共谋的可持续性带来积极影响。[97] 一个集中型的买方结构,可以通过开出低于默示共谋价格的条件,从而提供脱离共同策略的激励,来提升对抗卖方力量的效率。[98] 另外,如果买方市场很分散的话,那么从事欺诈行为的可能性就会降低,因为该种行为会更容易被发觉,而且任何脱离行为都会被更多的市场参与者所感知。影响买方力量的重要因素之一是转换至其他供应商的成本。如果面临商品价格的提高,买方转移至其他供应商处的成本很低的话,那么这就会损害占据支配地位的供应商的市场力量。当占据支配地位的经并购产生的企业提高商品价格时,买方通过实施买方力量来转移至其他供应商处以作出回应,欧委会通常都会考虑到这一因素,但迄今为止在判例法中却并未对其给予足够的重视。[99]

11.82 在评估抵消性买方力量的重要性时,竞争当局应当考虑到这样一个事实:这一影响对于小规模的买方而言可能是不利的,因此它们可能需要承受供应商并购可能给竞争带来的负面影响。在这种情况下,并购发生之后的市场上的供应商将进行更激烈的竞争,以迎合强大买方的需求,而非那些实力较

---

[95] The Council Regulation (EC) No. 139/2004 of 20 January 2004 on the control of concentrations between undertakings (the EC Merger Regulation) [2004] OJ L 24/1 中规定的法律实体性测试是:"严重损害有效竞争测试"。第 2 条第(3)款规定:"一个可能会严重损害共同市场或其大范围内有效竞争的并购,尤其如果是创设出或加强支配地位的结果的话,应当被认为是与共同市场不相符的。"

[96] 如果所有买方均可以自我供应的话,那么下游市场就会消失。

[97] 在 *Coca - Cola/Carlsberg* 案中[*The Coca - Cola Company/Carlsberg A/S* (Case No. IV/M. 833) Commission Decision (98/327/EC) (1998) OJ L 145/41],欧委会认为,评价支配地位的问题在于,是否存在抵消性买方力量以中和所涉各方的市场力量。

[98] Europe Economics, "Study on Assessment Criteria for Distinguishing between Competitive and Dominant Oligopolies on Merger Control" (Report commissioned by Enterprise DG, 2001) at 84, http://europa. eu. int/comm/enterprise/library/lib - competition/libr - competition. html, 2013 年 9 月 17 日访问。

[99] 详见 I. Kokkoris, "The reform of European Control Merger Regulation in the aftermath of the Airtours case. The Eagerly Expected Debate: SLC v. Dominance test", [2005] 26(1) ECLR, 37 - 47 at 40。

弱的小型买方的需求。据此，尽管买方力量在抵消提升的供应商力量时至关重要，但相对于其他买方而言，一些买方可能会获取不匹配的利益。正如欧委会在 *P&G/Wella* 案[100]中所陈述的那样：

> 57. ……尽管大型零售商可能具备买方力量，但绝大多数的中小型零售商却不具备这种力量。另外，市场调查显示，对于自有品牌头发护理产品的生产商而言，零售商可能具备买方力量；但对于著名品牌的产品而言，买方力量是受到限制的。

11.83 这种不对称性，可能会导致在上游市场上形成一种分割，其中一些企业可能会获取据此带来的利益，而另外一些企业可能会面临实力得到提升的卖方力量的影响，这都将会影响买方的盈利性和存续性。[101] 买方数量的降低，也可能更容易导致在少数买方间形成共谋。因此，得以提升的买方力量所带来的积极抵消性影响，将会被这种非对称性减弱。然而，如果抵消性力量源自专业技术，而非买方实力大小的话，那么不管是大型还是小型买方都可能具备抵消性买方力量，最终所有买方都能够获益于提升的买方力量所带来的积极影响。

11.84 在评估并购案件过程中，抵消性买方力量的重要性和影响力已经在判例法中得以强调。欧委会已经确认，在以下三种广义的情况下可能会存在抵消性买方力量：(1)工业产品市场；(2)消费者产品市场；以及(3)包含公共设施的市场。在工业产品市场中，最有名的涉及抵消性买方力量的案子就是 *Enso/Stora* 案。[102] 该案中并购意味着经并购产生的企业在液体包装纸板市场中的份额高达50%～70%。很明显的高市场进入壁垒、非常平稳的需求增长，再加上缺乏有效的潜在竞争，这些都强化了并购之后的高市场份额会带来的竞争关切。欧委会开展了一个深入的调查，以确立并购将在多大程度上提升欧洲经济区之内液体产品包装纸板供应市场上的集中度。调查

---

[100] 欧委会附条件通过了该并购案。欧委会认为有下列各项组成的救济措施包括：Herbal Essences 品牌授权使用，以及交易方所提供的其他特定资产，足以排除会给爱尔兰、挪威和瑞典境内的头发护理市场带来的严正质疑。详见 *Procter &Gamble/Wella* (Case COMP/M. 3149) [2003] OJ C 195/04，第66段。

[101] 另外，如果买方力量在各个买方之间的分配并不均衡的话，那么相对于其他实力较弱的买方而言，那些具备更强谈判实力的买方将会获取更大幅度的折扣。这反过来可能会扭曲下游（零售）市场上的竞争，其中关键性买方所面临的更低成本，可以被解释为：当这些买方扮演卖方角色的时候，相对于其他企业而言，享有竞争优势。详见 Dobson, Waterson, and Chu (n 15) at 28。

[102] *Enso/Stora* (Case No. /M. 1225) Commission Decision (1999/641/EC) [1999] OJ L 254/9.

显示，由于以下原因，这些市场具备反竞争的寡头垄断型市场的很多特征：进口程度相对较低，存在关税、运输成本、环境立法方面的非关税壁垒，以及在北美洲、东欧和欧洲经济区域之内供应结构的不同。欧委会得出结论，集中程度不足以使得并购在这些市场中产生或强化共同支配地位。

11.85 欧委会通过了 *Knorr - Bremse* 案，[103]尽管在该案中市场份额高达80%，原因在于存在抵消性买方力量，尤其是需求一方的集中度很高。抵消性买方力量能够吸引新的企业进入市场，[104]阻碍合并，并鼓励脱离默示共谋。如果买方并非终端消费者，而且它们将被提升的成本传递给其自身的买方的话，这一影响就可能被减弱，正如 *Gencor/Lonrho* 案[105]或 *Nestlé* 案[106]所示，在该类案件中，市场上存在品牌忠诚度，这影响了买方的选择。

11.86 在另外一个里程碑式案例中，欧委会认为，由于 Tetra Pak 在市场中占据支配地位，所以被认为可以在液体包装纸盒市场上行使强大的买方力量。[107]至于市场上另外两个主要的买方，欧委会提到，并购发生之后这两个企业的份额远低于 Tetra Pak，相对于 Tetra Pak 而言，在面临经并购产生的企业时实力会显得更弱一些。紧接着欧委会发现，来自客户的抵消性买方力量足以抵消并购后企业在液体包装纸板市场上行使市场力量。因此，欧委会决定不反对该项交易，并宣布其与共同市场相符。欧委会在这一决定中强调，买方力量与买方所在市场上的高集中度并无关联。

11.87 在 *Magna/New Venture Gear* 案[108]中，并购企业占据欧洲经济区内全轮驱动系统总销量的45% ~55%，但就变速箱销售而言，其占据欧洲经济区内总销量的90% ~100%。欧委会强调了该市场的招投标特征，以及市场上所存在的强大抵消性买方力量。这会在招投标市场上创设出企业间的高度竞争关系。

---

[103] *Knorr - Bremse/Allied Signal* (Case No. IV/M. 337) [1993] OJ C 298/05.

[104] 因此，在决定潜在竞争对手重新进入市场的程度的时候，进入障碍是关键性因素，这要求进入必须发生在合适的时间维度。

[105] *Gencor/Lonrho* (Case No. IV/M. 619) Commission Decision (97/26/EC) [1997] OJ L 11/30, [1999] 4 CMLR 1076 at § 150.

[106] *Nestlé/Perrier* (Case No. IV/M. 190) Commission Decision (92/553/EEC) [1992] OJ L 356/1, [1993] 4 CMLR M17 at § 84.

[107] *Tetra Pak/Alfa - Laval* (Case No. IV/M. 068) Commission Decision (91/535/EEC) [1991] OJ L 290/35.

[108] *Magna/New Venture Gear* (Case COMP/M. 3486) [2005] OJ C 9/05.

11.88 另外一个里程碑式的案件是 *GE/Honeywell* 案,〔109〕欧委会强调,GE 在大型商用飞机引擎市场上并未受到买方行使其市场力量的限制。经过对案件进行总结,欧委会认为:在为航空公司和飞机制造商提供资金和财务支持方面,GE 在所有引擎供应商中占据了独特地位,这些顾客在面临 GE 的时候,可能不大情愿施展自身的谈判实力,因为它们害怕失去一个重要的潜在资金来源。

11.89 在消费品市场,*Coca - Cola Company/Carlsberg A/S* 案〔110〕体现了买方力量的影响。欧委会指出:"在评估支配地位这一问题的时候,问题在于是否存在充分的抵消性买方力量来中和交易方的市场力量。在本案中并不存在这种情形。首先,供应商的集中度要远高于买方。其次,零售商也无法满足来自其他供应商的对于占据支配地位的'必备'可口可乐品牌的需求。最后,零售商无法找到其他供应商来满足其自身对于 CSD 的需求,以至于无法移除交易方的支配地位所带来的负面影响。在不存在其他特定理由来证明存在抵消性买方力量时,结果就只好推断基本不存在抵消性买方力量。"在其他一些消费品案件中,欧委会接受了以下观点:主要零售商可能会对供应商施加重要的抵消性买方力量。就像 *Philip Morris/Nabisco* 案〔111〕所展示的那样,欧委会得出结论:供应商的品牌产品与零售商的自有品牌产品之间是竞争关系,而且一个供应商的产品销售是否成功取决于其占据产品货架的可能性,(结果就是)零售商具备强大的买方力量。

11.90 在欧委会的分析中,并购参与方的单一消费者已经成为一个决定性因素。在 *Alcatel/Telettra* 案〔112〕中,买方力量被作为拒绝承认供应商占据市场支配地位的唯一原因。欧委会在其决定中强调,并购参与方受到单一买方,即 Telefonica 的限制这一因素非常重要。欧委会通过了一个合并企业市场份额之和高达 81% 的经营者集中案件,主要由于来自 Telefonica 的买方力量。在 *Pirelli/BICC* 案〔113〕中,欧委会发现在高压电力电缆(主要出售给公用事业公司)市场中,具备稳定的相对较高市场份额的竞争对手数量有限,但由

---

〔109〕 *General Electric/Honeywell* (Case COMP/M. 2220) Commission Decision (2004/134/EC) [2004] OJ L 48/1.

〔110〕 *The Coca - Cola Company/Carlsberg A/S* (Case No. IV/M. 833) Commission Decision (98/327/EC) [1998] OJ L 145/41.

〔111〕 *Philip Morris/Nabisco* (Case COMP/M. 2072) [2000] OJ C 351/03.

〔112〕 *Alcatel/Telettra* (Case No. IV/M. 042) Commission Decision (91/251/EEC) [1991] OJ L 122/48.

〔113〕 *Pirelli/BICC* (Case COMP/M. 1882) Commission Decision (2003/176/EC) [2003] OJ L 70/35.

于存在招投标和强大的客户,市场环境仍然是竞争型的。

11.91 普通法院在 *Airtours* 案[114]中发现,欧委会在证明并购会导致产生共同支配地位时,并未达到必要的法律标准。普通法院概括了达成并维持共同支配地位或默示共谋的三个必要条件。这三个条件分别是:透明度,存在报复机制以及来自竞争对手和买方的抵消性力量。欧委会在以下各段中阐明了抵消性买方力量的重要性:

270. 在寻求证明经并购产生的垄断寡头能够独立于消费者行为的时候,有必要认定英国境内消费者的反应将会是什么;并确定,如果短途度假套餐的价格大幅提升,或如果不再供应这种套餐的话,这些消费者是否还有其他选择。

277. 根据以上观察可知,法院认为欧委会有关来自小型旅社、潜在竞争对手、消费者和酒店老板的可预期反应的评估是不正确的,而且其低估了这些其他各方通过扮演抵消性力量来抵消经并购产生的联合支配地位会作出的反应。

(二)买方力量的负面影响

11.92 在分析买方力量在供应商并购案件中,是如何作为一项福利来抵消实力提升的经并购产生的企业力量之后,接下来就来观察这种力量是如何在买方间的并购案件中扮演"威胁"这一角色的。买方间发生并购之后,原料价格降低,不一定是效率提升带来的结果,也可能是由于并购后企业的买方力量得到加强,从而导致其在面临供应商时拥有更强的谈判实力。

11.93 买方间的并购会降低供应商的可选项,削弱供应商的谈判实力,而且甚至还有可能会威胁其长期利润和存续性,尤其是如果供应商不得不承担高额沉没成本和转换成本的话。这种高额成本有可能会锁定供应商,因此,买方就可能在价格和合同条款方面歧视对待各个卖方。这种歧视对待有可能使一些供应商更易受到买方威胁,并影响其存续性。如果受到歧视待遇负面影响的一些供应商退出市场的话,那么就不能排除在下游市场上产生或强化垄断地位的可能。

11.94 此外,如果供应总量在现有供应商之间已经分配的话,那么除了在厂房和分销系统方面的必要投资以外,供应市场上新的潜在进入者还不得不面临其

[114] Case T-342/99 *Airtours plc v. Commission* [2002] ECR II-02585, [2002] 5 CMLR 317.

他的壁垒。如果在一个市场中，本地企业受到制度保护和强大的现有市场参与者优势，包括店面位置，获取供应的更有利的条件以及声誉的保护的话，那么市场进入壁垒就会非常高。

11.95 另外，正如卡斯滕森(2004)所认为的那样，相对于卖方所在的市场而言，在买方市场中，竞争对手的潜在威慑的存在可能性更小。[115] 买方所在市场上的所有竞争者都有动机保持低原料价格，尤其是如果下游市场是寡头垄断型的，而且其中已经以较低价格提供投入的供应商还受到限制。[116] 因此，相对于卖方间的并购而言，买方之间的并购更有可能导致形成默示共谋。

11.96 正如我们的分析所表明的，强大的买方可以通过将购买条件设定为“供应商不会为其他买方提供相同的产品”，并提高潜在供应商进入市场的壁垒，从而给竞争带来负面影响。然而，如果并购发生之后，下游市场的竞争得以维持，而且上游市场的竞争未被扭曲的话，那么消费者就有可能会获益于买方力量。

11.97 在 *Carrefour/Promodes* 案[117] 中，欧委会大部分关注点主要与经并购产生的企业的绝对规模有关。有关买方力量的观点被用于证明，尽管并购发生之后企业的市场份额仅有30%，但这仍然会引发严重的支配地位关切。[118] 欧委会指明了两种通过并购而得以强化的买方力量会给竞争带来负面影响的机制。“螺旋效应”指的是通过提高购买量而获取的折扣。[119] 这类折扣将会强化经并购产生的企业的买方力量，甚至据此会带来更大购买量，以进一步强化买方力量。然而，相对于卖方的总产量而言，买方的购买量与买方的谈判实力正相关的这一观点并非总是正确的，尤其是在诸如水泥这样的行业中，根据谢勒和罗斯(1990)的观点，小型买方可能会通过小规模的隐秘地购买交易来隐瞒其他买方间的卡特尔，而这一行为是不会被卡特尔发觉的。[120]

---

[115] Carstensen (n 19) at 4.

[116] Carstensen (n 19) at 5.

[117] *Carrefour/Promodes* (Case COMP/M. 1684) [2000] OJ C 164/05.

[118] 尽管该并购并不会引发有关单一企业支配地位的问题。联合支配地位的可能也被排除。

[119] 有关为什么并购之前并未发生“螺旋效应”的原因，欧委会并未给出令人信服的解释。如果果真如此的话，那么在并购发生之前，最大的企业就可能已经快速扩张，并给其他较小的市场参与者带来损害了。详见 CRA Competition Memo, “Buyer Power” (2001), 2, http://www.crai.com/ecp/assets/Buyer_Power.pdf, 2013 年 9 月 17 日访问。

[120] 据此，卡特尔就没办法采取报复行为，而小规模的买方就会从这些小额订单中获益。详见 Scherer and Ross (n 6) at 532.

11.98 另外,如果供应商的经济存续性依赖于一个强大的买方的话,那么这就会引发该供应商对于买方的经济依赖性。据此,欧委会将"威胁点"界定为:供应商即使失去之后仍能维持自身运营的销售量。[121]

11.99 在 *Kesko/Tuco* 案[122]中,芬兰的两大领先超市连锁店进行兼并。相关产品市场的范围被界定得非常狭窄,"在超市中出售的新鲜和风干食品篮的提供和非食用家庭消费品。"[123]相关地域市场[124]被界定为:以超市为原点,20分钟车程为半径的圆形区域。并购发生之前,市场集中度已经很高。Kesko被认为具备强大的买方力量,因为如果Kesko不存在的话,那么其他大型供应商就没办法存续,正如在以下这段中所阐述的那样。[125]

> 150. 作为Kesko和Tuko所具备的买方实力大小的一个指标,大多数供应商(包括一些大型跨国企业)对于欧委会的调查回应道,它们在芬兰境内50%~75%的总销售量都依赖于Kesko和Tuko。至于不同供应商的不同依赖程度,取决于其各自业务的属性和规模大小不同,以及顾客对其产品的看法。据此,尽管一些高度知名品牌产品的非常大的生产商可能在面对Kesko的时候可以行使一定程度的买方力量,但就目前水平来看,对于大多数中小型生产商来说,将产品出售给Kesko仍然至关重要。

11.100 另外,外国企业不可能进入芬兰的食品零售市场。[126] 至于并购发生之后芬兰日用品零售市场上得到提升的买方力量,欧委会认为:

> 134. 并购发生之后,Kesko将有能力从生产商处获取更低的价格,以致其竞争对手根本无法获取这种折扣。这会进一步降低Kesko的竞争对手积极参与到竞争中的动机,尤其是在涉及Kesko所获取的价格方面。这也将会使得市场进入壁垒提升,新的企业进入市场更加困难。

---

[121] Lexecon认为,即便是在同一个产品类型范围之内,"威胁点"可能会大有不同,而且这一因素仅仅是相对谈判实力的一个非常宽泛的替代物。详见CRA Competition Memo, "Buyer Power" (2001), 2, http://www.crai.com/ecp/assets/Buyer_Power.pdf, 2013年9月13日访问。

[122] *Kesko/Tuko* (Case No. IV/M.784) Commission Decision (97/409/EC) [1997] OJ L 174/47.

[123] *Kesko/Tuko* (Case No. IV/M.784) Commission Decision (97/409/EC) [1997] OJ L 174/47, para 20.

[124] *Kesko/Tuko* (Case No. IV/M.784) Commission Decision (97/409/EC) [1997] OJ L 174/47, para 21.

[125] *Kesko/Tuko* (Case No. IV/M.784) Commission Decision (97/409/EC) [1997] OJ L 174/47, para 150-1.

[126] *Kesko/Tuko* (Case No. IV/M.784) Commission Decision (97/409/EC) [1997] OJ L 174/47, 第154-61段。

135. 因此,Kesko 所具备的买方力量,将在很大程度上赋予其独立于零售市场上其他竞争对手行为的能力。

11.101 该并购最终被否决,因为其被认为会产生支配地位,而这将会严重损害有效竞争。

11.102 正如我们的分析所阐述的那样,如果参与并购的买方能够获益于该交易,但社会总福利有所下降的话,那么为了使得并购是有价值的,需要更加注重分析经并购产生的企业的盈利性,而非其消费者和供应商的利益。尽管竞争当局不应当遵循这种权重的划分。

11.103 然而,通过整合每一个买方的采购方法,以及会带来规模经济的成本节约,并购也可能会提升效率。正如协同采购那样,一个买方间的并购可能会为经并购产生的企业带来效率的提升,并通过更大规模的订单来降低供应商的交易成本和运输成本。因此,只要这些效率提升所带来的影响被转移给下游市场的话,产出价格就有可能会降低。这类真正的成本节约与提供投入相关的技术创新相类似。这类成本节约也可能会增加企业所使用的原料数量,而且还会提升整体福利,因为更低的原料价格反映了供应链上真正的成本节约。[127]

九、结　语

11.104 竞争当局通常会审查涉及卖方力量的会带来反竞争效果的案件。尽管相对于买方而言,竞争法更关注的是卖方的市场力量,但近几十年来,在先前市场结构很分散的一些行业,如零售、农业、牧场经营、自然资源开采以及卫生保健行业中,买方力量已经成为最近竞争法判例中的一个问题。针对卖方或买方力量的经济分析方法非常类似。在以上两种情况下,主要调查问题围绕着并购一方可选的其他经济交易对手,还包含对所提供产品的相似性、运输成本和产能限制这些因素的分析。

11.105 买方力量对于市场上的竞争而言,可能是福利也可能是威胁。买方力量可能会针对得到强化的卖方力量形成一种抵消性力量,而且除非这会形成后续性力量,否则就有可能导致下游市场上产品价格的降低。然而,如果并

[127] Schwartz (n 93) at 3.

不存在一个强大的卖方的话,买方力量就可能给社会福利带来损失。在这种情况下,供应商的长期营利性和存续性及其致力于投资创新的意愿就会受到损害。买方力量会给竞争带来的有利和有害影响,都已经在新版《欧盟并购条例》项下的判例法中得以解决。但无法事先判断买方力量对于市场而言是福利还是威胁。至于买方力量的影响,则因市场不同而有所差异。

第十二章　效率评估

一、效率种类
二、欧盟委员会分析效率的方法
三、欧盟决策制定的实践
（一）横向并购中的效率
（二）非横向并购中的效率
四、效率评估的例子
（一）需求方效率作为增强竞争效率
（二）需求方效率：产品重新定位
（三）供应方效率
五、经典案例：*Global/GCap* 案
六、经典案例：*European Directories/Gouden Gids* 案
七、结语

一、效率种类

12.01　并购巩固的是营业资产的所有权和控制权，包括有形资产（如厂房）和无形资产（如品牌声誉）。这样可以通过提高营业资产的利用率来提高企业业绩，或更广泛地来说，提高经济绩效。企业进行兼并和收购的更深层次原因

之一是并购会带来效率的提高,[1]并且一些国家倾向于支持“国家冠军”这一概念。[2]

12.02 然而,并购可能会消除并购参与方之间的竞争,而且也可能导致市场上参与竞争的企业数量减少。如果企业数量减少给市场整体竞争带来实质的负面影响的话,就会不利于消费者福利和效率目标的实现,即便是当事方并未违反竞争立法。

12.03 并购能够给市场带来积极或消极影响。不能低估在并购的评估中效率的重要性。无论是从促进消费者福利或总福利的角度,还是为社会带来切实的利益的角度,效率都有助于实现反垄断体系的目标。同时,应当明确地鼓励可以促进市场竞争的效率。[3]

12.04 “效率抗辩”这一术语,正如在 *Superior Propane* 案[4]中所定义的那样,指的是以下这种法定抗辩:如果一项并购所带来的效率收益超过或可以抵消并购对竞争的减损,那么即便会损害竞争,该项并购也会被通过。

12.05 可以以福利标准为基础来解释效率抗辩。[5] 然而,事实上对于福利标准的选择反映的并不是经济学的发现,而是具有政治选择属性,这与采纳总盈余

---

〔1〕 包括规模经济和范围经济。规模经济,指的是随着产出的增加,生产的长期平均成本会降低。详见 D. Begg, S. Fischer, and R. Dornbusch, *Economics* (5th edn., London: McGraw－Hill, 1997), 109。
范围经济,指的是相对于两个不同企业分别生产出一个产品(两个企业的生产性投入分配相等)而言,由一个企业来联合生产所实现的产出会更大。详见 R. S. Pindyck and D. L. Rubinfeld, *Microeconomics* (4th edn., Upper Saddle River, NJ: Prentice Hall International, 1998), 227。
从概念上来讲,范围经济和规模经济类似。规模经济适用于与提高或降低生产规模有关的效率,指的是单一类型产品的产出变化。范围经济指的是与提高或降低市场营销和分销规模有关的效率,指的是不同类型产品的数量变化。另外,规模经济主要指的是供应方的变化(如生产水平),而范围经济指的是需求方的变化(如市场营销和分销)。

〔2〕 “国家冠军”这一概念,指的是并购发生之后,能够成功在国际市场上参与竞争的本国企业。

〔3〕 经典国家判例法包括:CCD/53/04, BDS Ltd./VJ Salamone (Equipment) Ltd., 3 May 2004 (Maltese competition authority). SCA: Dnr 809/97 Optiroc Group AB/Stråbruken AB, 19 September 1999, Stockholm District Court: T 8－1002－97 SCA v. Optiroc Group AB and NCC AB, 19 March 1998. Market Court: Dnr A 4/98, SCA v. Optiroc Group AB and NCC AB, Optiroc Group AB v. SCA, 3 July 1998 (MD 1998: 10) (Swedish competition authority)。

〔4〕 *Canada* (*Commissioner of Competition*) *v. Superior Propane Inc.* (C.A.) 2001 FCA 104, [2001] 3 F.C. 185.

〔5〕 A. Renckens, “Welfare Standard, Substantive Tests, and Efficiency consideration in Merger Policy; Defining the Efficiency Defense”, [2007] 3(2) Journal of Competition Law and Economics, 149－79, http://jcle.oxfordjournals.org/cgi/reprint/3/2/149? ck = nck, 2013 年 9 月 17 日访问。

标准不同。[6] 欧委会已倾向于采用消费者福利标准。

12.06 欧委会早期有关竞争政策的报告强烈建议,欧洲竞争政策应当旨在提高消费者福利。1971 年欧委会的第一份竞争政策报告指出:

竞争政策试图通过可同时适用于私营企业和公共企业的规则来维持或创设出有效的竞争环境。这种政策鼓励最充分地利用生产资源,以实现社会总体经济利益的最大化,尤其是消费者利益。

12.07 法院也已经认可了消费者福利标准。在 *Continental Can* 案中,法院判定:

……如果一个处于支配地位的企业加强该地位,以致达到严重损害市场竞争的程度,就可能因此发生滥用,例如那些市场上仅存的企业需依赖于该具有支配地位的企业……如果一个企业所占据的支配地位非常强大,以至于其可以通过变更供应结构来规避条约的目的,导致消费者在市场上的选择自由受到严重损害,那么这样就构成滥用。如果市场上所有竞争均被消除的话,就必然会发生这种情况。[7]

12.08 经济学论著会通过很多不同方式将产生于并购的效率进行分类。[8] 效率可以生产功能这一概念为基础,通过生产合理化、规模经济和范围经济、技术进步以及增强买方力量来获得。[9] 根据法雷尔和夏皮罗的观点,[10] 可以进一步对"协同效率"[11] 和"非协同效率"进行区分,即合理化和规模经济。[12] 另外,我们也可以区分真正的成本节约和再分配或经济成本节约,也可以根据相关的时间维度来区分固定成本和可变成本。[13] 最后,我们也

---

[6] M. Kocmut, "Efficiency Considerations and Merger Control – Quo Vadis, Commission?", [2006] 27(1) ECLR, 19–27.

[7] Case 6/72 *Europemballage Corporation and Continental Can Co. Inc. v. Commission* (Continental Can), [1973] ECR I-215, para 26.

[8] L. Röller, J. Stennek, and F. Verboven, "Efficiency gains from mergers" in F. Ilzkovitz and R. Meiklejohn, *European Merger Control. Do we need an efficiency defense?* (Cheltenham: Edward Elgar, 2006), Chapter 3.

[9] C. Luescher, "Efficiency Considerations in European Merger Control – Just another Battle Ground for the European Commission, Economists and Competition Lawyers", [2004] 25 ECLR, 72.

[10] J. Farrell and C. Shapiro, "Horizontal Mergers: An Equilibrium Analysis", [1990] 80(1) American Economic Review, 107–26 at 109.

[11] 协同效率,指的是由于密切整合并购参与方所享有的特定的、很难通过交易获取的资产而实现的成本节约或质量改善,如果并购未发生的话,企业间是不会分享或交换这种资产的。

[12] Luescher (n 9).

[13] Luescher (n 9).

可以区分发生在企业层面、行业层面或其他市场层面的效率。

12.09 目前,欧委会尚不存在将提高效率作为单一理由以批准一项并购案件的情况。[14] 尽管自《欧共体并购条例》[15]实施之后,欧委会曾解决了一些效率问题,但从未以效率的提高作为单一因素通过一项并购。欧委会已在以下各案中解决了效率问题:*Inco/Falconbridge* 案,[16] *Korsnäs/Assidomän Cartonboard* 案,[17] *Metso/Aker Kvaerner* 案[18]以及最近的 *Ryanair/Aer Lingus* 案。[19] 我们会简要分析欧盟竞争总司处理这类案件的方法,并试图明确欧盟竞争总司在处理过程中所面临的困难。

12.10 *Global/GCap* 案[20]是公平贸易办公室进行第一阶段审查的英国并购案,也是效率性证据第一次对竞争者间的横向并购带来实质性影响的案例。迄今为止,该案是最明确的适用效率抗辩的例证。

12.11 在介绍欧委会在并购案件中分析效率的方法之前,本章首先简要介绍效率分析的理论基础。本章将分析上文所提到的三个案例,以评估欧委会在审查并购案件时将效率因素纳入考虑的程度。随后,本章将介绍英国竞争当局分析效率因素的方法,以及公平贸易办公室的政策,这一政策在 *Global/GCap* 并购案中得到了发展。

12.12 通常来讲,效率可以分为以下三类:配置效率、生产效率和动态效率。[21] 一些著作中还提及了交易效率。[22] 通过配置资源实现价值的充分利用,以确

---

〔14〕 本章摘自 I. Kokkoris and R. Olivers Caminal, Antitrust Law Amidst Financial Crisis (Cambridge: Cambridge University Press, 2010)。

〔15〕 Council Regulation (EC) No. 139/2004 of 20 January 2004 on the control of concentrations between undertakings (the EC Merger Regulation), ("Recast EUMR") [2004] OJ L 24/1.

〔16〕 *Inco/Falconbridge* (Case COMP/M. 4000) Commission Decision (2007/163/EC) [2007] OJ L 72/18.

〔17〕 *Korsnäs/Assidomän* Cartonboard (Case COMP/M. 4057) [2006] OJ C 209/05.

〔18〕 *Metso/Aker Kvaerner* (Case COMP/M. 4187) [2006] OJ C 153/05.

〔19〕 *Ryanair/Aer Lingus* (Case COMP/M. 4439) [2007] OJ C 10/06.

〔20〕 Office of Fair Trading, "Completed acquisition by Global Radio UK Ltd of GCap Media plc" (August 2008) (ME 3638/08).

〔21〕 W. J. Kolasky and A. R. Dick, "The Merger Guidelines and the Integration of Efficiencies into Antitrust Review of Horizontal Mergers", [2003] 71 Antitrust Law Journal, 242.

〔22〕 Beaton (2006)认为,如果一个企业能够通过经营方式、合同以及组织形式来降低与商业交易有关的成本的话,就会实现交易效率。J. Beaton, "Merger Efficiencies and the Problem of Static Welfare Analysis" (Mimeo, 2006), University of Virginia School of Law, http://govinfo. library. unt. edu/amc/public_studies_fr28902/merger_pdf/060518_Beaton_student_paper_Mergers. pdf, 2013 年 9 月 17 日访问。

保社会福利的最大化，就会产生配置效率，因为此时消费者所支付的商品价格等于生产该产品的边际成本。生产效率使得企业能够节约成本，从而充分利用规模经济和范围经济。

12.13 生产效率和配置效率是静态效率，因为从定义上看，这些都是某一个时间点上的效率。静态效率给成本带来静态的一次性利益；与之相反，动态效率则会带来持续性的成本降低，以及商品质量的改善。基于下述原因，动态效率可能得到提高：企业在运营过程中所获得的专业技术，研发所带来的规模经济和范围经济，相似的研发策略的减少，以及互补类资产的整合。通过整合互补类资产，并购参与方可能会在产出方面实现互补，因为经并购产生的企业将享有规模经济带来的利益，相对于生产单一产品而言，生产组合产品的成本更低。另外，根据熊彼特增长理论（Schumpeterian theory）可知，市场力量激发的创新也是一种相关的动态效率类型。

12.14 一般来说，效率可通过以下方式获得：生产合理化（生产水平的最佳配置），规模经济和范围经济，技术进步，购买力量以及 X 无效率的降低（改善管理和行政运作）。我们也可以区分实际成本节约和再分配成本节约，以及发生在并购参与方层面的效率（内部效率）或发生在行业层面上的效率（外部效率）。[23]

12.15 表 12.1 由内文和西布赖特（Seabright）制作，其展示的是不同类型的静态效率和动态效率。[24]

表 12.1　不同类型的静态效率和动态效率

	静态	动态
合理化和规模经济	并购参与方生产厂房内的生产再分配。 终止带来利润损失的经营活动。 合并零售网络。 改进的生产控制方法。	实施系统性投资评估方法。
协同	拓展互补品牌。	集中各研发机构。 在一个企业的市场营销和另一个企业的设计技术之间实现互补。 将一个企业的声誉运用于另一个企业的资产之上。 将一个企业的组织资产运用于另一个企业的运营之中。

〔23〕 Luescher（n 9）.

〔24〕 D. Neven and P. Seabright, "Synergies and Dynamic Efficiencies in Merger Analysis" in F. IIzkovitz and R. Meiklejohn, *European Merger Control. Do we need an efficiency defense?* (Cheltenham: Edward Elgar, 2006), Chapter 5.

12.16　预测生产效率损失的方法,包括计算潜在损失占经并购产生的企业成本的比例。我们应该认识到,生产效率损失所带来的影响是逐步建立起来的,而非在完成收购之后即刻“全方位”显现出来。[25]

12.17　配置无效率,指的是与并购发生前的均衡价格和产量相比,并购发生后的均衡价格和产量所带来的社会净损失。配置无效率,等于不满意的买家愿意为每单位不再生产的产品所支付的最高价格,减去生产该产品/服务所必需的生产投入被作他用产生的价值的差值。

12.18　在评估产品质量时,经济合作与发展组织认为需要考虑以下因素:企业所受到的竞争压力给产品或服务质量带来的影响;产品或服务的性质限制质量减损的程度,消费者重视服务质量且不满意低质量服务的评估,质量修复所带来的更高成本的大小;以及产品或服务质量是否受到法律监管,这可能有助于产品质量的维持。[26]

12.19　静态效率和动态效率的区别是,静态效率对成本产生静态的一次性利益;与之相反,动态效率会引发持续性的成本降低和产品质量的改善。动态效率可通过以下方法来进行评估:考察并购所处行业的创新潜能,评估并购参与方过去的创新情况,以及并购发生后,在剩余的竞争限制下创新的可能性。经济理论中并不存在现成的模型,将市场集中度与创新程度联系在一起。此外,创新是不确定因素,这会导致其更加难以衡量和量化,也难以评估并购会给创新带来的影响。正如经济合作与发展组织所持观点,[27]与经济效率的动态分析相比,静态分析并未将引进新产品所带来的盈余流动纳入考虑,这会导致其对并购影响的评估不够可靠。两企业进行并购之时,做少量效率调查可能会可以使联合研发活动获益于规模经济和范围经济以及网络效应,从而提高效率。

---

〔25〕 W. J. Primeaux, (1977), “An Assessment of X－Efficiency Gained Through Competition”, [1997] 59(1) Review of Economics and Statics, 105－8. 还可参见 OECD, “Policy Roundtables: Dynamic Efficiencies in Merger Analysis” (2007) (“OECD Efficiencies Report”), http://www.oecd.org/。在文献中已经适用过的方法包括:由于存在不确定性,而运用比例区间;由于有理由相信,相对于其他因素而言,成本的一些特定因素可能更易受到低生产效率的影响,所以会适用可选比例区间;如果可能会给低生产效率水平带来影响的话,则需要考虑特定企业或特定行业的因素。

〔26〕 OECD, “Policy Roundtables: Dynamic Efficiencies in Merger Analysis” (2007) (“OECD Efficiencies Report”), http://www.oecd.org/.

〔27〕 OECD, “Policy Roundtables: Dynamic Efficiencies in Merger Analysis” (2007) (“OECD Efficiencies Report”), http://www.oecd.org/.

12.20 通常来讲，垄断会降低产出，并提高产品价格。垄断可以使企业获得超过市场完全竞争水平的利润，而消费者却需支付更高的商品价格。威廉姆森认为，效率提高能够平衡并购带来的垄断定价所引发的无谓损失。有一些消费者希望垄断者以竞争性价格提供商品，在并购发生之后他们将被迫寻求较次的替代品。这种损失就是无谓损失（社会净损失），而且这种损失无法通过社会的其他部分得到补偿。

12.21 威廉姆森模型，可以借助图 12.1 以图表形式表现出来。[28] AC_1 代表并购发生前交易参与方的平均成本。[29] AC_2 代表的是并购之后更低的平均成本，以反映出静态效率。并购发生前，两个交易参与方能够收取低于竞争水平的价格 P_1。经并购产生的企业由于具备市场力量，因而具备收取高于竞争水平的价格 P_2 的能力。区域 A_1 是由于垄断性定价而产生的无谓损失。[30] 假设并购将引发静态效率，平均成本将会降低至区域 AC_2。区域 A_2 反映的是相关成本节约。因此，区域 A_2—A_1 代表的即为净分配效应。根据威廉姆森模型（其遵循的是一个总剩余标准）可知，一个并购所带来的成本节约高于由于并购后价格提高所导致的无谓损失。

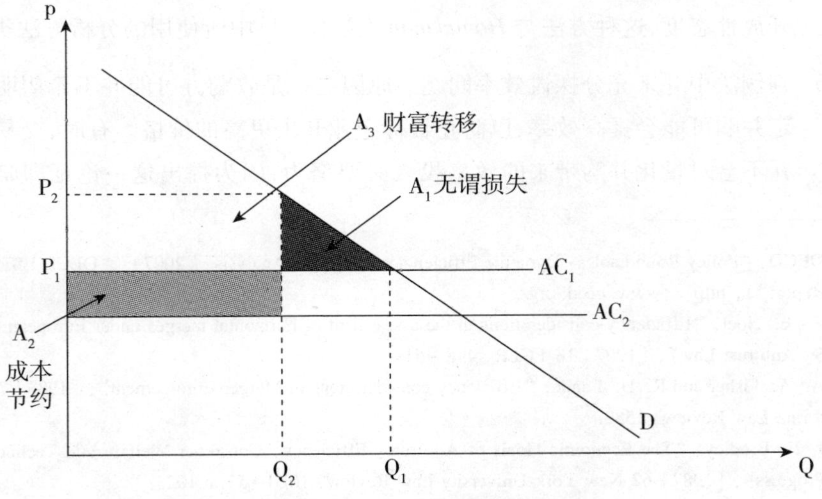

图 12.1 威廉姆森模型

〔28〕 图中数据来源于 OECD，"Policy Roundtables：Dynamic Efficiencies in Merger Analysis"（2007）（"OECD Efficiencies Report"），23，http：//www. oecd. org/。

〔29〕 本段摘自 OECD，"Policy Roundtables：Dynamic Efficiencies in Merger Analysis"（2007）（"OECD Efficiencies Report"），22，http：//www. oecd. org/。

〔30〕 假设成本保持不变。

12.22 威廉姆森关注的是静态效率。静态效率对成本产生静态的一次性利益；与之相反，动态效率会引发持续性的成本降低和产品质量的改善。由于缺乏改进产品，动态效率（如创新）的降低可能会导致社会福利的减损。另外，公众整体也无法从现有产品的改进中获益。

12.23 塞洛普和罗伯茨（Roberts）开发了一个技术模型，该模型平衡了短期的价格上涨可能给消费者带来的损害，以及从长期来看，价格下降给消费者带来的利益，该利益来自并购所导致的成本下降给竞争者带来的利益。正如经济合作与发展组织报告所述，在未来一段时间内给予适当的折扣率，可以确保更加重视相对更确定的短期效应。[31]

12.24 诺尔[32]回顾了一些著作中所提及的效率评估方法，其中包括个案效率评估［费舍尔和兰德（Lande）］，[33]以及两阶段效率审查［布雷德利（Brodley）］。[34] 其他作者认为，由于无法充分量化效率，那么只要效率足够高，就应当推定其足以抵消以市场份额为基础所假设的非法性。[35] 威廉姆森[36]将反垄断执法者的任务界定为：通过个案分析认定并购带来的效率。皮托夫斯基（Pitofsky）[37]对于通过"概率权衡方法"来进行效率抗辩持开放性态度，这种方法与 *Honickman* 案决定[38]中所使用的分析方法类似。

12.25 判例法中并未充分探讨效率问题。原因之一是收购方可能并不希望明确认定并购可能会提高效率，以防止目标企业开出更高的价格。有时，交易各方并不会对量化并购带来的效率投入必要努力，因为提出这一论证即暗示并

〔31〕 OECD, "Policy Roundtables: Dynamic Efficiencies in Merger Analysis" (2007) ("OECD Efficiencies Report")., http://www.oecd.org/.

〔32〕 P-E. Noel, "Efficiency considerations in the assessment of horizontal merges under European and U.S. Antitrust Law", [1997] 18 ECLR, 498-519.

〔33〕 A. A. Fisher and R. H. Lande, "Efficiency considerations in Merger Enforcement", [1983] 71 California Law Review, 1582.

〔34〕 J. F. Brodley, "The Economic Goals of Antitrust: Efficiency, Consumer Welfare and Technological Progress", [1987] 62 New York University Law Review, 1020-53 at 1023.

〔35〕 T. J. Muris, "The Efficiency Defense under Section 7 of the Clayton Act", [1980] 30 Case Western Reserve Law Review, 381 at 420.

〔36〕 O. E. Williamson, "Economies as an Antitrust Defense Revisited" in A. P. Jacquemin et al. (eds.) *Welfare Aspects of Industrial Markets* (Leiden: H. E. Stenfert Kroese BV, 1977), 237-71.

〔37〕 R. Pitofsky, "Proposals for Revised United States Merger Enforcement in a Global Economy", [1992] 81 Georgetown Law Review, 195-250 at 208.

〔38〕 Harold A. Honickman et al. Docket No. 9233 (16 Nov. 1992) 5 Trade Reg. Rep. (CCH), para 23, 286.

购是反竞争的。

二、欧盟委员会分析效率的方法

12.26 新版《欧盟并购条例》改革的结果是通过了理事会第139/2004号条例，并引入了一项默契共识，即在并购评估过程中应当将效率因素纳入考虑。《横向并购指南》中分析了有关如何处理效率的问题。[39] 然而，如何处理效率的问题并未体现在第139/2004号条例中具有法律约束力的部分，这一事实减损了并购评估中效率的重要性。这使得效率抗辩的重要性受到了影响。[40]

12.27 在其《横向并购指南》中，欧委会解释了效率及其在并购评估中扮演的角色：

> 为了评估一项并购是否会严重损害有效竞争，尤其是当该损害通过欧盟并购条例第2条第(2)款和第(3)款条所规定的以创设或强化支配地位的方式实现时，欧委会将会对该并购进行全面的竞争评估。在进行这一评估时，欧委会会考虑并购条例第2条第(1)款中所提到的因素，包括对消费者有利且不会对竞争构成障碍的技术发展和经济进步。根据《横向并购指南》，效率必须是并购所特有的、可被证实的且对消费者有益的。

12.28 三项累积性标准是以威廉姆森的工作报告[41]为基础的，其提出通过运用

---

〔39〕 Draft Commission Notice on the appraisal of horizontal mergers under the Council Regulation on the control of concentration between undertakings [2002] OJ C 331/03.

〔40〕 涉及在并购审查中如何处理效率问题的著作包括：P. D. Camesasca, "The Explicit Efficiency Defense in Merger Control: Does it make the Difference?", [1999] 20(1) ECL 14 - 28; L. Colley, "From 'Defense' to 'Attack'? Quantifying Efficiency Arguments in Mergers", [2004] 25(6) ECLR, 342 - 9; Luescher (n 9); Noel (n 32); A. Burnside, "Dance of the Veils? Reform of the EC Merger Regulation", [1996] 17 ECLR, 371 - 4; L. Hawkes, "The EC Merger Control Regulation: Not an Industrial Policy Instrument: The De Havilland Decision", [1992] 13 ECLR 34 - 41; D. Ridyard, "An economic perspective on the EC Merger Regulation", [1990] 11 ECLR 247 - 54; A. Riley, "The European Cartel Office: a Guardian without Weapons", [1997] 17(1) ECLR, 3 - 16; R. J. Van den Bergh, "Modern Industrial Organization and European Competition Law", [1996] 17 ECLR, 75 - 87; Kocmut (n 6); I. L. O. Schmidt, "The Suitability of the More Economic Approach for Competition Policy: Dynamic v. Static Efficiency", [2007] 28(7) ECLR, 408 - 11; A. Svetlicinii, "Assessment of the Non Horizontal Mergers: Is there a Chance for the Efficiency Defense in EC Merger Control?", [2007] 28(10) ECLR, 529 - 38.

〔41〕 O. Williamson, "Economies as an Antitrust Defense: The Welfare Trade - Off", [1968] 58 American Economic Review, 18.

事前—事后的方法来权衡一项并购的经济利弊。并且,应当将一项并购给生产效率带来的积极影响(如降低成本),及其给配置效率带来的消极影响(如创设能够提高价格或限制产量的市场力量)进行对比。

12.29 欧委会可能会决定,由于并购对效率产生的影响,因此并不存在宣布该交易与共同市场不符的基础。这种情况是,并购产生的效率可能会增强经并购产生的企业实施有利于消费者利益、促进竞争的行为的能力和动机,并因此抵消给竞争带来的负面影响。

12.30 此外,《横向并购指南》提到,并购可能带来各种效率利益,使得价格下降或给消费者带来其他利益。例如,生产或分销过程中的成本节约,可使经并购产生的企业获得收取更低价格的能力和动机。与固定成本的下降相比,导致可变成本或边际成本下降的成本效率与效率评估间的相关性可能更大。原则上,后者更有可能给消费者带来更低的价格。产量的反竞争性下降导致的成本节约,并不能被认为是会给消费者带来利益的效率。基于竞争当局更加看重消费者短期利益,经济学论著也同意这一观点。消费者也可能会受益于新的或改进商品或服务,例如研发和创新领域的效率收益所带来的利益。

12.31 一项并购给竞争带来负面影响的可能性越大,欧委会就越需要确保交易方所主张的效率是实质性的,是有可能实现的,而且有足够程度的效率可以传导至消费者。指南遵循了 *Accor/Wagons - Lits* 案、[42] *MSG/Media Service* 案、[43] *Aerospatiale - Alenia/De Havilland* 案[44]以及 *Saint - Gobain/Wacker - Chemie/NOM* 案[45]所确立的论证,并要求有足够程度的效率传导至消费者。在 *Accor/Wagon - Lits* 案[46]中,Accor 提出了技术和经济进步这一因素,其声称并购将会改善对工作人员的培训,并实现特定设备的现代化。在 *MSG/Media Service* 案[47]决定中,欧委会再次确认,第 4064/89 号条例第 2 条第(1)款(b)项所规定的技术发展和经济进步应当以不给竞争造成阻碍为前提。

---

〔42〕 *Accor/Wagons - Lits* (Case IV/M. 126) Commission Decision (92/385/EEC) [1992] OJ L 204/1.

〔43〕 *MSG/Media Service* (Case No. IV/M. 469) Commission Decision (94/922/EC) [1994] OJ L 364/1.

〔44〕 *Aerospatiale - Alenia/De Havilland* (Case No. IV/M. 053) Commission Decision (91/619/EEC) [1991] OJ L 334/42.

〔45〕 *Saint - Gobain/Wacker - Chemie/NOM* (Case No. IV/M. 774) Commission Decision (97/610/EC) [1997] OJ L 247/1.

〔46〕 *Accor/Wagons - Lits* (Case IV/M. 126) Commission Decision (92/385/EEC) [1992] OJ L 204/1.

〔47〕 *MSG/Media Service* (Case No. IV/M. 469) Commission Decision (94/922/EC) [1994] OJ L 364/1.

12.32 某些要求有足够程度的效率传导至消费者的指引，可能源于欧委会的以下结论：可能形成垄断的并购很难节约足够多的成本。这种假设及其所依据的直观因素与经济学理论中的一个成熟结论直接冲突：产生提高非价格效率的动机的条件，同时也会因效率提高，而产生降低价格的动机。另一个与效率传导至消费者有关的问题是，在解释与特定企业相关的效率传导时，市场份额所扮演的角色问题。罗勒和斯滕内克[48]提出，如果企业市场份额非常高或非常低，那么效率传导就非常有限。如果并购参与方占 40% ~ 50% 的市场份额，那么就可能实现最大程度的效率传导。例如，在 *Korsnäs/AssiDomän Cartonboard* 案[49]中，交易方递交给欧委会一份并购发生后一段时间内与客户签订的条款清单协议，这似乎是在说服欧委会：效率将以令人满意的程度传导给消费者。科茨穆特（Kocmut）[50]认为，由于欧盟竞争当局以消费者福利标准为基础来评估效率抗辩，那么将效率传导给消费者这一要求就变得至关重要。[51] 我们应当注意到，如果一项并购在一个相关市场中产生效率，但同时又在另外一个相关市场（包括产品市场和地域市场）中产生反竞争效果，那么"原则上"，这两点不能相互抵消。[52]

12.33 另外，效率必须是并购所特有的、可被证实的，以使得欧委会能够合理地确认该效率可被实现，且在程度上足以抵消并购可能给消费者带来的损害。正如上文所述，法雷尔和夏皮罗[53]对效率和真正的协同进行了区分。与可通过企业内部发展实现的效率不同，真正的协同是只能通过并购才能实现的效率。法雷尔和夏皮罗强调，如果并购企业将"难以交易的资产"进行合并，并进而实现"优势生产功能"，就会实现真正的协同（相对现有功能基础之上的较好层次）。[54]

12.34 尽管自《横向并购指南》通过之后，并不存在以成功的效率抗辩为基础获得欧委会通过的并购案例，这就导致难以就欧委会指南的实际适用作出判断，不过，经济学家和法学学者都曾在理论和方法论基础之上对指南进行过批

---

〔48〕 Röller, Stennek, and Verboven (n 8).

〔49〕 *Korsnäs/Assidomän Cartonboard* (Case COMP/M. 4057) [2006] OJ C 209/05.

〔50〕 Kocmut (n 6).

〔51〕 关于效率利益是否将会传导至消费者，关键性地取决于成本节约是否会影响经并购产生的企业的定价行为。

〔52〕 Guidelines on the assessment of horizontal mergers under the Council Regulation on the control of concentrations between undertakings [2004] OJ L 31/5, para 79.

〔53〕 Farrell and Shapiro (n 10).

〔54〕 Colley (n 40).

判。例如,有人曾批评指南未对不会直接影响终端产品价格的动态效率给予足够重视。[55]

12.35 施密特认为,是否可以恰当地运用静态理论来解释动态竞争程序,还存在一定疑问。他指出,促进动态效率的唯一方法就是维持有效竞争,因为我们仍然缺少一个令人信服的动态理论。[56] 有意思的是,欧盟竞争总司总司长称,初始竞争评估将仅仅关注静态效率,而动态效率只在最终的审查阶段才会派上用场。[57]

12.36 针对适用效率抗辩过程中所遇到的争议性问题,由于缺乏可以提供帮助的欧委会实践以及法律体系,法学和经济学者就不得不主要依赖于指南依据第4064/89号条例所作出的先例。尽管判例法中会遇到效率抗辩的例子,但这些抗辩通常不成功,因为,并购会给竞争带来损害,且被认为其产生的效率不足以抵消这种损害。

12.37 《横向并购指南》认为,一项并购所带来的效率可能会抵消其给竞争带来的消极影响。

> 一项并购所带来的效率,有可能会抵消其给竞争带来的影响和给消费者带来损害。[58]

12.38 新版《欧盟并购条例》前言指出,"相关企业所提出的任何经证实的和可能的效率"将被纳入考虑。

> 为了认定一项集中会给共同市场中的竞争带来的影响,应当将相关企业所提出的任何经证实的和可能的效率纳入考虑。集中带来的效率有可能会抵消其给竞争带来的影响,尤其是给消费者带来的潜在损害,那么结果就是,集中将不会严重损害共同市场或其主要范围之内的有效竞争,尤其是通过创设或强化支配地位实现时。欧委会应当公布指南,以明确其在评估一项集中时,在什么情况下会考虑效率这一因素。

12.39 前言中的以上各段表明,效率被认定为一种抗辩。欧委会在《横向并购指

---

〔55〕 Kocmut (n 6).

〔56〕 Schmidt (n 40).

〔57〕 P. Lowe, "Review of the EC Merger Regulation—Forging a Way Ahead" (Speech delivered at the European Merger Control Conference, Conrad Hotel, Brussels, 2002).

〔58〕 Guidelines on the assessment of horizontal mergers under the Council Regulation on the control of concentrations between undertakings [2004] OJ L 31/5, para 76.

南》中提到，欧委会会在整个并购评估过程中会考虑所有经证实的效率抗辩。[59] 因此，在评估一项并购的反竞争效果时，有可能会考虑到效率因素。

12.40 如果将效率当作抗辩理由的话，那么就不得不将其与竞争损害相对比。量化效率应当适用与量化并购可能会带来的损害相同的标准。然而，这种量化并不是总能实现。考虑到在量化效率过程中会遇到的困难，所以，相对于很难量化的动态效率，欧委会更加倾向量化与成本有关的效率，或固定效率。[60]

12.41 为了量化效率，并同时考虑到消费者福利，福罗博（Froeb）和韦登[61]提出，如果并购所涉及的市场份额很小，且弹性需求较强，那么大约5%的成本节约就足以抵消并购会给竞争带来的损害。然而，如果市场份额较低，且需求弹性也低的话（如弹性系数约为1），那么就需要20%以上的成本节约来弥补缺失的竞争压力。然而，正如施密特所认为的那样，这种成本节约不太可能实现。[62] 在 *Aerospatiale – Alenia/De Havilland* 案[63]中，欧委会认为，根据交易方所提出的观点，通过合理安排采购、市场营销和产品支持，可以使得经并购产生的企业实现成本节约。尽管这种成本节约给 ATR/De Havilland 的整体运营所带来的影响基本可以忽略不计，约占据其总营业额的 0.5%。欧委会指出了一些这类抗辩所需满足的条件：

- 成本节约必须是实质性的；
- 举证责任在交易方；
- 效率必须是"并购所特有的"；
- 效率必须是"有利于消费者的"。

12.42 尽管欧委会给出了有关效率的例子，并就其及时性、可证实性、并购特有性等特征提供了指南，但其并未就如何权衡效率与竞争损害作出明确解释。

12.43 在评估横向并购产生的效率时，欧委会适用的是"浮动比例"分析方法，[64]

---

[59] Guidelines on the assessment of horizontal mergers under the Council Regulation on the control of concentrations between undertakings [2004] OJ L 31/5, para 77.

[60] Svetlicinii (n 40) at 529.

[61] L. M. Froeb and G. J. Werden, "A Robust Test for Consumer Welfare Enhancing Mergers Among Sellers of a Homogeneous Product", [1998] 58(3) Economic Letters, 367 – 9.

[62] Schmidt (n 40) at 409.

[63] *Aerospatiale – Alenia/De Havilland* (Case No. IV/M. 053) Commission Decision (91/619/EEC) [1991] OJ L 334/42.

[64] 英国公平贸易办公室运用的也是这种分析方法。

将实现效率以量化效率利益的预期时间与并购交易方应当满足的举证责任联系在一起。在将浮动比例运用于并购案件时，欧委会并未明确横向或非横向并购所带来的效率预期实现的及时性。另外，不管是横向并购还是非横向并购，欧委会的时间要求均相同。[65]

12.44 为了成功提出并支持效率抗辩，并购参与方应当对以下各问题有一个清晰的理解：应当在并购审查的哪个阶段提出效率抗辩；如何评估与反竞争关切相关的效率；应当提供什么样的证据。下文对于决策制定实践的分析，将阐明交易当事方应当如何提出效率抗辩，以及竞争当局是如何对效率进行评估。

三、欧盟决策制定的实践

12.45 在根据原版《欧盟并购条例》所作出的绝大多数决定中，效率或者根本未被纳入考虑——在未给出正当理由的情况下——或者被认为是没有达到纳入考虑所需满足的要求。在 *MSG Media Service* 案中，欧委会评估并拒绝了当事方所提出的效率抗辩。[66] 在 *Saint – Gobain/Wacker – Chemie/NOM* 案中，欧委会在对并购进行评估时拒绝考虑当事方所主张的效率因素。[67] 在 *Mercedes – Benz/Kässboher* 案中，尽管欧委会承认并购会提高研发、生产和管理方面的协同，但认为其重要性是极其有限的。[68]

（一）横向并购中的效率

12.46 欧委会已经在很多案件中对效率抗辩作出评估；[69] 然而，绝大多数效率主

---

[65] Svetlicinii（n 40）at 529.

[66] *MSG/Media Service*（Case No. IV/M. 469）Commission Decision（94/922/EC）[1994] OJ L 364/1 at 101.

[67] *Saint – Gobain/Wacker – Chemie/NOM*（Case No. IV/M. 774）Commission Decision（97/610/EC）[1997] OJ L 247/1 at 214.

[68] *Mercedes – Benz/Kässboher*（Case No. IV/M. 477）[1994] OJ C 264/05.

[69] *Alcatel/Telettra*（Case No. IV/M. 042）Commission Decision（92/251/EEC）[1991] OJ L 122/48; *Mannesman/Vallourec/Ilva*（Case No. IV/M. 315）Commission Decision（94/208/EC）[1994] OJ L 102/15; *Mercedes – Benz/Kässboher*（Case No. IV/M. 477）[1994] OJ C 264/05; *Mannesman/Olivetti/Infostrada*（Case No. IV/M. 1025）[1998] OJ C 83/04; *Agfa – Gevaert/Dupont*（Case No. IV/M. 986）Commission Decision（98/475/EC）[1998] OJ L 211/22; *Airtours/First Choice*（Case IV/M. 1524）Commission Decision（2000/276/EC）[2000] OJ L 93/1.

张并未得到重视。在 *Danish Crown/Vestjyske Slagterier* 案〔70〕中,效率是不充分的,非并购所特有的,且会对竞争构成障碍。欧委会认为,在相关市场中产生支配地位,意味着当事方所提出的效率抗辩不应当在审查当前并购案件的时候被考虑在内。〔71〕欧委会提到:“在相关市场中产生支配地位……意味着当事方所提出的效率抗辩这一因素不应当在审查当前并购案件时被考虑在内。”在该案中效率被认为是不充分的,非并购特有的,且会对竞争构成障碍。

12.47 欧委会已经在一些案件中将效率抗辩认定为反竞争(“效率过错”)。在 *AT&T/NCR* 案〔72〕中,效率抗辩被驳回,因为该效率可能强化市场支配地位。欧委会提到:“不能排除协同带来的潜在利益可能产生或强化支配地位的这种情况。”〔73〕在 *General Electric/Honeywell* 案中,欧委会决定禁止这一集中,原因在于:“这会使得经并购产生的企业效率提高,以至于其竞争对手很难与之抗衡,最终将被迫退出市场。”〔74〕在 *British Telecom/MCI(II)* 案〔75〕中,更高效地利用传输能力被认为会强化并购参与方的支配地位。

12.48 在很多案件中欧委会都会评估效率因素,但最终都认定这些效率未满足三个必要条件:为并购所特有、可证实性以及效率利益得以传导至消费者。在 *Accor/Wagons - Lits* 案中,欧委会驳回了当事方提出的生产效率提高带来利益的抗辩,并称:“对于新设企业来说,将任何假定的收益传导给消费者,不会为其带来任何利益”。〔76〕效率并非并购所特有的,而且也不会被传导至消费者。在 *Aerospatiale - Alenia/De Havilland* 案中,效率并非并购所特有的,也非实质性的,且不会被传导至消费者。实现并购参与方所主张的静态效率的可能,被认为是并购参与方所享有的相对于其竞争对手存在竞争

---

〔70〕 *Danish Crown/Vestjyske Slagterier* (Case IV/M. 1313) Commission Decision (2000/42/EC) [2000] OJ L 20/1.

〔71〕 *Danish Crown/Vestjyske Slagterier* (Case IV/M. 1313) Commission Decision (2000/42/EC) [2000] OJ L 20/1 at 198.

〔72〕 *AT&T/NCR* (Case No. IV/M. 050) [1990] OJ C 310/22.

〔73〕 *AT&T/NCR* (Case No. IV/M. 050) [1990] OJ C 310/22.

〔74〕 *General Electric/Honeywell* (Case COMP/M. 2220) Commission Decision (2004/134/EC) [2004] OJ L 48/1.

〔75〕 *British Telecom/MCI(II)* (Case No. IV/M. 856) Commission Decision (97/815/EC) [1997] OJ L 336/1.

〔76〕 *Accor/Wagons - Lits* (Case IV/M. 126) Commission Decision (92/385/EEC) [1992] OJ L 204/1.

优势的表现。[77] 欧委会认为,并购参与方所主张的"成本节约所带来的影响可以忽略不计",而且"不是集中本身所带来的结果"。[78] 在 *Nordic Satellite Distribution* 案[79]中,欧委会拒绝承认其他重大效率的价值,因为"提交申报的交易并非必然产生"效率。[80] 在这种情况下,效率被认为是非并购所特有的。在 *Gencor/Lonrho* 案中,由于联合支配地位的产生,所以效率被认为无法充分被识别,而且也无法被传递至消费者。[81]

12.49 *Ryanair/Aer Lingus* 案[82]是欧委会针对效率作出最详细分析的案件之一,在该案中,Ryanair 试图恶意收购 Aer Lingus。Ryanair 认为,收购所带来的实质性的效率提高将以运营成本节约的形式表现出来,即一旦 Ryanair 将其运营模式运用于 Aer Lingus,就会实现 Aer Lingus 企业本身的规模扩大化和合理化。欧委会认为,Ryanair 所提出的效率并未满足可被证实这一要求,并认为效率取决于很多假设,而这些假设无法独立得到证实。所有有关效率的主张都是以那些专门为并购程序而准备的文件为基础的。欧委会认为,效率并非并购所特有的,而且成本节约也并未充分到足以传导至消费者的程度,因为并购将会在很多航线中产生事实上的垄断地位,但又不会同时带来足够的降价动机。普通法院支持了欧委会驳回效率主张的决定。在肯定欧委会观点的同时,普通法院还认为,欧委会无权仅仅以文件并非是在并购前准备的或无法被独立证实为原因,驳回 Ryanair 所提交的文件。然而,法院接受了欧委会的最终观点:效率抗辩并未满足可被证实这一要求。类似地,法院支持了欧委会以下发现,Ryanair 所主张的效率并非并购所特有的,而且也不太可能使消费者获益,尤其是因为经并购产生的企业将在一些特定航线上获取非常高的市场份额。[83]

12.50 在 *Inco/Falconbridge* 案中,欧委会评估了当事方所声称的效率,最终附条件

---

〔77〕 *Aerospatiale - Alenia/De Havilland* (Case No. IV/M. 053) Commission Decision (91/619/EEC) [1991] OJ L 334/42.

〔78〕 *Aerospatiale - Alenia/De Havilland* (Case No. IV/M. 053) Commission Decision (91/619/EEC) [1991] OJ L 334/42.

〔79〕 *Nordic Satellite Distribution* (Case No. IV/M.490) Commission Decision (96/177/EC) [1996] OJ L 053/20.

〔80〕 *Nordic Satellite Distribution* (Case No. IV/M.490) Commission Decision (96/177/EC) [1996] OJ L 053/20.

〔81〕 *Gencor/Lonrho* (Case No. IV/M. 619) Commission Decision (97/26/EC) [1997] OJ L 11/30.

〔82〕 *Ryanair/AER Lingus* (Case COMP/M. 4439) [2007] OJ C 10/06.

〔83〕 Case T - 342/07 *Ryanair v. Commission* [2010] ECR II - 3457.

通过了该案。Inco 和 Falconbridge 是加拿大的矿业企业,其活跃于镍、钴和其他金属的开采、加工、精练和销售市场。经并购产生的企业将具备提高特定镍钴市场上价格的能力。并购参与方提出将 Falconbridge 的单一镍精炼和相关资产进行剥离,并将这些资产出售给 LionOre,即一个同样活跃于镍市场的国际矿业公司。交易方指出,提交申报的交易所带来的效率是可实现的、可量化的,而且还是该交易所特有的,其主要产生于其各自位于萨德伯里盆地的采矿/加工设备近似物。交易方认为,Inco 和 Falconbridge 在加拿大的萨德伯里盆地开发并运营着重大资产,而 New Inco 将会优化开采和加工流程,这最终会长期持续地提高产量并降低成本。交易方进一步提到,效率是并购所特有的,因为经并购产生的企业有能力使用更高效合适的设备进行生产。交易方同时认为,并没有办法通过其他任何可选交易来实现这一效率的提高,而且如果不进行并购的话,交易方自身也无法实现这一效率利益。最后,交易方还提到,由于镍的供应在全球法内都存在竞争,经并购产生的企业通过提高效率而带来的产出扩张,有可能直接给消费者带来利益。

12.51 欧委会得出结论,尽管交易方所提出的效率是可量化的,并得到一些研究的大力支持,而且也有可能有效地得以实现;但是,交易方并未满足必要的证明标准,以证明效率无法通过其他方式实现,而且将会直接使市场(在该市场中已经发现竞争关切)上的终端消费者受益,来抵消得到证实的竞争关切。欧委会依赖浮动计算分析方法,得出结论:经并购产生的企业越强大,其将诸如低价之类的效率传导给消费者的可能性越小。欧委会认为,交易方所提出的效率并不会抵消提交申报的交易会给竞争带来的负面影响。

12.52 *Korsnäs/Assidomän Cartonboard* 案[84]是欧委会第一次在并购案件的竞争分析中明确将并购产生的特定效率认定为抵消性因素,并对此进行了深入分析。这一集中将会使得纸板市场上的企业数量从三个降至两个,而 StoraEnso 则是另外一个重大市场参与者。欧委会在审查第一阶段无条件通过了这一交易。欧委会将当事方所提出的效率抗辩列为无条件通过的几个原因之一。提交申报的交易可能会产生并购所特有的效率,而这一利益将会被传导至消费者。交易方希望节省投入成本、裁减人力,并改善生产效率。当事方所声称的效率与节约投入成本有关,[85]会降低人力成本,改善生产

[84] *Korsnäs/Assidomän Cartonboard* (Case COMP/M. 4057) [2006] OJ C 209/05.

[85] 节约预计占据并购参与方净销售额的 0 ~5%。

效率和研发效率，并获益于在两个生产现场的最佳实践。另外，Korsnäs 认为其自身能够提高研发的效率，并获益于在两个生产现场的最佳实践。欧委会指出，交易方所提交的材料会引发很多问题，而这些问题没办法在调查第一阶段得到全面审查，尤其是有关投入成本和人力裁减的问题。欧委会得出结论，效率有可能会提高经并购产生的企业从事有利于竞争的行为以给消费者带来利益的能力和动机。[86]

12.53 在 *Metso/Aker Kvaerner* 案[87]中，欧委会通过了 Metso Corporation Oy 与 Aker Kvaerner ASA 的纸浆和电力业务间的合并。通过调查，欧委会发现提交申报的收购可能会给一些纸浆厂设备市场带来竞争问题。然而，所有这些顾虑都被 Metso 所提出的将重叠业务剥离给加拿大供应商 GL&V 这一救济承诺所解除。基于救济承诺，欧委会得出结论，该项并购将不会严重损害有效竞争。Metso 和 Aker Kvaerner 都活跃于全球范围的纸浆厂设备发展和生产市场。欧委会的市场调查显示，提交申报的交易可能会严重降低两个企业所在的纸浆厂设备市场上的竞争，在这类市场中，两个企业均活跃于烹饪设备、本色浆洗涤设备、氧脱木素设备以及纸浆漂白设备市场。如果没有适当补救措施的话，这一交易将会使得集中度已经很高而且还存在进入壁垒的市场中仅有的三个主要参与者减少为两个。然而，由于交易方提出愿意将重叠的业务剥离给另外一个强大的可信赖的竞争对手（在本案中指 GL & V），欧委会才通过了该项交易。

12.54 第二大纸浆厂设备全线供应商的出现，可能确实是有利于消费者的。消费者提到一个事实，就是即将会产生第二大纸浆厂设备全线供应商。这可能会使得 Metso 在并购发生之后，与 Andritz 进行更有效的竞争，以使得消费者可以在两个提供完整的产品系列、并在这些产品方面具备经验的供应商之间作出选择。消费者还指出，并购会使得经并购产生的企业能够开发更优质、更环保的产品，以给消费者带来利益。它们还提到，它们更倾向于在不同供应商间做出选择，以运用各自在不同市场中的优势，并利用供应商间的竞争来保持低价格。这将有利于纸类产品的消费者，而且也会进一步促进环保型和资源节约型现代纸浆和纸张生产流程。因此，Metso 和 Kvaerner 的并购可能不仅会导致第二大纸浆设备全线供应商的出现，并以基本等同

---

〔86〕 效率的重要性会被以下各因素抵消，尤其是：Tetra Pak 所享有的重大买方力量，由于来自供应方的可替代性而导致的产能限制的缺位，以及并购参与方相互并非对方最密切竞争对手的结论。

〔87〕 *Metso/Aker Kvaerner*（Case COMP/M.4187）［2008］OJ C 6/06.

的地位与 Andritz 进行竞争；而且，经并购产生的企业将会成为一个全身心致力于纸浆和纸张产业的生产商，并具备开展更深入的研发活动所必需的关键性物资。

12.55 然而，基于以下原因，欧委会认为并购会带来的潜在效率不太可能会抵消有效竞争减损所带来的负面影响：市场将会失去一个可靠的供应商备选项，重要的竞争限制会被移除，而且还会产生最大的设备供应商。尽管在通过第 139/2004 号条例和发布《横向并购指南》两年之后欧委会才开始在并购案件的审查中解决效率主张的问题，但在上文所提到的案例中欧委会所进行的分析，表明了其在竞争分析中将效率认定为一个对抗性/抵消性因素的意愿在逐步上升。

12.56 在 *KLM/Martinair* 案〔88〕中，欧委会同意 KLM 收购 Martinair。欧委会在其决定中讨论了交易方所提交的一份有关交易优势的研究，而这份研究是关于并购会带来的供应效率〔89〕和需求效率〔90〕的类型和规模的。欧委会驳回了该项研究的关联性。关于供应效率，欧委会认为，研究应当检验“这种（供应）效率会在多大程度上被传导给消费者”。至于需求效率，欧委会提出，即便是当事方所提出的效率在一定程度上得以实现，但这也难以量化，而且所提交的研究依赖的是“过于强大的”假设。不幸的是，欧委会并未考虑当事方所提交的效率抗辩，因为研究中所提到的抗辩的潜在假设意味太强以至于无法最终量化效率，而且也没办法从该研究中得出任何清晰的指示。

12.57 在 *Lufthansa/SN Airholding* 案〔91〕中，欧委会通过了 Lufthansa 对 Brussels Airlines（SN）的收购，但再次拒绝接受航空公司所提出的效率抗辩，而且也并未接受所提交文件的客观性。欧委会认为，由于在一些特定航线中创设出了垄断地位，所以并购参与方并不具备将效率传导给消费者的动机。在 *Volvo/Scania* 案〔92〕中，欧委会坚持自身立场，拒绝创设出一个斯堪的纳维亚冠军，因为这会降低相关市场上的竞争，尽管有益于增强经并购产生的企业在全球范围内的竞争优势。

---

〔88〕 *KLM/Martinair* (Case COMP/M. 5141) [2009] OJ C 51/02.

〔89〕 例如，联合购买优势、减少开销、合理化安排一线操作、系统整合以及网络效率。

〔90〕 例如，为支线旅客消除双重边际收益的影响，乘客可选航班套餐数量变多，飞机误点风险降低，频繁的飞行利益，以及改进的登机设备。

〔91〕 *Lufthansa/SN Airholding* (Case COMP/M. 5335) [2009] OJ C 295/8.

〔92〕 *Volvo/Scania* (Case COMP/M. 1672) [1999] OJ C 324/05.

12.58 在 *Axalto/Gemplus* 案[93]中,欧委会通过两种方式将效率认定为有益于竞争的因素:首先,欧委会认为,尽管并购会将两个最重要的创新型企业(该市场的特征就是创新竞争)合并在一起,但这会使得交易方能够重新分配其研发能力,因此可以期待进一步的创新;其次,欧委会认可交易方所提出的以下主张:交易产生的效率会降低价格。有意思的是,欧委会似乎并未对交易方的效率主张进行任何深入分析,而是原则上依赖于消费者的反馈——基本上都是支持交易方主张的。

12.59 *Repsol Butano/Shell Gas*(*LPG*)案[94]是关于收购 Shell Gas 的案件,尤其是其 LPG 基础设施,交易方称这一并购将会赋予 Repsol 更有效地参与到葡萄牙市场上的竞争的能力,而且还能够挑战 Galp 和 BP 的地位。通过接触到 Shell 的 LPG 基础设施,Repsol 能够大幅度降低其运输成本,并获取在葡萄牙市场上更有效地运营和参与竞争所必需的灵活性的能力。Repsol 将具备充分获益于协同和规模经济的强大动机,并得以在更宽泛的边界两边进行运营。欧委会接受了交易方所提出的效率主张,这一因素是集中被宣布与共同市场相符的诸多原因之一。

12.60 在 *Aster 2/Flint Ink* 案[95]中,交易方提出以下理由:新设企业可能会获取成本和研发协同,这会导致与其他企业间形成更强大的竞争。欧委会得出结论:集中将不会严重损害共同市场上的有效竞争,但效率并非并购最终被通过的主要决定性原因。

12.61 在 *Alcatel/Telettra* 案、[96] *Mannesman/Valourec/Ilva* 案、[97] *Mercedes - Benz/Kdssbohrer* 案、[98] *ABB/Daimler - Benz* 案、[99] *Agfa - Gevaert/DuPont* 案[100]以及 *Air France/KLM*[101]案中,效率构成交易最终被通过的原因之一。

12.62 有意思的是,前欧盟竞争总司总司长飞利浦·洛认为,初步竞争分析将主要

---

〔93〕 *Axalto/Gemplus* (Case COMP/M. 3998) [2006] OJ C 196/08.

〔94〕 *Repsol Butano/Shell Gas* (Case COMP/M. 3664) [2005] OJ C 13/04.

〔95〕 *Aster 2/Flint Ink* (Case COMP/M. 3886) [2005] OJ C 187/04.

〔96〕 *Alcatel/Telettra* (Case No. IV/M. 042) Commission Decision (91/251/EEC) [1991] OJ L 122/48.

〔97〕 *Mannesman/Valourec/Ilva* (Case No. IV/M. 315) Commission Decision (94/208/EC) [1994] OJ L 102/15.

〔98〕 *Mercedes - Benz/Kässboher* (Case No. IV/M. 477) [1994] OJ C 264/05.

〔99〕 *ABB/Daimler - Benz* (Case No. IV/M. 580) Commission Decision (97/25/EC) [1997] OJ L 11/1.

〔100〕 *Agfa - Gevaert/DuPont* (Case No. IV/M. 986) Commission Decision (98/475/EC) [1998] OJ L 211/22.

〔101〕 *Air France/KLM* (Case No. IV/M. 3280) [2004] OJ C 60/5.

关注的是静态效率，而动态效率只在最终的审查阶段才会派上用场。[102] 施密特（2007）认为，是否可以运用静态理论来恰当地解释动态效率流程仍存在疑问。他还提到，促进动态效率的唯一方法就是维持有效竞争，因为我们仍然缺乏一个令人信服的动态理论。[103]

12.63 尽管欧委会给出了有关效率的例子，而且也针对其特征（如时效性、可验证性、为并购所特有等）提供了指南，但却并未就如何针对竞争损害来分析效率给出一个明确的解释。[104] 为了成功提出效率主张并得到支持，并购参与方应当明确应该在哪一阶段提出这一主张，如何针对反竞争关切来评估效率，以及应当提供什么样的证据。

（二）非横向并购中的效率

12.64 欧委会对于非横向并购背景下的效率抗辩持开放的态度。2008 年 11 月 18 日，欧委会发布了非横向并购指南，并在第 13 条规定：

其次，纵向并购和混合并购为效率提供了巨大空间。纵向并购和特定混合并购的一个特征就是，并购参与方的活动和/或产品是互补的。将互补的活动或产品合并在单一企业之内，可能会产生重大效率，并给竞争带来益处。例如，在纵向关系中，作为互补性的一个结果，下游市场上成本的降低，将会导致对于上游市场（产品——译者注）需求更大。这种需求的提高所带来的利益，部分将会归于上游供应商。一个经并购产生的企业会将这一因素考虑在内。纵向合并据此可能会增强经并购产生的企业降低价格并提高产出的动机，因为该企业能够获取其中的很大一部分利益。这就是通常所指的“双重加价内部化”。类似地，在一个层面上提高销售量所做出的其他努力（例如，改善服务或提高创新）可能会为经并购产生的企业带来更大回报，而这类企业将会考虑来自其他层面的利益。

12.65 纵向并购和混合并购效率利益的潜在来源，来自各种不同的机制，并会在多种情况下发生。[105] 在很多情况下，收取一个统一单位价格并非组织供应链

---

[102] Lowe（n 57）.

[103] Schmidt（n 40）.

[104] D. Neven and S. Albæk，“Economics at DG Competition 2006 – 2007”，[2007] 31(2) Review of Industrial Organization，139 – 53.

[105] S. Bishop，A. Lofaro，F. Rosati，and J. Young，“The Efficiency – Enhancing Effects of Non – Horizontal Mergers”（A Report by RB Economics，2005），http://www.edis.sk/ekes/non_horizontal_mergers.pdf，2013 年 9 月 17 日访问。

或提供互补性产品的最佳选择。然而,更为复杂的定价机制可能会提高成本,也可能会无法实现。在这种情况下,通过移除外部定价的需求,非横向并购能够带来更高效的结果。如果投入市场和产出市场上均不存在完全竞争环境的话,那么产出价格就会高于竞争水平,而且甚至有可能会高于垄断水平,因为边际投入成本被加价两次,一次来自投入供应商加的,而另一次来自生产商。在这种情况下,如果经并购产生的企业能够高效地为其自身提供投入,并与一个提供各种投入的供应商进行纵向兼并的话,就可以通过消除双重加价中的一重,来降低产出价格。[106] 因此,这一纵向并购能够降低产出价格,并提高消费者以及聚合的经济利益。[107]

12.66 基于存在规模经济或范围经济、提高的管理效率或财务效率、供应保障,或得到提高的买方力量这些原因,非横向并购可能会导致对投入和/或生产性资产更高效的利用。就产品设计和生产而言,纵向并购能够促成投入供应商和生产商之间进行更好的协调。在一些情况下,一个企业可能没办法获取投资相关的所有利益,因为部分利益被竞争对手获取,这就会导致投资的次优利用。通过将这些外部性"内部化",非横向并购能够带来重大的效率提高。

12.67 如果合同并非某项交易完全特有的,那么一方就有可能挖掘合同漏洞,以给其纵向搭档带来不利。为了解决这一问题,可能不得不运用成本监督或动机机制。在特定情况下,例如那些会引发所谓的"劫持"问题的情形,投资可能一同被牵制。更进一步来讲,通常情况下,所有合同关系都要受制于交易成本,例如那些发生在合同签订阶段的成本,或寻找合适的搭档的过程中所发生的成本。通过移除这种合同问题,纵向并购和混合并购都会带来效率利益。

12.68 *Tom Tom/Tele Atlas* 案和 *Nokia/NAVTEQ* 案是在《非横向并购指南》通过之后,具有代表性的纵向并购案件。在 *Tom Tom/Tele Atlas* 案[108]和 *Nokia/NAVTEQ* 案[109]两个并购案中,均提及了有关消除双重加价、投资新产品和新生产流程,以及产品营销的效率问题。*Tom Tom/Tele Atlas* 案和 *Nokia/*

---

[106] M. H. Riordan and S C. Salop, "Evaluating Vertical Mergers: A Post – Chicago Approach", [1995] 63(2) Antitrust Law Journal, 513 – 68.

[107] J. J. Spengler, "Vertical Integration and Antitrust Policy", [1950] 58(4) Journal of Political Economy, 347 – 52.

[108] *Tom Tom/Tele Atlas* (Case COMP/M. 4854) [2008] OJ C 237/11.

[109] *Nokia/Navteq* (Case COMP/M. 4942) [2009] OJ C 13/04.

Navteq 案也是《非横向并购指南》通过之后，第一批进入第二调查阶段的纯粹纵向并购案件。在以上两个案件中，交易方都提出，并购将会通过消除双重加价带来效率。据称，各个经并购产生的企业都将认识到，一个额外地图数据库的真正成本，仅占据了由数据库所代表的最终产品价格的一部分。结果就是经并购产生的企业将具备提高销售量的动机，以利用通过销售终端产品获取更高利润。

12.69 假设特定比例的成本节约会被传导至消费者以提高销售量，那么结果将会是各个终端产品平均市场价格下降。欧委会得出结论：这类效率在很大程度上是并购所特有的，尽管批量折扣在行业中很常见，但这种折扣幅度实在有限，以至于无法大幅度消除双重加价。因此，如果并购未发生的话，那么通过其他类型的纵向合作无法以相同程度消除加价。交易方还提及其他类型的效率，所依据的原则在于纵向并购可能会将交易方投资的新产品和新生产流程，以及营销产品方面的动机进行整合。交易方提交了一份研究，试图计算出效率，但欧委会仅认可消费者会受益于改进技术，质疑了交易方所使用的计算方法，并认为效率很难量化。在以上两个案例中，最终欧委会都拒绝就效率主张得出结论，但都提到，效率很明显地“支持了”其所认定的两个并购都不会带来反竞争影响的结论。[110]

12.70 在混合并购案 *Procter & Gamble/Gillette* [111] 中，欧委会认为，由于存在具备强大产品组合的竞争对手，而且零售商也享有强大买方力量，所以不太可能产生捆绑行为造成的反竞争封锁效应，因此交易方产品组合的扩展会使得零售商和消费者获益（创设“一站式”服务，提高创新能力以及规模经济和范围经济）。交易方称，来自并购的以产品组合范围得以扩张的形式表现出来的效率会给消费者带来利益，例如，通过只同一个相对方进行谈判（“一站式”服务），供应商具备更强大的创新能力，以及规模经济和范围经济（如提供整车的相同产品，甚或是来自同一工厂整车的产品）。并购被认为不可能通过捆绑非互补型产品，来达到封锁竞争对手的效果。之所以会考虑效率因素，是为了抵消并购创设出的反竞争组合效应的风险。

---

〔110〕 P. Papandropoulos, “EC recent cases: Non－Horizontal mergers” (3rd International Competition Law and Policy Athens 2009), and C. Esteva, C. Mosso, M. Mottl, R. De Conick, and F. Dupon, “Digital maps go vertical: Tom Tom/Tele Atlas and Nokia/NAVTEQ” (Competition Policy Newsletter, Number 3, 2008).

〔111〕 *Procter & Gamble/Gillette* (Case COMP/M. 3732) [2005] OJ C 239/06.

四、效率评估的例子

12.71 欧委会从未仅仅以效率为理由通过一项并购。然而，成员国竞争当局最近却展示了以效率为基础来通过并购案件的路径。2008 年，英国公平贸易办公室和荷兰竞争当局(NMa)成为以可能带来的效率为原因通过并购案件的第一批成员国机构。

12.72 正如《英国并购审查指南》[112]所明确规定的那样，如果一个并购会削弱竞争，以至于最终会损害消费者利益的话，那么就认为该并购会严重损害竞争。这可能会通过诸如更少的产品选择、提高价格但同时仍有利可图、降低产出和/或产品质量或减少创新表现出来。[113] 对消费者的负面影响是区分并购严重损害竞争或一般损害竞争的标准，前者须有相应的救济措施，后者则无须进一步的调查或干涉。

12.73 正如《英国并购审查指南》中进一步明确的那样，法律允许公平贸易办公室在并购分析的两个独立评估路径中将效率利益考虑在内：

- 并购会通过强化竞争，来避免严重损害竞争的负面影响；以及
- 虽然并购并无法避免给竞争带来严重损害，但在并购发生之后却会将利益传导给消费者，以抵消严重损害竞争会带来的负面影响。

12.74 与欧委会和其他竞争当局的指南一致，英国并购审查指南规定，在公平贸易办公室的分析中，效率主张不管以何种方式出现，都必须满足以下累加条件。

i. 效率必须是及时、可能的，而且足以阻止对竞争的严重损害(考虑到并购本来可能会给竞争带来的影响)；和

ii. 效率必须是并购所特有的，也就是说，是并购的直接后果，并且通过假设如并购不发生将会怎么样来对比。[114]

---

〔112〕 UK Merger Assessment Guidelines (A Joint publication of the Competition Commission and the Office of Fair Trading) (September 2010) (CC2 (Revised)/OFT1254), http://www.oft.gov.uk/shared_oft/mergers/642749/OFT1254.pdf, 2013 年 9 月 17 日访问。

〔113〕 参见 UK Merger Assessment Guidelines (A Joint publication of the Competition Commission and the Office of Fair Trading) (September 2010) (CC2 (Revised)/OFT1254), http://www.oft.gov.uk/shared_oft/mergers/642749/OFT1254.pdf, 2013 年 9 月 17 日访问。

〔114〕 参见 UK Merger Assessment Guidelines (n 113)。

12.75 由于攸关竞争影响分析以及竞争损害证明的是消费者福利，而非并购参与方的私人利益，因此第二个评估路径具有相关性。

12.76 《英国并购审查指南》表明，如果需要将效率因素考虑在内，那么证明效率的证据必须是令人信服的。如果并购可能引发竞争关切，而且又不存在令人信服的证据，那么其不仅需要具备效率利益，还要求在很大程度上能够将这一利益传导给消费者，尤其是在交易方所受到的剩余的竞争限制基本可以忽略不计的情况下。据此，当事方所展示的有关效率及其可能会对竞争带来影响的证据必须是令人信服的。这一有关证据标准的讨论，同样适用于表现为消费者福利的效率。[115] 考虑到并购方在严重损害竞争测试和/或后续的消费者福利例外中均会提及相同的效率抗辩，如果不这样处理的话就会不符常理。

12.77 不应当低估设定合理的举证责任的重要性，如果某一抗辩主张可能满足交易方私利，而且其结果决定了该并购是否具有反竞争效果，那么竞争当局不应当轻易地被未经证实的主张所说服。在实践中，公平贸易办公室处理濒临破产企业抗辩的历史很长，而且在这些案件中的反事实证明标准也说明了这一点。[116] 此外，无可争辩的是，对于一个抗辩主张而言，如果证据仅由交易方掌握的话，那么这些交易方就有义务提供证据并承担举证责任。

12.78 然而，与此同时，针对举证责任持以下观点也是不合适的：认为其在实践中是不可能完成的，或认为其过于僵硬或无法变通以至于无法因具体情况而有所变化。对于竞争的削弱会对消费者产生负面影响这一关切，在考虑可否将效率作为其抵消性论据时，英国公平贸易办公室对于反竞争效果的关切重心，与这一论据足以消除上述关切的整体举证责任有关（而且抵消性论据本身不仅要达到必备的具有信服力的证明标准，还应具有所抗辩的效率）。这一观点与美国和欧盟的《横向并购指南》的规定一致的：除了应当满足以上所提到的每一要素的适当的最低证明标准，另外还需要按照比例标准来证明效率是并购所特有的并且具有“抵消性”。也就是说，并购案件的反竞争效果越显著、越明显，就越需要证明更强大的抵消性主张来解决这

〔115〕 并没有理由认为有关严重损害竞争例外的证明标准低于严重损害竞争的第一步证明标准。相同的“清晰而且令人信服的”证明标准在消费者利益例外中也有所提及，并特别提及了“多重市场权衡”，也就是说，如果预测可能给一个市场上的消费者带来损害——与参考职责和“严重损害竞争发现”一致——可以被其他市场上的消费者获取利益所抵消。然而，证明标准同样适用于消费者利益。参见 Merger Assessment Guidelines。

〔116〕 参见 *Tesco/Kwik Save*, decision of 20 December 2007，引用了上述案例。

一关键问题。

12.79 正如美国《横向并购指南》中所规定的那样：

> 一项并购会给竞争带来的潜在负面影响越大……就越需要更易识别的效率，以帮助竞争当局得出并购将不会带来反竞争效果的结论……当潜在反竞争效果有可能非常明显的时候，就尤其需要及其显著的可识别的效率来防止并购被认定为是反竞争的。从竞争当局的经验来看，假设不存在效率利益，如果潜在的反竞争影响不明显的话，那么效率极有可能给边缘案件带来不同结果。效率基本上不会使一个会导致垄断或接近垄断的并购实现合理化。[117]

12.80 根据欧盟《横向并购指南》：[118]

> 欧委会所遵循的是比例分析方法，根据这种方法可知，会给竞争带来的潜在负面影响越大，所需要的效率利益就越大，基于这一点原因，如果一项集中会导致形成垄断或接近垄断的情形的话，那么它是不可能会因为效率主张而获得通过的。

12.81 这就明确地说明了以下观点毫无争议：非常严重的损害影响，应当由非常强大的对抗性利益来抵消。但是公平贸易办公室也会将这点运用于以下类型的案例：发生潜在负面影响的可能性非常小的案例。从公平贸易办公室审查过的案例中可以很明确地推断，包括最低限度产品线审查案件，[119] 在考虑严重损害竞争测试项下的反竞争影响和消费者利益的时候，重要的不仅仅是市场规模（如 1000 万英镑或 10 亿英镑）、并购的价格或非价格影响程度大小（如 3% 或 30% 的价格上升），以及这一影响的持续性（三个月或三年）；还有很重要的一点，就是这种负面影响到底将会如何发生。换句话来说，公平贸易办公室能有多大把握预测并购会带来消费者损害。前面的因

---

〔117〕 U. S. Horizontal Merger Guidelines (1992) (efficiencies section revised in 1997) Part 4. 对比后来的 2004 EC Horizontal Merger Guidelines 中相同的规定："给竞争带来的负面影响越大，就越需要欧委会确认当事方所声称的效率是重大的，效率有可能会实现，而且在很大程度上还会被传导给消费者。如果一项并购可能会使得一个企业获取垄断地位，或获取类似程度的市场力量的话，那么该并购就基本上不可能会因为会带来足够充分的效率可抵消其潜在反竞争影响而被通过。"（第 84 段）

〔118〕 Guidelines on the assessment of horizontal mergers under the Council Regulation on the control of concentrations between undertakings [2004] OJ C 31/5, para 79.

〔119〕 尤其可参见公平贸易办公室决定，"可预期的 BOC Limited 收购 *Ineos Chlor Ltd* 的打包氯业务和资产案"（May 2008）（ME/3624 - 08）第 118 - 9 段。

素会涉及的问题包括：*如果真的会带来损害的话，后果会有多严重？*后面的因素会涉及的问题包括：*损害发生的可能性到底有多大？*忽略以下事实会显得很不牢靠，在评估并购发生之后可能会产生的后果时，不管是促进福利实现还是会减损福利的后果，其本质都是一种预测行为，[120]而且是以可能性、而非确定性为基础的。[121] 这同样适用于有关严重损害竞争以至于会损害消费者利益的预测，这也就解释了为何公平贸易办公室已经在其最低限度审查案件中谨慎地考虑到这一观点。

12.82 因此，在衡量引发反竞争影响风险的证据和存在抵消性效率证据的时候，将可变性这一事实考虑在内是合适的。另外，在第一个评估路径的评估中，某些效率可能被认定为会强化竞争而且可识别的；在第二个评估路径的评估中，只有消费者会获利时效率才会被识别出来；但是，实质性地衡量两方面的证据、考虑发生的可能性及其规模，是两种评估路径都会适用的。因此，这一点应当适用于作为严重损害竞争测试整体评估的一部分的竞争增强抗辩。

12.83 相应地，在遵循比例分析方法的时候，如果需要解决的竞争关切相对来说较为和缓，比如，如果损害的可能性只有25%，那么公平贸易办公室可能会判断效率证据是令人信服的，但如果这种可能性是90%的话，公平贸易办公室就不会作出如此判断。[122] 这与以下观点一致的：实践中，效率基本不可能会使得造成垄断的并购合理化——因为不管损害规模有多大，会引发垄断情形的并购所带来的损害的严重程度可能会非常高，这也就意味着克服提价动机、节约可变成本的可能性也必须非常高才能抵消损害。

12.84 总而言之，假设交易方所提供的证据总是令人信服的，公平贸易办公室不仅

---

[120] 即使面对的是已经完成的并购案件，考虑到公平贸易办公室参考一个案件的法定时间有限，以及经并购产生的企业在等待公平贸易办公室调查结果期间不会涨价的动机，有关分析更多的是预测性的，而非回顾性的。也就是说，公平贸易办公室已经注意到，并购实际发生之后价格会有所上升，并考虑到了法案项下的一些特定的已经完成的并购参考案例，比如，可参见 OFT，"Completed joint venture between Stagecoach Bus Holdings Limited and Braddell plc in relation to Megabus. com, Motorvator and Scottish Citylink Brands"(March 2006), http://www. oft. gov. uk/shared_oft/mergers_ea02/2006/stagecoach. pdf, 2013 年 9 月 17 日访问。

[121] 参见 OFT，"Guidelines note revising 'Mergers—a substantive assessment guidance'"(October 2004)(OFT 516a), http://oft. gov. uk/shared_oft/business_leaflets/enterprise_act/oft516a. pdf, 2013 年 9 月 17 日访问。

[122] 例如，在会引发垄断的并购案件中，并购发生之后可观察到的价格上升已经发生，而且除了并购发生之市场上的竞争被削弱以外，并不存在有关成本或其他因素的合理解释。

要考虑实现利益的可能性,还要在衡量负面影响的程度和可能性的时候考虑到这些利益是否可以抵消一定的损害。在评估是否应当以效率为由通过一项并购的时候,公平贸易办公室不仅会看需求一方还会看供应一方的效率主张。

(一)需求方效率作为增强竞争效率

12.85 效率通常指"需求方"效率,其结果是创造出更优质的产品,这与提供同样的产品,但成本有所降低相反。公平贸易办公室的指南已经将"会损害消费者的竞争减损"界定为严重损害竞争的关键因素。在通过竞争过程来分析并购的整体效果的时候,其增强的市场上的其他供应商之间竞争而产生的消费者利益,可以抵消两个并购参与方所带来的竞争减损。这种需求方效率就是众所周知的古诺效应——如果各产品间是互补的,而且其中一个产品的价格一旦下降,其需求量就会增加,而且与该产品一同使用的其他产品(并非替代产品)的需求量也会有所增加。如果产品间是互补的话,那么将其归于共同所有权之下(如通过并购来实现)会实现内部化,在企业内部可以吸收一个产品价格的下降给其他产品的销售量所带来的积极影响。

12.86 如果没有共同所有权的话,那么减价的企业就无法获取其他产品销量上升所带来的利益。结果就是,通过并购来内部化这一效应将会降低所有捆绑产品的价格,因为相对于并购发生之前,消费者不得不分别支付给两个不同供应商所提供的以"混合搭售"为基础的产品组合价格之和,经并购产生的企业为了实现利益最大化,会以更低的价格同时出售互补的产品。古诺效应之所以会发生,是因为其解决了"双重边际化"的问题,据此提高了配置效率。这与纵向并购通常会促进效率提高的观点一致,因为其会消除双重加价:也就是说,在并购发生之前,每一个企业都会独立地将产品价格提高至边际成本以上,而不需要考虑这种加价会影响其本身并不拥有但与其产品互补的其他产品的销售量。《欧委会非横向并购指南》用类似的表述阐释了这一观点。[123]

12.87 如果并购发生之前,各交易方已经具备一定市场力量的话,那么价格效率就更有可能发生。因为如果并购发生之前,价格刚好是完全竞争性市场价格水平的话——也就是处于边际成本的水平——那么,并购发生之后就不存

---

[123] Guidelines on the assessment of non – horizontal merges under the Council Regulation on the control of concentrations between undertakings [2008] OJ C 265/07, para 13.

在价格继续下降的"空间"了。[124] 这是因为,在很多品牌产品市场中,产品具有一定的市场力量,就假设其价格是设定在远高于边际成本的标准之上的,据此其就存在并购之后降低价格的能力和动机。除此之外,消费者也乐于接受这种捆绑销售,因为这可以通过"一站式服务"来降低交易成本。

(二)需求方效率:产品重新定位

12.88 如果并购发生之后进行产品或品牌重新定位的话,那么就可能会在双边市场[125]上产生额外的需求方并购效率。基本问题就是,以有利于消费者的方式,通过并购来改变交易各方的产品特征,会使得经并购产生的企业获得更多消费者。

基于并购后产品重新定位的效率主张的论证可能性

12.89 基于并购后的产品重新定位的效率抗辩,有可能和任何其他主张一样,受到以下反对观点的质疑:这一计划的实施无法得到保证,而且即便是当事方具备实施该计划的想法,也不一定能够成功。

12.90 在解决这类主张的论证可能性和可验证性问题的时候,有关行业惯例的证据,尤其是与先前收购相关的效率证据,在证明这一点的时候可以派上用场;以过去成功的类似"实验"为基础,并购可能会带来提高效率的结果。[126] 尽管过去的成功案例并不代表未来的并购会产生类似的利益,但有关记录会使人们对此抱有更大的信心。与以互补型实物资产的合并为基础的效率

---

[124] 这一论证依赖于价格具备线型特征,例如,是以每单位为基础来定价的(或据此相关的一些可变因素),而不是非线型价格,例如,具有固定组成部分,并据此有一定的单位增量。

[125] 也就是大家所熟知的间接网络效应或外部性。一个传统市场中的直接网络效应,指的是一个单一用户所获取的利益越大,其他用户的数量就越多,其中一个典型的例子就是移动电话网络。间接网络效应,就是在双边市场上,随着一边用户数量的增多,会给另一边的消费者带来利益。在一个双边市场中,经济理论支持这一论点。参见 A. Gandhi, L. Froeb, Tschantz, and G. Werden,"Post-Merger Product Repositioning",[2008] 56(1) Journal of Industrial Economics, 49-67,其发现,经并购产生的企业会将其各种产品相互分离开来,以降低销售再分配的可能,而其竞争对手会将其自身的各种产品在经并购产生的企业所提供的各产品中实现调转。因此,并购发生之后的产品重新定位会通过提高产品多样性来给消费者带来利益。然而,他们还发现,并购发生之后的产品重置会以两种对抗性的方式表现出来:随着产品种类的增多,所有产品的价格面临越来越大的上涨压力,但是经并购产生的企业提高价格的动机有所减弱,因为其自身所提供的各种多样化产品会转移(因为这些产品间的竞争会变小,以实现内部化)。

[126] 如需相同的观点,可参见"Treatment of Efficiencies in Merger Enforcement"(Prepared Remarks of Dr. M. A. Salinger, Director, Bureau of Economics, Federal Trade Commission, before the Antitrust Modernization Commission, November 2005), http://www.ftc.gov/speeches/salinger/051117amcstatement.pdf, 2013 年 9 月 17 日访问。

不同，产品重新定位的主张更依赖于于人力资本的价值，也即能够管理并重新定位品牌并掌握专有技术的人员，以及与重新定位前后状态有关的项目模式和其他方面。

12.91 有关技术或管理类效率的一个很重要的顾虑就在于，这些因素并非并购所特有的，因为很难说管理人员和技术人员是并购所独有的，尤其对于收购一方而言更是如此。如果并购未发生的话，目标企业也可以雇佣新的管理和/或技术人员。然而，不可否认的是，一个企业的竞争性行为可能会由于以下因素而大有不同：管理层、品牌策略以及其他，而且这些技术的提供还可能是短期的。另一种普遍认可的观点是，在一些并购中善意的动机确实存在：相对于（目标企业的）现有管理层（以及任何其他可选管理团队）而言，收购方的管理层相信其自身具备改善目标企业的消费者策略的技术；而且，在有些情况下，与新的管理层合并，并保有目标企业的特定关键性人员（及其技术），可能就是一种重大的人力资本合并，从而改善质量、创新流程以及产生其他方面的改进。

12.92 因此，如果认为，由于这些原因，管理类和技术类效率本身就不可能被识别出来，是不合适的，尽管这些效率很难被确定；[127] 然而，针对上述有关效率主张的证据应当适用证据保障措施：如果仅存在善意的信任，认为收购一方的管理层"能够做得更好"是不够的，还需要令人信服的证据。至于需要给这种主张多大的权重，相关个人和企业的记录、消费者的确认等因素在决定这类效率主张是过于臆测的还是可以被认定为并购所特有的时候，可以作为很有价值的工具。在验证效率主张的过程中，需要尽早与公平贸易办公室沟通，以把握合适时机为分析提供一定帮助。

（三）供应方效率

12.93 正如英国《并购审查指南》中所指出的那样，供应一方强化竞争类效率（例如，成本节约）更有可能在以下这种情况被考虑在内：并购行为会影响边际成本或可变成本。因为这类成本会促进竞争，而且还有可能会通过低价的方式直接传导给消费者（因为在短期定价行为中，边际成本/可变成本占据了重要地位）。通常来讲，固定成本的节约并不会被赋予过多权重，因为这一因素对于短期的价格设定而言并没有那么重要。然而，在以下这种情况下，固定成本对于短期价格设定而言也可能很重要，例如，竞争以招标程序

---

〔127〕 如需相同的观点，可参见 Salinger（n 126）。

的形式表现出来,而且投标同时表现出了招标服务的固定成本和可变成本。[128]

12.94 正如本章有关 *Global/GCap* 案和 *European Directories/Gouden Gids* 案中的效率分析所示,这两个案例,是效率审查改变了并购审查结果的最早的案件。

五、经典案例:*Global/GCap* 案[129]

12.95 Global Radio UK Ltd.（Global）是一家英国的私人商业无线广播集团,其活动包括三个主要品牌（Heart,Galaxy 和 LBC）下的九个当地模拟无线广播台。GCap Media plc（GCap）是通过 2005 年的 Capital Radio plc 和 GWR plc 合并而设立的,其拥有 71 个英国当地模拟无线广播牌照组合,以及 Classic FM 国家电台。

12.96 交易在很大程度上合并了互补型资产。Global 的主要资产包括有关 Heart 和 Galaxy 的相对较新而且很强大的无线广播品牌,以及企业专有技术,常用程序模式以及相关的观众人口;其相对劣势在于地理覆盖面不够。GCap 的主要资产包括:广泛的无线网络,大范围地对于当地无线电站的"继承",在英国全境具有 71 个当地广播牌照,以及一个国家级牌照（Classic FM）;其相对劣势就是缺乏一个统一的被认可的品牌策略——也就是说,一个常用的程序模式以吸引特定观众人口,以及一个针对广告商的统一品牌策略,目标为全国范围内的观众。交易的首要价值策略就是合并 Global 的品牌和 GCap 在英国范围内的无线电网络。

12.97 Global 的全国地理覆盖面有限,仅在伦敦和英国中部地区提供无线广播业务,而在这些地区以及英国的北部地区中其活动也与 GCap 的活动有所重叠。在英国中部地区和伦敦以外,该项交易就是混合并购的最好例证。两个交易方的无线广播台作为互补型产品被出售给同一广告买方机构,这些

---

[128] 参见 UK Merger Assessment Guidelines（A Joint publication of the Competition Commission and the Office of Fair Trading）（September 1020）[CC2（Revised/OFT1254）],https://www.gov.uk/government/uploads/system/uploads/attachment_data/file/284449/OFT1254.pdf, 2013 年 9 月 17 日访问。

[129] Office of Fair Trading,"Completed acquisition by Global Radio UK Ltd of GCap Media plc"（August 2008）（ME3638/08）.

机构成批地买入广播播放时间,通过聚集来实现全国范围(也就是在整个英国范围之内)内的广播和多媒体广告活动的更大覆盖面。

12.98 Global 提出剥离本应出售给买方的“一揽子”无线广播站台,以期预先获取公平贸易办公室的通过。原则上来讲,这可以通过将竞争维持在并购前英国中部地区的竞争水平,来解决公平贸易办公室的顾虑。至于伦敦市场,并购效率被认为是帮助交易被通过的决定性因素。关于在效率不充分的英国中部地区的剥离补救措施,可以维持市场上的竞争以确保消费者不会受损害。

12.99 在该案中,并购所特有的效率是双重的,而且在公平贸易办公室的判决中,也适当地清除了伦敦地区的“关键性”障碍。第一点,有令人信服的证据证明 Global 将具备利润动机来将前 GCap 和 Global 的无线广播台捆绑在一起,而且相对于并购发生之前,这些无线广播台并未同属于共同所有权的时候,有关混合型捆绑的价格之和而言,会以更低的组合价格来提供服务。降低价格的动机,可以抵消交易参与方的竞争内部化而带来的提高价格的动机。与其他类型的效率不同,本案中的效率并不需要来自竞争对手的压力以确保利益可以被传递给消费者;经并购产生的企业可以独立于其竞争对手,通过开出更低的捆绑价格来实现利润最大化。

12.100 第二点,Global 将会通过提高所有合并无线电站的听众总数,并提高对于各无线广播台听众的人口关注,来重新定位其共同所有的无线广播台,以吸引更多的听众。在直接使得终端消费者受益的同时——消费者一点也不会受到价格影响的风险——广告商也会据此受益:这不仅来源于可以覆盖更多受众的能力,还取决于更好地将其广告投放给所关注的受众(因为,很多产品广告都或多或少地将目标定位于特定的年龄、性别以及收入群体),这也就意味着更少的信息“损耗”以及实现花在投放给消费者的广告上的费用的价值更大化。如果两种效率都实现的话,那么将会改善 Global/GCap 无线广播台给听众和广告商提供的服务。有关这一效率分析的驱动因素在于交易会给消费者福利带来的净影响;公平贸易办公室的大体观点就是,交易方的伦敦听众将会由于并购而获益,而且在任何情况下,都不存在交易方的听众数量会更糟糕的现实预期。

12.101 另外,位于伦敦的无线广播竞争对手,比如 Bauer, Virgin 和 GMG 如果希望保持并增长两类听众数量的话,就不得不作出回应。这种效率就可以被认定为是“强化竞争型”的,因为对于市场上其他的企业而言,如果它们想要赢取并维持受益于并购的消费者,就需要与经并购产生的企业所提供的服务进行匹配,并作出更好的回应;另外,并购的净影响在于,其将会强化——或在任何情况下不会严重降低——整体竞争,尽管交易方之间的竞争已经被消除。

12.102 据此,英国竞争当局认为本并购所带来的效率本身就足以使得一个具有很高市场份额的横向并购获得通过。

六、经典案例:*European Directories/Gouden Gids* 案

12.103 在 *European Directories/Gouden Gids* 案[130]中,荷兰竞争当局 NMa 批准了 European Directories(在线和印刷名录 De Telefoongids 的出版商)与荷兰境内的在线和印刷名录出版商 Gouden Gids 之间的并购。两个公司都提供企业和机构的在线列表,消费者可以免费获取与产品和服务有关的印刷和在线信息。两个公司提供的企业名录都是免费的,只有在需要植入更多广告时(如整个页面),才需要针对额外的信息付费。De Telefoongids 和 Gouden Gids 都是通过广告获取利润;这两个公司是荷兰境内相关市场上的主要领先者,占据了整个广告市场超过 90% 的份额。

12.104 当事方提出相关效率主张之后,NMa 认为,并购会产生更有价值的产品,这将同时有利于用户和广告商。用户可以通过单一名录获知所有名录广告商。企业客户也会获益;那些只在一个名录上发布广告的企业客户("非重叠广告商")在并购之后将可以获取其他名录的用户。那些需要同时在两个名录上发布广告的广告商(重叠广告商),将只需要在一个名录上发布广告。

12.105 因此,只要并购发生之后广告价格保持不变,非重叠广告商所付费用将更加物有所值,且重叠广告商将需要支付更少的费用。另外,事实证明,即便是有提高价格的可能,或广告价值被低估(由于周围仍存在大量的具备竞争力的广告),并购也不会抵消大多数广告商可能会获得的利益,对于这些广告商而言,其可以通过更少的花费获取更多的受众。即便少数广告商可能会由于并购企业的价格歧视而利益受损,但绝大多数的广告商还是会从

[130] "NMa: green light to acquisition of Yellow Pages Netherlands by De Telefoongrids" (European Directories/Gouden Gids) (29/08/2008), http://www.nmanet.nl/, 2013 年 9 月 17 日访问。

企业间的合并中获益。

12.106 上文所述的效率被认为是并购特有的、可被证实的，且有利于广告商。正如已经提到的那样，反竞争影响的可能性越大，效率抗辩就越重要。由于荷兰竞争当局发现并购发生之后价格上涨的可能性有限，则当事方所提出的效率抗辩会更容易被接受。NMa 认为，效率利益可以抵消某些广告商可能在两个名录合并之后会遭受的不利结果。[131]

12.107 因此，在英国和荷兰，效率分析会对并购审查产生影响。这对于效率评估而言是一个非常正面的发展。我们只能希望这种分析方式被继续使用，并被其他竞争当局所遵循。

七、结　语

12.108 对于如何适用效率抗辩这一问题，实践中并不存在明确是的欧委会决定和欧共体法院判决，交易方及其顾问就只好依赖指南。为了成功展示并支持其效率主张，并购参与方应当明确，应该在并购审查哪一阶段提出效率主张，将会如何针对反竞争关切来评估效率，以及应当提供什么样的证据。

12.109 应当鼓励交易方为其并购的潜在效率动机进行解释，并进行证明，而且效率也应当作为竞争当局通过一项本被认定为是反竞争的并购或降低补救措施规模的基础。效率和竞争损害之间的平衡并没有那么简单。正如伊兹科维茨（Ilzkovitz）和米克尔约翰（Meiklejohn）所认为的那样，[132] 欧盟引入需要量化的效率抗辩，成为了并购审查的一个重大改变。

12.110 在有关横向和非横向并购指南[133]面前，欧委会应当对当事方所提出的效率主张持开放的态度。最近的判例法已经表明，欧委会已经开始倾向于在并购审查的过程中考虑效率因素，并在其决定中给效率更高的权重。

---

[131] M. Visser and S. Bishop, "When One is enough? —Effects - based and Efficiencies Analysis in Practice", [2009] 30(9) ECLR, 403 - 6; P. D. Camesasca, M. Meulenbelt, T. Chellingsworth, I. Daems, and J. Vandenbussche, "The Dutch Yellow Pages Merger Case - 2 - 1 - Go!", [2009] 30(1) ECLR, 4 - 13.

[132] F. Ilzkovitz and R. Meiklejohn (eds.), *European Merger Control: DO We Need an Efficiency Defense?* (Cheltenham: Edward Elgar Publishing, 2006).

[133] Guidelines on the assessment of non - horizontal mergers under the Council Regulation on the control of concentrations between undertakings [2008] OJ C 265/07.

12.111 *Global/GCap* 案[134]和 *European Directories/Gouden Gids* 案[135]就证明,如果提供了"正确的"证据,竞争当局就基于效率来通过一项并购。这是有关并购判例法的一个非常积极的发展,同时也希望在未来其他竞争当局也会遵循类似处理方式。

12.112 还一种情形,即当事方提出效率主张,而且并购是发生在经济危机时期。这时候就需要了解一个很重要的问题:在这种环境下,有关效率的分析是否应当有所不同。提倡采取更加宽容的分析方法的人认为,应当更加关注禁止并购决定所带来的无效率问题,并防止这一问题。[136] 这是荷兰案中明确考虑到的一个因素。

---

〔134〕 还有一个案件,OFT 考虑到了强化竞争这一效率因素,"Proposed acquisition by Cable and Wireless Group plc of the outstanding Thus Group shares"(September 2008)(Me/3752/08). 详见 http://www. oft. gov. uk/OFTwork/mergers/decisions/2008/cable#. Ugn7zBZNZUQ, 2013 年 9 月 17 日访问。

〔135〕 "NMa: green light to acquisition of Yellow Pages Netherlands by De Telefoongrids"(n 130).

〔136〕 详见 Kokkoris and Olivares Caminal(n 14)。

第十三章　破产企业抗辩

一、破产企业抗辩
二、欧洲联盟视角
（一）立法
（二）破产企业抗辩的适用
三、减损：移除中止
（一）COMP/M. 3156—*EADS/Astrium*（Ⅱ）案
（二）COMP/M. 3209—*WPP/Cordiant* 案
（三）COMP/M. 4151—*Orica/Dyno* 案
（四）IV/JV. 3—*BT/Airtel* 案
（五）COMP/M. 2777—*Cinven Limited/Angel Street Holdings* 案
（六）IV/M. 722—*Teneo/Merrill Lynch/Bankers Trust* 案
四、破产企业抗辩的思考
五、结语

一、破产企业抗辩

13.01 进口带来的激烈竞争、部分产业中严重的产能过剩以及技术进步，只是现今塑造市场特征的几个要素。濒临破产的危难公司，是发达经济和发展中经济都会存在的常见现象。处于财务危机中的公司可能会选择重组，以确保其存续和盈利。

13.02 重组通常是破产程序的一部分。“重组”指的是全部/部分拆除并重整一个公司的行为。这可能会包括出售公司的部门/单元，以及大幅裁员。公司通常也会重新调整资产负债表中的负债和所有者权益部分，因为发行者无法获取足够的现金流来负担债务和其他责任。重组可能包括:债务本金或利率的迟延支付,均衡债务或其他债务,以及在破产程序中更改或终止负担性合同承诺。通常情况下,在进行重组的时候都会参考破产程序中将会出现的结果,即便破产程序并未真正发生。债务重组的目标在于赋予公司继续经营业务的能力。

13.03 对处于困境的公司而言,一种战略性回应就是与其他公司进行合并,以实现必要的竞争性效率,这也是成功地实施重组程序的方法之一。[1] 不管是繁荣行业还是没落行业中的濒临破产的企业,都有可能会选择兼并/收购/被收购,或出售亏损的部门,以加强公司的存续性和盈利性。考虑到这些重大转变,破产企业/部门抗辩[2]的可适用性和重要性可能就起到决定性作用。

13.04 对于重组程序而言,并购的重要性(以及破产企业抗辩)尤其体现在美国最高法院的 *United States v. General Dynamics Corp* 案中。[3] 法院认为,私人当事方、股东和债权人三方都会获益于濒临破产公司的并购行为。股东的投资不大可能会遭受损失,而且如果并购被证明是具有营利性的话,还可能会因此获益。债权人也将会通过保持其针对债务人的债权而受益,而且还可能会实现其对公司享有的债权。反之,如果公司进入破产程序,债权人很有可能无法完全实现自身的债权。

13.05 如果企业的一个部门或整个企业必须要被另外一个企业兼并或收购,以维持其存续性和未来的盈利预期的话,重组程序可能是备选工具之一。在这种情况下,重组唯一可能的途径就是一项成功的兼并/收购。这就需要由相关竞争[4]当局来审查并购案件。如果当局认为并购将产生反竞争效果的话,就可能会拒绝通过该项交易,从而导致重组程序无法圆满完成。

13.06 针对破产企业抗辩,美国和欧盟各有各的审查标准。满足这些标准,是可能会带来反竞争效果的并购最终被通过的一个至关重要的因素。

---

〔1〕 D. A. Valentine, "Horizontal Issues: What's Happening and What's on the Horizon" (Federal Trade Commission, December 1995), http://www.ftc.gov/speeches/other/dvhorizontalissues.html, 2013年9月18日访问。

〔2〕 一个相同的术语就是濒临失败公司抗辩。

〔3〕 *United States v. General Dynamics Copr.*, —415 U.S. 486 (1974).

〔4〕 本章将主要使用"竞争"这一术语,其与美国法律或当局为了保护贸易和商业不受限制、垄断、价格固定和价格歧视的影响而使用的"反垄断"一词可以互换。参见布莱克词典有关反垄断法的定义(8th edn., Eagan: West Group, 2004),92。

13.07 破产企业抗辩,指的是某一集中预期会给竞争带来的中性影响,其中参与并购(收购一方和/或目标企业)的一方(或双方)由于财务危机而濒临破产。[5]

13.08 正如上文已经提到的那样,在特定的经济背景中,一个公司参与并购最主要和最常见的原因就是其濒临破产,需要重组债务。越来越多的著作开始研究破产程序对公司和股东事先决定的影响。重组债务时可能会出售公司的亏损部门,如果公司有子公司的话,也可能会出售部分或全部子公司。因此,在竞争当局对相关企业间交易进行评估时,当事方就可以提出破产企业抗辩或破产部门抗辩。然而,破产部门抗辩并未获得竞争当局和法院广泛的接受和认可。

13.09 魏兹(Weeds)和梅森(Mason)[6]认为,竞争当局对于破产企业抗辩的态度可能会影响企业进入市场的决定。一个企业在进入市场就会考虑退出市场的便利性,如果市场环境恶化,企业就可以退出市场。进入市场的办法之一就是收购/兼并一个现有的市场参与者。这种类型的兼并/收购,可以使新进入市场的企业得益于现有市场参与者的基础设施、专有技术以及消费者基础。另外,破产企业抗辩能够通过帮助企业在财务危机时退出市场,鼓励市场进入,从而实现福利的整体提升。即便是由于企业与现有市场参与者进行兼并或收购使得福利有所下降,但更早的市场进入所带来的福利抵消这一损失也是绰绰有余。

13.10 除了考虑濒临破产企业在一项并购中的重要性和对市场进入的影响之外,在对夕阳产业中的并购进行评估时,竞争当局还应当关注潜在的动态或创新效率。动态或创新效率对实现竞争活力、研发以及整体福利有十分重要的作用,但由于动态或创新效率关注的是未来的产品,因而可能无法检验和量化。如果并购能够使得一个夕阳产业的盈利有所改观(如通过降低固定成本),那么即便价格影响不会立刻显现出来,在分析该并购的时候也应当更加注重效率。因此,就需要对濒临破产公司从市场上退出所引起的公司存续性问题和可能给竞争带来的积极影响加以权衡。因为市场上还存在另外一个竞争对手,而且并购可以使市场发生进一步合并(如果一个竞争对手合并/收购濒临破产公司的话),这些都可能会给竞争带来积极影响。

---

[5] V. Baccaro, "Failing Firm Defense and Lack of Causality: Doctrine and Practice in Europe of Two Closely Related Concepts", [2004] 25(1) ECLR, 11 - 24 at 11.

[6] R. Mason and H. Weeds, "The Failing Firm Defense: Merger Policy and Entry" (CEPR Discussion Papers, 2003), http://repec.org/res2003/Mason.pdf, 2013 年 9 月 1 日访问。

13.11 竞争当局已经认识到合并/收购在避免公司破产方面的重要性,破产企业抗辩给市场进入带来的影响,以及潜在动态或创新效率所发挥的作用,而且在并购审查过程中将上述公司可能面临的财务危机考虑在内。欧盟和美国的并购指南中都强调了"破产企业抗辩"的问题。判例法也为破产企业抗辩在欧美法域的进一步发展注入了活力。

13.12 为了完成维持并购之后市场上的竞争结构这一目标,竞争当局必须采用一种法律实体测试,以决定并购可能会带来的反竞争影响,同时决定在评估并购是否应当被禁止时所需证据的水平和质量。

13.13 在本章的第二部分,将要解决的问题包括:"破产企业抗辩"这一理由,应当如何将这一因素考虑在内,以及其是如何影响并购审查的。[7] 我们将要分析,为了使抗辩被竞争当局接受需要满足的要素;检验应当如何在审查并购案件的实践中提起效率抗辩,以及抗辩是否成功。

二、欧洲联盟视角

(一)立法

13.14 欧委会将会与欧洲法院的判例法一致,[8] 对"破产企业抗辩"加以考虑。在

---

[7] 主要成员国判例包括:

1. Competition Council Decision No. 2001C/C48, 19 September 2001, C&N Touristic Belgium/City Bird SA, Belgian Official Journal, 4 April 2002, p. 13908 (*Belgian competition authority*).

2. Competition Council decision of 26 April 2002. The merger between Danish Crown and Steff - Houlberg (*Danish competition authority*).

3. Opinions 02 - A - 07 of 15 May 2002, and 04 - A - 16 of 28 July 2004, Seb/Moulinex (*French competition authority*).

4. B 6 - 142/05 RTL/n - tv, 4 November 2006, WuW/E DE - V p. 1226 (*German competition authority*).

5. Case C5109 Groupe Canal +/Stream, 13 May 2002, Bull. No. 19/2002 (*Italian competition authority*).

6. SCA: Dnr 661/96 Sveriges Television AB, Schibsted Film A/S, Nordisk Film A/S and Skandinaviska Filmlaboratorier Holding AB, 19 June 1996, Stockholm District Court: T8 - 669 - 96, SCA v. Sveriges Television AB, Schibsted Film A/S, Nordisk Film A/S and Skandinaviska Filmlaboratorier Holding AB, 18 December 1996 (*Swedish competition authority*).

[8] 在 *Kali und Salz/MdK/Treuhand* (Case No. IV/M. 308) Commission Decision (94/449/EC) [1994] OJ L 186/38 案中有所适用;on appeal Joined Cases C - 68/94 and C - 30/95 *France and Societe Commerciale es Potasses et de l' Azore* (*SCPA*) *and Enterprise miniere et chimique* (*EMC*) *v. Commission* [1998] *ECR I* - 1375, [1998] 4 CMLR 829。

竞争激烈的市场中,涉及濒临破产公司的并购通常可以通过提升现有产能的效率,重新部署这一产能以实现更高的社会价值,维持就业以及其他有利于社会利益的优势,而促进整体福利的实现。[9] 另外,在经济层面上还可能产生有利影响,包括产生于规模经济、范围经济或其他效率的有利影响,以至于阻止交易将会给无论如何都会存在的竞争增加新的经济和社会方面的负面影响。有关这类福利利益抗辩的举证责任在提出抗辩的当事方。如果参与并购的一个公司是"濒临破产的企业",而且不管怎样都会退出市场,那么并购可能被认为不会严重损害有效竞争。基本要求就是,并购后竞争结构的损害不是并购引起的。[10]

13.15 在评估破产企业抗辩是否可被接受时,并购和潜在竞争结构的恶化之间"不存在因果关系"这一点发挥了主要作用。关于假设事实的分析,对并购发生与并购被否决所导致的不同竞争情况进行比较,在评估破产企业抗辩是否可被接受时起到了关键作用。

13.16 欧委会认为,在适用"破产企业抗辩"时,以下三个要素具备相关性。[11] 首先,由于面临财务危机,如果不被另外一个企业收购的话,声称濒临破产的企业将在不久的将来被迫退出市场。其次,与拟进行的并购相比,并不存在其他对竞争影响更小的可选项。也可能存在这种情况:在企业退出市场之后,买方可能对于买入该濒临破产企业的资产很感兴趣。一个公司退出市场,也可能会为新的企业进入市场提供一种途径。另外,相对于单一企业独自收购濒临破产企业的全部资产而言,多个企业参与收购给竞争带来的益处更大。最后,如果没有并购的话,濒临破产企业的资产将不可避免地退出市场。一旦适用濒临破产企业抗辩的三个条件均满足,就会认定并购不会给共同市场上的有效竞争造成严重损害。《横向并购指南》[12] 中所列举的三个要素是累积要件,以证明并购和竞争结构的恶化之间不存在因果关系。[13]

---

〔9〕 G. Hewitt, "The Failing Firm Defence", [1999] 1 (2) Journal of Competition Law and Policy (OECD), 113 – 33 at 115.

〔10〕 Guidelines on the assessment of horizontal mergers under Council Regulation on the control of concentrations between undertakings [2004] OJ C 31/03 at §89.

〔11〕 Guidelines on the assessment of horizontal mergers under Council Regulation on the control of concentrations between undertakings [2004] OJ C 31/03 at §90.

〔12〕 Guidelines on the assessment of horizontal mergers under Council Regulation on the control of concentrations between undertakings [2004] OJ C 31/03.

〔13〕 Baccaro (n 5) at 23.

13.17　因此,如果交易一方处于财务危机,那么《横向并购指南》就会准许一项本该被认定是反竞争的并购。[14] 其背后的原理就在于,即便是并购并未发生,竞争结构还是会同样的有所恶化。不管交易最终是被通过还是被否决,未来的市场结构都同样不利于竞争。据此,并购和给竞争带来的负面影响之间没有因果关系,所以并不存在否决并购的法律基础。欧委会已经在 *Kali und Salz* 案[15]的决定中明确,接受破产企业抗辩只是一种例外情形。通常情况下,会存在这样一种假设:会严重损害有效竞争的集中就是竞争结构恶化的原因。交易方应当承担以下两方面的举证责任:破产企业抗辩的要求已经满足,以及并购和竞争结构的恶化之间并不存在因果关系。

13.18　处于管理危机边缘的企业可能无法满足"在不久的将来退出市场"的要件,而处于清算流程的公司更有可能会满足该要件。处于盈利状态的母公司决定关闭遭受损失的子公司,不太可能会被认定为有说服力的破产企业抗辩。

(二)破产企业抗辩的适用

13.19　即便是在第4064/89号条例[16]生效之前,欧委会也会处理收购破产公司的案例。1989年,欧委会批准 Mannesmannröhrenwerke AG, Klöckner Stahl GmbH, Krupp Strahl AG, Lech Stahlwerke GmbH, Thyssen Stahl AG, Thyssen Edelstahlwerke AG 以及 the Land of Bavaria 设立一个名为"Neue Maxhütte Stahlwerke Gnbh"的新公司。该新设公司将收购 Eisenwerk Gesellschaft Maximilianschütte mbH(该公司于1987年4月16日宣布破产)的部分设施和人力。The Land of Bavaria 将拥有新设公司45%的股份,而剩下的55%的股份将由其他设立 Neue Maxhütte Stahlwerke Gnbh 的公司享有。重组计划包括减少生产和关闭 Haidhof 工厂。重整计划旨在帮助公司恢复存续性,并重整欧共体的钢铁行业。[17]

13.20　此外,本章也会分析当企业不被收购就即将面临破产时,欧委会的处理方

---

〔14〕 处于管理危机边缘的公司可能没办法满足在不久的将来退出市场的要件。尽管处于清算流程的公司更有可能会满足各要件。值得一提的是,处于盈利状态的母公司决定关闭遭受损失的子公司,不太可能会被认定为可靠的破产企业抗辩。

〔15〕 *Kali und Salz/MdK/Treuhand* (Case No. IV/M. 308) Commission Decision (94/449/EC) [1994] OJ L 186/38.

〔16〕 Council Regulation (EEC) No. 4064/89 of the 21 December 1989 on the control of concentrations between undertakings OJ L 395/1 (entered into force on 21 September 1990).

〔17〕 Nineteenth Report on Competition Policy (1989) at 86, http://europa.eu.int/comm/competition/publications/publications/#PORTS, 2013年9月18日访问。

式。在这种情况下,当事方可以请求不适用新版《欧盟并购条例》的第 7.3 条,正如本章后续要分析的 *Kelt/American Express* 案那样。

13.21 《欧盟并购条例》(也即第 4064/89 号条例)并没有关于破产企业抗辩的任何规定。然而,实践中交易当事方已经提出这一抗辩,而且欧委会的一些决定中也解决了这类问题,下文将对其中最为重要的案件进行分析。

(a) *Aerospatiale – Alenia/De Havilland* 案[18]

13.22 起初,破产企业抗辩是由 Aerospatiale 提出的。Alenia – Aeritalia e Selenia Spa("Alenia")和 Aerospatiale SNI("Aerospatiale")将收购 De Havilland, Boeing 的区域飞机分支机构("Havilland")。Aerospatiale 和 Alenia 已经通过 ATR 活跃于区域涡轮螺桨飞机相关市场(根据飞机型号的不同,界定了三个不同的相关市场)。Avions de Transport Régional("ATR")和 De Havilland 在中型涡轮螺桨飞机市场上的业务有所重叠,其中新设企业将拥有全球 64% 的市场份额。提出破产企业抗辩的当事方认为 Boeing 将会关闭 De Havilland。在依据第 4064/89 号条例分析支配地位时,欧委会质疑, De Havilland 不被 Aerospatiale – Alenia 收购与 De Havilland 将面临清算之间存在相关性。欧委会认为这种退出是不可能发生的。[19] 另外,欧委会认为,即便是 De Havilland 退出市场,交易方也并非仅有的潜在买方。

13.23 在评估如果并购不发生, De Havilland 退出市场的可能性的时候,欧委会考虑了以下各因素:De Havilland 生产的飞机质量优良、众所周知且深受欢迎的飞机,其飞机净售价已经提升,生产成本已经下降,而且仍存在进一步提升生产效率的空间。[20] 欧委会虽然没有明确提及这一点,但与"破产企业抗辩"相比,"破产部门抗辩"中并购参与方的举证责任更重。

(b) *Kali und Salz* 案[21]

13.24 欧委会在 *Kali und Salz* 案的决定中详细论述了破产企业抗辩这一概念及其

---

[18] Aerospatiale – Alenia/De Havilland (Case No. IV/M. 053) Commission Decision (91/619/EEC) [1991] OJ L 334/42.

[19] Aerospatiale – Alenia/De Havilland (Case No. IV/M. 053) Commission Decision (91/619/EEC) [1991] OJ L 334/42, para 31.

[20] OECD, "Policy Roundtable: Failing Firm Defence" (1995) 93, http://www.oecd.org/dataoecd/35/6/1920253.pdf, 2013 年 9 月 18 日访问。

[21] *Kali und Salz/MdK/Treuhand* (Case No. IV/M. 308) Commission Decision (94/449/EC) [1994] OJ L 186/38.

条件。该案涉及 Kali（“Kali”）、Salz（“Salz”）与 Treuhandanstalt（“Treuhand”）所设立的合资企业，以及德国化学公司 BASF Aktiengesellschaft（“BASF”）的子公司 Kali und Salt 与前德国民主共和国的一个国有企业（“MdK”）的岩盐和钾盐经营活动的集中。集中将导致市场上的垄断（钾盐产品 98% 的市场份额）。

13.25 MdK 的经济情况十分严峻，已处于破产边缘。MdK 当时的经济状况主要是由以下原因造成的：公司的运营结构，以及由于东欧市场的崩溃而导致的销售危机。另外，MdK 在德国市场的销售量大幅下降，而且 MdK 也不具备安排高效分销系统的能力。如果没有已经弥补亏损的 Treuhandanstalt 帮助的话，公司可能没有办法继续运营。

13.26 因此，欧委会在对拟进行的并购案件进行评估的时候，检验了破产企业抗辩的条件是否已经满足。交易方称，如果没有进行并购，MdK 很快就会被迫退出市场，而其市场份额将会被 Kali 和 Salz 获得。

13.27 如果没有具备必要管理技术的私人行业合作伙伴进行收购，并且还不存在协同的话，拯救 MdK 基本不可能实现。欧委会认为，重组的成本将高于通过并购提供帮助的成本。通过私有化来重整国有企业的管理问题，并不能拯救该无法继续存续的企业，并使其以国有企业的身份长期存续下去。欧委会得出结论：有足够证据证明，如果不被另外一个私有企业收购的话，MdK 将退出市场。

13.28 另外，德国钾盐市场本身的结构性因素将其与其他国家的竞争对手隔离开来，欧委会认为 MdK 在德国钾盐市场上的份额将由 Kali 和 Salz 获得，因为后者无须额外成本就可以提升其钾盐产量，并成为德国市场上的独家供应商。

13.29 欧委会进一步认定，如果由 Kali 和 Salz 以外的其他公司收购 MdK 全部或绝大部分的话，就会造成损失。欧委会得出结论，Goldman Sachs 在购买 MdK 的时候，尽其最大可能以使更多的公司据此受益。根据欧委会的观点可知，由于以下原因的存在，缺乏其他可选买方这一事实也能够在客观上被证明是合法的：MdK 的运营结构，产能过剩，钾盐市场整体低迷，以及收购并不会带来重大协同。

13.30 欧委会认为，如果即便是并购被禁止，收购方还是不可避免地会获取或强化支配地位的话，就认为通常情况下被认为会导致收购方产生或强化支配地位的并购并不会在市场上造成这种结果。

13.31 据此,集中和竞争结构的恶化之间并不存在因果关系,如果:[22]

- 若不被另外一个企业收购,被收购方将在不久的将来被迫退出市场;
- 若被收购方被迫退出市场的话,收购方将会获得其市场份额;
- 并不存在其他对竞争影响更小的可选交易。

13.32 关于第一个要素,其仅关注濒临破产企业所在的市场。如果濒临破产企业的资产退出市场的话,那么该市场上的供应量就存在下降的趋势。如果并购发生之前基本不存在或仅有少量的过剩产能,产能减损以及价格上升所带来的福利减损就可能会发生。另外,供应量下降所带来的负面影响不可能迅速通过额外的以及新的产能实现逆转。[23]

13.33 因果关系的缺失,意味着即便是集中被禁止,濒临破产企业退出市场也不可避免,而非集中会严重损害有效竞争。应当由并购参与方承担不存在因果关系的举证责任。

13.34 在对并购进行评估时,欧委会得出结论:首先,拟进行的并购发生之后,德国农用钾盐市场上的支配地位会加强。然而,欧委会还得出结论:即便是并购并未发生,Kali 和 Salz 的支配地位也会加强,因为如果不被其他企业收购的话,MdK 还是会在不久的将来退出市场,那么其市场份额也会由 Kali 和 Salz 获得。其次,实际上基本可以排除除 Kali 和 Salz 以外的其他公司收购全部或部分 MdK 的可能。欧委会得出结论:并购并非德国市场上支配地位得到强化的原因,并通过了该项并购。[24]

---

〔22〕 本章将这三个要素称为 *Kali und Salz* 要素。

〔23〕 详见 OECD,“Policy Roundtable: Failing Firm Defence”(1995) 19, http://www.oecd.org/dataoecd/35/6/1920253.pdf, 2013 年 9 月 18 日访问。

〔24〕 Council Regulation (EC) No. 139/2004 of 20 January 2004 on the control of concentrations between undertakings (“the EC Merger Regulation”) [2004] OJ L 24/1,前言第 23 段,或 Council Regulation (EEC) No. 4064/89 of the 21 December 1989 on the control of concentrations between undertakings [1989] OJ L 395/1,前言第 13 段,提到了强化欧共体经济和社会凝聚力的目标。第 23 段提及,就维持并发展共同市场有效竞争的必要性而言,有必要确立具备欧共体影响力的集中是否是与共同市场相符的。通过这种行为,欧委会必须将其评估设定在建立欧共体条约第 2 条和欧盟条约第 2 条所提及的实现基本目标的大致框架之内。在 *Kali und Salz* 决定中,经过得出“解救并购”(或“破产企业抗辩”)原则适用的结论,欧委会认为,考虑到受并购影响的东德地区严重的结构劣势,以及关闭 MdK 可能会带来的严重后果,这一结论也与前言第 23 段所提及的目标一致。此外,这并非适用“破产企业抗辩”的要素之一,(但不管怎样,在 *Kali und Salz* 案中三要素已经满足)但也是指向相同结论的额外因素。详见 OECD,“Policy Roundtable: Failing Firm Defence”(1995) 19, http://www.oecd.org/dataoecd/35/6/1920253.pdf, 2013 年 9 月 18 日访问。

13.35 欧委会进一步指出,

考虑到上文提及的因果关系这一因素,一项会产生或加强支配地位的并购,必须以会给竞争带来最小损害的方式发生。这就意味着,如果要依据并购法律通过并购其他部分的话,选择目标公司其他可替代的处置方式时就必须遵循降低竞争结构恶化这一原则。[25]

13.36 针对欧委会的决定,法国政府和 EMC Group("EMC")的子公司 Société Commerciale des Potasses et de Azote(SCPA)提起上诉,上诉案为 EMC French Republic v. Commission。[26] 法国政府、SCPA 和 EMC 向欧洲法院提起上诉要求认定欧委会的决定无效,理由为:欧委会审查高度集中型市场上的并购的方法与共同市场不相符,并未正确适用并购条例,而且错误地使用了破产企业抗辩这一概念。

13.37 法国政府尤其提出,欧委会错误地使用了破产企业抗辩,因为其并未考虑到美国反托拉斯法中所有的要求。欧委会表示,其被质疑的决定并未完全采用美国的破产企业抗辩。然而,欧洲法院认为,其并不明确这一点是如何影响欧委会决定的合法性的。欧洲法院确认了一点:破产企业抗辩与评估集中是否与共同市场相符具备关联性。欧委会和美国反托拉斯执法机构的要求有所区别,这一点本身并不构成欧委会决定无效的基础。欧洲法院认为,欧委会证明了 MdK 如果不被一个私有企业收购,其非常可能在不久的将来倒闭,因此破产企业抗辩适用正确。

13.38 欧委会采纳的标准是,目标公司退出市场时,收购方需要吸收目标公司所有的市场份额,法国政府质疑了欧委会这一观点。欧洲法院认为,上述要素是为了确保集中和市场竞争结构的恶化之间存在因果关系。根据欧洲法院的观点可知,如果即便是并购并未进行下去,集中还是会类似地导致市场竞争结构有所恶化的话,就认为破产企业抗辩可以接受。欧洲法院进一步称:

吸收市场份额的标准,尽管欧委会认为这一点本身并不足以排除集中会给竞争带来的任何负面影响,因此就市场竞争结构的恶化而言,有助于确保集中的中性影响。

---

[25] *Kali und Salz/MdK/Treuhand* (Case No. IV/M. 308) Commission Decision (94/449/EC) [1994] OJ L 186/38, para 87.

[26] Joined Cases C – 68/94 and C – 30/95 *France and Societe Commerciale es Potasses et de l' Azore (SCPA) and Enterprise miniere et chimique (EMC) v. Commission* [1998] ECR I – 1375, [1998] 4 CMLR 829.

这与条例第 2 条第(2)款所规定的因果关系概念一致。[27]

13.39 据此,欧洲法院所采取的分析方法要比欧委会在 *Kali und Salz* 案决定中列举的条件范围更宽泛。但欧洲法院的原因似乎太过局限,因为这可能会使得一个垄断性并购被通过,还有可能禁止使市场集中度降低的交易。[28]

(c) *Saint Gobain* 案[29]

13.40 该案发生在碳化硅市场上,来自法国的 Saint – Gobain 集团("Saint – Gobain")旗下的公司 Société Européenne des Produits Réfractairs(SEPR),来自德国的 Wacker – Chemie 集团("Wacker – Chemie")旗下的公司 Elektroschmelzwerk Kempten(ESK),以及一个荷兰国有的位于北部省份的私人投资发展公司 Nom("Nom"),三者设立一个合资企业。交易将会合并碳化硅市场上两个最大的生产商,而且将会确保这两个企业占据磨料应用和耐热应用的碳化硅市场上 60% 的市场份额。

13.41 欧委会拒绝接受破产企业抗辩,因为其认为 *Kali und Salz* 要素并未满足。欧委会并不认为 Wacker – Chemie 的财务危机会导致该公司退出市场。另外,欧委会还认为,如果 Wacker – Chimie 退出市场的话,Saint Gobain 并不会获取其市场份额。据此,相对于并购被否决而言,并购被通过会给竞争结构带来更严重的损害。最后,欧委会认为,对于 Wacker – Chemie 而言,除了 Saint Gobain 之外还有其他可选买方,而且还存在会给竞争带来更小负面影响的解决方法,比如出售 Wacker – Chemie 拥有的世界上最先进的加工工厂之一,这一工厂的加工产能能够继续在市场上存续,与 Saint – Gobain 进行竞争。

13.42 欧委会无法得出并购和市场影响之间缺乏因果关系的结论。根据 *Kali und Salz* 要素可知,并购与市场竞争结构减损之间并不存在因果关系。我们可以认为,为了使得破产企业抗辩得到认可,欧委会所界定的 *Kali und Salz* 要

---

[27] 详见 Joined Cases C – 68/94 and C – 30/95 *France and Societe Commerciale es Potasses et de l' Azore (SCPA) and Enterprise miniere et chimique (EMC) v. Commission* [1998] ECR I – 1375, [1998] 4 CMLR 829,第 116 段。由于大量调查结果显示,在除了德国以外的欧共体市场上存在联合支配地位,因此欧洲法院宣告欧委会的决定无效。

[28] N. Levy, "The Control of Concentrations Between Undertakings" in V. Korah, Cases and Materials on EC Competition Law (2nd edn., Oxford: Hart Publishing, 2001), Chapter 10 at 614.

[29] *Saint – Gobain/Wacker – Chemie/NOM* (Case No. IV/M. 774) Commission Decision (97/610/EC) [1997] OJ L 247/1.

素范围非常窄，因此实践中也没那么容易实现。

(d)*Blokker/Toys R Us* 案〔30〕

13.43 在 *Blokker/Toys R Us* 案中，欧委会采取了欧洲法院在 *Kali und Salz* 案中（依据第4064/89号条例）要求集中与产生或加强支配地位之间不存在因果关系或（依据新版《欧盟并购条例》）严重损害竞争的分析方法。市场份额提高4%足以导致欧委会直接否决该项集中。在该案中，欧委会认为企业会在不久的将来破产。

13.44 但是，在本案中并未考虑不存在因果关系这一因素，因为 Toys R Us Inc.（"Toys R Us"）全部的市场份额不可能被 Blokker Holding BV（"Blokker"）获得，而且相对于并购而言，还存在其他更有利于竞争的解决方法。即便是收购未发生，收购方会获取目标公司的市场份额这一点也至关重要。〔31〕据此，破产企业抗辩并未被接受。正如上文所提到的那样，"破产企业"原则是以集中和产生或加强支配地位之间不存在因果关系为基础的。正如 Baccaro 所提到的那样，从技术上来讲，当事方所提出的是"破产部门抗辩"，但欧委会却是依据 *Kali und Salz* 要素来审查的。〔32〕

(e)*Boeing* 案〔33〕

13.45 *Boeing/McDonnell Douglas* 案涉及美国《反托拉斯法》和《欧共体法》。当事方提出了破产企业抗辩，以期获得美国联邦贸易委员会和欧委会的通过。

13.46 Boeing US（"Boeing"）主要活跃于商用飞机和国防、航天飞机两个领域。商用飞机运营包括发展、生产和营销商用飞机，并为全世界商用航空公司行业提供有关支持类服务。McDonnell Douglas Co.（MDC）是一家美国公司，其主要活跃于军用飞机、导弹、航空以及电子系统、商用飞机和金融服务四个市场。1996年，Boeing 和 MDC 签订合同进行并购，之后 MDC 将会成为 Boeing 的全资子公司。

---

〔30〕 *Blokker/Toys R Us*, *OJ* (Case No. IV/M. 890) Commission Decision (98/663/EC) [1998] OJ L 316/1.

〔31〕 C. J. Cook and C. S. Kersey, *E. C. Merger Control* (3rd edn., London: Sweet & Maxwell, 2000), 279.

〔32〕 Baccaro (n 5) at 15.

〔33〕 *Boeing/McDonnell Douglas* (Case No. IV/M. 877) Commission Decision (97/816/EC) [1997] OJ L 336/16.

13.47 Boeing 在相关产品市场上的份额将会从 64% 上升至 70%。通过收购 MDC，Boeing 在相关市场上的竞争对手仅剩一个，而且 Boeing 有关商用飞机的产能，尤其是技术人员，将会得到提升或增加。提交申报的并购还有可能会强化 Boeing 引导航空公司与其签订独占性协议，以进一步封锁市场的能力。欧委会认为，Boeing 在大型商用飞机市场上已经占据支配地位。拟进行的并购将会加强这一支配地位，进而严重损害共同市场上的有效竞争。

13.48 Boeing 提出，对于其民用部门 Douglas Aircraft Company（DAC）而言，MDC 是一个濒临破产的公司。公司失去了一个具备竞争力的恢复型研发项目，市场份额降低了三倍，使其实力受到削减。考虑到并购提交申报的时候，MDC 占据了全球大型民用飞机 6% 的订单，这些来自飞机服务和运营的生产和收益可以保持 DAC 处于盈利状态。这种盈利状态可以明显地排除适用破产企业抗辩的可能。欧委会接受以下观点：当时并不存在对于收购 DAC 感兴趣的飞机生厂商，而且也无法证明还存在一个可以通过利用 DAC 来进入市场的潜在市场进入者。[34] 据此，破产企业抗辩并未被接受。

13.49 美国联邦贸易委员会考虑到了消费者福利，据此通过了该并购。根据其观点可知，如果提交申报的并购被否决的话，可能会损害重要的美国国防利益。[35]

(f) *Bertelsmann* 案[36]

13.50 CLT - UFA SA（CLT - UFA）和 Taurus Beteiligungs - GmbH & Co. KG（Taurus）将获取以下公司的共同控制权：Premiere Medien GmbH & Co. KG（Premiere），BetaDigital Gesellschaft für digitale Fernsehdienste mbH（BetaDigital）以及 BetaResearch Gesellschaft für Entwicklung und Vemarktung digitaler Infrastrukturen mbH（BetaResearch）。拟进行的集中将通过购买股份完成。

13.51 Bertelsmann AG（Bertelsmann）是德国领先媒体集团的共同母公司。Bertelsmann 集团主要在以下各领域从事活动：书籍和杂志出版、图书俱乐部、印刷、音乐发行以及录音，另外对商业电视也有所涉足。CLT - UFA 是 Bertel-

---

〔34〕 S. Bishop and M. Walker, *The Economics of EC Competition Law: Concepts, Application and Measurement* (London: Sweet & Maxwell, 2002), 308.

〔35〕 例如，可参见 Boeing/McDonnell Douglas（Case No. IV/M. 877）Commission Decision（97/816/EC）[1997] OJ L 336/16，para 12。

〔36〕 *Bertelsmann/Kirch/Premiere*（Case No. IV/M. 993）Commission Decision（1999/153/EC）[1999] OJ L 053/1.

smann 和 Audiofina SA 这两个母公司将其各自在欧洲的电视业务进行合并设立的合资企业。这些业务包括在 Premiere 中占据的股权。Taurus 是一家控股公司，是 Kirch 集团（Kirch）旗下一员。Kirch 是德国领先的电视故事片和娱乐节目供应商，还活跃于商用电视业。[37]

13.52 两个德国付费电视平台之间的并购被最终否决，因为这将会导致在德国付费电视市场上形成接近于独占性垄断的结构。

13.53 与 *Kali und Salz* 不同，本案并未包含一个处于退出市场边缘的公司。事实上，FD 1 GmbH & Co. KG（"DF 1"）仅构成 Kirch 付费电视业务的一部分。Kirch 将其部分付费电视业务关闭，并不意味着 Kirch 整体会被解散。Kirch 关闭其付费电视业务，仅仅是一个放弃运营并没有像想象中那么好的业务的管理决策。正如欧委会强调的，

> 如果当事方所提出的是"破产部门抗辩"，而非"破产企业抗辩"的话，那么为了证明不存在因果关系，就需要满足十分高的标准。如果不是这样的话，那么为了并购控制的目的，任何包含声称无法盈利的业务部分的并购都可以被认为是合理的，此时，卖方可以声称，如果没有并购的话，将有必要关闭在该领域的业务。[38]

13.54 欧委会认为，当事方的主张并不足以确认不存在因果关系的抗辩。当事方并未提供关于 DF1 部门有可能退出市场的证据。即便是 Kirch 决定关闭其 DF1 部门，考虑到高额的起步成本，以及由于并未获得预期的订阅者增长速率而无法存续下去，Kirch 也不会自动随后退出付费电视市场，因为 DF1 仅仅是 Kirch 电子供应的市场营销平台。在欧委会看来，交易当事方所提出的 DF1 所让出的市场份额是否无论如何都会被 Premiere 所获取，还不确定。拟进行的并购是否被通过，会给竞争环境带来不同的影响。另外，当事方的主张并不足以证明破产企业/破产部门要素的要求已经全部满足。他们也没有证明，可以排除由 Premiere 以外的公司来收购全部或绝大部分 DF1 的可能。

13.55 相对于并购被通过而言，Kirch 终止 DF1 的运营给竞争带来的负面影响更

---

〔37〕 *Bertelsmann/Kirch/Premiere* (Case No. IV/M. 993) Commission Decision (1999/153/EC) [1999] OJ L 053/1, para 7.

〔38〕 *Bertelsmann/Kirch/Premiere* (Case No. IV/M. 993) Commission Decision (1999/153/EC) [1999] OJ L 053/1, para 71.

小,因为 DF1 的资产和所有付费电视分销权并不会转移至 Premiere,也不会使得竞争付费电视机构获取 Kirch 的付费电视分销权,并进入付费电视市场与 Premiere 进行竞争。据此,交易方并未满足任何 *Kali und Salz* 要素——以不存在因果关系为基础,进行破产企业抗辩。

13.56 欧委会的基本逻辑在于,相对于破产企业抗辩而言,如果成功的破产部门抗辩要求标准没有那么严格的话,那么任何一个包含声称无法盈利业务的兼并/收购,都可以以该部门将要被关闭为缘由而被认为是合理的。[39]

13.57 欧委会可能已经考虑过,在处理涉及公司部门并购时放宽标准。然而,对于诸如转移支付和共同成本分配之类的问题而言,一些观点认为,满足"濒临破产部门的状态不仅仅反映了伪造账目"这一条件,就应该足够了。

(g)*Rewe/Meinl* 案[40]

13.58 在本案中,德国公司 Rewe("Rewe")意图收购奥地利公司 Julius Meinl AG("Meinl")的所有股份。该集中将会导致产生或加强支配地位,据此,在接受了当事方所提出的承诺之后,欧委会通过了该项集中。

13.59 在提起破产部门抗辩的时候,当事方称,相对于其他强劲的竞争对手而言,Meinl 正面临严峻的竞争劣势。与 *Bertelsmann* 案[41]类似,卖掉 Meinl 只是一个放弃运营未达到预期的业务的管理决策,这并不是以 Meinl 将要破产为基础的。当事方的主张,并不能证明以不存在因果关系为基础的抗辩是合理的。当事方并未证明,如果不被另外一个公司收购的话,Meinl 无论如何都会在不久的将来退出市场,而且在这种情况下,其市场份额主要会被 Rewe 获得。交易方所主张的,"相对于出售给 Rewe/Billa 而言,并不存在对竞争损害更小的其他可选交易,而且由于所处的市场地位,Spar 并不合适"这一观点,并未得到证实。因此,实施与不实施拟进行的交易所带来的竞争环境并不相同。

13.60 因此,对于证明不存在因果关系的抗辩而言,当事方并未满足 *Kali und Salz* 的任何一个标准。欧委会得出结论,由于这一原因,拟进行的交易会导致形成支配地位。与 *Bertelsmann* 并购案类似,欧委会可能已经考虑在处理包含

[39] 摘自 Levy,"The Control of Concentrations Between Undertakings"(n 28) at 614。

[40] *Rewel/Meinl* (Case No. IV/M. 1221) Commission Decision (1999/674/EC) [1999] OJ L 274/1.

[41] *Bertelsmann/Kirch/Premiere* (Case No. IV/M. 993) Commission Decision (1999/153/EC) [1999] OJ L 053/1.

公司部门的并购的时候不那么严格。

(h) *BASF* 案[42]

13.61 对于欧委会而言,破产企业抗辩发展过程中非常根本的一步体现在 *BASF/Eurodiol/Pantochim* 案中。该案是在欧盟《横向并购指南》被通过之前作出的决定。

13.62 BASF Aktiengesellschaft(BASF)将通过从母公司 SISAS 处收购资产的方式,获得 Pantohcim SA(“Pantochim”)、Eurodiol SA(“Eurodiol”)和 ProvironFtal NV 的控制权。尽管 BASF 将要占据 70% 的市场份额,但是欧委会考虑到了收购方正在面临财务困难这一因素,而且相对于企业退出市场可能会带来的影响,通过并购带来的损害更小,因此通过了该项收购。

13.63 BASF 认为,Eurodiol 和 Pantochim 正处在破产边缘,如果不被收购的话,就会被迫退出市场。2000 年 9 月 18 日,Eurodiol 和 Pantochim 被比利时 Charleroi 商事法院(Tribunal de Commerce)安排适用破产前程序(concordat judiciaire)。在同一判决中,法院还任命四个法院专员(Commissaires au sursis)来监督破产前程序阶段 Eurodiol 和 Pantochim 的管理。另外,意大利母公司 SISAS SPA 也加入破产程序当中。[43]

13.64 在观察阶段(période d' observation),Charleroi 商事法院在破产前状态的背景下,命令临时延迟偿付债务(sursis provisoire),也就是初步中止债权人行使权利。由于缺乏流动性,而且公司欠下了巨额债款,理论上 Charleroi 商事法院通过命令临时延迟债务偿付,来准许拖延破产前状态和中止债权人行使权利,这一重组计划在本案当中并未被提起。因此,很明显 Eurodiol 和 Pantochim 处于面临破产危险。Charleroi 商事法院(负责破产程序)已经与欧委会确认,如果观察期间届满,Eurodiol 和 Pantochim 的买方并未被准许的话,这两个企业都将被宣布破产。一旦 BASF 终止其财务支持,这两个公司将不可避免地被迫退出市场。[44] 据此,第一个 *Kali und Salz* 要素得到满足。

---

[42] *BASF/Eurodial/Pantochim* (Case COMP/M. 2314) Commission Decision (2002/365/EC) [2002] OJ L 132/45.

[43] *BASF/Eurodial/Pantochim* (Case COMP/M. 2314) Commission Decision (2002/365/EC) [2002] OJ L 132/45, para 5.

[44] *BASF/Eurodial/Pantochim* (Case COMP/M. 2314) Commission Decision (2002/365/EC) [2002] OJ L 132/45, para 144.

13.65 BASF认为,并不存在能够买入Eurodiol和Pantochim的其他可选收购方。因为重整计划被排除,Charleroi商事法院任命法院专员寻找合适的收购方。随后,法律专员联系了一些竞争对手。除了BASF以外,法院专员所联系到的其他公司都未准备好提交收购这两个公司的可行性要约。欧委会决定做进一步调查,以找出由其他可选收购方来实施这一收购的可能,并得出结论:并不存在其他给竞争带来更小负面影响的解决方案。据此,第二个*Kali und Salz*要素得到满足。

13.66 BASF认为,至于第三个*Kali und Salz*要素,也就是针对"收购方获得被收购方所有的市场份额"这一要素而言,由收购方获取被收购方的部分市场份额就足矣。欧委会意识到,濒临破产公司的资产将必然退出市场,从而极有可能会导致市场条件大幅恶化,并对消费者不利。欧委会认为,要使Eurodiol和Pantochim在破产之后立刻被第三方收购,基本不可能实现。另外,相对于立刻收购而言,六个月期满之后,在后续阶段重新运营厂房的花费相对更高,尤其是在重新运营厂房的时候,关闭生产会给新的刺激因素带来额外的成本。最后,随着破产判决的作出,由第三方在关闭厂房之后来收购这两个公司的特定资产不太现实。欧委会得出结论:Eurodiol和Pantochim的资产极有可能会退出市场。然而,在略微偏离*Kali und Salz*要素的过程当中,欧委会提到:

> 不可能期待BASF将会吸收Eurodiol的所有市场份额,因为其他主要竞争对手也有可能也会获得大部分的份额。然而,欧委会认为在本案中,濒临破产公司的资产绝对会退出市场。这很有可能会导致市场环境遭致严重恶化,并对消费者不利。欧委会认为,这些因素对于适用救援并购这一概念而言,也具备同样的相关性。[45]

13.67 欧委会在通过一项会导致BASF在某些市场获取70%的市场份额的并购时,强调了一系列因素的重要性。欧委会考虑到了本案的特定例外情况:如果没有并购的话公司马上就会破产,在比利时破产程序背景下并不存在其他及时的备选交易,再加上资金密集型厂房、该产业产能紧张的限制以及需求非弹性,公司将不可避免地退出被收购的资产所在的市场。[46] 在其决定

---

〔45〕 *BASF/Eurodial/Pantochim* (Case COMP/M. 2314) Commission Decision (2002/365/EC) [2002] OJ L 132/45, para 151.

〔46〕 *BASF/Eurodial/Pantochim* (Case COMP/M. 2314) Commission Decision (2002/365/EC) [2002] OJ L 132/45, para 163.

中,欧委会陈述道,濒临破产公司的资产以及产能退出市场,将会造成“产品的产能严重短缺,因为市场上存在非常紧张的产能限制”。考虑到产能的下降,至少对于重要的过渡期而言,Eurodiol 产能退出将会直接导致市场环境受到负面影响。正如上文所提到的那样,如果濒临破产公司的资产退出市场,那么该市场上的供应就呈下降趋势,从而导致价格上升。而这种情况非常有可能发生,因为并购发生之前市场上基本没有过剩产能。[47] 欧委会得出结论:相对于并购未发生而言,提交申报的交易会给竞争结构带来较小的损害;同时,相对于(濒临破产公司的)资产退出市场而言,其被收购会更有益于市场环境。

13.68 在 *BASF* 案中,欧委会提炼了 *Kali und Salz* 要素。欧委会指出,欧洲法院在 *Kali und Salz* 案中所采取的分析方法要比欧委会在其决定中列举的要素更为宽泛。根据欧洲法院的观点,集中与市场竞争结构恶化之间存在因果关系的可能可以被排除,所以只有在以下一种情况下,才能认为一项并购是救援并购[48],即即便是集中不被允许进行下去(也就是说,即便是集中被禁止),集中所带来的竞争结构也会以类似的方式导致市场环境的恶化。[49]

13.69 尽管欧委会所界定的前两个 *Kali und Salz* 要素并未被改变,但其认为没必要要求 BASF 获得 Eurodiol 和 Pantohcim 的全部市场份额。这与 *Kali und Salz* 要求的,如果被收购方退出市场,收购方需要获取被收购方的全部市场份额相反。但是,如果破产发生之后,并不会像 *Kali und Salz* 那样产生垄断情形的话,就认为 *Kali und Salz* 分析方法不适用。据此,第三个 *Kali und Salz* 要素,就由收购方获取被收购方全部市场份额,变更为要求被收购方的资产有可能会退出市场。欧委会陈述道,为了适用救援并购,需要满足以下两个条件:

- 如果不被另外一个公司接管的话,被收购企业将在不久的将来被迫退出市场;且
- 并不存在其他对竞争影响更小的可选交易。

在 BASF 案中,除了上述两个因素以外,欧委会认为有必要确立:

---

〔47〕 详见 OECD,“Policy Roundtable: Failing Firm Defence”(1995)19, http://www.oecd.org/dataoecd/35/6/1920253.pdf, 2013 年 9 月 18 日访问。

〔48〕 例如,适用破产企业抗辩。

〔49〕 *Newscorp/Telepiù* (Case COMP/M.2876) Commission Decision (2004/311/EC) [2004] OJ L 110/73, para 207.

- 如果并购未发生的话，将被收购的资产将不可避免地消失或退出市场。[50]

13.70 欧委会对比了并购后可能的竞争水平以及濒临破产公司退出市场后可能的竞争水平，而非市场竞争现状。[51] 欧委会再次提到，对于"救援并购"这一概念的适用，要求并购将对竞争结构产生的危害，至少不会更甚于并购并未发生的情形。[52]

(i) *Arthur Andersen* 案[53]

13.71 这些并购案是安然丑闻之后，Andersen 网络瓦解的结果。我们可以认为，这些案件是以"破产企业抗辩"原则为基础得出结论的。然而，并未解决破产企业抗辩问题，而且分析所关注的是"因果关系"问题。[54] 欧委会的调查显示，Andersen Worldwide 无法再免除协调其成员公司全球发展的关键结构性义务。在这些并购中，对于国家层面的大型上市公司而言，在审计以及会计服务市场上存在大量的重叠。

13.72 在 *Deloitte &Touche/Andersen UK* 案[55]中，欧委会认为，相对于拟进行的并购而言，并不存在其他可预见的会给竞争带来更小损害的可选交易；因此，拟进行的交易，与当时交易可能会带来的任何市场竞争结构的损害之间并不存在因果关系。当事方提出，英国的 Arthur Andersen（"Andersen UK"）已经不再是一个有效的竞争对手了，因此，不管并购发生与否，世界上提供顶级审计服务的会计师事务所数目都将不可避免地从五个降至四个。Andersen 全球网络的快速拆分，已经为 Andersen 提供了反转颓势的可能，或者给其他组织通过利用 Andersen 的各独立部门设立第五个提供审计和会计服务的力量增添了更多困难。欧委会还认为，即便是 Andersen UK 能够继续以独立的审计和会计服务公司的身份运营下去，市场调查显示，

---

[50] *Newscorp/Telepiù* (Case COMP/M. 2876) Commission Decision (2004/311/EC) [2004] OJ L 110/73, para 207 – 8.

[51] S. Bishop and M. Walker, The Economics of EC Competition Law: Concepts, Application and Measurement (London: Sweet & Maxwell, 2002), 309.

[52] *BASF/Eurodial/Pantochim* (Case COMP/M. 2314) Commission Decision (2002/365/EC) [2002] OJ L 132/45, para 143.

[53] *Deloitte &Touche/Andersen UK* (Case COMP/M. 2810) [2002] OJ C 200/09; *Ernst & Young/Andersen Germany* (Case COMP. /M. 2824) [2002] OJ C 246/12; Ernst & Young/Andersen France (Case COMP/M. 2816) [2002] OJ C 165/04.

[54] Baccaro (n 5) at 19.

[55] *Deloitte &Touche/Andersen UK* (Case COMP/M. 2810) [2002] OJ C 200/09, para 61.

Andersen UK 也已经没有办法再像其他大型知名公司那样成为审计和会计服务市场上强劲的竞争对手了。[56]

13.73 在 *Ernst & Young/Andersen France* 案中，欧委会认为，拟进行的交易与可能会造成的联合支配地位之间并不存在因果关系。[57] 正如欧委会在 *Deloitte Touche Tohmatsu/Andersen UK* 案中所述，排除这种因果关系的原因在于：

a. 全球会计网络数量不可避免地将从五个降至四个。

b. 关于与审计和会计服务市场上的其他大型知名公司间形成联合支配地位，相对于其他替代选择而言，拟进行的并购并不会带来更大的损害。

c. 另外，欧委会认为，如果基于任何可能的原因(如撤回申请，或被竞争当局禁止)导致拟进行的交易并未发生，那么就只有两种其他可能。

d. 由剩下的四大审计和会计公司中的一个收购 Andersen France。

e. 不存在收购，而是由剩下的四大公司将现有客户瓜分(至于份额的分配，还有两种子场景)。[58]

13.74 因此，欧委会得出结论，拟进行的交易与潜在的联合支配地位后果之间并不存在因果关系。另外，欧委会还考虑了其他所有可选项，并得出结论：相对于其他可选项而言，并购可能会带来的损害不会更严重。

13.75 尽管在本案中并不存在明显处于财务危机的公司，欧委会还是考虑了 *Kali und Salz* 要素("不存在因果关系")以及有关并购的其他假设，并通过了所有的并购。

(j) *Newscorp* 案[59]

13.76 本案是以下两种交易的融合：Stream("Stream")的母公司由多个变为一个(联合控制权变为单独控制权)，即 Newscorp ("Newscorp")，以及其与另外一个公司 Telepiù("Telepiù")之间的兼并。由于 Stream 是 Newscorp 下面单独分离出来的一个子公司，该并购会引发以下问题：当并购公司的财务状况良好，但是该并购公司的一个分支却处于破产边缘，若并购公司与另外一个企业进行合并，"破产企业抗辩"是否适用？因此本案还是关于破产部门抗

[56] *Deloitte & Touche/Andersen UK* (Case COMP/M. 2810) [2002] OJ C 200/09, para 45, 46.

[57] *Ernst & Young/Andersen France* (Case COMP/M. 2816) [2002] OJ C 165/04, para 75.

[58] *Ernst & Young/Andersen France* (Case COMP/M. 2816) [2002] OJ C 165/04, para 80.

[59] *Newscorp/Telepiù* (Case COMP/M. 2876) Commission Decision (2004/311/EC) [2004] OJ L 110/73.

辩能否被竞争当局采纳的问题。

13.77 Newscorp 声称，Stream 当时是一个“濒临破产企业”，如果不进行并购的话就会退出市场。作为一个独立企业而言，Stream 并不存在盈利的现实可能性。获取濒临破产企业独立统治权的正是其母公司之一，而且这一母公司还会获取 Telepiù 的独立控制权。整个企业（也就是 Newscorp）不太可能会退出市场。据此，Stream 退出意大利的付费电视市场就是一种管理决策，即放弃未达公司董事会预期的商业活动。[60]

13.78 Newscorp 进一步提出，在不存在实质性协同的条件下，并不存在出现给竞争带来更少负面影响的买方的现实可能性，因为很难想象会存在这样一个公司具备足够协同性的给 Stream 的财务预期带来实质性影响。Newscorp 既未说明 Newscorp 和 Vivendi 集团就出售各自意大利公司而进入谈判阶段的任何潜在买方，也未说明谈判失败的原因。根据欧委会所掌握的信息可知，不管是 Newscorp 还是 Telecom Italia，都没有针对 Stream 进行公开招标。

13.79 Newscorp 认为，即将被收购的资产不可避免地会退出市场。至于 Stream 获取溢价的权利，Newscorp 认为很有可能会由 Telepiù 取得。随着 Stream 的破产，权利将会被返还给所有者，而且这些所有者能够将权利再次转卖。Newscorp 进一步提出，并购与交易所带来的市场竞争结构的损害之间并不存在因果关系。

13.80 欧委会认为，Newscorp 并未证明集中与对竞争的影响之间不存在因果关系，因为可以预见，即便是涉案集中并未发生，竞争条件也可能会减损至类似或相同的程度。然而，欧委会考虑到：相对于 Stream 被关闭所带来的潜在损害，附合适条件通过该并购会给消费者带来更多利益。据此，欧委会在通过这一并购案件的时候考虑了整体市场条件（也即双方公司的长期财务困难以及意大利市场的具体特征）。在本案中，针对涉及濒临破产部门的并购，欧委会采取了一个更为宽大的处理方式。在通过并购的时候，欧委会考虑了市场的特定条件以及特征。

13.81 由于并购与市场竞争环境遭受负面影响之间不存在因果关系并未得到证实，因此濒临破产部门抗辩并未成功。巴卡罗（Baccaro）提出，要想使得破产部门抗辩取得成功，除了满足破产企业抗辩要素之外，还需要满足一个额外的条件

---

〔60〕 欧委会还考虑到了以下这一事实：交易方在非常靠后的阶段才提起这一主张，这就对其主张的潜在价值进一步造成其他疑惑，因为自从申报交易以来，并没有发生什么实质性变化。

(也就是说,对于市场竞争结构的减损而言不存在因果关系)。[61] 在收购方主张"濒临破产部门"的案件中,证明不存在因果关系就更加重要。[62] 否则,依据并购控制法律的规定,任何公司都可以声称,如果没有并购的话,部门将会停止运作,每一个号称包含无法盈利部门的并购都可能被认定为是合法的。

三、减损:移除中止

13.82 根据第 139/2004 号条例第 7 条第 3 段可知:[63]

根据请求,欧委会可能会授予减损适用第 1 段[64]和第 2 段[65]所规定的义务。请求减损必须要有论证过程。在决定该请求之时,欧委会尤其应当考虑到集中所带来的中止会给一个或多个相关企业,或者第三方所带来的影响,以及集中对竞争所带来的威胁。这种减损可能需要参照一定的条件以及义务,以确保有效竞争的条件。可以在提交申报前或交易后的任何时间申请并授予减损。

13.83 本条为中止完成集中的一般规则提供了一个例外:为了避免自身利益受损,经集中参与方甚至是利益第三方申请,[66]欧委会会通过决定批准减损。如果减损被提起,欧委会在决定是否允许实现集中时,不仅有义务平衡并购参与方与第三方之间的利益,还应当考虑到并购一旦完成可能给竞争带来的

---

〔61〕 Baccaro (n 5) at 16.

〔62〕 *Newscorp/Telepiù* (Case COMP/M. 2876) Commission Decision (2004/311/EC) [2004] OJ L 110/73, para 212.

〔63〕 Council Regulation (EC) No. 139/2004 of 20 January 2004 on the control of concentrations between undertakings ("the EC Merger Control") [2004] OJ L 24/1. 在第 2064/89 号条例中对应的就是第 7 条第(4)款。

〔64〕 "一项正如第 1 条所规定的具备欧共体影响力的集中,或者将由欧委会依据第 4(5)条审查的集中,在提交申报之前,或者依据第 6 条第(1)款第(b)项、第 8 条第(1)款或第 8 条第(2)款被宣布是与共同市场相符之前,或者是以第 10 条第(6)款的假设为基础,都不能付诸实施"。

〔65〕 "第 1 段不应当阻止公开投标的实施,或证券市场上的一系列交易,包括那些允许在市场上交易的可转换为其他类型证券的某种证券,例如股票,据此能够从不同卖方处获取第 3 条意义上的控制权,只要:(a)交易依据第 4 条被毫不迟延地提交至欧委会进行申报;而且(b)收购方并不行使涉案证券所包含的投票权,或者在获取欧委会依据第 3 段所授予的减损处理基础之上,行使投票权仅仅是为了维持投资的全部价值。"参见 V. Korah, *An Introductory Guide to EC Competition Law and Practice* (9th edn., Oxford: Hart Publishing, 2007), 396。

〔66〕 例如,利益第三方可以是债权人、雇员等。

损害。[67]

13.84 在1990年9月至2013年2月期间,欧委会已经发布大约111个关于减损集中中止的决定。[68] 根据第139/2004号条例第7条第3段可知,实践中,欧委会仅在非常特殊的情况下才会作出减损的决定。然而,基于利益相关方通常提出的各种理由,欧委会会作出减损决定。[69]

13.85 例如,欧委会在下列情形中提出减损,即签发紧急临时措施以确保交易成功,[70] 对竞争基本没有损害,[71] 或为了实现先前的承诺,[72] 或为了实现法律要求,[73] 或目标公司经济困难,[74] 又或者为了满足一项招标的特定条件。[75][76]

13.86 在决定该请求之时,欧委会尤其应当考虑到集中的中止会给一个或多个相

---

〔67〕 这就是为什么“这样一种减损可能要依据一定的条件以及义务,以确保有效的竞争条件”。还可参见 G. Karydis,“Le controle des concentrations entre enterprises en vertu du reglement 4064/89 et al. protection des interests legitimes des tiers”, [1997] 33 (1 – 1) Cahiers de droit Europeen, 81 *et seq.*, and mainly 91, point 24。

〔68〕 参见 Council Regulation (EEC) No. 4064/89 of the 21 December 1989 on the control of concentrations between undertakings [1989] OJ L 395/1,第7条第4段。还可参见 http://ec. europa. eu/competition/mergers/statistics. pdf,2013年9月18日访问。

〔69〕 进一步可参见 L. O. Blanco (ed.), *EC Competition Procedure* (2nd edn., Oxford: Oxford University Press, 2006),第16.07 ~ 16.09段,以及 N. Levy, *The Control of Concentrations between Undertakings* (New York, NY: Matthew Bender, 2002),第5.13段。

〔70〕 *BT/Airtel* (Case COMP/JV. 3) [1999] OJ C 369/06, *France Telecom/Global One* (Case COMP/M. 1865) [2001] OJ C 43/04.

〔71〕 *Philips/Lucent Technologies* (Deconcentration) (Case No. IV/M. 1358) [1999] OJ C 39/05, *Matra – Marconi Space/Satcomms* (Case No. IV/M. 497) [1994] OJ C 307/07.

〔72〕 参见 *BP/JV Dissolution* (Case COMP/M. 1820) [2000] OJ C 9/08,第2段,以及 *Mobil/JV Dissolution* (Case COMP/M. 1822) [2000] OJ C 16/03,第2段;将以上两个案例与 *Exxon/Mobil* (Case No. IV/M. 1383) Commission Decision (2004/284/EC) [2004] OJ L 103/1。还可参见 *Groupe Cofinoga/BNP* (Case No. IV/M. 1419) [1999] OJ C 24/11。

〔73〕 参见 *BBL/BT/ISP – Belgium* (Case COMP/M. 1667) [2002] OJ C 147/04, *ENEL/FT/DT* (Case No. IV/JV. 2) [1998] OJ C 156/06,第8段,以及 *OMNITEL* (Case No. IV/M. 538) [1995] OJ C 53/09,第6段。

〔74〕 *ING/Barings* (Case No. IV/M. 573) [1995] OJ C 114/04。还可参见 *Siemens/Alston* Gas and Steam Turbines (Case COMP/M. 3418) [2003] OJ C 207/11, *Kelt/American Express* (Case No. IV/M. 116) [1991] OJ C 223/06。

〔75〕 参见 *E. ON/TXU Europe Group* (Case COMP/M. 3007) [2003] OJ C 14/07,第2段;以及 *Cinven Limited/Angel Street Holdings* (Case COMP/M. 2777) [2002] OJ C 147/03,第2段。

〔76〕 包括(第4064/89号条例)第7条第(4)款所规定的减损。在 *SEB/Moulinex* (*II*) (Case COMP/M. 2621) [2003] OJ C 88/03案中,第7条第(4)款减损被允许[第139/2004号条例第7条第(3)款对应的是第4064/89号条例的第7条第(4)款]。

关企业,或者第三方所带来的影响,以及对集中造成的竞争威胁的影响。为了确保有效的竞争条件,欧委会在授予减损时可能会附加一定的条件和义务。提交申报前或交易后的任何时间都可以申请并授予减损。[77] 如果被授予减损的话,那么在欧委会作出集中是否与共同市场相符的决定之前,集中就会被付诸实施。

13.87 考虑到并购参与方的财务存续性,可能会存在特定的情形,要求必须对并购进行快速的评估。如果是这种情况的话,那么就可能会依据欧盟并购条例第 7.3 条授予减损。欧委会已经在 *Kelt/American Express* 案[78]以及 *ING/Barings* 案[79]中授予了这种减损。在 *Kelt/American Express* 案中,欧委会审查了最近年度的账目,并且确实认为企业财务状况处于非常糟糕的境地。考虑到案件的特殊情形,欧委会确认需要快速重组企业运营,以防止集中给一个或多个相关企业造成严重损害。出于这一原因的考量,经请求,欧委会依据第 4064/89 号条例第 7 条第(4)款授予了减损,允许实施集中。

13.88 提交申报的 *ING/Barings* 案,是关于收购 Baring Brothers & Co. Limited. 所有资产和债务的。Barings Holding 正处于破产程序中。该项交易是关 ING 从 Barings 和 Barings Securities(Japan)Limited 的管理层手中实施的收购。这就包括了 Barings 特定债务的假设,以及 ING 所拥有的新集团资本重组。为了防止给 Barings 以及第三方带来严重危害,需要尽快完成交易,欧委会依据第 4064/89 号条例第 7 条第(4)款授予了减损。考虑到集中所带来的市场份额以及各个相关市场的结构,欧委会得出结论:交易所产生或强化(市场——译者注)支配地位的程度,并不会损害共同市场上的有效竞争。

13.89 在 *Siemens/Alstom Gas and Steam Turbines* 案[80]中,针对 Siemens 收购小型燃气轮机("SGT")业务,欧委会依据第 7 条第(1)款授予了减损,以使得交易能能够迅速进行,从而避免给 Alstom 和 SGT 业务带来严重损害。Siemens 是一家位于德国的多产业公司,其活跃的领域包括信息与通信、自动化与控制、发电、传输产品及相关服务、运输、照明以及医疗应用。Alstom 是一家法国公司,其主要活动为生产能源采集、传输以及分销设备,能量转换、

---

[77] 详见 Council Regulation (EC) No. 139/2004 of 20 January 2004 on the control of concentrations between undertakings ("the EC Merger Regulation") [2004] OJ L 24/1,第 7.3 条。

[78] *Kelt/American Express* (Case No. IV/M. 116) [1991] OJ C 223/06.

[79] ING/Barings (Case No. IV/M. 573) [1995] OJ C 114/04.

[80] *Siemens/Alstom Gas and Steam Turbines* (Case COMP/M. 3418) [2003] OJ C 207/11.

造船以及铁路。欧委会界定了燃气轮机、工业汽轮机以及大型汽轮机的市场,这些产品的地域市场至少是欧洲经济区范围,而且也有可能是全球范围。

13.90 有意思的是,在本案中,为了移除交易所带来的潜在顾虑,关于在燃气轮机市场上提交申报的集中可能会带来的反竞争影响,Siemens 提交了救济承诺。但是欧委会得出结论,集中并未带来产生或强化支配地位的严重质疑。由于这一原因的存在,交易方撤回了其提交的救济方案。

(一) COMP/M. 3156 —*EADS/Astrium* (Ⅱ)案

13.91 在 *EADS/ASTRIUM*(Ⅱ)案[81]中,欧委会决定不反对 EADS[82]通过买入 BAE System(BAES)持有的 Astrium 的全部股权,获取 Astrium N. V.(Astrium)[83]的独立控制权。EADS 和 Astrium 均在飞机和航天器产业经营业务。EADS 活跃的市场为:商用飞机制造、通信设备、民用和军用直升机、宇宙飞船和轨道基础设施、制导武器和制导武器子系统、遥控飞机、军用飞机、国防电子以及系统;Astrium 活跃于以下市场:空间系统的设计、发展、生产与供应,包括卫星及其载量、发射器以及载人航空器的子系统、地面卫星接收站以及其他各种子系统和技术。[84]

13.92 欧委会接受本案紧急情况的主张,因此也认可了实施重组 EADS/Astrium 的目标在于补救 Astrium 所面临的财务困境这一观点。[85] 因此,欧委会依申请,根据第 4064/89 号条例第 7 条第(4)款授予了当事方减损。

(二) COMP/M. 3209—*WPP/Cordiant* 案

13.93 在 *WPP/Cordian* 案中,由于目标公司面临财务困境,欧委会依据并购条例第 7 条第(1)款到第(4)款的规定,授予当事方减损履行中止交易义务。WPP 提供国际通信服务,而目标公司 Cordian 则提供广告、整合销售以及专业通信服务。

---

〔81〕 *EADS/Astrium* (*II*) (Case No. COMP/M. 3156) [2004] OJ C 66/04.

〔82〕 European Aeronautic Defence and Space Company EADS N. V.

〔83〕 关于 Astrium 的所有权,25% 由 BAES 享有,75% 由 EADS 享有。两个股东共同控制 Astrium。

〔84〕 *EADS/Astrium* (*II*) (Case No. COMP/M. 3156) [2004] OJ C 66/04, 2, http://ec. europa. eu/competition/mergers/cases/decisions/m3156_en. pdf, 2013 年 9 月 18 日访问。

〔85〕 EADS/Astrium(II) (Case No. COMP/M. 3156) [2004] OJ C 66/04, 2, http://ec. europa. eu/competition/mergers/cases/decisions/m3156_en. pdf, 2013 年 9 月 18 日访问。

13.94 对市场通信服务的比较分析表明,在现有的五个受影响的国家市场中,合并市场份额并未达到支配地位的门槛。据此,提交申报的集中与第 4064/89 号条例第 6 条第(1)款(b)项所规定的共同市场一致。

(三)COMP/M.4151—*Orica/Dyno* 案

13.95 在 *Orica/Dyno* 案中,欧委会依据第 139/2004 号条例第 7 条第(3)款授予 Orica 部分减损的权利,以使得 Orica 获取 Dyno 的独立控制权。上述两个公司都是商用炸药和起爆系统生产商。大规模炸药的相关地域零售或批发市场是国家性的。对于引爆系统的地域市场而言,批发市场为欧洲经济区,零售市场是国家性的。两个公司在瑞典和挪威境内的经营活动有所重合,均占据了支配地位,交易一旦完成,这种支配地位就会得到加强,并会因此严重损害有效竞争。然而,尽管集中双方的市场份额都很高,但由于市场竞争激烈,双方的市场份额会缓慢降低。

13.96 减损是附条件和义务的,目的在于消除交易方在所有相关市场上经营活动的重合部分,根据第 139/2004 号条例第 7 条第(3)款,该项集中被允许付诸实施。

(四)IV/JV.3—*BT/Airtel* 案

13.97 Airtel 是一家西班牙的电话服务公司,将受到五个股东的共同控制。根据共同控制协议可知,Airtouch、BT 和 Groupo 将有能力针对任何战略性决策进行投票。本项交易就引发了以下关切:Airtel 是否会实施《欧盟并购条例》项下的一个自主经济实体的所有功能。

13.98 欧委会授予交易方减损适用第 139/2004 号条例第 7 条第(1)款规定的中止实施集中义务的权利。之所以授予这一减损,是为了帮助交易方实现一些初步的必要行为,以确保交易能够成功完成。

(五)COMP/M.2777—*Cinven Limited/Angel Street Holdings* 案

13.99 买方公司 Cinven Limited 是一家风险投资公司,为一些基金(包括养老基金以及私募基金)提供投资管理、建议和服务。卖方公司 Nomura International Plc 是一家综合国际证券和金融服务公司,旗下有 Angel Street Holdings。相关地域产品市场被认为是英国。针对该项并购的竞争评估认为,Cinven 及其控制的任何其他公司,均未在相同的行业部门有所活动。

13.100 因此,欧委会依当事方请求,于 2002 年 3 月依据第 139/2004 号条例授予减损适用第 7 条第(1)款所规定的中止(实施交易——译者注)义务的权利。由于交易双方之间并不存在业务重叠,欧委会认为该决定与共同市场以及欧洲经济区协议相符。

(六)IV/M.722 — *Teneo/Merrill Lynch/Bankers Trust* 案

13.101 本案交易方包括 MLE,一家美国公司 Merrill Lynch & Co. , Inc. 的子公司,其在全球范围内提供投资、融资、保险以及相关服务。而 BT 是 Bankers Trust Company 的子公司,Teneo 是一家个自治控股公司,其活跃于能源、航空运输、航空、工程与建设、铝、纤维素以及水上运输领域。

13.102 Teneo S. A. ,Merrill Lynch Europe Plc 以及 Bankers Trust Foreign Investment Corporation(BT)设立了一个合资企业,名称为 Andes Holding B. V. (Andes)。上述案件可以被归类为国家补贴案件。

13.103 欧委会授权交易方减损履行第 4064/89 号条例第 7 条所规定的中止集中义务的权利。欧委会得出结论:提交申报的交易并不构成并购条例第 3 条意义上的集中,因此就不应当受该条例管辖。

13.104 正如适用破产企业抗辩相关的判例法分析所表明的那样,诸如若保持独立地位,目标公司将会退出市场或雇员将会失去工作的论述,都不能构成集中被通过的原因。然而,正如里特(Ritter)等人所认为的那样,复苏目标公司以更高效地运营可能构成应当依据第 1 条(b)款来评估集中的一个原因,这可能就需要根据第 158 条(前第 130a 条)所规定的"经济与社会凝聚力"来评估"技术发展和经济进步"。[86] 随着 2009 年 12 月 1 日《里斯本条约》生效,由于更加强调实现全面就业和社会目标,解释性问题也会随之产生,包括经修订的欧盟条约第 3 条所规定的"高度竞争性社会市场经济"。这可能会引发应当适用一种更为宽泛的产业政策标准的争论。

四、破产企业抗辩的思考

13.105 美国和欧盟都已经规定了在评估破产企业抗辩时应当考虑的要素。在美

---

〔86〕 L. Ritter and D. Braun, *European Competition Law: A Practitioner's Guide* (3rd end. , London: Kluwer Law International, 2004), 597.

国，尤其要考虑公司依据 USBC 第 11 章无法成功重组，且在不发生并购的情况下濒临破产企业的资产将会退出相关市场的情况。在欧盟，尤其需要注意，如果不被另外一个企业收购，声称即将破产的企业会在不久的将来由于财务危机而被迫退出市场。更进一步讲，如果不进行并购，濒临破产企业将不可避免地退出市场。因此，如果想要成功适用破产企业抗辩，一项兼并/收购和/或出售应当是公司重组的唯一可选方法。否则，破产企业抗辩不适用。可以得出一个初步结论：不存在其他重组的可选方法，是破产企业抗辩取得成功的重要因素。正如科雷亚（Correia）所提出的那样，如果经过重组企业并未存续下来，再或者企业即便是存续了下来，产能也大幅削减，那么相对于将要损失的产出而言，会存在一个竞争性损失。[87] 但是，在重组的情形下，上述问题存在很大的不确定性。因此在适用重组要素过程中的一个中心问题就在于，评估并购时不可能就其他可选的结构性重组方法成功实现的可能性问题作出可靠的预测。

13.106 经济合作与发展组织（Organization for Economic Cooperation and Development，OECD）已经发布了一个有关破产企业抗辩的详细报告。[88] 报告提出，企业破产可以归因为（广义上的）低效管理，或市场范围的过剩产能，[89] 或上述两个因素的结合。应当通过重组或收购来解决低效的问题，以改善企业的管理。然而，如果一个企业濒临破产是由于整个市场范围内的产能过剩的话，重新部署就是最佳选择。

13.107 如果是由于管理低效而导致企业濒临破产，那么就应当通过分析、比较包括清算在内的所有可能选项来审查并购，只有在拟进行的并购劣于一个或多个被评估选项时，并购才应当被否决。如果并购的决定仅仅是一项管理决策的话，是不足以适用破产企业抗辩的，必须是在考虑经济和财物因素的基础上，企业倒闭已不可避免时才可以适用。如果并购强化了濒临破产企业的管理能力的话，那么效率可能就更为重要，而且更容易被识别出来。尽管相对于各种并购而言，清算会给现有企业的相关市场份额带来较小的

---

〔87〕 E. O. Correia，"The Failing Company Defence"（Statement before the Federal Trade Commission，November 1995），http://www.ftc.gov/opp/global/final.htm，E. O. Correia，"Re－examining the failing company defense"，Antitrust Law Journal 64(3)（Spring 1996），683－701.

〔88〕 OECD，"Policy Roundtable：Failing Firm Defence"（1995），http://www.oecd.org/datao－ecd/35/6/1920253.pdf，2013 年 9 月 18 日访问。

〔89〕 这种情况指的是总装机容量（在平均成本曲线的最低点时，假设每个供应商的产出数量）超过了要求的均衡竞争价格数量。

变化，但现存企业的市场份额还是会呈上升趋势，而且对于提供与濒临破产企业产品最接近的可替代品的企业而言，市场份额将会提升得更多。

13.108 如果是由于整个市场范围内的产能过剩而带来的负面条件，导致企业濒临破产，而且收购方也并非濒临破产企业的实际或潜在竞争对手，并购发生之后被收购的资产将要在濒临破产企业所在市场以外被重新部署的话，那么竞争当局就应当考虑会给两个市场带来的影响，而非仅仅关注濒临破产企业当前所运营的市场。如果是由于整个市场范围内的过剩产能而导致企业濒临破产，但拟进行的并购并不包含对濒临破产企业目前运营市场之外的产能进行直接重新部署，竞争当局应当关注濒临破产企业所在市场，而非考虑对两个市场的影响。并购背后的主要原理在于，相对于并购未发生而言，并购能够更高效地帮助重新分配过剩产能。在这种情况下，收购方可能并不存在使用或提供获取濒临破产企业资产机会的意愿。更进一步讲，获取资产可能仅仅是为了证实产出可能提升的威胁，以阻止新的潜在市场进入者，或规范竞争对手的行为。竞争当局应当尽可能考虑上述可能存在的动机。[90]

13.109 更进一步讲，如果合并/收购濒临破产企业未获准许，破产企业退出市场的话，那么该公司的技术或生产成就会因此失去。因此，可能会存在负面的福利影响。然而，如果从竞争角度来看的话，破产企业退出市场可能更有益，因为剩下的企业可能会参与到更加激烈的竞争当中，以抵消由于濒临破产企业产能降低而导致的供应量下降，并赢得原破产企业的消费者。

13.110 破产企业抗辩表明，需要对公司退出市场和负面影响竞争的并购这两种情形予以平衡。如果并购通过的成本与并购被禁止的成本相当的话，第一种情形是十分重要的，因为存在濒临破产企业能够幸存且能够保持其竞争性的可能。如果禁止并购就意味着濒临破产企业的资产将会退出市场，该企业的产出也会因此消失的话，那么通过并购似乎就成为唯一明智的解决方案。相对于企业退出市场而言，通过并购给股东和整个社会带来的损失更少。

13.111 从经济学角度来看，产能是预测产量的一种很好的指标，而产量减少则是衡量竞争损害的一种很好的方法。如果并购导致集中度提升，那么产量不

---

〔90〕 I. Kokkoris and R. Olivares Caminal, *Antitrust Law amidst Financial Crises* (Cambridge: Cambridge University Press, 2010).

大可能由于相互依赖而有所降低。如果被收购公司的资产退出市场的话，那么产量就有可能会降低，据此并购就是更好的选择。[91] 然而，需要注意的是，濒临破产公司现有的市场份额可能会夸大其未来的竞争重要性，以及并购会带来的反竞争影响。重要的是，经并购而产生的企业是否能够单独或共同影响价格和产量。

13.112 如果能够证明并购能够使得生产资产继续被用于生产的话，那么破产企业抗辩就占据了最为重要的权重。濒临破产企业退出市场，将会导致需求提升，以及随之而来的生产成本和价格的提升（除非该企业是一个夕阳产业中最不具备竞争力的公司）。如果濒临破产的企业与其他企业兼并或被一个占据支配地位的公司收购，那么后者就会获得前者的资产以及专有技术，这会提高生产效率，从而提升后者的竞争力。因此，这一合并/收购可能会降低生产成本以及价格。

13.113 然而，由一个占据支配地位的企业收购濒临破产的企业可能会削弱市场上其他实力较弱的竞争对手的实力，而且还可能会促使这些其他公司寻求并购，从而进一步提升市场集中度。只有当濒临破产企业所面临的清算迫在眉睫，而且也不存在其他会给竞争带来更小负面影响的可选买方时，才允许一个占据支配地位的企业在此时扮演收购方的角色。[92] 如果一个未占据支配地位的企业收购或兼并一个濒临破产企业之后就会获得支配地位的话，那么很有可能一旦濒临破产企业退出市场，这一未占据支配地位企业的市场力量无论如何都会提升。如果是这样的话，并购就不是竞争遭受负面影响的原因。因此，对于并购可能会带来的反竞争效果而言，通过并购与禁止并购之间的差别就无关紧要了。

13.114 在一些司法领域中，并未在法律或条例中规定破产企业抗辩/例外。在评估并购发生前后的市场份额时，竞争当局应当考虑到并购涉及一个濒临破

---

〔91〕 很多作者已经对一个公司退出市场所带来的产出损失和集中度提高所带来的产出损失作出评估。这些著作得出结论：由于公司资产退出市场而带来的产出损失，将会超过现实假设的一项并购可能会带来的产出损失。参见 J. E. Kwoka and F. R. Warren - Boulton，"Efficiencies，Failing Firms，and Alternatives to Merger：A Policy Synthesis"，［1986］16(9)，431 - 50，US Department of Justice，Antitrust Division；R. D. Friedman，"Untangling the Failing Company Defence"（1986）64 Tex. L. Rev.，1375 - 404；F. S. McChesney，"Defending the Failing - Firm Defence"（1986）65 Nebraska L. Rev.，1 - 20。详见 Correia，"The Failing Company Defence" and "Re - examining the failing company defense"（n 87）。

〔92〕 Ritter and Braun（n 86）594.

产的企业。从长期来看,首先,如果濒临破产企业的市场份额呈下降趋势的话,那么这种分析方式就至关重要。其次,如果并购包含濒临破产企业的话,那么竞争当局可能会给予当事方的效率主张更优厚的待遇。最后,可能放松要求包含濒临破产企业的并购与竞争遭受严重损害之间存在因果关系(正如《欧盟并购条例》所要求的那样,在评估包含濒临破产企业并购的时候,要求存在因果关系),这意味着竞争当局更倾向于接受濒临破产企业抗辩/例外。

13.115 通常来讲,如果不会带来其他利益(如避免退出损失),而且市场力量会得到加强的话,那么涉及濒临破产企业的并购就不应当被通过。濒临破产企业应当真正面临破产危机,而非仅仅运营不佳("破产企业抗辩")。据此,只有当若不并购企业会立刻破产,而且该濒临破产企业并不会从并购中获取重大利益的时候,并购才能够被通过。如果所谓的"濒临破产企业"能够因为并购而获益,就可以被解释为这是企业并未濒临破产的一个信号。最后,消费者福利权重越大,给竞争带来的负面影响越大,涉及破产企业的并购被否决的可能性就越大。

13.116 对涉及濒临破产企业的并购进行评估,与对未涉及濒临破产企业的并购进行评估应采取不同的方式。如果并购参与一方是一个濒临破产的企业,那么就不应当将并购发生之前的竞争条件当作基准。如果竞争当局否决一个或多个位于未经证实的基准以下的并购的话,结果将会是:相对于否决一个或多个并购可能会带来的后果而言,清算会给竞争带来更大损害。如果参与并购的一个企业濒临破产,那么并购发生之前的竞争条件可能就不是普遍存在的,即便并购最终被否决。在这种情况下,可能需要调整假设部分,以反映交易一方破产以及竞争对手遭受损失的可能。然而,应当考虑到以下这种可能:在一个夕阳产业中,目前濒临破产的企业有可能每况愈下,而且在不久的将来将无法存续下去。

13.117 一项并购,本应由于存在对竞争的负面影响而被禁止,但当被收购方濒临破产且不存在其他对竞争损害更小的并购时,其会被通过。禁止该项并购,将会带来失业问题,企业资产也会退出市场,从而可能会带来经济利益和社会利益的损失。因此,根据当事方所提出的破产企业抗辩,包含濒临破产企业而且会导致集中度得以提升的并购还是有可能会被通过的。在评估一个涉及破产企业抗辩的并购的时候,竞争当局应当考虑到以下各因素:产业环境,潜在效率,以及禁止并购可能带来的后果。

13.118 为了成功实现破产企业抗辩，欧盟和美国都要求的一个要素是：如果涉及濒临破产企业的并购不发生的话，那么相关资产将会退出市场。这一要素表明，仅需关注濒临破产企业所在市场即可。然而，正如经济合作与发展组织报告显示，关于这一问题还有其他方面值得进一步探讨。如果濒临破产企业的资产退出市场，那么该市场上就存在供应量下降的趋势。[93] 濒临破产企业退出市场会带来的供应量的下降，并非总是多于涉及濒临破产企业会给竞争带来负面影响的并购所导致的供应量的下降。

13.119 另外，在评估涉及破产企业抗辩的并购案件时，应当考虑到政策规则给进入市场的动机（以及事先大体的投资决定）带来的影响。[94] 在评估涉及濒临破产以及面临财务危机企业的并购的时候采取宽大的分析方法，能平衡提升集中度的并购所带来的损失与迅速进入市场并参与竞争会带来的利益。然而，如果濒临破产企业的市场份额很小的话，那么针对市场进入采取一个更为宽大的并购政策所带来的益处就会降低。如果濒临破产企业所占据的市场份额相当大，破产企业抗辩不太可能被接受的话，那么有关政策也不会带来更多利益。另外，如果基于大型公司集团分支机构的身份，一个濒临破产的企业享有更强大的谈判实力，从而可以通过并购获取更多盈余的话，那么其在作出进入市场的决定时，对并购规则会更敏感。[95] 根据梅森和魏兹的研究可知，相对于濒临破产企业谈判实力非常有限的情况而言，如果目标公司能够获取大部分盈余的话，破产企业抗辩就能够带来更多的利益。

13.120 一种观点认为，应当更倾向于适用宽大政策，这种宽大政策不仅认可处于严重财务危机的企业所提出的抗辩，同时也支持即将破产企业的抗辩，还可能会通过有助于市场进入带来社会利益，从而带来长期的有效竞争。因此，在考虑涉及濒临破产企业的并购、涉及濒临破产企业部门的并购以及涉及企业濒临破产部门的并购三种情况时，竞争当局都可能会考虑采取相

[93] 如果并购发生之前基本不存在什么过剩产能的话，那么这种供应下降以及通常情况下会引发的福利下降、价格上升就基本上可以确定了。详见 OECD，“Policy Roundtable：Failing Firm Defence”（1995）19，http://www.oecd.org/dataoecd/35/6/1920253.pdf，2013 年 9 月 18 日访问。

[94] R. Mason and H. Weeds，“The Failing Firm Defence：Merger Policy and Entry”（CEPR Discussion Papers，2003），33，http://www.repec.org/res2003/Mason.pdf，2013 年 9 月 18 日访问。

[95] 在 MMC（英国）评估 ICI – Kemira Oy 案（参见 http://www.competition – commission.org.uk/rep_pub/reports/1991/293kemira.htm#full）的结果中，相对于处于类似财务状况的独立公司而言，审查濒临破产部门时采取了更为严厉的判断，这也是一种损害政策利益的威胁。详见 Mason and Weeds（n 94），at 3。

对没有那么严格的处理方式。然而,可能需要确保,部门濒临破产的状态不仅仅表现为伪造的账目问题,如转移支付以及分配共同成本等。

13.121 在评估一个破产企业抗辩的时候,应当考虑经济与社会利益。在濒临破产企业的背景下决定社会成本/利益的程度问题以及如何对此作出解释,存在一定困难。社会成本需要表现为更高的价格以及失去消费者盈余,而相关利益与濒临破产企业的员工、股东,以及濒临破产公司的资产所在地区有关。根据波斯纳的观点,〔96〕破产企业抗辩是"反垄断法中将竞争价值置于其他价值之下最明显的例子之一"。〔97〕有关并购工作的社会政策考量,是与并购给集中带来的影响共同起作用的。对于那些未来依赖于濒临破产企业的存续及其地理位置的私人主体保护而言,相关公共政策因素会考虑到这些问题。社会成本可以视作是一种政策问题,因为不管是 1950 年针对第 7 部分的 Cellar - Kefauver 修正案立法历史也好,还是美国最高法院的先例也罢,均未明确排除这样行为。〔98〕根据科雷亚的观点,在涉及破产企业抗辩的通用构成要素时,竞争当局应当将社会成本考虑在内,但不应当在个案中考虑社会成本。

13.122 正如福克斯(Fox)所述,关于 *Citizen Publishing* 案〔99〕中所提及的破产企业抗辩问题,是美国最高法院判例法所解决的一个问题,是为了股东以及社会利益而设计的(如就业)。〔100〕另外,美国最高法院在 *United States v. General Dynamics Corp.* 案〔101〕中,支持了私人主体、股东以及债权人等三个团体可以获益于并购濒临破产公司的主张。只有在公司清算的时候,才会发生重大股东损失。如果并购可以带来盈利的话,那么股东的投资不可能会遭受损失,而且还可能会因此获取利益。债权人可以通过保有其针对

〔96〕 Richard Posner 曾是联邦贸易委员会助理、美国司法副部长助理,于 1981 年被任命为美国第七巡回上诉法院的法官。他于 1993 年至 2000 年担任该法院的首席法官。

〔97〕 R. A. Posner, *Antitrust: Cases, Economic Notes and other Materials* (2nd edn., New York, NY: West Publishing, 1981), 472.

〔98〕 Federal Trade Commission (FTC), "Anticipating 21st Century: Competition Policy in the New High - Tech, Global Marketplace", [1996] 1 (Report by Federal Trade Commission, Chapter 3) at 14, http://www.ftc.gov/opp/global/report/gc_v1.pdf, 2013 年 9 月 18 日访问。

〔99〕 *Citizen Publishing Co. v. United States*, -394 U.S. 11, 138-9 (1969).

〔100〕 E. Fox, "Antitrust and Competitiveness: Efficiencies, Failing Firms and the World Aren", [1996] 64 (3) Antitrust Law Journal. 725, http://www.ftc.gov/opp/global/fox.htm, 2013 年 9 月 18 日访问。

〔101〕 *United States v. General Dynamics Corp.*, 415 U.S. 486 (1974).

债务人的权利而获益，而且还有可能取回其对公司的投资。相反，在破产程序中，债权人却无法获得全额赔偿。

13.123 福克斯强调了以下观点：对于那些持反垄断工作就是反对垄断观点的人来说，判例法似乎是一种存疑的智慧。股东本身就要承担投资风险的损失，而且对于就业政策而言，反垄断豁免并非最好的解决方法。允许并购通过可能会造成失业，但禁止并购也会带来同样的问题。如果并购并未被通过，而且濒临破产的企业最终退出市场，那么工厂关闭就会导致失业。如果一个反竞争的并购被允许，那么失业可能就源自价格的提升以及产出的下降。当一个濒临破产的企业从市场上消失的时候，其就业资源可能会流入提供完全不同产品或服务的生产商，尽管也许没那么有效。失业的可能性无法高效利用劳动力以及这类问题可能会带来的衍生政治/社会问题，不应当决定并购的评估。

13.124 竞争当局（如美国和欧盟的）不倾向于将破产企业抗辩/例外扩展适用于尚未破产、仅仅是相对低效的竞争者。如果存在摇摇欲坠企业抗辩/例外的话，可能会损害竞争（并可能因此获利）的并购交易方就具备很强的动机主张濒临破产抗辩，以求获得宽大处理，即便是它们的现实状况并没有濒临破产企业那么糟糕。另外，正如经济合作与发展组织报告所述，即便可以很确定地认定某一企业摇摇欲坠，但竞争当局仍有可能持以下观点：这种企业能够带来的竞争尽管很弱，但却是有利于消费者的，所以应当允许其尽可能地存续下去。相对于涉及濒临破产企业的类似并购而言，一个包含摇摇欲坠企业的并购能够营造出更好的竞争环境。[102] 竞争当局不倾向于接受夕阳产业的有关主张中，也存在类似的论述。

13.125 正如上述分析所述，运用破产企业抗辩存在很大的争议性。在对涉及濒临破产企业的并购进行评估时，将濒临破产企业这一现象及其引起的后果考虑在内的反垄断立法，在保护和促进竞争法目标的实现方面，发挥着十分重要的作用。

---

〔102〕 OECD, "Policy Roundtable: Failing Firm Defence" (1995), 21, http://www.oecd.org/competition/mergers/1920253.pdf, 2013 年 9 月 18 日访问。

五、结　语

13.126 在危机时期，产业中的并购以及合资企业可能是确保企业存续性的一个非常重要的手段；这也可能发生在所有行业中的金融部门，以预防实力较弱的金融机构破产（而非收购）可能会带来的系统性风险。如果反垄断法对此类合并施加了过度限制，那么这种立法就是不可取的。

13.127 处于财务困境的企业可能面临资金流动不足的问题，因此会选择重组程序以确保其存续性以及可营利性。重组这一术语指的是将一种债务转化为另一种延期支付的债务。在这一重组过程中，企业可能需要进行收购和/或兼并。在这种情况下，竞争立法可能对重组程序有重大影响。可能会存在以下这种情形：关于重组计划（即兼并/收购）的谈判已经成功完成，但提交申报时却被竞争当局否决。有关这类案件的一个安全港就是破产企业抗辩/破产部门抗辩。

12.128 在每一司法辖区内，为了使得破产企业抗辩被接受，都必须要满足其各自规定的要素。通常来讲，需要满足的要素尤其包括：如果不被另外一个企业收购的话，声称即将破产的企业在不久的将来就会因财务困难而被迫退出市场。据此，就要求企业必须是即将破产、处于破产边缘或面临迫在眉睫的财务危机。另外，除了提交申报的并购，必须不能存在其他对竞争影响更小的可选交易；而且，如果并购不发生的话，濒临破产企业的资产将会不可避免地退出市场。一旦这些条件都满足，那么就认为并购并不会导致竞争结构的减损。

13.129 因此，为了实现破产企业抗辩，参与并购的企业必须证明：其中一个企业是濒临破产的企业，因此并购本身并不会带来任何反竞争效果。抗辩背后的逻辑就在于，即便是并购并未发生，随着濒临破产的公司最终退出市场，市场竞争结构还是有所损害。[103]

13.130 在评估涉及濒临破产公司的并购时，通过或禁止并购的经济要素应当包含在内，如失业、消费者利益以及价格维持。在适用破产企业抗辩的通用构

〔103〕 A. MacCulloch and B. Rodger, *Competition Law and Policy in the EC and UK* (3rd edn., Oxford: Cavendish Publishing, 2004), 221.

成要素时,应当将社会成本考虑在内,但在个案中则不应当考虑。[104]《里斯本条约》以及对"高度竞争性社会市场经济"的参考,可能会引出以下这种观点,认为应当适用包括就业以及经济、社会利益在内的更宽泛的政策标准。

13.131 法院,尤其是欧盟的法院,在绝大多数情况下并不支持破产企业抗辩。[105] 但是,两个司法辖区中也存在一些里程碑式的案例,这些案例表明了破产企业抗辩以及破产部门抗辩的发展,本章已经对其进行了分析。竞争当局以及法院所作的此类决定,再加上竞争当局颁布的指南,为评估当事方提出的抗辩请求提供了框架。

13.132 决定何时以及如何适用这一抗辩存在一定困难,部分原因在于破产企业抗辩主张的潜在事实部分可能会是与其他主张相互交错的,尽管从分析的角度来看,这些主张有所不同。例如,可能存在以下情形:现阶段的政策有利于其他可选买方,但这些其他可选买方却无法提供作为竞争者的买方能够带来的相同效率。另外,可以将破产企业抗辩假定为效率抗辩,因为收购方可以主张其能够确保濒临破产企业的存续性以及可营利性。正如科雷亚所主张的那样,在夕阳产业中产能确定会退出市场的背景下,破产企业抗辩也可能会发生。如果是这种情况,并购可能基于效率主张和破产企业抗辩都是合理的,但是需要分别分析。通常来讲,只有在并购会给竞争带来实质损害风险的时候,才必须要评估破产企业抗辩。[106] 我们需要强调,一个摇摇欲坠的企业可能会在不久的将来成为濒临破产的公司,尤其是当其处于一个夕阳产业中的时候。

13.133 正如本章所示,破产企业抗辩以及破产部门抗辩是竞争法律体系的组成部分。随着市场全球化不断的提升,以及随之而来公司所面临的越来越大的竞争压力,破产企业抗辩将会出现得更为频繁。竞争当局应当考虑到参与并购公司的存续性以及可营利性,并据此评估交易。竞争当局所采取的严格竞争影响分析,足以确保有关破产以及处于变化状态的市场环境的有效主张经过仔细的考虑和评估。[107]

---

[104] Correia, "The Failing Company Defence" and "Re – examining the failing company defense" (n 87).

[105] 虽然只有很少的案件提及抗辩主张。

[106] Correia, "The Failing Company Defence" and "Re – examining the failing company defense" (n 87).

[107] L. Leeds, "The Failing Firm Defence" (Federal Trade Commission Hearings in Changing Nature of Competition in a Global and Innovative – Drive Age), http://www.ftc.gov/opp/global/GC111495.html, 2013 年 9 月 18 日访问。

13.134 另外，减损适用中止义务非常重要，因为有关并购参与方的财务存续性可能存在特殊情况，这就需要对并购进行快速评估。如果是这种情况，就可能会授予减损适用的权利。欧委会已经在 *Kelt/American Express* 案[108]以及 *ING/Barings* 案[109]中授予了这种减损。类似地，2006 年，在初始 HSR 等待期届满之前，美国司法部通过了 Mittal Steel Company 买入 Arcelor S.A.，而此时美国司法部并未完整评估该并购。考虑到这种案件的特殊情况，需要快速完成重组交易，以阻止集中可能会给一个或多个相关企业带来严重损害，能够说服竞争当局接受存在减损适用中止义务需要的主张。

---

〔108〕 *Kelt/American Express* (Case No. IV/M.116) [1991] OJ C 223/06.

〔109〕 *ING/Barings* (Case No. IV/M.573) [1995] OJ C 114/04.

第十四章　救　济

一、救济原则
二、救济及其分类
三、结构性救济
（一）可存续的业务
（二）合适的买方
（三）剥离的范围
（四）先行修正——买方先行
（五）皇冠宝石
（六）结构性救济是灵丹妙药吗？
四、行为性救济
五、准结构性救济
六、监督承诺
七、救济类型的明确选择
八、危机时期的救济
九、结语

一、救济原则

14.01 竞争法的实施需要依据充分的救济。因此，设计合适的竞争法救济措施就成为竞争法评估的一个必要步骤。例如，在欧洲，欧委会附条件通过的并购案件远多于直接被禁止的案件。

14.02 在并购控制的背景下，并购分析的预期属性需要考虑很多因素，包括：救济行为的成本、遵守承诺的可能、救济的短期或长期影响、并购参与方战略性行为的风险,以及未来持续性的合适的监督以及遵守机制的选择。这些不同因素通常情况下会导致采取不同的救济措施,正如下文将要分析的那样。

14.03 接受救济的法律基础在于新版《欧盟并购条例》[1]前言的第30段,其规定:

如果相关企业修正一项提交申报的集中,尤其是通过提出承诺以使得集中与共同市场相符,欧委会就应当宣布附加救济措施的集中与共同市场相符。对于竞争问题以及完全排除这种问题而言,这种承诺应当是成比例的。

14.04 正如本段所示,承诺相对于竞争问题而言必须是成比例的,而且能够完全消除反竞争影响。下文的图表以及图14.1展示的是当事方提交救济措施后被通过的并购案件数量。

14.05 本章首先会简要讨论提交救济措施的法律基础,然后将会对各种救济措施进行分类,最后会详细分析几种不同类型的并购中当事方所提交的救济措施。本章将介绍结构性救济、行为性救济以及准结构性救济,并且针对各种类型的救济措施,评价是否存在一个明确的选择会使得在解决竞争关切的时候更容易获取成功。

表14.1 第一和第二阶段附承诺通过的决定

Year	1990	1991	1992	1993	1994	1995	1996	1997	1998	1999	2000	2001	2002	2003	2004	2005	2006	2007	2008	2009	2010	2011	2012	Feb 13
Phase Ⅰ	0	3	4	0	2	3	0	2	12	16	26	11	10	11	12	15	13	18	19	13	14	5	9	0
Phase Ⅱ	0	3	3	2	2	3	3	7	4	7	12	9	5	6	4	3	6	4	5	3	2	1	6	0

[1] Council Regulation (EC) No. 139/2004 of 20 January 2004 on the control of concentrations between undertakings (the EC Merger Regulation) [2004] OJ L 24/1.

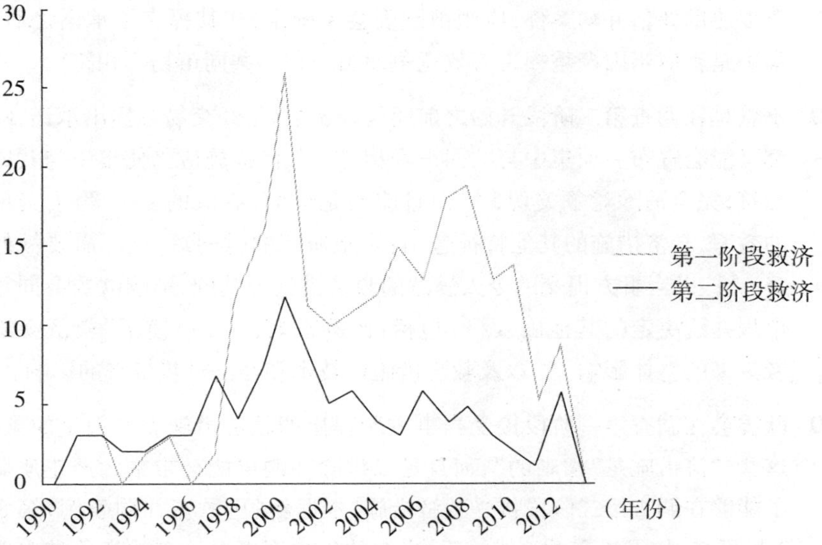

图 14.1 第一和第二阶段经承诺后被通过的并购案件数量

二、救济及其分类

14.06 欧盟立法授予欧委会处理并购案件的职责，而且可以无条件或附条件通过这些并购案件。因此，欧委会，尤其是欧盟竞争总司是唯一负责设计和实施欧共体范畴下的并购救济措施的机构。根据新版《欧盟并购条例》可知，“如果相关企业修正一项提交申报的集中，尤其是通过提出承诺以使得集中与共同市场相符，欧委会就应当宣布附加救济措施的集中与共同市场相符。”[2]

14.07 竞争评估过程中对集中的修正通常被称为“救济”，是因为其目标就是消除欧委会的竞争关切。欧委会可能会在其决定中附加条件或义务，旨在确保相关企业遵守其向欧委会作出的承诺，以使得集中与共同市场相符。

14.08 交易方提交承诺，以使得集中与共同市场相符，并在并购通过之后履行这些承诺。当交易方不得不提出充分的承诺以消除竞争关切，并提供必要的信

[2] Council Regulation (EC) No. 139/2004 of 20 January 2004 on the control of concentrations between undertakings (the EC Merger Regulation) [2004] OJ L 24/1, recital 30.

息以协助评估并购案件,应当由欧委会来确定,在其提交了承诺之后,一项集中是否应当因严重损害有效竞争而被宣布与共同市场不相符。

14.09 不管是在调查第二阶段开始之前还是开始之后,经交易方提出承诺,欧委会都可能会宣布一项集中与共同市场相符。救济措施应当使集中与共同市场相符,完全消除竞争关切,[3]而且应当是全面、有效的。[4] 为了实现更高的效率,救济措施的其他特征包括:实施所需的时间短,且不需要额外的监督。[5] 以当事方提交的令人满意的救济措施为基础,影响欧委会同意提交申报并购决定的其他因素[6]包括:比例原则、[7]"一揽子"救济会给消费者带来的整体影响[8]以及救济措施给技术和经济进步带来的影响。

14.10 欧委会在调查第一阶段接受当事方所提出的救济措施需要满足的条件为:这些救济措施是"清晰的",而且足以排除并购可能会带来的严正质疑。为了能够在调查第二阶段接受救济措施,根据新版《欧盟并购条例》第8条第2款可知,如果提交救济措施后,申报的集中不再会给有效竞争带来严重损害的话,那么欧委会就应当宣布该集中是与共同市场相符的。[9] 应当由当事方提出足以确保集中不会严重损害有效竞争的救济措施。

14.11 欧委会不能单方面就审查决定施加任何条件,只能以当事方提出的承诺为基础。[10] 即使在提交申报之前,交易方也可以向欧委会提交非正式承诺建议。交易方应当在竞争当局接到申报后20个工作日内提出承诺。欧委会会在截止日期之前告知当事方其严正质疑,并将调查第一阶段的期限从25

---

[3] Case T-282/02 *Cementbouw Handel & Industrie v. Commission* [2006] ECR II-00319, para 370.

[4] Case T-210/02 *General Electric v. Commission* [2005] ECR II-05575, para 52; Case T-87/05 *EDP v. Commission* [2005] ECR II-03745, para 105.

[5] A. Lindsay, *The EC Merger Regulation: Substantive Issues* (Sweet & Maxwell, London, 2006), 555.

[6] Lindsay (n 5) at 564-5.

[7] 见:Council Regulation (EC) No. 139/2004 of 20 January 2004 on the control of concentrations between undertakings (the EC Merger Regulation) [2004] OJ L 24/1,前言第6段;以及 *Boeing/McDonnell Douglas* (Case No. IV/M.877) Commission Decision (97/816/EC) [1997] OJ L 336/16; *NewsCorp/Telepiu* (Case COMP/M.2876) Commission Decision (2004/311/EC) OJ L 110/73; *Lufthansa/Swiss* (Case COMP//M.3770) [2005] OJ C 131/06; Case T-114/02; *Babyliss SA v. Commission* [2003] ECR II-1279, para 169-73.

[8] *Nestle/Ralston Purina* (Case COMP/M.2337) [2001] OJ C 179/10; *Procter & Gamble/Gillette* (Case COMP/M.3732) [2005] OJ C 139/10.

[9] Council Regulation (EC) No. 139/2004 of 20 January 2004 on the control of concentrations between undertakings (the EC Merger Regulation) [2004] OJ L 24/1,第8条第(2)款。

[10] Case T-210/01 *General Electric v. Commission* [2005] ECR II-05575, para 52; Case T-87/05 *EDP v. Commission* [2005] ECR II-03745, para 105.

个工作日延长至35个工作日。[11] 如果评估显示交易方提交的承诺不足以消除集中带来的竞争关切的话,那么交易方会收到通知。考虑到调查第一阶段的救济措施是为了给明显的竞争关切提供一个清晰的答案,只有少数修改能被采纳到提交的承诺中。作为磋商的即时回应,这类修改,可能包括澄清、完善和/或其他改进措施,以确保承诺是切实可行而且有效的。

14.12 根据新版《欧盟并购条例》第8条第(2)款提出的承诺,必须要在程序开始之日起65个工作日内提交至欧委会。如果根据新版《欧盟并购条例》第10条第(3)款将作出最终决定的截止日期延期的话,救济措施的截止期限也会自动顺延相同的天数。只有在例外的情况下,欧委会才有可能会接受期限届满之后由当事方第一次提交的承诺。交易方应当在规定时间内提交延长截止日期的请求,而且还必须要合理说明特殊情况。除了存在特殊情形以外,只有当欧委会需要充分的时间对建议进行正确评估,并向成员国以及第三方充分咨询时,才可能延期。

14.13 如果交易方在程序开始后的55个工作日内提交承诺,欧委会必须在程序开始之日起90个工作日内作出最终决定。如果交易方在第55个工作日当天或之后提交承诺(或者由于上文所述例外情形的存在,若该承诺应当被接受,即使是在65个工作日之后),根据新版《欧盟并购条例》第10条第(3)款第(2)项可知,欧委会作出最终决定的期限会延长至105个工作日。如果当事方在55个工作日内提交了承诺,但后来又在第55个工作日或之后提交了修订版承诺的话,作出最终决定的期限仍将会延长至105个工作日。

14.14 交易方也可能依据第10条第(3)款第(1)项请求欧委会延长作出最终决定的期限。这一请求必须要在65个工作日的期限之内提出。根据第10条第(3)款第(1)项,延期请求可在"实施条例"中所规定的可预期的提交救济措施截止日期之后提出,也就是65个工作日之后提出。但实际上,欧委会通常不会依据该条款延长作出最终决定的期限。如果经过65个工作日之后,交易方又更改先前提交的承诺的话,只有满足以下各条件,欧委会才会接受这些经更改的承诺:可以很明确地得出结论——一旦这些承诺付诸实施,就可以彻底且明确地解决已经确定的竞争关切,而且,欧委会有足够的时间评估该并购,并适当地向成员国咨询。

---

〔11〕 欧委会应当遵循的程序的法律基础为:Commission Notice on remedies acceptable under the Council Regulation (EC) No. 139/2004 and under Commission Regulation (EC) No. 802/2004 [2008] OJ C 267/1。

14.15 我们应当强调的是,选择救济措施应当主要以纠正产生于上文所述并购的竞争危害为基础。普通法院在 *Babyliss v. Commission* 案[12]中提到,欧委会必然会接受可能会解决竞争关切的最简单的救济措施。

14.16 图 14.2 通过图表展示了不同种类的并购救济措施,本章将对其进行深入分析。[13]

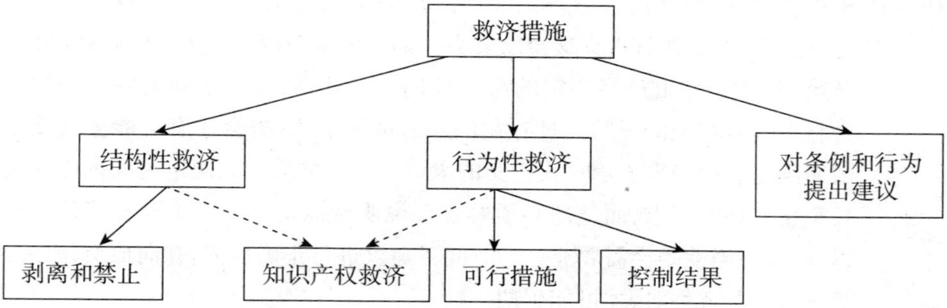

图 14.2 救济措施类型概述

14.17 新版《欧盟并购条例》中并未正式界定“结构性”以及“行为性”这两个术语。[14] 可以说,结构性救济会更改产权的分配,并产生新的企业,而行为性救济会给并购企业的产权施加限制。[15] 欧共体和美国的理论与实践均接受这种定义,同时英国理论上也认可这种划分。[16] 结构性救济寻求通过重组市场来解决竞争关切,行为性救济旨在控制交易完成后,并购参与方相对

---

〔12〕 Case T－114/02 *Babyliss SA v. Commission* [2003] ECR II－1279.

〔13〕 “Merger Remedies: Competition Commission Guidelines” (published by the Competition Commission under the requirements of the Enterprise Act 2002) (Consultation Draft, May 2008), https://www.gov.uk/government/organisations/competition－commission, 2013 年 9 月 18 日访问。

〔14〕 D. Went, “The acceptability of remedies under the EC Merger Regulation: structural versus behavioral” [2006] 27(6) ECLR, 455－75, at 455.

〔15〕 H. Vasconcelos, *Efficiency gains and structural remedies in merger control* (Centre for Economic Policy Research, London, 2007), 2.

〔16〕 A. Scott, M. Hviid and B. Lyons, *Merger Control in the United Kingdom* (Oxford: Oxford University Press, 2006), 301. 依据《克莱顿法》(15 D. S. C. § 25)第 15 条以及《谢尔曼法》(15 U. S. C. § 4)第 4 条可知,反垄断执法部门有权质疑收购与兼并。该部门可能会寻求一个完全禁令,以禁止交易方完成交易。或者,反垄断部门也可能会选择与交易方达成协议(和解协议),或接受一个“先行修正”的救济措施,以使得并购能够伴随着修正进行下去,从而维持或保持竞争。在以下三要素之间必须要存在关键性联系:提交申报的交易、竞争损害的属性以及提交的救济条款。

于其他市场参与方的行为。[17]

14.18 欧盟竞争总司的并购救济研究明确了一种新的救济措施分类。[18] 该研究并未遵循通常的结构性和行为性救济的划分方法。取而代之的是一种以基于表单的、更宽泛的分类方法。该研究旨在评估1996年至2000年审查通过的并购案件。其研究了40个并购的交易方案设计、实施以及效力。[19] 在该研究之前,FTC也于1999年进行了类似的研究。[20]

14.19 新的救济分类方法为:[21]

a. 转移市场地位(与结构性救济类似)。

i. 剥离某一企业的控制权。

ii. 剥离某一业务单元。

iii. 剥离混合搭配的资产。

iv. 剥离或授予长期独家许可。

b. 退出某一合资企业。

c. 授权进入某一市场或取得其他资产(与非结构性救济类似)。

i. 取得基础设施或技术平台。

ii. 通过知识产权许可取得技术。

iii. 终止纵向独家协议。

d. 其他救济。

14.20 我们应当注意,不同类型的救济之间并没有明确的区别。诸如通过品牌、商标、知识产权以及许可进入市场的救济措施会引发争议,这就造成救济分类

---

〔17〕 G. Blanke, *The use and utility of international arbitration in EC Commission merger remedies: a novel supranational paradigm in the making?* (Groningen: Centraal Boekhuis, 2006), 14.

〔18〕 "Merger Remedy Study" (DG COMP, European Commission, October 2005), http://www.europa.eu.int/comm./competition/mergers/others/remedies_study.pdf, 2013年9月18日访问。

〔19〕 P. Papandropoulos and A. Tajana, "The merger remedies study – in divesture we trust?", [2006] 27 (8) ECLR, 443.

〔20〕 "A study of the Commission's Divesture Process" (Prepared by the Staff of Bureau of Competition of the Federal Trade Commission, 1999). 两个研究都发现,如果要求出售"独立的"业务或出售给合资企业的合作伙伴的话,剥离手段是最有可能奏效的。详见 K. Davidson, "The Reports on Divesture Remedies of the US FTC and EU DG Comp" (February 2006), http://www.antitrustinstitute.org, 2013年9月18日访问。

〔21〕 "Merger Remedy Study" (DG COMP, European Commission, October 2005)第30段, http://www.europa.eu.int/comm./competition/mergers/others/remedies_study.pdf, 2013年9月18日访问。

流于理论层面,因为还存在其他没有办法以此为基础进行分类的救济。[22]

三、结构性救济

14.21 当事方提出的结构性救济,尤其是剥离,只有在欧委会能够较为肯定地推断出以下结论,才会被认为是可接受的:欧委会可据此实施相关救济措施,所产生的新的经济结构真正可以起到作用,而且持续时间长到足以确保不会严重损害有效竞争。剥离必须要在当事方与欧委会协商一致的时间之内完成。[23] 欧委会倾向于处理资产、股份或剥离知识产权,尤其是在会带来非协调效应的纵向并购中。[24]

14.22 剥离是最为常见的结构性救济手段。面对某一并购,欧委会基本上会试图通过以下两种方式维持相关市场上的竞争:通过将某特定业务或资产出售给一个新的市场参与者,来创设一个新的竞争来源;或通过将业务或资产出售给另外一个非并购参与方的其他市场参与者,来强化现有的竞争来源。[25] 这可能包括出售一个完整的业务,[26] 出售并购参与方之一的现有业务,[27] 出售双方的部分业务,[28] 出售一个业务的一部分,[29] 或者割断其他与竞争对手的联系。[30] 从执行的角度来看,结构性救济更具优势。一旦

---

〔22〕 ICN Merger Working Group: Analytical Framework Subgroup, "Merger Remedies Review Project" (Report for the fourth ICN annual conference, Bonn, June 2005), 7, http://www. interna - tional-competitionnetwork. org/uploads/library/doc323. pdf, 2013 年 9 月 18 日访问。

〔23〕 欧委会将交易总时间分为以下几段:达成最终的协议、进一步完成交割以及转移交法律所有权。

〔24〕 Lindsay (n 5) at 566.

〔25〕 ICN Merger Working Group: Analytical Framework Subgroup, "Merger Remedies Review Project" (Report for the fourth ICN annual conference, Bonn, June 2005), para3. 8. http://www. international-competitionnetwork. org/media/library/conference_4th_bonn_2005/Remedies_Study. pdf, 2013 年 9 月 18 日访问。

〔26〕 *DuPont/ICI* (Case No. IV/M. 214) Commission Decision (93/3/EEC) [1993] OJ L 007/013.

〔27〕 *Vodafone Airtouch/Mannesmann* (Case COMP/M. 1795) [2000] OJ C 141/70; *France Telecom/Orange* (Case COMP/M. 2016) [2000] OJ C 261/07.

〔28〕 *Masterfoods/Royal Canin* (Case COMP/M. 2544) [2002] OJ C 79/05.

〔29〕 *Nestle/Perrier* (Case No. IV/M. 190) Commission Decision (92/553/EC) [1992] OJ L 376/1; *Continental/Phoenix* (Case No. COMP/M. 3436) Commission Decision (2006/896/EC) [2006] OJ L 353/7.

〔30〕 *Akso Nobel/Courtaulds* (Case No. IV//M. 1182) [1998] OJ C 265/03; *Continental/Phoenix* (Case No. COMP/M. 3436) Commission Decision (2006/896/EC) [1006] OJ L 353/7.

确定了买方，就不需要竞争当局的进一步监督，但行为性救济以及准结构性救济则与之相反。

14.23 结构性救济的有效性会受到买方及资产相关风险的威胁。一个公司的存续性有时取决于其对互补性资产的占有。只有在需要联合生产其他商品或服务的时候，规模经济或网络效应才会使生产特定商品或提供特定服务有利可图。遗漏企业存续所必须的关键性资产是救济不充分的源头之一。[31]

(一) 可存续的业务

14.24 被剥离的活动必须包括可存续的业务，也就是说，如果被一个"合适的买方"接手，其能够长期地与并购后企业进行有效竞争，并得以持续经营。一个可存续的业务，是指现有的能够独立运营的业务，即除过渡期外，供应原料或其他合作形式均独立于并购参与方。为了确保剥离出一个可存续的持续性业务，有时要求剥离一些市场上不会受并购负面影响的资产。在 *Buhrmann/Samas* 案[32]中，当事方的承诺与 Corporate Express 被确认产生了竞争损害的市场中的销售相关，但除此之外，还包括整个办公用品业务。欧委会认为，部分转移的业务并未构成一个存续性业务。

14.25 一个可存续的业务，是指能够独立运营的业务，这就意味着就原料供应以及其他合作形式方面均独立于并购参与方。在 *SCA/Mesta Tissue* 案中，剥离方案并未被许可，原因在于被剥离的经营活动无法与并购企业进行有效的竞争，[33]而在 *GE/Instrumentarium* 案[34]中，Instrumentarium 新近买入的一家公司被剥离出来。值得一提的是，在并购救济研究分析的所有承诺中，有48% 会引发买方是否合适的疑问。[35] 在 *Scania AB v. Commission*、[36] *Lagardere/Natexis/VUP*[37] 以及 *Total Fina/Elf* 案[38]中，由于潜在的买方不合适，欧委会否决了交易方的建议。在 *Total Fina/Elf Aquitaine* 案中，交易

〔31〕 Went (n 14).

〔32〕 *Buhrmann/Samas Office Suppliers* (Case COMP/M. 2286) [2003] OJ C 117/06.

〔33〕 *SCA/Metsa Tissue* (Case COMP/M. 2097) [2000] OJ C 238/13.

〔34〕 *GE/Instrumentarium* (Case COMP/M. 3083) Commission Decision (2004/322/EC) [2004] OJ L 109/1.

〔35〕 A. Tajana, "European Union: merger remedies study published by the European Commission", [2006] 12(3), Int. TLR, N26 – 27, at N. 27.

〔36〕 Case T – 248/04 *Scania AB v. Commission* [2004] OJ C 217/58.

〔37〕 *Lagardere/Naterix/VUP* (Case COMP/M. 2978) [2003] OJ C 137/06.

〔38〕 *Total Fina/Elf* (Case COMP/M. 1628) [2001] OJ L 143/1.

方提出出售一些资产以消除液化石油气市场上的竞争关切，但由于未能通过欧盟竞争总司的市场测试，后来不得不剥离一个完整的子公司，这一救济措施所消除的竞争关切的范围远超出业务的重叠部分。

14.26 在 *Exonn/Mobil* 案[39]以及 *MCI WorldCom/Sprint* 案[40]中，当事方所提出的剥离方案并未被接受，因为这些所谓的“剥离”与并购后企业的活动仍有一定程度的联系，以至于无法以有效的可存续竞争对手的身份运营下去。欧委会接受一个“剥离”的主要先决条件仍然是：在将业务转移至买方期间，其应当是可存续的、有竞争性的，而且以独立运作为基础。在 *Alcan/Pechinery*(*II*)案[41]中，欧委会否决了两个剥离选项，原因在于其无法确保业务的长期存续性。[42]

(二)合适的买方

14.27 一个合适的买方应当有能力且有动机立刻有效地参与到与并购后企业的竞争当中，从而恢复或维持相关市场上的竞争。[43] 欧盟并购救济研究[44]显示，如果所选买方不合适的话，可能会减损剥离救济措施的有效性。应当由并购参与方找出一个符合上述要求的买方，同时需要得到欧委会的认可。

14.28 在美国以及欧洲，会更倾向于选择以下各类公司充当合适的买方：位于相同市场上的较小竞争对手，位于相邻或相关市场上的公司，以及具备成功运营类似资产记录的公司。合适的买方的要求包括：

- 要求买方独立于并购参与方，并且与后者并无关联；
- 买方必须拥有资金来源，具备相关专有技术，并且具备维持并发展被剥离业务的动机和能力，以成为一个与交易方以及其他竞争对手竞争的可存续的、积极的竞争性力量；以及
- 收购被剥离资产，绝对不应当造成新的竞争问题，也不应当提高当事方

---

[39] *Exonn/Mobil* (Case No. IV/M. 1383) Commission Decision (2004/284/EC) [2004] OJ L 103/1.

[40] *MCI WorldCom/Sprint* (Case COMP/M. 1741) Commission Decision (2003/790/EC) [2003] OJ L 300/1.

[41] *Alcan/Pechinery* (*II*) (Case COMP/M. 3225) [2003] OJ C 299/08.

[42] J. Cook and C. S. Kerse, *EC Merger Control* (4th edn, London: Sweet & Maxwell, 2005), 293.

[43] N. C. Ersboll, *Commitments under the Merger Regulation* ECLR [2001] 22, 357 - 64.

[44] “Merger Remedy Study” (DG COMP, European Commission, October 2005), 99, http://www.europa.eu.int/comm./competition/mergers/others/remedies_study.pdf,2013 年 9 月 18 日访问。还可参见 B. Lyons and S. Davies, *Mergers and Merger Remedies in the EU* (Cheltenham: Edward Elgar, 2007)。

承诺的救济措施推迟实施的风险。也有可能需要对交易进行竞争评估。

14.29 买方必须是一个现有的或潜在的竞争对手,[45] 其具备资金来源、经证明的相关专有技术,而且具备维持并发展剥离业务的动机,以成为一个可存续的积极的竞争力量。[46] 另外,潜在买方应当是独立的,而且与交易方无关联。最后,如有必要,该收购必须要获得竞争当局的批准。[47]

14.30 竞争当局应当注意买方的动机。剥离资产的买方可能有动机将并购的反竞争影响最大化,从而通过采取反竞争行为来获取利益。买方并不具备针对剥离包进行谈判以维持现状的动机。

14.31 美国联邦贸易委员会剥离研究[48]以及欧盟并购救济研究[49]都认为,买方与竞争当局之间的动机可能会有所分歧。[50] 一般合作型谈判理论或科斯定律表明,买方以及并购参与方之间将达成一个协议,(尽其最大努力)以实现双方利益的最大化。[51] 因此,它们可能会寻求可以提升自身利益并可能产生反竞争影响的剥离。据此,这些战略行为存在的问题证明了欧委会决定被采纳后即刻任命托管人的合理性。

14.32 我们应当注意到,确定一个合适的买方并非总是那么容易。可能市场上现

---

〔45〕 Lindsay (n 5) at 590.

〔46〕 *Masterfoods/Royal Canin* (Case COMP/M. 2544) [2002] OJ C 79/05; *SEB/Moulinex* (Case COMP/M. 2621) [2003] OJ C 88/06; *NewsCorp/Telepiu* (Case COMP/M. 2876) Commission Decision (2004/311/EC) OJ L 110/73; GIMD/Socpresse (Case No. COMP/M. 3420) [2004] OJ C 134/04.

〔47〕 经证实存在一个复杂的问题,即金融企业(例如基金)能否成为剥离措施中合适的买方。目前存在很多争议性观点,但占据主导地位的观点为:这类买方可能会被证明是存在问题的解决方案。然而,欧委会在 *Carrefour/Promodes* (Case COMP/M. 1684) [1999] OJ C 359/10 案中接受了金融企业买方。

〔48〕 "A study of the Commission's Divesture Process" (Prepared by the Staff of Bureau of Competition of the Federal Trade Commission, 1999), 34 – 5, https://www. ftc. gov/os/1999/08/divestiture. pdf, 2013 年 9 月 18 日访问。

〔49〕 "Merger Remedy Study" (DG COMP, European Commission, October 2005), 103, http://www. europa. eu. int/comm. /competition/mergers/others/remedies_study. pdf, 2013 年 9 月 18 日访问。

〔50〕 "A study of the Commission's Divesture Process" (Prepared by the Staff of Bureau of Competition of the Federal Trade Commission, 1999), 26 – 7, https://www. ftc. gov/os/1999/08/divestiture. pdf, 2013 年 9 月 18 日访问;"Merger Remedy Study" (DG COMP, European Commission, October 2005), 152, http://www. europa. eu. int/comm. /competition/mergers/others/remedies_study. pdf, 2013 年 9 月 18 日访问。

〔51〕 J. Farrell, "Negotiation and Merger Remedies: Some Problems" (Competition Policy Research Center, University of California, Berkeley, CA, 2003) (Working Chapter No. CPC 03 – 41).

阶段基本不存在竞争对手,或市场上的竞争对手没兴趣或没资金购入资产。市场可能需要接受监管,这也会限制可选的买方数量。最为理想的状态就是选择可能会采取积极定价政策的买方。如果潜在买方的预期利润要低于其采取反竞争行为的利润,其就不可能花费大笔资金来获取剥离资产。

14.33 在评估并购救济措施的时候,应当遵循与并购分析相同的评价方法,据此来评估单边以及协调效应。收购方可能具备与经并购而产生的企业协调双方行为的动机,〔52〕(这一动机能够引发买方削弱自身产能并设计交易,以使得买方依赖于并购后企业的商誉),或者可能会创设出通过转售获利的业务,〔53〕也可能是把剥离业务作为与其他相关业务共同组成的"一揽子"业务的一部分,而其他部分才是买方真正感兴趣的。〔54〕 另外,将资产剥离给潜在买方本身并不会引发竞争关切。〔55〕 如果一个买方不愿意支付费用(或要求卖方补贴)的话,就说明剥离的资产基本不具备什么价值。如果不管剥离哪种资产,价格都是固定的,那么这种负面效应就得以抵消。如果是这样的话,买方的动机就会集中在实现买入产能的最大化。

(三)剥离的范围

14.34 明确界定剥离包的范围和目标极其重要。从并购救济研究的数据中,我们

---

〔52〕 一种阻止这种协调行为的方法就是,收购方在剥离之后不与并购后企业之间存在任何财务联系,http://www.ftc.gov/bc/mergerfaq.shtm, 2013 年 9 月 18 日访问;US Department of Justice, Antitrust Division Policy Guide to Merger Remedies, (Antitrust Division, 2004), 35, http://www.justice.gov/atr/archived - antitrust - division - policy - guide - merger - remedies - october - 2004, 2013 年 9 月 18 日访问;"Merger Remedy Study" (DG COMP, European Commission, October 2005), 105, http://www.europa.eu.int/comm./conpetition/mergers/others/remedies_study.pdf, 2013 年 9 月 18 日访问。

〔53〕 例如,如果售价过低,可能意味着买方意图变现资产退出市场,这肯定会妨碍剥离的有效性,OECD, "Roundtable Policies: Merger Remedies" (2003), 28, http://www.oecd.org/dataoecd/61/45/34305995.pdf, 2013 年 9 月 18 日访问。

〔54〕 "Merger Remedy Study" (DG COMP, European Commission, October 2005), 103, http://www.europa.eu.int/comm./conpetition/mergers/others/remedies_study.pdf, 2013 年 9 月 18 日访问。

〔55〕 买方不应当与经并购而产生的企业之间存在任何持续性的所有权或控制权联系,因为剥离发生之后,这类关系可能会降低买方的竞争力;例如,"Merger Remedy Study" (DG COMP, European Commission, October 2005), 105, http://www.europa.eu.int/comm./conpetition/mergers/others/remedies_study.pdf, 2013 年 9 月 18 日访问;Competition Commission, "Application of Divesture Remedies in Merger Inquiries: Competition Commission Guidelines" (December 2004)第 10 段, http://www.competition - commission.org.uk/rep_pub/rules_and_guide/pdf/cc8.pdf, 2013 年 9 月 18 日访问。

可以发现，在所分析的案件中，基本上 79% 的案件都存在剥离范围的问题。[56] 另外，在欧盟并购救济研究[57]中，还包括欧委会在正确认定剥离组合范围的过程中应当考虑的一些因素：

(1)被剥离业务与交易所保留的业务之间的上下游联系；(2)一个存续性以及竞争性的被剥离业务的地理范围，与相关市场的地理范围可能不同；(3)剥离组合的临界大小或总量；(4)考虑到产品周期效应，如剥离成熟产品，以与当事方所保留的创新型新一代产品进行竞争；以及(5)知识产权问题。

14.35 欧盟的研究发现，剥离范围与其成功之间正相关。通常情况下，欧委会将剥离业务的范围仅仅界定为各交易方市场活动的重叠部分。在剥离救济中，如果被剥离的不仅仅是重叠的资产，那么与仅剥离重叠资产相比，其成功率会高出很多。[58]

14.36 剥离包不仅应当包括业务相关的有形资产（生产设备或与原材料）[59]，还应当包括人员以及一般地所有无形资产（专利、著作权、商标或与设备相关的权利），以帮助剥离业务的运营。无形资产，可能是与剥离业务运营相关的有价值的信息，也可能是有助于在生产过程中有效利用与被剥离的有形资产相关的技术和其他知识产权。[60] 如果关键资产是无形的，那么就与该资产有关的权利而言，一个结构性救济必须要提供一个或多个买方。可以通过转手卖给另外一个买方或通过许可，来提供这类权利。

14.37 在一些产业中，剥离的范围必须包括产品的"整个生产线"[61]，以使得买方

[56] Lindsay (n 5) at 577.

[57] "Model Divestiture Commitments" (May 2003), 43 – 4, http://ec. europa. eu/comm/competition/mergers/legislation/divestiture_commitments/commitments. pdf, 2013 年 9 月 18 日访问。

[58] K. Davidson, "The Reports on Divesture Remedies of the US FTC and EU DG Comp" (February 2006), http://www. antitrustinstitute. org/, 2013 年 9 月 18 日访问。

[59] 竞争当局应当警惕，并购参与方可能会剥离其运营不济的实物资产。

[60] US Department of Justice, Antitrust Division Policy Guide to Merger Remedies (Antitrust Division, 2004), 10, http://www. justice. gov/atr/archived – antitrust – division – policy – guide – merger – remedies – october – 2004, 2013 年 9 月 18 日访问；"Model Divestiture Commitments" (May 2003), http://ec. europa. eu/comm/competition/mergers/legislation/divestiture_commitments/commitments. pdf, 2013 年 9 月 18 日访问。

[61] Lindsay (n 5) at 585, US Department of Justice, Antitrust Division Policy Guide to Merger Remedies (Antitrust Division, 2004), 14, http://www. usdoj. gov/atr/public/guidelines/205108. htm, 2013 年 9 月 8 日访问。

能够实现规模经济和范围经济。[62] 在 *Sanitec/Sphinx* 案[63]中,欧委会认为只有在买方能够提供整个生产线上的所有产品时,其才会成为一个可存续下去的竞争对手,为解决欧委会该关切,Sanitec 决定剥离的业务范围超过了重叠部分。[64]

14.38 在 *Unilever/Amora Maille* 案[65]中,竞争关切与并购参与方在法国蛋黄酱和色拉调料市场上的支配地位相关。对于 Benedicta 品牌剥离的范围要宽泛得多,包括了其他产品(例如芥末),并覆盖所有品牌注册的地理区域。据欧委会,新的市场进入者需要提供 Benedicta 的所有产品,并活跃于世界市场,与 Unilever 形成有效竞争的关系。

14.39 美国、欧盟以及英国的竞争当局有一个明确的倾向,即剥离一个现有的能够独立运行的业务。欧委会已经表明其反对大范围使用混合型剥离的观点。[66] 交易方有义务剥离同时归属于买方和目标公司的资产。换句话说,剥离包含不止一方的资产。在处理"混合型"剥离方案的时候,竞争当局必须要决定,混合型资产是否能够持续有效地运营下去,以及其是否能够产生相对效率,并像并购后企业那样实现规模经济和范围经济。[67] 如果买方已经掌握或能够轻松从第三方处获取未被包含在剥离范围内的资产的优秀替代品的话,也可能会允许剥离范围小于整个现有企业。在剥离包中涵盖这

---

〔62〕 OECD, "Roundtable Policies: Merger Remedies" (2003), 23, http://www.oecd.org/competition/mergers/34305995.pdf, 2013 年 9 月 18 日访问。

〔63〕 *Sanitec/Sprinx* (Case No. IV/M.1578) Commission Decision (2000/718/EC) [2000] OJ L 294/1.

〔64〕 还可参见 *TotalFina/Elf* (Case COMP/M.1628) [2001] OJ L 143/1; *Unilever/Amora – Maille* (Case COMP/M.1802) [2000] OJ C 33/04. 在 *Guinness/Grand Met* 案中,美国联邦贸易委员会要求剥离境外的资产,尽管相关地域市场仅局限于美国境内(*Guinness/Grand Met*, Docket No. C – 3801); 还可参见"Merger remedies"(George S. Cary, Senior Deputy Director 准备的发言, Bureau of Competition Federal Trade Commission, before the American Bar Association, Antitrust Spring Meeting, Washington, DC, April, 1997), https://www.ftc.gov/speeches/other/aba397.shtm, 2013 年 9 月 18 日访问。

〔65〕 *Unilever/Amora – Maille* (Case COMP/M.1802) [2000] OJ C 33/04.

〔66〕 The DOJ "*favors the divestiture of an existing business entity that has already demonstrated its ability to compete in the relevant market*" (US Department of Justice, Antitrust Division Policy Guide to Merger Remedies (Antitrust Division, 2004), 12 – 3, http://www.usdoj.gov/atr/public/guidelines/205108.htm, 2013 年 9 月 18 日访问)。在 *Federal – Mogul/T&N* 案 [Federal – Mogul/T&N (1998) Docket No. C – 3836, Decision and Order] 中,美国联邦贸易委员会发现,当事方所提议的混合型剥离并不足以解决竞争关切,并且坚持剥离 T&N 的一整个业务。

〔67〕 R. D. Parker and D. A. Balto, "The evolving approach to merger remedies" (Antitrust Report, May 2000). 可参见 http://www.ftc.gov/speeches/other/remedies.shtm。

类资产可能是一个“不受欢迎而且成本较高的冗余”。[68] 在 *Johnson & Johnson/Guidant* 案[69]中，欧委会同意了 Johnson & Johnson 提出的方案，剥离已经不具备任何生产产能的导丝业务，因为存在第三方产能，而且同样具备竞争力。[70]

14.40 混合型救济，意味着有关剥离业务的存续性以及有效性存在额外风险。在 *Crown Cork & Seal/Carnaud Metalbox* 案[71]中，“混合型”路径获得认可，但在 *Group 4 Falck/Securicor* 案[72]中，该方法却被否决。如果当事方能够说服欧委会相信混合型剥离能够消除已确定的竞争关切的话，欧委会有可能会接受其主张。

(四)先行修正——买方先行

14.41 先行修正，指的是在欧委会的审查过程中，由当事方界定潜在买方并与其签订具有法律效力的协议，并列明交易要点。欧委会将在最终决定中认定，将剥离的业务转移至已经界定的买方是否会消除竞争关切。只有在先行修正救济措施能够消除并购带来的竞争关切时，美国司法部才会接受该救济。在这种情况下，美国司法部会避免在未要求并购后企业履行额外义务的前提下，开始立案、调查并得出结论。[73] 美国司法部进一步指出，如果竞争性损害所要求的救济条款会导致并购后企业履行持续性义务（防火墙、其他行

---

〔68〕 US Department of Justice, Antitrust Division Policy Guide to Merger Remedies (Antitrust Division, 2004), 13-4, http://www.usdoj.gov/atr/public/guidelines/205108.htm, 2013 年 9 月 18 日访问; FTC Frequently Asked Questions: http://www.justice.gov/atr/archived-antitrust-division-policy-guide-merger-remedies-october-2004, 2013 年 9 月 18 日访问。还可参见 *U. S. v. Premdor, Inc.*, Civil No.: 1:01CV01696 (D. D. C. 3 August, 2001)。

〔69〕 *Johnson & Johnson/Guidant* (Case COMP/M. 3687) [2005] OJ C 68/06; 还可参见 *Metso/Svedala* (Case No. COMP/M. 2033) Commission Decision (2004/254/EC) [2004] OJ L 88/1。

〔70〕 Lindsay (n 5) at 584. 美国联邦贸易委员会部分允许石油行业中的部分剥离[*Valero Energy Corp.*, FTC Docket No. C-4031 (22 February 2002); *Dan I. Duncan*, FTC Docket No. C-4173 (3 November 2006); *Valero, L. P.*, FTC Docket No. C-4141 (15 June 2005)]，以及包括药品生产商的案件。[*Hospira Inc.*, FTC Docket No. C-41102 (18 January 2007); *Johnson & Johnson*, FTC Docket No. C-4180 (16 January 2007); *Watson Pharmaceutical, Inc.*, FTC Docket No. 4172 (12 December 2006)].

〔71〕 *Crown Cork & Seal/Carnaud Metalbox* (Case No. IV/M. 603) Commission Decision (96/222/EC) [1996] OJ L 075/38.

〔72〕 *Group 4 Falck/Securicor* (Case No. COMP/M. 3396) [2004] OJ C 178/03.

〔73〕 US Department of Justice, Antitrust Division Policy Guide to Merger Remedies (Antitrust Division, 2004), 27, http://www.usdoj.gov/atr/public/guidelines/205108.htm, 2013 年 9 月 18 日访问。

为性救济),将不接受先行修正。

14.42 还会出现这样一种情形,即只有买方先行才会使欧委会确定地得出"业务将会被有效地剥离给一个合适的买方"的结论。买方先行这一要求,使得竞争当局在允许并购继续进行之前,审查当事方提出的救济和潜在买方。因此,在提出救济措施时,交易方不得不承诺,在与买方签订有关剥离业务的具备法律效力的协议并获取欧委会认可之前,不打算完成提交申报的交易。欧委会在 *Bosch/Rexroth* 案[74]中第一次使用了这一方法,随后在以下各案中也使用了该方法: *Masterfoods/Royal Canin* 案、[75] *Nestle/Ralston Purina* 案、[76] *The Post Office/TPG/SPPLI* 案、[77] *Nestlé/Ralston Purina* 案、[78] *Sonoco/Ahlstrom* 案、[79] *DSM/Roche Vitamins* 案[80]以及 *Verbund/Energies Allianz* 案。[81] 在 *the Post Office/TPG/SPPL* 案[82]中,欧委会认为,剥离组合的可转移性以及存续性在很大程度上取决于买方的身份,而这一买方需要设立其自身的上下游服务网络,为 TPG 的过渡期做准备。类似地,在 *Masterfoods/Royal Canin* 案[83]中,欧委会要求确定一个先行买方,因为剥离组合并非一个独立业务,交易双方和买方的资产组合应当具备研发产能以及品牌宠物食品市场上经证实的专有技术,以实现这些资产与自身业务的整合。根据欧盟救济研究可知,如果存在一个先行买方的话,就可以加快剥离程序的进行,确保竞争关切得到解决,就像在其他条款中规定的那样,降低过渡阶段业务受损的风险。

14.43 从过渡期到完成剥离这段时间内,如果将要被剥离的资产面临受损的高度风

---

[74] *Bosch/Rexroth* (Case COMP/M. 2060) Commission Decision (2004/123/EC) [2004] OJ L 043/1.

[75] *Masterfoods/Royal Canin* (Case COMP/M. 2544) [2002] OJ C 79/05.

[76] *Nestle/Ralston Purina* (Case COMP/M. 2337) [2001] OJ C 179/10.

[77] *The Post Office/TPG/SPPL* (Case COMP/M. 1915) Commission Decision (2004/236/EC) [2004] OJ L 82/1.

[78] *Nestle/Ralston Purina* (Case COMP/M. 2337) [2001] OJ C 179/10.

[79] Sonoco/Ahlstrom(Case COMP/M. 3431) Commission Decision (2005/452/EC) [2005] OJ L 159/13.

[80] *DSM/Roche Vitamins* (Case COMP/M. 2972) Commission Decision (2004/238/EC) [2004] OJ L 82/73.

[81] *Verbund/Energie Allianz* (Case COMP/M. 2947) Commission Decision (2004/271/EC) [2004] OJ L 092/91.

[82] *The Post Office/TPG/SPPL* (Case COMP/M. 1915) Commission Decision (2004/236/EC) [2004] OJ L 82/1, *DSM/Roche Vitamins* (Case COMP/M. 2972) Commission Decision (2004/238/EC) [2004] OJ L 82/73.

[83] *Masterfoods/Royal Canin* (Case COMP/M. 2544) [2002] OJ C 79/05.

险的话,欧委会可能会要求一个先行买方。[84] 在 *Bosch/Rexroth* 案[85]中,欧委会强调,在由 Bosch 找到以一个合适的买方之前,不应当完成该并购,因为其担心 Bosch 强大的消费者联系可能会损害将要被剥离业务的客户。

14.44 欧盟的买方先行承诺与美国联邦贸易委员会的相应制度存在细微差别。依据美国联邦贸易委员会的相应规定,交易方必须在交易完成之前、而非竞争当局同意交易之前,找到合适的买方并签订买卖协议。[86] 美国联邦贸易委员会称,如果其"担心资产包的救济充分性或可能会缺乏可接受的买方"的话,将会要求一个先行买方。[87] 在 *Linde AG/BOC Group* 案[88]中,美国联邦贸易委员会仅要求两个剥离业务中的一个业务满足买方先行的条件,因为后者并未构成独立的业务。美国联邦贸易委员会明确:"是否需要先行确定买方,取决于个案的情况,而非并购参与方运营的(笼统的)某个行业。"[89] 然而,美国联邦贸易委员会也认识到,在一些行业中,如食品零售行业,企业资产尤其容易在进行剥离的过程中受到损害,因此在这类行业中,美国联邦贸易委员会会更频繁地要求买方先行。[90]

14.45 买方先行积极的一面表现为加速剥离程序的进行,并降低剥离资产在此阶段受损的风险。然而,要求买方先行有时也会损害一剥离救济措施的整体效率,因为在寻找的过程中如果过快提议一个买方,卖方可能就没办法遵循一个充分的销售程序,买方也没有充裕的时间来审查有关剥离业务的信息。

---

〔84〕 S. Turnbull and S. Holmes, "Remedies in merger cases: recent developments", [2002] 23(10) ECLR, 499 – 511.

〔85〕 *Bosch/Rexroth* (Case COMP/M. 2060) Commission Decision (2004/123/EC) [2004] OJ L 043/1.

〔86〕 Turnbull and Holmes (n 84).

〔87〕 FTC Frequently Asked Questions, 问题 8, https://www.ftc.gov/tips – advice/competition – guidance/guide – antitrust – laws/mergers/merger – faq, 2013 年 9 月 18 日访问。

〔88〕 *Linde AG*, File No. 061 – 0114 (July 18, 2006); 还可参见 *Johnson & Johnson*, Docket No. C – 4180 (16 January 2007); *Hospira Inc.*, Docket No. C – 41102 (18 January 2007); *Fresenius AG*, Docket No. C – 4159 (30 March 2006); *Procter & Gamble*. Docket No. C – 4151 (30 September 2005)。

〔89〕 FTC Frequently Asked Questions, 问题 9, https://www.ftc.gov/tips – advice/competition – guidance/guide – antitrust – laws/mergers/merger – faq, 2013 年 9 月 18 日访问。

〔90〕 参见 The FTC Statement, fn. 6 and FTC Frequently Asked Questions, 问题 9, https://www.ftc.gov/tips – advice/competition – guidance/guide – antitrust – laws/mergers/merger – faq, 2013 年 9 月 18 日访问; *Ahold/Bruno's*, Docket. No. C – 4027 (10 July 2007); *Albertson's/American*, Docket. No. C – 3986 (4 July 2002); *Shaw's/Star*, Docket. No. C – 3905 (12 December 1999); CVS/Revco, Docket No. C – 3762. 但从另一方面来看,美国司法部并未接受买方先行的要求,关于并购救济的政策指引对此问题也保持沉默。

要求买方先行也可能提议了一个有问题的买方，这最终会拖延买方认可的进程。这类问题会影响剥离业务未来的存续性以及竞争性。[91] 在一个成功的剥离中，及时完成剥离会带来额外的复杂问题。坎贝尔（Campbell）（2002）曾指出，“延迟是剥离的敌人，因为商业、劳动以及市场环境瞬息万变”，而且“一个产品线或公司的经济或竞争存续能力可能迅速消散”。[92]

14.46 “买方先行”和“先行修正”条款的目的在于确保剥离的成功。在以下情况下，通常会施加这类条款：剥离组合面临买方风险（未找到一个合适的买方），结构风险（第三方权利使剥离更为困难），或甚至是资产风险（从过渡期到剥离完成期间，剥离组合存在恶化的风险）。

（五）皇冠宝石

14.47 欧委会也会考虑选择“皇冠宝石”企业；也就是说，承诺提出另外一个可选议案，以使得剥离组合更高效。如果未成功找到一个先行买方，而且所提议的剥离存在高度的失败风险，就会适用皇冠宝石条款。如果当事方未在相关时间期限内完成原始剥离组合，皇冠宝石条款一般会要求另外提供一个不同的资产剥离方案（与最开始要求并购参与方剥离的内容不同）。皇冠宝石可能是一个不仅包含原始资产的资产组合，也可能是另外一个不同的资产组合。[93] 皇冠宝石很大程度上激励了当事方快速地剥离最初的剥离组合。[94]

---

[91] “Merger Remedy Study”（DG COMP, European Commission, October 2005）, 107 – 8, http://www.europa.eu.int/comm./competition/mergers/others/remedies_study.pdf, 2013 年 9 月 18 日访问。

[92] N. Campbell and C. Halladay, “The Use of Behavioral Remedies in Canadian Merger Law”（Canadian Bar Association Annual Fall Conference on Competition Law, Ottawa, 2002）.

[93] A. Winckler, “Some Comments on Procedure and Remedies under EC Merger Control Rules: Something Rotten in the Kingdom of EC Merger Control?” in F. Lévêque, H. Shelanski（eds.）, *Merger Remedies in American and European Union Competition Law*（Cheltenham: Edward Elgar Publishing Ltd., 2003）, 75 – 94, 84.

[94] *KNP/Buhrman Tetterode/VRG*（Case IV/M. 291）Commission Decision（93/466/EEC）[1993] OJ L 217/35; *Guinness/Grand Metropolitan*（Case No. IV/M. 938）Commission Decision（98/602/EC）[1998] OJ L 288/24; *Akzo Nobel/Courtaulds*（Case No. IV/M. 1182）[1998] OJ C 265/03; *Alcan/Pechiney（II）*（Case COMP/M. 3225）[2003] OJ C 299/08; *Nestle/Ralston Purina*（Case COMP/M. 2337）[2001] OJ C 179/10; *Pfizer/Pharmacia*（Case COMP/M. 2922）[2003] OJ C 110/10; *Industri Kapital（Nordkem）/Dyno*（Case COMP/M. 1813）Commission Decision（2001/432/EC）[2001] OJ L 154/41; *Johnson & Johnson/Guidant*（Case COMP/M. 3687）Commission Decision（2006/430/EC）[2006] OJ L 173/16.

14.48 为了推动欧委会许可案件,除了初始承诺以外,并购企业还会提供一个更广泛、更宽泛且更全面的救济措施组合。如果欧委会拒绝接受原始救济措施,可能会因为企业提供的保证而通过第二个承诺。[95] 第二个提议至少应当与第一个提议一样有效,同时还可能会包括完全不同的剥离单位。因此,这一程序的目的在于提升被剥离业务在任何情况下都能被其他企业买入的可能性。相关案例包括:*Nestle/Ralston Purina* 案、[96] *Pfizer/Pharmacia* 案、[97] *Industri Kapital (Nordkem)/Dyno* 案[98]以及 *Johnson & Johnson/Guidant* 案。[99]

14.49 应当由并购参与方提议皇冠宝石企业。欧盟并购救济研究[100]强调了皇冠宝石剥离组合的一些缺点,认为可选组合会增加并购企业的成本,因为后者不得不在过渡阶段维持两个剥离组合,相应地,这要求两个独立的程序,也需要更多的监督受托人。此外,研究还发现,这类剥离组合会延长剥离的期限,而在这段时间内,竞争并未得到完全恢复。

14.50 美国司法部和美国联邦贸易委员会已经在一些特定案件的同意令中使用了皇冠宝石条款。美国司法部已经将皇冠宝石条款[101]适用于综合性剥离程序或认为初始剥离可能不可行的情况。然而,在 2004 年公布的政策指南[102]中,美国司法部强烈反对皇冠宝石条款,因为"这一条款意味着承认了最初的救济措施对解决竞争问题效果不佳或超出必要范围"。如果并购参与方未按时完成原始的剥离组合,或原始剥离不成功的话,美国联邦贸

[95] Cook and Kerse (n 42) at 35.

[96] *Nestle/Ralston Purina*(*Case COMP/M.* 2337) [2001] *OJ C* 179/10.

[97] *Pfizer/Pharmacia* (Case COMP/M. 2922) [2003] OJ C 110/10.

[98] *Industri Kapital* (*Nordkem*)/*Dyno* (Case COMP/M. 1813) Commission Decision (2001/432/EC) [2001] OJ L 154/41.

[99] *Johnson & Johnson/Guidant* (Case COMP/M. 3687) Commission Decision (2006/430/EC) [2006] OJ L 173/16.

[100] "Merger Remedy Study" (DG COMP, European Commission, October 2005), 第 57 段, http://www.europa.eu.int/comm./competition/mergers/others/remedies_study.pdf, 2013 年 9 月 18 日访问。

[101] 例如,可参见 *United States v. Imetal*, 2000 WL 33115577, *17 (D. D. C. May 25, 2000). 在 *U. S. v. Thomson Corporation*、*Harcourt General*, *Inc.* 以及 *Reed Elsvier Inc.* 案中,美国司法部要求交易方就两套资产包进行招投标,其中第二个资产包中不仅包括第一个资产包中的所有资产,还包括额外资产。

[102] US Department of Justice, Antitrust Division Policy Guide to Merger Remedies (Antitrust Division, 2004), 36, http://www.usdoj.gov/atr/public/guidelines/205108.htm, 2013 年 9 月 18 日访问。

易委员会就会要求使用皇冠宝石条款。[103]

14.51 美国联邦贸易委员会剥离研究提出，“设计皇冠宝石条款的目的并不在于惩罚先前剥离的失败，但很明显相对方可能将这种强制措施视为对其收购价值的威胁，因此就会启动程序，以确保不会引发更大范围的剥离。”[104] 研究表明，遵守皇冠宝石条款的并购企业都成功在同意令所要求的时间段内完成了剥离。使用皇冠宝石条款，可能会激励并购企业在过渡阶段维持即将被剥离资产的实力和存续性。

（六）结构性救济是灵丹妙药吗？

14.52 欧委会可能会接受其他类型的承诺，前提是其他救济方案至少与剥离的效果等同。欧委会已经接受了授权使用可预期的下列要素的救济措施：关键基础设施、网络、关键技术，包括专利、专有技术以及其他知识产权，以及关键投入要素。通常情况下，交易方会在非歧视和透明基础之上授予第三方使用上述各要素。

14.53 在一些特定案件中，剥离知识产权并授予独家使用权或达成长期协议，有时会成为解决竞争关切的适当方法。可以通过授予独家协议或剥离知识产权来转移市场地位。这些行为会帮助新的企业进入特定市场，从而消除对于有效竞争的损害。[105] 这类案件包括：*Novartis/Hexal* 案、[106] *Glaxo Wellcome/SmithKline Beechham* 案、[107] *Monsanto/Pharmacia & Upjohn* 案[108] 以及 *Astra/Zeneca* 案。[109] 在 *Astra/Zeneca* 案中，交易方承诺授予一个可存续的独立第三方在瑞典和挪威的 *Tenormin* 市场上至少十年的独家分销权。并购参与方可能只转移一个品牌，比如 *SEB/Moulinex* 案、[110] *Procter & Gam-*

---

[103] FTC Frequently Asked Questions，问题 24 和问题 26，https://www.ftc.gov/tips-advice/competition-guidance/guide-antitrust-laws/mergers/merger-faq，2013 年 9 月 18 日访问。

[104] “A Study of the Commission's Divesture Process”（Prepared by the Staff of Bureau of Competition of the Federal Trade Commission，1999），31，https://www.ftc.gov/os/1999/08/divestiture.pdf，2013 年 9 月 18 日访问。

[105] Lindsay（n 5）at 608.

[106] *Novartis/Hexal*（Case COMP/M.3751）［2005］OJ C 90/03.

[107] *Glaxo Wellcome/SmithKline Beecham*（Case COMP/M.1846）［2000］OJ C 170/06.

[108] *Monsanto/Pharmacia & Upjohn*（Case COMP/M.1835）［2000］OJ C 143/04.

[109] *Astra/Zeneca*（Case COMP/M.1403）［1999］OJ C 335/03.

[110] *SEB/Moulinex*（Case COMP/M.2621）［2003］OJ C 88/06.

ble/Wella 案、[111] *Unilever/Bestfoods* 案[112] 以及 *Imperial Tobacco/Reemtsma Cigarettenfabriken* 案。[113]

14.54 因此,如果知识产权对于帮助进入市场起到关键性作用,而并购参与方正是掌握生产相同产品所必需的其他可选专利的企业的话,转移知识产权可能就足以确保产生有效的竞争。可以通过买卖或独家许可的方式来转移这种知识产权。诸如通过许可或分配的方式来授予专利、品牌或其他知识产权,通常会被认为是一种特殊形式的资产剥离。欧委会还表示:"如果竞争问题是由于掌握关键技术而产生的,那么剥离这种技术就是一个相对更好的救济措施,因为这会消除并购企业与其竞争对手之间的持续关系"。[114]

14.55 英国相关并购指南中,提及了一个涉及知识产权的救济措施相关的有趣差别。要求分配或许可知识产权的救济措施,如果具备独占性、不可撤销性且不可终止,而且也不存在与性能相关的许可费,将被视为是结构性救济,而且要遵循与剥离资产类似的考量和评估。与之相反,"如果一个被许可人依赖于许可人的技术更新或持续获取专家投入或专有技术的话,就会被认为是行为性承诺,这就面临被认定为非有效救济措施的风险"。[115] 竞争委员会还补充,一个设计合理的知识产权救济措施可能会受到很多与特定案件有关因素的影响,如相关知识产权(专利、独家许可、商标等)的形式和管辖权,知识产权的专门(高度专门性的知识产权可能要求收购方具备相匹配的能力),相关市场上可预期的创新率以及为知识产权进行支付的形式(例如,一次性支付、专利许可费或利润分成),上述因素可能会影响竞争激励。

14.56 然而我们应当注意到,被剥离资产的买方成功进入市场,并不一定意味着竞争环境会得到一定的改善。正如上文已经提到的那样,被剥离资产的买方和卖方都完全没有进行激烈竞争的动机。另外,剥离后新的市场结构可能有利于产生共谋的结果,原因在于资产得到了更平衡的分配或创设出了多

[111] *Procter & Gamble/Wella* (Case COMP/M. 3149) [2003] OJ C 195/04.

[112] *Unilever/Bestfoods* (Case COMP/M. 1990) [2000] OJ C 311/06.

[113] *Imperial Tobacco/Reemtsma Cigarettenfabriken* (Case COMP/M. 2779) [2002] OJ C 153/07.

[114] Commission Notice on remedies acceptable under the Council Regulation (EC) No. 139/2004 and under Commission Regulation (EC) No. 802/2004 [2008] OJ C 267/1, 第 29 段。

[115] "Merger Remedies: Competition Commission Guidelines" (published by the Competition Commission under the requirements of the Enterprise Act 2002) (Consultation Draft, May 2008), http://www.competition-commission.org.uk/, 2013 年 9 月 18 日访问。

市场联系。[116] 卡布拉尔(Cabral)(2003)主张,剥离与市场进入条件之间的互相影响,可能会导致剥离使得进入市场无利可图,从而引发低福利市场均衡。如果一项剥离强化了现有市场参与者的实力的话,那么市场进入的动机就会被削弱。

14.57 欧盟并购救济研究[117]分析了包含买方与并购企业在过渡阶段签订协议的案件(例如,临时供应协议、技术协助、来料加工协议以及其他过渡性服务协议)。研究指出,在剥离企业的初始运营阶段,确实有必要维持剥离业务的经济存续性和竞争性。研究[118]发现,这种类型的关系可能会产生买方对交易方(临时)的依赖性,从而影响其未来的竞争性,产生信息联系,并使剥离业务容易受到并购参与方不当行为或疏忽的损害。

14.58 在过渡阶段,交易方不得不履行特定义务。就这一问题而言,通常情况下,承诺中应当包括:(1)为过渡时期维持业务存续性提供保护;(2)如有必要,剥离程序的必要步骤;(3)准备业务剥离所必须的步骤。为了维持一个救济措施的结构效果,承诺必须能够预见到,经并购而产生的企业后续无法对全部或部分被剥离业务施加影响。只有业务被完全转移至一个合适的买方,而且该买方将成为市场上积极的竞争力量时,才认为剥离实现了应有的效果。*Boeing/McDonnell Douglas* 案[119]则表明针对剥离资产并不存在合适的买方的情形。

14.59 欧委会倾向于结构性救济的假设可以通过很多因素得到解释,这对于做决定而言至关重要。由于具备结构性和进取型特质,结构性救济更有可能会消除竞争关切。剥离实施之后,市场结构的变化是彻底而永恒的。另外,这种类型的救济措施可以在很短时间之内得以实施,同时不需要任何进一步的持续性监督。

---

〔116〕 M. Motta, M. Polo and H. Vasconcelos, "Merger Remedies in the European Union: An Overview" (Paper prepared for the Symposium "Guidelines for Merger Remedies – Prospects and Principles", January 2002), http://www.cepr.org/.

〔117〕 "A Study of the Commission's Divesture Process" (Prepared by the Staff of Bureau of Competition of the Federal Trade Commission, 1999), 46 – 7, https://www.ftc.gov/os/1999/08/divestiture.pdf, 2013 年 9 月 18 日访问。

〔118〕 "Merger Remedy Study" (DG COMP, European Commission, October 2005), 46 – 7, http://www.europa.eu.int/comm./competition/mergers/others/remedies_study.pdf, 2013 年 9 月 18 日访问。

〔119〕 *Boeing/McDonnell Douglas* (Case No. IV/M.877) Commission Decision (97/816/EC) [1997] OJ L 336/16.

四、行为性救济

14.60 行为性救济包括“旨在保证竞争对手在购买或使用并购参与方所享有的关键性资产、投入或技术的时候,可以得到公平竞争环境的承诺。”[120]行为性救济会对并购企业未来的行为进行限制,如企业承诺不滥用特定资产,强制许可或获取知识产权。在 *Newscorp/Telepi u* 案[121]以及 *Telia/Sonera* 案[122]中,非结构性救济被认为是合适的(在产生纵向或交互运作关切的案件中较为常见)。

14.61 加拿大的相关经验已经阐释了一系列不同的行为性救济:[123]

a. 要求收购企业试图减免关税;

b. 限制合资企业各方之间的信息交流(“防火墙”的一个例子);

c. 要求依据公平合理的条款进行第三方供应;

d. 要求在面对供应商、消费者以及竞争对手的时候,遵守有关行为规范的制度;

e. 要求占据共同支配地位的公司将其搜集的数据提供给竞争性数据网络,供其与支配地位公司进行交易时使用;

f. 通过控制折扣、应收账款以及其他贸易条款来限制上游市场力量的实施;

g. 禁止与一个产品或其销售相关的服务捆绑销售;

h. 开放数据网络,以加速供应新型服务;

i. 禁止利用合同条款,控制已安装的基本设施;以及

j. 禁止利用合同条款,捆绑供应关键性信息投入(并要求提供历史信息)。

14.62 行为性救济,主要包括旨在保证竞争对手在购买或使用并购参与方所享有的关键性资产、投入或技术时,可以得到公平竞争环境的救济措施。对一些特定行业来说,行为性救济可能是更优的选择。针对发生于通信行业的并

---

〔120〕 Motta, Polo and Vasconcelos (n 116) at 11 - 2.

〔121〕 *NewsCorp/Telepiu* (Case COMP/M. 2876) Commission Decision (2004/311/EC) OJ L 110/73.

〔122〕 *Telia/Sonera* (Case COMP/M. 2803) [2002] OJ C 201/10.

〔123〕 OECD, “Roundtable Policies: Merger Remedies” (2003), 28, http://www.oecd.org/dataoecd/61/45/34305995.pdf, 2013 年 9 月 18 日访问。

购，欧委会已经批准诸如开放网络的救济措施。[124] 在能源行业，适当的救济措施与开放产能有关（例如，在一段时间内通过拍卖开放发电容量）。[125] 一些案件包括产能的提升，从而开放网络并允许潜在进入者的进入。[126] 对于发生在航空旅客运输以及媒体行业的并购而言，开放进入型救济也被接受。[127] 在 *Air France/KLM* 案中，欧委会接受了以下承诺：经并购而产生的企业不管何时公布降低巴黎——阿姆斯特丹航线费率，该费率都同样适用于里昂——阿姆斯特丹航线。

14.63 合适的救济措施还包括纵向防火墙（中国墙），该措施旨在确保不同单元的独立性。[128] 欧委会可能要求禁止在经并购而产生的企业内部各单元之间进行信息的流通，进而施加禁止披露条款。[129] 然而，这些要求实施起来会存在一些问题，因为无法保证一个企业内部各单元之间不存在交流。但是，该救济措施在以下情况尤其合适；一项并购创设出了一个纵向整合的公司，其中上游供应商不仅会向下游单元，还会向竞争对手供应商品/服务，因此有关下游竞争对手的竞争性敏感信息很可能会被并购企业内部的上游单元传递给下游单元。

14.64 纵向防火墙是另外一种行为性救济，这种救济通常会适用于产生纵向整合

---

〔124〕 *Telia/Sonera* (Case COMP/M. 2803) [2002] OJ C 201/10, *Vodafone Airtouch/Mannesmann* (Case COMP/M. 1795) [2000] OJ C 141/70.

〔125〕 *EDF/EnBW* (Case COMP/M. 1853) Commission Decision (2002/164/EC) [2002] OJ L 59/1; *Verbund/Energie Allianz* (Case COMP/M. 2947) Commission Decision (2004/271/EC) [2004] OJ L 92/91; *Shell/EDA* (Case COMP/M. 2389) Commission Decision (2003/26/EC) [2003] OJ L 15/35; *BP/E. ON* (Case COMP/M. 2533) Commission Decision (2002/792/EC) [2002] OJ L 276/31; *Exxon/Mobil* (Case No. IV/M. 1383) Commission Decision (2004/284/EC) [2004] OJ L 103/1.

〔126〕 *Grupo Villar Mir/EnBW/HidroelectricadelCantabrico* (Case COMP/M. 2434) Commission Decision (2004/135/EC) [2004] OJ L 48/86; *EnBW/Cajastur/Hidrocantabrico* (Case COMP/M. 2684) [2002] OJ C 114/13.

〔127〕 *AirFrance/Sabena* (Case No. IV/M. 157) [1992] OJ C 272/05; *British Airways/TAT* (Case No. IV/M. 259) [1992] OJ C 326/19; *Swissair/Sabena* (Case No. IV/M. 616) [1995] OJ C 200/06; KLM/Alitalia (Case No. IV/M. 0019) [2002] OJ C 096/05; *United Airlines/US Airways* (Case COMP/M. 2041) [2000] OJ C 277/06; *Air France/KLM* (Case COMP/M. 3280) [2004] OJ C 60/06; *Lufthansa/Swiss* (Case COMP/M. 3770) [2005] OJ C 204/04. 传媒行业的并购案件包括：*Vivendi/Canal + /Seagram* (Case COMP/M. 2050) [2000] OJ C 311/03; *NewsCorp/Telepiu* (Case COMP/M. 2876) Commission Decision (2004/311/EC) OJ L 110/73。

〔128〕 K. Paas, "Non – structural remedies in EU merger control", [2006] 27(5) ECLR, 209 – 16.

〔129〕 *Areva/Urenco/ETC* (Case COMP/M. 3099) Commission Decision (2006/170/EC) [2006] OJ L 61/11.

企业的并购。[130] 当一个公司的上游单元同时为其自身的下游单元和其竞争对手提供商品或服务时,保密信息就有可能会从上游单元传递给下游单元。[131] 由于竞争对手间的信息不对称,这很有可能会损害竞争过程以及市场结构。由于可以很轻松地获取重要信息,并购企业的下游单元将会强化其自身在市场上的地位,而其他竞争对手则需要克服额外的障碍。就这种信息的经常性交换问题而言,解决方案就是欧委会"可能会要求禁止在并购后企业内部各单元之间进行信息的流通,进而施加禁止披露条款"。[132] 然而,关于这种救济措施实施的特定方面还存疑,因为我们并不清楚如何才能保证相同公司内不同单元间不会发生信息交流,以及即便是发生了信息交换也不会被滥用。欧委会适用"纵向防火墙"救济措施的并购案件之一就是 *Areva/Urenco/ETC* 案。[133] 欧委会对这种类型的行为性救济措施并未表现出任何特别的倾向,因为其很可能无法有效禁止保密信息的流通。[134]

14.65 通常情况下,欧委会不太可能接受纯粹的行为性救济,尽管在普通法院以及欧洲法院有关 *Tetra Laval/Sidel* 案[135]的判决[136]中,法院称:"Tetra 已经提出有关其未来行为承诺这一事实,是欧委会在其评估过程中不得不考虑的一个因素。"[137] 纯粹的行为性救济需要更为系统的监督,其前提条件就是资源、专业人员和时间。交易方提议行为性承诺的并购案件尤其包括 *Vodafone Airtouch/Mannesmann* 案、[138] *Vivendi/Canal+/Seagram* 案[139]以及 *Wegener/PCM/JV* 案[140](欧委会接受了救济措施)。在 *Vodafone Airtouch/Mannesmann* 案中,通过以非歧视或非偏向条款允许接入自家网络,并购后

[130] Paas (n 128) at 213.

[131] M. Motta, M. Polo and H. Vasconcelos, "Merger Remedies in the European Union: An Overview" in F. Leveque and H. Shelanski (eds), *Merger Remedies in American and European Union Competition Law* (Cheltenham: Edward Elgar Publishing Ltd., 2003), 106–28, 118.

[132] Paas (n 128) at 213.

[133] *Areva/Urenco/ETC* (Case COMP/M. 3099) Commission Decision (2006/170/EC) [2006] OJ L 61/11.

[134] Paas (n 128) at 213.

[135] Case T–5/02 Tetra Laval v. Commission [2002] ECR II–4381, Case C–12/03 P Commission v. Tetra Laval [2005] ECR I–00987.

[136] *Tetra Laval/Sidel* (Case No. COMP/M. 2416) Commission Decision (2004/124/EC) [2004] OJ L 043/13.

[137] Paas (n 128) at 214.

[138] *Vodafone Airtouch/Mannesmann* (Case COMP/M. 1795) [2000] OJ C 141/70.

[139] *Vivendi/Canal+/Seagam* (Case COMP/M. 2050) [2000] OJ C 311/03.

[140] *Wegener/PCM/JV* (Case COMP/M. 3817) [2005] OJ C 131/03.

企业无法使第三方在欧洲境内提供高水平无缝服务时产生反竞争性。

14.66 行为性救济存在一些缺陷。在一些案件中,通过授权使用基础设施拓展市场并非像先前预期的那么重要。因此,这种设计并不适用。另外,正确界定市场进入带来了实施问题。为了评估经并购而产生的企业是否遵守承诺,行为性救济措施和准结构性救济措施都需要持续性的监督。由于缺乏资源以及信息的不对称,欧委会不可能简单地依赖市场参与者来确保救济措施得以正确实施。行为性救济给市场带来的直接干预可能会扭曲竞争,并导致效率低下。[141] 如果特定形式的行为性救济受限的话,那么就会进一步产生其他行为的负面形式。另外,与结构性救济的持续性影响相比,非结构性救济是暂时的。行为性救济可能会限制潜在的有利于竞争的行为,而且即便这种救济是"有效的",规制企业未来行为的措施可能会阻止其对变化的市场环境作出有效回应。

14.67 基于行为性救济的特性,并购后的企业为了规避救济的精神,更容易操控行为性救济。并购企业可能会提高价格、降低质量并拖延时间,这些行为与救济目标并不一致,但却并非总会构成违反救济行为。如果一个特定的市场结构或金融/商业环境发生变化,那么当事方提议的承诺可能就不再合适,因此可能需要竞争当局重新进行评估。将一个行为性救济无限期持续下去,可能会使并购后的企业在面对市场发展时无法快速作出回应,而这在实施救济措施的时候,可能是无法预料到的。因此经济合作与发展组织建议,应当接受具有固定期限的行为性救济,或应当设定审查的条款,同时如有必要,复审先期设定的救济措施。[142]

14.68 通过精确地确定救济的范围,可以预防行为性救济实施的问题。复审条款(由于市场环境的变化,加入任何必要的修正)允许欧委会延长期限,或放弃、更改,或在特殊情况下替换救济措施。监督过程中加入受托人,以及发生争议时通过仲裁解决的条款,有可能会使得行为性救济进行得更为顺利。欧委会与交易方之间,或受托人与交易方之间的潜在冲突,与受托人的任命时间、所扮演的角色以及与当事方相关的权力界限有关。

14.69 不管是哪种救济类型,承诺通常都将会包含一个复审条款。这可能会使得

---

〔141〕 A. Ezrachi, "Under (and Over) Prescribing of Behavioral Remedies" [University of Oxford, Centre for Competition for Competition Law and Policy, Working Paper, (L) 13/5].

〔142〕 OECD, "Roundtable Policies: Merger Remedies" (2003), 28, http://www.oecd.org/dataoecd/61/45/34305995.pdf, 2013 年 9 月 18 日访问。

欧委会在经当事方申请，并提供合理理由的情况下，授权延长截止日期，或在特定条件下，豁免、更改或替换承诺。

五、准结构性救济

14.70 “准结构性救济”已经被认定会修正市场结构。[143] 这种救济可以旨在授予独家许可知识产权的权利。另外，其可能会包含退出交易方所参与的长期独占合同。准结构性救济是行为性救济，可是一旦付诸实施，就会立即引发市场变化并长久维持。[144]

14.71 也可能会存在一种情形，即剥离并不合适，或独占性协议、网络效应或知识产权的存在使结构性救济变得复杂。[145] 尤其值得一提的是，在包含纵向效应以及混合效应，旨在封锁上游、下游或相邻市场[146]上的竞争对手的并购中，行为性救济可能会消除竞争关切，并恢复相关竞争的有效性。这一论述也存在例外，如在 *Lagardere/Natexis/UUP* 案[147]中，交易方同意剥离整个目标公司在欧洲法语区市场的业务。[148]

14.72 还存在以下情况，即竞争当局所施加的行为性救济只是一种辅助性救济行为，因为其希望强化一个剥离措施的有效性，以完全解决提交申报的并购所带来的所有竞争问题。对于剥离组合而言，行为性救济可能是一种补充。当竞争当局处理会带来封锁效应的纵向型或混合型并购时，开放进入型救济毫无疑问就是最为合适的方法，从而帮助新的市场进入者获得技术或基础设施，或终止独占性协议。尤其对于纵向并购而言，如果经并购而产生的企业控制了关键设备或投入，消除反竞争的纵向并购的补救措施就会包括控制有关设施和产品的获取渠道以及定价的条款，以及并购后企业的承诺，

[143] Lindsay（n 5）at 517 and Went（n 17）.

[144] ICN Merger Working Group：Analytical Framework Subgroup，“Merger Remedies Review Project”（Report for the fourth ICN annual conference，Bonn，June 2005），http://www.internationalcompetitionnetwork.org/media/library/conference_4th_bonn_2005/Remedies_Study.pdf，2013 年 9 月 18 日访问。

[145] Lindsay（n 5）at 615.

[146] Motta，Polo and Vasconcelos（n 131）at 117.

[147] *Lagardere/Natexis/VUP*（Case COMP/M.2978）Commission Decision（2004/422/EC）［2004］OJ L 125/54.

[148] Cook and Kerse（n 42）at 294.

即获得设备或投入而言，其不会进行歧视对待。纵向并购中的行为性救济可能会降低经并购而产生的企业在供应链关键环节所拥有的市场力量。

14.73 开放进入型救济，包括获得关键基础设施和网络、关键技术，如专有技术、专利或其他知识产权，以及终止独占性纵向供应或分销协议。也存在一些其他的开放进入型救济措施，其目的是帮助新的企业进入市场或供应产品和服务。[149] 并购后的企业可能被要求依据公平、合理和非歧视（fair，reasonable and non - discriminatory，FRND）条款来提供特定产品，而且在给外部客户供应时，应当依据供应给自身业务时相同或类似的条款。FRND 条款，对于客户和监督机构而言必须是透明的，而且包含充足的细节，以使监督能够得到有效实施。[150]

14.74 尽管如此，还会存在一种情形，即并购方提交的救济措施既可以被界定为行为性的，也可以被界定为结构性的。这主要发生于并购方通过知识产权或许可的方式授予获取其技术权利时，因为在以下两者间很难作出明确区分：通过签订长期独占性协议转移市场地位，以及通过知识产权或许可获得技术。一个粗略的区分标准可能是协议的期限和独占性，或者是潜在的竞争对手。如果一个协议包含独占性或长期条款的话，那么其可能就是结构性救济；如果是非独占或短期协议，就可能是行为性救济。

14.75 *获得基础设施或技术平台救济措施*，旨在通过依据合理的非歧视条款授予获得重要设备的权利，帮助竞争对手进入一个相对封锁的市场。[151] 这种救济方式在移动通信行业（*Telia/Telenor* 案、[152] *Vodafone Airtouch/Mannesmann* 案[153]、*DailmerChrysler/Deutsche Telecom/JV* 案[154]）、媒体行业

---

[149] Lindsay（n 5）at 627 - 8.

[150] 英国竞争委员会进一步指出："即便是适用 FRND 条款，仍有可能会使得竞争对手容易遭受并购企业的利润挤压，因为并购企业可能会对所有的下游企业采取高额定价的策略，包括其自身的下游企业，因为其自身下游企业利润的损失能够通过上游企业的高额利润得到补偿。"详见"Merger Remedies：Competition Commission Guidelines"（published by the Competition Commission under the requirements of the Enterprise Act 2002）（Consultation Draft，May 2008），http://www.competition - commission. org. uk/，2013 年 9 月 18 日访问。

[151] Paas（n 128）210.

[152] *Telia/Telenor*（Case No. IV/M. 1439）［2001］OJ C 43/03.

[153] *Vodafone Airtouch/Mannesmann*（Case COMP/M. 1795）［2000］OJ C 141/70.

[154] *DaimlerChrysler/Deutsche Telecom/JV*（Case COMP/M. 2903）［2003］OJ C 10/06.

(*BSkyB/KirtchPayTV* 案、[155] *NewsCorp/Telepiu* 案[156]、*VivendiCanal +/Seagram* 案[157]),能源行业(*Shell/DEA* 案、[158] *BP/E. ON* 案[159]、*Exxon/Mobil* 案[160]),还有航空旅客运输市场(*Lufthansa/SAS* 案)已屡见不鲜。[161] 在最后一个案件中,救济条件之一就是如果存在潜在市场进入者,所涉及的航空公司就需要放弃饱和的机场中的机位。

14.76 有关此类救济措施的第二种类型就是获得技术或知识产权。这不仅包含许可,还包括一系列其他知识产权(例如,专利、专有技术、商标、著作权和设计权),[162] 这种救济方式常见于生产行业以及服务和零售行业。[163] 适用此类救济措施的案件包括:*Shell/BASF – Project Nicole* 案、[164] *Alcatel/Finmeccanica/Alcatel Alenia Space & Telespazio* 案、[165] *Allied Signal/Honeywell* 案、[166] *Siemens/Dragerwerk/JV* 案、[167] *GE/Instrumentarium* 案[168]以及 *Ciba – Geigy/Sandoz* 案。[169] 在上述最后一个案例中,欧委会认为,基因治疗研究包含了与第三方的共同努力,很难将这些研究与并购企业分离。行为性救济更能适用于解决并购带来的反竞争影响,而不会减损研发的动机。[170] 在 *Siemens/Dragerwerk/JV* 案中,欧委会在两个横向重叠的市场上发现了竞争关切,同时还考虑到,合资企业会更倾向于 Siemens 的病人监护仪。Siemens 将其生命支持部分进行剥离,并通过提供接口信息来连接交易方各自的器

---

[155] *BSkyB/KirchPayTV* (Case COMP/JV. 37) [2000] OJ C 7/06.

[156] *NewsCorp/Telepiu* (Case COMP/M. 2876) Commission Decision (2004/311/EC) OJ L 110/73.

[157] *Vivendi/Canal +/Seagram* (Case COMP/M. 2050) [2000] OJ C 311/03.

[158] *Shell/DEA* (Case COMP/M. 2389) Commission Decision (2003/26/EC) [2003] OJ L 15/35.

[159] *BP/E. ON* (Case COMP/M. 2533) Commission Decision (2002/792/EC) [2002] OJ L 276/31.

[160] *Exonn/Mobil* (Case No. IV/M. 1383) Commission Decision (2004/284/EC) [2004] OJ L 103/1.

[161] *Lufthansa/SAS* (Case IV/35. 545) [1995] OJ C 201/02.

[162] Paas (n 128) at 211 – 2.

[163] Paas (n 128) at 212.

[164] *Shell/BASF – Project Nicole* (Case COMP/M. 1751) [2000] OJ C 142/08.

[165] *Alcatel/Finmeccanica/Alcatel Alenia Space & Telespazio* (Case COMP/M. 3680) [2005] OJ C 63/03.

[166] *Allied Signal/Honeywell* (Case COMP/M. 1601) Commission Decision (2001/417/EC) [2001] OJ L 152/1.

[167] *Siemens/Dragerwerk/JV* (Case COMP/M. 2861) [2002] OJ C 311/05.

[168] *GE/Instrumentarium* (Case COMP/M. 3083) Commission Decision (2004/322/EC) [2004] OJ L 109/01.

[169] *Ciba – Geigy/Sandoz* (Case No. IV/M. 737) Commission Decision (97/469/EC) [1997] OJ L 102/01.

[170] 还可参见 Parker and Balto (n 67) at 28。

械与第三方监控器。在 *GE/Instrumentarium* 案中,欧委会得出结论,GE 可能会通过阻止第三方监控器与其自身的麻醉传输系统和通风设备相连接,来偏向其自身的病人监控器。在经过当事方承诺剥离相互重叠的业务,[171] GE 承诺其将为连接交易方各自的设备以及第三方监控器提供相关信息之后,欧委会通过了该项并购。

14.77 终止独占性纵向协议、长期供应或分销安排救济,[172]要求交易方履行终止供应或分销协议的义务,以扭转潜在的封锁效应。适用了这种救济措施的案件包括:*Boeing/McDonnell Douglas* 案、[173] *Agfa - Gevaert/DupontI* 案、[174] *BT/ESAT* 案、[175] *Verbund/Energie Allianz* 案[176]以及 *EnBW/ENI/GVS* 案。[177] 在上述最后两个案件中,作为更宽泛的救济包的一部分,交易方承诺提前终止签订了长期供应合同的客户的权利。

六、监 督 承 诺

14.78 在接受当事方所提出的救济措施时,欧委会必须要确保救济措施得到有效实施,并且自身具备监督的能力。如果是剥离,一旦付诸实施,就不需要进一步的监督措施;但其他类型的承诺则需要监督机制,以确保交易方不会降低或损害其效果。

14.79 欧委会无法直接参与到监督承诺实施的过程中去。交易方必须要提议任命一个托管人("监督受托人")监督其遵守承诺的情况,尤其是过渡阶段和剥离阶段的遵守情况。据此,交易方就能够保证其所提交承诺的有效性,并使欧委会能够确保当事方所提议的针对集中的补救措施将确定会付诸实施。监督受托人将在欧委会的监督之下行使职责。因此,欧委会可能会给监督

---

[171] Spacelab,包括其世界范围内的病人监控业务。

[172] 这种类型的救济,在处于自由发展过程中的市场中很常见。

[173] *Boeing/McDonnell Douglas* (Case No. IV/M. 877) Commission Decision (97/816/EC) [1997] OJ L 336/16.

[174] *Agfa - Gevaert/Dupont* (Case No. IV/M. 986) *Commission Decision* (98/475/*EC*) [1998] OJ L 211/22.

[175] *BT/ESAT* (Case COMP/M. 1838) [2000] OJ C 341/04.

[176] *Verbund/Energie Allianz* (Case COMP/M. 2947) Commission Decision (2004/271/EC) [2004] OJ L 092/91.

[177] *EnBW/ENI/GVS* (Case COMP/M. 2822) [2003] OJ C 233/10.

受托人命令或指示,[178]以确保当事方遵守承诺,而且受托人也可能会给当事方提议一些其认为履行职责所必要的方法。

14.80 对于剥离而言,交易方必须要提议任命一名剥离受托人,以确保其提出的救济措施是有效的,并使得欧委会能够确保交易方提议的对并购的修正将会付诸实施。剥离受托人是独立的第三方,一旦交易方未在规定时间之内实现其救济措施,欧委会就会指示剥离受托人出售剥离资产。如果交易方未在承诺的时间之内成功找到合适的买方的话,受托人将会得到不可撤销指令,经事先获取欧委会同意,以任何价格在截止日期之前将剥离业务处理掉["减价出售(fire - sale)"]。

14.81 在过渡期,为了保护剥离组合,欧委会可能会给交易方施加额外的义务。[179]这类条款通常有关资产维护,将剥离资产与交易方自身保有的业务分开管理,绝缘防范竞争类敏感信息,以及任命受托人来监督交易方对于相关义务的遵守情况。因此,为了抵消欧委会所面临的风险以及剥离资产在被处理之前受损的危险,[180]欧委会可能会要求"保持独立"协议,该协议会要求当事方履行职责,以确保"将要被剥离的资产或业务的持续独立性、经济存续性、适销性以及竞争性"。[181] 保持企业独立,[182]旨在保持剥离业务与交易方自身保有业务间相互分离,并确保这是一个被区分出来的适销的业务。设计保持独立条款,是为了在实施剥离的阶段,维持被剥离资产的独立性和存续性,以及市场上的竞争。

14.82 保持独立义务中的一个特别部分,是所谓信息的"绝缘防范",以及禁止招揽条款。[183] 绝缘防范,是为了防范所有剥离业务与并购方之间的信息交流,[184]而禁止招揽条款则限制并购企业将任何被剥离业务中的人员招揽或移至其自身保有的业务中来。应当确保在过渡时期,在独立基础上管理并维持剥离业务。监督受托人会扮演各种角色,如监督将要被剥离业务的运

[178] 然而,在获得欧委会准许之前,交易方不得给受托人任何指示。

[179] 欧盟并购救济研究,将"过渡期"界定为:"从交易方提出承诺到被欧委会接受的时间,以及买方接管业务的时间"。

[180] M. Harker, "UK merger remedies under security", [2007] JBL, 620 - 38, at 626.

[181] Winckler (n 93) at 84 - 5.

[182] Winckler (n 93).

[183] Model Divestiture Commitments (May 2003), http://ec.europa.eu/comm/competition/mergers/legislation/divestiture_commitments/commitments.pdf, 2013 年 9 月 18 日访问,第 9、10 段。

[184] 欧盟并购救济研究指出,绝缘防范起初是与信息系统有关的,包括常见的计算机系统,以及限制特定工作人员交换商业敏感信息。

营,另外还会监督保持独立义务以及绝缘防范义务的实施。欧委会可以任命一个独立受托人,其职责实施过渡期的保护承诺,以及管理被剥离公司。[185]

14.83 另外,在剥离案件中,受托人监督剥离业务与当事方存续业务间资产以及人员的分离;观察在寻找合适的买方时,交易方是否努力;在欧委会复查剥离程序和评估提议的买方时,提供帮助。据此,监督受托人承担所有与承诺的实施、交易方履行承诺、剥离业务的日常管理相关的职责,尤其是在过渡阶段和剥离程序中。监督受托人的职责包括监督保持独立受托人。[186]

14.84 欧盟并购救济研究指出:"如果实施期间较长,可能会增加剥离业务的不确定性,影响其在市场上的存续性和竞争能力,进而会降低救济措施恢复有效竞争的可能性。"过短的剥离时间也可能有害于剥离有效性,因为并购企业没有充分的时间去找寻一个合适的买方,而且潜在买方可能也不具备充裕的时间来获取全面的信息,因此,剥离可能无法成功实现维持原状的目标。

七、救济类型的明确选择

14.85 根据经济合作与发展组织的观点,[187]竞争当局通常强烈支持选择以剥离形式表现出来的结构性救济,并承认在特定情况下的行为性救济的有效性,尤其是在补充结构性救济时。[188]

---

[185] 被剥离业务的关键工作人员一定不能干涉被维持下来业务的事务。交易方应当保护剥离业务的商业秘密,并防止信息传播。

[186] 监督受托人与剥离受托人可能是同一个人。

[187] OECD, "Roundtable Policies: Merger Remedies" (2003), http://www.oecd.org/dataoecd/61/45/34305995.pdf, 2013 年 9 月 18 日访问。

[188] 成员国竞争当局有关承诺的主要决定包括:

- Vivartia/Christis 8.13.24/2006(塞浦路斯竞争当局)。
- Decision of the Office of 6.5.2004, No. S 218/03 Bijouterie Trading Company a.s./Swarovski Bohemia Spol. s.r.o./Ornela a.s./Biˇzuterieˇ Cesk ´a Mincovna, a.s.(捷克竞争当局)。
- Opinion 06 – A – 13 of 13 July 2006 TPS/Canal Plus(法国竞争当局)。
- Case C3037 Schemaventuno – Promodes/Gruppo GS, 18 June 1998, Bull. No. 25/1998(意大利竞争当局)。
- Case C6133 British American Tobacco/Ente Tabacchi Italiani, 17 December, 2003, Bull. No. 51/2003(行为性救济,意大利竞争当局)。
- Case C6941 Koninklijk Numico/Mellin, 15 June 2005, Bull. No. 23/2005(行为性救济,意大利竞争当局)。

· Case C7951 Assicurazioni Generali/Toro Assicurazioni, 4 December, 2006, Bull. No. 47/2006, Administrative Tribunal of Lazio Generali v. Italian Competition Authority, 10 July 2007, No. 6230（结构性救济,意大利竞争当局）。
· Case C7667 Alitalia/Volare, 5 July 2006, Bull. No. 26/2006（结构性救济,意大利竞争当局）。
· CCD/368/06 Maltacom Plc/Multiplus Ltd, 26 January 2007（马其他竞争当局）。
· OMV/Petrom SA Decision No. 299 [2004]（罗马尼亚竞争当局）。
· 28 February 2002 Resolution No. 21 of the Competition Council of the Republic of Lithuania on issuing permission for AB Ma˘zeiki, unafta, V. Kroliene˘, S. Tugu˘si to implement a concentration by acquiring a joint control of UAB Uotas Annex of Official Gazette Information Notices 2003 No. 19（结构性和行为性承诺,立陶宛竞争当局）。
· 11 December 2003 Resolution No. Is – 140 of the Competition Council of the Republic of Lithuania on issuing permission for Teliasonera AB to implement a concentration by acquiring the 90 per cent of UAB Omnitel package of shares Annex of Official Gazette Information Notices 2003 No. 96（行为性和结构性承诺,立陶宛竞争当局）。
· Decision of 25 August 2004, No. 28 – KO Philip Morris Products S. A. / Amer – Tupakka Oy, Amer – Yhtym¨a Oyj and Amernet B. V（结构性救济,爱沙尼亚竞争当局）。
· Decision of 21 October 2005, No. 14 – KO Elion Ettev˜otted AS/MicroLink AS（结构性救济,爱沙尼亚竞争当局）。
· Decision of 2 June 2003, No. 19 – KO AS Tootsi Turvas/AS Puhatu Turvas（行为性救济,爱沙尼亚竞争当局）。
· Ccent 8/2006—Sonaecom/Portugal Telecom（22 December 2006）（结构性救济,葡萄牙竞争当局）。
· UGC（Chorus）/NTL Competition Authority, Determination No. M/05/024（行为性救济,爱尔兰竞争当局）。
· Decision of the Office of 22 December 2006, No. S 208/06 DELTA PEK′ARNY a. s. /ODKOLEK a. s.（捷克竞争当局）。
· 26 Kt 132/04, 5 August 2004, Morawa/Mediaprint, Cartel Court（奥地利竞争当局）。
· 29n Kt 133/05, 5 March 2005 Lenzing/Tencel, Cartel Court（通过了当事方提交申报的并购）（奥地利竞争当局）。
· Competition Council decision of 30 August 2006, Post Denmark A/S and 365 Media Scandinavia A/S' s creation of a joint distribution company（丹麦竞争当局）。
· Grafton/Heiton Competition Authority, Determination No. M/04/051（爱尔兰竞争当局）。
· TDC Report No. C 13/93 Sociedad Espa˜nola de Radiodifusi ´on S. A. /A3 de Radio S. A. /Sociedad de Servicios Radiof´onicos Uni ´on Radio SA. No. C91/05 Radio Stations（西班牙竞争当局）。
· TDC Report No. C 52/00 Carrefour/Promod ´es [4 May 2000]（西班牙竞争当局）。
· Judgment of the Supreme Court Prosegur/Blindados del Norte [1 April 2002]（西班牙竞争当局）。
· Judgments of the Supreme Court Sogecable/V ´1a Digital [7 November 2005 and 2 October 2006]（西班牙竞争当局）。
· Decision of the Council of Minister Gas Natural/Endesa [3 February 2006]（西班牙竞争当局）。
· 详见 I. Kokkoris（ed.）, *Competition Cases from the European Union. The Ultimate Guide to Leading Cases from EU, EFTA and Member States*（London：Sweet & Maxwell, 2010）。

14.86 经济合作与发展组织提到,[189]

> 在安排并购案件中的救济措施的时候,竞争当局应当遵循以下原则:(1)只有在发现竞争威胁的时候,竞争当局才应当考虑救济措施;(2)为了有效消除竞争关切,救济措施应当是限制最小的方式;(3)救济措施应当仅仅是为了解决竞争关切,而不应当被用于行业计划或其他非竞争目的;以及(4)在安排救济措施的时候,竞争当局应当灵活并保持创造性。

14.87 相对于经过很长时间才会显现出影响或影响时间不确定的救济措施,能够有效解决竞争关切的救济措施更受欢迎。一项实用的救济应当能够得到有效执行、监督和实施。[190] 考虑到只有在调查第二阶段才会进行深入的市场调查,当事方在调查第一阶段提交给欧委会的承诺必须足以排除新版《欧盟并购条例》第6条第(1)款第(c)项意义上的"严正质疑"。承诺必须要足以消除对有效竞争的重大损害。[191] 除了作出禁止决定以外,维持有效竞争的最有效的方法就是,并购企业通过实施剥离,为创设出一个新的企业或强化现有竞争对手的实力创造条件。

14.88 普通法院已经提出,从新版《欧盟并购条例》的目标来看,结构性承诺是一个更优的选择。[192] 本质上具备结构属性的承诺,比如承诺卖出一个业务单元更受欢迎,已经成为一个规则,因为这类承诺能够持久性地阻止提交申报的并购可能会带来的竞争关切,同时不需要中长期监督措施。

14.89 现今有这样一个趋势:不再像传统的做法那样去区分结构性和行为性救济。普通法院在 *Gencor Ltd v. Commission* 案[193]中提到:"因此,将当事方提议的承诺进行行为性和结构性的划分没什么必要":[194]

> 从条例目标来看,结构性救济确实是一个更优的选择,这已经成为一个规则,因为这种承诺能够能用永久性地或至少在一段时间之内能够防止产生

[189] OECD, "Roundtable Policies: Merger Remedies" (2003), http://www.oecd.org/dataoecd/61/45/34305995.pdf, 2013年9月18日访问。

[190] "Merger Remedies: Competition Commission Guidelines" (published by the Competition Commission under the requirements of the Enterprise Act 2002) (Consultation Draft, May 2008), http://www.competition-commission.org.uk, 2013年9月18日访问。

[191] Commission Notice in remedies acceptable under the Council Regulation (E) No. 139/2004 and under Commission Regulation (EC) No. 802/2004 [2008] OJ C 267/1.

[192] Case T-102/96 *Gencor v. Commission* [1999] ECR II-00753.

[193] Case T-102/96 *Gencor v. Commission* [1999] ECR II-00753, para 319.

[194] Case T-102/96 *Gencor v. Commission* [1999] ECR II-00753.

或强化事先被欧委会所明确的支配地位,而且还不需要中长期的监督手段。[195]

普通法院在 *ARD v. Commission* 案[196]的判决中确认了上述分析方法。

14.90 然而,欧洲法院也在 *Tetra Laval/Sidel* 案[197]中提到,不应当原先自动倾向于结构性救济;另外还补充,可以通过适用行为性救济来防止竞争损失,并控制竞争减损的影响。在 *Babyliss v. Commission* 案[198]中,普通法院认为,欧委会理应接受需要最少烦琐工作的救济措施,来解决竞争关切,就像比例原则所要求的那样。

14.91 值得一提的是,欧共体救济研究结果显示,在56%的案件中,剥离救济措施是有效的(剥离发生之后的三到五年之内,被剥离企业将会维持可存续的有效竞争对手的身份),而且在25%的案件中部分有效。另外,在44%的案件中,被剥离业务的市场份额有所下降,34%的案件中保持不变。值得注意的是,存续业务通常会比剥离业务运营得更好(57%的案件)。[199]

14.92 杜索等人[200]已经对并购案件中救济措施的适用进行了详细分析。他们分析了78个第二阶段案件以及90个第一阶段的案件,涉及880个不同的公司(并购参与方或竞争对手)。在15.6%的并购案件中,欧委会采取了“混合型救济措施”,其同时包括结构性救济以及行为性救济。13.2%的案件适用的是纯粹的结构性救济,而只有5.4%的案件适用的是行为性救济。所有案件中有67%适用了救济措施,其中23.6%的案件适用了剥离措施。卖出股份的案件占据10.3%,许可协议的案件占据11.5%,开放关键技术或设备的案件占据9.7%,解除独占性协议的案件占据7.3%,而仅有3.6%的案件采取了解散关联董事会的方式。

---

〔195〕 Case T-102/96*Gencor v. Commission* [1999] ECR II-00753, para 319.

〔196〕 Case T-158/00 *ARD v. Commission* [2003] ECR II-03825, para 201.

〔197〕 *Tetra Laval/Sidel* (Case No. COMP/M. 2416) Commission Decision (2004/124/EC) [2004] OJ L 043/13; Case T-5/02 *Tetra Laval v. Commission* [2002] ECR II-4381; Case C-12/03P *Commission v. Tetra Laval* [2005] ECR I-00987.

〔198〕 Case T-114/02*Babyliss SA v. Commission* [2003] ECR II-1279.

〔199〕 P. Papandropoulos and A. Tajana, “The merger remedies study - in divestiture we trust?”, [2006] 27(8) ECLR, 443.

〔200〕 T. Duso, K. Gugler and B. Yurtoglu, “EU Merger Remedies: A Preliminary Empirical Assessment” in J. Stennek and V. Ghosal (eds.), *The Political Economy of Antitrust*, *Contributions to Economic Analysis* (London: Elsevier, 2007), 302-48.

14.93 作者发现，市场重视在第一阶段通过适用救济措施成功降低市场支配力量，因为此时适用救济措施竞争对手多会失败，尤其对于存在反竞争效应的并购而言更是如此。然而，第二阶段决定的结果很难解释，因为这不一定符合预期。作者还补充道，很难预测竞争当局与并购参与方在第一阶段和第二阶段谈判过程的最后结果，因此评估市场对于第二阶段救济措施的定位也不容易。作者认为，第二阶段救济措施的效果并不如预期，可能的原因在于，禁止出于第二阶段的并购面临政治上的压力，此时谈判力量已从欧委会转移至公司。

14.94 他们的研究结果表明，救济措施并非总能适时施加。他们界定了两类错误，第一类错误为对不会带来反竞争效果的并购施加不当救济措施，第二类错误为未对具有反竞争效果的并购施加救济措施。他们还开展了一个事件研究，[201]并得出结论：市场似乎认为，在第一阶段适用救济措施会有效。更为重要的是，他们还发现了以下证据：企业似乎倾向于将适用救济措施的峰值认定为反垄断当局行为有所缓和的一个指示。他们还指出，在适用救济措施的时候，反垄断当局应当谨慎，不要过度；因为，救济措施可能会改善提交申报并购的反竞争影响，与并购被禁止不同，其并不会给未来并购的趋势造成强大的负面影响。

14.95 杜索、古格勒和尤尔特奥卢（2006，2007）[202]普遍发现，欧委会在第二阶段的救济措施并不会减轻反竞争效果。乔科斯（Joskow）（2002）认为，就交易成本而言，竞争当局很难适用结构性救济，而且企业实施起来也不容易。[203]莫塔、保罗（Polo）和瓦斯孔塞卢斯（Vasconcelos）（2006）[204]回顾了救济措施的缺点，说明其在欧洲背景下并没有发挥应有的效果。他们认为，救济措施可能会促进形成共谋。

---

[201] 事实研究所蕴含的意义在于，股价的反应——即市场对于公司预期利润的预期——将会允许对于受到审查的并购的决定的其他猜想的存在。在宣布并购的时候，通过检验谁将据此获益、谁将遭受损失，有关市场力量或并购效率的猜想得到了验证。详见 I. Kokkoris，"Event Studies in Merger Assessment. Success and Failures"，[2007] 3(1) European Competition Journal，65 – 99。

[202] T. Duso，K. Gugler and B. Yurtoglu，"How Effective is European Merger Control?" European Economic Review 55 (2011) 980 – 1006；Duso，Gugler and Yurtoglu (n 200).

[203] P. L. Joskow，"Transaction Cost Economics，Antitrust Rules and Remedies"，[2002] 18(1) Journal of Law，Economics and Organization，95 – 116.

[204] Motta，Polo and Vasconcelos (n 116).

14.96 瓦斯孔塞卢斯研究[205]了古诺模型市场[206]上并购控制的结构性救济,该市场中的并购受到预期效率的激励。他们模拟了企业与竞争当局间的战略互动,并考虑了竞争当局在评估并购的时候会做出的一系列决定。当局能够通过并购、禁止并购,或者依据当事方成功提交的补救措施通过并购。研究结果显示,在补救措施的基础上通过并购的时候,当局倾向于要求剥离,这会使得相对于现有市场而言,未来市场的竞争更激烈。持续密切的监督将会把竞争当局变为一个监管机构。竞争当局的这种趋势可能会导致企业采取避免并购的策略,因为它们可能不得不接受不成比例的救济措施。这种对于并购活动的负面影响,会受到以下因素的抵消:本该被禁止的并购,由

[205] Vasconcelos (n 15) at 2.

[206] 在产业组织理论中,存在两个描述市场竞争属性的模型:古诺模型以及伯特兰德模型。可以对以下两个市场进行区分:公司主要在产出/产能方面进行竞争,以及公司主要在价格方面进行竞争。其中,第一种类型的市场结构与古诺垄断类似,而第二种与伯特兰德垄断相似。古诺垄断模型假设不同公司生产同质产品,假定其他公司产出不变的情况下,公司通过设定产出以实现利润最大化。伯特兰德垄断模型假定市场上其他公司商品价格给定,公司通过定价实现利润最大化。由于在古诺模型的竞争中,公司通过设定产量来进行竞争,所以各公司间为替代品。一般来说,并购公司所生产的同质产品产出的下降会导致竞争对手增加自身产出,尽管这一产出的增加没有办法完全弥补最初产出的下降。据此,由于产出的可替代性,并购对经并购而产生的公司行为的直接影响就会被竞争对手对于新的市场结构的适应所削弱。因此,这类并购并非一定会导致并购后市场上产出的下降或价格的上升,因为并购公司产出的下降,将会被市场上现有公司产出的提升所弥补。

然而,在古诺模型竞争市场上的一些并购将会导致供应量的下降以及价格的提升。如果并购企业以及市场上其他现有企业所提供的产品是互补产品,那么并购企业产品供应的下降将会导致竞争对手产品产出的下降,结果就是所有价格都提升。另外,如果竞争对手没有办法或没有能力扩张产出,以充分弥补并购公司产出下降的话,那么所有产品的价格都会提升。如果竞争对手面临有约束力的产能限制;或相对于当今适用的产能而言,现存的过剩产能成本更高;而且面临扩张障碍,剩余产能受限的话,产出扩张就不可能发生。

值得一提的是,对于同质产品市场上的绝大多数横向并购而言,古诺竞争和伯特兰德的价格竞争一样不具备盈利性。这一结果与具有讽刺意味的事实(并购的主要获益者是非参与并购的公司)相结合,构成"并购悖论"[S. Salant, S. Switzer and R. Reynolds, "Loses from Horizontal Merger: The Effects of an Exogenous Change in Industry Structure on Cournot - Nash Equilibrium" *Quarterly Journal of Economics* 98(2) (May, 1983), 185 - 99]。在这种悖论情况下,并购的合理性体现在:在市场上占据领先地位(例如斯坦克尔伯格的寡头竞争模型),规模经济和范围经济,以及"协同",如避免固定成本翻倍,优势定价或将不同产品进行捆绑。Le Blanc 和 Shelanski 认为,对于纵向并购而言,存在三个合理的原因:解决双重边缘化问题、协助价格歧视(例如,通过与具备最高需求弹性市场上的零售商进行合并,一个供应商能够阻止将这些产品转售至任何非弹性市场,而并购企业能够在在这一非弹性市场上实施价格歧视)以及市场封锁(封锁下游市场上的竞争对手)。详见 G. Le Blanc and H. Shelanski, "Merger Control and Remedies Policy in the E. U. and U. S. the case of Telecommunications Mergers" (November 2002), http://www.cerna.ensmp.fr/Documents/GLB - TelecomMergerRemedies.pdf, 2013 年 9 月 18 日访问。

于当事方提交了补救措施而被通过。经济合作与发展组织认为,救济措施应当关注的是维持并购前市场上的竞争水平,或是如果并购已经完成,将竞争恢复至并购前市场上的竞争水平。[207] 经济合作与发展组织还补充,竞争当局不应当成为一个市场监管者,即便是从竞争的角度来看,这种干涉所带来的结果更好。

14.97 贝尔(Baer)(1999)[208]回顾了美国联邦贸易委员会在1990至1994年发布的剥离令。他调查了总共包含50个剥离方案的35个剥离令,并得出结论:

> 绝大多数剥离会在相关市场上创设出可存续下去的竞争对手(37个中的28个),首先,如果涉及卖出整个正在经营的业务的话,更高比例(22个中的19个)的剥离就会成功实现。其次,交易方倾向于寻找勉强可以接受的买方(那些最无可能成为强劲竞争对手的企业),并着手战略性行为,以妨碍这些买方的成功(例如,迟延供应以及不足量供应不可替代的投入)。最后,绝大多数买入剥离资产的买方无法获取充分信息以避免收购过程中的错误,以及/或者具备与美国联邦贸易委员会不同的动机。[209]

14.98 贝尔和瑞德凯(Redcay)[210]总结了针对美国联邦贸易委员会剥离研究更为详细的发现:

- 被研究的剥离中,有75%[211]由于能够存续下去而通过检测。
- 86%[212]的包含卖出整个持续经营业务的剥离是成功的。
- 在所有的包括出售有限资产的剥离中,40%[213]是不可存续的。

14.99 因此,相对于更为狭窄意义上的剥离组合而言,剥离一个正在持续经营的业务更可能有利于维持运营。

14.100 埃尔津加(Elzinga)(1969)通过39个并购案件,分析了救济措施的有效

---

[207] OECD, "Roundtable Policies: Merger Remedies" (2003), http://www.oecd.org/dataoecd/61/45/34305995.pdf, 2013年9月18日访问。

[208] W. J. Bear, "Reflections on 20 Years of Merger Enforcement Under the Hart - Scott - Rodino Act" (Remarks Before the Conference Board and The 35th Annual Corporate Counsel Institute, 1996), http://www.ftc.gov/speeches/other/hsrspeec.shtm, 2013年9月18日访问。

[209] Duso, Gugler and Yurtoglu (n 200).

[210] 详见 Baer and Redcay in OECD, "Roundtable Policies: Merger Remedies" (2003), http://www.oecd.org/dataoecd/61/45/34305995.pdf, 2013年9月18日访问。

[211] 37个剥离中的28个。

[212] 22个剥离中的19个。

[213] 15个剥离中的6个。

性。埃尔津加的研究显示,只有10%的案件是涉及全部或部分剥离的,而且这些资产在不到两年内形成了可存续的竞争对手。罗戈夫斯基(Rogowsky)(1986)将埃尔津加的分析扩展至美国联邦贸易委员会或美国司法部在1968至1980年间处理的104个并购案件。他的研究显示,只有在不到一半的案件中采取了全部或部分救济措施。

14.101 在一些案件中,并购企业不得不提出"一个由剥离救济和开放承诺组成的救济组合,或一个旨在通过各种不同的方法全面帮助竞争对手进入市场"的承诺组合[214](能源行业),[215]提交申报的这种集中通常是同时具备横向和纵向效果的。[216]

14.102 尽管行为性救济在非并购案件中非常常见,在并购案件中却通常不予考虑,因为这种救济措施非常复杂,成本很高,而且难以实施,需要持续性监督。[217] 对于会带来纵向或混合效果的并购案件,或认为其效果与剥离基本等同的话,那么欧委会就迫切希望接受行为性救济。[218] 在这类案件中,竞争关切源自并购企业可能采取的行为(例如,在一个纵向并购案件中拒绝供应,或在一个混合型并购中提供交易包),如果能够采取侵入性更小的救济措施的话,要求剥离就不合时宜。[219] 剥离应当遵守比例原则。相对于效率更高的企业而言,应当要求效率较低的公司进行更大比例的剥离。也可能存在结构性救济不符合比例原则的情形。新版《欧盟并购条例》前言第30段提到:"在解决竞争问题的时候,承诺应当成比例。"考虑

[214] Commission Notice on remedies acceptable under the Council Regulation (EC) No. 139/2004 and under Commission Regulation (EC) No. 802/2004 [2008] OJ C 267/1,第63段。

[215] *E. ON/MOL* (Case COMP/M. 3696) Commission Decision (2006/622/EC) [2006] OJ L 253/20; *Dong/Elsam/Energi E2* (Case COMP/M. 3868) [2005] OJ C 233/04; *Gaz de France/Suez* (Case COMP/M. 4180) [2013] OJ C 51/05.

[216] 我们应当注意到,在一些案例中,并无任何合适的救济性承诺恢复市场上的竞争。[Schneider/Legrand (Case COMP/M. 2283) [2001] OJ C 71/12].

[217] P. Marsden, *Handbook of Research in Trans-Atlantic Antitrust* (Cheltenham: Edward Elgar Publishing, 2006).

[218] *Alcatel/Finmeccanica/Alcatel Alenia Space & Telespazio* (Case COMP/M. 3680) [2005] OJ C 63/03.

[219] Lindsay (n 5) at 568.

到这一原则,欧委会已经在很多案件[220]中认定,相对于剥离而言,行为性救济更有效,而且是一个符合比例原则的解决方案。

14.103 如果结构性救济或全面的禁止决定将会牺牲并购会带来的巨大效率的话,那么美国司法部就会认为单独的行为性救济是合适的。据此,美国司法部评论到:"当一项并购所特有的规模经济、范围经济或其他经济都较为明显,但其总体来说是反竞争的,……那么单独的行为性救济就可能是合适的。"[221]在 *Lufthansa/Swiss* 案[222]中,欧委会考虑了并购可能会带来的潜在效率,并称:"此时,有必要平衡以下两点:(1)允许潜在的轴对轴竞争;(2)确保当事方从其网络中获取的效率不会被破坏,也不会损害消费者利益。"

14.104 如果剥离和禁止并不可行,或结构性救济的成本会超过并购所引发的反竞争损害的话,那么行为性救济可能就是更优的选择。另外,如果由于一个专利或独占合同剩余期限有限,对竞争的重大损害只会延续相对较短的时间(例如,两到三年的时间),那么英国竞争委员会将适用行为性救济。[223]

14.105 在研发密集型的高科技市场中,剥离研发可能会破坏企业为此所做出的努力,此时准结构性救济,如许可协议,可能就是更优的选择。[224] 欧委会已经在很多医药和化学案件中接受了许可安排,如 *Novartis/Hexal* 案、[225] *Monsanto/Pharmacia & Upjohn* 案[226]以及 *Glaxo Wellcome/Smithkline*

[220] 参见 *Piaggio/Aprilia*(Case COMP/M. 3570)[2004] OJ C 252/02; *Apollo/Bakelite*(Case COMP/M. 3593)[2005] OJ C 48/03; Tetra Laval/Sidel(Case No. COMP/M. 2416) Commission Decision (2004/124/EC)[2004] OJ L 043/13; *Reuters/Telerate*(Case COMP/M. 3692)[2005] OJ C 81/06; *Johnson & Johnson/Guidant*(Case COMP/M. 3687)[2005] OJ C 68/06; *Finmeccanica/Alcatel Alenia Space & Telespazio*(Case COMP/M. 3680)[2005] OJ C 63/03; *Gerling/NCM*(Case COMP/M. 2602)[2001] OJ C 309/05。

[221] US Department of Justice, Antitrust Division Policy Guide to Merger Remedies (Antitrust Division, 2004), 20, http://www.usdoj.gov/atr/public/guidelines/205108.htm, 2013 年 9 月 18 日访问。

[222] *Lufthansa/Swiss*(Case COMP/M. 3770)[2005] OJ C 204/04.

[223] "Merger Remedies: Competition Commission Guidelines" (published by the Competition Commission under the requirements of the Enterprise Act 2002) (Consultation Draft, May 2008), http://www.competition-commission.org.uk, 2013 年 9 月 18 日访问。

[224] Motta, Polo and Vasconcelos (n 116).

[225] *Novartis/Hexal*(Case COMP/M. 3751)[2005] OJ C 90/03.

[226] *Monsanto/Pharmacia & Upjohn*(Case COMP/M. 1835)[2000] OJ C 143/04.

*Beecham*案。[227]

14.106 然而，如果我们对比欧盟和英国使用行为性救济的情况，可以得出结论，欧委会在并购救济研究[228]中发现，相对于结构性救济而言，行为性救济没那么有效，或仅部分有效；而竞争委员会在"解释以往并购救济措施"[229]研究中指出，行为性救济可能同样有效，并且非常合适。

14.107 一些学术著作更倾向于行为性救济。竞争当局应当允许并购企业通过实施适当的行为性救济来解决竞争关切。如果当局担心的是行为性救济指令的实施问题的话，可以通过"皇冠宝石"剥离条款来提供支持，以激发遵守的动机。另外，人们经常提起有关行为性救济需要持续性监督的质疑，似乎是有些言过其实，这是因为考虑到剥离可能需要6个月到2年的监督时间，也有可能需要更长时间。

八、危机时期的救济

14.108 在危机时期，竞争当局应当对救济措施采取一种不同的分析方式。[230] 危机发生之前，买方为了获取剥离资产能够拿到的价位，在危机发生之后，并非总是能够实现。潜在买方可能具备相关经验、动机以及能力来维持并发展剥离业务，以使其成为市场上一个可存续的积极力量，从而与交易方和其他企业进行竞争，但其可能不具备收购业务所需的资金。

14.109 据此，企业可能认为，将资产处理作为结构性救济的一部分，或在规定时间内完成这一行为更加困难，因为其无法找到有实力的买方。如果资金流动

[227] *Glaxo Wellcome/SmithKline Beecham* [Case COMP/M1846) [2000] OJ C 170/06. 美国联邦贸易委员会在一些医药并购案件中，接受了许可协议，而非剥离。（MMD/Rugby, Dow Chem. Co., 59 Fed. Reg. 34,625 (1994), *American Home Products/American Cyanamid* (*AHP*) 59 Fed. Reg. 60, 807 (1994)]

[228] "Merger Remedy Study"（DG COMP, European Commission, October 2005), http://www.europa.eu.int/comm./competition/mergers/others/remedies_study.pdf,2013 年 9 月 18 日访问。

[229] Competition Commission, Understanding past merger remedies: report on case study research (Updated, August 2008). 相对于欧委会而言（第 71 段），在监督和守法方面，英国所能够处置的资源更多，这也就解释了为什么两个竞争当局针对这类救济措施的有效性会得出不同结论。另外，这两个竞争当局分析并购样本的方式不同，这也可能解释了行为性救济最终的不同效果。

[230] 详见 I. Kokkoris and R. Olivares - Caminal, Antitrust Law amidst Financial Crises (Cambridge: Cambridge University Press, 2010)。

的整体财务环境不佳,实施剥离可能更加困难。现实情况是,可能即便价格为负数,也没有买家愿意行动,这种情况还可能会使并购评估产生额外的问题。在信贷危机时期,这种缺乏潜在买方的风险可能会提升。因此,在金融动荡期,相对于结构性救济而言,行为性救济更受欢迎。行为性救济具备这样的特征,即随着市场的发展变化,可以对其进行复审和修正。[231]

14.110 结构性救济通常也会包括复审条款。这可以使得欧委会在经交易方申请并给出合理理由的情况下,授权延长截止日期,或在特殊情况下,放弃、更改或替换承诺。至于有关行为性救济和结构性救济的复查条款,竞争当局应当遵循灵活而实用的分析方法,并考虑危机环境给救济措施的实施带来的实际困难。

14.111 因此,在危机时期,竞争当局所面临的挑战就是设计出一个合适的救济方案,以解决静态和动态关切。在此时期,实施结构性救济可能会更加困难,因为市场本身也在发生变化,而不承认这一点的救济措施可能会导致市场中产生次优均衡。适用行为性救济具备非静态的优势,因为随着市场的发展变化,能够复查并更改这些措施。根据危机相关因素的优先顺序不同,也可能通过设计行为性救济来回应更宽泛的政策关切。

14.112 英国在提交给经济合作与发展组织的报告中指出,危机时期,其对于并购救济措施的分析方法是原则与经验相结合。报告提出,在经济不景气时期,对于一个潜在的资产处理而言,可能并不存在合适的买方,或者可能需要更长的时间去找到一个买方,另外,即便是找到这样一个买方,它也可能没办法有效地参与到竞争中去。竞争当局传达出以下信息非常重要:在救济未过度介入的情况下,并购救济和政策会保持强劲有力的态势。相类似地,对于诸如剥离之类的救济措施而言,危机时期,我们可能需要接受更为灵活的时间安排。

14.113 经济合作与发展组织下辖的工商顾问委员会(BIAC)支持持续适用传统竞争法原则,但其还追加了非常重要的一点,就是不应过度立法,因为这可能

---

[231] 详见 UK Response to the "Competition and Financial Markets" (OECD, 2009), http://www.oecd.org/。

会给业务带来额外成本，例如过度的罚款以及救济。[232] 欧盟还指出，在考虑救济措施对市场的影响时应当现实一些，另外，救济措施必须是明确的，因为白骑士不可能每次都实现预期的市场进入，或买入剥离资产。[233]

14.114 在严重危机时刻，竞争当局不管是在决定结构性还是行为性救济的时候，应当符合实际，以确保救济措施的有效实施，并且真正解决反竞争关切。另外，在这种危机时刻，竞争当局应当切合实际，尤其是应当满足"合适的买方"这一要求，即潜在买方应当具备充足的财力。此外，应当考虑到市场的动态特征，以及时间框架设计上的灵活性，以评估企业并购的效果。尽管存在上述分析，由于在设计和实施救济措施的时候会面临困难，以及由于救济程序的"严格性"，在危机时期，竞争当局在决定采取更为宽大的分析方法的时候无法展示充分的灵活性。

九、结　　语

14.115 本章的目的，在于展示并购程序中所适用的一系列救济措施。如果救济措施设计不合理的话，就会给并购参与方施加过高的成本（剥夺其获取效率利益的权利），并且/或者损害消费者（低效地保护竞争）。面对竞争当局认定的并购带来的损害，并购企业所提出的结构性救济有时会矫枉过正，而有时又效果不足。

14.116 克勒赫蒂（Clougherty）[234] 认为，随着将救济措施作为改善反竞争关切的工具的趋势不断提升，这可能会导致我们忽视并购政策应当起到的威慑作用。作者认为，由于并购救济措施威慑效果较弱，其可能并非有效的政策手段。救济措施试图明确并消除并购的反竞争因素。并购参与方能够解决并购的反竞争影响。因此，救济可能降低了公司提交反竞争并购的抑制

---

[232] Roundtable 3 on Real Economy and Competition Policy in a Period of Retrenchment in Summary Record of the discussion on Competition and Financial Markets in OECD, "Policy Roundtables: Competition and Financial Markets" (2009), http://www.oecd.org/.

[233] Roundtable 3 on Real Economy and Competition Policy in a Period of Retrenchment in Summary Record of the discussion on Competition and Financial Markets in OECD, "Policy Roundtables: Competition and Financial Markets" (2009), http://www.oecd.org/.

[234] J. Seldeslachts, J. A. Clougherty and P. P. Barros, "Remedy or Now but Prohibit for Tomorrow: The Deterrence Effects of Merger Policy Tools" (September 2007), www.wz-berlin.de.

因素。作者提出，救济措施地位的提升可能会给未来的并购频率带来两种可能的影响：

- 如果救济措施使并购得以通过，会带来消极影响；或
- 如果救济措施使并购案件被禁止，会带来积极影响。

14.117 我们应当注意，并购发生之后的竞争情况，将受到剥离发生之后企业的资源、动机及其结构的影响。资源特征包括运营要素（企业的劳动资源、工资标准、要素成本、管理技术以及任何必要的无形资产都较为充分）。资源特征还包括财务因素（净资产比率以及进入金融市场的能力）。另外，动机特征包括新企业相对于其前身的独立性，以及新的管理层实现股东利益的动机。结构性特征包括企业的生产、研究和市场营销，及其市场份额和产品供应的范围。[235] 弗尔（Foer）（2001）正确地提出，如果剥离之前企业在市场上是一个行为"特立独行"的企业的话，那么对于以下预期应当持有一定信心，即剥离发生之后的企业将来也应当具备并展示出类似的特征。[236]

14.118 一个有趣的问题在于，如果效率无法弥补反竞争效果，那么救济措施应当解决并购所带来的实际反竞争影响，还是应当解决所有反竞争影响。实践中，这将取决于效率是否充分，并且是否满足通过并购所要求的有关要素。[237] 如果不能基于该效率通过并购的话，那么鉴于并购所带来的某些效率，实践中很难减少必要的救济措施。

14.119 为了确保透明性、法律确定性以及不同案件之间的一致性，美国、欧盟以及英国竞争当局都发布了关于选择和设计合适的救济措施的指南。[238] 至于

---

〔235〕 Duso, Gugler and Yurtoglu (n 200).

〔236〕 A. Foer, "Toward Guidelines for Merger Remedies", [2001] 52 Case Western Reserve Law Review, 211.

〔237〕 在其横向并购指南中，欧委会解释了效率及其在并购审查中所扮演的角色。"为了评估一项并购是否构成并购条例第2条第(2)款以及第(3)款意义上的严重损害有效竞争，尤其是通过创设出或强化支配地位，欧委会应当针对并购进行一个全面的竞争评估。在进行这一评估的时候，欧委会考虑第2条第(1)款所提及的要素，包括技术和经济进步的发展，只要这是有利于消费者的，而且不会构成竞争障碍。"根据横向指南可知，效率必须是并购所特有的，能够被识别出来，而且是有利于消费者的（Guidelines on the assessment of horizontal mergers under the Council Regulation on the control of concentrations between undertakings [2004] OJ C 31/5）。

〔238〕 W. Mederer, "*Remedies in Merger Cases*", The fifth Annual Competition Conference, IBA, Fiesole/Florene (21 September 2001), http://ec.europa.eu/competition/speeches/text/sp2001_044_en.pdf, 2013 年 9 月 18 日访问。

剥离,竞争当局通常倾向于剥离现有的独立业务,而非剥离资产;竞争当局通常不会接受“混合搭配”的剥离组合;其认识到,如果没必要剥离一个正在运行的业务的话,就需要过渡性协议;为了挑选适当的买方,竞争当局会设定类似的要素;其会赞同提议的买方,并复核购买协议;如果交易方没能在预先设定的时间之内完成剥离的话,竞争当局将会任命剥离受托人;其会要求交易方维护资产价值,并承担独立责任。

14.120 美国联邦贸易委员会、欧委会以及英国竞争当局都欢迎买方先行要求、皇冠宝石条款,并适用监督受托人制度。皇冠宝石以及买方先行要求为剥离的有效性提供支持,尤其是竞争当局对于剥离包的可行性和吸引力存疑的时候。皇冠宝石的作用在于,如果交易方并未像起初的剥离和所承诺的那样完成剥离的话,就扮演备选措施的角色,而且还是促进交易方有效快速地进行剥离的因素。买方先行要求,在于确保被剥离的资产确实存在一个买方,并且降低了过渡期间由于整体剥离流程的加快导致的资产受损的风险。另外,通过适用买方先行以及皇冠宝石条款,剥离流程失败的风险部分转嫁给了并购参与方。

14.121 美国联邦贸易委员会和欧共体的救济研究已经表明,并购参与方以及买方通常会从事战略性行为,以破坏剥离的有效性。[239] 确实,并购企业肯定有动机确保被剥离的资产不会成为一个具备竞争实力的公司,[240] 尤其是在两个公司在相同的相关市场上维持业务的时候。卖方的这种机会主义行为会因买卖双方之间信息的高度不对称被强化。知晓这一风险的竞争当局,应当通过要求更短的剥离时间,并提升受托人在剥离程序中的重要地位,使得剥离更加高效。因此,在整个剥离程序中任命一个独立的监督受托人似乎必不可少。

14.122 经济合作与发展组织提到,一些竞争当局认为,面对同一个交易中的救济措施,合作很重要,目的在于确保救济措施实施的一致性。尽管实体测试和程序方面存在不同,这种合作在数目逐步提升的跨国并购案件中已经非

---

[239] “A Study of the Commission’s Divestiture Process”(Prepared by the Staff of Bureau of Competition of the Federal Trade Commission, 1999), 18 - 9, https://www. ftc. gov/os/1999/08/divestiture. pdf, 2013 年 9 月 18 日访问;“Merger Remedy Study”(DG COMP, European Commission, October 2005),72 - 3, htt://www. europa. eu. int/comm. /competition/ mergers/ others/ remedies_study. pdf, 2013 年 9 月 18 日访问。

[240] M. Motta, *Competition Policy: Theory and Practice*(New York: Cambridge University Press, 2004), 267.

常成功。[241] 在效果与比例之间找到一个均衡非常重要,从而在确保剥离有效性的前提下不会使欧委会提出不符合比例原则的解决方案。[242] 我们应当记住,对于任何并购案件而言,并不存在统一的解决方案。一些因素可能会阻碍救济措施的有效性,而这些又是无法预先知道的。因此,应当分别评估每一个并购案件,并且考虑每一桩交易的特定事实因素。

---

[241] OECD, "Roundtable Policies: Merger Remedies" (2003), http://www.oecd.org/dataoecd/61/45/34305995.pdf, 2013 年 9 月 18 日访问。

[242] P. Papandropoulos and A. Tajana, "The merger remedies study – in divestiture we trust?", [2006] 27 (8) ECLR 443 – 54.

第十五章　司法审查

一、原告资格
二、标准法院程序
三、并购案件的上诉
四、快速程序
五、临时救济
六、成功上诉的结果

15.01 欧盟司法审查主要涉及欧盟法律的客观保护和遵守，而非对私人权利本身的保护。根据《欧盟运行条约》第 19 条，法院应当确保其在解释和适用条约时，遵守相关法律。普通法院对欧共体机构的决定进行司法审查，而欧盟法院只审查上诉案的法律问题。

15.02 依据《欧盟运行条约》第 263 条的规定，可在普通法院申请宣判欧委会的并购决定无效。尽管这些行为被通俗地称为"上诉"，但实际上属于司法审查程序。欧盟法律与成员国法律在有关司法审查细节上的规定会有不同，但本质是一样的，即由一个中立公正的司法机构来决定行政机构行为的合法性。由于该程序只是一项司法审查，因此法院不能以其自身的判决来替代欧委会的决定。法院所扮演的角色就是确保欧委会在其职权范围以及自由裁量权之内行使权力，同时遵守法律。

15.03 欧委会的并购决定受欧洲法院的司法审查管辖，并且会事先在普通法院提起。[1] 决定的形式不重要，即便是口头声明也可能被申请审查。[2] 然而真正的重点在于机构的行为是否足以影响申请人的利益。例如，不能就反对声明提起上诉，因为这只是一个程序中的初始阶段，其后才是正式决定。[3] 基于相同的原因，申请人也不能申请审查欧委会决定中执行部分以外的推理过程。[4]

15.04 欧委会审查并购案件，并且有权作出通过或禁止的决定。这与并购控制的检察系统不同，如美国那样，美国司法部和/或美国联邦贸易委员会审查并购案件，但法院享有作出最终决定的权力。普通法院和欧洲法院无权重新审核欧委会决定中的实体部分，而美国法院则对案件审查享有完整的司法审查权。[5]

15.05 法院审查将包括，核实欧委会在执行新版《欧盟并购条例》项下职责的时候是否进行了"彻底而勤勉的"调查，以及是否遵守了相关程序规则。另外，法院还会审查作出决定的原因是否充分，欧委会评估所依据的事实部分是否正确，以及评估中是否存在明显错误或滥用权力的现象。[6]

15.06 司法审查的目的在于评估欧盟机构（包括欧委会）行为的合法性。司法审查确实会为个体权利提供有效保护，这样做的合理性源自贯彻条约根本目标的需求。除适格个体以外，其他的欧共体机构或成员国也可以提起审查申请。这强调了欧共体法院在促进欧盟政策制定以及不同机构间的平衡方

〔1〕 Case T－212－03 *My Travel v. Commission* [2008] ECR II－01967，其前身是 Case T－342/99 *Airtours v. Commission* [2002] ECR II－02585 案的判决；以及 Case T－351/93 *Schneider Electric SA v. Commission* [2007] ECR II－02237，其前身为 Case T－310/01 *Schneider Electric SA v. Commission* [2002] ECR II－04071 案判决。

〔2〕 在 Case T－3－93 *Air France v. Commission* [1994] ECR II－00121 案中，普通法院受理了 Air France 针对竞争委员会发言人的"British Airways 在收购 Dan Air 的时候，未依据新版《欧盟并购条例》提起申报"口头声明所提出的请求宣布无效的主张。实际上，普通法院认为这一口头声明会产生明确的法律效果，例如允许成员国依据其本国法来审查集中，允许交易方继续进行其交易，而不需要提前向欧委会进行申报。因此，普通法院认为这一声明是一项决定，可以被上诉。

〔3〕 Case 60/81 *IBM v. Commission* [1981] ECR 2639.

〔4〕 在 Joined Cases T－125/97 and T－127/978 *Coca－Cola Company and Coca Cola Enterprises Inc. v. Commission* [2000] ECR I－01722 案中，普通法院并不认可 Coca Cola 申请审查一项允许 Coca Cola 收购其英国装瓶公司案件决定中有关支配地位罚款的部分，因为这一发现并不会给最终结论带来影响。

〔5〕 M. Wija, "EC merger control: does more economics bring increased legal certainty in the assessment of conglomerate mergers?", [2008] 14(3) Int. TLR, 61－74.

〔6〕 Y. Botteman, "Mergers, standard of proof and expert economic evidence", [2008] 14(3) Int. TLR, 61－74.

面所扮演的角色。[7] 审查的原因包括职权范围、违反关键性程序要求、违反条约或任何与其适用有关的法律以及滥用权力。

15.07 提出审查申请,是为了消除可能会给交易方带来不良影响的先例,也可能是为了获得索赔。普通法院已经指出,如要求欧共体承担非合同责任,欧共体机构一方必须要从事了非法行为,审查标准为被诉机构是否明显且严重地忽视了其在评估并购案件过程中的权力界限,即欧共体机构必须从事了非法行为,交易方必须遭受了损失,而且行为与损失之间必须存在因果关系。[8]

15.08 施耐德(Schneider)[9] 提起司法审查申请,请求欧委会进行损害赔偿,原因是欧委会否决并购的决定使其遭受了损失,而普通法院已认定该决定是非法的。普通法院认可了损害赔偿的请求,因为欧委会侵犯了施耐德的抗辩权。欧委会否决并购案件的原因虽然在最终的决定中有所提及,但并未体现在否决声明中。普通法院并未认可间接损失;而仅支持了以下部分:施耐德为了再次从欧委会处得到肯定性决定而发生的额外支出,以及为推迟销售程序而导致的施耐德不得不接受的降价损失。普通法院认为,就政策决定和欧共体法律的解释和适用而言,欧共体机构应当享有自由裁量权。与此同时,由于欧共体机构所犯错误而带来的成本,不应当由第三方来承担。

15.09 普通法院在 *MyTravel* 案[10] 中指出,认定欧委会的决定无效并不意味着欧共体就要进行损害赔偿,因为欧委会并未明显且严重违反欧共体法律。尽管欧委会的决定被认定为无效,欧共体机构及其代理所受到的客观限制也可以解释评估中的错误。在 *Bayerische HNL Vermehrungsbetriebe GmbH & Co. KG v. Commission* 案[11] 中,欧洲法院指出,即便是手段的合法性会面

---

[7] M. Harker, S. Peyer and K. Wright, "Judicial scrutiny of merger decisions in the EU, UK and Germany", [2011] 60(1) International & Comparative Law Quarterly, 93 – 124.

[8] Case 26/81 *Oleifici Mediterranei SA Quiliano (Italy) v. EEC* [1982] OJ C 288/5; Case C – 352/98 P *Bergaderm and Goupil v. Commission* [2000] ECR I – 5291; Case 5 – 71 *Aktien – Zuckerfabrik Schoppenstedt v. Council of the European Communities* [1971] ECR 00795.

[9] Case T – 351/93 *Schneider Electric SA v. Commission* [2007] ECR II – 02237, 在 Case C – 440/07 P *Commission v. Schneider Electric SA* [2010] ECR I – 00073 案中,欧洲法院推翻了普通法院的判决,大幅度降低了欧委会由于在并购控制程序中行使权力而导致当事方遭受损失所应当承担的责任。

[10] Case T – 212 – 03 *MyTravel v. Commission* [2008] ECR II – 01967.

[11] Joined Cases 119/76 and 120/76, *Bayerische HNL Vermehrungsbetriebe GmbH & Co. KG and others v. Council and Commission of the European Communities* [1977] ECR 01211.

临司法审查,但在行使这种法律职能的时候不应当受到潜在损害赔偿之诉的限制。[12]

一、原 告 资 格

15.10 根据《欧盟运行条约》第 263 条可知,任何个人或公司若单独直接受到竞争决定的影响,都可以在欧共体法院质疑其有效性。[13] 为了满足原告资格测试,第三方必须证明被诉行为直接损害了其竞争地位,[14] 而且这种影响"特别针对该第三方"或"可以与其他人/企业区别开来"。[15] 在 *Plaumann* 案[16]中,法院提到:

> 除了决定直接针对的当事方,其他个体只有在以下情况才能被认为是有资格提起司法审查申请:由于该个体所特有的属性而导致并购决定对其产生影响,或者是由于他们与其他任何人都有所差别,由于上述原因的存在,将这些第三方单独与其他个体区分开来,就像决定所针对的并购参与方那样。

15.11 如果依据新版《欧盟并购条例》所作出的决定能够抹杀申请人的程序性权利或影响其竞争地位的话,就可以认为是与该企业"直接相关"的。为了证

---

〔12〕 D. Mykolaitis, "The other way around: liability of Community institutions for losses incurred due to misapplications of EC competition law (Schneider III)", [2008] 14(3), Int. TLR, 52 – 60.

〔13〕 涉及上诉权的成员国主要判例包括:Judgment of Tallinn Administrative Court of 18 April 2004, No. 3 – 286/2004, Akos Apteek O¨U v. Estonian Competition Board (supported by AS Magnum Medical and O¨U Parimex). Judgment of Tallinn District Court of 14 June 2005, No. 2 – 3/241/05 Akos Apteek O¨U v. Estonian Competition Board (supported by AS Magnum Medical and O¨U Parimex). Resolutions of Supreme Court of 5 October 2005, Nos. 7 – 1 – 3 – 349 – 05, 7 – 1 – 3 – 447 – 05, 7 – 1 – 3 – 454 – 05, (Estonian competition authority).

〔14〕 Joined Cases T – 528/93, T – 542/93, T – 543/93, T – 546/93 *Metropole TV v. Commission* [1996] ECR II – 00649. 主要的成员国判例包括:KVR 14/01 HABET/Lekkerland, 24 June 2003, WuW/E DE – R, 1163 (German competition authority). Case C5151 S. E. C. I. – Co. Pro. B. – Finbieticola/Eridania, 1 August 2002, Bull. No. 31/2002. Administrative Tribunal of Lazio Fondiaria Industriale Romagnola S. p. A. v. Italian Competition Authority, 3 March 2003, No. 3861, Supreme Administrative Court. Fondiaria Industriale Romagnola S. p. A. v. Italian Competition Authority, 21 March 2005, No. 1113 (Italian competition authority)。

〔15〕 Case 25/62 R *Plaumann & Co. v. Commission* [1963] ECR (English special edition) 00126,第 107 段。以"个体利益"的界定为基础,欧洲法院给原告施加了非常高的标准。

〔16〕 Case 25/62 R *Plaumann & Co. v. Commission* [1963] ECR (English special edition) 00126,第 233 段。

实一个决定的直接相关性，决定所带来的影响不应再需要额外的实施手段，据此，决定与申请人法律地位的变更之间应当存在因果关系。Harker 等人指出，积极参与到决定中去也可能会带来单独的联系，尤其是如果申请人提供信息，并为欧委会的分析所用。除了要求直接且单独联系，还有一项普遍适用的要求，即申请人证明其在案件结果中存在既得且现实的利益。[17]

15.12 移除《欧盟运行条约》中有关要求原告证明规章制定行为也是“单独相关”的责任，能够提高质疑欧委会行为案件的数量。成员国有权直接就欧委会的决定上诉至欧洲法院，而不需要证明直接且单独的联系。[18] 成员国、理事会以及欧委会是“享有特权的申请人”，其有权质疑任何决定/行为。根据第 263 条第(4)款可知，任何其他自然人或法人的申请地位有限，他们只能质疑事实上针对他们所作出的决定，这些决定必须直接且单独地与他们相关，或者是直接与他们相关的规章制定行为，而且不会引发实施手段。另外，第 263 条第(4)条还规定，任何其他自然人或法人只能在以下情况才能提起质疑：一项行为是针对另外一个人的，而这个人能够证明存在直接且单独的联系。

15.13 宣告无效的申请可以由交易当事方，即欧委会决定的相对方提出，也可以由其他直接且单独受到决定影响的当事方提出。尤其是，如果一项并购被无条件通过的话，交易方通常也没什么可向普通法院申请的，这将会导致由于不存在法律权益而无法提起任何行为。一般来说，第三方可以是那些与并购参与方之间存在横向或纵向关系的公司，包括客户。

15.14 如果一项并购附条件通过，那么并购参与方是否有资格在普通法院提起承诺之诉有待讨论。并购参与方是否有资格上诉附条件通过的并购决定，以实现并购最终无条件通过，还不清楚。应当注意的是，针对承诺（不管由何人提出）提起的上诉，只有在通过决定是以这些条件为基础的时候才能成立。在 *Coca - Cola* 案[19]中，涉案子公司提出承诺以遵循特定商业行为，但欧委会并未将其作为案件批准的条件。结果就是，Coca Cola 对于其子公司提出的行为性保证提起的上诉被认定不予接受，因为就违反保证条款无论

---

〔17〕 M Harker, M. Hviid and K. Wright, “The EU rules on standing in merger cases: should firms have to demonstrate ‘harm to competition’?”, [2011] 36(4) EL Rev., 500 - 23.

〔18〕 Joined Cases C - 68/94 and C - 30/95, *French Republic and Société Commerciale des Potasses et de l'Azote and Enterprise Minières et Chimique* [1998] ECR I - 1375.

〔19〕 Joined Cases T - 125/97 and T - 127/97 *The Coca - Cola Company and Coca Cola Enterprises v. Commission* [2000] ECR II - 01733.

如何不会影响被提起质疑的决定，而且也不会导致其被撤销而言，被质疑的保证没有法律效力。*Impala* 案[20]已经强调并明确了反对并购的第三方的地位。目前已有明确的判决能够确认，倾向于批准并购的假设并不存在。

15.15 并购交易方能够提起诉讼的另外一种情形为：提交申报的并购被批准，但欧委会认为特定的相关协议不应当从属于并购。交易方可以上诉至普通法院，质疑欧委会有关“某些从属性协议不应当被通过，以构成被通过的整体并购案件的一部分”的决定。有关这一点，在 *Lagardere/Canal +* 案中有清楚的体现。[21] 在本案中，普通法院指出，欧委会仅依据新版《欧盟并购条例》对从属限制所进行的评价，构成有关并购是否与共同市场相符的最终决定的组成部分。普通法院认为，就限制的从属性而言，欧委会推翻其自身在原批准决定中得出的结论会产生具有约束力的法律效力，因而依据《欧盟运行条约》第 263 条规定，其能够被提起诉讼。基于本判决，建议并购参与方在已经获得欧委会批准决定的前提之下，仍然可以就决定中有关并购协议中评估限制之从属性部分提起申请无效之诉。

15.16 如果竞争对手和潜在竞争对手已经参与到并购案件的审查过程中，或欧委会在作出决定的时候将其个体情况考虑在内的话，就认为其具备原告的资格。Harker 等人[22]研究了 *Air France v. Commission* 案[23]以及 *Babyliss v. Commission* 案，[24]并提出，欧盟法院在界定竞争对手（不论是实际的，还是潜在的，甚至是在相互依赖的市场上的公司）的个体关联含义的时候采取了一个开放式的方法；然而，对于买卖双方而言，并非如此。在 *Air France v. Commission* 案中，普通法院采取了一个限制性分析方法，并提出，由于 Air France 所占据的航线与被收购公司重合，将会直接影响其市场地位。在 *Babyliss v. Commission* 案中，一个具备巨大市场进入障碍的寡头垄断市场结构，是赋予潜在竞争对手原告资格的重要原因。[25]

15.17 如果欧委会的决定部分指向一个成员国的话，就能够对申请人产生“直接且

---

[20] Case T－464/04 *Impala v. Commission* [2006] ECR II－02289.

[21] *Canal +/Lagardere/CanalSatellite* (Case No./JV.40) [2001] OJ C 2/02.

[22] Harker, Peyer and Wright (n 7).

[23] Joined Cases C－68/94 and C－30/95 *France v. Commission* [1998] ECR I－01375.

[24] Case T－114/02 *Babyliss v. Commission* [2003] ECR II－01279.

[25] Harker, Hviid and Wright (n 17).

自动的法律效力”。[26] 然而，公平地来讲，并购案件中的相关规则在实践中的运用非常灵活。如果申请人与得出最终决定的程序存在或多或少地直接关联的话，通常情况下就认为足矣。[27] 实际上，由这些程序参与方提起的诉讼通常都会被接受。[28] 在涉及少数股东[29]和雇员[30]的并购案件中，第三方的适格地位已经被否决。工会和劳资委员会已经被授予原告地位，但他们也仅在欧委会侵犯了其依据新版《欧盟并购条例》第18条第(4)款所享有的程序性权利时才有资格提起诉讼。

二、标准法院程序

15.18 根据《欧盟运行条约》第263条，审查欧委会的并购决定可能基于四个主要原因：无权限、违反必要的程序要求、违反条约或任何与适用条约相关的规则，或滥用职权。这些审查原因范围宽泛，足以覆盖在对并购决定进行司法

[26] Case T－114/02 *BaByliss v. Commission* [2003] ECR II－01279; Case T－119/02 *Royal Philips Electronics v. Commission* [2003] ECR II－1433.

[27] D Simon, Le systeme jurisdique communautair (2nd, Paris: PUF, 1997), 380. 在 Case T－342/00 *Petrolessence SA and Société de Gestion de Restauration Routière SA (SG2R) v. Commission* [2003] ECR II－01161 案中，普通法院授予交易方被剥离资产的潜在买方以原告资格，以针对欧委会拒绝承认其合适买方地位的决定提起诉讼。

[28] 有关参与到程序中的重要性已经在 Case T－3/93 *Air France v. EC Commission* [1994] ECR II－121 案的第一句得以明确，参与到欧委会已经提起的程序中，会被普通法院认为是一个申请人适格的考虑要素之一。在 Case T－114/02 *BaByliss v. Commission* [2003] ECR II－01279 案中，普通法院得出结论：参与到行政程序中，是在评价适格地位的时候经常会考虑的一个因素。Case T－158/00 *ARD v. Commission* [2003] ECR II－03825 案进一步拓宽了适格地位的界限。普通法院认为，仅仅是由位于上游或下游相邻市场上的公司提起的复查申请也可以被接受。

[29] 在 Case C－480/93P *Zunis Holding v. Commission* [1996] ECR I－00001 案中，Generali 的三个少数股东(每个持有的股份都低于0.5%)质疑欧委会的以下决定：Mediobanca 在 Generali 中增持股份也并不足以构成对 Generali 的控制。普通法院和欧洲法院认为，欧委会的决定并不会影响原告作为少数股东所应当享有的权利。

[30] 普通法院在 T－96/92 *Nestle v. commission* 案中指出，雇员并非是直接相关的，因为任何有可能产生自一项并购的社会福利的剩余或变化都不是欧委会决定的不可避免或直接的后果。在 Case T－12/93 *Vittel v. Commission* [1995] ECR I－01247 案中，Perrier 子公司的职工代表委员会，Vittel 和 Pierval 针对有关 *Nestlé/Perrier* (Case No. IV/M.190) [1992] OJ C 81/10 案的临时命令提起诉讼。因此，普通法院得出结论：即便是号称雇员所受损害已经确立(但实际上并非如此)，这也不是欧委会决定的直接后果。详见 Case T－96/92 R *Comité d' Enterprise de la Société Générale des Grandes Sources and others v. Commission* [1992] ECR II－02579; Case T－12/93 *Comité Central d' Enterprise de Société Anonyme Vittel and others v. Commission* [1995] ECR II－1247。

审查时,申请人可能会提起的主张。普通法院对于下述情形具备管辖权:

- 由自然人或法人针对欧盟的机构、组织、办公室或代表处对其直接做出的行为或与其直接且单独相关的行为提起的直接诉讼;
- 针对立法行为或以这些机构、组织、办公室或代表处未依法行事所提起的直接诉讼,如一个企业针对欧委会对其进行罚款的决定所提起的诉讼;
- 成员国针对欧委会提起的诉讼;
- 成员国针对理事会在国家补贴、"倾销"及实施权力方面的行为提起的诉讼;
- 针对欧盟机构或其工作人员所造成的损失提起的诉讼;
- 以欧盟所签订的明确授予普通法院管辖权的约定为基础所提起的诉讼;
- 与欧共体商标有关的诉讼;
- 针对欧盟公务员法庭决定的法律部分提起的上诉;
- 针对欧盟植物多样性办公室或欧洲化学品管理局的决定提起的诉讼。

15.19 提起上诉的期限为自决定公布之日起 2 个月,或交易方提起申报之日起 2 个月,或至少从当事方知晓实际决定之日起 2 个月。出于距离原因,2 个月的期限可以延长 10 天。普通法院有其自身的程序规则。就规则而言,法院的程序包括书面程序以及口头程序。程序以申请人选定的语言进行。然而,普通法院的工作语言都是法语,包括法官审议以及初始报告和判决撰写的语言。与之相反法律总顾问可以以任何官方语言来工作并撰写其观点,因为他们并不参与案件的审议。这些观点之后会被翻译成法文,以便于法官及其评审。

15.20 程序自申请人向法院提交材料时开始。上诉的主要观点由欧盟官方公报的通知公诸于众。秘书继而会将申请传达给被申请人,接着,被申请人就会提交抗辩材料。申请人可在特定的时限内提交回应,另外一方可就此提出反驳意见。在普通法院解决争议的时候,任何享有法定权利的一方都有可能会介入诉讼。介入方会提交支持诉讼一方观点的主张,而诉讼方也会作出回应。在一些案件中,介入方会在听证阶段提交其主张。在口头审查阶段,法官可能会向诉讼方代表提问。报告法官会在听证报告中总结所依据的事实以及每一方的观点,如果合适的话,还会提及介入方的观点。相关文件是以审查案件所运用的语言公开的。法官接着会以报告法官准备的判决草案为基础来进行审议，之后，判决会在公开听证程序之时进行公布。[31]

15.21 正如上文所述，受到决定影响的交易方、欧委会或任何对案件结果享有法律利益的第三方均可以就普通法院的判决进一步向欧洲法院提起上诉。

三、并购案件的上诉

15.22 近年来，法院在控制并购案件中竞争当局自由裁量权上所扮演的角色问题，已经成为欧洲并购法律和政策的关键议题。由于需要由法院来强化并购控制的可信度这一观点得到普遍认可，欧盟和英国各自的法院所实施的审查正逐步强化。正如 Harker 等人所认为的那样，[32] 法院可能在控制自由裁量权和确保依据立法者的意图作出决定方面扮演非常重要的角色。基于可信度要求可能需要对决定进行高强度的司法审查，尤其是在当局所施加的事后控制很弱的情况下。

15.23 在申请无效诉讼中，欧共体法院会审查机构决定的合法性，但对于案件的实体部分而言，法院并不具备全面的司法审查权。法院不能重新审查欧委会决定所依据的事实部分，也不能用自身的判决替代欧委会的决定。只有欧委会在事实、法律或评估部分出现错误，决定才会被认为无效。普通法院判定欧委会决定无效的后果就是，以当时的市场环境为基础重新调查集中，而且时刻表自判决作出之日重新起算。[33]

15.24 第 139/2004 号条例以及《欧盟运行条约》均未对并购案件的司法审查标准进行规定。法院应当避免对欧委会所进行的复杂经济分析的实体部分进行审查，也不应当用其自身的观点替代竞争当局的观点。根据总顾问泰兹诺（Tizzano）的观点可知，法院需要客观地、实质性地核实特定事实的准确性，以及所得出结论的正确性。法院必须认定，特定的已知事实是否能够证明其他待确定事实的存在。如果案件审核涉及欧委会复杂的经济分析的话，司法审查就会更受限制，因为法院必须要尊重欧委会广泛的自由裁量权，即

---

〔31〕 在普通法院进行的程序都是免费的。然而，参与到诉讼程序中的律师费用并非由法院来承担。任何无力承担案件审查所需费用的个人都可以申请法律援助。

〔32〕 Harker, Payer and Wright (n 7).

〔33〕 普通法院针对证据错误和事实的准确性享有完全的司法控制权（Case T－342/00 *Petrolessence SA and Société de Gestion de Restauration Routière SA (SG2R) v. Commission* [2003] ECR II－01161）。

欧委会是负责进行经济评价的机构。[34] 至于事实部分，则应当在确切的背景之下进行个案分析。

15.25 正如威斯特道夫(Vesterdorf)所指出的那样，如果包含复杂分析的争议事项使得两个理性人会得出不同结论，那么这种情况就等同于需要事实评估。[35] *Aalborg Portland* 案[36]是一个适用《欧盟运行条约》第 101 条的案件，[37]欧洲法院建议，应当对事实、法律适用的正确性以及欧委会对经济因素评估的正确性采取不同的司法审查方法。[38] 构成欧委会评估一项并购影响基础的所有材料事实，都应当接受审查，包括市场界定以及损害理论都应当由法院来评估。欧洲法院提到，审查欧委会复杂的经济学分析所关注的是程序规则，或事实部分的陈述是否准确，是否存在明显的评估错误或滥用职权的情况。在 *Kali und Salz* 并购案中，欧洲法院提到，确实存在特定的自由裁量权，尤其是有关经济性质的评估。[39] *Airtours* 案、[40] *Schneider* 案[41]以及 *Tetra Laval* 案[42]阐述了普通法院就欧委会对经济证据的处理进行细致审查的意愿。在 *Schneider* 案中，普通法院提出，其会支持欧委会的决定，只要这能够使得普通法院得出集中与共同市场不符的结论，即使该决定并不完整，但这基本上就可以认定为是法院用其自身的判决替代欧委会的决定。[43] 在 *Sun Chemical Group* 案[44]中，普通法院自行进行经济评估，以评估欧委会是否遵守了其制定的横向并购指南。普通法院强调，第 139/2004

---

〔34〕 Case C－12/03P *Commission v. Tetra Laval* [2005] ECR I－987，第 86 段。

〔35〕 B. Vesterdorf. "Standard of Proof in Merger Cases：Reflections in the Light of Recent Case Law of the Community Courts", [2005] 1 ECJ, 3.

〔36〕 Joined Cases C－204/00 P, C－205/00 P, C－211/00 P, C－213/00 P, C－217/00 P & C－219/00 *Aalborg Portland A/S v. Commission of the European Communities* [2004] ECR I－123.

〔37〕 Joined Cases C－204/00 P, C－205/00 P, C－211/00 P, C－213/00 P, C－217/00 P & C－219/00 *Aalborg Portland A/S and Others v. Commission* [2004] ECR I－123.

〔38〕 Wija (n 5).

〔39〕 Joined Cases C－68/94 and C－30/95 *France and Others v. Commission* [1998] ECR I－1375 (Kali und Salz).

〔40〕 Case T－342/99 *Airtours v. Commission* [2002] ECR II－02585.

〔41〕 Case T－310/01 *Schneider Electric SA v. Commission* [2002] ECR II－04071 and Case T－77/02. Schneider Electric SA v. Commission [2002] ECR II－04201.

〔42〕 Case T－5/02 *Tetra Laval BV v. Commission* [2002] ECR II－04381.

〔43〕 Harker, Peyer and Wright (n 7). 还可参见 C. Cauffman, "Schneider IV：the Commission can indeed be liable for its merger decisions... if the conditions for liability are satisfied", [2010] 31 (1) ECLR, 107。

〔44〕 Case T－282/06 *Sun Chemical Group and Others v. Commission* [2007] ECR II－02149.

号条例第2条给欧委会预留了一定的自由裁量空间,尤其是经济性质分析部分。

15.26 *Schneider*案以及*Airtours*案中有关经济分析的处理方式说明,欧盟法院并未就经济模型是如何建立起来的进行深入分析;取而代之,他们关注的是一个经济研究能够为欧委会或交易方试图提出行政或司法程序提供支持的程度。[45] *Airtours*案、*Tetra*案以及*Schneider*案为以下情形提供了充分的例证:法院会就欧委会的主张中证据的充分性以及说服力,或缺少给欧委会的事实发现部分带来重大影响的特定事实提出异议。[46] 戈尔丁(Golding)提出,欧洲法院有关*Impala*案[47]判决存在潜在的连锁效应,因为任何申请人(不论是交易方或第三方)都难以成功地以并购决定的理由不充分为由提起诉讼。[48]

四、快速程序

15.27 并购控制中,最具争议性的就是司法审查的期限问题。[49] 在一般法院审查程序之下,作出一个判决通常需要2年的时间,这就导致欧共体法院对于并购程序申请人的吸引力大打折扣。就这一问题而言,时间就是一切,因为市场环境瞬息万变。先前对于并购决定的司法审查耗时过长,而且在最终决定通过的时候,预设的交易也不再适合实施(或不再具备任何经济意义)。[50] 普通法院的竞争程序平均花费时间为28~30个月。然而,对于一

---

〔45〕 Botteman (n 6).

〔46〕 Botteman (n 6).

〔47〕 Case T-464/04 *Impala v. Commission* [2006] ECR II-02289.

〔48〕 J. Golding, "The Impala case: a quiet conclusion but a lasting legacy", [2010]31(7)ECLR, 261-7.

〔49〕 例如,在法院进行审议之前,对长篇文件进行翻译所需时间会拖延上诉程序。英国上议院报告发现,案件数量过多是迟延的另一个原因。House of Lords Report, 2007, 20.

〔50〕 在Joined Cases C-68/94 and C-30/95 *France V. Commission* (*Kali und Salz*) [1998] ECR I-01375案中,在欧委会作出附条件批准决定4年之后,欧洲法院才作出判定无效的裁决。在Case T-342/99 *Airtours v. Commission* [2002] ECR II-02585案中,当事方在欧委会决定作出3年之后才拿到法院判决。这种迟延剥夺了交易方在法院寻求救济并获取巨大利益的权利。Case C-12/03P *Commission v. Tetra Laval* [2005] ECR I-987; T-351/93 *Schneider Electric SA v. Commission* [2007] ECR II-02237; Case T-114/02 *BaByliss v. Commission* [2003] ECR II-01279以及Case T-119/02 *Royal Philips Electronics v. Commission* [2003] ECR II-1433案都是适用快速程序的案件,并均在约1年之内得到解决。

些并购决定的司法审查而言,则需要更长的时间。对于 *Kali und Salz* 案而言,在欧委会作出决定之后,欧洲法院花了 4 年的时间才作出认定决定无效的判决。在 *Airtours* 案中,在欧委会作出决定 3 年之后,普通法院才作出判决。

15.28 因此,普通法院于 2001 年针对紧急案件引入了快速程序。法院依据事件的紧迫性、案件的复杂程度、案件本身是否涉及全面而深入的口头辩论这些因素作出是否准予快速程序的决定。普通法院认为,设计这种新型快速程序,是为了处理特别紧急的案件。例如,有关公众知晓机构掌握的行政文件,或有关并购和收购控制决定的诉讼。

15.29 快速程序已经被证明尤其适合并购控制的审查,尽管其并不会自动适用于申请人。[51] 须经申请人或被申请人申请,考虑到案件的特殊紧急性及其背景,普通法院才会裁决适用快速程序。一旦申请快速处理获得普通法院的许可,书面和口头程序就会遵循稍作修订的规则展开。[52] 该案件在法院就会被自动列为优先级,而且书面程序仅限于简单的交换诉状、申请以及抗辩。书面答辩、被申请人的第二次答辩以及第三方介入、针对第三方介入的答辩只在非常有限的情况下才被允许。

15.30 法院意在更加充分地利用非正式预审以及案件管理会议,以与当事方讨论口头听证部分的范围和程序。原则上,法院会给案件的口头程序分配更多时间,以使得案件方方面面都可以得到广泛而深入的辩论。为了便于口头听证的顺利进行,当事方应当向普通法院以及其他方提交一个己方将在口头听证时主张的概述,而且应当在听证开始前约 2 周提出。在听证阶段,当事方也可以针对己方先前的主张进行补充,并提供进一步的证据。然而,在迟延提供进一步证据时,必须说明理由。据估计,快速程序判决最长也基本可以在 12 个月之内作出。相比之下,在 2001 年刚引入本程序时,普通法院审理一个案件的平均时长约为 20 个月。

15.31 在欧委会决定被认定无效的 3 个快速审查案件中,普通法院仅仅花了 1 年

---

〔51〕 例如,在 Case T – 103/02 *Ineos Phenol GmbH v. Commission* [2002] OJ C 156/62 案中,普通法院否决了快速程序,因为涉案问题太过复杂。

〔52〕 K. Fountoukakos, "Judicial review and merger control: The CFI's expedited procedure" (Directorate – General Competition, Competition Policy Newsletter, October 2002), http://ec.europa.eu/competition/publications/cpn/2002_3_7.pdf, 2016 年 9 月 18 日访问。

的时间作出判决。[53] 实际上,快速程序不会比欧委会调查耗费更多时间。[54] *EDP v. Commission* 上诉案[55]耗时大约7个月,尽管 *Impala* 案[56]耗时19个月。戈尔姆森(Gormsen)提到,只有申请人和被申请人才有资格申请快速程序。因此,假设一项批准决定被第三方质疑的话,那么并购参与方就不能申请快速程序,只有第三方才能够提出,这使第三方能够在战略上延长上诉程序所需时间。[57]

15.32 快速程序可能无法充分审理复杂的案件,申请人可能就会被剥夺完全质疑欧委会决定的权利,以确保适用快速程序。快速程序只有在以下情形对于并购参与方而言才是有价值的:交易已经付诸实施,或者买方甘愿承担参与一项不以预先的最终批准为条件的交易的风险,而且卖方也准备等待。为了使快速程序能够真正起到作用,普通法院必须要在非常短的时间之内作出判决,因为如果被延期9个月或1年的话,就会消除交易达成的机会。戈尔丁认为,在快速程序中,申请人应当提交完整的申请材料,其中包含其所有的主张,但是应当限于通过少数几个请求陈述主要观点。只有欧洲法院在上诉中认定无效时,任何其他主张/请求才具备相关性。[58]

五、临时救济

15.33 在普通法院提起诉讼并不会中止被质疑交易的进行。然而,普通法院可能会下令中止或采取其他救济措施。如有需要,普通法院的主席——另外,一位法官会经当事方申请作出合理的指令。只有在以下三个条件均满足的情况下才会授予临时救济措施:

---

〔53〕 Case T-310/01 *Schneider Electric SA v. Commission* [2002] ECR II-04071; Case T-5/02 *Tetra-Laval BV v. Commission* [2002] ECR II-04381; Case T-114/02 *BaByliss v. Commission* [2003] ECR II-01279.

〔54〕 例如,在 T-310/01 *Schneider Electric v. Commission* [2002] ECR II-04071 案中,欧委会调查耗时8个月,而普通法院审查案件耗时略长于10个月。还可参见 M. Siragusa,"Judicial review of competition decisions under EC law"(Competition Commission), http://www.mmc.gov.uk/our_role/cc_lectures/judicial_control_210904_siragusa.pdf, 2013年9月18日访问。

〔55〕 Case T-87/05 *EDP v. Commission* [2005] ECR II-03745.

〔56〕 Case T-464/04 *Impala v. Commission* [2006] ECR II-02289.

〔57〕 L. Lovdhl Gormsen,"A Judicial Panel for European Competition Cases: Why the House of Lords was right", [2009] 5 JBL, 494-507.

〔58〕 J. Golding,"The Impala case: a quiet conclusion but a lasting legacy", [2010] 31(7) ECLR, 261-7.

- 主要程序中所提起的主张,至少在最初看来必须是理由充足的;
- 申请人必须要证明,临时救济措施是紧急的,而且如果不被授予临时救济的话就会遭受严重的、无法弥补的损失;
- 在授予救济措施时,必须要考虑当事方利益与社会公共利益之间的平衡。

15.34 临时救济令本质上来讲是暂时的,不能据此提前判断普通法院在主体程序中会作出的决定。另外,可以在欧洲法院对临时救济提起上诉。

15.35 并购交易方以及受到交易影响的第三方可以向普通法院申请临时救济措施,此时他们所提出的无效申请就会被中止。临时救济措施可以各种不同的形式被提出,但很少被授予。成功的申请应当证明,案件的表面证据确凿;申请人会遭受严重的、无法弥补的损害,而且就平衡利益而言,该损害超过中止决定可能会带来的任何其他损害。实践中,这是很难证明的。申请人在以下情况最有可能被授予临时救济:其被要求中止剥离指令或其他具有争议的救济措施的时候,而且这种中止并不会带来严重竞争损害。[59]

15.36 根据普通法院的观点可知,快速程序应当是临时救济的备选项。然而,在某些情况下,即便是普通法院已经允许适用快速程序,可能仍然需要临时救济。例如,在 *Schneider/Legrand* 以及 *Tetra Laval* 案中,交易方寻求中止执行欧委会作出的剥离指令,而且此时快速程序也被中止。只有在欧委会同意推迟剥离的截止日期之后,有关临时救济的申请才会被撤回。普通法院在 *Kali und Salz* 案中批准了临时救济措施,但同时声明,其只有在特殊情形下才会批准这种措施。[60]

六、成功上诉的结果

15.37 如果普通法院认定欧委会决定无效的话,那么该判决仅仅对成功质疑欧委会决定的相关方才有法律效力,包括申请人以及任何参与该程序的其他方。有关法院判决效力的一般规则体现在条约本身之中。根据第 4064/89 号条

---

〔59〕 例如,在 Case C－148/01 *IMS Health v. NDC Health* [2004] ECR I－05039 案中,普通法院中止了欧委会要求 IMS 许可第三方使用其受版权保护的砌体结构的中止指令。

〔60〕 Case T－88/94R *Société Commerciale des Potasses et de L' Azote and Enterprise Minière et Chimique v. Commission* [1994] ECR II－263.

例第 10 条第 5 款可知,条例所规定的期限,均自法院作出判决之日起算。条例并没有特别规定应当如何计算这些期间,也没有规定分析时是否应当考虑最初提交申报时的情况,也没有规定决定应当被付诸实施后的日期。[61]

15.38 第 139/2004 号条例第 10 条第 5 款中新的表述规定,在一个影响任何依据第 10 条所规定的时间界限得出决定的判决作出之后,需要重新开始审查并购案件。此时,申报方需要提交新的申报,或如果市场环境已经发生变化,就完成最初提交的申报,再或者如果环境未发生变化,就继续进行审核。一旦申报方向欧委会提交新的申报或补充申报,那么第 139/2004 号条例所规定的时限将会起算。

〔61〕 参见(*Kali und Salz*)Joined Cases C – 68/94 and C – 30/95 *France and Others v. EC Commission* [1998] ECR I – 1375;还可参见 Case T – 5/02 *Tetra Laval BV v. Commission* [2002] ECR II – 4381。

附录　常用词汇中英文对照表

《横向并购指南》	Horizontal Merger Guidelines
《非横向并购指南》	Non – Horizontal Merger Guidelines
HHI 指数	Herfindahl – Hirschman Index
经济合作与发展组织	Organization for Economic Cooperation and Development
美国联邦贸易委员会	Federal Trade Commission
美国司法部	Department of Justice
欧盟	European Union,EU
欧盟竞争总司	Directorate – General Competition
欧盟委员会	European Commission
《欧盟运行条约》	Treaty on the Function of the European Union, TFEU
欧洲法院	European Court of Justice, ECJ
欧盟法院	Court of Justice of the European Union
欧洲共同体	European Community
欧洲经济共同体	European Economic Community
欧洲经济区	European Economic Area, EEA
欧洲煤钢共同体	European Coal and Steel Community
普通法院	General Court
《欧盟并购条例》/欧盟理事会第 4064/89 号条例	European Community Merger Regulation, ECMR
新版《欧盟并购条例》/欧盟理事会第 139/2004 号条例	European Union Merger Regulation, EUMR

图书在版编目(CIP)数据

欧盟并购控制：法律与经济学分析 /（希）扬尼斯·科克雷斯（Ioannis Kokkoris），（美）霍华德·谢兰斯基（Howard Shelanski）著；戴健民，邓志松译. -- 北京：法律出版社，2017
ISBN 978-7-5197-1050-7

Ⅰ.①欧… Ⅱ.①扬…②霍…③戴…④邓… Ⅲ.①欧洲联盟-企业法-研究 Ⅳ.①D950.229

中国版本图书馆 CIP 数据核字(2017)第 159885 号

欧盟并购控制
——法律与经济学分析
OUMENG BINGGOU KONGZHI
—FALÜ YU JINGJIXUE FENXI

[希]扬尼斯·科克雷斯(Ioannis Kokkoris)
[美]霍华德·谢兰斯基(Howard Shelanski) 著
戴健民 邓志松 译

责任编辑 慕雪丹
装帧设计 李 瞻

编辑统筹 法商出版分社
出版 法律出版社
开本 710 毫米×1000 毫米 1/16
总发行 中国法律图书有限公司
印张 37.75
经销 新华书店
字数 565 千
印刷 固安华明印业有限公司
版本 2018 年 1 月第 1 版
责任印制 胡晓雅
印次 2018 年 1 月第 1 次印刷

法律出版社/北京市丰台区莲花池西里 7 号(100073)
网址/www.lawpress.com.cn
投稿邮箱/info@lawpress.com.cn
举报维权邮箱/jbwq@lawpress.com.cn
销售热线/010-63939792/9779
咨询电话/010-63939796

中国法律图书有限公司/北京市丰台区莲花池西里 7 号(100073)
全国各地中法图分、子公司销售电话：
统一销售客服/400-660-6393
第一法律书店/010-63939781/9782 西安分公司/029-85330678 重庆分公司/023-67453036
上海分公司/021-62071010/1636 深圳分公司/0755-83072995

书号:ISBN 978-7-5197-1050-7
定价:158.00 元
(如有缺页或倒装,中国法律图书有限公司负责退换)